思想會
MIND TALK

THOSE ANGRY DAYS

﹝美﹞琳内·奥尔森 著
Lynne Olson

林娟 欧阳凤 译

对峙

罗斯福／林德伯格

以及美国在 1939~1941 年

针对二战的论争

ROOSEVELT, LINDBERGH,
AND AMERICA'S FIGHT OVER WORLD WAR II,

1939-1941

社会科学文献出版社
SOCIAL SCIENCES ACADEMIC PRESS (CHINA)

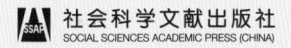

2014 Random House Trade Paperback Edition

Copyright © 2013 by Lynne Olson

Simplified Chinese translation copyright©2024 by Social Sciences Academic Press(China)

This translation published by arrangement with Random House, and imprint and division of Penguin Random House LLC.

All rights reserved.

致斯坦和卡莉

虽然历史学家们已经处理好政策上的事务，可在那些愤怒的日子里，个体所产生的影响虽已凋逝，但还未得到公正的判决。

——亚瑟·M. 施莱辛格

在民主国家，政客应该及时了解民众的想法，应该考虑国民的福利；在他认为民众做出不合理的举措时，还应尽力教化民众。

——约翰·F. 肯尼迪

我们永远相信美国人在进行所有尝试之后——会做出正确的选择。

——温斯顿·丘吉尔

目 录

引 言 ·· i

第一章　现代骑士 ··· 1
第二章　我们是傻瓜 ··· 31
第三章　我的世界在哪里？ ································· 45
第四章　你还没有得到投票支持 ························· 72
第五章　我清晰地意识到战争的存在 ················· 92
第六章　我真是如履薄冰 ··································· 117
第七章　妄想症是会传染的 ······························· 126
第八章　处事艺术 ··· 155
第九章　我们需要为这场战争担忧吗？ ··········· 170
第十章　我们为什么不替她辩护？ ··················· 187
第十一章　最了不起的大使 ······························· 203
第十二章　人民扭转了局面 ······························· 229
第十三章　国会要发生骚乱了 ··························· 249
第十四章　首先是美国人，然后才是共和党人 ··· 266
第十五章　美国佬不会来了 ······························· 299
第十六章　作家之间的黑死病 ··························· 330
第十七章　国家耻辱 ··· 345
第十八章　好吧，孩子们，英国已破产 ··········· 363

第十九章　一场与时间赛跑的比赛 …………………………… 397
第二十章　一种卖国的观点 …………………………………… 425
第二十一章　元首感谢您的忠诚 ………………………………… 455
第二十二章　这场危机在哪里？ ………………………………… 470
第二十三章　宣传……涂有一层厚厚的糖衣 …………………… 495
第二十四章　为反犹太主义奠定基础 …………………………… 517
第二十五章　他没打算将这个国家带入战争 …………………… 543
第二十六章　历史上最大的独家新闻 …………………………… 563
第二十七章　让我们打垮他们 …………………………………… 584
第二十八章　结　局 ……………………………………………… 602

致　谢 ……………………………………………………………… 634
参考文献 …………………………………………………………… 636
索　引 ……………………………………………………………… 646

引 言

1939年4月的一个清晨，晨曦微露。查尔斯·林德伯格（Charles Lindbergh）* 应召前往白宫与富兰克林·德拉诺·罗斯福总统（President Franklin D. Roosevelt）见面。可以说，在美国这两人都名重一时，声望不相上下，他人难以与之匹敌。他们的形象多年来一直深深地镌刻在美国国民的意识中：林德伯格1927年独自飞越大西洋的壮举万众瞩目，令美国人深受鼓舞；罗斯福总统作为美国的领导人积极努力、自信果敢，令经济大萧条下的美国重新焕发生机。

随着引导一进入椭圆形办公室**，林德伯格便看到坐在桌子后面的罗斯福。虽然这是二者的初次见面，但总统的态度热情又亲切，在旁人看来两人就像故交。总统仿佛看到了老朋友，俯身向前紧紧握住了林德伯格的手表示欢迎，还问候其妻子安妮（Anne Morrow Lindbergh）的近况，并声称安妮曾是他女儿安娜的高中同学。

罗斯福的头向后一甩，嘴上斜叼着那招牌式的长杆烟嘴，动作很是潇洒。他浑身散发着魅力，一看就极其享受生活的乐趣；此外，其身上还有一股威严之势扑面而来。罗斯福与林德伯格闲聊了

---

* 也译为林白。——译注
** 总统办公室。——译注

30分钟,其间未表露一丝饱受难题困扰的迹象。

其实,罗斯福正面临着自己总统生涯中最大的一次危机——欧洲战事一触即发。就在上个月,阿道夫·希特勒(Adolf Hitler)已率军横扫捷克斯洛伐克,违反了其于1938年在慕尼黑会议上做出的承诺——停止进攻其他国家。作为对此行动的回应,英法两国承诺:如果德国进军波兰(德国的下一个进攻目标),就会出兵支援波兰。而此时的英法兵力告急,罗斯福试图在这严峻的形势下寻求对策。只不过他面对的是个僵局。由于几年前美国国会通过了中立政策,一旦英法向德宣战,它们将不能从美国购买武器。罗斯福清楚地知道,要规劝参众两院废除军售禁令几无可能。

而在与林德伯格的面谈中,罗斯福对此事只字未提。即使在开些无伤大雅的玩笑时,他也没有对桌子面前的这个年轻人流露出一丝一毫的怀疑和猜忌。5年前,他们两人曾卷入过一场作家戈尔·维达尔所称的"一对一单挑"①,最后总统输了。富兰克林·罗斯福痛恨失败,所以1934年发生的事情尤在脑中,回味起来分外苦涩。

他们之间的冲突源于罗斯福的一个举措。当时罗斯福废除了经上一任总统赫伯特·胡佛批准而与美国几家航空巨头签订的航空邮递合同,其指控该合同在履约进程中发生了欺诈与贿赂行为,并命令美国陆军航空兵部队执行邮递任务。林德伯格当时在其中一家航空公司担任顾问,对罗斯福不给这些公司一次回应的机会就直接终止合同的做法进行了谴责。

在他那次史无前例的飞行后,不到7年的时间里,32岁的林

---

① Gore Vidal, *The Last Empire: Essays 1992-2000*, New York: Doubleday, 2001, p. 138.

德伯格便成为美国唯一能与52岁的总统在声名上不相上下的人物。在其他方面，他们也有相似之处：两人都性格刚毅又固执己见，深信自己高人一等，还自认为身负特殊使命；他们都一意孤行，不愿承认错误，也不太接受别人的批评；他们能专注自我，处事冷静客观，始终保持克制。罗斯福的一位朋友（也是他的远亲）曾经形容他"无情无爱，仿佛没有感情"。① 而关于林德伯格，一位传记作者则写道："他称之为朋友的人，主要都是些对他慷慨、于他有益、暂时结交的人。在温暖与关爱方面，他似乎总是索取而很少给予。"②

总统与林德伯格之间的对峙很快上了报纸的头版头条。身为一名前空邮飞行员，林德伯格警告说，空军飞行员既没有空邮投递的经验，他们的飞机上也没有可以用来执行这项任务的相应设备。航空邮件的邮递常常需要在暴风雪、大暴雨以及其他极端天气中进行夜间飞行，危险万分。让政府尴尬的是，事实证明林德伯格判断准确，因为在空军飞行员运送邮件的4个月里，发生了66次坠毁事故，死亡12人。正如一位作家所说，这对空军和白宫而言简直是"无尽的羞辱"③。于是政府与航空公司进行了数次匆忙协商以制定新的运送协议，自1934年6月1日起，商业航空公司又开始重新承担航空邮件寄送业务。

这是在罗斯福的总统任期内，他第一次发现自己在舆情上栽了跟头。按照历史学家亚瑟·M.小施莱辛格的说法，就是"这一对

---

① Geoffrey C. Ward, *A First-Class Temperament: The Emergence of Franklin Roosevelt*, New York: Harper & Row, 1989, p. 315.

② Walter S. Ross, *The Last Hero: Charles A. Lindbergh*, New York: Harper & Row, 1976, p. 212.

③ Thomas M. Coffey, *Hap: The Story of the U.S. Air Force and the Man Who Built It*, New York: Viking, 1982, p. 157.

决打破了罗斯福不可战胜的神话。此后,人们针对政府行为所做的批评更为迅速、频繁……这件事还让人们看到查尔斯·林德伯格的另一面,这样的林德伯格深深俘获了大量美国民众的心,也许除富兰克林·罗斯福之外,任何人都难望其项背"。①

次年,林德伯格举家迁居英国,后又去了法国。他在欧洲待了3年,其间数次前往纳粹德国,广受舆论关注。在德国,林德伯格考察了一些航空公司和空军军事基地,然后明确表示德国空军是难以战胜的,英法必须对希特勒采取绥靖政策。

现在,他回来了,表面上是要协助陆军航空兵(Army Air Corps)司令亨利·"哈普"·阿诺德(Henry "Hap" Arnold)* 尽快组建美国自己的空中力量。但谁又知道他是否还有什么别的阴谋呢?罗斯福最不想看到的就是有人煽动公众来抗议对英法两国的军售行为。所以他邀请林德伯格来白宫,以期了解后者的想法;他还想弄清楚,在即将到来的动荡岁月里,后者会抛出多大的难题。

在与罗斯福的会谈中,林德伯格很清楚总统正在认真观察他。他后来在日记中写道:"罗斯福迅速对他人做出判断,从而巧妙周旋。"② 虽然林德伯格也认为罗斯福"有点过于温文尔雅,过于和蔼可亲,过于轻松随和",但他还是很享受这次会面。"我们之间不存在任何对立的理由……"他评论道,"空邮事件早已过去。"他还会继续与政府合作,设法提升美国的空中防御能力;但是,他还补充道,"我有预感,这可能不会太久。"

---

① Arthur M. Schlesinger Jr., *The Coming of the New Deal, 1933 - 1935*, Boston: Houghton Mifflin, 2003, p.455.

* 绰号"快乐的阿诺德"。——译注

② Charles A. Lindbergh, *The Wartime Journals of Charles A. Lindbergh*, New York: Harcourt Brace Jovanovich, 1970, p.187.

1939年4月，林德伯格与罗斯福总统会面后离开白宫时受到摄影记者的围追堵截

他没说错。9月初，短短5个月后，希特勒就入侵了波兰，英法对德宣战。次年春天，德国军队席卷西欧，不仅彻底击败法国，还直接威胁到了英国的存亡。作为美国"孤立主义运动"的非正式领袖和发言人，林德伯格将在这场野蛮而残酷的为美国之魂而战的斗争中，成为富兰克林·罗斯福总统的劲敌。

直到1940年5月，大部分美国人对于发生在欧洲的这场战争袖手旁观，仿佛这是一场电影——剧情虽然有趣，却与自己的生活无关。但德国发动的闪电战震撼至极，摧毁了这一看法。它迫使美国开始考虑两个关键性的问题：是援助英国——这一欧洲重获自由的最后希望？还是应该再进一步，直接参战呢？

在接下来的18个月里，关于这些问题的争论燃遍了全国，上至白宫、国会大厅，下至大小城镇中的酒吧、美容院、公司和学校。"战争无处不在，"一位历史学家回忆道，"你的一言一行背后都能窥见战争的身影。"① 数以百万计的美国人受到波及。他们清楚，无论结果如何，他们的生活都可能深受影响。不仅英国面临生死存亡，美国的疆土与未来也都岌岌可危。

美国会走向何方？这个建立起堡垒，拒绝打破"孤立主义"的保护壳从而走出来的国家，还坚持认为只要不卷入国外的纷争，就能生存并壮大下去吗？这一观点的拥护者们用第一次世界大战的结果作为证据，来证明孤立主义才是正确的策略。他们辩驳说，1917年我们支援英国和法国的时候，遭到了欺骗，致使5万多名年轻人丧生，而借给同盟国的贷款从未偿还。我们本想给民主国家创造出一个安全的世界，可它们实际上却胆怯地让路给阿道夫·希特勒。英国、法国还有西欧的其他国家，一次又一次地证明它们无力解决自己的争端。如果这些国家在还能阻止希特勒的时候拒绝这样做，那我们为何还要再次帮助它们摆脱困境呢？我们应当准备为保卫自己的国家而战，而不是为了其他东西或者其他人。

而对那些主张干预战局的人来说，美国不能再逃避国际责任：时局已经极度糟糕了。英国的存续绝对关乎他们的安全与安宁。如果英国战败，希特勒控制了整个欧洲，他会接着占领非洲继而将势力渗入南美洲，对美国构成巨大的威胁。干预派认为，如果是这样的话，美国将几无可能成为一个自由、民主的国家。

---

① Arthur M. Schlesinger Jr., *A Life in the Twentieth Century: Innocent Beginnings, 1917-1950*, New York: Houghton Mifflin, 2000, p.249.

干预主义者的阵营中还有一部分人强调美国在阻止希特勒（他们将之视为真正邪恶的化身）暴行中所担负的道德义务。他们谴责说，当纳粹德国在奴役其他的主权国家、对犹太人犯下滔天罪行，还威胁要摧毁西方文明时，我们既然知晓，怎能袖手旁观呢？

这一辩论引发的热情有多高，辩论本身就有多激烈。哥伦比亚广播公司的记者埃里克·塞瓦雷德（Eric Sevareid）对于这段时间的记忆是"痛苦"①与"煎熬"。亚瑟·施莱辛格（Arthur Schlesinger）说，这场论战是"我有生之年所遇见的最激烈的政治辩论"。② 他还说，"四十年代后期人们为共产主义、五十年代为麦卡锡主义、六十年代为越南问题而争论不休——引起美国人民激烈争吵的话题不少，但没有哪个像这次争论那样撕裂了家庭和友谊"。

其中最受影响的家庭之一就是林德伯格的妻子安妮家。安妮的母亲直言不讳地宣称自己支持美国参战；而且安妮的姐夫奥布里·摩根（Aubrey Morgan）是一个威尔士人，又恰巧是英国政府在美国的一位顶级宣传家。当安妮·莫罗·林德伯格（Anne Morrow Lindbergh）支持丈夫的孤立主义政策时，她的妹妹康斯坦丝·莫罗·摩根（Constance Morrow Morgan）则在纽约夫唱妇随，竭力影响美国公众的看法，去支持温斯顿·丘吉尔（Winson Churchill）和英国政府。

战前，这场关乎国家命运的论争如火如荼，对美国而言意义非凡，可如今，它终究还是淡出了国民的记忆。"当时，人们高涨的

---

① Eric Sevareid, *Not So Wild a Dream*, New York：Atheneum, 1976, p. 195.
② Arthur M. Schlesinger Jr. interview, "Lindbergh," *American Experience*, PBS.

情绪和激烈的冲突都淹没在珍珠港事件之后发生的种种大事件中，"安妮·林德伯格几十年后指出，"今天，几乎没有人会在意这段被称为'大辩论'的历史。"①

诚然，很少有人下笔重现美国历史上这段气氛紧张、吵闹喧嚣但又至关重要的时期，以及其中一群色彩鲜明、引人瞩目的传奇人物。"虽然历史学家们已经处理好政策上的事务，"亚瑟·M.施莱辛格写道，"可在那些愤怒的日子里，个体所产生的影响虽已凋逝，但还未得到公正的判决。"② 于希特勒入侵波兰当天上任的美国陆军参谋长乔治·马歇尔将军（Gen. George Marshall）对其官方传记作者说："人们已经忘记了当时彼此之间的巨大敌意。"③

马歇尔将军与华盛顿的其他诸多人士一样，发现自己深陷这场争端。在这段时期，美国首都聚集着阴谋与内讧。1941年初，国会议员中的孤立主义派与干预主义派在众议院大厅里展开了激烈的辩论，辩论最后在荒唐的喧闹斗殴中结束。在国会大厦外的草坪上，示威者们在树干上套了一根绳子，上面吊着一个稻草人，它代表的是一位赞成支援英国的参议员。有位华盛顿专栏作家赞同支持英国之举，一天早上，他的妻子收到了一个邮包，打开一看，是一副黑色的小棺材，里面躺了一具纸骷髅，骷髅上标着"你的丈夫"。

罗斯福政府的高层，包括总统的内阁，在国家应持有的立场这一问题上也分歧严重。陆军、海军和陆军航空兵团的许多高级军官

---

① Anne Morrow Lindbergh, *War Within and Without: Diaries and Letters of Anne Morrow Lindbergh, 1939-1944*, New York: Harcourt Brace, 1980, p. xvii.
② Schlesinger, Arthur M., Jr., *A Life in the Twentieth Century: Innocent Beginnings, 1917-1950.*, New York: Houghton Mifflin, 2000, p. 241.
③ George Marshall interview with Forrest Pogue, George C. Marshall Foundation, Lexington, Va., www.marshallfoundation.org/library/pogue.html.

断然反对罗斯福及其援助英国的提议。他们中不少人坚决认为美国应当远离战争,所以蓄意阻碍他们的总指挥施策,将最高机密泄露给国会孤立派议员、林德伯格以及其他反战运动的主要领导人。就在珍珠港事件爆发前夕,陆军航空兵司令亨利·阿诺德将军被牵扯进一桩关于政府高度军事机密泄露的事件中——此机密涉及一份全面发动对德战争的应急预案。

乔治·马歇尔将军后来说,在这段时间里,下级经常与他接触,希望他"公开采取与政府态度相左的行动"。① 作为一个秉持文官统治军队理念的人,他从未这样做。然而,他在珍珠港事件之前的争斗中所起的作用远比通常描述的复杂得多。马歇尔将军是二战中美国最伟大的军事人才,这是大家公认且实至名归的。他一直致力于将孱弱的美国军队打造成一支劲旅,所以根本不愿意与英国分享美国现有的为数不多的现代化军事资源。但直到1941年底,他才反对美国卷进冲突。虽然马歇尔本人从未公开反对罗斯福制定的政策,但他支持并保护这样做的下属。

与此同时,罗斯福总统在这场斗争中也并非消极的旁观者。1939年9月,他对一位助理说,此事会变成"一场肮脏的博弈"。② 毫无疑问,他的判断准确,而且事态发展至此他也"功不可没"。罗斯福及其支持者们深知孤立派尤其是林德伯格,对美国和他自己构成巨大威胁,所以在一个秘密英国情报机构的帮助下着手削弱其可信度、影响力和声誉。例如,罗斯福授权联邦调查局(FBI)对其政敌们进行调查,而政府发言人和大部分媒体已经给他们冠上了"颠覆分子""第五纵队"甚至是"纳粹"的名号。作为反击,这

---

① George Marshall interview with Forrest Pogue, George C. Marshall Foundation, Lexington, Va., www.marshallfoundation.org/library/pogue.html.
② Adolf Berle diary, Sept. 22, 1939, Berle papers, FDRPL.

些对手就将罗斯福刻画成一个独裁者：破坏美国的言论自由，未经人民同意就带领美国一头扎进了战争。根据林德伯格的说法，"即使在我们自己国家，现在也根本不存在"民主政体。

罗斯福这一邪恶的"超级马基雅维利"* 形象——一心想用阴险手段和不法途径将美国拖入战争旋涡——站不住脚。但多位历史学家所提出的对罗斯福有利的观点——罗斯福非常清楚美国必须参战，却在珍珠港事件爆发之前遭到了孤立派公众舆论的强硬阻挠，所以他别无选择，只得采取迂回变通的策略促使美国逐步干预战局——也站不住脚。

事实上，到1941年12月，美国人民已经彻底了解了国家牵涉进这场战争的利弊，反对参战的声音比传统观点少了很多。罗斯福本人虽然决心帮助英国，但他自己是否打算让美国参战尚不明确，至少在是否出兵这一点上是如此。其实，正如历史学家威廉·兰格（William Langer）和 S. 埃弗里特·格里森（S. Everett Gleason）所指出的，有充分证据表明，总统"对战争前景妥协了，决心不遗余力地让美国置身事外。他还衷心地希望，无论采用哪种方式，他都将成功"。①

尽管罗斯福在担任总统的头几年表现了身为领导者的胆识，在美国突陷二战时亦展露了伟大的领导力，但在日本袭击美国本土之前的两年里，他还是格外谨慎的，决策之前每每思虑再三。罗斯福数次发表慷慨激昂的演讲，呼吁美国援助英国、终结德国的侵略行为，但在采取行动方面又一拖再拖。他受到国会孤立主义者对他的威

---

* 马基雅维利是意大利政治思想家和历史学家，一直被视为"非道德主义"的典型代表，受到人们的谴责。——译注

① William S. Langer and S. Everett Gleason, *The Challenge to Isolation: 1937-1940*, New York: Harper, 1952, p. 203.

胁恐吓——他对其力度往往夸大其词——却仍然不愿与他们正面交锋。

乔治·马歇尔后来说道，1939~1941年这一年多时间里，他甚至开始怀疑罗斯福总统是否有能力在这举国危难之时继续领导美国。但看到他在珍珠港事件后一系列行动中迅速而果断的反应，最终还是认定其统帅是一位了不起的领袖。"之前我并不这样认为，"这位陆军总参谋长说，"他此前并非每次都能做出清晰的决策，容易摇摆不定。"①

顶层领导中出现的这一真空由数个私人集团填补了，他们发起各种运动——其中一些运动还有总统在背后默默支持——以教导、推动民众形成有利于干预派的舆论。据当时一名重要的干预派成员所说，这些组织的活动令罗斯福"小心翼翼地护佑沉睡中的美国"。②

就是否应该参加大战，美国国内掀起了大辩论。普通美国民众亲身经历并参与论战的整个过程，扮演了极为重要的角色，成为整个事件中最醒目却从未被载入史册的一面。当时无数人认为美国已处于生死存亡的紧要关头，于是纷纷跳进争论的旋涡。我们且不提其中的愤怒之情和相互抹黑的行为，大论战终究是实践民主制度的一个真实体现。街头巷尾的人们激情澎湃，如火如荼的运动燃遍全国，干预派和孤立派都有志愿者自发在街头派送活动请愿书、电话游说左邻右舍、宣传造势做广告和游说自己的国会议员。

民众的这些运动将对美国的外交政策产生不可估量的影响，并最终改变战争的进程。在耶鲁大学，反战大学生们——这些人中后来出了一位美国总统、"和平队"首任队长和一位最高法院法

---

① Forrest C. Pogue, George C. *Marshall: Ordeal and Hope, 1939-1942*, New York: Viking, 1966, p. 23.

② Herbert Agar, *The Darkest Year: Britain Alone, June 1940-June 1941*, Garden City, N.Y.: Doubleday, 1973, p. 56.

官——成立了"美国至上委员会",该委员会后来迅速演变成全美最具影响力的孤立主义者营地。罗斯福政府在干预主义者的影响下,向英国派出了50艘老式驱逐舰,以期让英国把西半球军事基地租赁给美国。干预派人士还说服罗斯福着手重整内阁,并在1940年的夏天力劝态度暧昧不明的国会通过了首个和平时期的草案。

在法案草案通过前的两个月,一个业余政客联盟控制了成员大部分是孤立主义者的共和党,并在史上最令人津津乐道的一次大会上策划提名温德尔·威尔基(Wendell Willkie)参与美国总统竞选。威尔基是名干预主义者,作为角逐总统职位的黑马候选人,他7周前才宣布自己的候选人身份。尽管威尔基会是罗斯福政治生涯中面对的最强劲对手,时任总统还是将共和党的提名称为"国之幸事"①,因为它将战争排除在竞选议题之外,还向世界宣称美国的最高政治领导人会齐心协力反对轴心国的侵略。

可以说,正是因为民间人士做出的这些努力,美国人民才意识到自己需要做好军事和心理方面的准备,以应对即将到来的战争。珍珠港事件发生时,人们对于参战的态度发生了巨大转变。民意调查显示,绝大多数美国人彼时认为"打倒纳粹"②是"他们国家面临的最重要任务";绝大多数人希望美国参战扭转局势,而不是放任德国击败英国。

在经历了过去两年的鏖战之后,美国终于做好迎接未来的准备。

---

① Robert Sherwood, *Roosevelt and Hopkins: An Intimate History*, New York: Harper, 1948, p. 355.
② Nicholas John Cull, *Selling War: The British Propaganda Campaign Against American "Neutrality" in World War II*, New York: Oxford University Press, 1995, p. 185.

第一章 现代骑士

出租车在史密森尼艺术与工业大厦（the Smithsonian's Arts and Industries Building）前停下，查尔斯·林德伯格从车里走了下来。他仔细端详着这座维多利亚时期的博物馆，其角楼耸立，墙面由彩色砖石修砌；随后，他信步绕着四周转悠，想找到这座建筑的侧门。没有找到侧门，他又返回前面的入口处，思忖着如何避开外面的游客而不被发觉。

到目前为止，躲避公众的视线对于林德伯格来说是件像呼吸一样再自然不过的事情。他低下头，用手帕遮住口鼻，在旁人毫无察觉时走进了博物馆。一进门，他就迅速拐进右边的第一个房间，这里陈设的是历任第一夫人穿过的礼服，他在一件属于玛莎·华盛顿（Martha Washington）的橙红色丝绸礼服前停下了脚步。因为从这里望去，能够最清楚地看到他的飞机"圣路易斯精神号"（the Spirit of St. Louis）正悬挂在博物馆主厅的天花板下方。

当时是1940年3月，欧洲正在打仗。美国在这场战争里到底应该扮演什么角色，众人议论纷纷，而林德伯格恰好置身震中。但那一天，有差不多一个小时，他选择忘记彼刻的狂躁，从过去的岁月中寻找慰藉。游客们都在举头凝视由钢索悬挂在半空的"圣路易斯精神号"，与此同时，这位金发碧眼、瘦削颀长的飞行员也盯着它陷入了遐想。他一直觉得自己与这个小小的银色飞机之间有一种亲密感，这种感觉很神秘。1927年5月21日，当完成史上第一次单人飞越大西洋、降落在巴黎的飞行时，他最先想到的是怎样保护好飞机，以免那群疯狂的法国人冲过来迎接他时伤到了它。

对于林德伯格来说，"圣路易斯精神号"是"有生命的"，他们在一起经历了卓越的时刻，绝对忠诚于彼此。在林德伯格的心目中，他们密不可分，每当他说到这架飞机和他自己的时候，都会使用"我们"二字（事实上，他写了两本书，讲述自己的飞越大西洋之旅，第一本书的书名就是《我们》）。近几年来，他在梦里反复做过这件事：晚上偷偷溜进史密森博物馆，砍断钢索放下"精神号"，把它送到跑道上，然后起飞。只要在天上——远离生活中的一切苦恼与繁杂——他就能感受到最大的快乐。他可穿行于天空，"就像一个神祇……可以从最高处向下俯冲；可以触到一片云彩；还可以爬升到万米高空。这是属于我的时刻，摆脱了大地的束缚"。①

虽然崇尚理性、天性务实，但他这一次出乎意料地感事抒怀，甚至有点天马行空，后来他在日记中那般描述当时参观史密森尼博物馆的心情。他还提到了在看"圣路易斯精神号"的时候，他和玛莎·华盛顿的人体模型之间产生的亲近感："我无比嫉妒她能一直这么接近飞机，它曾经是我的座驾。"②

但接着他写道，他突然注意到两位年轻女士正盯着自己看。这种注视的目光让人再熟悉不过了。她们没有把握他是不是林德伯格，所以马上就会走近来瞧个究竟。在那一刻之前，一切都很完美：只有他、玛莎和"圣路易斯精神号"。为了保留这美妙的时

---

① Charles A. Lindbergh, *The Wartime Journals of Charles A. Lindbergh*, New York: Harcourt Brace Jovanovich, 1970, p. 222.

② Charles A. Lindbergh, *The Wartime Journals of Charles A. Lindbergh*, New York: Harcourt Brace Jovanovich, 1970, p. 319.

刻，他转了个身，走了出去。

1927年暮春的那个晚上，当25岁的林德伯格降落在巴黎的布尔歇机场时，等待他的如此之多。林德伯格的妻子后来说道："名誉、机会、财富，当然，还有灾难、孤独和挫折感……他对此尚一无所知，毫无察觉。"① 这次飞行过后几十年，林德伯格的女儿丽芙（Reeve Lindbergh）谈到自己的思虑时说："有的时候……我在想，如果我的父亲知道后面的生活将是什么样，他还会不会驾驶着飞机返程呢？"②

尽管在起飞前，其单人横跨大西洋的计划就引起了相当多的关注，但林德伯格还是坚信随后产生的任何声名都会迅速烟消云散。所以在抵法不久，他就向美国驻法大使迈伦·赫里克（Myron Herrick）递交了介绍信，以免迈伦不知道他是谁。林德伯格完全没有意识到国际社会对所发生的事，说白了就是他的这次极限飞行会有这么大的反响：媒体和公众，尤其是美国民众把独自飞越大西洋的成功进行了无限放大。

例如，《纽约世界晚报》（*The New York Evening World*）发表的新闻报道振奋人心：林德伯格实现了"人类历史上凭一己之力完成的最伟大壮举"。③ 成功飞越的第二天，《纽约时报》（*New York Times*）一反其保守常态，用整个头版外加四个版面的篇幅描写了这个年轻飞行员和他凯旋的故事，标题是"林德伯格成功了！"。

事后想来，出现这种不同寻常的反响，其原因不言而喻：20世纪20年代即将结束，这是犬儒主义、幻灭态度、毫无政治热情

---

① A. Scott Berg, *Lindbergh*, New York: Berkley Books, 1999, p. 5.
② Reeve Lindbergh, "The Flyer—Charles Lindbergh," *Time*, June 14, 1999.
③ Frederick Lewis Allen, *Only Yesterday: An Informal History of the 1920's*, New York: Perennial, 2000, p. 189.

图 1-1 查尔斯·林德伯格和"圣路易斯精神号"飞机

的时期,美国迫切需要英雄。正如一位历史学家所言,林德伯格成为"现代骑士,他们早已把骑士精神抛诸脑后"。①

---

① Frederick Lewis Allen, *Only Yesterday: An Informal History of the 1920's*, New York: Perennial, 2000, p. 191.

20世纪20年代的美国早已是一片动荡不安的景象：政府官员贪污受贿现象极为严重，证券市场异常繁荣，有组织的犯罪规模空前壮大，人们普遍反叛传统、丧失理想、只注重个人享受。所有这一切都是当时发行量巨大的八卦小报所热衷挖掘的素材，这些报纸专门报道近来美国耸人听闻的消息，例如某件谋杀案的审理详情、一场重量级拳击比赛或肯塔基州某山洞搜寻迷路者无果但吸引眼球的行动等。在激烈的竞争压力下，别的大报反而会紧跟在小报后亦步亦趋，不管是全国范围内发行的杂志，还是刚刚进入大众传媒领域的电台，都是如此。

1927年初，一向不知餍足的媒体又聚焦到了雷蒙德·奥尔特格（Raymond Orteig）的2.5万美元奖金上。雷蒙德·奥尔特格是一位住在曼哈顿的法裔富商，他为纽约至巴黎之间（反之亦然）的首次直飞提供了2.5万美元的奖金。尽管已有数位飞行员失败甚至因此丧命，可仍有一些飞行员宣布准备参加角逐。这些人中绝大多数赫赫有名，拥有配备先进技术的昂贵飞机，还有外界可观的资金支持以及大批助手，例如只负责宣传其老板参加挑战的员工。接下来就是查尔斯·林德伯格了，来自明尼苏达州的他只是一个身无分文的无名飞行员，负责运送航空邮件。他想办法从圣路易斯市的一群商人手里筹集到了足够的资金，制造了一架朴实无华的小飞机。为了感谢赞助商们，他给飞机取名为"圣路易斯精神号"。

从航空专家的眼光来看，林德伯格的计划看起来不仅是堂吉诃德式的，似乎更是自杀式的。他之前从未飞越过任何大型水域，现在却要横渡大西洋，而且要用星星做导航，这可是他毫不熟悉的导航方式。他既不准备带降落伞，又不准备携带电台。更让人觉得愚蠢的是，他打算一个人完成这趟历时33个多小时的航程。从来没有人尝试过单独完成这么危险的旅程，有人打趣说，就连哥伦布也不是独自航海的。即使是伦敦劳埃德保险公司（Lloyd's of London）这个几乎不计亏额赔率风险、接受任何企业保险业务的公司，也拒绝为林德伯格的冒险行为承保。"核保人认为，风险太大"，① 劳埃德公司的一位发言人这样说。

美国人向来喜欢黑马式的人物，尤其是像林德伯格那样彬彬有礼、谦逊安静、自律甚严，又有点少年英气的人，与那些私人酒商、流氓恶棍、花花公子、不可一世的银行家、头脑简单的摩登女和贪污受贿的政府官员形成了鲜明的对比，而这些人基本是那个时代新闻报纸的头版主角。所以，1927年5月20日凌晨，当林德伯格驾驶飞机从长岛的罗斯福机场（Roosevelt Field）冒雨起飞时，整个美国对他抱以急切关注也就不足为奇了。全国各地的报纸都加印了版面，电台广播也在滚动播放最新消息。洋基体育馆（Yankee Stadium）内正在举行一场职业拳击赛，全场4万名观众在解说员的要求下，集体起身，为这个年轻的飞行员默默祈祷。幽默作家威尔·罗杰斯（Will Rogers）在他5月21日的报纸专栏中写道："今天不说笑话。有个高高瘦瘦、腼腆又爱笑的美国男孩现在正在大西洋某处的上空，从来没有谁独自一人在那里做过这样的冒险。"②

当林德伯格成功着陆的消息传来时，美国疯狂了。"我们用位移来衡量船只，对待英雄，我们的标准也是如此，"不久后当上美国最高法院首席法官的查尔斯·埃文斯·休斯（Charles Evans Hughes）这样说道，"林德伯格上校成为所有人眼中的焦点。"③ 柯

---

① Kenneth S. Davis, *The Hero: Charles A. Lindbergh and the American Dream*, Garden City, N.Y.: Doubleday, 1959, p.192.
② A. Scott Berg, *Lindbergh*, New York: Berkley Books, 1999, p.121.
③ A. Scott Berg, *Lindbergh*, New York: Berkley Books, 1999, p.159.

立芝总统（President Coolidge）派出了一艘由海军上将指挥的旗舰前往欧洲带林德伯格和他的"圣路易斯精神号"回家。在华盛顿，总统向他颁发了一枚"国会荣誉勋章"和一枚"杰出飞行十字勋章"。在纽约，400多万名民众——约占该市总人口的75%——在街头举办了有史以来最大的一次"纸带游行"*，庆祝林德伯格完成挑战。几个月后，《时代》（Time）杂志评选他为第一届"年度风云人物"。

在喧扰的返美仪式过后，林德伯格花了3个月的时间驾驶着"圣路易斯精神号"周游了美国所有的48个州。据说，约有3000万人蜂拥而来，想一睹这一国家新偶像的真面目，还有一位新闻记者给他贴上了"半神"[①]的标签。他出现在哪里，哪里就人山人海，大家争先恐后要接近他。可是林德伯格对这种盲目崇拜感到极为不适，他只想用自己的名声来增加公众对商用航空事业的兴趣。所以他没有接受产品代言或在电影里露脸，虽然那样做就能赚到数百万美元。他转而当上了两家初创航空公司——泛美航空公司（Pan American Airways）和海纳航空运输欧洲航空公司（Touraine Air Transport European Airlines，TAT）——的技术顾问。海纳后来变成跨大陆及西部航空公司（Transcontinental and Western Air），并最终发展成现在的环球航空公司（Trans World Airlines，TWA）。为了帮助这两家公司创设乘客服务项目，林德伯格飞遍全国，后又飞遍全世界。他不仅开辟可行航线、测试飞机，还推动了第一批现

---

* "纸带游行"（ticker-tape parade）指纽约商业区，特别是曼哈顿华尔街区，在遇到有游行发生时，从街边的大楼里向外抛撒股票自动报价机打出的纸带起哄的传统。街道两侧办公大楼内的公司机构将"废纸"扔向欢呼的人群，纸屑漫天飞舞，仿佛暴风雪降临。——译注

① A. Scott Berg, *Lindbergh*, New York: Berkley Books, 1999, p. 170.

代航空港的建造。

然而，尽管他想尽办法保持低调，民众对他的狂热还是持续不退，令这个喜欢独处的人无法再拥有隐私，也回不到之前平静的生活中去了。他的谦逊稳重让人着迷，而且他拒绝借出名来赚钱，这反而激起了国人对他的兴趣，想探听关于他的更多信息。"他用自己的飞行，更多的是用自己的声名，向人们证实了个人英雄主义、正派作风和人性尊严在这个世界上还是存在的。"① 肯尼斯·S. 戴维斯（Kenneth S. Davis）——林德伯格的传记作家——在书中如此写道。美国人无心将这样一个典范人物束之高阁，媒体就更不可能了。

无论林德伯格走到哪里，人们都将他围得水泄不通。不认识的人会走上前来跟他握手或轻拍肩膀以示鼓励，妇女们想要亲吻他，人群聚集在酒店大堂和外面的餐馆，等候着他现身。有一次，他和圣路易斯国民警卫队的队员们一起野餐，看到几个年轻女性从隔离绳下爬进来捡他刚刚啃过的玉米芯，他觉得厌恶至极。

1929年5月，他与美国驻墨西哥大使的女儿安妮·莫罗结婚后，事态愈发不可控制了。安妮是个22岁的漂亮女子，生性腼腆。每当夫妻二人外出时，总有民众和媒体追踪骚扰，即使当他们在缅因州的海岸边划船度蜜月时，也有满载着记者和摄影师的汽艇跟随其后。"我们就像两个罪犯、一对偷情的恋人，尽量不让任何人看见我们在一起，"② 安妮·林德伯格后来在书里写道，"我们被迫放弃了日常生活中的种种乐趣，不去街上散步，不出门购物，不到外

---

① Kenneth S. Davis, *The Hero: Charles A. Lindbergh and the American Dream*, Garden City, N.Y.: Doubleday, 1959, p. 244.
② Anne Morrow Lindbergh, *Hour of Gold, Hour of Lead: Diaries and Lettersof Anne Morrow Lindbergh, 1929-1932*, New York: Harcourt Brace Jovanovich, 1973, p. 5.

面游览，也不上餐馆吃饭。"

　　林德伯格不喜欢社交，所有的这一切都会让他感到手足无措。他的父亲是明尼苏达州一个小镇的律师，母亲则是一位教师，作为这个家庭的独子，他从儿时起就孤立无援。4岁时，他那严厉又认真且带有极强民粹主义倾向的父亲被选入国会，所以在接下来的10年里，小查尔斯不得不在华盛顿和明尼苏达州小瀑布镇附近的家庭农场之间来回奔波。

　　他父母的婚姻极不幸福，时不时爆发激烈争吵，这导致年幼的他学会严格地控制自己的情绪，孤身躲进属于自己的精神世界中。在学校里，他几乎没有朋友，不参加任何体育活动或课外兴趣小组，他在课堂上沉默寡言，也从不和女孩儿约会。成功落地巴黎后，有记者采访他的高中同学，问他们对他印象如何，却没人能说出点什么。

　　正如林德伯格的一个熟人后来所说的，他的历史性飞行和随后的余波使他突然陷入"他自己所不能理解的境况中，也不知道如何抽身而退"。① 他固执地认为，自己和妻子不是公众消费品。所以，对于记者的提问，他通常会愉快地回答有关自己飞行或航空话题的部分，却会粗鲁地拒绝任何涉及他私生活的试探，更不愿意给别人签名或与谁合影留念。因为他不配合公众，反而煽动起大家的好奇之火。"因为他的距离感，"《时代》指出，"人们越发歇斯底里地渴求了解他的情绪。"②

　　因此，尽管林德伯格把家安在了新泽西州霍普韦尔市附近几亩僻静的树林中，却还是不断遭到骚扰。八卦小报的记者翻遍了他家

---

① Frederic Sondern Jr., "Lindbergh Walks Alone," *Life*, April 3, 1939.
② "Press v. Lindbergh," *Time*, June 19, 1939.

图1-2 安妮·莫罗·林德伯格和她的新生儿，查尔斯二世（Charles Jr.），后者于1932年3月遭到绑架并被撕票

的垃圾桶，偷拿他们的信件，贿赂家里的仆人希望获得其私生活的花边新闻。还有一个杂志记者甚至用伪造的介绍信向林德伯格夫妇申请了家里帮佣的工作。

接着，1932年3月1日晚上，悲剧终于发生了：林德伯格夫妇22个月大的儿子查尔斯二世——大家都叫他查理——被人从他的儿童房掳走。其时，夫妇二人正在楼下吃晚餐。2个月后，人们在林德伯格家附近的树林里找到了这个孩子的尸体。亨利·L. 门肯（Henry L. Mencken）*将这次绑架称为"复活日以来"① 最大的事件，而随后媒体表现的极端狂热似乎也肯定了他的观点。

悲伤的林德伯格夫妇坚信，媒体的过度介入才是导致儿子遭绑架和谋杀的原因。安妮伤心地在日记中写道，"如果不是因为我们的名气，他应该还在"。② 其实在悲剧发生之前，林德伯格就已经开始憎恨那些大量发行的报纸，斥之为"邪恶的化身，蓄意鼓动疯狂的民众"。③ 他的断言后来再次得到印证：2名摄影师非法闯入停尸房，打开棺盖，拍下了数张查理尸体的照片。

媒体对于绑架案的关注又持续了4年，用成百上千万的文字和大量的图片来报道这起罪案漫长的调查、逮捕、庭审及定罪过程。法庭认定一个名叫布鲁诺·理查德·霍普曼（Bruno Richard Hauptmann）的德国木匠为罪犯，并最终于1936年4月对他执行了死刑。在那段时期的大部分时间里，林德伯格夫妇躲在新泽西州恩格利伍德（Englewood, New Jersey）市的一个庄园里，这是安妮的寡母伊丽莎白·莫罗（Elizabeth Morrow）的房产。

查理夭折的5个月后，这对夫妻的第二个儿子乔恩出生了。霍普曼被定罪时，林德伯格一家又收到了很多封威胁乔恩性命的信件，他们无奈只得雇佣武装卫队在莫罗家门外进行24小时守护，

---

* 20世纪早期美国知识生活的中心人物，著名记者、文学评论家，《美国语言》一书作者。——译注

① A. Scott Berg, *Lindbergh*, New York: Berkley Books, 1999, p. 308.

② Anne Morrow Lindbergh, *Hour of Gold, Hour of Lead: Diaries and Lettersof Anne Morrow Lindbergh, 1929 – 1932*, New York: Harcourt Brace Jovanovich, 1973, p. 249.

③ "Press v. Lindbergh," *Time*, June 19, 1939.

守卫数次抓住了几个试图闯入他家的人,其中还包括一个从医院逃跑的精神病患者。

庭审霍普曼的几个月后,3岁大的乔恩在一个老师的陪伴下从幼儿园回家,他们乘坐的汽车被另一辆车逼下了马路。然后几个手持新闻摄影机的人从路边跳了出来,向乔恩坐的汽车跑去,近距离地用闪光灯拍下了这个小男孩惊恐万状的模样。

查尔斯·林德伯格对媒体的这次卑鄙行径感到怒不可遏,他觉得自己别无选择,于是决定带家人离开美国。"介于……八卦小报和罪犯之间,他们扮演的角色让我们忍无可忍。"① 在给自己母亲的信中,他这样写道。在离开美国的前几天,林德伯格跟一位密友说:"我们美国人,是一群原始人。行事毫无准则可言,道德标准太低……这从报纸上就可以看出来,大家关心的都是罪案及其庭审,这是病态的表现。美国人似乎并不尊重法律,也不尊重别人的权利。"② 这不是他第一次也不是最后一次将自己的个人处境和美国民主制度的现状画上等号。

儿子被杀,媒体又是如此毫无底线,这一切都给林德伯格的心中留下了永远无法治愈的创伤。丽芙·林德伯格是在她兄长离世13年之后出生的,她回忆说,父亲从未谈论过这个孩子。这种痛,她认为是致命的。"我想象得到这个婴儿对于父亲而言意味着什么,因为他当时是他们唯一的孩子……这个查尔斯,这样相同的名字,"丽芙在书中写道,"我知道,这个损失,不可估量,也难以名状。"③

有一天,林德伯格驾驶着一架小飞机穿梭在雷电交加的天空

---

① A. Scott Berg, *Lindbergh*, New York: Berkley Books, 1999, p. 340.
② Roger Butterfield, "Lindbergh," *Life*, Aug. 11, 1941.
③ Reeve Lindbergh, *Under a Wing: A Memoir*, New York: Simon & Schuster, 1998, p. 79.

中。转头看到妻子战栗的样子,他笑了,说:"你应该相信我。"①然后,他脸上的笑容消失了。"我是相信你的,"她说,"我只是不再相信生活了。"

临近 1935 年 12 月 21 日午夜,林德伯格一家人在万般无奈之下来到曼哈顿一个荒废的码头上,偷偷登上了一艘开往英国的美国货轮。动身之前,林德伯格接受了《纽约时报》一位记者的采访,这是为数不多尚受团体尊重的报纸了。该报在他们走后的第二天,用了几乎整个头版篇幅向读者讲述了"8 年前被赞誉为世界大英雄的这个男人是怎样携妻带子前往异国他乡建立——如果有这个可能性的话——属于家人的安全港湾"。②

在英国的乡村,林德伯格一家确实得到了他们梦寐以求的隐私。有 2 年多的时间,他们租下了长谷仓(Long Barn)——一座位于肯特郡的房子,房子年代久远,外形也不规则,还有一半是木质结构。长谷仓为下院议员、英国前外交官哈罗德·尼科尔森(Harold Nicolson)及其妻子小说家维塔·萨克维尔·韦斯特(Vita Sackville-West)所有。尼科尔森还是一名作家,为安妮的父亲德怀特·莫罗(Dwight Morrow)写过传记。在这里,林德伯格夫妇的第三个儿子兰德(Land Lindbergh)出生了。

从自己写的日记里,安妮发现他们住在长谷仓的几年是她一生中最快乐的一段时光。英国媒体和公众基本不会打扰林德伯格一家人。乔恩(Jon Lindbergh)可以在长谷仓宽敞的梯台式花园里玩耍,在远处的草地上闲逛,而无须持枪护卫在旁保护。这个时候的安妮和查尔斯能驾车穿过乡村,"体会到了自由,这感觉棒极了。我们

---

① Leonard Mosley, *Lindbergh*, New York: Dell, 1977, p. 184.
② *New York Times*, Dec. 23, 1935.

（知道）可以想停哪里就停哪里，也没人跟踪，不会受到关注"。①

1938年的夏天，林德伯格一家从长谷仓搬到了布列塔尼（Brittany）海岸外伊利克小岛（the island of Illiec）上的一栋庄园里。这个由石头砌成的庄园年代久远，饱经岛上海风侵扰。"从来没有一个地方这般让我着迷，让我渴望住下去，"② 林德伯格在日记中写道。伊利克小岛比肯特郡荒凉得多，是这对夫妻的另一个藏身之所。

尽管英国和法国也许是林德伯格家庭安全的避风港湾，但在那段时间里，这两个国家也是危在旦夕、自身难保了。法西斯意大利和纳粹德国正在蚕食欧洲，另一场战争正在无情地向人们逼近。在林德伯格举家搬迁英国之前的2个月，意大利军队侵略了东非国家阿比西尼亚（Abyssinia）。而在那之后的5个月，德国又占领了非军事化地区莱茵兰（Rhineland）*，此举不仅是对《凡尔赛条约》（the Versailles Treaty）明目张胆的违背，也是对英国和法国（一战时英法两国是德国在欧洲最强有力的对手）的公然挑衅。面对这种局势，英法两国均未施以援手去抵御这些侵犯行为，国际联盟亦未做出任何反应。确切地说，自1919年成立起，国际联盟就没有处理过侵略问题，更没有承担起维护和平的职责。现在的情况是美国已经拒绝加入联盟，希特勒上台后德国又退出了联盟，身为主要成员国的英国在一战结束时就大幅削减了军力和装备，情势已然如此，又能如何呢？

---

① Anne Morrow Lindbergh, *The Flower and the Nettle: Diaries and Letters of Anne Morrow Lindbergh, 1936-1939*, New York: Harcourt Brace Jovanovich, 1976, p. 17.
② Charles A. Lindbergh, *The Wartime Journals of Charles A. Lindbergh*, New York: Harcourt Brace Jovanovich, 1970, p. 10.
* 称"莱茵河左岸地带"，指今德国莱茵河中游，包括今北莱茵-威斯特法伦州、莱茵兰-普法尔茨州。——译注

1938年3月，希特勒吞并奥地利，逮捕了数以万计的奥地利犹太人，并把他们关押在集中营，而英法两国政府再次选择无视。但是等到希特勒的下一个打击目标成为捷克斯洛伐克时，法国就无法像之前一样泰然处之了：如果捷克与德国交锋，法国则必须遵守条约给予其军事援助。

但是英国无须履行这样的条约义务。英国首相内维尔·张伯伦（Neville Chamberlain）对国内军备薄弱的状况一清二楚，所以他决定与希特勒保持友好关系，想办法和平解决捷克问题。虽然整整4年，英国全力投入军备改良（主要对战斗机进行研发生产），但英国军队仍然名不副实，没有制造出自己的现代化轰炸机，也几乎没有储备必要的物资和原材料。大英帝国总参谋长对首相说："把我们的军队派到海外打一支各个方面都堪称精锐的部队，无异于是让他们去送死。"①

1938年9月下旬，张伯伦和法国总理爱德华·达拉第（Édouard Daladier）在慕尼黑与希特勒会面时，向这个德国最高统帅割让了捷克斯洛伐克的一大块土地——苏台德地区（the Sudetenland），它长久以来都是捷克斯洛伐克重要的堡垒地区和主要的工业中心。遭受如此出卖，温斯顿·丘吉尔怒不可遏。丘吉尔是张伯伦绥靖政策的劲敌，他将此举称为"贝内迪克特·阿诺德（Benedict Arnold）*以来最荒唐的恃强凌弱和背叛之举"。②

---

① Lynne Olson, *Troublesome Young Men: The Rebels Who Brought Churchill to Power and Helped Save England*, New York：Farrar, Straus & Giroux, 2007, p.127.

* 贝内迪克特·阿诺德是美国独立战争时期大陆军少将，后因转投英军而被视为美国人的叛徒。——译注

② Lynne Olson, *Troublesome Young Men: The Rebels Who Brought Churchill to Power and Helped Save England*, New York：Farrar, Straus & Giroux, 2007, p.139.

尽管查尔斯·林德伯格渴望拥有属于自己的私人空间，但这段时期，他还是越来越多地以公开的身份出现在大众面前。英国、法国甚至德国的官员邀请他去考察本国的飞机制造厂和其他航空设施。根据所看到的一切，他确信：无论英国还是法国，都没有斗志和实力与德国打一场现代化战争。他不断强调英国和法国在空中力量上的不足，又力捧德国取得的军事成就，不经意间推动英法两国在慕尼黑会议时对希特勒让步。

正如林德伯格所观察到的，当时法国内部长期敌对、派别林立，令法国政府和人民四分五裂，法国的各个城市更是残破不堪。政坛腐败、劳工纷争的现象司空见惯，冷漠无情、玩世不恭的情绪愈演愈烈。而英国则盛年不再，步入迟暮。在林德伯格看来，英国人"从未调整过自己的节奏以跟上今天世界的步伐。他们的记忆还停留在辉煌的海上岁月，无法接受飞机时代的来临"。[1] 林德伯格在自己的日记中写道："我看不到这个国家的未来[2]……飞机的出现已经严重降低了英吉利海峡的安全系数，而（英国）在制造业方面的优势早已是明日黄花。"[3]

林德伯格感谢英国为他的家庭提供了避风港，却也为他在那里看到的情况怒不可遏：政府官员碌碌无为，办事效率极其低下却经常洋洋自得。就连英国人爱喝茶的嗜好也能引起他的不满。"我觉得这整件事有点女性化"，在抵达英国后不久他提到，"很难解释清楚，可我从小到大都是这么认为的。喝茶是上流社会的女性和

---

[1] Wayne S. Cole, *Charles A. Lindbergh and the Battle Against American Intervention in World War II*, New York: Harcourt Brace Jovanovich, 1974, p. 28.
[2] Charles A. Lindbergh, *The Wartime Journals of Charles A. Lindbergh*, New York: Harcourt Brace Jovanovich, 1970, p. 11.
[3] Charles A. Lindbergh, *The Wartime Journals of Charles A. Lindbergh*, New York: Harcourt Brace Jovanovich, 1970, p. 147.

'东方人'才会干的事"。① 后来他又写道:"我必须认清一个事实,英国这个国家里尽是一些行动迟缓、有点愚蠢的人,而且人情冷漠。天才人物寥寥无几。但正是这寥寥无几的天才,支撑起了整个大英帝国,为她带来了荣誉。"②

然而,林德伯格是在尚未真正了解英国和英国人的情况下做出这些评论的。事实上,查尔斯和妻子安妮大半生都没有与普通英国人打过交道,这也是安妮晚年时感到遗憾的事。20世纪30年代中期,当他们在长谷仓过着隐居生活时,只结识了少数的英国人。他们的社交对象,通常是那些活跃在英国上层社会和政治圈的人——贵族、张伯伦政府要员、皇室成员,以及声名显赫的豪商巨贾,其中的大部分又是绥靖政策的拥趸和亲德派人士。这些英国人认为,同盟国在一战后对德国的态度一直不公,一个强大德国的出现,无论是不是纳粹政权,都是对共产主义苏维埃政府的有力制约。(可以肯定,温斯顿·丘吉尔从未与林德伯格过往甚密,他后来这样谈起自己的同胞:"英国人一直都是世界上最大的傻瓜。他们就像一盘散沙,无法准备作战。所以到了开战的最后一刻,他们就匆忙聚在一起,东拼西凑地组成队伍,乱打一通。"③)

林德伯格不仅确信英国的辉煌已经谢幕,而且笃定德国的繁盛才刚刚开启。他应美国驻柏林使馆武官杜鲁门·史密斯上校(Colonel Truman Smith)的邀请,1936年到1938年的大部分时间住在德国,收集德国空军的有关信息。

---

① Charles A. Lindbergh, *The Wartime Journals of Charles A. Lindbergh*, New York: Harcourt Brace Jovanovich, 1970, p.9.
② Charles A. Lindbergh, *The Wartime Journals of Charles A. Lindbergh*, New York: Harcourt Brace Jovanovich, 1970, p.22.
③ Lynne Olson and Stanley Cloud, *A Question of Honor: The Kosciuszko Squadron: Forgotten Heroes of World War II*, New York: Knopf, 2003, p.92.

图 1-3　查尔斯·林德伯格与德国官员在柏林。最右边是
杜鲁门·史密斯上校,美国驻德使馆武官

杜鲁门·史密斯是耶鲁大学毕业生,说一口流利的德语,被视作美国陆军中至关重要的一位德国研究专家。早在 20 世纪 20 年代初被派驻德国期间,他就成为第一位采访希特勒的美国官员,后来在慕尼黑会议的政治角斗场上,他又不显山不露水地充当了一回掮客。尽管在当时大多数外国观察家的眼中,希特勒只是个不入流的政治演说家,而史密斯则认为这位未来的元首——他将之描述为"狂热的"① "了不起的政治说客"——已然引起了德国人民的共

---

① Truman Smith, *Berlin Alert: The Memoirs of Truman Smith*, Stanford: Hoover Institution Press, 1984, p. 60.

鸣，而且对于本国在一战中的失败仍然愤愤不平且耿耿于怀。史密斯对自己的上司说，他认为希特勒和他新组建的国家社会党（National Socialist Party）"即使没有直接威胁到德意志共和国，也已经成为它的一个潜在威胁"。[1]

1935年，史密斯被再次派驻柏林，他随时密切关注着德国迅速的军事扩张行动，该行动直接违反了《凡尔赛条约》（the Versailles Treaty）。尽管能收集到有关德国军队规模、武器装备和指挥官的较新资料，但他对于航空方面的情况还是知之甚少，也搞不到同样大规模集结的纳粹空军（the Luftwaffe）方面有价值的情报。

史密斯认为纳粹空军指挥官赫尔曼·戈林（Hermann Goering）会找机会向举世闻名的查尔斯·林德伯格炫耀他的宝贝空军。事实证明果真如此。1936年，当史密斯代表戈林邀请林德伯格前往德国时，他许诺："为了表达对您到访的敬意，德国航空部将启动最高级别的采访审查机制"，[2] 以此提高邀请的诱惑力（但其实并没人严格遵守这一承诺；在德国，记者和摄影师们获准拍摄林德伯格、参加他出席的各大公共活动，只是不能采访他而已）。

这次访德及其后的几次随访期间，戈林和属下都热情地招待了林德伯格，向他展示了最新的轰炸机和战斗机模型，带他参观了德国各地繁忙的飞机制造工厂，还给他演示了跳伞和精准轰炸的项目。正如德国人所愿，纳粹帝国强大的空军实力深深打动了林德伯格。多年之后，安妮·林德伯格还是会承认："毫无疑问，戈林确

---

[1] Truman Smith, *Berlin Alert: The Memoirs of Truman Smith*, Stanford: Hoover Institution Press, 1984, p. 68.

[2] Truman Smith, *Berlin Alert: The Memoirs of Truman Smith*, Stanford: Hoover Institution Press, 1984, p. 89.

实'利用'(我丈夫)向世界炫耀他的航空工业,希望德国空军实力的神话会随之传到海外,让那些反对希特勒侵略计划的人作罢。"①

图1-4 柏林,查尔斯和安妮·林德伯格夫妇与纳粹空军指挥官赫尔曼·戈林一起

在交给美、英、法三国政府的报告中,林德伯格得出如下结论:德国军用飞机在性能和数量上比其他任何一个欧洲国家都要占明显优势;或者就此而言,明显优于美国。他还进一步警告说:"只要德国愿意,它现在就有办法摧毁伦敦、巴黎和布拉格。把英国和法国拥有现代装备的战斗机加在一起,都不足以进行有效的防

---

① Anne Morrow Lindbergh, *The Flower and the Nettle: Diaries and Letters of Anne Morrow Lindbergh, 1936-1939*, New York: Harcourt Brace Jovanovich, 1976, p. xxi.

御和反攻。"①

但林德伯格的调查结果中有很严重的缺陷,杜鲁门·史密斯后来确认了这一点。林德伯格不知道——所以,他的报告中并没有提及——20 世纪 30 年代末纳粹空军的优势在于它仅能支持德国地面部队在欧洲大陆范围内的进攻。他们还没有研发出能从德国向伦敦(或任何其他远距离目标)发动突袭的长距离轰炸机群。事实上,1937 年底,下属告知过戈林,纳粹空军里没有一架轰炸机或战斗机能对英国实施"有意义的打击"②。"鉴于目前我们的条件,"下属汇报说,"侵扰威吓一下就是我们所能期待的最佳效果……根本谈不上来一场直接击溃英国的战争。"

林德伯格把这最关键的一点遗漏了,因而英国政府和人民更加坚定地认为并害怕"轰炸机随时会抵达"。③ 有好几年,英国的最高领导人一直在警告英国同胞,未来如果发生战争,大规模的轰炸袭击将会在短短几天之内就彻底摧毁这个国家。

但让张伯伦决定在慕尼黑会议上向希特勒妥协的关键因素并不是这个美国人调查报告中那些让人恐惧的内容,尽管这些内容确实让这位英国首相笃信德国的空中实力极其强大,因而他们最好满足希特勒对捷克斯洛伐克的要求,而不是贸然将英国投入一场并未做好准备的战争中去。林德伯格的报告对法国产生了更深的影响,所以法国也得出了与英国相同的结论。在慕尼黑会议前不久,法国副总参谋长就说,如果苏台德地区不向希特勒投降,"那么法国的各

---

① Truman Smith, *Berlin Alert: The Memoirs of Truman Smith*, Stanford: Hoover Institution Press, 1984, pp. 154-155.
② A. Scott Berg, *Lindbergh*, New York: Berkley Books, 1999, p. 375.
③ Lynne Olson, *Troublesome Young Men: The Rebels Who Brought Churchill to Power and Helped Save England*, New York: Farrar, Straus & Giroux, 2007, p. 64.

个城市会被德国炸成废墟,(没有)任何防御手段"。①

显然,英国驻巴黎使馆的军事随从对林德伯格的报告持有疑虑,在给上司的信件中,他说道:"希特勒已经把林德伯格上校变成了为他送信的大使,因为林德伯格似乎替他给法国人留下了这样的印象:德国人势力庞大,已经做好了开战准备。而在此之前,情况并非如此。"② 在英国皇家空军上校约翰·斯莱瑟(英国空军参谋部计划处处长)看来,林德伯格虽然"极其讨人喜欢"③,而且"为人着实真挚诚恳",但他是"一个突出的例子,证明了德国人的宣传工作卓有成效"。斯莱瑟在日志中写道,这个美国飞行员曾经告诉过他,"我们唯一能采取的合理政策(是)不惜一切代价避免开战"。

林德伯格对德国军事实力的印象无疑受到他个人对德国存有好感的影响。他对德国人的态度与他对英国人和法国人的情感之间形成了鲜明的对比。"他的一生,依靠的都是精准的数据和全面的专业知识;绝对不允许偶然事故的发生,"林德伯格的一位朋友曾经这样说过,"在他眼里,生活中的一切都要经过计算,井井有条。他无法容忍,也不可能理解用不专业的方法对待任何事情。"④ 就像林德伯格看待 20 世纪 30 年代末的局势一样,英国和法国在航空领域及其他军事事务上表现业余,而德国行动有效、追求至善,是

---

① Wayne S. Cole, *Charles A. Lindbergh and the Battle Against American Intervention in World War II*, New York: Harcourt Brace Jovanovich, 1974, p. 53.
② Wayne S. Cole, *Charles A. Lindbergh and the Battle Against American Intervention in World War II*, New York: Harcourt Brace Jovanovich, 1974, p. 53.
③ Kenneth S. Davis, *The Hero: Charles A. Lindbergh and the American Dream*, Garden City, N. Y.: Doubleday, 1959, pp. 378-379.
④ Sir John Wheeler-Bennett, *Special Relationships: America in Peace and War*, London: Macmillan, 1975, p. 131.

这些方面的专家,足以匹敌对手。"我无法不喜欢德国人,"林德伯格在1938年3月的日记中写道,"德国人与(美国人)无异。我们应当跟他们合作,而非时不时地与之交锋。如果我们跟德国打仗,后果只是失去最优秀的士兵。我们得不到任何好处……不能打仗。"①

林德伯格和陪伴他前往德国的安妮都极为赞赏在这个国家看到和感受到的生命力、蓬勃的朝气和充沛的精力,及其"事事皆可能、障碍多大都能克服的魄力"②,这与英、法两国所表现出来的精神状态天差地别。德国看起来一派繁荣景象,忙碌喧嚣却又秩序井然,给人一种"纵情欢庆之感"③,全无"贫乏困顿之态"。

但在访德期间,林德伯格最珍视的还是德国人对他隐私的尊重。"12年来,我(在美国)遍寻不到自由,一个本应当是自由典范的国家,"④ 他在自己的日记中思忖着写道,"直到来到欧洲,我才真正找到自由。奇怪的是,就所有的欧洲国家而言,我发现,个人最能得到自由的国家是德国,其次是英国,然后才是法国。"但他似乎没有考虑到一个事实,即在一个像第三帝国这样独裁统治的国家里,人们不能持有异议,所有的反对派也都被镇压殆尽,没有任何一个德国人会蠢到去侵犯一位访客的隐私,何况这位访客还是美国的官员。也可以说,林德伯格的自由,是靠牺牲他人的自由

---

① Charles A. Lindbergh, *The Wartime Journals of Charles A. Lindbergh*, New York: Harcourt Brace Jovanovich, 1970, p. 5.
② Wayne S. Cole, *Charles A. Lindbergh and the Battle Against American Intervention in World War II*, New York: Harcourt Brace Jovanovich, 1974, p. 29.
③ Anne Morrow Lindbergh, *The Flower and the Nettle: Diaries and Letters of Anne Morrow Lindbergh, 1936-1939*, New York: Harcourt Brace Jovanovich, 1976, p. 83.
④ Charles A. Lindbergh, *The Wartime Journals of Charles A. Lindbergh*, New York: Harcourt Brace Jovanovich, 1970, p. 166.

换来的。

说得婉转些,林德伯格夫妇对于德国的了解和理解着实肤浅。因为他们没有机会观察在这个国家内部真正发生了什么,他们看到的都是纳粹想让他们看到的。他们既不说德语,又不读德国人写的东西,与他们打交道的都是德国官员和军队人士。他们没有深入过普通的德国民众之中,当然就没有机会见证纳粹政权对犹太人日益恶毒的迫害。

林德伯格是个冷静的人,他几乎把自己所面对的每一个问题都简单化了,也从不过多考虑人性的复杂,他对被专栏作家沃尔特·利普曼(Walter Lippmann)称为"冷血恶魔"[1]的希特勒独裁政府决然地视而不见。他后来写过这样的文字:"民主政府下,人们对待希特勒的军事煽动行为、受他控制的政治选举和满世界的秘密警察满怀厌恶,我也有同感。但是我觉得,我在德国所看到的——无论其形式如何粗暴不堪——是避开衰亡的备选方案。"[2] 在给一个朋友的信件中,他写下了自己所注意到的情况,虽然元首(希特勒)毫无疑问是个军事狂热分子,他也"毋庸置疑是个伟人,我认为他为德国人民做了很多……(他)已经取得了成绩(成绩有好有坏)。不带着狂热的劲头,这些成绩根本不可能获得"。[3]

林德伯格被一位杂志记者描述为是一个"对他人漠不关心的极度敏感者"。[4] 他在回应纳粹屠戮犹太人方面数不胜数的野蛮行

---

[1] Ronald Steel, *Walter Lippmann and the American Century*, New York: Vintage, 1981, p.331.
[2] A. Scott Berg, *Lindbergh*, New York: Berkley Books, 1999, p.382.
[3] A. Scott Berg, *Lindbergh*, New York: Berkley Books, 1999, p.361.
[4] Lloyd Shearer, *Parade*, March 13, 1977.

径时,也同样冷漠超然。当他知悉"水晶之夜"(Kristallnacht)事件时——尽管在狠毒的盖世太保领导下,暴徒们于1938年9月制造了一起大屠杀,导致成百上千名德裔犹太人被杀,数不清的犹太人教堂、房子和商铺被砸毁、焚烧,他质疑的却只是纳粹此番行径的不合理性。"我不理解德国人搞这些骚乱意欲何为,"他写道,"这次事件似乎与他们的秩序性和黠慧感完全背道而驰。毫无疑问,犹太人是他们面对的一个难题,但又何至于要如此不理智地处理问题呢?德国人让我钦佩,但是像这样不争的事实又不断地冲击着我的认知。"① 林德伯格的一位故交在猜测他何以对希特勒的受害者缺乏同情心时是这样说的:"也许是因为他长期以来都生活在与普通民众隔绝的环境中,所以这些人在法西斯的压迫下丧失人格尊严根本无法让他感受到愤怒。"②

林德伯格对道德问题毫不关心,他认为无论条件如何恶劣,法国和英国都别无选择,只能与德国和解。"如果英德对立开战,"他断言,"西方文明可能就此没落。"③ 这等于打开大门迎接苏联和共产主义长驱直入。

与此同时,林德伯格到访纳粹德国的消息传到美国,这削减了大部分美国人对他所持的同情和崇敬之情。剧作家、文学批评家沃尔科特·吉布斯(Wolcott Gibbs)在《纽约客》(*New Yorker*)杂志中尖锐地写道:"林德伯格有理由憎恨民主制度(如果有人有过的话),并赞赏一个能有效保护个人隐私的政治体系,虽然这个体

---

① Charles A. Lindbergh, *The Wartime Journals of Charles A. Lindbergh*, New York: Harcourt Brace Jovanovich, 1970, p. 115.
② Dorothy Herrmann, *Anne Morrow Lindbergh: A Gift for Life*, New York: Ticknor & Fields, 1993, p. 236.
③ Charles A. Lindbergh, *The Wartime Journals of Charles A. Lindbergh*, New York: Harcourt Brace Jovanovich, 1970, p. 136.

系还能一样高效地摧毁无辜者的生命和他们对生活的希望。"①

1938年10月18日，就在慕尼黑协议达成之后3周，戈林给林德伯格颁发了一枚勋章，这令美国国内对他的抨击愈加激烈了。颁奖仪式的招待会在柏林的美国驻德大使馆进行，大使休·威尔逊（Hugh Wilson）随后举办了一场男士晚宴。事先并没人告知林德伯格和威尔逊有关勋章——德国之鹰服役十字勋章（the Service Cross of the German Eagle）——的事，根据戈林的说法，这是为了表彰他身为飞行员对世界航空做出的贡献，也是为了纪念他1927年的历史性飞行。尽管林德伯格对这枚奖章万分惊讶（那天晚上有个年轻的美国军官站在他身旁，用一个词描述了他的反应，就是"目瞪口呆"②），他却仍未对此做过多考虑。然而，他妻子的反应截然不同。那晚当林德伯格和同在晚宴上的杜鲁门·史密斯一起，向安妮展示勋章的时候，她看了一眼，直截了当地把这东西称为"麻烦"③。

这的确是个麻烦。授勋典礼就发生在"水晶之夜"事件的前几天，这让美国民众深感震惊。据德国驻洛杉矶总领事报告所言，自第一次世界大战以来，美国人从未如此公开地表达对德国的敌意。德国驻华盛顿大使汉斯·迪科霍夫（Hans Dieckhoff）给柏林拍了电报："此处飓风强劲。"④ 为表示对纳粹行为的不满，罗斯福总统将休·威尔逊从德国召回，希特勒也随之将迪科霍夫从华盛顿召回。

---

① "The Talk of the Town," *New Yorker*, Nov. 26, 1938.
② Murray Green interview with Gen. Arthur W. Vanaman, Green papers, AFA.
③ Truman Smith, *Berlin Alert: The Memoirs of Truman Smith*, Stanford: Hoover Institution Press, 1984, p. 134.
④ Cooper C. Graham, "'Olympia' in America, 1938: Leni Riefenstahl, Hollywood and the Kristallnacht," *Historical Journal of Film, Radio and Television*, 1993.

考虑到美国强烈的反德情绪，林德伯格获得勋章的消息在美国引发极大争议就不足为奇了。此时，这位飞行员公开表达对美国媒体的憎恶之事又卷土重来，使得他心烦意乱。记者们一直对林德伯格轻视媒体的态度深恶痛绝，所以他们不仅添油加醋地报道这枚勋章，还在某些情况下虚构了更能损害他声誉的细节详情。例如《自由》（Liberty）杂志曾写道：他仅仅是为了接受奖章才飞去柏林的。就连过去对其处境深表同情的《纽约时报》，都并不准确地在文章中称那天的整个晚宴上，他将勋章自豪地挂在胸前。而事实上，他从来没有佩戴过德国之鹰服役十字勋章。

"我们都知道，查尔斯对于报纸上写的东西从来不否认。我们也知道，报纸上公布的一些与之有关的东西，令人无法容忍。但于我们而言，勋章这件事另归一码，"安妮的一个远亲写信向她这样说道，"第一次，报纸真正将查尔斯推开，把他与美国的对立面——那邪恶的、错误的一边联系在了一起。所以对于那些可能倒向错误方的意志不坚之人，此番报道也可能起到了促进和鼓励作用。"①

朋友们都劝林德伯格纠正报纸上的错误言论，但他根本不予理会，而且一再拒绝给出与那一晚情况有关的己方说法。正如《生活》（Life）周刊指出的："他拒绝谈论勋章的态度不成比例地放大了勋章的重要性。"② 令人吃惊的是，林德伯格后来一直认为接受勋章对他来说根本就不是件大事。1955年，他写信给杜鲁门·史密斯说，他从来都认为"大家对勋章的事大发牢骚，其实这不过

---

① A. Scott Berg, *Lindbergh*, New York: Berkley Books, 1999, p.380.
② Roger Butterfield, "Lindbergh," *Life*, Aug. 11, 1941.

是一场茶壶里掀起的暴风雨"。①*

　　此番言论直指林德伯格在政治上的短板。事实上,从 1938 年末起,林德伯格的批评者们就以勋章事件为矛头对他展开了猛烈的抨击。他最大的对头是哈罗德·艾克斯（Harold Ickes）,美国内政部长,此人精明务实却又难以相处。艾克斯最广为人知的是对自己和罗斯福的政敌进行无情打击。"我不能容忍那些愚蠢的人,"他有一次对罗斯福这样说,"但是蠢货到处都是。"② 根据 T. H. 沃特金斯——艾克斯的传记作者的说法:"对于艾克斯来说,一个世界里不可能没有让他生气的事,如果没有,这个世界就不可理喻了。"③

　　曾有一个共和党参议员因遭到艾克斯的言语攻击而不满,将其称为"一个因身居高位而膨胀自大、骂骂咧咧的粗俗之人"。④ 在一位内阁同僚看来,艾克斯是"华盛顿的强硬派"。⑤ 而在另一位同僚的眼中,他只不过是"总统放出来咬人的狗"。助理国务卿阿道夫·伯尔（Adolf Berle）在一次英国大使馆的晚宴上遇到了这个身材矮胖、戴着眼镜的内政部长,不仅拒绝同他握手,事后还在日记里形容他"根本上是一个跳蚤"。⑥

---

① Truman Smith, *Berlin Alert: The Memoirs of Truman Smith*, Stanford: Hoover Institution Press, 1984, p. 134.
* "茶壶里掀起的暴风雨"是英语谚语,意思是为一件不足称道的事大惊小怪。——译者注
② Robert Sherwood interview with Harold Ickes, Sherwood papers, HL.
③ T. H. Watkins, *Righteous Pilgrim: The Life and Times of Harold L. Ickes, 1874-1952*, New York: Henry Holt, 1990, p. 163.
④ *Life*, Sept. 2, 1940.
⑤ T. H. Watkins, *Righteous Pilgrim: The Life and Times of Harold L. Ickes, 1874-1952*, New York: Henry Holt, 1990, p. 337.
⑥ Adolf Berle diary, Sept. 11, 1940, Berle papers, FDRPL.

艾克斯性格强硬、一贯好斗，也是民权和自由的坚定拥护者。年轻时在芝加哥做律师期间，他当选为全国有色人种协进会（NAACP）城市分会主席。作为内务部长，他曾明令禁止自己的部门出现种族隔离现象，还在玛丽安·安德森（Marian Anderson）被禁止在华盛顿宪法厅演出后，负责给这位黑人女歌手安排了在林肯纪念厅举办的1939年度音乐会。希特勒上台后，艾克斯直言不讳地批评了德国及其对待犹太人的方式。

林德伯格接受德国勋章的行为使他在艾克斯原本就人满为患的政敌名单上排名靠前了。"水晶之夜"事件后不久，一次在克利夫兰给一个犹太人团体做演讲的时候，这位内阁部长就林德伯格接受勋章的事向他开火："在一个野蛮的独裁者手上接受一枚勋章，那只颁发勋章的手同时还在做着劫掠和折磨千万人类同胞的罪恶勾当。"[1] 无论谁从德国人那里领取勋章，他补充说道，谁"就应该自动宣誓放弃自己的美国国籍"。从那时起，艾克斯就常以自己曾是"首位在公众面前批评林德伯格的人"[2] 自居。

朋友们、亲戚们纷纷给林德伯格夫妇写信、发电报，告诉他们：在纽约和其他美国城市的电影院里，每当林德伯格的影像出现在新闻短片中，观众们就会嘘声起哄。而据林德伯格的姐夫奥布里·摩根的说法，美国民众对德国所发生的一切怒火愈发旺盛，而他已成为他们倾泻怒火的"便利渠道"。[3]"你已经成为德国人的替罪羊，"在给林德伯格的信中，摩根这样写道，"毫无疑问，新闻界在处心积虑地把你写成欧洲事件的幕后真凶和狡诈的阴谋家。"

---

[1] *New York Times*, Dec. 19, 1938.

[2] Harold Ickes to John Wheeler, May 9, 1941, Ickes papers, LC.

[3] A. Scott Berg, *Lindbergh*, New York: Berkley Books, 1999, p. 380.

安妮因为这些针对她丈夫的言语攻击深感不安,认为这太不公平了。相比之下,林德伯格则表现出他妻子所说的那种"属于他的无动于衷,宽容大度,漠不关心"。① 在日记中,安妮说:"他们嘲讽也好,捧赞也罢,对他都没有影响。"② 的确,1939 年 4 月初的时候,勋章事件几个月后,他突然决定应该带着家人一起回美国,结束他们的隐居状态,从而又一头扎进 3 年多以前令他们仓皇出逃的名人效应这一旋涡中。

他是在 1939 年 3 月 15 日希特勒占领捷克斯洛伐克全部领土之后做出的决定。不久之后,内维尔·张伯伦终于意识到自己的绥靖政策作用不大,随即向下院宣布了一个通知,其内容反转之大,堪称英国现代史上最戏剧化的一次外交政策。他宣布,英国将在纳粹侵犯波兰时出兵援助波兰(当时报道纷纷指出波兰将是希特勒的下一个目标)。而法国也做出了类似的承诺。

林德伯格意识到欧洲战事一触即发,因此断定在欧洲大陆事务上,他已无力避免冲突。所以他想,自己该回家了。"我觉得我可以在美国发挥积极影响,努力让美国人民相信,我们有必要在这场战争中严格保持中立。"③ 他在日记中写道,"这样至少还有一个强大的西方国家可以留存下来,保护西方文明"。

---

① Anne Morrow Lindbergh, *Bring Me a Unicorn: Diaries and Letters of Anne Morrow Lindbergh, 1922-1928*, New York: Harcourt Brace Jovanovich, 1971, p. 216.
② Anne Morrow Lindbergh, *The Flower and the Nettle: Diaries and Letters of Anne Morrow Lindbergh, 1936-1939*, New York: Harcourt Brace Jovanovich, 1976, p. 470.
③ A. Scott Berg, *Lindbergh*, New York: Berkley Books, 1999, p. 383.

第二章 我们是傻瓜

1939年4月14日，远洋客轮"阿基塔尼亚号"（Aquitania）停泊在纽约港的时候，数十名记者和摄影师把查尔斯·林德伯格围困在自己的船舱里，他们聚集在过道和通往下面甲板的楼梯间里等候。林德伯格拒绝接受任何采访，一位摄影师破开舱门，抓拍了一张飞行员受到惊吓的照片就跑了。几分钟后，林德伯格大步走下踏板，在一群身着制服的警察的保护下迅速离开了。他的妻子和孩子们乘坐的后一艘船会晚些时候靠岸。记者们被隔在他前后的保护墙之外，你推我挡，奋力地想给这个站在中间的男人拍一张照片或从他嘴里得到一句评论。"那天只怕有上百个记者，"林德伯格后来在日记中写道，"甲板上到处都是记者们用完扔掉的闪光灯灯泡碎玻璃。我想，以前从未一次看到过这么多垃圾，即使是在1927年。这是一个文明国度的野蛮入口。"①

几天前，当"阿基塔尼亚号"还航行在大西洋的海面上时，林德伯格就与亨利·"哈普"·阿诺德将军互发电报交换了意见，将军希望尽快安排一次见面。所以在林德伯格抵达纽约的第二天，他们就在西点军校秘密会面了。对于此次会面，阿诺德将军和林德伯格一样，都有点讳莫如深：阿诺德的传记作家默里·格林

---

① Charles A. Lindbergh, *The Wartime Journals of Charles A. Lindbergh*, New York: Harcourt Brace Jovanovich, 1970, pp. 182–183.

（Murray Green）指出，将军"如履薄冰，因为当时林德伯格这个名字在白宫已成为禁忌字眼"。①

图 2-1　亨利·"哈普"·阿诺德将军，美国陆军航空兵司令

二人在附近的一个酒店边吃午饭边谈，持续了有3个小时。应阿诺德将军的要求，酒店清场没有接待其他客人。餐厅的门关着，这样服务员可以准备晚餐，而林德伯格与阿诺德则继续他们在西点军校棒球赛大看台上进行的讨论，餐厅四周都是军姿笔挺的军校学员。

这位陆军航空兵司令对围绕林德伯格的种种争议毫不在乎。对于这位飞行员到访德国的政治影响，他也不受困扰。52岁的阿诺

---

① Murray Green interview with Gen. Arthur A. Vanaman, Green papers, AFA.

德是一个"看上去喜欢找麻烦"[①]的人,就像林德伯格一样,他热衷于冒险,喜欢险中求胜,所以常因自己离经叛道的行为遭人诟病。阿诺德这个人惯于固执己见,特立独行却又不讲究技法,喜欢批评自己的上司,而且为了得到自己想要的东西,常常不按常理出牌。事实上,在他从军早期,曾因秘密游说国会议员支持他赞成的立法而被威胁移交军事法庭。

至于林德伯格,阿诺德所操心的只是他给亟须了解纳粹空军规模和实力的美国陆军航空兵带来了最新信息——阿诺德亲自要求他收集的信息,"一个私下里的大忙,也是爱国主义行为"。[②] 更为重要的是,林德伯格对于德国空军实力的夸张报告也促使罗斯福总统在5个月前决定下令大幅增加美国飞机的产量。而对于下决心建成世界上最强空军帝国的阿诺德来说,罗斯福的提议于军事方面而言,无异于一部神圣的《大宪章》。

阿诺德在军事上具有开拓精神,颇有远见卓识。他个头不高,身材健壮,肩宽臂阔,对空军的未来发展有着很多想法,而这些想法在当时来说还是相当超前的。距离奥维尔·莱特和威尔伯·莱特(Orville and Wilbur Wright)首次驾驶飞机飞过北卡罗来纳州基蒂霍克村的沙滩仅仅过去了35年。莱特兄弟教会了阿诺德怎样驾驶飞机,他也因而走上了这条道路,成为美国军队里首批4名飞行员之一。1938年,他刚开始掌管美国陆军航空兵时,陆军航空兵还一穷二白——跟颇具实力的纳粹空军和英国皇家空军相比,简直不

[①] Thomas M. Coffey, *Hap: The Story of the U. S. AirForce and the Man Who Built It*, New York: Viking, 1982, p. 10.

[②] Richard M. Ketchum, *The Borrowed Years, 1938-1941: America on the Way to War*, New York: Random House, 1989, p. 103.

值一提。阿诺德称自己的工作"几乎没有什么内容"。① 美国陆军航空兵的规模在世界上排名第 20 位，仍然受陆军管辖，只有几百架战斗机（其中许多飞机已经陈旧过时），现役军官和士兵还不足1.9 万人。

从挂帅之时起，阿诺德就一心想要证明空军是优胜于任何其他类别军种的武装力量。他对华盛顿的许多政府高官态度生硬、粗暴无礼，因为他们无法理解他心中空军将是最高军种的执念，而且他们认为"美国该死的飞行员们总是骄傲自大，简直就是目中无人"。②

在对空军优势持怀疑态度的人士中，就有富兰克林·罗斯福。他是个热爱大海的人，曾经担任过海军助理部长，且一直偏爱该军种。然而，在慕尼黑协议达成后，罗斯福总统的幕僚们劝他说，德国那据说超强的空中实力不仅对欧洲的安全构成了重大威胁，而且对美国和世界其他地区也构成了威胁。尽管事实证明，所有对纳粹空军实力的报告（包括林德伯格做出的那些调查报告）都极为夸张，幕僚们还是"第一次"③让罗斯福相信——据陆军部备忘录记载——"应该尽可能以最快的速度促进美国飞机制造行业的发展"。

1938 年 11 月 14 日，罗斯福总统下令陆军起草一个两年计划，预计造出 1 万架新飞机，大部分是轰炸机。他有个想法，就是从空中开战。罗斯福总统告诉自己的内阁"空中作战花费更少，也意味着更少的伤亡，所以与传统战争相比，更容易取胜"。④ 而且如果他把相当一部分新飞机卖给英国和法国，还能帮助它们保卫自己

---

① Henry H. Arnold, *Global Mission*, New York: Harper, 1949, p. 165.
② Henry H. Arnold, *Global Mission*, New York: Harper, 1949, p. 151.
③ Richard M. Ketchum, *The Borrowed Years, 1938-1941: America on the Way to War*, New York: Random House, 1989, pp. 86-87.
④ John Lamberton Harper, *American Visions of Europe: Franklin D. Roosevelt, George F. Kennan and Dean Acheson*, Cambridge: Cambridge University Press, 1994, p. 68.

免遭德国侵犯，也许这样美国就能避免被卷入目前威胁欧洲局势的冲突之中。而对于阿诺德来说，美国空军急需飞机，可罗斯福现在就提出把飞机运走，这简直让人深恶痛绝；在接下来的3年里，他竭尽全力反抗这个提议，甚至到了不服从上级命令的地步。

为了让空军发展成规模最大、武器最精良的军队，阿诺德决心利用林德伯格的名人影响力。在此次西点军校的会面中，他要这位飞行员牵头加快战斗机的开发，让美国的战斗机装备更先进、飞得更快。林德伯格接受了阿诺德的请求，回到美国几天之后，他以陆军预备役上校的身份重返现役。尽管他直言不讳地支持美国采取中立的立场，但他也坚信，美国必须尽快巩固其军事实力，这样才能实现自卫。林德伯格花了几周的功夫考察了全国的飞机制造工厂和航空研发中心，得出的结论是：美国空军潜力"巨大"[1]，但就目前状态而言，与德国空军之间还存在云泥之别。再应阿诺德的要求，他进入一个委员会任职，该委员会经过简单研究，措辞强硬地建议尽快实施扩大航空器的研发和制造的项目。

对于这样一项事业，林德伯格——如阿诺德所期望的——并不反对利用自己的名声。他成为美国陆军航空兵的核心人物，与国会议员、政府官员、外交官、企业高管、科学家和工程师等人就美国空军若要问鼎世界需要做些什么、花费什么进行了无数次讨论。

20世纪20年代初，林德伯格曾在一所陆军飞行学校学习了一年，所以他喜欢重回现役。在弹药大楼，阿诺德办公室外的走廊对面，林德伯格分到了一间办公室。弹药大楼是位于华盛顿的国家广场上的一座巨大建筑物，在里面办公的都是陆军和空军的军人。每

---

[1] A. Scott Berg, *Lindbergh*, New York: Berkley Books, 1999, p.388.

天下班时,为了回避有可能徘徊在大楼前门的摄影师和记者,阿诺德的助手们都会护送林德伯格从后门走出大楼,乘坐等在门外的一辆的士离开。

在华盛顿待了几天后,林德伯格意识到,许多人和他一样,对外界怀有疏离感。他在弹药大楼和部队里其他地方的同事都是一副心烦意乱、萎靡不振的样子,被国内那些极度反战争、反军事的人士视为一群流氓。美国民众不再要求"给民主制度一个安全的世界",这原是伍德罗·威尔逊(Woodrow Wilson)总统在1917年向美国做出的承诺,当时的美国正身陷第一次世界大战。用历史学家威廉·S. 兰格和 S. 埃弗里特·格里森(S. Everett Gleason)的话说:"美国人曾一度错误地认为,战争可以解决一切纠纷;现在他们又走向反面,荒谬地觉得战争起不到任何作用。"①

第一次世界大战结束后,人们认为,美国是受到英国的蛊惑而卷入战争的,除此之外,那些代表欧洲协约国利益的美国银行家和军火商也有不可推卸之责。1937年盖洛普民意测验结果显示,当时有70%的美国人认为,美国参加第一次世界大战是个错误。

第一次世界大战前期那种模糊的理想主义已经消退,取而代之的是坚决冷眼旁观的孤立主义态度,这种态度的宗旨是美国虽然是世界第一经济体,但它并不因此具备任何与生俱来的责任。欧内斯特·海明威(Ernest Hemingway)1935年写出了这种国民情绪:"欧洲正在烹煮的这锅汤是永远喝不到嘴里的,我们没有必要去分上一杯羹……我们是傻瓜,曾陷入一次欧洲战争,以后再不能重蹈

---

① William S. Langer and S. Everett Gleason, *The Challenge to Isolation: 1937-1940*, New York: Harper, 1952, p.14.

覆辙。"①

在靠近军事基地的城镇，常常可以在店面上看到这样的标语：狗与士兵——不得入内。在首都华盛顿，反军事的情绪十分浓烈，所以大部分军官包括林德伯格在内在公众场合都不会穿着军装。军队高层官员在国会委员会委员们面前作证时，也身着便服，以免惹怒国会中那些势力强大的孤立派成员。

由于长期缺乏白宫和国会的支持，1939年时美国陆军世界排名仅为第17位，介于葡萄牙和保加利亚之间。虽然美国海军截至此时是几个军种中实力最强的（且不说海军中有一半的舰艇来自第一次世界大战），诚如《生活》所写，陆军是"任何主要军事力量中规模最小，装备最差的武装部队"。② 在役人员还不足17.5万人，兵微将寡、势单力薄，用一位军事历史学家的话说，陆军甚至无法"击退跨过格兰德河来偷袭的墨西哥匪徒"。③ 陆军缺少武器，所以只有1/3的士兵可以携带武器训练；而那些确实在库的武器还几乎都是一战时期的老古董。

因为对于增加军事预算的要求一直不高，所以即便那些微不足道的要求遭到大幅削减，军队领导者们也已经习以为常了。大部分美国人反对重整军备，因为筹措到足够资金去替换日益老旧的武器和装备的可能性微乎其微，就更不用说去创建一支现代化和机械化的军队与德国或其他潜在的敌人来抗衡了。

虽然一战结束后，每位总统对军队都实施严格管控，但罗斯福

---

① Lynne Olson, *Citizens of London: The Americans Who Stood with Britain in Its Darkest, Finest Hour*, New York: Random House, 2010, p. 67.
② Richard M. Ketchum, *The Borrowed Years, 1938-1941: America on the Way to War*, New York: Random House, 1989, p. 540.
③ Lynne Olson, *Citizens of London: The Americans Who Stood with Britain in Its Darkest, Finest Hour*, New York: Random House, 2010, p. 19.

还是军队高层最不信任且最不喜欢的一届总统。"罗斯福在军官中也有自己的拥护者,但大家对他通常只有反感、不屑和憎恶,尤其是那些年龄较长的军人。"① 历史学家弥尔顿·戈尔丁(Milton Goldin)如是说道。许多美国陆军军官在很大程度上属于政见保守派,他们指责罗斯福在过去6年里紧缩国防开支,却把数十亿美元用于他们认为铺张浪费的国内项目中,在他们看来,这些项目只是为了照顾那些失业工人和穷人。

大量士兵对罗斯福也极为不满,批评他对德国的态度日益强硬。这些人就像林德伯格一样,一边谴责纳粹的残暴行径和武力镇压,一边却在羡慕德国在军事和经济上取得的成绩,钦佩他们重拾民族自豪感。许多人对德国的专业化军队和技能极为敬重,却对纳粹国防军在20世纪20年代和30年代的疯狂扩张毫无疑惧——这是《凡尔赛条约》明令禁止的扩张。1934年,时任陆军总参谋长的道格拉斯·麦克阿瑟将军(General Douglas MacArthur)对德国驻华盛顿武官弗雷德里希·冯·伯蒂歇尔将军(General Friedrich von Boetticher)说,他认为《凡尔赛条约》"极为不公",② 德国完全有权利扩充军队。

与国内众多同胞一样,多数美国官兵认为,德国在一战后遭遇了不公正的对待,英国和法国对此负有很大的责任。事实上,比起对待前敌国,很大一部分高级军官对他们的前盟国怀有更大的敌意。他们认为,英国和法国哄骗美国加入一战,用他们的话说,这根本不符合美国的利益,对美国也毫无裨益。这些人始终秉持一个

---

① Milton Goldin, "'The Jewish Threat:' Anti-Semitic Politics of the U.S. Army," *H-Antisemitism*, February 2001.

② Alfred M. Beck, *Hitler's Ambivalent Attaché: Friedrich von Boetticher in America, 1933-1941*, Washington, D.C.: Potomac Books, 2005, p.66.

信念，就是要打造一个堡垒国家，所以他们同意林德伯格坚决反对美国卷入另一场欧洲战争的立场。

无论是谁，只要认为20世纪30年代末40年代初，美国军队是"军国主义颇有成效的战争孵化基地……就都会惊讶于他们心中强烈的孤立主义倾向，以及毫无战斗精神的状态"，[1] 历史学家福里斯特·博格（Forrest Pogue）在他给乔治·马歇尔将军写的传记中这样记叙了他所观察到的情景。正如马歇尔的上一任——陆军总参谋长马林·克雷格将军（General Malin Craig）所言，另一场战争"将意味着文明的终结"。[2]

冯·伯蒂歇尔把美国军方高层的反战观点如实地转达给了柏林当局，他与陆军最高指挥部的许多军官建立了紧密的联系和友谊。冯·伯蒂歇尔文质彬彬，他的母亲生于美国、长在英国。他本人个子不高，却身强体壮，是德军中一名重要的情报官员。从20世纪20年代开始，他把物色美军军官当作自己情报工作的一环。1933年，他以军方武官的身份被派往华盛顿，在乔治敦热闹非凡的街区租用了一幢维多利亚时期的豪宅，过着宾客如云的奢侈生活。以1938年6月为例，他为阿诺德的儿子办了一场花园宴会，庆祝他即将就读安纳波利斯海军学院。

冯·伯蒂歇尔作为一名军事历史学家也享有盛名，他在美国内战研究方面表现的专业造诣令他受到民众的喜爱和军事社交圈的认可。甚至美国陆军战争学院都数次邀请他给学生做有关布尔朗（Bull Run）战役和尚蒂伊（Chantilly）战役的讲座。在冯·伯蒂

---

[1] Forrest C. Pogue, *George C. Marshall: Ordeal and Hope, 1939-1942*, New York: Viking, 1966, pp. 120-121.

[2] Joseph Bendersky, *The "Jewish Threat": The Anti-Semitic Politics of the U. S. Army*, New York: Basic Books, 2000, p. 275.

歇尔的朋友中,有弗吉尼亚新闻报社的编辑、历史学家道格拉斯·绍索尔·弗里曼(Douglas Southall Freeman),作为罗伯特·E. 李(Robert E. Lee)四卷传记的作者,弗里曼获得过普利策奖。另一个朋友是乔治·帕顿上校(Colonel George Patton),时任北弗吉尼亚迈耶堡(Fort Myer)司令官。帕顿上校和这位德国武官一样,热衷于研究美国内战。他常常陪着伯蒂歇尔去华盛顿附近的内战战场遗址远足,在那里花上几个小时跋涉探寻,还要就那里发生的大小战役争论不休。

因为跟高级军官们关系密切,冯·伯蒂歇尔得以在美国各地自由旅行,参观军事研究设施、正规军指挥部,以及制造飞机、武器和其他军用装备的工厂。1939 年夏天,在参观完全美的战斗机制造厂之后,他向柏林报告说,"(美国)没有一丝准备开战的迹象"。①

从富兰克林·罗斯福的立场来说,他认为美国人的这种怠惰是个巨大的错误。他急切地想说服国人,如果战争肆虐欧洲,美国就必须援助英法,而他确信战争一定会爆发。但到目前为止,他几乎没有采取任何措施来说服美国人有必要采取行动。现在他又能怎样让大家听从于他呢?

其时,罗斯福的第二个任期将满。1933 年他第一次上台时,就用乐观的态度、雄辩的口才和积极的行动给这个士气低落的国家带来了希望和信心。在他的首次就职演讲中,他承诺"现在就采取行动"——他实现了这个诺言,出乎众人的意料。因为罗斯福

---

① Alfred M. Beck, *Hitler's Ambivalent Attaché: Friedrich von Boetticher in America, 1933–1941*, Washington, D. C.: Potomac Books, 2005, p. 132.

及其政府启动了各项恢宏的国家项目，美国人民的生活随之发生了转变，联邦政府具有了新的权力和权威。

在外交政策方面，罗斯福却没有表现出这样的决心。作为一个政客，他一生都在孤立主义和国际主义之间摇摆。开始从政时，他是国家间合作和世界集体安全的拥趸；一战后，他支持的是伍德罗·威尔逊（Woodrow Wilson）和国际联盟。但无论如何，他首先是个老练的政治家。当敏锐地意识到大部分美国人反对国际联盟这一问题时，他相应地调整了自己的公共观点。1932年他竞选总统时，就向选民们做了保证，他会反对美国加入国际联盟。

在罗斯福的第一个总统任期和第二个任期的大部分时间里，他将注意力优先放在刺激国内经济改革以摆脱大萧条影响这一方面，其次才考虑外交政策。直到1939年，他的政府才开始探求是否积极干预欧洲日益黑暗的局势。在1936年总统竞选期间，罗斯福宣布："我们回避做出那些可能把我们卷入国外战场的政治承诺……我们力图令自己远离战争。"[①]

美国国会同样决心让美国远离未来的种种争端，它在20世纪30年代中期通过了一系列所谓的《中立法案》（Neutrality Acts）。除了其他方面，法案禁止销售美国武器给交战中的国家、美国公民为交战国服兵役或乘坐交战国船只旅行被视为非法行为，诸如此类。虽然罗斯福支持武器禁运的想法，但他还是认为只有侵略国才应该被禁止购买武器弹药，而且他作为总统，应该有权决定哪个交战国才适用法案规定的那个范围。但国会拒绝给他这样的权力，面

[①] Philip Goodhart, *Fifty Ships That Saved the World: The Foundation of the Anglo-American Alliance*, Garden City, N.Y.: Doubleday, 1965, p. 15.

对一位孤立主义分子阻挠的前景,他签署了法案。

因此,当希特勒和墨索里尼(Benito Mussolini)准备在欧洲开战时,罗斯福及其政府却失去了权力,将无法提供物资援助给那些被独裁者排在战争名单上的国家。与此同时,轴心国的领导人也再次得到了确认,美国——用历史学家理查德·凯彻姆(Richard Ketchum)的话说——"近乎病态地想要置身欧洲的纷争之外",① 所以在前者夺取自己想要的国家时,会平静地坐视不理。

1938年,在希特勒吞并奥地利,然后又占领了捷克斯洛伐克的苏台德地区之后,罗斯福政府对这种侵略行为表示遗憾(私底下,总统把他们的行为称为"武装劫掠"②)并敦促和平解决争端。但罗斯福政府并没有做出任何承诺,也没有提供任何有意义的援助来达成和解。"这样做就是最稳妥、最安全的,"③ 内维尔·张伯伦不悦地说,"除了嘴上说说,什么都别指望美国人。"

慕尼黑协议后,罗斯福确信绥靖政策行不通,战争将很快接踵而至,无论孤立派主张什么,美国都不可能幸免于难。但他并没有将自己的这个想法传达给美国大众。当哈罗德·艾克斯劝他把想法公之于众时,他回答说,人们不会相信他。

罗斯福在担任总统期间,就美国国内事务给人民做了很好的引导,但在外交事务上就不是如此了。正如他的传记作者詹姆斯·麦格雷戈·伯恩斯(James MacGregor Burns)所说,"他希望美国人

---

① Richard M. Ketchum, *The Borrowed Years, 1938-1941: America on the Way to War*, New York: Random House, 1989, p. 128.
② James MacGregor Burns, *Roosevelt: The Lion and the Fox*, New York: Harcourt, Brace & World, 1956, p. 352.
③ James MacGregor Burns, *Roosevelt: The Lion and the Fox*, New York: Harcourt, Brace & World, 1956, p. 354.

从各个事件中得到教训"。① 事实证明，确实如此，只是并未按他想要的方式进行。由于总统几乎没有试图说服美国人去相信帮助别国阻止独裁者的武力征伐才是于这个国家最有益的事，所以在欧洲发生的极端事件越多，就越坚定美国人尽可能地远离这个"马蜂窝"的决心。

因而，1939年初，当罗斯福试图改变美国的外交政策，使之更多地参与应对欧洲危机时，他敏锐地意识到舆论并不支持他。罗斯福深信这次武器禁运是个空前巨大的错误，所以希望国会至少能修改法案，以便使处于交战中的国家——也就是英国和法国——能获准从美国购买武器，只要它们支付的是美元并使用买方自己的船只运输。尽管如此，他却拒绝去催促制定这类修正案。他反而被基·皮特曼（Key Pittman）参议员说服了，后者时任参议院外交关系委员会主席，办事效率低下，又常喝得醉醺醺的；罗斯福同意在该委员会就不久前出台的一些中立措施进行辩论的时候，放弃自己的总统职权转而对此事保持沉默。总统与国务卿科德尔·赫尔（Cordell Hull）"急于尽他们所能促成此事"，英国驻华盛顿大使馆的一位官员向外交部汇报说，"但又害怕冒险，不敢过于违背舆论从而失去对国会的控制"。②

几周然后是几个月过去了，皮特曼根本没有安排听证会，委员会也没有采取任何行动。当这位主席终于振作起来，宣布他要开始考虑法案细则时，参议院里的孤立派用威胁阻挠议程的方式

---

① James MacGregor Burns, *Roosevelt: The Lion and the Fox*, New York: Harcourt, Brace & World, 1956, p. 262.

② Wayne S. Cole, *Roosevelt and the Isolationists, 1932-1945*, Lincoln: University of Nebraska Press, 1983, p. 311.

来阻止任何可能"撤销或削弱"① 现行法案的行为，让这位皮特曼先生又重新回到了他惯常昏昏欲睡的状态。1939 年 5 月，希特勒占领捷克斯洛伐克全境 2 个月之后，内华达州的民主党派人士告诉罗斯福政府，参议院外交关系委员会又一次推迟了修订《中立法案》的审查，声称"欧洲局势似乎不值得美国采取任何紧急行动"。②

尽管完全了解这种说法的荒谬性，但白宫还是无法说服皮特曼及其国会同事们。

---

① Kenneth S. Davis, *FDR: Into the Storm*, *1937-1940*, New York: Random House, 1993, p. 415.
② Kenneth S. Davis, *FDR: Into the Storm*, *1937-1940*, New York: Random House, 1993, pp. 450-451.

第三章 我的世界在哪里?

查尔斯·林德伯格启程返回美国后不久,他的妻子和两个年幼的儿子就开始了自己的返程之旅。在安妮离开法国的前几天,林德伯格给她写了一封信,信中告诉她说,因为总有大批记者尾随,他就不去码头迎接他们了。他还指导她在船停靠纽约时,要锁住包房的每一扇门,将孩子们的脸尽可能地蒙上以防偷拍。安妮遵照了丈夫的指示,这让记者和摄影师们懊恼万分,他们挤在法国远洋客轮"山普伦号"(Champlain)的踏板周围看着安妮和孩子们下了船。

从到达的那一刻起,安妮·莫罗·林德伯格就觉得自己是个外乡人。她大部分时间在纽约州及其周边度过,但这里永无休止的喧嚣、愉快活泼的氛围和嘈杂刺耳的人声现在却令她迷失。这里不像欧洲,她想,在纽约找不到"可靠的东西,什么都不真实,也不安宁"。① 她非常想念在法国的生活,"在时间里品味生活、感触生活、享受生活的感觉"。② 最重要的是,她渴望法国——以及在此之前的英国——给她及其家庭带来的平和与安全。安妮此时 32 岁,因为对未来有不祥的预感而深受折磨。这种感觉很熟悉。自从查理被杀,她就总是觉得灾难近在眼前,"可怕的罪恶就潜伏在这看似

---

① Anne Morrow Lindbergh, *War Within and Without: Diaries and Letters of Anne Morrow Lindbergh, 1939-1944*, New York: Harcourt Brace, 1980, p. 4.

② Anne Morrow Lindbergh, *War Within and Without: Diaries and Letters of Anne Morrow Lindbergh, 1939-1944*, New York: Harcourt Brace, 1980, p. 4.

安全、和平又普通的生活近处，让人无法承受"。① 她认为，她生活在"一个不完全正常的世界，没有什么是安全的，没有什么是确定的，任何事情都可能会发生"。②

尽管常常觉得厄运即将到来，但现在另一个更为具体的恐惧横亘眼前——大家都有一种不祥的预感，美国可能即将因为欧洲的战事问题而变得四分五裂。在安妮看来，这个国家正在进行"一场长期的斗争，会一直充满仇恨、猜忌和假名"。③ 她补充道："在那里我看不到自己的容身之所……我不想跟别人斗争，不想强迫自己在哪怕是理性上、精神上、情感上这样对另一个人使用斗争手段。"④

然而，她很快就发现自己身处"仇恨和猜忌"之中，这是她曾精准预见的遭遇，因而也对自

图 3-1　十几岁时的安妮·莫罗·林德伯格

---

① Anne Morrow Lindbergh, *The Flower and the Nettle: Diaries and Letters of Anne Morrow Lindbergh, 1936-1939*, New York: Harcourt Brace Jovanovich, 1976, p. 47.

② Anne Morrow Lindbergh, *Hour of Gold, Hour of Lead: Diaries and Letters of Anne Morrow Lindbergh, 1929-1932*, New York: Harcourt Brace Jovanovich, 1973, p. 311.

③ Anne Morrow Lindbergh, *The Flower and the Nettle: Diaries and Letters of Anne Morrow Lindbergh, 1936-1939*, New York: Harcourt Brace Jovanovich, 1976, p. 462.

④ Anne Morrow Lindbergh, *War Within and Without: Diaries and Letters of Anne Morrow Lindbergh, 1939-1944*, New York: Harcourt Brace, 1980, p. 38.

己可能要面对这一切而害怕得要死。

多亏有个有钱的父亲,所以安妮·莫罗·林德伯格从小过着与世隔绝的富贵生活,没有谁能像她那样不受20世纪早期美国萧条经济和迷惘、颓废的社会现实的影响。多年后,她还会用"睡公主"① 这样的字眼来描述她们三姐妹。她说,有一层"薄雾将我们的童年笼罩起来,我们不知道怎么形容这种孤立于真实世界之外的感觉"。②

20世纪20年代,德怀特·莫罗是华尔街最有影响力的人物之一,他是摩根大通(J. P. Morgan)国际银行的高级合伙人。摩根大通到20世纪之初,已经成为世界上最有实力的也最具争议的金融帝国。与他的大多数同行不同的是,莫罗作为一个拥有千万财富的银行家,从未真正对自己的生活感到满意。他毕业于阿默斯特学院(Amherst),热爱读书,认为自己是个知识分子,怀有回到学术界当一名历史教授的梦想。但是他对金钱和影响力的渴望——他精明强干的妻子伊丽莎白同样具有这种野心——胜过了躲到某一封闭、清贫的大学里寻求庇护的任何念头。

莫罗夫妇和他们的孩子有时住在曼哈顿第五大道附近的宽敞公寓里,有时住在新泽西州恩格利伍德地区75英亩的乔治王朝风格的豪宅中。夏天,他们前往缅因州中部海岸某一海岛,住在岛上的房子里;冬天,去拿索(Nassau)度几周假。莫罗还经常带着家人去欧洲,他会在欧洲与银行家们和一些国家领导人会面,

---

① Anne Morrow Lindbergh, *Bring Me a Unicorn: Diaries and Letters of Anne Morrow Lindbergh*, 1922-1928, New York: Harcourt Brace Jovanovich, 1971, p. xviii.

② Anne Morrow Lindbergh, *Bring Me a Unicorn: Diaries and Letters of Anne Morrow Lindbergh*, 1922-1928, New York: Harcourt Brace Jovanovich, 1971, p. xviii.

而此时他的妻子则带着孩子们到处观光。

安妮是个害羞、敏感、有点书呆子气的人，与更为外向的姐妹们相比，她觉得自己黯然失色。大姐伊丽莎白（Elisabeth Morrow Morgan）是个聪明的女孩子，一头金发，长得又漂亮——是"舞会上最耀眼的一颗星"，① 这是三姐妹中最小的康斯坦丝对她的评价，"男人都拜倒在她的石榴裙下"。说起康斯坦丝，她是个精力充沛的姑娘，风趣幽默、热情友好，可以说是莫罗家最聪明的人——她后来以最优等的成绩从史密斯学院（Smith College）毕业。

安妮本人也非平庸之辈。在就读的查宾女子学校这所位于纽约市的私立女子高中里，她担任学生会主席，是曲棍球队的队长，还经常为学校的文学杂志撰稿。安妮身材娇小、长相甜美，一双眼睛忧郁迷人，脸上总是挂着灿烂的笑容，她的男性崇拜者远比她自称的多得多。

然而，如果仅仅读她的日记和那段时期她写的信件，便无从知晓这些。她认为自己是个失败者，"是我们莫罗家一败涂地的人"，② 她总自认为有缺点，并为此向家人道歉，在她精力充沛、要求严苛又说一不二的妈妈面前更觉得低人一等。著名的伊丽莎白·莫罗喜欢参加俱乐部，她也是个诗人、儿童文学作家，还是史密斯学院——她母校——的董事，一度担任该学院的代理校长。"无论走到哪里，她总会表现得身体力行、热爱生活，"安妮在日记中写道，"我则手足无措、沉默寡言、懒散无力。我走到哪里，

---

① A. Scott Berg, *Lindbergh*, New York: Berkley Books, 1999, p. 182.
② Anne Morrow Lindbergh, *Bring Me a Unicorn: Diaries and Letters of Anne Morrow Lindbergh, 1922-1928*, New York: Harcourt Brace Jovanovich, 1971, p. 114.

哪里就是一片沉寂。"①

安妮·莫罗缺乏安全感,但是外表看起来与其他人毫无二致。所以她极其渴望证明自己,以摆脱那个让她觉得严格、紧密的家庭圈子。她努力抵制父母让她去读史密斯学院的意愿,因为那是她母亲和姐姐之前读书的地方。但是最后,她还是去了。"束缚她的力量太强大,她挣脱不了,"康斯坦丝后来说道,"其实我们谁都没有选择权。"②

尽管如此,也正是在史密斯学院,安妮首次表现出她出众的文学天赋,并得到鼓励继续走上文学的道路。在创意写作教授米娜·柯尔斯坦·柯蒂斯(Mina Kirstein Curtiss)的力劝下,安妮写诗、写文章投稿到学院的文学刊物上发表,还获得了史密斯学院的写作最高奖项。她在自己的诗里多次暗示想要冲破束缚自己的茧壁,还在一首诗里将自己描述为"一个一头棕发的贵格会少女",③*希望成为一名"散发着迷人野性气质的西班牙舞女"。

1927年12月,在安妮快毕业时,她和家人一起去墨西哥城进行圣诞假期旅行。当年早些时候,她父亲的密友卡尔文·柯立芝总统委任前者为美国驻墨西哥大使。前几任大使认为他们主要是为墨西哥的美国石油公司利益服务的,而德怀特·莫罗与之不同,他决

---

① Anne Morrow Lindbergh, *Locked Roomsand Open Doors: Diaries and Letters of Anne Morrow Lindbergh, 1933 - 1935*, New York: Harcourt Brace Jovanovich, 1974, p. 285.
② A. Scott Berg, *Lindbergh*, New York: Berkley Books, 1999, p. 184.
③ Kenneth S. Davis, *The Hero: Charles A. Lindbergh and the American Dream*, Garden City, N. Y.: Doubleday, 1959, p. 274.
* 贵格会(Quaker)又名教友派、公谊会,兴起于17世纪中期的英国及其美洲殖民地,创立者为乔治·福克斯。贵格会的特点是没有成文的信经、教义,最初也没有专职的牧师,无圣礼与节日,而是直接依靠圣灵的启示,指导信徒的宗教活动与社会生活,始终具有神秘主义的特色。——译注

图3-2　安妮·莫罗·林德伯格和她的母亲伊丽莎白·莫罗

定改善美国与其南方邻国之间敌对的关系。为了有助于实现这一目标，他邀请了美国的大红人查尔斯·林德伯格飞往墨西哥城进行友好出访，并和自己的家人一起共度圣诞节。林德伯格接受了他的邀请。

虽然安妮还不知道，但她很快就能找到方法逃离她的家庭了。

林德伯格历史性一飞之后仅仅过了7个月，他就已经声名大噪。但是，和莫罗一家在墨西哥时，他表现得就像个傻乎乎的学生，而不是一个处处备受欢迎的国际名人。他在飞行员的圈子里是个侃侃而谈又自信满满的人，但在安妮的日记里，却是个"害羞、安静的男孩"，[1] 和陌生人尤其是年轻女性在一起的时候，几乎看不出他有任何社交风度。他是世界上最受欢迎的单身男人，但是，大家也都知道，他还从来没有跟别人约过会。他言辞谨慎，外表冷漠，把对话当作"一场交易或医生嘱咐他必须服用的药片"，[2] 安妮这样写道。

对于 21 岁的安妮来说，这些都不重要。还在高中读书的时候，有一次有人问她的人生理想，她回答说："我要嫁给一个英雄。"[3] 所以尽管林德伯格不够圆滑，又不通人情世故，她还是像无数的年轻女性一样，在两人尚未相识之时，就开始痴迷于他。在他们第一次相遇的几个月后，安妮在日记中写道："林德伯格上校……是最后的一位神祇。他令人难以置信，信仰这位难以置信的人，可真让人感到激动。"[4]

1928 年秋，安妮从史密斯学院毕业，林德伯格又联系了她。第一次约会，他就带着她飞越长岛上空。在空中，他放松又自然，丝毫没有像在地面上那样笨手笨脚。就这样，两个年轻人对彼此敞开了心扉。"我发现……对着他，我什么都可以说，一点都不怕他，甚至都不崇拜他，"在给康斯坦丝的一封信中，安妮欣喜若狂

---

[1] Anne Morrow Lindbergh, *Bring Me a Unicorn: Diaries and Letters of Anne Morrow Lindbergh, 1922-1928*, New York: Harcourt Brace Jovanovich, 1971, p. 82.

[2] Anne Morrow Lindbergh, *Bring Me a Unicorn: Diaries and Letters of Anne Morrow Lindbergh, 1922-1928*, New York: Harcourt Brace Jovanovich, 1971, p. 178.

[3] Julie Nixon Eisenhower, *Special People*, New York: Simon & Schuster, 1977, p. 127.

[4] Anne Morrow Lindbergh, *Bring Me a Unicorn: Diaries and Letters of Anne Morrow Lindbergh, 1922-1928*, New York: Harcourt Brace Jovanovich, 1971, p. 135.

地说，"那个北欧神祇不见了。"① 林德伯格向安妮倾诉了自己的梦想，谈到他对未来的飞行充满希望。安妮则说，她将来要成为一名作家。不到 1 个月，两人便订婚了。

在安妮看起来羞涩的外表下，林德伯格发现了一颗热爱大自然、充满好奇心又渴望冒险的心，这与他太相配了。就安妮而言，因为与林德伯格相爱，她"拥有了自信、力量和一个几乎全新的自我"。②"发现有人爱着自己……这改变了我的人生，改变了我对生活的感受，改变了我对自己的态度，"③ 她后来写道，"我要嫁的这个男人信任我，相信我能做的事……他打开了'现实生活'的大门，虽然这让我有点害怕，但是这个生活也召唤着我。我要走了。"

然而，尽管深深爱着他，她还是从一开始就清楚地看到了横亘在两人之间的巨大鸿沟。"似乎在任何一个方面，他与我的生活都不会有交集，真的，"④ 她写道，"我与任何人——即使是距离最遥远的人——之间的共同点，都比我和他之间的多。"⑤

首先，二人的父亲之间就有诸多差异。1924 年去世的老查尔斯·A. 林德伯格是一位激进的民粹主义者、共和党议员，在他从政的那些岁月里，一直致力于削弱摩根财团及其他华尔街银行的势

---

① Anne Morrow Lindbergh, *Bring Me a Unicorn: Diaries and Letters of Anne Morrow Lindbergh, 1922-1928*, New York: Harcourt Brace Jovanovich, 1971, p. 194.

② Anne Morrow Lindbergh, *Hour of Gold, Hour of Lead: Diaries and Lettersof Anne Morrow Lindbergh, 1929-1932*, New York: Harcourt Brace Jovanovich, 1973, p. 3.

③ Anne Morrow Lindbergh, *Hour of Gold, Hour of Lead: Diaries and Lettersof Anne Morrow Lindbergh, 1929-1932*, New York: Harcourt Brace Jovanovich, 1973, p. 3.

④ Anne Morrow Lindbergh, *Bring Me a Unicorn: Diaries and Letters of Anne Morrow Lindbergh, 1922-1928*, New York: Harcourt Brace Jovanovich, 1971, p. 219.

⑤ Anne Morrow Lindbergh, *Bring Me a Unicorn: Diaries and Letters of Anne Morrow Lindbergh, 1922-1928*, New York: Harcourt Brace Jovanovich, 1971, p. 139.

力和影响力,他将其称为"投机倒把的寄生虫"。① 林德伯格见到父亲的时间不多,但对他极为崇拜与敬重。据说,父子二人长得很像——长相俊美、面部犹如雕刻,二者为人都行不苟合而且性格桀骜不驯。他们都厌恶城市,只爱田园风光,喜欢流连于小城小镇。

内心深处,林德伯格是个乡下男孩,而安妮是个都市女孩。他是个讨厌学校的辍学大学生,很少拿起书本读书。但是从小生长在一个知识分子家庭的她,则热爱教育和阅读。当她第一次告诉他自己想当个作家时,他吃惊地大声说道:"你喜欢写书?我喜欢把它们搁在家里。"② 她多愁又敏感;他则理性又务实,而且从不考虑别人的感受。"他太年轻了,在许多小事上粗心大意,"安妮在婚礼之前写信给伊丽莎白诉说道,"有时候他说的话拧巴得让人难受。"③

这个"了不起的、令人难以抗拒的、极有魄力的男人"④让安妮彻底沦陷,但她即使在盲目乐观的时候也清楚地知道,他们在一起的生活永远不会轻松容易。在给一位朋友的一封信中,她写道:"如果你写信祝我像所有的新婚妻子那样幸福快乐,我就永远不原谅你。别祝我幸福——我不指望我会幸福,不知怎的,我的生活已经不是幸福的事了。祝我充满勇气、鼓足力量,再带点幽默精神来面对这一切吧——将来我肯定是需要这些的。"⑤

---

① A. Scott Berg, *Lindbergh*, New York: Berkley Books, 1999, p. 35.
② Anne Morrow Lindbergh, *Against Wind and Tide: Letters and Journals, 1947-1986*, New York: Pantheon, 2012, p. 85.
③ Anne Morrow Lindbergh, *Bring Me a Unicorn: Diaries and Letters of Anne Morrow Lindbergh, 1922-1928*, New York: Harcourt Brace Jovanovich, 1971, p. 219.
④ Anne Morrow Lindbergh, *Bring Me a Unicorn: Diaries and Letters of Anne Morrow Lindbergh, 1922-1928*, New York: Harcourt Brace Jovanovich, 1971, p. 224.
⑤ Anne Morrow Lindbergh, *Bring Me a Unicorn: Diaries and Letters of Anne Morrow Lindbergh, 1922-1928*, New York: Harcourt Brace Jovanovich, 1971, p. 228.

从新婚时开始，林德伯格就把他年轻的小妻子当作自己一生事业的平等伙伴——或者至少看起来是这样的。在学会驾驶飞机、操作无线电以及导航之后，她加入了他的空中探险之旅，飞遍全世界去为新兴的航空业绘制未来的航线。她热爱飞行——热爱飞行时的壮美和冒险的感觉，但更为重要的是，她热爱飞行给她和查尔斯带来的自由。只有天空才是真正让她能与他单独相处的地方。

虽然她的生活看似发生了天翻地覆的变化，但实际上她只是从一个茧中换到另一个茧里。安妮一直受到林德伯格名声的影响，无法进行正常的人际交往，而且林德伯格一直警告她无论说什么、做什么、写什么，都要特别小心。"最恼火的事，"她跟康斯坦丝说，"是怎样跟别人礼貌交谈却不提及任何私事，我需要时刻提醒自己，我所说的每件事……都有可能被别人转述，再变成一则'报道'。"①

她最讨厌的是完全没有隐私。"哦，这太残忍了，"她对妈妈哀叹道，"我们永远都无法毫无防备地与人交往，无法自由自在生活……这种感觉就像一出生就没有鼻子，或者是个畸形儿，街上的每个人都会盯着你看，一次又一次地盯着你看；总会有人回头看你——再看你一下，带着恶意，斜着眼睛瞟你……那种眼神，仿佛我们是大家的一个笑话，是关在笼子里的一群猴子。"② 她后来告诉一位记者，每当她和林德伯格参加宴会或其他聚会，只要夫妻俩

---

① Anne Morrow Lindbergh, *Hour of Gold, Hour of Lead: Diaries and Lettersof Anne Morrow Lindbergh, 1929-1932*, New York: Harcourt Brace Jovanovich, 1973, p. 59.

② Anne Morrow Lindbergh, *Hour of Gold, Hour of Lead: Diaries and Lettersof Anne Morrow Lindbergh, 1929-1932*, New York: Harcourt Brace Jovanovich, 1973, p. 106.

一走进房间,在场的人就会立刻变得不自然:"他们看似僵住了一般,就好像我们带着美杜莎的头进来了。"①

安妮想要成为自己的梦想也夭折了。她发现控制她的强大力量从母亲转换成了丈夫——她一直表面上接受,内心却在默默反抗。她后来写道,她将林德伯格看作"一个穿着发光铠甲的骑士,我是他忠心耿耿的仆人。仆人的角色,很自然,是我的"。② 这种描述符合她所喜欢的浪漫童话里的形象。但随着岁月流逝,她越来越厌恶这个角色,一度在自己的日记中爆发了:"该死,该死,该死! 当这个'使女'让我烦透了……这个'贤内助',在C(查尔斯·林德伯格)的世界里,只是个苍白的影子,一个好跟班而已……我的世界在哪里? 我还会找到我的世界吗?"③

孩子被杀的事情只是加大了两人之间的差异。失去了查理,"这个快活自信的小王子",④ 她简直就是肝肠寸断。林德伯格也是悲痛欲绝,但是不像安妮,他不愿表露自己的痛苦。他不喜欢在别人面前流露情绪,每当安妮流露痛苦时,他就会责骂她。有一天,在忍受霍普曼庭审的过程时,他跟她说,她太过于情绪化,她的确是个"失败的人"。⑤

安妮陷入绝望之中,她只能学着憋住哭声,冷漠地面对这个世

---

① Lauren D. Lyman, "The Lindbergh I Knew," *Saturday Evening Post*, April 4, 1953.
② Anne Morrow Lindbergh, *Hour of Gold, Hour of Lead: Diaries and Lettersof Anne Morrow Lindbergh, 1929-1932*, New York: Harcourt Brace Jovanovich, 1973, p. 4.
③ Anne Morrow Lindbergh, *Locked Roomsand Open Doors: Diaries and Letters of Anne Morrow Lindbergh, 1933-1935*, New York: Harcourt Brace Jovanovich, 1974, p. 107.
④ Anne Morrow Lindbergh, *Hour of Gold, Hour of Lead: Diaries and Lettersof Anne Morrow Lindbergh, 1929-1932*, New York: Harcourt Brace Jovanovich, 1973, p. 252.
⑤ A. Scott Berg, *Lindbergh*, New York: Berkley Books, 1999, p. 330.

界。"我失望透顶,"她在自己的日记中宣泄道,"我被困死了,无处可逃,我一直在撞墙……我不能说话。我不能哭……我不能幻想。我必须控制自己的思想,我必须控制自己的身体,我必须控制自己的各种情绪。我必须故作镇静,至少,为了他。"①

安妮几年后写了一本小说,小说的名字是《亲爱的爱人》(Dearly Beloved),里面的两个主要角色很明显是以她自己和查尔斯为原型的。关于这两个角色,她写道:"她完全不了解他。哦,当然,她了解他;她只是无法跟他交谈。她使用的是另外的语言:感觉、诗歌、音乐……他教,她听。而她的焦虑、她的失败——她不再提及。只是偷偷地把这些藏起来,就像一个孩子,把考砸了的数学试卷藏在学校里。因为他无法忍受她的失败……他会用他尖利的逻辑,仿若大钉子一样把她钉牢。梆,梆,梆,他把他的思想变成一把结实的锤子,锤着,钉着。永远钉在她的缺点上。"②

关于查尔斯,林德伯格的大女儿安妮(Anne Lindbergh)会这么说:"做事只有两种方式——父亲的方式和错误的方式。"③ 安妮的妹妹丽芙回忆自己的父亲时说:"他是这个世界上我认识的人中,最难忍受的那一个。"④ 虽然林德伯格为人幽默又有魅力,而且"因为害羞显得彬彬有礼",但他也是个"烦躁易怒、顽固不化的完美主义者……沉迷于自己的想法和忧虑"。

---

① Anne Morrow Lindbergh, *Locked Rooms and Open Doors: Diaries and Letters of Anne Morrow Lindbergh, 1933 - 1935*, New York: Harcourt Brace Jovanovich, 1974, pp. 240-241.
② Anne Morrow Lindbergh, *Dearly Beloved*, New York: Harcourt Brace & World, 1962, p. 33.
③ A. Scott Berg, *Lindbergh*, New York: Berkley Books, 1999, p. 480.
④ Reeve Lindbergh, *Forward from Here: Leaving Middle Age——and Other Unexpected Adventures*, New York: Simon & Schuster, 2008, p. 204.

大约在20世纪30年代中期，几近精神崩溃的安妮·林德伯格开始慢慢寻找摆脱痛苦的方法，这在一定程度上要归功于德怀特·莫罗的传记作家哈罗德·尼科尔森。他是一位英国前外交官，学识渊博、文质彬彬，曾写过几部备受赞誉的小说和纪实文学作品。他住在新泽西州伊丽莎白·莫罗的庄园里，为撰写一本有关莫罗先生的书籍在做调查，莫罗先生已于1931年去世。住在庄园的时间里，尼科尔森与安妮之间建立起了友谊，他在后来给妻子的信中将安妮描述为"一个害羞的、喜欢独处的女孩……嘴角挂着悲剧的气息"。[1]

安妮发表在《国家地理》杂志上的一篇文章深深打动了尼科尔森，这篇文章写的是1931年她和查尔斯一起飞越加拿大和阿拉斯加前往日本和中国的事。尼科尔森称赞她的文笔，鼓励她继续写作。他的激励和他对"我内心深处的东西……我为免受伤害而试着去忽略的那些东西"[2]的认可让安妮欢欣鼓舞，这让她接着把这篇文章写成了一本书。1935年6月，纽约的哈科特·布雷斯（Harcourt Brace）出版公司出版了《从北向东》（North to the Orient）一书，此书以其抒情散文式的笔锋赢得了普遍好评，位列美国非小说类最畅销书名单。

第一本书的成功促使安妮开始创作她的第二本书，此书讲的是夫妻俩1933年去格陵兰岛、欧洲和非洲的一趟旅程。从写作开始时起，林德伯格就积极地支持她，帮助她获得成功。同时，他也明确说明了他本人、他的要求和想法应优先于孩子们、优先于她的写作。这让安妮陷入无尽的矛盾、愤怒和憎恨中，但"从小就接受

---

[1] Harold Nicolson, *Diaries and Letters, 1930–1939*, London: Collins, 1969, p. 132.
[2] Anne Morrow Lindbergh, *Locked Roomsand Open Doors: Diaries and Letters of Anne Morrow Lindbergh, 1933–1935*, New York: Harcourt Brace Jovanovich, 1974, p. 210.

教育要当一个'好姑娘',要学会取悦每个人",① 她通常又顺从了他的意愿,"我能跟谁说'不,我要拥有属于自己的生活'?"② 她伤感地说道。

然而,在1935年秋天,她坚决主张自己的权利,要找到一个"自己的房间",所以在曼哈顿租了一间很小的公寓作为自己写作时需要的安静场所。一个多月后,林德伯格突然告诉她,为了远离总是刺探他们私生活的记者,他决定全家搬去欧洲;所以她必须做好准备"在周末前出发——会提前24小时通知她"。③ 那一年12月21日,林德伯格一家坐船前往英国。

安妮害怕又来一次大变故会带来动荡,她在日记中写道:"我似乎一生都在努力'安顿下来',C又让我无法定下归宿。"④ 但让她感到高兴的是,她与查尔斯在英国和法国建立起来的几处避风港都能让她安心地住下去,比她在结婚后任何其他的居所都住得安心。她在长谷仓(她与林德伯格从哈罗德·尼科尔森和维塔·萨克维尔·韦斯特夫妻俩处租住的房子,位于肯特郡郊区)写完了第二本书,书名是《听!风》(*Listen! The Wind*)。1938年末该书出版,得到了广泛好评——《纽约客》将其称为"一件小型的艺

---

① Anne Morrow Lindbergh, *Against Wind and Tide: Letters and Journals, 1947-1986*, New York: Pantheon, 2012, p. 188.
② Anne Morrow Lindbergh, *The Flower and the Nettle: Diaries and Letters of Anne Morrow Lindbergh, 1936-1939*, New York: Harcourt Brace Jovanovich, 1976, p. 44.
③ Anne Morrow Lindbergh, *Locked Roomsand Open Doors: Diaries and Letters of Anne Morrow Lindbergh, 1933-1935*, New York: Harcourt Brace Jovanovich, 1974, p. 331.
④ Anne Morrow Lindbergh, *Locked Roomsand Open Doors: Diaries and Letters of Anne Morrow Lindbergh, 1933-1935*, New York: Harcourt Brace Jovanovich, 1974, p. 331.

术品"①，像《从北向东》一样，也成为最畅销的书籍。

在林德伯格一家逗留欧洲之前，安妮从未对当时紧迫的政治和社会问题表现出过多的兴趣。只是当查尔斯卷入人们对是否应当或能够阻止希特勒的争论中时，她才开始发表意见，而且她的大部分观点都只是重复她丈夫的言论。例如，在巴黎的一次晚宴上，她与别人争辩时说，在一战后的和平协议中，西方各协约国对德国太不公正，所以德国理所当然地认为有必要违反《凡尔赛条约》，增强自己的军队，夺回原本失去的领土。她在给她母亲写的信中说道，希特勒"是个很了不起的人，就像一个具有雄心的宗教领袖——其本人就相当狂热，却不揣奸把猾、不自私自利、不觊觎权力"。②

可与此同时，她在日记中又不时质疑这种观点是否正确，因为这与她一直接受的那些言论截然不同。第一次世界大战之前及战争期间，林德伯格的父亲一直是个坚定的孤立主义者；而与他不同的是，安妮的父母都是国际主义的坚定拥护者。"在家里的餐桌上，我听到的对话，"③ 安妮后来回忆道，"全是有关伍德罗·威尔逊的'十四点'、国家'自决'权和'世界和平新秩序'等话题。"

1938年10月，安妮声称，查尔斯使她"转变为关注（政治生活中）实际的客观事实"。④ 此外，她还对纳粹使用恐怖手段表示遗憾，"为他们对待犹太人的手段，他们使用暴力的方式，他们愚

---

① *New Yorker*, Oct. 15, 1938.
② A. Scott Berg, *Lindbergh*, New York: Berkley Books, 1999, p.362.
③ Anne Morrow Lindbergh, *The Flower and the Nettle: Diaries and Letters of Anne Morrow Lindbergh, 1936-1939*, New York: Harcourt Brace Jovanovich, 1976, p.xxv.
④ Anne Morrow Lindbergh, *The Flower and the Nettle: Diaries and Letters of Anne Morrow Lindbergh, 1936-1939*, New York: Harcourt Brace Jovanovich, 1976, p.421.

蠢、粗鲁的行为，以及他们刻板的管制感到失望。这些东西让我如此痛恨，我几乎都不能确定由纳粹带来的效率、团结和精神是否值得"。①

1939年3月，德国吞并整个捷克斯洛伐克地区之后，安妮在日记中写道："这次你（德国）太过分了。你错了。你立场错误，终究会因此失败……所有国家最后都会毁约，但只有德国是刚立约便毁约。"② 1个月后，林德伯格一家回到了美国。

对于安妮来说，离开欧洲其实远比她想象得痛苦。后来她写道，她当时根本没有意识到她的计划、她的梦想和她对于未来的期望"在欧洲有多圆满"，③"我有多爱欧洲，她是我的麦加，是我的精神家园"。

而重返美国，她只有一个慰藉，就是和母亲及其他莫罗家族的亲友们团聚。尽管安妮对母亲伊丽莎白·莫罗充满了矛盾而叛逆的感情，但和她的关系仍然十分亲密。在母亲的邀请下，安妮、查尔斯及其两个儿子住到了她在新泽西州的宅邸里，因为当时他们还没有找到自己的房子。

伊丽莎白·莫罗为人要强，她的女婿同样固执己见，所以二人之间的关系总有一些紧张。虽然伊丽莎白对林德伯格的成就和声誉另眼相看，但她从来都认为他配不上安妮。"林德伯格的确来自社会下层，"莫罗家族的一个朋友告诉哈罗德·尼科尔森，"他们对

---

① Anne Morrow Lindbergh, *The Flower and the Nettle: Diaries and Letters of Anne Morrow Lindbergh, 1936-1939*, New York: Harcourt Brace Jovanovich, 1976, p.101.
② Anne Morrow Lindbergh, *The Flower and the Nettle: Diaries and Letters of Anne Morrow Lindbergh, 1936-1939*, New York: Harcourt Brace Jovanovich, 1976, p.554.
③ Anne Morrow Lindbergh, *War Within and Without: Diaries and Letters of Anne Morrow Lindbergh, 1939-1944*, New York: Harcourt Brace, 1980, p.48.

他有礼貌,却很冷漠。"① 这位朋友补充说道,在现实中,莫罗家的女婿"也只是个机械师,如果不是那次'孤鹰飞行',他现在可能还在圣路易斯郊区的一个加油站负责加油"。

但并不仅仅因为社会上的这种趋炎附势令伊丽莎白·莫罗与林德伯格的关系时常难以为继。让伊丽莎白觉得困扰的是她从林德伯格身上看到的刻板——例如,他始终认为人们过分重视像生日、周年纪念和婚礼这样的特殊时刻。于他而言,这些庆祝活动让人们过于情绪化,所以他会板着脸面对安妮或其他任何出席这类场合的人。但最主要的是,伊丽莎白不喜欢查尔斯对待她女儿的方式。"查尔斯无法理解她——她美丽的灵魂和思想。"② 她曾经这样在文章里描述过。她觉得他强迫安妮变为双重身份——一个原本真正的她和一个查尔斯希望的她。"他爱她,但他想要改造她——把她改造成自己想要的样子,以装进他那实用而严谨的模子。查尔斯太差劲了!他真该遭到谴责!"

令安妮苦恼的是,自他们一家从欧洲返回美国后,她丈夫和母亲之间的关系变得愈发紧张。伊丽莎白笃信美国必须帮助英国和法国,强烈反对林德伯格的孤立主义观点。安妮则夹在二人中间,又一次陷入"我必须维护C,也必须维护母亲,我还必须维护我自己的这一永恒矛盾中"。③

结果,伊丽莎白并非安妮的近亲中唯一一个狂热的干预主义者。安妮心爱的小妹妹——康斯坦丝,大家都叫她"康"——嫁

---

① Nigel Nicolson, ed., *Vita and Harold: The Letters of Vita Sackville-West and Harold Nicolson*, New York: Putman, 1992, p. 255.

② A. Scott Berg, *Lindbergh*, New York: Berkley Books, 1999, p. 330.

③ Anne Morrow Lindbergh, *Locked Roomsand Open Doors: Diaries and Letters of Anne Morrow Lindbergh, 1933–1935*, New York: Harcourt Brace Jovanovich, 1974, p. 221.

给了一个威尔士人，也是后来英国政府驻美国负责宣传的关键人物之一。随之，康很快就成了为英国做政治宣传的一员得力干将。

图 3-3　康斯坦丝·莫罗·摩根

尽管二人相差 7 岁，性格也大相径庭，但安妮一直和身材娇小、满头金发的康亲密无间。安妮可能对母亲和姐姐有过矛盾的感情——又爱又嫉妒，还夹杂着一丝自卑感，但对于开朗随和、自信满满的康，她的感情始终如一，因为康是莫罗家族成员里唯一能和林德伯格轻松相处、嬉笑打闹的人。"她善意地取笑他的'名声情结'，"哈罗德·尼科尔森写道，"他只是对她笑笑。她说，'好吧，林德伯格上校，林德伯格式微笑迷倒两个大洲，但是想要打动你的妻妹，那可没门。'"①

安妮可以向康倾诉自己最为私密的想法和情感。"我们完全知道彼此的想法"，安妮在日记中写道，也提到了"与康可以无话不谈的快乐。"② 在结婚之前写给林德伯格的一封信中，安妮抱怨说与他交流自己的确切想法很困难，她接着说："你感觉到这堵横在我们之间的墙了吗？为什么我就不能像给康写信那样给你写信呢？"③

1934年，她们的姐姐伊丽莎白去世之后，安妮和康的关系更近了。伊丽莎白从小就患有心脏病，在去世前两年，她已是奥布里·摩根的妻子。奥布里·摩根是剑桥大学毕业生，也是威尔士百货公司的财富继承人。他精明能干、善于交际，为人彬彬有礼，成为莫罗家族中极为重要的一个成员，即使在伊丽莎白去世之后也一直保持着这样的地位。摩根是安妮和查尔斯两人的好朋友，在霍普曼谋杀案庭审期间，他每天都陪伴在查尔斯身旁。当林德伯格夫妇举家搬到英国时，他提前乘船到达英国，这样他就能在夫妻俩下船时接到他们，并秘密地把他们带到他在威尔士的家里。后来林德伯格一家在此处住了几个星期。

---

① Leonard Mosley, *Lindbergh*, New York: Dell, 1977, p. 196.
② Anne Morrow Lindbergh, *Locked Roomsand Open Doors: Diaries and Letters of Anne Morrow Lindbergh, 1933-1935*, New York: Harcourt Brace Jovanovich, 1974, p. 223.
③ Anne Morrow Lindbergh, *Hour of Gold, Hour of Lead: Diaries and Lettersof Anne Morrow Lindbergh, 1929-1932*, New York: Harcourt Brace Jovanovich, 1973, p. 37.

图 3-4　奥布里·摩根，林德伯格夫妇的妹婿，
第二次世界大战期间英国政府派驻
美国的一位主要宣传人员

母亲伊丽莎白和妹妹康·莫罗也在威尔士与林德伯格一家短暂相聚。在那里，康告诉安妮，她和奥布里订婚了。乍一听到这个消息，安妮的心咯噔地跳了一下，然后她得出了这样的结论："是

啊，这没错——不管是对她，还是对他，都是明智的选择。"① 摩根是个爱笑的人，他的朋友，著名的英国历史学家约翰·惠勒-贝内特（John Wheeler-Bennett）形容他"和蔼可亲、无所畏惧，总是让人觉得安适愉悦，他做事积极主动，充满想象力……他蔑视所有浮夸自大的态度，无论你是官员，还是什么"。② 这段描述也能用来总结康的为人。康和摩根因哀悼去世的伊丽莎白而彼此走近，进而相互爱慕。多年后，丽芙·林德伯格在书中这样写道："虽然许多人……把伊丽莎白和奥布里的故事视为传奇佳话，而我却不认为年轻时去世的妻子会在浪漫之途上占据太重要的位置……反之，康和奥布里的故事——现在，才是你们要的浪漫故事。"③

就在康和奥布里结婚后不久，安妮写信跟她说："多好呀，C和你，奥布里和C，奥布里和我，还有我和你，能安然相处……这就安全了。"④ 但当林德伯格夫妇从欧洲一回国，这种幸福感几乎就随之消失了。1939年的夏天，英国政府首席外交顾问罗伯特·范西塔特爵士（Sir Robert Vansittart）以个人名义说服了奥布里·摩根和约翰·惠勒-贝内特作为主力参与到一项事务中来，去劝服美国人一旦发生战争，他们必须援助英国，这正是查尔斯·林德伯格决心阻止的局面。

---

① Anne Morrow Lindbergh, *The Flower and the Nettle: Diaries and Letters of Anne Morrow Lindbergh, 1936-1939*, New York: Harcourt Brace Jovanovich, 1976, p. 11.
② Sir John Wheeler-Bennett, *Special Relationships: America in Peace and War*, London: Macmillan, 1975, p. 75.
③ Reeve Lindbergh, *Under a Wing: A Memoir*, New York: Simon & Schuster, 1998, p. 143.
④ Anne Morrow Lindbergh, *The Flower and the Nettle: Diaries and Letters of Anne Morrow Lindbergh, 1936-1939*, New York: Harcourt Brace Jovanovich, 1976, p. 154.

甚至在战争开始之前,英国人就敏锐地意识到,没有美国的帮助,英国肯定无法打赢这场战争。英国人也知道,要得到美国的帮助,仅仅呼吁美国政府还不够,作通美国人民的工作也必不可少。英国人更清楚,因为美国民众之中存在相当强烈的反英情绪,所以要完成这项任务将无比艰难。

首先,美国曾摆脱英国的暴虐政权获得独立,所以美国人对英国仍然心存不满且抱有疑虑。"英美关系始于冲突,而现在冲突又一触即发了。"① 一位英国驻华盛顿的外交官指出。参议员伯顿·惠勒(Burton Wheeler)很快就会成为华盛顿最有影响力的孤立派议员;他回忆说,作为在波士顿郊区长大的孩子,他有多喜欢在每年7月4日观看身着美国"叛军"和英国士兵服装的人重演双方交战的场面。"每当有英国士兵倒下死去时,我欢呼的声音不低于1775年任何一个殖民地的居民,"② 惠勒记得,"我们一直沉浸在美国独立战争的传说中,我对英国佬仍然充满怨恨。"

在这个国家成立的初期,托马斯·杰斐逊(Thomas Jefferson)总统领导的共和党人及其继任者们——安德鲁·杰克逊(Andrew Jackson)总统领导的民主党派——都将自己视为民粹主义者,与东部的精英分子分庭抗礼。在美国公众心目中,东部精英与傲慢自大的英国人以及他们严格的等级制度联系甚密。从那时起,美国几乎所有的民粹主义运动都带有很明显的本土主义和反精英主义色彩。20世纪初期,来自南卡罗来纳州的著名民粹主义参议员本杰明·蒂尔曼(Benjamin Tillman)——人称"草耙子本"——最喜欢说的话

---

① Robert Calder, *Beware the British Serpent: The Role of Writers in British Propaganda in the United States, 1939-1945*, Montreal: Queen's University Press, 2004, p. 24.
② Burton K. Wheeler, *Yankee from the West*, Garden City, N.Y.: Doubleday, 1962, p. 43.

是:"美国是美国人的,让英国人和托利党人都见鬼去吧!"①

整个19世纪末至20世纪,美国很大一部分农民在经济上出现了各种问题,例如,铁路运费居高不下、无法获得低息贷款等,他们把这些问题归咎于英国投资者的贪婪和华尔街银行家的冷酷无情。据一位历史学家的说法,中西部和大平原地区*的农民觉得自己是"纽约和伦敦会计师所孵阴谋的无辜受害者"。②

而英国的帝国主义政策也招来了大量的抨击,因为一些批评者声称,比起纳粹德国对待犹太人和其他被他们征服的种族,英国人对自己的殖民地人民更为恶劣。其中一个发表这样言论的是 D. 沃斯·克拉克参议员(Senator D. Worth Clark),这位来自爱达荷州的孤立派民主党人士1939年在参议院的议员席上大声说道:"给我画一幅犹太人、天主教徒和新教徒的肖像,画出他们在德国受到6年迫害的样子,你想画得多么血腥恐怖,随你。而我,要画一幅这些年爱尔兰人被英国人迫害、抢劫、强奸和杀戮的图画,比你那个残忍10倍、野蛮10倍、血腥10倍。"③尽管克拉克话语夸张,但毫无疑问,许多(如果不是绝大多数)爱尔兰裔美国人对英国是持有敌意的,很多德裔美国人也是如此。

20世纪30年代末,一位名叫马丁·斯维尼(Martin Sweeney)的爱尔兰裔美国国会议员提议,美国国歌应该启用新的版本,调随"天佑美国",歌词如下:

---

① John E. Moser, "The Decline of American Anglophobia," Lecture at Université de Rouen, November 2002.
* 大平原地区指的是北美中西部的平原和河谷地区。——译注
② Mark Lincoln Chadwin, *The War Hawks: American Interventionists Before Pearl Harbor*, Chapel Hill: University of North Carolina Press, 1968, p. 7.
③ Robert Calder, *Beware the British Serpent: The Role of Writers in British Propaganda in the United States, 1939-1945*, Montreal: Queen's University Press, 2004, pp. 24-25.

上帝保佑美国，脱离英辖。①

伴她左右，引领前行。

远离阴谋诡计，不再痴傻，

从列克星敦，到约克镇；

从福吉谷里，那斑斑血印，

上帝解救美国，

不做国王乔治之臣。

可以肯定的是，一味姑息希特勒和墨索里尼，英国政府看似盲目的决定并没有对其在美国的事业有任何帮助。内维尔·张伯伦在慕尼黑会议上把捷克斯洛伐克出卖给希特勒的消息传到美国后，引起一片震惊与愤怒。安东尼·艾登（Anthony Eden）在1938年早些时候就因为张伯伦的绥靖政策而辞去了英国外交大臣的职务，12月他访问纽约后表示，这位首相已经"完全失去了美国人的同情。我在纽约的时候，绝大多数情况下在帮内维尔辩解，说他不是个法西斯分子"。②

几个月后，畅销书作家、英国前外交官罗伯特·布鲁斯·洛克哈特（Robert Bruce Lockhart）目睹了他称为"美国对英国夸张到几乎歇斯底里的态度"。③ 他在美国做了一场为期3个月的巡回演讲，所到之地人们反纳粹情绪高涨，但是，让他没有意料到的是，他发现"大家对英国政府的批评更尖锐"。④ 在一个城市里，他看到女性都佩戴着一枚白色小胸针，形似提花面料的雨伞，她们以此

---

① Anthony Cave Brown, "C": The Secret Life of Sir Stewart Graham Menzies, New York: Macmillan, 1987, p. 328.
② Lynne Olson, Troublesome Young Men: The Rebels Who Brought Churchill to Power and Helped Save England, New York: Farrar, Straus & Giroux, 2007, p. 157.
③ Sir Robert Bruce Lockhart, Comes the Reckoning, London: Putnam, 1947, p. 23.
④ Sir Robert Bruce Lockhart, Comes the Reckoning, London: Putnam, 1947, p. 23.

来象征张伯伦那把标志性的雨伞，进而讽刺他推行的绥靖政策。

英国极有必要迅速对这些敌对态度和愤怒情绪采取措施，但他们又必须极度小心行事。20 世纪 30 年代末，美国人对英国的很大一部分敌意来自 20 多年前英国政府对美国进行的周密而有效的宣传攻势，让美国一头栽进了第一次世界大战中。许多美国人逐渐认为，他们的国家并不是因为国家利益的需要而参战，而是被奸诈的英国人耍阴谋套了进去。他们决心不让这种情况再次发生。

当心恶毒的英国佬！① 1939 年末，在芝加哥和其他中西部大城市里，大楼的墙上到处都张贴着以这句话为标题的海报。海报上用小一些的字写着："又来了，一条蟒蛇——'背信弃义的英国人'——它蠕行在美国的大地上，嘴里喷出虚假的话语。"

像布鲁斯·洛克哈特这样的英国名人，遍游美国做巡回演讲，也发现自己被人们当成了质疑和发泄怒火的目标。曾经为了抗议慕尼黑协议而辞去英国海军大臣职位的达夫·库珀（Duff Cooper）在抵达旧金山的时候，被一大群激愤的抗议者包围，他们挥舞着巨大的纸板牌，上面写着"不当宣传英国战争的傻瓜"的口号。在结束自己的访美行程后，英国文学批评家威廉·燕卜荪（William Empson）悲哀地写道："我有好几次都觉得，如果我一边倒立一边唱《三只小盲鼠》* 的儿歌，（我的美国东道主们）一定会觉得奇怪，为什么英国政府要付

---

① Robert Calder, *Beware the British Serpent: The Role of Writers in British Propaganda in the United States, 1939-1945*, Montreal: Queen's University Press, 2004, p.43.

* 《三只小盲鼠》是世界上最知名的轮唱英文儿歌，由作曲家托马斯·雷文斯克洛福特（Thomas Ravenscroft）于 1609 年根据英国著名的历史事件创作。歌词中"农夫的妻子"暗指英国国王亨利八世的女儿——玛丽一世女王。歌词中的"三只小盲鼠"暗指三名信仰坚定的新教贵族，他们曾因密谋反抗玛丽一世女王而被判刑。这首童谣暗指玛丽一世迫害新教徒之事。——译注

钱让我干这样的事。"①

英国政府对美国表现出来的憎恶极度敏感,所以他们禁止在美国进行任何官方宣传或特别请愿活动。英国在一战中唯一留下的痕迹是个小小的新闻机构英国信息图书馆(the British Library of Information),位于纽约市,只不过一直处于休眠中。作为政府内最直言不讳反对绥靖政策的人,罗伯特·范西塔特爵士在外交部上司不知情的情况下,决定把这个图书馆变成英国的新闻情报机构。交给它的第一个任务就是密切监控美国舆论,而后争取对其施加影响。要影响美国舆论,范西塔特爵士需要的英国人必须具备这样的条件:了解美国,与美国人关系良好,还能动摇美国人的想法。

在范西塔特爵士看来,林德伯格的妹夫奥布里·摩根是非常合适的人选,约翰·惠勒-贝内特也是如此。贝内特的父亲是位富有的伦敦进口商,他给儿子留下了一大笔财产,惠勒-贝内特一大家子20世纪30年代初的时候住在德国,其间他见证了希特勒上台。他写了几本外交方面的书,并因为极力反对纳粹政权险些被盖世太保逮捕。不久之后,他去了牛津大学讲授国际关系课程,后来又在弗吉尼亚大学从事相同的工作。

惠勒-贝内特的外祖母是弗吉尼亚州人。贝内特还是个孩子的时候就一心向往美国,尤其迷恋美国的南部地区。作为著名的南部邦联将军安伯洛斯·鲍威尔·希尔将军(Ambrose Powell Hill,最为人所知的是 A. P. Hill)的远亲,贝内特成为美国内战专家,每年大部分时间在弗吉尼亚大学教书。他的学生里还有总统的儿子小富兰克林·D. 罗斯福(Franklin D. Roosevelt Jr.);后者曾在1939

---

① Robert Calder, *Beware the British Serpent: The Role of Writers in British Propaganda in the United States, 1939-1945*, Montreal: Queen's University Press, 2004, p. 42.

年 1 月邀请他去白宫度周末，在那里，罗斯福总统还向他询问了慕尼黑协议的情况。

约翰·惠勒-贝内特和奥布里·摩根两人对他们在英国信息图书馆里看到的"死气沉沉的面貌"[1] 感到无比震惊。摩根主动出资组建了一个作家团队，收集有关美国人情绪的信息，其中大部分源于美国的报纸文章和电台广播。作家们还要就这些材料写出报告，然后送往白厅和驻华盛顿的英国大使馆。这个新成立调查部门的雇员——外界把他们称为"剪贴小组"——有摩根的一些好友、他的私人秘书和他 25 岁的妻子。

摩根本人则开始联系美国的一些著名记者和东海岸机构的亲英派成员。很快，就如历史学家尼古拉斯·库尔（Nicholas Cull）所写："一条情报之河向他的办公室流去。要令该河流逆转，把它从一个舆情接收站变成全方位的宣传机构，并不是一个很难的任务。"[2]

对于英国人来说，这场新攻势来得未免太迟了。此时已出现温斯顿·丘吉尔所称的"风暴聚集"情况，威胁着欧洲安危的这场大战终于要爆发了。

---

[1] Sir John Wheeler-Bennett, *Special Relationships: America in Peace and War*, London: Macmillan, 1975, p. 76.

[2] Nicholas John Cull, *Selling War: The British Propaganda Campaign Against American "Neutrality" in World War II*, New York: Oxford University Press, 1995, p. 60.

第四章　你还没有得到投票支持

表面上看,这似乎是一个典型的刚开始的劳动节周末,美国人在进行一年中最后的海滩之旅,也可能去了其他喜欢的夏季景点旅行。收拾好帆船、整理好渔具,他们准备调转船头回到自己的日常生活和工作中去。在全国各地无数的乡村俱乐部和路边旅馆里,夏季最后的乐曲会一直响至深夜。一大批人利用这长长的假期周末一窝蜂地涌向在纽约举办的1939世界博览会。

那个夏天的早些时候,查尔斯和安妮·林德伯格终于找到了属于自己的家——它是位于长岛北岸的一座大房子,外墙有白色的木隔板。房子坐落在一个小山上,可以俯瞰长岛湾。前晚一场暴风雨过后,9月1日星期五,破晓时分天已大亮,安妮决定到房子下面的海滩上散步。在此之前,她打开了收音机想听听刚发生的新闻,接着听到德国刚刚入侵波兰的消息。恍惚中,她向海滩走去,在那里走了好几个小时,她像其他无数的美国人一样,试着理解这个重大的新闻。

9月3日,经过了2天的权衡,英国政府和法国终于履行了它们对波兰的承诺,向德国宣战。那一晚,罗斯福总统在广播里宣布美国会在这场冲突中保持中立。然而,他也明确表示他不打算要求美国人"在想法和行动上保持不偏不倚的态度",① 这与伍德罗·

---

① Kenneth S. Davis, *FDR: Into the Storm*, *1937–1940*, New York: Random House, 1993, p. 490.

威尔逊总统在一战开始时的表现一样。"这个国家将会保持中立，"①罗斯福宣称，"但是……即使保持中立，我们还是有权利考量事态。但即便是中立国，他人也不得命令它什么都不想，或昧着良心行事。"

在微妙地暗示了他对西方同盟国的支持后，罗斯福接着承诺："我希望美国能远离这场战争。我相信，美国能做到这一点。我向美国人民再三保证，我们的政府都将尽一切努力实现这个目标。"②在第二天的一场新闻发布会上，罗斯福总统试图再次使美国人的情绪平静。"我们没有任何想法，不会秉持任何态度，不会以任何形式将这个国家置于战争中，无论是国防还是国内经济，"他对挤在身边的记者们说，"我们会令本国保持和平状态。"

几个月后成为罗斯福首席助理的知名剧作家罗伯特·舍伍德（Robert Sherwood）说，这些说法"有可能是罗斯福有史以来说过的最没底气的话。战争尚未真的开始，就让国家'重新恢复常态'，他在这一方面甚至比沃伦·哈定（Warren Harding）*总统还要出色"。③

但他还能做些什么呢？美国民众和国会的反战情绪束缚了他的手脚。在英法两国发布声明的数天内，美国各地的人民都给自己的汽车挡风玻璃上贴了"美国不参战"的贴纸。一位驻纽约的法国

---

① Richard M. Ketchum, *The Borrowed Years, 1938-1941: America on the Way to War*, New York: Random House, 1989, p. 212.

② Richard M. Ketchum, *The Borrowed Years, 1938-1941: America on the Way to War*, New York: Random House, 1989, p. 212.

* 沃伦·哈定，美国第 29 任总统。他执政懒散，在担任总统期间没有提出任何有影响的政治主张，还因喜欢寻欢作乐而被认为是美国历史上最差的总统之一。——译注

③ Robert Sherwood, *Roosevelt and Hopkins: An Intimate History*, New York: Harper, 1948, p. 134.

记者观察道:"不夸张地说,这个国家完全沉浸在和平主义的气氛中。战争代表着绝对的罪恶,这个概念已经神秘化。大家不再敢说出这个词,也不敢去想它,只是对它怀着虔诚的恐惧。保护我们的士兵免受伤害已经成为一项国家使命。"①

然而,罗斯福一面承诺要让美国免于战祸,一面又决心通过撤销《中立法案》的武器禁运条例来帮助英法。所以,说服国会批准向西方同盟国运送武器的"现购自运"(cash and carry)政策,是罗斯福政府在 1939 年秋的主要工作目标,也是战时美国直面的首个决定。总统十分清楚这将是一场极其艰难的斗争。

不到两个月前,7 月某个炎热的夜晚,罗斯福邀请了民主党和共和党双方的主要参议员来到白宫,为劝服他们在战争爆发前同意修订或废除《中立法案》做最后一搏。在靠墙的桌子上摆着一排酒瓶,参议员们纷纷给自己倒了酒水,然后罗斯福和国务卿科德尔·赫尔就开始讨论起来,说世界正处于灾祸的边缘,趁还来得及,恳请在座的立法者允许美国就此事权衡利弊。

威廉·博拉(William Borah)参议员仰靠在椅子上,冷漠地摇了摇头,他的头发蓬松如狮。这位来自爱达荷州的 74 岁共和党党员之前就听到过这些论调。他 1907 年就当上了参议员,1919 年开始协助带领国会对抗伍德罗·威尔逊总统和国际联盟,也从那时起,他就是参议院里最坚决、最有影响力的孤立派支持者。为了给国际联盟发声辩护,威尔逊总统做了一次全国巡回演讲,此举也遭到了参议院的阻挠。无论总统去哪里,博拉和一群想法一致的参议

---

① Peter Kurth, *American Cassandra: The Life of Dorothy Thompson*, Boston: Little, Brown, 1990, p. 311.

员时刻跟在他的身后,对前来听演讲的人宣传自己相反的观点。博拉雄辩的口才引导了舆论,人们开始纷纷反对国际联盟,而威尔逊则因中风身体垮了,亲眼看着自己的美梦破灭。

现在,博拉看看罗斯福,又看看赫尔。"今年欧洲不会发生任何战争。"[1] 他厉声说道,"所有这些疯狂都是人为制造出来的,并不真实。"赫尔努力让自己的声音听起来镇定如常,说他希望博拉参议员"能来一下我的办公室,查阅收到的电报。我会高兴地看到他改变原有的观点"。[2] 博拉轻蔑地挥了挥手,根本不理睬赫尔的话。他回复说,他有"欧洲的信息来源,比国务院的消息可靠得多",欧洲的线人告诉他"不会打仗"。[3]

博拉的"极度傲慢"[4] [这是专栏作家约瑟夫·艾尔索普(Joseph Alsop)后来形容博拉时的用词]让赫尔一时目瞪口呆,他尴尬地变了脸色,闭嘴不言了。罗斯福还是保持着他惯常的活跃与幽默——至少从表面上看是如此,所以即使当他的副总统约翰·南斯·加纳(John Nance Garner)正告他:"好吧,船长,我们可能要面对事实了。你还没有得到投票支持,就这么回事。"[5] 他也没表现出异样。

罗斯福很清楚,在过去的几个月里,他在国会推行的大部分事

---

[1] Kenneth S. Davis, *FDR: Into the Storm*, *1937-1940*, New York: Random House, 1993, p. 457.

[2] Kenneth S. Davis, *FDR: Into the Storm*, *1937-1940*, New York: Random House, 1993, p. 457.

[3] 当约瑟夫·阿尔索普后来寻问博拉这些消息的来源时,这位参议员把手伸进书桌的抽屉,拿出一份立场非常强硬的名为《一周》(*the Week*)的政治通讯,它的作者和编辑是英国共产党的领袖克劳德·考克伯恩。

[4] Joseph W. Alsop, *"I've Seen the Best of It": Memoirs*, New York: Norton, 1992, p. 141.

[5] Kenneth S. Davis, *FDR: Into the Storm*, *1937-1940*, New York: Random House, 1993, p. 458.

项没有获得投票支持。因为他自己的政治失误，让共和党和保守派民主党人组成了一个强大的联盟，成功地否决了由政府提出的几项重大立法。1939年初，当民主党派的几位国会领导人敦促他们持不同政见的同事团结起来支持总统时，一位反对者回复说："过去，国会能合作的地方都合作了，现在该由总统表明态度了。"①

总统失去影响力波及的范围很广。1933年他第一次当选时不能犯错。面对当时的经济危机，美国民众渴望国家能有一个强有力的领导，所以几乎支持他提出的每一项计划，国会也亦步亦趋地紧随其后。

在后面的几年中，罗斯福的新政确实招致越来越多人的批评，从商业、工业高管到华尔街银行家以及其他富裕的美国人。他们声讨新政有可能加重政府经济负担，针对商业和银行业的联邦法制会越来越严苛，还有可能助长工会气势。保守派政敌则声称，总统是个革命者，意图破坏"美国人的生活方式"。

即使如此，罗斯福看起来仍然战无不胜。批评者针对他的所有尖酸刻薄的抨击都无法动摇他在大多数美国人心目中的地位，这可以从1936年他在总统选举中以压倒性优势击败共和党的阿尔夫·兰登（Alf Landon）一事上得到证实。兰登只拿下2个州，他的共和党同僚在国会也遭遇了毁灭性失败，仅在众议院赢得89个席位，还眼睁睁地看着参议院名单里的人数降到了17人。太多的民主党人入选参议院，甚至有12个新议员没有座位，只能坐到参议院大厅属于共和党派的那一边——民主党议员数目庞大，对于共和党来说，这是另一种耻辱。

罗斯福在国会中取得了绝对性的多数席位，还有谁能阻止他？然而即使沉浸在全面胜利的喜悦中，他还是敏锐地意识到了这个问

---

① *Life*, Feb. 27, 1939.

题的答案。在过去的两年中，由保守派法官主导的最高法院推翻了好几项至关重要的新政法案。社会保障制度等新政府的部分方案，也开始慢慢进入司法审查的名单。不仅政府第二个立法议程不安全，似乎连整个新政都岌岌可危。由于有巨大的选举授权在支持，罗斯福决心阻止这种威胁。

1937年2月5日，罗斯福总统向国会各领袖略述了一项立法，这项立法到头来却将在未来造成这一局面：他的影响力和权威减弱进而严重危害其政府、国家乃至世界安全。他总统任期内所犯下的最大错误，这一法案——以及为之开展的斗争——将极大地增强他政敌的力量，且使他无法确认自己在国内的声望。从那以后，他再也不愿违背舆论行事。

根据该立法，总统将有权力扩大最高法院规模，额外任命6位法官，将法官总数从9人增加到15人这一极值。表面上看，该计划是为了提高法院的效率；现有法官一半以上是70岁或以上的年龄——太老了，罗斯福说，要处理完那么多积压的案件力不从心。

在座的每个人都知道，罗斯福讲出的原因纯属胡扯。他心里想的是任命一群观点与他一致的新法官。为什么不诚实一点儿，明说呢？为什么要用一个谁都不相信的理由欺骗国会和公众？毕竟，他不是唯一认为要做点什么改变法院现状的人，法院不断妨碍改革的脚步，似乎决定剥夺国会通过立法干涉社会或经济事务的权力。一年多来，美国国会及其他部门一直在呼吁制定法令或通过宪法修正案来限制最高法院的权力。

在1936年的总统竞选中，罗斯福的助手和内阁成员都敦促他把最高法院当作一个竞选的议题，向选民们解释，国家的最高司法机构是如何不断阻碍国会表达人民的意愿和诉求。罗斯福的支持者们主张，竞选就是为改革寻求授权的最佳平台；不管他怎么谈论法院，都不可能输掉选举。

但是罗斯福拒绝了，因为他不愿意做任何有可能减少胜算的事情。他觉得，除非已经明确大获全胜，不然就无法得到他所需要的公众支持来挑战最高法院。而他在11月已大获全胜。罗斯福总是"浑身洋溢着自信",① 他的首席演讲稿撰写人塞缪尔·罗森曼（Samuel Rosenman）提到，但是现在，这种自信发展成一种"过度自信，这种过度自信即使对于他本人来说，也过于惊人、过于危险了"。② 罗斯福多次告诉自己的助手，"人们已经说了"。③ 有了人民站在他一边，其他人就无足轻重了。

国会领袖们目瞪口呆地坐着，沉默地读着法案，请求发表异议。罗斯福突然提出这个极具争议性的法案，让他们手足无措，似乎已经不能再做什么来阻止这个方案了。而且最后不停地叨扰和逼迫国会同事们通过这项提议的人，是他们。他没有征求过他们的意见，在提出法案之前没有与他们一起建立一个广泛的同盟。他用最让人无法容忍的方式表明，他们不名一文，只是些跑腿的人。

在国会议员看来，罗斯福有一段时间一直把他们当成可有可无的人。一位记者这样指出："许多国会议员痛恨这种领导人接管了立法职能，而他们则唯命是从或只管盖章的感受。"④ 愈演愈烈的不满只会加剧自总统初上任以来国会和政府之间的政治文化冲突。

---

① Samuel and Dorothy Rosenman, *Presidential Style: Some Giants and a Pygmy in the White House*, New York: Harper & Row, 1976, p. 268.
② Samuel and Dorothy Rosenman, *Presidential Style: Some Giants and a Pygmy in the White House*, New York: Harper & Row, 1976, p. 350.
③ Robert A. Caro, *The Yearsof Lyndon Johnson: Master of the Senate*, New York: Vintage, 2003, p. 58.
④ Robert A. Caro, *The Yearsof Lyndon Johnson: Master of the Senate*, New York: Vintage, 2003, p. 79.

国会山上，根本看不到人们轻快的步履，也感受不到激动人心的气息，这种氛围截然有别于推行新政的华盛顿。国会仍然维系着一种19世纪末上流社会的慵懒风格，这从擦得锃亮的黄铜痰盂、摆放在参议员们桌子上的鼻烟壶、盆栽的棕榈植物以及装饰在国会大厦会议厅里的麦金莱时代（McKinley-era）的黑色沙发和圈椅上可见一斑。像威廉·博拉这样的美国西部人士在参议院里还系着蝶形领结，夏天，南方的国会议员们穿着白色西装，像种植园主一样注视着世界，而他们中有些人确实是种植园主。

在一个个悠闲的下午，可以看到几个年迈的参议员在参议院会议厅外的圈椅上打着盹。这种气氛也蔓延到了参议院的新闻发布厅，在那里"没有什么新闻，也没什么可做的"，① 约瑟夫·艾尔索普回忆说，那个时候，他还是《纽约先驱论坛报》（*New York Herald Tribune*）的一名年轻记者，负责报道国会山事务。"一两位年长的男士会在宽敞的沙发上打着瞌睡，我们其他人就把巨大的皮椅拖到火炉边上，轮流讲故事或者是闲扯。"

但行政部门就不像这般无所事事了。整个20世纪30年代，政府机构是能量与实验的温床，那里经常喧闹热腾，"人们跑进跑出，对着慢腾腾的电梯发脾气"。② 常春藤名牌大学毕业的年轻经济学家、律师、教授和各大高深学科的专家聚集到华盛顿，成为政府机构中的一员。

这些知识分子中的许多人自视甚高，瞧不起国会议员和委员会中的其他职员。后者大部分是由赞助人委派上任的，很难跟上那些

---

① Joseph W. Alsop, "*I've Seen the Best of It*": *Memoirs*, New York: Norton, 1992, p. 109.

② Lynne Olson, *Citizens of London: The Americans Who Stood with Britain in Its Darkest, Finest Hour*, New York: Random House, 2010, p. 20.

传唤自政府的、博学多才且语速极快的证人。根据1942年做的一项研究，76个国会委员会中只有4个委员会里有"甚至能盘问行政部门专家的专业工作人员"。①

对于现在这种工作倒退的局面，国会无人可责，只能将源头归结在自己身上。保守的南方民主党人在国会里担任了大部分的领导职务，他们对增加人手或采取其他措施来帮助国会有效监管行政部门毫无兴致，也不想了解这个纷繁复杂的世界并跟上它快速发展的脚步。"他们不希望这个机构发生任何改变"，② 记者兼作家尼尔·麦克尼尔（Neil McNeil）评论说，他也是美国国会历史研究专家。然而，这并不意味着众议院和参议院的领导人会亲切地看着政府打压国会。"跟（总统）一起工作实在无聊，"③ 众议院少数派领袖代表约瑟夫·马丁（Joseph Martin）曾经这样跟一个记者说，"他不会问你，他只会告诉你。"

美国司法部长罗伯特·杰克逊（Robert Jackson）以前在担任纽约州州长的时候认识了罗斯福。他有一次推断，罗斯福总统应该曾对国会表明自己的一些强硬态度，正如他以前对严重倾向共和党的纽约立法机构所做的那样。作为领导者，罗斯福把他的立法机关当作"一个靶子，而非合作方"，④ 杰克逊说，而且总统总是"想用策略击败它"。

面对这个最高法院法案，一些国会领导人最终选择抗命。他们

---

① Robert A. Caro, *The Yearsof Lyndon Johnson: Master of the Senate*, New York: Vintage, 2003, p. 65.
② Robert A. Caro, *The Yearsof Lyndon Johnson: Master of the Senate*, New York: Vintage, 2003, p. 67.
③ *Life*, Jan. 1, 1940.
④ Robert H. Jackson, *That Man: An Insider's Portrait of Franklin D. Roosevelt*, Oxford: Oxford University Press, 2003, p. 46.

与总统会面后，众议院司法委员会主席、得克萨斯州代表哈顿·桑诺斯（Hatton Sumners）议员向他的同事们宣布："各位，我要在这里金盆洗手了。"① 在参议院的衣帽间，副总统约翰·南斯·加纳——来自得克萨斯州的前国会议员——用手捂鼻子、拇指朝下对着地毯的方式向各位参议员表明了他对该法案的厌恶态度。

由于桑诺斯所在的司法委员会将在这个法案的审议中起到至关重要的作用，所以他的直接反对就预示了事态的发展不会顺利。在总统引介该项法案后不久，白宫开始接到国会其他民主党人要求打断的报告。这些人曾经是总统的坚决拥护者，但现在也纷纷发表反对意见。根据马奎斯·蔡尔兹（Marquis Childs）——华盛顿新闻界一位很有影响力的专栏作家的说法，法院改革法案是个"信号，它将此前被遮盖住的浓重敌意完全释放了"。② "在短短几个小时之内，"蔡尔兹写道，"战线就已划好，主要为了令 2 个月前那压倒性的支持失效。"

还有更多的坏消息在等着罗斯福。参议院内反对这一立法的领袖是伯顿·惠勒，一位民主党进步派人士，脾气暴躁，他几年前是罗斯福的坚定支持者。这令共和党人十分欣喜，因为总统所在政党内的成员已经决定采取行动反对他。

《生活》杂志曾经这样描写爱社交、爱抽雪茄的惠勒议员，说他是"美国政坛最会耍手段、最强硬的人之一"。③ 这位参议员是个不留情面的政治斗士，脸上总是带着一丝"冷酷又致命的"④ 笑

---

① Frederick Lewis Allen, *Since Yesterday: The 1930s in America*, New York：Perennial, 1986, p. 296.
② Marquis W. Childs, *I Write from Washington*, New York：Harper, 1942, p. 127.
③ "Boss Isolationist," *Life*, May 19, 1941.
④ Jeff Shesol, *Supreme Power: Franklin Roosevelt vs. the Supreme Court*, New York：Norton, 2010, p. 318.

容。他的格言是:"我不扳倒他们,他们就会扳倒我。"① 其实想想他早年的经历,就能理解这个座右铭了。

伯顿·惠勒是马萨诸塞州哈德逊城里一个鞋匠的儿子,排行第十。他的父亲是贵格会教徒,长期穷困潦倒,所以他是靠自身努力进入了密歇根大学法学院读书,然后他往西边发展,寻找可以从事新职业的地方。他最终来到蒙大拿州的巴特,这是一个条件艰苦、不易生活的铜矿小镇,这个小镇的样子和他小时候读过的那些廉价小说里描写的狂野西部一模一样。

巴特和蒙大拿州其他地区的主要势力是亚纳康达铜业有限公司(the Anaconda Copper Co.),惠勒和这个州里的其他人都简称它为"这个公司"。就像与之同名的水蟒(anaconda)一样,人们都知道亚纳康达公司牢牢地控制着铜线圈的生产,它基本掌握着本州的经济命脉和政治生活。那些反对公司的人都会付出代价,惠勒在最开始以年轻律师、后来又以州议员的身份为亚纳康达公司的矿工争取更好的工作条件时就发觉了。他们威胁伤害他、对他进行政治报复,却无一奏效。"任何这个公司赞成的,他就肯定反对",② 马奎斯·蔡尔兹指出。

1922年,惠勒被选入共和党执政的美国参议院。他随即对司法部长发起一项调查,司法部长哈里·多尔蒂(多尔蒂是不久前去世的沃伦·G. 哈定总统的好友)涉嫌卷入赦免权买卖、接受私酒商回扣、创建非法股市资金,以及恐吓和胁迫政府批评者。

多尔蒂彼时还在任上,所以他立马开始反击这个民主党新秀。联邦探员搜遍了惠勒和他调查委员会其他成员的办公室,还监控他

---

① "Boss Isolationist," *Life*, May 19, 1941.
② Marquis W. Childs, *I Write from Washington*, New York: Harper, 1942, p. 186.

图 4-1　伯顿·K. 惠勒参议员

的房子，跟踪他和他的妻子。1924 年，惠勒被指控据说利用参议院的影响力帮助他以前的一个法律客户获得石油租约。但是，这起案件显然是别人对他的构陷，一个参议院委员会随之为他洗脱了罪嫌。不久后，一个陪审团在审议了短短 10 分钟之后，就宣布他无罪。

最后，哈定的继任者卡尔文·柯立芝总统强迫多尔蒂辞职，惠勒成了美国的政坛名人。几年以后，一部基于这位新任参议员打击政府腐败经历的小说《蒙大拿州的绅士》(The Gentleman from Montana) 被卖给了好莱坞，根据其改编成的电影是 1939 年的叫座影片《史密斯先生到华盛顿》，由詹姆斯·史都华 (James Stewart) 主演。

1930年，惠勒是第一个呼吁时任纽约州长的富兰克林·罗斯福参选总统的民主党人。在1932年的民主党大会上，他在提名罗斯福之事上扮演了重要的角色。在总统竞选期间，他又代表罗斯福在整个西部地区巡游演讲。1935年，罗斯福要他领导参议院通过一项有争议的法案，以遏制公用事业控股公司的权力。这是一场恶战，所用的手段并不光明正大，最后蒙大拿州民主党和政府赢得了胜利。

　　然而到1937年初，已经雄心勃勃地给自己规划了总统任期的惠勒对那个在其助力下当选为总统的人不再抱有幻想。他抱怨说，他越来越难接近罗斯福，另外，政府在支持和资助他在蒙大拿州的政敌而不是他。他指出，上一次他竞选参议员连任的时候，总统视察了蒙大拿州，却连他的名字都未提及。作为一个惯于记仇的人，惠勒聚集了一大批反对罗斯福的人。

　　在罗斯福担任总统期间，惠勒生平第一次成为大多数人中的一员。但是他并不习惯与人为伍，他更喜欢站在对立面，无论是反对亚纳康达公司、反对政府腐败，还是1937年的时候，反对他眼中总统日益增长的权力欲望。按照他的理解，总统的权力欲望已经威胁到了国会和最高法院。"我观察罗斯福已经有很长时间了，"[①]惠勒跟总统助理托马斯·科克伦（Thomas Corcoran）说，"曾经，我们成就了他，他是我们中的一员。而现在，他只想让自己成为给我们发号施令的人。你的法院计划无所谓：他要来求我们。"

　　惠勒得意于眼前的斗争，召集他的人与白宫和参议院民主党领袖们抗衡。这场争论异常激烈，持续了好几个月，甚至唤起了全国

[①] T. H. Watkins, *Righteous Pilgrim: The Life and Times of Harold L. Ickes, 1874-1952*, New York: Henry Holt, 1990, p. 621.

人民参与的热情。约瑟夫·艾尔索普后来把这场法院之争称为"我在国会的职业生涯中所遇到的最伟大的一场全国性辩论"① 和"我在华盛顿见证的最精彩的单场政治剧"。

当冬天过去,春天到来时,国会加快了支持总统提案的速度。这场开始于总统和最高法院之间的冲突后来演变成行政和立法机关之间充满怨恨且无下限的斗争。经过几周的辩论,参议院于1937年7月22日成功阻挡了该法案,结果是20票赞成,70票反对。投票反对法案的大部分人都是民主党派的。

国会1月召开会议时,刚刚获得大选胜利的罗斯福还身处华盛顿之巅。现在,国会还没休会,他在政治上的地位就已经岌岌可危了,正如一位历史学家所说:"国会降低了其提案的通过率,原因就是那是他提的。"②

给了罗斯福他任期以来最严重的一击之后,惠勒陶醉在胜利的喜悦中。"我必须承认,"他后来写道,"打败总统让我感觉相当振奋。不可能再有一个比他更聪明、更强大的对手了。"③ 作为胜利的一方,惠勒可以表现得宽宏大量,而深受羞辱的总统则是另外一种心情。

从表面上看,罗斯福还是那个泰然自若、信心十足、和蔼友善的人。而实际上,他的内心已然被撼动,充满怨恨、怒气冲冲,决心给自己扳回一局。弗朗西斯·比德尔(Francis Biddle)是罗斯福的司法部副部长及司法部长,有一次,他将罗斯福形容成"一个

---

① Joseph W. Alsop, *"I've Seen the Best of It": Memoirs*, New York: Norton, 1992, pp. 114-115.
② Kenneth S. Davis, *FDR: Into the Storm, 1937-1940*, New York: Random House, 1993, p. 100.
③ Burton K. Wheeler, *Yankee from the West*, Garden City, N.Y.: Doubleday, 1962, p. 425.

遵守《旧约》的基督徒,他认为他的朋友们应当得到奖赏,他的敌人也会得到应有的惩罚,因为……一旦他愿景明确,也展现出意愿,别人再去干扰它的实现就不道德了"。①

用记者约瑟夫·艾尔索普和特纳·卡特里奇(Turner Catledge)的话说,对此罗斯福"已经打定主意,如果他不得不承受痛苦,那么那些他认为必须负责的国会议员们就要承受双倍的痛苦"。②在他心腹顾问的敦促下,罗斯福决定在1938年的国会初选上奋力一击,打败那些反对法院改组提案的保守派民主党参议员和国会议员(惠勒在那一年无法参加连任竞选,他首次让人审计自己的所得税申报表)。

在前两次选举中,罗斯福能实现自己的选举目标,靠的是他在选民中极高的个人声望。但是,到了1938年,情况发生了巨大变化。国家正处于严重的经济衰退期,此外,当年早些时候做的一次盖洛普民意测验显示,仅有不到一半的受访者表示,会在总统谋求连任时给他投票。

选民们明确表示,他们仍然喜欢罗斯福的人格,但是对于他的项目、他的顾问,尤其是他治理国家的方式,他们越来越感到担忧。人们特别关注他试图获取更多权力的行为,因为在这次民意调查中,有一半的受访者认为不能赋予他更大的权力。

随后,不出所料地,罗斯福剿灭国会政敌的激烈动作给他带来了灾祸。他选择报复的对象里只有一人在民主党初选中落选。更糟糕的是,共和党人在大选中骤然卷土重来,他们在众议院的人数几乎倍增,并获得了8个新的参议院席位。虽然民主党人在两院中仍

---

① Francis Biddle, *In Brief Authority*, Garden City, N. Y.: Doubleday, 1962, p. 5.
② Robert A. Caro, *The Yearsof Lyndon Johnson: The Path to Power*, New York: Knopf, 1982, p. 562.

然占据大多数席位,但两院议员的态度比 5 年前保守得多。这是富兰克林·罗斯福总统任期内的最低潮——而且正好在这段时间,希特勒和墨索里尼加快了他们穷兵黩武的脚步。无论罗斯福有多想介入欧洲黑暗混乱的局势,他都感到力不从心,无法采取任何具体的行动。他在国会和民意测验中受到的"惩罚打得他晕头转向",①内政部长哈罗德·艾克斯这样说道,他此前深信美国人民会永远站在他这边支持他,但此时他动摇了。从那时起,他开始少有地变得小心谨慎,会思虑再三才采取行动或做出决定。他决心不再违背舆论,而那时舆论仍然是坚决反对美国参与欧洲战事。

在英法向德宣战的数天里,国会里的孤立派联合其他反战人士发起了一场运动,旨在号召全国人民反对政府援助西方同盟国的计划。数十万封反战的信件、明信片、请愿书和电报涌入参议员和国会议员们的办公室。一些议员收到的邮件太多了,只得用手推车来搬运。

虽然国会两院中许多人强烈反对美国介入战争,但孤立派真正的大本营是参议院,那里的少数几个议员在外交事务上执掌大权。这些人里有伯顿·惠勒和其他几位来自中西部和西部的知名进步派人士,其中最主要的是威廉·博拉、加利福尼亚州的海勒姆·约翰逊(Hiram Johnson),以及北达科他州的杰拉尔德·奈(Gerald Nye)。

具有讽刺意味的是,尽管除了惠勒,其他人都是共和党人,他们却坚决支持罗斯福政府早期的大部分国内法案,只有当他们认为

---

① Kenneth S. Davis, *FDR: Into the Storm*, *1937-1940*, New York: Random House, 1993, p.107.

政府不够大胆或彻底的时候,才会与之背道而驰。形形色色的共和党进步派人士性格乖张、行事叛逆,他们在寻求社会正义、经济公平的斗争中,在抵制经济管理权力集中现象的时候,一次又一次地公然反抗罗斯福政府之前的三任共和党政府。共和党进步派人士拒绝配合保守派的模式,这让他们大为恼火。一个共和党领袖称这些进步派人士是"狗娘养的野杂种"①——却被他们骄傲地用来当作自己的"暗语和荣誉徽章"。

在这个群体中,惠勒是唯一新加入孤立主义者阵营的人。虽然他一直反战,却也呼吁一战后世界集体安全的重要性,支持国际联盟。他反对罗斯福帮助英法的行动,并不完全因为他坚定的孤立主义思想,也是因为他对总统的反感和他要阻止罗斯福获取更大权力的决心。他赞同海勒姆·约翰逊的观点,即罗斯福"想要击败欧洲的两个独裁者,这样他就能深深地根植在美国人民的心中了"。②

博拉和约翰逊——参议院外交关系委员会里两个资深的共和党议员——也是美国孤立派的两个元老。他们像惠勒一样,都是美国西部人,生性好斗。他们好与人作对、有主见、爱特立独行,总是觉得自己在参议院这个绅士俱乐部里是局外人。1919年,他们和其他反对《凡尔赛条约》及国际联盟的人一起,因为激烈对抗国际联盟,而被称为"敢死军团"和"对立者"。

内战后不久出生的两位参议员,成长于19世纪末一个没有轰炸机和潜水艇的世界里,秉持的也是那时候的世界观——美国是坚不可摧的堡垒,欧洲威胁论很荒谬。对自己从未走出过美国而感到

---

① Burton K. Wheeler, *Yankee from the West*, Garden City, N.Y.: Doubleday, 1962, p. 278.
② Richard M. Ketchum, *The Borrowed Years, 1938-1941: America on the Way to War*, New York: Random House, 1989, p. 174.

无比自豪的博拉,也像约翰逊一样,坚决不同意这样的说法,即他们的国家作为世界上最强大的经济体,将有可能不再是——用小奥利弗·恩德尔·霍姆斯(Oliver Wendell Holmes Jr.)的话说——"世界上最安全、舒适的地方"。[1] 博拉和约翰逊决心阻止美国卷入二战,就像他们曾经摧毁伍德罗·威尔逊那样,但是两个人已经迈入了 70 岁的大关,而且身体状态每况愈下。他们只能在反对罗斯福《中立法案》的斗争中发挥积极作用,到了后面,指挥棒就得交给惠勒了。

即使是博拉、约翰逊和惠勒 3 人的劲敌,也会把他们看作办事卓有成效、态度严谨的参议员,但对于第四位参议院孤立派领袖杰拉尔德·奈,评价就完全改变了。罗斯福说这位来自北达科他州的共和党人"寡廉鲜耻"。[2] 约瑟夫·艾尔索普在书里写道,奈之前当过乡村报的编辑,"完全不讲原则"。[3] 他好勇斗狠,喜欢像个牛虻一样招摇过市。1925 年在参议院议事厅第一次亮相时,他穿着黄色的高跟鞋,系着一条艳俗的领带,还留着一个锅盖头。虽然他后来换了发型,在领带花色和鞋子式样上也更加保守,但他始终没有摆脱来自小地方的气息,还停留在进步民粹主义的政治理念里。

1934 年,在大量的修正主义专著和杂志文章激起了人们对第一次世界大战起因的公愤之后,奈被参议院任命负责一项调查,具体内容是美国和欧洲的银行家及军火制造商们在操纵美国参战方面

---

[1] Rachel Maddow, *Drift*: *The Unmooring of American Military Power*, New York: Crown, 2012, p. 43.

[2] Wayne S. Cole, *Roosevelt and the Isolationists, 1932-1945*, Lincoln: University of Nebraska Press, 1983, p. 309.

[3] Joseph W. Alsop, *"I've Seen the Best of It"*: *Memoirs*, New York: Norton, 1992, p. 97.

图 4-2　杰拉尔德·奈参议员

扮演了怎样的角色。像其他农民出身的民粹主义者一样，奈长期以来一直在大力抨击财团和华尔街所掌握的权势。于他而言，这次对武器弹药的调查是个绝佳的机会，可以说服民众相信"军火商（死亡贩子）"和"经济保皇派"仅仅是为了获取不合理的利润，就愚弄美国政府和人民，让美国卷入了一场本与之无关的争斗。

有一些美国公司确实从一战中赚到了巨额的资金。但在听证会上，奈的委员会却拒绝考虑美国也可能基于合法的商业目的和地缘政治原因而参战的情况。具体说来，没有人提到美国远离复杂的欧洲事务这一宝贵机会很大程度上取决于英国舰队是否无敌。如果德国不仅控制了欧洲，还控制了欧洲的领海权和大西洋的海上航线，那么针对美国经济和领土安全的威胁就会成倍增加。

专栏作家沃尔特·利普曼称奈委员会的调查结果是"对历史的歪曲"。① 但在第二次世界大战发生前的几年里，这些结果还是产生了深远的影响。许多美国人受到委员会调查结论的影响，开始相信战争几乎是为了少数贪婪的资本家获取经济利益才进行的。那么，如果禁止与交战方进行武器销售和交易，美国就能置身战争之外，这合情合理。这种过于单纯的想法推动了《中立法案》的通过，其间，奈又起到了关键的作用。

奈享受站在镁光灯下的感觉，他开始迅速发掘自己名声带来的便利。一个私人讲座机构为他安排了全美各地的演讲行程，在这期间，为了可观的收入，他痛斥那些"死亡贩子"。20 世纪 30 年代末，当罗斯福尽量谨慎地带领美国走出孤立主义的困局时，奈却不断对总统发动猛烈攻击。

1939 年 9 月 13 日，罗斯福宣布他正呼吁国会重新召开特别会议修订《中立法案》，奈和其他孤立派议员们则伺机而动。第二天晚上，参议院中公认口才最好的威廉·博拉计划做一次全国广播演讲，试图掀起一场全国性大规模的宣传运动，以反对"现购自运"政策。

尽管罗斯福知道博拉是个强劲的对手，但他更担心另一个政敌。他已担心了数月，但查尔斯·林德伯格现在还是进入了他的敌对名单。一场为了美国魂而战的斗争即将拉开序幕。

---

① Ronald Steel, *Walter Lippmann and the American Century*, New York: Vintage, 1981, p. 382.

第五章　我清晰地意识到战争的存在

西方同盟国宣战之后,林德伯格一开始并不确定自己应在即将到来的大辩论中扮演怎样的角色。他曾在离开欧洲之前发誓,要尽一切所能让美国保持中立,但他返回美国后,却把大部分精力投入美国空军的建设。现在战争终于来临,他对自己的站队还是犹豫不决,因为他知道一旦参与其中,就又会被卷入以前他痛恨的名人旋涡里。9月7日,他终于打定了主意。尽管他厌恶政治,也不想出现在公众的视野里,但他仍然在日记中写道:"我不打算袖手旁观,亲眼看着这个国家被推入战争。"[1]

那年初夏,威廉·R. 卡索(William R. Castle)邀请他到家里共进晚餐。前外交官卡索曾担任赫伯特·胡佛(Herbert Hoover)总统的国务次卿及其最信赖的外交顾问,他坚决反对美国参战。当时在场的,还有小富尔顿·路易斯(Fulton Lewis Jr.,)和互助网(the Mutual network)一位年轻的保守派电台主播。三人在聊天的时候,路易斯意识到这位著名的飞行员"有想法",[2] 就建议他作为嘉宾来广播间"告诉美国人民你对于事态的想法"。林德伯格考虑了一会儿,回答说:"我认为我不能。但过一段时间我可以接受

---

[1] Charles A. Lindbergh, *The Wartime Journals of Charles A. Lindbergh*, New York: Harcourt Brace Jovanovich, 1970, p. 252.
[2] Roger Butterfield, "Lindbergh," *Life*, Aug. 11, 1941.

这个邀请。"① 开战一周后，林德伯格兑现了承诺，和路易斯商定在 9 月 15 日发表广播。

杜鲁门·史密斯上校也在催促他发声。史密斯是美国驻德使馆前武官，自 1936 年他邀请林德伯格访问柏林后，两人就一直是关系紧密的好友。后来他被诊断出糖尿病，1939 年 4 月被下令返回美国。面对强制性伤残退休命令，时任副参谋长乔治·马歇尔对他伸出了援手。在史密斯加入军队后不久，马歇尔就一直是他的良师益友。1939 年 9 月 1 日，马歇尔被任命为陆军总参谋长时，又给史密斯恢复现役，让他担任自己的德国事务首席分析专家和顾问。

史密斯是亲德派，坚决地站在罗斯福的对立面。他同意林德伯格的观点，认为英国和法国应当与德国取得和解，而不是冒险再打一战。他认为，第三帝国对美国不构成任何威胁，应该允许它推行其"生存空间"*。如果德国实施扩张主义政策，就意味着它会征服中欧、东欧的所有国家及苏联的领地。作为马歇尔将军的首席顾问，史密斯积极地与林德伯格一起反对政府的外交政策。

在林德伯格发表广播讲话的前几天，他把自己的发言稿副本给私交甚密的阿诺德将军看。事实上，就在两周前，林德伯格还在阿诺德家中与他和马歇尔共进晚餐。在日记中，林德伯格写道，这位陆军航空兵司令似乎非常赞同他演讲词中的观点，还说他"作为一个美国公民完全有（自己的）权利"② 发表演讲。尽管如此，他还是建议林德伯格在参与政治活动时停下他在陆军航空兵的工作。林德伯格听从了阿诺德的建议，退出现役。

---

① Roger Butterfield, "Lindbergh," *Life*, Aug. 11, 1941.
* 此概念由纳粹分子提出，指国土以外可控制的领土和属地。——译者注
② Charles A. Lindbergh, *The Wartime Journals of Charles A. Lindbergh*, New York：Harcourt Brace Jovanovich, 1970, p. 254.

阿诺德对林德伯格发表广播演讲持轻松态度，但罗斯福政府的其他官员几乎都不轻松。白宫很快就会敲起警钟，因为林德伯格可以说是全国唯一像罗斯福一样能得到公众关注的人。在过去的4个月里，林德伯格大张旗鼓地帮助空军增加并提高兵力，想借此改善他受损的声誉。"他还是像以前一样，是个忠诚于美国的人，一直专注于自己的职业，一直渴望为这个世界做有意义的事情。"①《纽约时报》用这样的语言向它的读者担保。

自从他的历史性一飞，深居简出的林德伯格在美国人民眼里就一直是个神秘的人物。在所有那些年月里，他从未公开透露过他的政治观点，也没有跟别人讨论过他的个人感受，更没有在美国电台里做过演讲，即使在他儿子被绑架的那段时间里，他也没有进行过任何公开发言。所以，知道林德伯格的广播会吸引大量听众，白宫仓促行动，想要阻止他。

广播演讲的前一天，杜鲁门·史密斯来看他，转告他一个由陆军部长哈里·伍德林（Harry Woodring）托阿诺德将军捎来的口信，而伍德林又是在从未透露过姓名的白宫官员处获悉了此消息。消息内容是，如果林德伯格取消此次广播演讲，政府会为他在内阁开设一个新职位，任命他为空军部长，与伍德林和海军部长查尔斯·爱迪生（Charles Edison）同级。

林德伯格满怀疑虑地看着史密斯，然后大笑了起来。史密斯也大笑着说："你看到了吧，他们很焦虑。"② 他还补充道，阿诺德将军知道他会拒绝这个提议，但消息来自陆军部长办公室，所以这位陆军航空兵司令还是觉得应当把它传达到位。

---

① *New York Times Magazine*, April 30, 1939.
② Charles A. Lindbergh, *The Wartime Journals of Charles A. Lindbergh*, New York: Harcourt Brace Jovanovich, 1970, p. 257.

林德伯格拒绝了这个好意。9月15日晚,他来到华盛顿卡尔顿大饭店的一个房间里,在6个麦克风前向美国人民表达他反对美国以任何形式参与欧洲战争的想法。因为公众对这次演讲的极大兴趣,美国所有3个全国性广播电台都进行了播放。

林德伯格尖锐、高亢的声音里夹杂着中西部地区特有的鼻音,他在演讲中没有直接提到就修订《中立法案》国会中将发生的斗争,但他表示,把军火送到西方同盟国的手中也不能确保胜利。要"真正地参与"[1]到冲突中,国家就必须派遣数百万年轻的美国士兵到海外去——数百万"我们可能会失去的……最优秀的美国青年"。

在他看来,这场战争不是一场正义与邪恶、民主政治对极权主义的较量。这只是欧洲漫长的历史中,另外一个同室操戈的例子罢了,是"上一次战争遗留下来的错误而引发的争吵",[2] 美国能够——而且应当——置身事外。林德伯格建议他的大量听众像他一样看待这个世界的局势——用最客观、超然的态度,永远不要允许"我们的情绪、同情心、怜悯的情感来混淆问题〔或〕影响我们孩子的生活。我们要像一个拿着手术刀的外科医生一样冷静客观"。

他又补充说道,美国有责任保护西方文明,因为西方文明在欧洲正处于分崩离析的边缘。"这是美国现在面临的一场考验……只要我们的陆军、海军和空军名副其实,只要美国没有内部祸乱,我们就无须担心外敌入侵。"[3]

在表达他的核心观点的时候,林德伯格花了片刻时间阐述了种族优越论,这让人感到不安。他宣称,对西方文明构成真正威胁的

---

[1] *New York Times*, Sept. 16, 1939.
[2] "Hero Speaks," *Time*, Sept. 25, 1939.
[3] *New York Times*, Sept. 16, 1939.

不是德国，而是苏联和其他一些"亚细亚的入侵者"。[1] 欧洲国家和美国应当团结起来，"捍卫白色人种抵御外族入侵"，而不是彼此争斗。

提倡种族纯洁性，成了他此后两年演讲和写作的一个特征，这与希特勒和其他纳粹分子的种族理论类似。但这个观念在19世纪和20世纪上半叶也受到美国人和欧洲人的普遍认同。它起源于优生学，一个提倡借助选择性繁殖改善人类遗传性状的伪科学。正如优生学的支持者们所看到的那样，北欧和西欧后裔的白种人——"迄今为止进化的最高级文明之典范"[2]——在心智和道德上，天生就优越于"黑色人种、棕色人种和黄色人种"。[俄罗斯人被纳入非白色人种范畴：蒙古人血脉的融合意味着"俄罗斯人的种族特性从根本上（已经变得）更为亚洲人而非欧洲人了"。[3]]

在其发展的鼎盛时期，优生学甚至得到了各国政府的推动，被名牌大学视为合法的学科，还得到了公众人物的支持，其中包括西奥多·罗斯福（Theodore Roosevelt）、伍德罗·威尔逊、赫伯特·乔治·威尔斯（Herbert George Wells）、乔治·萧伯纳（George Bernard Shaw）和约翰·梅纳德·凯恩斯（John Maynard Keynes）。然而，到了20世纪30年代，优生学开始变得声名狼藉，最主要的原因是它与纳粹德国密切联系在了一起。纳粹分子以优生学为理由推行可怕的种族政策，包括消灭"有缺陷的"人口如同性恋者、智障人士和精神病患者、吉卜赛人，而最恶名昭彰的是消灭犹

---

[1] Wayne S. Cole, *Charles A. Lindbergh and the Battle Against American Intervention in World War II*, New York: Harcourt Brace Jovanovich, 1974, p.78.

[2] Joseph Bendersky, *The "Jewish Threat": The Anti-Semitic Politics of the U.S. Army*, New York: Basic Books, 2000, p.28.

[3] Joseph Bendersky, *The "Jewish Threat": The Anti-Semitic Politics of the U.S. Army*, New York: Basic Books, 2000, p.29.

太人。

尽管如此,像林德伯格在他的演讲中所鼓吹的那些种族主义理论,20世纪30年代末居然还受到一些美国名人和公众人物的推崇,还深深地扎根于美国的军事文化中。著名的白人至上主义者如洛斯罗普·斯托达德(Lothrop Stoddard)写的书籍长期以来是西点军校生和其他军事高等院校学生的必读书。军校生接受的教育是白种的雅利安民族一直是"世界进步伟大事业的领导者"①,所以他们的职责是守护真正的美国精神,也就是盎格鲁-撒克逊人的社会。

也许这种种族主义态度在当时司空见惯,所以林德伯格在发表广播演讲的时候,听众几乎没有注意到他提及种族的言论。但是,正如白宫先前所预见的那样,这场演讲轰动全国,原因并非在于演讲的内容(内容与其他孤立主义者的言论相差无几),而是因为演讲的人。

传闻安妮·罗莫·林德伯格编辑了这篇演讲稿,而且那句话——"我们要像一个拿着手术刀的外科医生一样冷静客观"——据说是她想出来的。但情况果真如此的话,这也不是她要表达的感情。她与丈夫不同,她无法平心静气地看待这场战争。在宣战的那一天,脑海中这场灾难的种种恐怖景象就吞噬了她——英法空军伤亡殆尽、巴黎伦敦毁于轰炸,朋友悉数惨遭不幸,"所有我们爱的、喜欢的……都会被摧毁"。② 当她在卡尔顿饭店看着查尔斯做广播演讲的时候,她祈祷他们在欧洲的朋友们能意识到当

---

① Joseph Bendersky, *The "Jewish Threat": The Anti-Semitic Politics of the U.S. Army*, New York: Basic Books, 2000, p. 26.
② Anne Morrow Lindbergh, *War Within and Without: Diaries and Letters of Anne Morrow Lindbergh, 1939-1944*, New York: Harcourt Brace, 1980, p. 48.

时有多艰难,以及事实上背弃那些曾经给过他们庇护的国家有多艰难。但是在内心深处,她知道,那些朋友们永远不会。

她也害怕自己的反应。在这场刚刚拉开序幕的战争中,她还能追随查尔斯做他"忠心耿耿的侍从"吗?她并不完全确定她的答案。"那太可怕了——与他分开,"她在日记中写道,"我应该让他失望吗?……但是,我感觉太形单影只了。"①

就做了一次演讲,查尔斯·林德伯格——一个完全不懂政治和外交,也几乎没有这方面经验的人——发现自己变成了美国政坛最有争议的人。几小时后,他还成了孤立派里最耀眼的明星。

这一广播结束后,来自"各类人"②的成千上万封信件和电报迅速涌来,安妮给婆婆伊万杰琳·林德伯格(Evangeline Lindbergh)写信说:"心怀感激的父母亲,学校里的老师、教授们,商人和农民……C的演讲满足了现实需求,是混乱局面中的清晰呼吁。"在写信的人中,还有阿诺德将军,他告诉林德伯格,坚决维护孤立主义的陆军部长哈里·伍德林——他的上司,认为这个演讲"措辞得体,表达得当",③ 他自己也有同感。

不过,另一位给林德伯格写信的人,则对自己那晚听到的内容表达了极度的失望。几周前,阿尔伯特·爱因斯坦(Albert Einstein)曾给林德伯格写信,要他代表爱因斯坦和另外两位知名物理学家利奥·齐拉特(Leo Szilard)和爱德华·泰勒(Edward Teller)给罗斯福总统递一封信。这封信警告罗斯福,各国科学家

---

① Anne Morrow Lindbergh, *War Within and Without: Diaries and Letters of Anne Morrow Lindbergh, 1939-1944*, New York: Harcourt Brace, 1980, pp. 38-39.
② A. Scott Berg, *Lindbergh*, New York: Berkley Books, 1999, p. 397.
③ Murray Green, unpublished manuscript, Green papers, AFA.

即将生成爆炸性链式核反应——这一研发能制造出威力巨大的炸弹。信中指出,德国科学家们也即将研制出这一武器,所以敦促罗斯福与美国研究链式反应的物理学家们正式接触并建立联系。

爱因斯坦在几年前与林德伯格在纽约见过一面,但显然不知道他的孤立主义倾向。他曾向他的同事们建议说,这位著名的飞行员能成为他们和白宫之间最好的传话人。林德伯格没有回复爱因斯坦的信件,齐拉特又在9月13日给他去信进行提醒。两天后,林德伯格发表了演讲,他不回复爱因斯坦的原因就显而易见了。"林德伯格,"① 齐拉特沮丧地跟爱因斯坦说,"不是我们这边的。"②

给林德伯格写信的人观点各有千秋,许多人催促他拿出一个具体的方案让美国远离战争。在与杜鲁门·史密斯、威廉·卡索等人商议之后,林德伯格决定于10月13日做第二次全国广播演讲,这正好是国会就修订《中立法案》进行激烈辩论的时候。这一次,他公开反对将美国的飞机、船只和大部分其他武器弹药卖给英国和法国。但他补充说,应当允许同盟国购买像高射炮这样的防御性武器。因为林德伯格本人曾多次表示,对空袭唯一的有效防御是强大的空军,所以他基本把战争的优势让给了德国。

林德伯格还声称,英国和法国要为这场战争的开启负责。他断言,如果两国在第一次世界大战结束的时候"向陷入困境的德意志共和国伸出援手",③ "就不会有今天的战争了"。他重申了白人

---

① Walter Isaacson, *Einstein: His Life and Universe*, New York: Simon & Schuster, 2007, p. 475.
② 一个月之后,这封信最终为白宫所知,从而促使罗斯福开启了美国研发原子弹的进程。
③ *New York Times*, Oct. 14, 1939.

应团结一致以及"白人至上"的信念:"种族力量至关重要;政治是奢望。只有在白色人种受到严重威胁的时候,才是我们执行职责保护他们的时候,我们要与英国人、法国人和德国人肩并肩战斗,而不是与其中哪一个一起去打另一个,最后让大家陷入毁灭的绝境。"①

他又一次引发了反应风暴,但这一次,大部分评论在猛烈抨击他的言论。"对许多美国公民来说,"《时代》周刊写道,"他很差劲。"② 以前热情接纳林德伯格的社交圈和商界人士现在给了他冷遇。其中有摩根大通公司的合伙人,10月的一天他们邀请林德伯格在华尔街上的摩根总部大楼共进午餐。

德怀特·莫罗在摩根家族任职期间,曾给林德伯格提出过商务经营方面的建议,公司的同事们对他的女婿也极为友好,邀请安妮夫妻二人到家里做客,当他们旅居欧洲的时候帮他们打理财务。但在这次午餐时,这些商业伙伴明确地告诉林德伯格,他们反对他在《中立法案》上的立场。摩根集团的人,正如有位人士后来所说的,长期以来一直是"支持同盟国的,可以说是沿袭传统,可以说是出于本能,也可以说是因为见解。而且,我们在美国东海岸认识的几乎所有人,都是如此"。③ 午餐过后,林德伯格在他的日记里提到,"显然,我的立场极不受欢迎……我们在友好礼貌(不带个人感情,你知道的)但紧张无比的气氛中告了别"。④

英国方面对林德伯格讲话的反应更加负面。就像安妮担心的那

---

① Kenneth S. Davis, *The Hero: Charles A. Lindbergh and the American Dream*, Garden City, N. Y.: Doubleday, 1959, p. 391.
② "Hounds in Cry," *Time*, Oct. 30, 1939.
③ Thomas Lamont to *New York Times*, Oct. 14, 1935, Lamont papers, BL.
④ Charles A. Lindbergh, *The Wartime Journals of Charles A. Lindbergh*, New York: Harcourt Brace Jovanovich, 1970, p. 269.

样，英国人憎恨他这种一脚踢开庇护国的行为，当他和家人最需要庇护所的时候，英国伸出了援手。10月下旬，伦敦一个小型歌舞讽刺剧的观众们高声欢唱了一首歌，其中有些歌词是这样的：

> 那么，有个林德伯格上校
> 做了一场有趣的演讲，
> 他现在已去了美国，
> 我们庆幸他不在身旁。

让安妮尤其感到痛苦的是哈罗德·尼科尔森在英国时事周刊《旁观者》(The Spectator) 上写她丈夫的一篇专栏。这篇文章被认为是对林德伯格此举的解析。尼科尔森的文章认为林德伯格对公开宣传和媒体"接近病态的"[①]仇恨导致了他对言论自由的怀疑，"其后，几乎是对自由（本身）的怀疑。他开始憎恶民主制度"。尼科尔森写道，在林德伯格历史性一飞之后的十多年里，他的"男子气概和思想"已经"不仅变得冥顽不灵，而且执迷不悟；他把自信浇筑成自大，他把信仰冷冻成无情"。尽管如此，这位英国作家还说，人们应该意识到，林德伯格从未真正长大，所以不必过于苛责他："到今天，他仍然是（个）来自中西部地区的好孩子。"

尼科尔森在文章里用傲慢和病恹恹的语气掩盖了自己真实的愤怒。他自1935年开始就当上了国会议员，是下院一个反绥靖政策小团体的成员——该团体成员认为，英国正面临着一场大灾难，张伯伦政府必须更加努力来回击希特勒。对这个他曾经视为朋友的美国人是怎么想的、处境如何，尼科尔森已失去同情心和耐心。

[①] *New York Times*, Oct. 21, 1939.

至于林德伯格，他在评论尼科尔森的时候，不经意地说了句"相当愚蠢"。① 他在自己的日记里写道："他就像别人（我本期望他会好点）一样，对我进行人身攻击，而不是抨击那些我赞成而他反对的东西。自然，这个英国人不喜欢我的演讲，但我还是希望有个客观点的批评……不过这个国家正陷于战火，我们应该做好心理准备，不计较也不责备该国公民的诸多言行。"

安妮不可能是个不动感情、不食人间烟火的奥林匹斯山神祇。当她第一次读到"那篇尖刻的小短文"②时，她觉得好像"简直喘不过气来"。尼科尔森的友谊，他在肯特郡的房子，给了她那么多的快乐，他的温暖和鼓励帮助她走上了写作的道路，这一切对她而言都有非凡的意义，所以，他对查尔斯的轻蔑贬低深深地伤了她的心。

对林德伯格的名声造成更大损害的是来自著名政治专栏作家多萝西·汤普森（Dorothy Thompson）的猛烈抨击，她是美国新闻界希特勒和纳粹政权的主要评论家。汤普森的专栏由《纽约先驱论坛报》主办，全国150多家报纸登载，每天的读者数量大约在800万~1000万人。她的读者群规模庞大，再加上她每周在美国全国广播公司（NBC）的广播节目，以及《妇女家庭杂志》上颇受欢迎的每月专栏，汤普森成为20世纪30年代末40年代初美国最能引导舆论走向的人。

"有些人可能一辈子都没读过一本书，却能每天熟练地引用她说过的话，"汤普森的朋友，也是记者的文森特·希恩（Vincent

---

① Charles A. Lindbergh, *The Wartime Journals of Charles A. Lindbergh*, New York: Harcourt Brace Jovanovich, 1970, p. 279.

② Anne Morrow Lindbergh, *War Within and Without: Diaries and Letters of Anne Morrow Lindbergh, 1939-1944*, New York: Harcourt Brace, 1980, p. 65.

Sheean)评论道,"她像所有的棒球运动员和电影演员一样,也是个明星。"① 1942年的电影《小姑独处》(Woman of the Year)票房大卖,印证了希恩的观点。这部电影的主角由凯瑟琳·赫本(Katharine Hepburn)扮演,是对汤普森的直接艺术再现。

多萝西·汤普森在1930年加利福尼亚北部的一次晚宴上第一次见到林德伯格,此时距他飞巴黎的壮举已过去了3年。晚饭前,汤普森惊恐地看着这个年轻的飞行员在搞一个他很喜欢玩的恶作剧——偷偷地把漱口水倒进餐具柜上人们会喝的一瓶稀有的勃艮第葡萄酒中。这个国家还在执行禁酒令,对多萝西来说,"一瓶好品质的勃艮第葡萄酒稀有又珍贵",文森特·希恩解释说,"她永远不会忘记(林德伯格做的事);这件事形成了,或者说帮助她形成了对林德伯格的印象"。②

尽管林德伯格的恶作剧让人恼怒,但真正让多萝西厌恶的是他将德国侵略别国进行合理化的说辞,冷漠又无动于衷。与林德伯格不同,汤普森在向世界宣告她对这个国家的看法之前,不仅仅是对帝国做了几次短暂而近距离的观察之旅。她作为美国两家报纸的记者,在希特勒上台期间,曾住在德国和奥地利,目睹了纳粹政权的邪恶面目。她曾看着纳粹暴徒闯进犹太人、左派人士以及其他所谓帝国敌人的家里,用钢棍抽打他们,打掉了他们的牙齿,在他们身上小便,逼迫他们跪下,用嘴亲吻"卐"字旗。她在20世纪30年代初写道:"纳粹主义是对理性、人道主义及基督教伦理这些自由主义和民主制度之基石的完全背叛……它仇视所有热爱自由和积

---

① Vincent Sheean, *Dorothy and Red*, Boston: Houghton Mifflin, 1963, p. 255.
② Vincent Sheean, *Dorothy and Red*, Boston: Houghton Mifflin, 1963, p. 173.

图 5-1　1939 年 9 月，专栏作家多萝西·汤普森在一个参议院委员会作证，支持撤销对英国和法国的武器禁运令

极向上的人及品质。"①

1934 年，元首直接下令，毫无预警地将汤普森驱逐出了德国。这是纳粹有史以来第一次驱逐美国记者出境，这让汤普森一夜之间成为国际名人。她从 1936 年开始在报纸上写专栏，接下来的 4 年里，她所写的大部分内容是对纳粹德国的尖锐抨击和对其他国家冷眼旁观纳粹威胁的刻薄讽刺。"伟大、强盛、富裕的民主制国家不断向盗抢、勒索、恐吓和暴力投降的奇观是当今世界最可怕、最令

---

① Peter Kurth, *American Cassandra: The Life of Dorothy Thompson*, Boston：Little, Brown, 1990, p. 163.

人气馁的景象，"她这样说道，"这比侵略本身更让人觉得无望。"①
在另一篇专栏中，汤普森写道："文明世界被打了脸，它又把另一边的脸转过去挨打。这种事做得太多，它的头都变成了转轮。"②

她对国际形势的关注也延伸到自己的私生活中。在晚宴及其他社交聚会上，她几乎不谈别的事。"如果我和多萝西离婚，"她的丈夫，诺贝尔奖得主、小说家辛克莱·刘易斯（Sinclair Lewis）曾经戏称道，"我会把阿道夫·希特勒当作共同被告。"③她尤其对自己国家的不作为感到愤怒。"很明显，她觉得美国的中立态度是一种懦弱的表现，"《纽约客》指出，"而且她一再暗示，如果美国设法逃避战争，她肯定不赞成。"④

与林德伯格不同，汤普森情绪激昂地认为：战争确实就是一场正邪之争，而美国有道义上的责任插手调解。"不管你信不信，"她写道，矛头直指林德伯格，"世界上还有这样一些东西，例如道德、法律、良心、高尚的人性观，一旦这些东西觉醒，就会比所有的意识形态都要强大。"⑤

这些强大的信念无疑是造成她猛烈抨击林德伯格的因素。她在专栏里写道，他是"个忧心忡忡的白痴"，⑥一个"没有人类感

---

① Peter Kurth, *American Cassandra: The Life of Dorothy Thompson*, Boston: Little, Brown, 1990, p. 281.
② Peter Kurth, *American Cassandra: The Life of Dorothy Thompson*, Boston: Little, Brown, 1990, p. 241.
③ Peter Kurth, *American Cassandra: The Life of Dorothy Thompson*, Boston: Little, Brown, 1990, p. 167.
④ "The It Girl," *New Yorker*, April 27, 1940.
⑤ Peter Kurth, *American Cassandra: The Life of Dorothy Thompson*, Boston: Little, Brown, 1990, p. 242.
⑥ Peter Kurth, *American Cassandra: The Life of Dorothy Thompson*, Boston: Little, Brown, 1990, p. 312.

情"的人,一个"接受德国勋章的亲纳粹分子"。她指责林德伯格有"做美国元首的想法"。虽然她也承认自己并没有证据可以证明这个看法,却还是坚持说"林德伯格上校的朋友们都知道他是倾向于纳粹主义的"。①

埃莉诺·罗斯福（Eleanor Roosevelt）有自己受众面极广的联合报纸专栏,她称赞汤普森对林德伯格的敏锐观点:"她在林德伯格上校的讲话中感受到了对纳粹理想的共鸣,我认为这些理想存在,只是我不愿意相信真的存在。"②但也有其他一些人认为汤普森的这些言辞太具煽动性。就连1年前同样粗暴斥责林德伯格的内政部长哈罗德·艾克斯也在疑虑,她是否应该写下她所写的那些评论。虽然他"衷心赞同她不得不说的那些话",③艾克斯继续指出,但他"并不确定把这些话都说出来是否得体"。

汤普森的专栏以及其他报纸对林德伯格10月份演讲做出的批评,毫无疑问是恐吓信源源不断向林德伯格夫妻飞去的原因,其中还有几封威胁说要绑架并杀死他们的两个小儿子。安妮的脑海里一直留存着1932年3月发生在她身上的痛苦回忆——"那个可怕、疯狂又邪恶的案子"。④此时,她又在自己的日记中写道:"我们被再次扔回到那个可怕的气氛中……我们不能冒险。我愤怒极了,满心仇恨,陷入困境。哪儿是我们的家,我们能去哪里?"⑤

---

① "The It Girl," *New Yorker*, April 27, 1940.
② "Hounds in Cry," *Time*, Oct. 30, 1939.
③ Harold Ickes, *The Secret Diary of Harold L. Ickes*, Vol. 3, *The Lowering Clouds, 1939–1941*, New York: Simon & Schuster, 1955, p. 20.
④ Anne Morrow Lindbergh, *War Within and Without: Diaries and Letters of Anne Morrow Lindbergh, 1939–1944*, New York: Harcourt Brace, 1980, p. 104.
⑤ Anne Morrow Lindbergh, *War Within and Without: Diaries and Letters of Anne Morrow Lindbergh, 1939–1944*, New York: Harcourt Brace, 1980, p. 64.

尽管林德伯格与妻子感同身受，也是忧心忡忡，但他还是决定继续反对美国参战。"我觉得我必须这么做，即使我们不得不在家里安排武装守卫。"① 他在日记中写道。然后，是一段苦涩的后记："人们不喜欢你做的事，就威胁要杀死你的孩子们。在一个把这种现象当作文明的国家，这再正常不过了。"

然而，遭到公众发泄愤怒的并不只有林德伯格一家。在多萝西·汤普森写出反林德伯格专栏的数天后，她也收到了很多威胁信，所以她告诉朋友们，她很担心自己的人身安全。"我祈祷，第一个落在美国大地上的炸弹会击中你儿子。"② 一封信的第一句话说。另一封信说："为什么不滚出美国？这样我们就不用操心要与你这样的人为伍了。"③ 许多信写的收信人是"多萝西·汤普森，战争贩子"。但汤普森拒绝被针对她的敌意所吓倒。这一年，她另有3个专栏用来抨击林德伯格，1940年的时候是6个专栏，1941年有4个。

林德伯格有关美国和这次战争的言论深深地影响了美国另一个大作家罗伯特·舍伍德。但与多萝西·汤普森不同的是，舍伍德并未公开讽刺这位飞行员——至少他当时没有这么做。他对林德伯格演讲的唯一评论是一封寄给《时代》周刊编辑的措辞温和的信件，其内容隐晦地表明，林德伯格的第二次演讲"不代表任何人，又

---

① Charles A. Lindbergh, *The Wartime Journals of Charles A. Lindbergh*, New York: Harcourt Brace Jovanovich, 1970, p. 282.
② Peter Kurth, *American Cassandra: The Life of Dorothy Thompson*, Boston: Little, Brown, 1990, p. 313.
③ Peter Kurth, *American Cassandra: The Life of Dorothy Thompson*, Boston: Little, Brown, 1990, p. 313.

代表了所有人"。① 舍伍德对此表示抗议:"请让我说一句,他不代表我。"

43岁的舍伍德是纽约最有名的一位文学大师和阿尔冈昆圆桌午餐会(the Algonquin Round Table)的创始成员,他写了几部非常流行的百老汇剧本。当时他最新的一部戏剧《阿贝·林肯在伊利诺伊州》(Abe Lincoln in Illinois)(在几个月前就已经上演)取得了巨大成功,使他很快赢得了第二次普利策奖(在他结束写作生涯之前,又获得了2次普利策奖,1次奥斯卡金像奖)。

图 5-2 罗伯特·舍伍德

舍伍德参加过第一次世界大战,一直受到战争经历的困扰。后来,他终于解开了精神上的枷锁,成长为一名义愤填膺的和平主义者。然而,到了1939年秋,他又开始坚信,希特勒是个致命的危险,这个危险不仅对欧洲,于美国和世界其他地区而言也都是如此。听完林德伯格的两次广播演讲,如何应对这个威胁就成了让这位剧作家纠结不已的问题。他在震惊和愤怒中开始采取行动。在接

---

① John Mason Brown, *The Ordealofa Playwright: Robert E. Sherwood and the Challenge of War*, New York: Harper & Row, 1970, p. 96.

下来的一年里,他会成为干预派内活动最积极的一位成员——他做出的努力最终给他提供了去白宫当总统重要助手的平台。而且,和汤普森一样,他也讨厌查尔斯·林德伯格,这个他曾经视为英雄的男人。

舍伍德总需要有英雄来信仰。在成熟的魅力和智慧的外表下,他是一个固执追求浪漫主义和理想主义的人。"舍伍德骨子里仍然是个乐天派,"《纽约客》杂志指出,"他相信民主原则会取得最后胜利。"①

舍伍德的父亲是华尔街的一名股票经纪人,可以说舍伍德出生于纽约的名门望族,家境殷实。他的父亲上过哈佛大学,在那里他参与创办了一本幽默杂志《哈佛讽刺》,是哈佛有名的戏剧社"速食布丁剧团"(the Hasty Pudding Club)的成员。舍伍德跟随父亲的脚步,也读了哈佛大学,成为"速食布丁剧团"的明星剧作家,以及《哈佛讽刺》杂志的负责人。第一次世界大战爆发时,他还是哈佛大学的一名学生。他认为美国有义务帮助同盟国,就试图参军,却因为长得太高(6英尺7英寸,即2.01米)被拒。他没有就此灰心,反而从学校退学转而参加了一个加拿大的兵团——第五皇家高地步兵团,也被称为"黑卫士兵团"。这支部队于1917年初被派往法国。

舍伍德参军那年的8月份,"黑卫士兵团"与加拿大其他部队一道,在维米岭战役(the battle of Vimy Ridge)中发挥了重要作用,但同时也遭遇了巨大伤亡,其中就包括舍伍德。舍伍德在一个月前中了毒气,在战斗时掉进了一个陷阱里,被铁丝网严重割伤。他的伤口重度感染,引发了因毒气而造成的呼吸和心脏疾病,不得

---

① S. N. Behrman, "Old Monotonous," *New Yorker*, June 8, 1940.

已在医院治疗了几个月。

虽然舍伍德为自己所看到的大屠杀场景感到无比震惊,但他还是相信协约国的胜利证明了这场战争的可怕牺牲是值得的。他确信,协约国的胜利将给人们带来一个公正、奉献与和平的世界。可是这样的世界并没有到来,舍伍德觉得受到了欺骗与背叛。他幡然醒悟回到了纽约,变得愤世嫉俗,开始全力反对国际联盟。1920年,他把自己的第一张总统选票投给了沃伦·哈定,后来他说:"在这个伟大的背叛中贡献我的一份力量……我和其他所有美国人从哈定的获选中得到的,是一个虚伪、腐败、罪恶的年代,是人们对贪婪和堕落的礼赞。当然,随之而来的会是希特勒主义日益增长的年代。"①

然而,他对这一切的深刻理解是多年后才有的。目前,舍伍德像其他退伍军人一样,正艰难地适应着平民的生活。为了摆脱噩梦的纠缠,他开始纵情享受 20 岁的美妙时光。23 岁的时候,他在《名利场》(*Vanity Fair*)找到了一份工作。《名利场》是一份月刊,刊登的内容时尚而有品位,如文学散文、短篇故事和诗歌,以及有关戏剧、艺术和上流社会的行家撰文。在这里,他遇到了 25 岁的多萝茜·帕克(Dorothy Parker)和 28 岁的罗伯特·本奇利(Robert Benchley),后者也是哈佛毕业生。这三个人好得形影不离,以至于当舍伍德离开《名利场》去一家名为《生活》的幽默杂志②后,帕克和本奇利很快也跟着他一起走了。

这三个人每天都在曼哈顿市中心离《生活》杂志办公室很近

---

① John Mason Brown, *The Worlds of Robert E. Sherwood: Mirror to His Times, 1896-1939*, New York: Harper & Row, 1965, p. 209.

② 1936 年,杂志出版商亨利·卢斯(Henry Luce)买下了当时步履维艰的《生活》,停止了它的运营,但沿用原名准备发行一本新的摄影杂志。

的阿尔冈昆饭店的餐厅吃午餐。很快,其他作者和编辑开始加入他们的小团体。不久后,这个群体就被称为"阿尔冈昆圆桌午餐会",其成员和纽约的许多人认为它是都市智慧和头脑的代名词。除了舍伍德、帕克和本奇利,这个聚会的常客还有剧作家马克·康内利(Marc Connelly)和乔治·S. 考夫曼(George S. Kaufman),专栏作家海伍德·布朗(Heywood Broun)和富兰克林·P. 亚当斯(Franklin P. Adams),批评家亚历山大·伍尔科特(Alexander Woollcott),《纽约客》编辑哈罗德·罗斯(Harold Ross),还有小说家埃德纳·费伯(Edna Ferber)。其他名人有作家林·拉德纳(Ring Lardner)、喜剧演员哈珀·马克斯(Harpo Marx),而女演员海伦·海丝(Helen Hayes)会时不时顺道来访。

这些文化名流大部分对抽象的概念不感兴趣,他们也不怎么谈论政治、经济或社会问题。20世纪20年代的大部分时间里,他们过着无忧无虑的生活,与现实世界脱节,沉浸在永无止境、狂热的社交生活中。舍伍德也不例外,通常在阿尔冈昆吃完午饭,就会在某个剧院、夜总会或午夜的圆桌成员扑克牌局中玩乐通宵。他们在曼哈顿的寓所或其他圆桌成员的乡村别墅里举行狂饮酒会,舍伍德的周末往往就是在那里打发的;大家一起玩槌球游戏,就像狩猎活动一样过瘾。

虽然他很喜欢与他的圆桌同事们为伴,却还是越来越厌恶他们肤浅、自以为是的生活方式。彼时他仍然在与自己一战时的恐怖经历做斗争,所以想做一些有意义的事情,只是不知道该做什么。

然后,1925年夏,在长岛一间喧闹的乡村别墅过周末时,埃德纳·费伯把当时29岁的舍伍德拉倒一边,跟他做了一次交心的谈话。费伯写了《如此之大》(*So Big*)、《游览船*》(*Show Boat*)和《巨人》(*Giant*),并获得普利策奖,是圆桌常客里为数不多严肃对待自己作品的人。她不管"我们右边的双骰儿赌博，左边的十一点*，和我们前面的欧文·柏林（Irving Berlin）**，"①舍伍德回忆，费伯告诉他："现在对于你来说，最好的事莫过于离开阿尔冈昆，再把你流放到堪萨斯城去待两年。时间一到，你就会带着一些好作品回来。"②

事后证明，与费伯的对话是舍伍德一生中的决定性时刻。虽然他没有去堪萨斯城，但他确实采纳了她的余下建议。离开圆桌的他开始写作剧本，在接下来的10年里，创作了十几个剧本，其中大多数剧本以一定的方式表达了他对战争的盲目、荒谬以及愚蠢等这些方面的看法。就像他早年的风格，他第一个轰动一时的作品《直驱罗马》（*Road to Rome*）用吸引纽约观众的对话作障眼法，以机智诙谐的话语和温文尔雅的态度隐晦地传递了激荡着他充满愤怒之情的反战信息；批评家查尔斯·布拉克特（Charles Brackett）在《纽约客》中把这部戏剧描述成"一篇痛恨军国主义的赞美诗——乔装改扮，又轻松愉快，就像一首爱情歌曲。"③

他的一些剧本，包括《滑铁卢桥》（*Waterloo Bridge*）、《聚首维也纳》（*Reunion in Vienna*）和《化石林》（*The Petrified Forest*），都被改编成了电影。《白痴的欢乐》（*Idiot's Delight*）也是如此，这部剧于1936年在百老汇上演，为他赢得了第一次普利策奖。《白痴

---

* 一种纸牌赌博游戏——译注
** 美国作曲家、流行音乐词作家。——译注

① John Mason Brown, *The Worlds of Robert E. Sherwood: Mirror to His Times, 1896-1939*, New York: Harper & Row, 1965, p. 210.
② John Mason Brown, *The Worlds of Robert E. Sherwood: Mirror to His Times, 1896-1939*, New York: Harper & Row, 1965, p. 211.
③ Harriet Hyman Alonso, *Robert E. Sherwood: The Playwright in Peace and War*, Amherst: University of Massachusetts Press, 2007, p. 100.

的欢乐》是一部反战、反法西斯的剧本,也是舍伍德最后一次刻画这样的角色——他们痛恨作恶者,却不能代表自己所信仰的东西去做有意义的事情。

随着20世纪30年代末欧洲日渐接近战争的边缘,舍伍德努力平衡他对战争的仇恨和他必须阻止希特勒和墨索里尼的信念。"哦,上帝,"他在1937年的日记里写道,"我是多么希望能活着看到那些坏透了的野蛮杂种得到惩罚。"①

舍伍德越来越痴迷于不断恶化的欧洲局势,他放弃写作转而专注于阅读,他读了"几乎所有报纸上的国外新闻——各种各样的专栏、社论,并尽可能多地听广播新闻"。② 在慕尼黑会议出卖捷克斯洛伐克之后,舍伍德终于放弃了自己的和平主义思想:"我觉得我必须开始努力争取一件事——结束我们的孤立状态。如果我们不积极参与到世界局势利害攸关的事务中,如果我们不承担起正确的领导责任同时肩负起所有相应的重任,人类就会失去希望。"③

慕尼黑会议后不久,他内心的变化激发他开始创作另一个剧本。这部剧作既无他愤世嫉俗的特有诙谐口吻,也没有他往常表现虚无主义的温和手法。这部作品让时间回到过去的岁月,把视角放在美国人最爱戴的英雄身上,他就像舍伍德和千千万万的美国人一样,是一个爱好和平的人,但被迫挣扎于选择姑息还是选择打仗的窘境中。

《阿贝·林肯在伊利诺伊州》(简称《林肯》)跟随亚伯拉

---

① Harriet Hyman Alonso, *Robert E. Sherwood: The Playwright in Peace and War*, Amherst: University of Massachusetts Press, 2007, p. 189.
② Harriet Hyman Alonso, *Robert E. Sherwood: The Playwright in Peace and War*, Amherst: University of Massachusetts Press, 2007, pp. 203-204.
③ Harriet Hyman Alonso, *Robert E. Sherwood: The Playwright in Peace and War*, Amherst: University of Massachusetts Press, 2007, p. 190.

罕·林肯回到其任职总统前的日子,当时他正踌躇于自己对待奴隶制的立场。是保持沉默让那个邪恶的制度发展到美国各地还是坚决反对它,从而面对有可能引发的内战?至于内战,他也同样深恶痛绝。

追寻林肯从保持中立到确认必须采取行动的曲折历程时,舍伍德简短再现了林肯和道格拉斯1858年的著名辩论。当参议员史蒂芬·道格拉斯(Stephen Douglas)坚称应该允许每个州有权决定自己州的事情,"不要插手别州的内政"① 时,林肯反驳说,这样的态度"是对邪恶漠不关心的自以为是,我痛恨这种自以为是的策略"。他解释说:"我痛恨它是因为它让我们的共和制失去了影响世界的公正力;是因为它能让世界各地自由制度的敌人嘲笑我们是伪君子,而使真正崇尚自由的人怀疑我们的诚意。"

观众们充分理解了这是用19世纪50年代美国陷入的困境来隐晦地比喻20世纪30年代美国的处境。纽约《地球周刊》(World)的海伍德·布朗称《林肯》是"有史以来在我们的剧院里上演的最佳宣传剧……对那些心满意足和自命不凡的人来说,这部作品颠覆了他们的核心观念。他们将是正义的……这就是呼唤自由的呐喊"。②

然而,即使发出了这声呐喊,感到"极度不确定"③ 的舍伍德对于美国应采取什么行动来阻止希特勒仍然不置可否。甚至在德国入侵波兰时,他也没有发表任何公开评论。直到他听到林德伯格的

---

① Harriet Hyman Alonso, *Robert E. Sherwood: The Playwright in Peace and War*, Amherst: University of Massachusetts Press, 2007, p. 194.

② Harriet Hyman Alonso, *Robert E. Sherwood: The Playwright in Peace and War*, Amherst: University of Massachusetts Press, 2007, p. 200.

③ John Mason Brown, *The Ordealofa Playwright: Robert E. Sherwood and the Challenge of War*, New York: Harper & Row, 1970, p. 45.

两次广播演讲,才决定从剧作家的角色后面站出来,以罗伯特·舍伍德的身份发言。

自林德伯格1927年的飞行以来,舍伍德一直崇拜他。舍伍德认为,这个年轻飞行员用他的正派和尊严给这个在20年代(舍伍德后来把这个年代描述成"最肮脏的一段时间"[1])陷入贪污腐败且物欲横流的国家点燃了指路明灯。当其他人批评林德伯格和他妻子的德国之行时,舍伍德还在为他们辩护。1939年初,他在日记中写道:"想想林德伯格一家被人指责成亲纳粹分子我就不舒服——可以看出来,人们在这个可怕的问题上心态变得有多不平衡。"[2]

但当他听到林德伯格宣称,美国不应当采取任何措施来帮助同盟国,是这些国家而不是德国要为这场战争负责时,他震惊了,感到害怕,而且觉得"相当恶心"。[3] 他并不怀疑林德伯格看法的真诚,但厌恶这个曾经被他视为英雄的人对纳粹主义的恶行及其对世界的威胁是如此视而不见。当他听到林德伯格的广播时,他知道了,如他后来写道的那样:"希特勒主义早已在我们中间找到了足够让人信服的代言人。"[4] 在林德伯格发表第一次演讲后不久,舍伍德在日记中写道:"是否终有一天,林德伯格会成为我们的元首?"[5]

---

[1] John Mason Brown, *The Worlds of Robert E. Sherwood: Mirror to His Times, 1896-1939*, New York: Harper & Row, 1965, p. 235.

[2] John Mason Brown, *The Ordealofa Playwright: Robert E. Sherwood and the Challenge of War*, New York: Harper & Row, 1970, p. 96.

[3] Sherwood diary, Sept. 15, 1939, Sherwood papers, HL.

[4] John Mason Brown, *The Ordealofa Playwright: Robert E. Sherwood and the Challenge of War*, New York: Harper & Row, 1970, p. 48.

[5] Sherwood diary, Sept. 18, 1939, Sherwood papers, HL.

几天后，著名的堪萨斯新闻编辑威廉·艾伦·怀特（William Allen White）给舍伍德拍了封电报，问他是否愿意参加一个全国性的活动，游说国会修订《中立法案》，舍伍德立即答应了。他告诉怀特，他会"尽其所能地提供帮助，无论是身体上、精神上还是经济上的……如果同盟国战败，那下一次战争就为期不远了，而且会发生在这个半球"。①

在这之后的几个星期，舍伍德写了一封很长的信给怀特，真诚地寻求他的建议，问他如果自己要为这瞬息万变的欧洲局势进行辩论的话，应该扮演怎样的角色，因为他发现自己仍然极度厌恶战争。但是，他又补充说道："可怕的事实是，当你清晰地意识到战争的存在时，你必须迎击它；而这个战争，已经来了。"②

---

① Sherwood to William Allen White, Oct. 4, 1939, Sherwood papers, HL.
② Sherwood to William Allen White, Dec. 11, 1939, Sherwood papers, HL.

第六章　我真是如履薄冰

罗伯特·舍伍德可不是唯一向威廉·艾伦·怀特寻求建议的人。从威廉·麦金利开始，大部分美国总统做过同样的事情。事实上，征求怀特的意见已经成为美国人的习惯。正如一位历史学家所言，他"达到了一个老编辑在全国能获取的名望顶峰"。[1]

71岁的怀特身材肥胖，戴着眼镜。他的大半生是在堪萨斯的一个小镇恩波利亚（Emporia）度过的。他所在的报社《恩波利亚报》（*Emporia Gazette*），发行量从来没有取得过7000份以上的成绩，然而全美成百上千万的读者却能一眼认出报纸上那位获得过普利策奖编辑的大名。

怀特还是个传记作家、政界造王者、小说家，他同时也为《周六晚报》（*The Saturday Evening Post*）以及其他主流杂志撰写散文和短篇小说。他毫不留情地批评三K党，是这个恐怖主义组织的敌人。但怀特最吸引美国人眼光的，还是他针对政治和社会发表的朴素言论，及其中包含的价值观。例如，人们需要宽容和团体精神；此外，教会和学校这样的当地机构在建设民主政治的过程中极为重要。怀特的作品与诺曼·洛克威尔*的画作有异曲同工之妙，描绘了那些天性正派的人，他们避免冲突，为了共同利益走到一

---

[1] Richard M. Ketchum, *The Borrowed Years, 1938-1941: America on the Way to War*, New York: Random House, 1989, p.470.

* 美国20世纪早期的重要画家及插画家——译注

起，让读者和观众觉得安心，也为自己的国家感到骄傲。

怀特这位老派的共和党进步派人士曾经是西奥多·罗斯福的好友，和入主白宫的现任总统也有着某种千丝万缕的关系。他长期以来拥护富兰克林·罗斯福实施的多项社会和经济改革举措；同时，他又是个忠诚而坚定的共和党人，在总统选举时从来不给民主党候选人投票，即使他赞同民主党在某些问题上的立场，也是如此。1936年总统竞选期间，罗斯福在恩波利亚镇停留时，因为把怀特当成朋友，所以笑着对人群说，他可以指望这位编辑"每4年中有3年半"①*是支持他的。

图 6-1 威廉·艾伦·怀特

怀特对罗斯福的支持还延伸到他的外交政策上。同罗伯特·舍伍德一样，怀特也憎恶战争，所以可以把他看成孤立主义者，就像他也来自中西部地区一样。但他也是个见过世面的人，从来没有停下行走的脚步，曾访问过七大洲中的6个大洲，还一直主张美国与全球其他地区发展更加密切的合作。

他早先曾支持严格执行《中立法案》，希望这样能让美国远离即

---

① John DeWitt McKee, *William Allen White: Maverick on Main Street*, Westport, Conn.：Greenwood Press, 1975, p. 180.

* 因为总统任期为4年——译注

将爆发的欧洲战争。但德国侵犯波兰后，他改变了想法，开始支持罗斯福修订法案中允许英法购买武器的提案。罗斯福总统深知怀特在美国中部地区的知名度，所以请求他帮助自己把这一计划推广给大众。

最初，因为年龄的原因，怀特是不愿意接受这个重任的。但他最终被能言善辩的罗斯福说服，负责领导一个名字拗口的组织——"修订《中立法案》无党派和平委员会"（the Nonpartisan Committee for Peace Through Revision of the Neutrality Law）。他招募了舍伍德等100多名极具声望的美国人士，旨在通过社论、报纸广告和电台广播引导舆论。在鼓动支持者们往国会大量写信和发电报后，他自己也去了国会，以加强对共和党参议员和国会议员的宣传攻势。

但当怀特到达国会时，孤立派已经在论战中获得了明显优势，至少是最初优势。林德伯格的第一次广播演讲产生了显著的影响，伯顿·惠勒、杰拉尔德·奈和其他几位知名反战派的广播演讲也是如此。"如果美国是真的想要置身他国战争之外，她就必须记住，卷入战争有多容易，"[1] 奈在一次电台讲话中说，"我们需要中立法案。我们有必要对总统进行约束。"

孤立派调动群众反战情绪的结果是数百万封电报、信件和卡片像洪流一样涌向了立法者们，上面几乎都是呼吁不要对武器禁运法案做修改。一位共和党参议员收到的1800封来信中，只有76封是赞成废除武器禁运的。虽然一直想支持总统的提案，但这位参议员还是说，他现在可能会投反对票。国会的其他议员也做了类似的声明。

---

[1] William S. Langer and S. Everett Gleason, *The Challenge to Isolation: 1937–1940*, New York: Harper, 1952, p. 220.

然而，尽管前景黯淡，形势却极为动荡，这一点罗斯福在查看最新的民意测验时就已经意识到了。大多数美国人仍然坚持要美国作壁上观，但同时，又有很大一部分人（某次调查中占85%）希望英国和法国能取得战争的胜利。在另一项民意调查中，24%的受访者支持向同盟国提供援助，而30%的人则反对支援任何交战国。同时，37%的人表示他们既不支持同盟国，也不支持德国，但他们会赞成以"现购自运"的条款售卖武器给双方交战国。

这种对事态漠不关心的中间派，加上那些明确表示支持援助行为的人，能给总统所需要的民众支持。正如他所看到的，能够确保这种支持不变的唯一方式，就是淡化拯救欧洲民主国家重要性的言论，再反之指出用"现购自运"来取代武器禁运是保证美国免于战火的最佳途径。

罗斯福在争取国会支持的活动中，敏锐地意识到前两年灾难性的政治事故后，他现在的地位还是岌岌可危，所以他要尽可能地周到考虑、谨慎行事。"我真是如履薄冰，"① 他对一个朋友说。在召集国会重启会期前，他煞费苦心做铺垫工作，请参议员和国会领袖们发表意见，并逐个向议员通报情况，想得到他们的支持。同时，他拉拢了那些同情同盟国处境的州长、市长和杰出的商界人士，让他们协助安排投票事宜，还交给威廉·艾伦·怀特的委员会整理舆情的任务。像前国务卿亨利·史汀生（Henry Stimson）这样有影响力的干预派人士，则被调动发表电台讲话，与孤立派的宣传攻势抗衡。

最重要的是，他们建立了一个全新的亲政府立法者联盟。说起

---

① Richard M. Ketchum, *The Borrowed Years*, *1938-1941: America on the Way to War*, New York: Random House, 1989, p. 227.

总统的主要对手，都是现在的一些进步派人士，他们以前是支持他的国内政策的；而在这个混乱的时期，总统的许多新支持者是保守派，过去曾不遗余力地攻击过总统新政。

罗斯福使出了浑身解数向南方民主党人示好，这个地区的人们秉持着重军事、亲英国的传统。南方的民主党人里有一位乔治亚州的沃尔特·乔治（Walter George）参议员，还曾名列总统1938年大清除名单的榜首。白宫挑选詹姆斯·伯恩斯（James Byrnes）参议员来负责控制参议院修订法案的事务。伯恩斯参议员是个来自南卡罗莱纳州的狡猾政客，据一位熟人说，他"不用长笛，闭上眼睛就能让蛇起舞"。① 此外，政府还给南方人分发了相当数量的免费李子。

等他的铺垫工作一完成，国会也已重新召集起来以举行紧急会议，罗斯福就亲自前往国会提出申诉。随着欧洲战争爆发，华盛顿开始戒备森严、安保重重，严防有可能搞破坏的人和各种间谍，国会大厦及其附近场地一副铜墙铁壁的样子。几十名警察和增派的特勤处特工在总统进入大厦的时候簇拥在他周围，总统则抓着一个助手的胳膊，缓慢、艰难地走到了众议院会议厅的发言台上。

他一扫往日乐观、活跃的样子，不苟言笑地站在台上，几乎没有向那些欢迎他的阵阵掌声致意。一位记者形容他看起来"厌倦又疲惫"。② 但当他开口说话时，声音里却没有一丝疲劳的迹象。在这次演讲之前，林德伯格、博拉和他的其他反对者们占了上风。现在，该是总统出击的时刻了，他也下定决心要挽回大局。

对于济济一堂的议员和通过广播收听讲话的上百万的美国民

---

① *Time*, Sept. 25, 1939.

② Vincent Sheean, "Reporter at Large," *New Yorker*, Oct. 7, 1939.

众,罗斯福直言不讳地宣称:"我很遗憾,国会通过了这个(中立)法案。我同样很遗憾我签署了这个法案。"① 他辩称说,修订法律是保证美国在今后发生动荡的时期能维持和平与安全的最好办法:"我们的行动必须以一个冷静的想法为指导——让美国远离这场战争!"

罗斯福还主张孤立派不要把自己看成"和平阵营"的唯一成员,他补充说:"我们都是这个阵营的。"他再次强调说:"我们的政府要全力以赴地阻止这个国家被拖入战争,现在已到了刻不容缓的地步。"这句话赢得了当天最响亮的掌声。

演讲结束后,总统的豪华轿车离开国会大厦时,一群抗议者挥舞着小旗帜,抗议他在国会露面和他的提案。"我们是母亲!"② 一个女人大叫,"我们不要自己的孩子上战场!"但是,总体来讲,公众表现的支持态度还是占了绝对优势。几天内,白宫收到了数以万计的电报和信件,称赞总统的演讲,而国会议员们则报告说,信件里的态度发生了转变,倾向于支持废除武器禁运。根据总统讲话后立即进行的民意调查可知,有略高于60%的美国人此时是支持废除武器禁运的。

几天后,当国会开始辩论的时候,《时代》周刊指出:"大家的神经都绷得紧紧的。"③ 好几百人——大部分是修订法案的反对者——挤满了两院的各个走廊。南方报纸知名编辑赫伯特·阿加(Herbert Agar)从记者席上观看参议院辩论有好几天的时间,谈到了观众们的反应:"人们可能会认为我们的总统已要求获准将美国

---

① James MacGregor Burns, *Roosevelt: The Lion and the Fox*, New York: Harcourt, Brace & World, 1956, p. 396.
② *Time*, Oct. 2, 1939.
③ *Time*, Oct. 16, 1939.

卖给了英国。"① 阿加是个激烈的干预派,他观察到,反对修订法案的人"冲进参议院(办公)大楼的走廊,大叫着'死亡贩子''摩根的众议院''英国的蛊惑'及很久以前一些类似的口号——在制定外交政策时,这的确不是民主的美丽画面"。

总统发表讲话后,立即有20多位孤立派参议员发誓要"四处"② 与被提议的废除武器禁运活动斗争到底。在随后为期6周的激烈辩论中,他们遵守了誓言。阵营中最有口才的人是威廉·博拉,他虽然健康状况不佳,但再一次显示了参议院公认的一流演说家的实力。年迈的博拉用颤抖的声音表达他的愤怒,告诉他的参议员同仁们,如果通过立法,美国人就走出了积极干预欧洲战事的第一步,并将一发不可收拾。他接着向美国公众警告道:"如果你们相信他们现在在美国鼓吹的这些东西,那么你们很快就会无偿地送出弹药,你们也会把自己的孩子送回欧洲的屠宰场。"③

支持政府修订法案的参议员们不理会博拉的警告,他们跟着罗斯福的节奏走,不提美国要帮助英国和法国,只是坚持声称废除武器禁运是让美国太平无事的最佳保障。历史学家罗伯特·迪万(Robert Divine)指出,用这个办法,他们得以继续"把这个缜密的借口进行下去,即把武器卖给同盟国只是计划让美国避开战争的副产品"。④

尽管国会里的孤立派尽量地延长了辩论时间,但他们显然要打一场败仗了,尤其是当政府为了表示尊重孤立派的情绪,同意保留

---

① Herbert Agar, *The Darkest Year: Britain Alone, June 1940-June 1941*, Garden City, N.Y.: Doubleday, 1973, p.136.
② *Life*, Oct. 2, 1939.
③ Richard M. Ketchum, *The Borrowed Years, 1938-1941: America on the Way to War*, New York: Random House, 1989, p.228.
④ Kenneth S. Davis, *FDR: Into the Storm, 1937-1940*, New York: Random House, 1993, p.500.

《中立法案》里禁止美国船只进入交战区的规定。在参议院，南方保守派民主党人与北方自由党同僚们一起，投票赞成废除武器禁运法令；最终以 63 比 30 的投票结果通过了这项立法。众议院紧随其后，投票结果也相差较大。在两院，多数反对票来自中西部和西部地区的议员。

其后，科德尔·赫尔兴高采烈地宣布："我们赢得了一场伟大的战斗。"① 但是一些孤立派分子反驳说，政府的胜利实际上是一场付出惨重代价得来的胜利。"因为我们的努力，罗斯福要克服更多困难才能把这个国家引入战争，"密歇根州的共和党参议员亚瑟·范登堡（Arthur Vandenberg）在日记中写道："我们的反击让他和他那边的参议员们不得不激烈地表示将致力于和平——我们也已经唤醒了全国人民，要保持警觉维护和平，这是很强大的力量。"②

与此同时，让一些废除武器禁运的拥护者不满的是总统和与他结盟的国会议员们的反复声明——通过修订法案，能让美国远离军事冲突。例如，多萝西·汤普森抱怨说，他们一直向美国大众承诺："更多的安全，而不是他们自认为可拥有的安全。当今世界没有一个人是安全的。"③

罗斯福对所有这些批评置之不理。文学代理人乔治·拜伊（George Bye）是罗斯福夫妇的朋友，他递给罗斯福一封熟人的来信，上面有一段话是这样写的："你为什么不告诉我们的偶像罗斯福先生，说话不要总是绕圈子，让他去做个广播，如实地告诉他的

---

① Richard M. Ketchum, *The Borrowed Years, 1938-1941: America on the Way to War*, New York: Random House, 1989, p.228.
② Wayne S. Cole, *Roosevelt and the Isolationists, 1932-1945*, Lincoln: University of Nebraska Press, 1983, p.330.
③ Margaret Paton-Walsh, *Our War Too: American Women Against the Axis*, Lawrence: University Press of Kansas, 2002, p.53.

人民？……自然，如果法国和英国被轻易打败了，我们负不起这个责任。当然，我们应该做好准备随时帮助它们——先是提供武器弹药，然后，如果这还不够的话，我们有什么就给它们什么。为什么绕圈子？为什么让这些鬼鬼祟祟的参议员欺骗美国人民，让大家相信我们能置身战事之外？为什么不趁着来得及，告诉美国人民这残酷的现实？"① 听到这些，他显然不为所动。随后，总统吩咐他的秘书回信，用套话表示感谢："就说，我很高兴收到来信。"②

在经历了最高法院之争和国会清理异己活动这两场灾难之后，罗斯福还没有恢复到他曾经的乐观自信——相信美国人民是他的坚强后盾。在接下来的两年里，让他的同盟军在这场干预斗争中感到错愕的是，他一再拒绝回到30年代初那样大刀阔斧的领导风格。而且每当他向参战的边缘迈出一步——他确实一直在朝这个方向迈进，就如历史学家理查德·凯彻姆观察到的那样，"他就会不安地向后看一眼，看他的政敌是否在加快步伐"。③

---

① James MacGregor Burns, *Roosevelt: The Lion and the Fox*, New York: Harcourt, Brace & World, 1956, pp. 397–398.
② James MacGregor Burns, *Roosevelt: The Lion and the Fox*, New York: Harcourt, Brace & World, 1956, p. 398.
③ Richard M. Ketchum, *The Borrowed Years, 1938–1941: America on the Way to War*, New York: Random House, 1989, p. 229.

第七章　妄想症是会传染的

1939年9月废除了武器禁运法令，在美国大地上，生活很快恢复了原状。国会休会，总统开始度假；美国人放松下来，相信他们已经把战争的阴影远远地抛在了身后。

各类事件——或者，更确切地说是没有发生什么事——强化了这种观点。同盟国向德国宣战显然并不意味着什么。正如《生活》周刊指出的，这种假设的战争是"一种奇怪的世界战争——既不真实又不可信"。① 西欧并未发生过战斗，德国并未空袭巴黎和伦敦，盟军也未空袭鲁尔地区。英国和法国想来应该为波兰开战了，但它们没有采取任何行动来帮助这个遭到重创的国家，只象征性地在马其诺防线上做过几次巡逻，在德国领土的上空进行过几次侦察飞行。在英国，人们把这场并不存在的战斗称为"让人厌烦的战争"；在法国，人们则说它是"一场滑稽的战争"。博拉参议员轻蔑地把它称为"伪战"（drole de guerre），随后这个名字传遍了美国。

大多数美国人毫不怀疑，即使战争愈演愈烈，盟军也能轻易取胜，美国自然不会卷入其中。用《丹佛邮报》（Denver Post）的说法："现在对于美国人来说，国内即使最微不足道的问题也比紧迫

---

① *Life*, Sept. 18, 1939.

的欧洲危机更为严重。"①

罗斯福在 1940 年 1 月的国情咨文讲话中，告诫他的美国同胞志得意满会给自己带来危险，他说，"鸵鸟把头埋在沙子里，这始终对自己的身体不好"。②但就采取行动而言，他自己也没有做到身先士卒。当 1939 年 11 月德国的准盟友苏联出兵芬兰时，罗斯福总统提出了严重抗议，美国媒体和公众亦众口一词，但美国在芬兰这场抗击苏联力量悬殊的战争中，始终没有给芬兰人提供任何物质援助，即使在芬兰大使宣称美国不出售武器给芬兰的决定"无异于签署了一份死刑令"③ 后，美国也不为所动。虽然也不是不同情芬兰的处境，但国务卿科德尔·赫尔只能这般答复：美国政府"不会参与到任何导致本国陷入战争的行动或言论中，从而让美国的和平和安全受到实质性的危害"。④

这种明哲保身不作为的行为激怒了罗伯特·舍伍德，他在日记中写道："美国的良心能沉睡多久？"⑤ 受到芬兰人绝望抵抗的启发，舍伍德于 1940 年 1 月开始写作另一个剧本，这是自《阿贝·林肯在伊利诺伊州》后的第一个剧本创作。这部名为《将没有夜晚》(There Shall Be Night) 的戏剧，讲述的是一个陷入战争中的芬兰家庭，其意在于抗议"歇斯底里式的逃避主义，本丢·彼

---

① James C. Schneider, *Should America Go to War? The Debate Over Foreign Policy in Chicago, 1939-1941*, Chapel Hill: University of North Carolina Press, 1989, p. 35.
② Richard M. Ketchum, *The Borrowed Years, 1938-1941: America on the Way to War*, New York: Random House, 1989, p. 299.
③ William S. Langer and S. Everett Gleason, *The Challenge to Isolation: 1937-1940*, New York: Harper, 1952, p. 339.
④ Philip Goodhart, *Fifty Ships That Saved the World: The Foundation of the Anglo-American Alliance*, Garden City, N. Y.: Doubleday, 1965, p. 56.
⑤ Harriet Hyman Alonso, *Robert E. Sherwood: The Playwright in Peace and War*, Amherst: University of Massachusetts Press, 2007, p. 206.

拉多（Pontius Pilate）*式的缺乏主见"①，这个在舍伍德看来，代表了美国公众对于这场战争的看法。

《将没有夜晚》情感炽热、措辞激烈，当年 4 月在百老汇上演，紧接着做了全美巡演。公众对这部戏剧的反响反差极大，证明了美国人对这场战争的意见分歧日渐增加。在纽约，抗议人士散发的传单上写着"战争贩子拿下阿尔文剧场（the Alvin Theater）"②的标题，还把这部剧描述成一个"直指美国人心的武器"。在费城，纠察队员堵住了上演该剧剧场的入口；在芝加哥，孤立派媒体《芝加哥论坛报》（Chicago Tribune）拒绝刊登有关该剧的任何一个字。然而，在巡演的每个城市，它的票都售罄了。

在华盛顿多家报纸上撰稿的专栏作家雷蒙德·克拉珀（Raymond Clapper）表示不赞同舍伍德的宣传，"内容煽风点火、令人厌恶"③，但他指出，这个作品上演时"观者满座，这里的人历来情感含蓄不外露，但他们离席时泪眼婆娑。大部分观众……失魂落魄、趔趄不稳"。其中一位"泪眼婆娑"的戏迷便是总统，在看戏后不久，就以崇拜者的身份给舍伍德写了一封信。但是他看戏的热情并没有转化成对芬兰的具体援助行动。芬兰没有获得任何一个西方国家的支持，于 1940 年初春被迫向苏联有条件投降。

---

* 本丢·彼拉多是罗马帝国犹太行省的执政官（26~36 年），根据《圣经·新约》所述，曾多次审问耶稣，他原本不认为耶稣犯了罪，却在仇视耶稣的犹太宗教势力的压力下，判处耶稣钉死在十字架上。——译注

① Harriet Hyman Alonso, *Robert E. Sherwood: The Playwright in Peace and War*, Amherst: University of Massachusetts Press, 2007, p. 207.

② Harriet Hyman Alonso, *Robert E. Sherwood: The Playwright in Peace and War*, Amherst: University of Massachusetts Press, 2007, p. 211.

③ "The Great Debate," *Time*, May 13, 1940.

第七章 妄想症是会传染的 129

在此期间，一位历史学家写道："美国的外交政策几乎一直处于停顿状态，因其公开宣称的中立立场而裹足不前。"[1] 罗斯福和他的顾问们确信，这种伪战的状态不会持续太久——德国显然在整合兵力，但要做些能彻底改变历史进程的事，他们又觉得力不从心。

1940年3月，罗斯福派国务次卿萨姆纳·威尔斯（Sumner Welles）访问欧洲，探讨和平谈判的可能性。威尔斯与张伯伦、达拉第（Daladier）、墨索里尼和希特勒会谈的唯一结果是：英法两国对他们所见的美国干预行动表示愤怒。罗伯特·范西塔特爵士充满怨恨地对自己英国外交部的同事们说，这位副国务卿是"一个国际危险分子……他在常识和人性上犯的主要罪行是越过底线，甚至要我们与希特勒和平共处"。[2] 就威尔斯来说，他确信一旦发生真正的战争，只有美国保证向同盟国提供大力支援，才能迫使希特勒停下武力进军的脚步。但是，众所周知，这种可能性几乎为零。

事实上，自9月开战以来，罗斯福政府几乎从未采取任何能加强美国自身国防的措施，更别提军事动员去帮助英法了。在历史学家威廉·兰格和S.埃弗里特·格里森看来，罗斯福似乎"认为废除武器禁运在目前来说，已经够了，他（还）认为这是公众所能接受的全部了"。[3] 即使总统定下计划一年制造1万架战斗机，这是1938年底让阿诺德将军最高兴的事，最后也被大幅削减了将近

---

[1] Kenneth S. Davis, *FDR: Into the Storm, 1937-1940*, New York: Random House, 1993, p. 513.

[2] Kenneth S. Davis, *FDR: Into the Storm, 1937-1940*, New York: Random House, 1993, p. 526.

[3] William S. Langer and S. Everett Gleason, *The Challenge to Isolation: 1937-1940*, New York: Harper, 1952, p. 272.

70%的数额。

美国陆军由于只有不到20万人，仍是一副兵微将寡的样貌，于是乔治·马歇尔将军力促罗斯福向国会要求大幅增加1941财政年度的军费拨款。但马歇尔注定会大失所望：政府提出的额度只稍高出这位将军最初要求金额的一半。到20世纪40年代末，马歇尔将军告诉他的传记作者福里斯特·博格，如果美国在1939年秋进行了全面的重整军备计划，美国可能就已"至少缩短了一年的战争时间"①，节约了"数十亿美元，减少了10万人的伤亡"。这位前陆军总参谋长将美国军事生产滞后的主要责任归咎于罗斯福不愿向国会施压，要求将大力增加国防支出提上议程。

但其实即便罗斯福态度更为强硬地提出要求，他们能得到国会批准的机会也微乎其微。罗斯福在国会山的地位仍然摇摇欲坠，而且国会领导人在1940年的国会会议开始时也明确表示，即使提出的军事预算有限，也可能会遭到他们的大幅削减。国会成员指出欧洲无战事这一情况，加上又把精力放在了即将举行的大选上，根本没有注意到马歇尔的警告：美国的时间已经不多了。由于"混乱的世界局势"，② 这位陆军总参谋长说，美国在不久的将来肯定会面临严峻的军事挑战，而它对此尚未做好准备，这很危险。

4月3日，"众议院拨款委员会"将政府提议的军事开支削减了10%。6天后，上万名德国步兵和伞兵在多艘战舰和数百架飞机的掩护下，于斯堪的纳维亚半岛登陆，一天之内击溃了丹麦，对挪威形成围攻之势。仅仅1个月后，又有200多万名德国士兵涌入了

---

① Forrest C. Pogue, *George C. Marshall: Ordeal and Hope, 1939-1942*, New York: Viking, 1966, p. 5.
② Kenneth S. Davis, *FDR: Into the Storm, 1937-1940*, New York: Random House, 1993, p. 538.

荷兰、比利时和法国,只用一个多星期就打垮了前两个国家,还在法国北部海岸的敦刻尔克困住了英法军队。

显然,伪战结束了,这让美国人震惊不已。在纽约的时代广场,大批目瞪口呆的群众一言不发地看着时代大厦楼顶布告板显示的新闻,标题是一个又一个噩梦般的信息——关于盟军惨败的信息。徒有其表的法国陆军号称世界第一,此刻也像纸牌屋一样被打得七零八落,英国远征军在敦刻尔克的海滩上面临着死亡的威胁。几十年后,那些经历了这戏剧性数周的美国人仍然很难用语言表达他们当时感受到的恐慌和困惑,罗斯福则将之称为"事件风暴"①。

德国的闪电战仿佛势不可当。很快,前几天看似确实不会受外来入侵的美国,"可能将作为地球上最后一个伟大的民主制国家留存下来,与欧洲大陆上的一个联合德国在西半球来打这场战争"。②哈罗德·艾克斯严肃地在自己的日记中写道:"毫无疑问,这是自我们国家独立以来,面临的最危急处境。"③

自经济大萧条那些最艰难的日子以来,美国公民还从未像现在这样感到怀疑、恐惧和彷徨。奥布里·摩根在英国信息图书馆的调查小组向英国白厅报告说:"美国报刊的多个版块表达出近乎歇斯底里的情绪,也几乎能从所有的版块里看出深深的焦虑。"④ 根据《财富》(*Fortune*)杂志做的一项民意调查,94%的美国人愿意支

---

① James MacGregor Burns, *Roosevelt: The Lion and the Fox*, New York: Harcourt, Brace & World, 1956, p. 419.
② *Life*, May 27, 1940.
③ Harold Ickes, *The Secret Diary of Harold L. Ickes*, Vol. 3, *The Lowering Clouds, 1939-1941*, New York: Simon & Schuster, 1955, p. 188.
④ J. Garry Clifford and Samuel R. Spencer Jr., *The First Peacetime Draft*, Lawrence: University Press of Kansas, 1986, p. 10.

付所有必要的钱来确保美国的国防安全。

5月16日，在舆论的坚定支持下，罗斯福参加了一次国会联席会议，再次向国会申请11.8亿美元的军事拨款，还呼吁每年制造5万架飞机，创建两洋舰队和一支28万人的军队。好几年来第一次，罗斯福列出列表时议员们连续不断地向他鼓掌喝彩——国会给他的反应就像经济大萧条最严峻的时候，他第一次任职总统一样热烈。没有人吝啬花钱，至少在国防问题上情况是这样。

国会迅速批准了总统的提案，还多给了他5亿美元。当他2周后再次要10亿美元时，议员们又投票同意了。接下来的几周里，拨款申请滚滚而来；时至10月的第一个星期，国会已经批准了176亿美元的新军费支出，数字惊人。

美国公众同样热情。还没有完全从最初的恐慌中恢复过来的美国人，在1940年的春夏两季上演了一场爱国主义大戏。国旗的销量飙升到200%以上，百货公司里爱国主义题材的珠宝首饰售罄。在纽约的蒂芙尼公司，一个特别受欢迎的商品是用红宝石、钻石和蓝宝石制作而成的国旗胸针，售价900美元。商店里还有贝琪·罗斯（Betsy Ross）*的雨伞，伞面上是红白条纹和一片蓝色的星星；红—白—蓝三色吊袜；还有印着国歌字样的丝质手帕，人们用它来做颈部系带或围巾。

在公众和国会支持国防建设的大趋势中，人们差点忘记一个关键因素：要把国会那天文数字般的拨款变成飞机、武器和其他急需的物资，还需要好几个月甚至好几年。做军工生产所需的几乎每样东西——工厂、原材料、机床和操作机床的技术工人都是短缺的。

---

* 贝琪·罗斯是美国的一个女裁缝，据说她在乔治·华盛顿的授意下缝制了第一面美国国旗。——译注

海军上将哈罗德·斯塔克（Harold Stark）是美国海军的作战部长，他不无揶揄地说道："美元买不到昨天。"①

让人们更有危机感的是罗斯福、马歇尔和其他高级政府官员做出的惊人报告，报告说德国对美国中部和南部地区的渗透现在即将威胁国家安全。长期以来，大量生活在拉丁美洲各个国家的德国侨民，以及德国在这个地区的许多军事和贸易代表团一直关注着美国和陆军部门的动态。除了给拉丁美洲国家提供军事装备、帮助他们训练军队，第三帝国还控制了几个关键的国家航空公司，其中就包括哥伦比亚航空公司SCADTA，它在美国运营的巴拿马运河300英里的范围内执飞。

华盛顿相当担心，尤其是对一些政权不稳的拉丁美洲国家，担心由纳粹分子支持的政变会推翻现有政府，然后成立德国傀儡政权。5月下旬，罗斯福收到了几份有关阿根廷和其他几个国家可能会发生政变的报告，他当即起草命令派出一支美国远征军前往南美洲（政变从未发生，计划也从未真正执行）。马歇尔和其他人还表达了一个担忧，某一天德国军队有可能跨越大西洋1600英里的距离，从非洲西海岸转移到巴西东海岸。然后，德国人借此地理位置向北移动至巴拿马运河。

罗斯福在他5月16日向国会发表的演讲中提到，德国飞机有可能从南美洲途经中美洲进入墨西哥，然后以墨西哥为空袭美国的集结地。几周后，《生活》周刊刊登了一则报道，用夸张的笔触讲述了"法西斯"部队是如何占领巴西各大港口、突袭巴拿马运河、轰炸加勒比海岛、摧毁美国大西洋舰队、占领古巴，最后入侵美国本土的，简直让人毛骨悚然。这篇文章使用了插图的形式，假想了

---

① Herbert Agar, *The Darkest Year: Britain Alone*, *June 1940–June 1941*, Garden City, N.Y.: Doubleday, 1973, p. 169.

"一支凯旋的法西斯部队"① 行进在特拉华州威明顿市市场街上的画面,其时,法西斯的坦克和步兵在匹兹堡附近一举打败了将寡兵微又装备简陋的美国军队。在华盛顿、纽约和主要的东海岸工业中心陷落之后,按照《生活》的剧情发展,美国大使会在费城独立大厅与法西斯官员见面,向他们求和。

这种关于纳粹对西半球潜在威胁的报道和来自政治及军事领导人的一再警告,使得很多(如果不是大部分)美国人开始相信这种危险确实存在。在《财富》杂志的一次民意调查中,63%的受访者认为,如果德国成功占领英国与法国,它就会试着来抢夺美洲的领土。

助理国务卿阿道夫·伯尔就是这种言论的信徒之一。6月下旬,赫斯特新闻社的一名摄影师告诉伯利,希特勒准备在7月10日前攻占英国;然后,在第五纵队的大规模支持下,德国军队将在3天之后入侵美国。令人感到惊讶的是,伯尔居然相信了他。伯尔后来在日记中写道,那位摄影师的预言是"这样逼真"②,所以"把我吓坏了",他还嘲讽地补充写道:"妄想症是会传染的。"③

然而,其他美国人的想法却截然不同。国会和军队里的孤立派认为,所有这些有关德国渗透和颠覆的说法,都只是政府的一个烟幕弹,用来掩饰那个被批评者们察觉的想领着美国参与对德战争的计划。"罗斯福总统想用纳粹计划侵略南美洲的故事来吓唬我们……而实际上这样的威胁根本就不存在。"④ 退役的阿尔伯特·

---

① *Life*, June 24, 1940.
② Berle diary, June 26, 1940, Berle papers, FDRPL.
③ Berle diary, Aug. 28, 1940, Berle papers, FDRPL.
④ Gen. Albert C. Wedemeyer, *Wedemeyer Reports!*, New York, Henry Holt, 1958, pp. 17-18.

魏德迈（Albert Wedemeyer）将军在二战后争论说，他曾是军队中最坚定不移的孤立分子之一。海勒姆·约翰逊参议员当时宣称，罗斯福"有着恶魔般的聪明才智"，① 试图"在民众中制造出可怕的喧嚣声和神经质"，这样他就可以"像1917年我们卷入欧洲争端那样进行操作"。

在一些高级军官的眼里，罗斯福变得越来越好战，这引发了他们的强烈反对。他们开始私下开展军事活动，意欲尽己所能让他有名无实。

5月下旬，一个个子矮小、身材魁梧的男人到伯顿·惠勒在参议院的办公室里拜访了他。那是海军少将斯坦福·库柏（Stanford Cooper），海军前通信主管，因为创建了海军战术信号代码而被称为"海军无线电之父"。库柏首先告诉惠勒，他后面要说的内容都需要保密，然后说："宾夕法尼亚大道上另一端的那个人要把我们带进战争。"② 这位海军少将说，总统正在因为德国可能袭击南美带来的危险"释放烟幕弹"，他还"以人们对纳粹入侵美国的恐惧意图让美国加入同盟国的战斗"。

库柏强烈要求惠勒全力以赴与罗斯福作对："只做一次演讲，是不可能阻止他的，你得多做几次演讲。你在法院那一次打败了他，你也可以再打败他一次。"惠勒问库柏其他的海军军官是怎么看待这场战争的，他回复说："大多数年纪较大的领导与我想法一致——我们应该置身事外，可很多期待晋升的年轻人认为总统比我

---

① J. Garry Clifford and Samuel R. Spencer Jr., *The First Peacetime Draft*, Lawrence: University Press of Kansas, 1986, p. 11.

② Burton K. Wheeler, *Yankee from the West*, Garden City, N.Y.: Doubleday, 1962, p. 18.

们更了解海军。"在离开之前，库柏同意向惠勒提供蒙大拿州民主党支持自己观点的实际情况和相关数字。

过了几周，惠勒发表了一篇措辞严厉的电台讲话，斥责——用他的话说——政府的恐吓运动。随后，他又迎来了另一位军方人士的拜访，这一次，是个看起来整洁英俊的陆军航空兵团上尉。惠勒从未透露过他的名字，这位上尉说，他只是一个传话人。根据惠勒的儿子爱德华的说法，这位参议员确信，那名上尉是哈普·阿诺德将军派来的。

18个多月里，为了阻止罗斯福把自己空军最急需的现代作战飞机调给盟军，阿诺德做了最后的努力。这位坚信美国不应当卷入欧洲战争的空军总司令与恼羞成怒的总统发生了好几次冲突，总统一度威胁阿诺德，如果他再这样违背他的意愿，就要把他流放到关岛。

阿诺德的妻子后来告诉传记作家默里·格林，阿诺德相信，政府监听了他家里的电话。白宫的人"显然要对哈普动手，"她说，"换句话说，想逼他出局。"① 如果不是他30多年的老朋友乔治·马歇尔的坚定支持，"很有可能，"格林写道："阿诺德保不住自己的职位。"②

阿诺德在如何巧妙地向国会议员泄露消息方面是个经验丰富的老手。他认识伯顿·惠勒已经很多年了；事实上，他曾在几年前帮助惠勒获取了蒙大拿州一个陆军航空兵团基地的信息。现在，正如惠勒所见，在与罗斯福接下来的斗争中，阿诺德指派这位年轻的上尉做其传声筒。

---

① Murray Green interview with Mrs. Henry Arnold, Green papers, AFA.
② Murray Green unpublished manuscript, Green papers, AFA.

"你要继续斗争下去吗?"① 上尉问惠勒。当惠勒说"是"的时候,这位军官告诉他,陆军航空兵团现在还不适合打仗,惠勒必须尽他所能来阻止战争。"我们目前还没有一架适合单独越洋作战的飞机。"上尉补充说。他向惠勒承诺,不久会给后者提供有关空军薄弱之处的详细信息。

就像那位少将和上尉,查尔斯·林德伯格相信,政府的目的不仅仅是要增强美国的军事实力,事实上,它正在为参战做准备。而且,他担心,美国人似乎同意了这个计划。"媒体疯了,"他在5月16日的日记中写道,"各大报纸让人们觉得,下周德国人就要来攻打美国了。"②

5月中旬,在华盛顿陆海俱乐部餐厅(the Army and Navy Club)的一次午餐会上,林德伯格告诉前国务次卿威廉·卡索,罗斯福要求制造5万架飞机"幼稚可笑"③,"我们永远无法实现这样一个规模",而且这个开销"即使对于一个非常富裕的国家,也可能是承担不起的"。据卡索回忆,林德伯格"对总统的演讲大为不满,因为从这次讲话可以看出,总统对整个空中局势缺乏了解,让人觉得可悲"。④

林德伯格决心阻止在他看来趋向干预行为的措施,所以在总统的国会讲话后的第4天,即5月19日,他又做了一次全国广播演讲。虽然他赞同增强美国的军事实力,但他向听众们提出,美国

---

① Burton K. Wheeler, *Yankee from the West*, Garden City, N. Y.: Doubleday, 1962, p. 21.
② Charles A. Lindbergh, *The Wartime Journals of Charles A. Lindbergh*, New York: Harcourt Brace Jovanovich, 1970, p. 348.
③ Castle diary, May 19, 1940, Castle papers, HL.
④ Castle diary, May 19, 1940, Castle papers, HL.

"必须要适可而止了,停止散布过去几天里的灾难说和入侵说,这种疯狂的唠唠不休占据了大家的全部生活"。① 林德伯格说,不存在美国遭受攻击的危险,除非这个国家(其实指的就是罗斯福政府)进一步干预欧洲冲突,煽起战争:"如果我们渴望和平,我们就不要再要求战争。"他始终认为西半球是安全的,不会发生外来侵犯的情况。他说:"让我们回归美国的传统角色——那个成就自己命运、守护自己命运的国家。"

听了丈夫的演讲后,安妮·林德伯格忧心忡忡地在日记中写道:"这个演讲简直会让人掀翻屋顶了!人们会将它定义为反新政和反干预的言论。"② 她的担忧并不是空穴来风。最先参与辩论的是《纽约时报》,其刊登的一篇社论猛烈抨击了林德伯格:"现在民主国家里到处都听得到这个'疯狂的唠唠不休'(这是林德伯格演讲中的用词)的说法,就在法国和英国面临着被德国打败的危险之际。林德伯格上校没有把这种可能性当成美国人的灾难,反而从别的角度来考虑这个问题,这不禁让人觉得他是个奇怪的年轻人。"③

然而,与政府的态度相比,《纽约时报》的反应已很温和。虽然去年秋天林德伯格的几次演讲惹怒了罗斯福,后者还是愿意让多萝西·汤普森这样的干预分子带头去谴责他。现在,罗斯福不准备再闭嘴不言了。在这举国危难的时候,林德伯格还在不断批评他的行动,这让他异常愤怒,于是他在政府里开始精心策划一场针对林

---

① *New York Times*, May 20, 1940.
② Anne Morrow Lindbergh, *War Within and Without: Diaries and Letters of Anne Morrow Lindbergh, 1939-1944*, New York: Harcourt Brace, 1980, p. 84.
③ Dorothy Herrmann, *Anne Morrow Lindbergh: A Gift for Life*, New York: Ticknor & Fields, 1993, p. 238.

德伯格的运动。"如果明天我就会死,也要让你知道,"罗斯福给财政部长亨利·摩根索(Henry Morgenthau)写信说,"我绝对相信林德伯格是个纳粹。"① 对着前国务卿亨利·史汀生,罗斯福说:"读到林德伯格的演讲词,我觉得如果这是戈培尔本人写的,就再恰当不过了。很可惜,这个年轻人已经完全放弃了他对于我们执政形式的信仰,完全接受了纳粹的方式,因为后者看起来更有效率。"②

然而,罗斯福并没有在公开场合说过这些,而是找了很多名人来替他反驳林德伯格。第一个公开发言的是南卡罗莱纳州的民主党参议员詹姆斯·伯恩斯,他精明世故,是罗斯福在国会里的关键人物。5月23日,伯恩斯发表了全国广播讲话,发动了针对林德伯格的猛烈攻击,不仅把他比作英法两国的绥靖分子,还把他的讲话比作"第五纵队行动"③,据说在希特勒侵占的欧洲数国已经开始执行"第五纵队行动"。

在整个西方,人们普遍认为,德国在丹麦、挪威、比利时、荷兰和法国取得了惊人胜利,不仅仅是因为这些国家在政治和军事上各有弱点。这些胜利,还必须归功于纳粹分子和纳粹政权支持者在德国国防军进攻之前对这些国家的有力破坏。人们后来发现这一观点几乎没有事实基础。但是,罗斯福和他身边的许多人全然接受了这个假说,并把它套用在美国身上。

在对林德伯格的抨击中,伯恩斯说:"美国境内已经有第五纵队在活动。而且那些有意或无意阻碍政府努力保护美国人民的

---

① Wayne S. Cole, *Charles A. Lindbergh and the Battle Against American Intervention in World War II*, New York: Harcourt Brace Jovanovich, 1974, p. 128.
② FDR to Henry Stimson, May 21, 1940, President's Secretary File, FDRPL.
③ *New York Times*, May 23, 1940.

人，都是第五纵队最精干的信徒。"① 这位参议员提醒他的听众们，一年多以前林德伯格曾接受过德国政府颁发给他的一枚勋章，还指控他力劝英法两国"用不抵制德国进攻"的方式向希特勒让步。

3天后，在一个有关国防安全的非正式对话中，罗斯福参与发言，对美国境内他所认为是第五纵队活动的行为进行了谴责。他首先承诺，会尽一切所能保证国家安全无虞，然后警告美国人民这个厉害的招数会"从根本上削弱一个国家"。② 他接着说："这些分裂的势力就像没有稀释过的毒药。我们绝不能允许他们像破坏旧秩序时那样，在这个新世界里传播。"

罗斯福长时间以来一直担忧内部出现颠覆。第一次世界大战的时候，他还是一个海军助理部长，曾协助雇用了数百名海军特别调查员，以防有人蓄意破坏海军设施。1939年9月，他的新闻发言人史蒂夫·厄尔利（Steve Early）向记者们暗示，国会收到大量反对废除武器禁运令的信件和电报，它们其实都是在柏林来电的授意下，由"它在美国的朋友们"③ 发出的。

几个月后，罗斯福在他1940年的国情咨文中，告诫美国人要警惕"外国侵略者的辩护人们"，④ 他把这些人形容成"国内一群自私、拉帮结派的人，以美国精神的外衣作掩护……"在5月16日的讲话中，他要求大幅增加国防开支，还谈到了"使用第五纵

---

① *New York Times*, May 23, 1940.
② *New York Times*, May 27, 1940.
③ Richard W. Steele, *Propaganda in an Open Society: The Roosevelt Administration and the Media, 1939-1941*, Westport, Conn.: Greenwood Press, 1985, p. 70.
④ Richard W. Steele, *Propaganda in an Open Society: The Roosevelt Administration and the Media, 1939-1941*, Westport, Conn.: Greenwood Press, 1985, p. 70.

队的危险性"① 这个新话题,说敌人有可能把来到美国的难民招募成自己的特工。

当罗斯福使用"第五纵队"这个词时,他显然指的是包括林德伯格和其他反对其外交政策在内的那些人。总统"没有用一个学者的超然态度来看待孤立派",历史学家理查德·斯蒂尔(Richard Steele)如是指出:"他看到的是他们的恶。"② 在罗斯福看来,他的孤立派对手"不仅是错的,还极大地造成了对局势人心冷漠、对国家背信弃义的局面,危害了国家的生存"。

在他 5 月 26 日的炉边谈话中,罗斯福争论说,攻击政府的重整军备计划和其他外交、军事政策,并不像林德伯格和其他孤立派分子坚称的那样,是"享有自由的正派公民在一个完整的政治辩论活动中"③ 的一部分。相反,这些攻击与"外国特工的高明策划"有关,旨在"制造混乱、减弱公众决断力、引起政治瘫痪,最终营造出恐慌情绪"。罗斯福声称,从本质上讲,任何对其决策做出的批评,都是不利于国家安全的因素。他说,美国人必须竭尽所能与这种新的第五纵队活动作斗争。

这种言论让司法部长罗伯特·杰克逊感到担忧,他认为总统过于危言耸听。杰克逊在 5 月下旬甚至是罗斯福做广播讲话之前就通知了内阁,"一场针对外侨和第五纵队的行动会席卷全国"。④ 他收

---

① Richard W. Steele, *Propaganda in an Open Society: The Roosevelt Administration and the Media, 1939-1941*, Westport, Conn.: Greenwood Press, 1985, p. 72.
② Richard W. Steele, *Propaganda in an Open Society: The Roosevelt Administration and the Media, 1939-1941*, Westport, Conn.: Greenwood Press, 1985, p. 69.
③ *New York Times*, May 27, 1940.
④ Harold Ickes, *The Secret Diary of Harold L. Ickes, Vol. 3, The Lowering Clouds, 1939-1941*, New York: Simon & Schuster, 1955, p. 211.

到过几份报告,说有美国人"闯入别人的房子,手拿国旗与屋里的人对峙,要求他们向旗子敬礼"。杰克逊说,许多公民认为"任何你不喜欢的人都是第五纵队的人"。

杰克逊是公民自由权的忠诚拥护者,对一战期间爆发在全国各地的民间执法狂潮还有着鲜明的记忆。当时他作为纽约州詹姆斯敦市(Jamestown)的检察官,曾坚决反对他所认为的侦听窥探和秘密监视等行为,有人随意指控那些清白无辜的城镇居民不忠于美国,还"怀疑每一个不是本土出生、不算百分百美国人的人"。杰克逊因为拒绝起诉那些他认为遭受不当攻击的目标,还被贴上了"亲德""反美"的标签。

现在,杰克逊担心,同样的本土主义、同样的反外侨狂潮又会重新上演一次。据《时代》报道,在全国各地,美国人中间都出现了"对隐形敌人的莫名恐惧,开始捕风捉影、指鹿为马……从美国路易斯安那州首府巴吞鲁日(Baton Rouge)到纽约州的乔治湖(Lake George),间谍和破坏分子的传言像鬼魅一般飘浮在这浑浊的空气里,但这些传言又险恶无比"。① 一本名为《第五纵队在此》(*The Fifth Column Is Here*)的书声称美国内部有100多万名第五纵队分子,立即成为当时的畅销书。

杰克逊告诉内阁,在乔治亚州,州长"正在打击每一个外国侨民",② 命令针对他们采集指纹和登记身份,以便进行可能采取的抓捕行动。圣路易斯附近一家由德裔美国人开的俱乐部被人纵火烧成灰烬,而芝加哥一家性质相同的俱乐部也被人扔炸弹炸毁了。密歇根州的大急流城(Grand Rapids)有个铸工,认为他的邻居是

---

① "Under Strain," *Time*, June 3, 1940.
② Harold Ickes diary, May 26, 1940, Ickes papers, LC.

第五纵队成员,开枪射杀了他。美国联邦调查局在全国各地的办公室里都充斥着涉嫌间谍活动和阴谋破坏的报告——就在罗斯福的非正式会谈之后的一天里就有2900多份这样的报告,几乎是1939年全年联邦调查局所收到报告的2倍。

听取了杰克逊在内阁会议上的担忧之后,哈罗德·艾克斯在日记中写道:"不久的将来,美国将不再是一个令人居住舒适的地方;我们中有些人会为自己针对无辜百姓的过激行为而感到羞耻。"① 他还说:"简单地说,我们中的一些极端爱国者疯了。"②

杰克逊宣称,对美国自由危害更大的是"我们自己的冲动"③,而不是敌人的阴谋,所以他决心用联邦管控的方式来制约所有涉嫌颠覆活动的调查行动。鉴于这个目标,他几乎毫不反对5月底国会通过那些强制所有常驻外国侨民登记身份和采集指纹的立法。尽管美国公民自由联盟(the American Civil Liberties Union, ACLU)强烈抗议《外侨登记法》(*the Alien Registration Act*)[也被称为《史密斯法案》(*the Smith Act*),以其主要倡议人、弗吉尼亚州保守民主党人霍华德·史密斯(Howard Smith)的名字命名],但比起可能被控滥用职权,杰克逊更顾忌的是地方上对外国人和其他人士的政治迫害。

司法部被指定监督该登记工作,杰克逊发誓,他的部门会尽一切可能保护所有住在美国的外国人,这些外国人里有一些是从德国和德占区逃难过来的犹太人。在司法部副部长弗朗西斯·比德尔的指挥下,接下来的几个月里他们完成了350多万名外国人的身份登

---

① Harold Ickes diary, May 26, 1940, Ickes papers, LC.
② Harold Ickes diary, June 2, 1940.
③ Richard W. Steele, *Free Speech in the Good War*, New York: St. Martin's, 1999, p. 79.

记。总的来说，美国人承认了联邦政府对外国人相关事务的管理权，民间执法活动销声匿迹了。

但《史密斯法案》中的另一项规定从长远来看，对公民自由权的威胁远超外国人登记条款。这一项规定把主张推翻政府或隶属任何一个意图颠覆政府的组织等行为定性为刑事犯罪。实际上，这就是一个反煽动性言论或行为的法令，是自 1798 年《外国人与煽动叛乱法》(*the Alien and Sedition Acts*) 以来美国颁布的首个和平时期相关法案。

哈佛法学院教授、全美最杰出的《第一修正案》学者撒迦利亚·查菲（Zechariah Chafee）强烈抗议通过该法。国会还在审议期间，查菲就说，保护言论自由的最佳方法是防止制定镇压性法律，因为一旦通过，"爱国的法官们和胆小怕事的陪审团成员"[①]就肯定会以最严格的标准执法。

查菲记得在一战期间发生的事，当时有两部法律，即《1917 年间谍法》和《1918 年反煽动叛乱法》，它们不仅被用于镇压那些预谋推翻政府的人，还被用来针对仅仅是批评政府及其战争行为的人。实施这些法令，特别针对有激进想法和话语权的人群，在美国引发了一场某位学者口中的"镇压的狂欢"[②]。

最高法院支持这两部法律，但后来奥利弗·恩德尔·小霍姆斯和路易斯·布兰迪斯（Louis Brandeis）法官的反对意见最终对战后美国法律体系产生了重大影响。小霍姆斯深受查菲著作的影响，认为国家依法限制言论之前，必须存在法律和安全方面"显而易

[①] Richard W. Steele, *Free Speech in the Good War*, New York: St. Martin's, 1999, p. 111.

[②] Richard W. Steele, *Free Speech in the Good War*, New York: St. Martin's, 1999, p. 4.

见且迫在眉睫的危险"。① 换句话说，除非能证明言论有可能引发直接暴力或其他危害国家的非法行为，否则不应当惩罚发表言论的行为。

在以后的日子里，小霍姆斯支持的"显而易见且迫在眉睫的危险"这一学说被美国各级法院广泛采纳，言论自由的大视角也在全国站稳了脚跟。但是，到了1940年，因为美国再次直面战争的幽灵，所以又开始重新评估权利与自由的尺度，尤其是那些与《第一修正案》相关的权利与自由。希特勒进攻西欧带来的恐惧及由此产生的第五纵队活动的报告，致使很多人，包括那些曾经谴责第一次世界大战《第一修正案》导致不公事件的自由知识分子，强烈要求在"反法西斯主义的圣战"②［历史学家杰弗里·佩雷（Geoffrey Perret）的用语］中对政治煽动性演讲进行制约。对这一观点持不同意见的不多，"美国公民自由联盟"是其中一个。"美国公民自由联盟"是一战后为保护公民个人权利而成立的一个组织。罗杰·鲍尔温（Roger Baldwin）是创始人之一，他抱怨道，支持言论自由的人"逐渐局限在一小圈人身上，他们原则上维护公民自由"，③当然，还逐渐局限于那些遭受过抨击的人。

有一段时间，罗伯特·杰克逊和副部长弗朗西斯·比德尔也属反对压制异议的人之列。比德尔谴责了对林德伯格和其他孤立派人士的攻击，他写道："如果林德伯格想说'英国打败了；我们要离远点，'他为什么不能说？难道这不是我们言论自由的一部分吗？

---

① Richard W. Steele, *Free Speech in the Good War*, New York: St. Martin's, 1999, p. 10.
② Geoffrey Perret, *Days of Sadness, Years of Triumph: The American People, 1939-1945*, New York: Coward, McCann & Geoghegan, 1973, p. 95.
③ Richard W. Steele, *Free Speech in the Good War*, New York: St. Martin's, 1999, p. 85.

难道这不是我们反击其他观点该做的吗？"①

然而，这两位官员都遭受了巨大压力——来自其自由派同伴及其顶头上司总统，旨在改变他们的立场。从杰克逊的角度说，他认为罗斯福"倾向于用对和错而不是合法与非法的方式思考问题。因为他觉得就他想做的事而言，其动机是正确的，所以不会去考虑是否可能还有法律上的限制"。②

比德尔在他的回忆录里提到，罗斯福似乎从未因为侵犯公民自由而觉得特别困扰："他认为，自由主义是非常好的，但是你绝不能软弱。"③ 这在战时尤其如此，比德尔评论道，"总之，（罗斯福）认为战争的需求高于人权。先要取得胜利，再说人权，而不是反之"。

在他与联邦调查局和那位备受争议的局长 J. 埃德加·胡佛（J. Edgar Hoover）之间的关系中，总统非常清楚地表明了这一立场。

罗斯福与胡佛的密切关系始于 1934 年初，当时他邀请这位 39 岁的局长来白宫参加一个会议。此前一年，希特勒已经在德国掌权，所以总统要胡佛调查美国国内的"纳粹运动"，④"尤其是反激进主义和反美国的活动"。这种表达含混不清又措辞简短的指示给了胡佛很大的调查余地，他也充分利用了这一空间。

---

① Richard W. Steele, *Free Speech in the Good War*, New York: St. Martin's, 1999, p. 121.
② Robert H. Jackson, *That Man: An Insider's Portrait of Franklin D. Roosevelt*, Oxford: Oxford University Press, 2003, p. 74.
③ Francis Biddle, *In Brief Authority*, Garden City, N. Y.: Doubleday, 1962, p. 108.
④ Richard W. Steele, *Free Speech in the Good War*, New York: St. Martin's, 1999, p. 30.

由于联邦调查局使用了一些不正当的方法，如监听、非法闯入和窃听等，让胡佛成为倡导公民自由的祸端，而且他也将在余下漫长的职业生涯中继续这一角色。根据 1934 年罗斯福提出的要求，他的特工们开始收集大量关于美国国内被人们宽泛地称为"法西斯运动"的信息。发起这项运动的团体都是各类本土主义者或排外人士，三教九流的右翼煽动分子则充当领导者的角色。大多数群体反共产主义、反罗斯福、反犹太人，一些人公开表示支持希特勒和纳粹德国。

但这位联邦调查局头子更关心的是他心目中来自共产主义的威胁，1936 年，他警告罗斯福，据称有共产党人士在密谋接管几个美国劳工组织。总统也再次给了他模棱两可的指示，这一次调查的对象不仅是法西斯主义，还有"总体的（共产主义）运动及其可能影响美国经济和政治生活的各种活动"。[1] 根据胡佛的说法，罗斯福要他不对该指示进行任何记录。

一如往常，胡佛尽可能宽泛地解读总统这个不确切的指示。到 1939 年，司法部报告说，联邦调查局已经收集了 1000 多万人的"身份资料"[2]，而且对于联邦调查局或其线人认为在信仰观念、社会关系、行为举止或原属种族方面存疑的那些人，做了大量的卷宗汇编。那些被认为同情纳粹、法西斯或共产主义的人，那些有海外关系的人，甚至那些订阅了外语报纸的人，都是调查对象。胡佛告诉一名国会委员会说，他正在编制这些人的名单，以备"发生任

---

[1] Richard W. Steele, *Free Speech in the Good War*, New York：St. Martin's, 1999, p. 30.

[2] Richard W. Steele, *Free Speech in the Good War*, New York：St. Martin's, 1999, p. 32.

图 7-1　联邦调查局局长 J. 埃德加·胡佛在向一个
崇拜者展示机关枪的威力

何较大的紧急事件时"①拘留嫌疑犯之用。

联邦调查局的调查和监视范围相当广泛,似乎不受控制,让"美国公民自由联盟"和少量其他公民中的自由主义者愈加困扰,其中就包括几位国会议员。既然这些调查是秘密进行的,那么大家

---

① Richard W. Steele, *Free Speech in the Good War*, New York: St. Martin's, 1999, p. 34.

又怎能确保他们只调查那些对美国安全构成真正威胁的人呢？

早在 1940 年初，罗杰·鲍尔温就向罗伯特·杰克逊抱怨说，胡佛和联邦调查局显然认为他们有权调查任何被他们定义为不爱国的个人或组织，包括和平主义者、外交官、记者、工会、宗教团体甚至国会议员。不久之后，罗德岛自由民主党参议员西奥多·格林（Theodore Green）认为，为了得到情报，特工窃听了他所在的州、宾夕法尼亚州和马萨诸塞州政府官员们的电话。虽然格林并未确认是谁在行事，但他暗示这些人是联邦调查局的密探。格林还要求政府立即开展调查。

格林参议员的指控极具爆炸性，因为国会已经在 1934 年明令禁止监听行为，最高法院也于 5 年后支持该禁令。然而，联邦调查局还是继续这一做法，并辩称法律并不是要禁止监听本身，而只是禁止披露由这种监听方式收集来的信息。

3 月中旬，罗伯特·杰克逊宣布，除非国会批准，否则在任何情况下都不允许窃听。胡佛拒绝接受这一裁决，开始发动反击。他在整个职业生涯中一直采用窃听的方式，所以收集了政府相当多的政治黑幕，现在他威胁要把这些黑幕拿出来大白于天下。他告诉美国国务院负责反间谍活动的阿道夫·伯尔，过去的几年里，联邦调查局应白宫和政府各高级官员（包括最热心支持民权的哈罗德·艾克斯）的要求，窃听了电话。胡佛还坚持认为，其实联邦调查局"跟财政部、美国证券交易委员会（SEC）和几个这样的部门比起来，在真正窃听电话的行为上，数量少得多"[①]（在艾克斯 1939 年 9 月的一篇日记里，描述了华盛顿电话监听乱相，这里可以找到一个令人好奇的注脚，注脚中写着罗斯福已经警告内阁成员要

[①] Berle diary, March 21, 1940, Berle papers, FDRPL.

"小心电话"①，因为"我们当中有些电话被监听了"。这位内政部长没有更详细地说明是监听什么电话，至少从表面上看也足够惊人了）。

事实证明，胡佛没有必要采用勒索的手段。他向专栏作家沃尔特·温切尔（Walter Winchell）和德鲁·皮尔森（Drew Pearson）表达了对杰克逊禁止监听一事的担忧，于是两个作家都写了一些文章，并去电台就禁令如何妨碍联邦调查局的调查工作发表了广播讲话。据皮尔森所说，联邦调查局的特工曾监听到德国特工计划炸毁一艘英国远洋班轮的事，但在杰克逊的命令下，特工们被迫停止继续监听这些可能是破坏分子的电话。

胡佛清楚地知道，这样的故事，不管是真是假，只会加剧罗斯福对美国内部发生颠覆行为的担忧。5月21日，罗斯福总统给杰克逊发送了一份机密简报，承认监听行为"几乎必然侵犯公民权利"。②然而，他补充说，在国家处于危险的时候，政府不能袖手旁观，任由外国特工进行的猖獗活动。因为最高法院肯定从未打算将其决定"适用于涉及国防安全的严重问题"③，所以罗斯福命令杰克逊在"涉嫌颠覆活动……包括有可疑间谍"的情况下批准监听。他建议杰克逊在最低限度上保证监听活动，而且"尽可能地限制在对外国人的监听行为中"。

杰克逊知道这种不确切而且模棱两可的指示能给胡佛和联邦调查局极大的决定权去窃听其调查对象的电话，无论这些人是否确实

---

① Harold Ickes, *The Secret Diary of Harold L. Ickes*, Vol. 3, *The Lowering Clouds, 1939-1941*, New York: Simon & Schuster, 1955, p. 10.

② Richard W. Steele, *Free Speech in the Good War*, New York: St. Martin's, 1999, p. 90.

③ Richard W. Steele, *Free Speech in the Good War*, New York: St. Martin's, 1999, p. 91.

对国家安全构成严重威胁。尽管如此，这位司法部长还是服从了罗斯福的命令。因为他清楚地知道，总统公开批评过他刻板顽固，还告诉他的前任弗兰克·墨菲（Frank Murphy），杰克逊"在公民自由和国家安全这两者之间掌握不好平衡"。① 厌倦了与罗斯福作对，也知道他在这场争论中占不了上风，所以杰克逊不再继续监督联邦调查局的监视活动。

直到20世纪70年代，罗斯福关于监听的指示以及杰克逊对此事的顺从才被用作法律依据，证明在这30年间联邦调查局成千上万次未经许可而监听了大量调查目标的电话，其中包括大使馆人员、民权领袖、政治团体、记者和政府官员。1976年，参议院情报委员会的一份报告指出："政治信仰和社会关系、团体归属、民族身份等因素，在战前就变成了是否进行情报调查的标准。"② 此类调查的目的，该报告补充说，"不是协助刑法的实施"，而是向最高行政官员提供政治方面的信息。参议院情报委员会观察到，这种调查贯穿于整个二战期间，并一直持续到冷战时期。

在同意了胡佛需要窃听权的要求后，罗斯福提出了自己的一个要求。在他5月16日国会演说的2天后，罗斯福递给了他的新闻发言人100多封电报，全都是对他此次讲话内容的批评。总统说，发电报的人显然反对美国拥有强大的国防力量，所以他希望胡佛"仔细检查这些电报，标出发送者的姓名和地址"。③ 胡佛做的远不止这些，他核对了联邦调查局档案里的每一个名字，向白宫反馈他

---

① Richard W. Steele, *Free Speech in the Good War*, New York：St. Martin's, 1999, p. 112.
② Robert Justin Goldstein, *Political Repression in Modern America: From 1870 to the Present*, Cambridge, Mass.：Schenkman, 1978, p. 253.
③ Curt Gentry, *J. Edgar Hoover: The Man and the Secrets*, New York：Norton, 1991, p. 225.

发现的问题。如果找不到某位批评者的信息，联邦调查局就会为他开启一个新档案。

不久之后，又有一捆负面批评总统的电报被送到联邦调查局进行调查。到 5 月底，胡佛已经对数十位针对罗斯福政策的批评者做了背景调查，包括查尔斯·林德伯格、伯顿·惠勒和杰拉尔德·奈。结果是联邦调查局已建了厚厚一垛林德伯格的档案，时间从 30 年代中期开始，因为当时他得罪了胡佛，说破获他儿子被绑架并谋杀的案子要归功于财政部而不是联邦调查局。

1940 年 6 月中旬，罗斯福要求一位助手："给埃德加·胡佛准备一封赞美信，感谢他做的所有调查报告，还有，告诉他我欣赏他的出色工作。"①

在这充满紧张气氛、人心惶惶的日子里，政府却又瞄准了另一个喜欢直言不讳批评罗斯福政策的人——杜鲁门·史密斯上校，他是林德伯格的知己，也是乔治·马歇尔的首席德国分析专家。5 月 27 日，美国前总统卡尔文·柯立芝时期的作战部长德怀特·戴维斯（Dwight Davis）交给罗斯福总统的新闻发言人史蒂夫·厄尔利一份报告，内容是上周史密斯帮林德伯格撰写了后者反罗斯福的演讲稿，他是亲纳粹分子。两天后，林德伯格接到了史密斯妻子的一个电话，她说马歇尔已经得到命令，要把她丈夫送交军事法庭，罪名是反政府活动。

毫无疑问，史密斯一段时间以来一直在玩火自焚。他不仅公开与林德伯格统一战线，还是德国军事武官弗雷德里希·冯·伯蒂歇

---

① Curt Gentry, *J. Edgar Hoover: The Man and the Secrets*, New York: Norton, 1991, p. 226.

尔将军获悉美国陆军总参谋部信息的主要来源。史密斯与伯蒂歇尔将军的友谊始于20世纪20年代史密斯首次因公访德（战后，冯·伯蒂歇尔告诉美国军方审讯员，史密斯"强烈反对罗斯福，还有他与德国的友谊、他对德国的仰慕是众所周知的"[1]）。

重复德怀特·戴维斯的指控内容，白宫起诉了史密斯，罪名是支持纳粹、反对美国、作为林德伯格演讲稿的枪手。史密斯上校否认了所有指控。对于最后一条指控，史密斯后来写道："我太了解他了，没有哪个人能在任何事情上影响林德伯格，更别说帮他写演讲稿了。"[2]

马歇尔致力于让文官治理美国军队，所以他全力抵制白宫试图干预军队人员事务的行为。他把史密斯看成不可多得的助手，所以拒绝将他革除。"马歇尔永远都在保护杜鲁门。"[3] 史密斯的好友兼同事阿尔伯特·魏德迈将军后来回忆道。魏德迈是马歇尔的另一门生，他是西点军校毕业生，在德国最负盛名的柏林军事学院学习了两年后刚刚返回美国。

马歇尔告诉罗斯福，如果军法审判史密斯，最后的结果也肯定是无罪释放，且不说这还会让政府和军队之间产生嫌隙。马歇尔还警告总统说，无论对史密斯采取什么行动，都会让他成为"一个美国的德雷福斯"，[4] 他指的是法国陆军军官阿尔弗雷德·德雷福斯（Alfred Dreyfus），19世纪晚期因为不实的罪名被军事法庭定罪，引发了国际公愤。

---

[1] Leonard Mosley, *Lindbergh*, New York: Dell, 1977, p. 417.
[2] Truman Smith, *Berlin Alert: The Memoirs of Truman Smith*, Stanford: Hoover Institution Press, 1984, p. 33.
[3] Wedemeyer biographical sketch of Marshall, Wedemeyer papers, HI.
[4] Truman Smith, *Berlin Alert: The Memoirs of Truman Smith*, Stanford: Hoover Institution Press, 1984, p. 33.

罗斯福让步了，但是媒体对史密斯的一连串质疑促使马歇尔命令这位上校赶快离开华盛顿："政治热度冷却以后再回来。"① 他还建议史密斯"避免（与林德伯格）表现出亲密的关系"，至少短期内不要如此。在接下来的2个星期里，史密斯上校与他的妻子投靠了魏德迈，当时后者还是驻守在乔治亚州班宁堡（Fort Benning）的一个陆军少校。在前往乔治亚州之前，史密斯的妻子警告了林德伯格，如他在日记里所写的那样："政府打算'抓住我。'"② 他又言简意赅地指出："好吧，这不是第一次，也不会是最后一次。"

在这场动乱期间，林德伯格一家也在应付仇恨信件和奇怪电话留言连珠炮式的骚扰。在6月初一个令人愉快的夜晚，安妮·林德伯格接到了她母亲的一个问候电话。伊丽莎白·莫罗告诉她，她刚挂掉一个陌生女人打来的电话，那个女人问她："难道你不担心你女儿吗？"③ 当莫罗太太问她指的是哪个女儿时，她回答说："有名的那个。"

安妮首先想到的是她的孩子们。当她告诉查尔斯这个电话时，他觉得毫不重要不予理会，但他俩还是立即起身去察看正在卧室里熟睡的男孩们。再次确认孩子们安全无虞，隐居在长岛某所房子里的林德伯格夫妇放下了家里所有的百叶窗，还拉上了窗帘。"又是那种可怕的感觉，"安妮在那晚的日记中写道，"也许有人正在观察我们。"④

---

① Truman Smith, *Berlin Alert: The Memoirs of Truman Smith*, Stanford: Hoover Institution Press, 1984, p. 34.
② Charles A. Lindbergh, *The Wartime Journals of Charles A. Lindbergh*, New York: Harcourt Brace Jovanovich, 1970, p. 352.
③ Anne Morrow Lindbergh, *War Within and Without: Diaries and Letters of Anne Morrow Lindbergh, 1939-1944*, New York: Harcourt Brace, 1980, p. 104.
④ Anne Morrow Lindbergh, *War Within and Without: Diaries and Letters of Anne Morrow Lindbergh, 1939-1944*, New York: Harcourt Brace, 1980, p. 104.

第八章　处事艺术

德国对西欧发动闪电战后不久,英国政府派出了一位神秘的信使抵达了纽约。他叫威廉·斯蒂芬森(William Stephenson),他的使命引发了人们无尽的猜想。

有人谣传,43 岁的斯蒂芬森是个来自加拿大的商人,拥有千万身家,他来纽约是要为英国设立一个新的新闻和宣传机构。但这似乎难以成功,因为尽管现在位于洛克菲勒中心 RCA 大厦 44 楼的美国政府新闻机构是由奥布里·摩根和约翰·惠勒-贝内特在负责运作,但是人人都知道,它在向美国记者散布有关英国的信息方面做得很成功,例如英国现在危在旦夕,迫切需要美国的援助。

其实,斯蒂芬森由温斯顿·丘吉尔派往纽约,担任英国驻美国情报活动的新负责人。名义上,他的主要任务有两个:一是确保英国顺利采买军火弹药,不受轴心国蓄意阻碍破坏;二是收集针对英国的其他敌方行动信息。然而,斯蒂芬森的真正任务相当广泛。在接下来的 18 个月里,他的行动将向英国在美国境内的所有敌人宣战——无论是德国人、意大利人、维希法国人,还是美国孤立派成员。更确切地说,斯蒂芬森和他的同伴们将采取一切必要措施来压制敌人,将美国带入战争。要实现这个目的,他们就可能不会顾忌法律或道德方面的问题。正如斯蒂芬森的一位同事后来所言,"在现代战争中……即使那些交战国受到道德顾虑的束缚,也不能忽视有效的武器"。①

由于英国局势险象环生,所以丘吉尔对于使用他所谓的"不道德的战争"来拯救自己的国家毫不内疚——不择手段的斯蒂芬森完全认同这一立场。虽然是个商人,斯蒂芬森却不是搞间谍活动(收集信息)的新手。

斯蒂芬森是加拿大西部一个贫困工人的儿子,只在学校里读过6年书,才十几岁就被迫外出工作挣钱。一战期间,他移民到英国,战争结束时,成为一名战功赫赫、荣誉加身的战斗英雄。他击落了十几架德国战机,是英国皇家陆军航空队的一名王牌飞行员。30岁前斯蒂芬森就已经是百万富翁了,收购了几十家公司,公司生产范围很广,从水泥和飞机到收音机和汽车车身什么都有,而他则在伦敦市中心的一间办公室里进行管理。20世纪30年代,他在去德国的商务旅行中发现,德国几乎所有的钢铁生产都被用于制造军火和弹药,违反了《凡尔赛条约》。他把这些信息传给了英国情报局(M16)和当时还是国会下院普通议员的温斯顿·丘吉尔,后者正在跟英国政府的绥靖政策斗争。

斯蒂芬森的报告给丘吉尔留下了深刻的印象。当他1940年5月上任英国首相时,就聘请这个加拿大人到美国去负责这项需要冒险、主动出击的秘密行动。事后证明,正如《华盛顿邮报》(Washington Post)专栏作家大卫·伊格内修斯(David Ignatius)后来所写的,这次行动是"处事艺术的现实版教科书"。② 英国历史学家尼古拉斯·库尔说,这是"一个主权国对另一个主权国发

---

① Nicholas John Cull, *Selling War: The British Propaganda Campaign Against American "Neutrality" in World War II*, New York: Oxford University Press, 1995, p. 80.

② David Ignatius, "Britain's War in America," *Washington Post*, Sept. 17, 1989.

起的一次形式最多样、内容最广泛……的秘密行动"。①

在罗斯福总统和联邦调查局局长 J. 埃德加·胡佛知情的状况下,斯蒂芬森的这个机构不按常理出牌,他们在美国的各大报纸上做宣传、监视孤立主义团体、在国会里挖孤立派议员的政治黑幕,还伪造文件引起公众注意,再煽风点火激起人们的反纳粹情绪。"如果孤立派完全知晓了"②美国与英国之间的这个秘密联盟,"那么,他们要弹劾总统的呼声会更响亮,"罗伯特·舍伍德指出。作为罗斯福的一名助手,他后来负责斯蒂芬森和罗斯福之间的联络。

英国安全协调局(British Security Coordination)的名字平淡无奇,但在业务最繁忙的时候,这个组织在帕特里克大教堂马路对面的第五大道洛克菲勒中心的总部雇用了将近 1000 名员工。在加拿大、中美洲、南美洲和加勒比地区,它大约还有 2000 名职员。

英国安全协调局在纽约的职员包括语言学家、密码和密码技术专家、情报员、宣传官员、商业和金融专业人士,以及许多其他领域的专家。其中,有知名的牛津大学教师阿尔弗雷德·艾尔(Alfred Ayer)和吉尔伯特·海厄特(Gilbert Highet),广告天才大卫·奥美(David Ogilvy),流行歌曲《当夜莺在伯克利广场歌唱》的词作者埃里克·马施维茨(Eric Maschwitz),还有《绿野仙踪》电影剧本的合著者诺埃尔·兰利(Noel Langley)。

尽管在英国安全协调局里,有相当一部分雇员是英国人,但大多数还是加拿大人。因为加拿大人的口音和言谈举止与美国人更为接近,没有英国同事那么容易惹人注目。但无论是哪个国家的,在

---

① Nicholas John Cull, *Selling War: The British Propaganda Campaign Against American "Neutrality" in World War* II, New York: Oxford University Press, 1995, p. 4.

② Robert Sherwood, *Roosevelt and Hopkins: An Intimate History*, New York: Harper, 1948, p. 270.

协调局里工作的人接受的指令都是尽量少吸引别人的注意。需要不定时值班的女性文职人员要告诉她们的房东和邻居,她们是护士,这样才能解释她们毫无规律的作息时间。雇员住的公寓都进行过检查,还有他们可能需要相应服务的人,如医生、牙医等,也都经过了审查。他们不能谈论自己的工作内容,即使是对协调局的同事也不能说。当进入办公大楼的电梯时,他们奉命不能向任何可能搭乘同一部电梯的同事致意,即使他们刚才还在一起聊天。

不管在私生活还是职业生活中,"保密"二字始终是威廉·斯蒂芬森的口号。"一个完全不为人所知的人……一个彻底的谜",[1]作家罗尔德·达尔(Roald Dahl)这样说,他是英国安全协调局的一名特工。据部门另一位员工说,斯蒂芬森"从不告诉任何人他自己的事,从不"。[2] 只有少数人与这位个子不高、身材并不魁梧的协调局局长见过面。他的行动"像豹子一样敏捷,一只黑豹,"一位在他私人办公室工作过的女性说,"他有本事能融进人群中。你看不见他……他太迅速了,太安静了。"[3]

斯蒂芬森善于培养可能对他有用的美国人。他的妻子就是美国人,夫妻二人经常在离协调局办公楼只有几个街区的多赛特酒店(the Dorset Hotel)顶楼的豪华套房中举办鸡尾酒会。"你可以在那里遇到任何人",[4] 他最重要的一位助手说,从"海军上将和陆军将军

---

[1] Bill Macdonald, *The True Intrepid: Sir William Stephenson and the Unknown Agents*, Vancouver, B. C. : Raincoast Books, 2001, p. 239.

[2] Bill Macdonald, *The True Intrepid: Sir William Stephenson and the Unknown Agents*, Vancouver, B. C. : Raincoast Books, 2001, p. 225.

[3] Bill Macdonald, *The True Intrepid: Sir William Stephenson and the Unknown Agents*, Vancouver, B. C. : Raincoast Books, 2001, pp. 273-274.

[4] Bill Macdonald, *The True Intrepid: Sir William Stephenson and the Unknown Agents*, Vancouver, B. C. : Raincoast Books, 2001, p. 326.

到亨利·卢斯、沃尔特·温切尔和罗伯特·舍伍德"。

斯蒂芬森为人圆滑周到,是个充满个人魅力的宴会主人。他家的烈性马丁尼酒极负盛名,他的另一位同事,作家伊恩·弗莱明(Ian Fleming)称它们为"美国最烈的马丁尼"。① 曾有人听到2米高的舍伍德在喝了几杯之后说:"如果我再喝一杯鸡尾酒,我就叫木头,一头倒下去。"② 弗莱明以斯蒂芬森为部分原型塑造了他最经典的小说角色詹姆斯·邦德,声称英国安全协调局局长发明了邦德的马丁尼酒调制方法:"布思(Booth)的杜松子酒,高度干酒,加点苦艾酒,摇匀不搅拌。"③

舍伍德经常在斯蒂芬森的宴会上露面,这凸显了这个加拿大人的组织有个最值得注意的地方:它的存在不仅为白宫和联邦调查局所知,还得到了二者的认可。事实上,英国安全协调局的行动不仅有利于英国政府,还对富兰克林·罗斯福有助益,至少当行动涉及打败其反战派政敌时是这样。在抹黑孤立派的秘密行动中,英国安全协调局其实是罗斯福总统的积极合作伙伴。在斯蒂芬森抵达美国后不久,罗斯福就指出"联邦调查局和英国情报部门之间应该有尽可能密切的'联姻'"。④ 只不过,美国的其他政府机构并不完全了解英国安全协调局的行动内容。当斯蒂芬森在美国国务院注册他的机构时,他说,这个机构的唯一目的是保护运往英国的军火弹

---

① H. Montgomery Hyde, *Room 3603: The Story of the British Intelligence Center in New York During World War II*, New York: Farrar, Straus, 1963, p. xi.
② Bill Macdonald, *The True Intrepid: Sir William Stephenson and the Unknown Agents*, Vancouver, B. C.: Raincoast Books, 2001, p. 327.
③ William Stevenson, *Spymistress: The True Story of the Greatest Female Secret Agent of World War II*, New York: Arcade, 2007, p. 155.
④ British Security Coordination, *The Secret History of BritishIntelligence in the Americas*, 1940-1945, New York: Fromm International, 1999, p. xxv.

药和其他战争物资的安全。

对于斯蒂芬森来说，与J.埃德加·胡佛的合作至关重要。美国政府的官方表态仍是中立的，所以英国要在这里搞反德国、反意大利和反维希法国的运动显然违反了美国的法律。现在，联邦调查局局长不仅对这件事睁一只眼、闭一只眼，还给英国人提供了宝贵的援助，而这一切，英方都最大限度地予以了回报。

例如，胡佛允许英国安全协调局使用联邦调查局的一个短波电台发送最高机密的编码信息到伦敦。胡佛还通过一个假扮纳粹支持者的卧底向德国大使馆传递英国安全协调局想植入希特勒政府的虚假情报，如苏联准备进军德国这样的传言。

作为回报，英国特工将数千份涉及他们在美国工作的机密报告交给了联邦调查局。他们还向美国同行传授了反间谍活动的许多技巧，包括他们不留一丝痕迹地打开和重新封装信件与包裹这样的复杂技术。英国安全协调局的人在百慕大和特立尼达拉群岛的绝密开件中心使用这个技术检查邮件，美洲和欧洲之间几乎所有的通信往来都要通过这条航线运送，包括那些据称免检的轴心国与其他国家大使馆的外交邮袋。百慕大的公主酒店是一家被装修成殖民地风格的豪华酒店，在它的地下室里有数十位英国政府雇员在辛勤工作，仔细检查着船只和飞机运送过来的信件和包裹。这些船只和飞机通常停靠在大西洋岛屿上加油，再开往欧洲。那些被认为特别重要的邮件内容，会拍照留存，然后重新密封再发送给收件人。

虽然根据美国法律，打开他人邮件是违法的，但联邦调查局按照英国技术指导，确定了所谓的"Z覆盖行动"（Z Coverage Program），参加行动的特工秘密检查了来自德国、意大利、日本和维希法国驻华盛顿大使馆或其他几个目标之间的往来信件。基于所谓的国家安全，美国拆邮检查的政策一直持续到1966年，其间，经联邦调查局审查和拍照的信件达到13万多封。根据参议院情报委员会1976年的一份报告,"上千美国公民的邮件被打开,为的是找到指向非法特工的每一次联系"。①

联邦调查局也监听了轴心国大使馆的电话,同时被监听的还有诸如西班牙、葡萄牙和瑞士等中立国的外交使团。英国安全协调局紧随其后,他们尤其关注的是维希法国大使馆,它在人们眼里是支持纳粹活动的温床,而纳粹活动也是美国海军和陆军情报部门密切监视的目标。

艾米·伊丽莎白·帕克(Amy Elizabeth Pack)是一名为英国安全协调局工作的美国特工,她受命从维希法国搜集所有能搞到手的情报。帕克高挑苗条,金褐色的头发下有双碧绿色的眼睛。她年方30岁,游历甚广,以前是华盛顿的交际花。她曾在瑞士求学,夏天会去纽波特避暑,能说一口流利的法语和西班牙语。与英国外交官丈夫分居的帕克是个极富魅力的女人,她性格坚毅、热爱冒险、性感迷人,而她在为英国情报部门工作的时候也很好地利用了自己的优势,与众多外交官和部队军官发展了浪漫情史,其中包括维希法国驻华盛顿新闻专员查尔斯·布鲁斯(Charles Brousse)。

在二人的婚外情开始后不久,痴迷于帕克的布鲁斯就盗取了大使馆的保险箱,为他的情人搞到了法国和大使馆之间往来的绝密电报,还搞到了法国的海军通信密码。帕克的代号是"辛西娅",她在纽约和华盛顿每周的例行秘密会议上把这份情报交给了玛丽昂·德·查斯特兰(Marion de Chastelain)——威廉·斯蒂芬森的一位助手。帕克、查斯特兰后来说:"她是那种沉迷于间谍活动的人。

---

① Curt Gentry, *J. Edgar Hoover: The Man and the Secrets*, New York: Norton, 1991, p. 282.

她是真的很喜欢这个工作……她的表现好极了。"①（在与配偶离婚后，帕克和布鲁斯结婚，并于战后生活在法国。）战后，帕克自己对一位记者说："我按照自己的想法履行职责。要完成任务，我就要进入那些体面的女性不愿意涉足的境地。但是，战争从来都不是用体面的方式来取胜的。"

根据帕克提供的情报以及窃听到的电话内容，英国安全协调局写了一份报告，指控维希法国大使馆和政府代表的是德国。然后报告内容遭到泄露，似乎是一个与英国安全协调局没有任何关联的第三方把报告捅给了《纽约先驱论坛报》，该报刊登了一系列的文章，将维希大使馆与纳粹党的利益做了关联。

这是斯蒂芬森的常用手段——为了曝光对轴心国或孤立派不利的信息，通常采用安全的中间渠道将这些信息泄露给美国的新闻机构。"必须始终极其小心，"英国安全协调局的一段战后历史这样写道，"因为显而易见，一旦有人发现协调局的行为，或其信息来源大白于天下，它就会立刻（被定义为）秘密的英国宣传组织，这样的话，比起毫无成效就更为糟糕了。"②

即使接受这个新闻大礼包的人可能没有完全猜到信息的来源，但他们还是会被当作英国人的支持者。根据英国安全协调局的官方历史记载，那些"给予特别有价值贡献"③的人中，有专栏作家多萝西·汤普森、沃尔特·利普曼、沃尔特·温切尔和德鲁·皮尔森。此外，还提到了一些新闻出版人，有《纽约时报》的亚瑟·

---

① Bill Macdonald, *The True Intrepid: Sir William Stephenson and the Unknown Agents*, Vancouver, B. C.：Raincoast Books, 2001, p. 175.
② British Security Coordination, *The Secret History of British Intelligence in the Americas, 1940-1945*, New York：Fromm International, 1999, pp. 19-20.
③ British Security Coordination, *The Secret History of British Intelligence in the Americas, 1940-1945*, New York：Fromm International, 1999, p. 20.

苏兹伯格（Arthur Sulzburger）、《PM报》（*PM*）的拉尔夫·英格索尔（Ralph Ingersoll），还有《纽约先驱论坛报》的海伦·里德（Helen Reid）。用《华盛顿邮报》的大卫·伊格内修斯的话说："英国间谍就像弹奏一架恢宏的沃立舍*一样操纵着这个媒体网。"

《纽约先驱论坛报》是一家公开积极支持干预政策的报社，也是迄今在间谍战中最大的受益者。除了搞到维希大使馆的报道，报社的记者还得到英国人的线报，是关于一个名叫格哈德·威斯特里克（Gerhard Westrick）的德国使馆商业参事及其他与几家美国公司之间的肮脏交易。威斯特里克伪装成一名普通公民，在纽约郊区租了一所昂贵的房子，在那里招待了不少美国公司的业务代表，其中大部分代表是石油公司的雇员。威斯特里克的目的显然是要使这些公司的管理人员相信，德国即将赢得这场战争，如果他们支持孤立派运动，就能在纳粹治下的欧洲得到大量商机。据说，他还与多家美国石油公司合作，以打破英国在海上对德国、意大利的封锁，向轴心国供应石油。

在做了一番调查后，《纽约先驱论坛报》刊登了一系列关于威斯特里克的头版文章，人们开始疯狂地给这个倒霉参事寄辱骂信、打威胁电话，他的邻居们则在他家门外举行示威活动。在联邦调查局的授意下（由斯蒂芬森推动），美国国务院下令威斯特里克应被召回，国内纷纷祝贺《纽约先驱论坛报》揪出了一个危险的希特勒密使。这一报道在全国各地的报纸上转载，引出了大量关于纳粹第五纵队威胁论的社论。

在一条发往柏林的电报中，德国驻华盛顿大使馆代理大使汉斯·汤姆森（Hans Thomsen）抱怨美国对威斯特里克"耸人听闻

---

* 美国的一个钢琴品牌。——译注

的恶毒攻击",① 显然并未意识到背后是英国特工在努力。"令人遗憾的是,"汤姆森写道,"由于这次公众事件——这绝不是威斯特里克挑起的,那些仍然与德国有着商业往来、与德国大使馆和使馆工作人员要保持社会联系的美国人,在公众面前如此容易妥协,甚至要被迫切断这些关系。"

图 8-1 纳粹德国驻华盛顿的代理大使汉斯·汤姆森及妻子

对于汤姆森和他在使馆的同事们来说,这是一个极其令人沮丧的时刻,因为他们的主要目标是在孤立主义的事业上赢得美国人

---

① *Documents on German Foreign Policy 1918-1945*, Series D, Vol. 10, Washington, D.C.: U.S. Government Printing Office, p. 413.

心。与英国人不同，德国人没有与联邦调查局结盟，反而被英美两方共同监视。更糟糕的是，从德国人的角度看，大部分美国人，即使不想跟德国开战，但也不想跟帝国或纳粹政府有任何关系。汤姆森一度向柏林抱怨，在美国感受到了"普遍的反德情绪和对德国的不信任，不接受德国为教化而做出的所有努力"。① 孤立主义运动，他补充说道，常被"媒体反扑、政府恐吓"。② 德国外交部高级官员恩斯特·魏茨泽克（Ernst Weiszacker）也有类似的抱怨，他写信给宣传部长约瑟夫·戈培尔（Joseph Goebbels）说："不幸的是，德国在美国几乎没有什么真正的朋友，寥寥的几个目前还算不上政治代理人。"③

因为美国的敌意，所以希特勒政府刻意避免公开支持美国的孤立分子。德国人甚至避开批评罗斯福及其政府，因为担心这样的举动会加大美国参战的风险。"我们在这场角斗中干预得越少，就越能战术性地让美国人自己进行这场战斗……这对我们更有利。"④ 魏茨泽克指出，"另一方面，德国任何明显的干预都只会造成所有美国人的联合抵抗"。

在德国人尽其所能低调行事时，美国政府和英国人却在加紧努力以说服美国人民要注意防范德国第五纵队带来的危险。在一系列于多家报纸刊登的文章中，专栏作家埃德加·安塞尔·莫勒

---

① *Documents on German Foreign Policy 1918-1945*, Series D, Vol. 9, Washington, D. C.：U. S. Government Printing Office, p. 626.
② *Documents on German Foreign Policy 1918-1945*, Series D, Vol. 12, Washington, D. C.：U. S. Government Printing Office, p. 60.
③ *Documents on German Foreign Policy 1918-1945*, Series D, Vol. 12, Washington, D. C.：U. S. Government Printing Office, p. 906.
④ *Documents on German Foreign Policy 1918-1945*, Series D, Vol. 12, Washington, D. C.：U. S. Government Printing Office, p. 906.

（Edgar Ansel Mowrer）和华尔街律师威廉·多诺万（William Donovan）（他也是罗斯福的非官方特使和斯蒂芬森的好友）推测"多达几百万的德美移民群体"，①包括"成千上万的家政工作从业者和服务人员"正为了帝国，在美国秘密卧底工作。这些作者写道，这类第五纵队中最声名狼藉的例子，就是"德美同盟会"（the German-American Bund）。

自20世纪30年代中期以来，新闻就铺天盖地地报道"德美同盟会"这一美国最臭名昭著的法西斯团体。同盟会成员公开声称他们的组织是美国的纳粹政党，他们身穿纳粹制服，使用希特勒敬礼方式，举办青年营并进行军事训练，无论在哪里发现犹太人都去袭击。

1939年乔治·华盛顿诞辰日2天前，"德美同盟会"又占领了全国头版头条新闻。他们在纽约的麦迪逊广场花园举行集会，不仅有约2万名纳粹支持者参加，还有数千名抗议者跟随示威。"德美同盟会"的领导人站在希特勒和乔治·华盛顿的巨型画像前，穿着佩戴有"卐"字符的制服，大声抗议"国际犹太人的隐形政府"②和"富兰克林·D. 罗森菲尔德总统"*的社会主义阴谋。

对德国来说，这个事件是一场公共关系灾难。它激怒了美国人，让他们认为同盟会组织得比实际情况更周密，且它的存在对美国安全构成更大威胁。毫无疑问，同盟会的言辞和行动令人痛恨，

---

① F. Bradley Smith, *The Shadow Warriors: O.S.S. and the Origins of the C.I.A.*, New York: Basic, 1983, p.39.
② Richard M. Ketchum, *The Borrowed Years, 1938-1941: America on the Way to War*, New York: Random House, 1989, p.187.
* 即罗斯福总统，同盟会将之改写为Rosenfeld，这是犹太姓氏，以此影射总统为犹太人后裔。——译注

图 8-2 "德美同盟会"成员在纽约市的大街上游行
（注意美国国旗前的纳粹旗帜）

但不管围绕它的传闻怎样耸人听闻，这个组织从未成功地召集到相当数量的德裔美籍成员参与纳粹事业。20世纪30年代最后几年，当"德美同盟会"发展到鼎盛时期时，它的活跃分子可能都没有超过7500人，支持者不到2万人。

1940年夏天，同盟会几近没落，成员已经少于2000人。在乔治·华盛顿诞辰集会后，德国政府切断了对它的全部财政资助和其他联系。1939年底，同盟会领袖弗里茨·库恩（Fritz Kuhn）因侵占该组织资金而被起诉并坐牢。同盟会的会议经常被抗议者破坏，在几个州，政府对这个组织进行了调查，而后，对它进行了有效取缔。

尽管彻底败坏了名声并被打得溃不成军，但在公众的心目中，同盟会在美国仍然是个危险的存在——这个观念是美国政府和英国人非常乐意助长的。"我们英国驻美国最优秀的大使是阿道夫·希特勒，"① 英国政治战执行委员会、战时宣传署总干事罗伯特·布鲁斯·洛克哈特说，"纳粹宣传行动愚蠢粗鲁，在一本名为《乔治·华盛顿，第一个纳粹分子》(George Washington, the First Nazi) 的宣传册中达到了傲慢得近乎荒谬的程度，比起英国做出的任何声明有过之而无不及。"洛克哈特以此强调德国和美国之间的鸿沟。

洛克哈特的言论对德国政府来说有点不公平，因为那个有问题的小册子是"德美同盟会"的产物。但毋庸置疑的是，希特勒和他的手下有时在对美国的理解上同样一无所知。恩斯特·魏茨泽克1941年在告诉德国宣传部应该重新考虑《戈培尔时间》(Goebbels Hour) 这一节目的名字时强调了这一点，这是一个用短波向美国播送的新广播节目。魏茨泽克可能不顾危险地写道："在美国，因为对帝国宣传部长本人存在误解，那么仅仅'戈培尔时间'几个字就能让美国听众马上关掉收音机。"② 所以这个节目不情不愿地停办了。

华盛顿的汉斯·汤姆森在进行自己的宣传工作时，也遇到了同样的麻烦。他向柏林方面承认，他试图在美国各大报纸上发表支持孤立主义的文章，但多数情况下惨遭拒绝："名声好、极具影响力的记者都不同意，即使是为了钱，也不同意。"③

---

① Sir Robert Bruce Lockhart, *Comes the Reckoning*, London: Putnam, 1947, p. 29.
② *Documents on German Foreign Policy 1918–1945*, Series D, Vol. 12, Washington, D. C.: U. S. Government Printing Office, p. 907.
③ *Documents on German Foreign Policy 1918–1945*, Series D, Vol. 9, Washington, D. C.: U. S. Government Printing Office, p. 43.

汤姆森在美国出版机构这里没有任何进展，就不得不依靠帝国支持的组织和机构，如"德国奖学金论坛"（the German Fellowship Forum）和"德国信息图书馆"（the German Information Library）来散播信息。借助德国政府的资金，这位代理大使在新泽西州监工成立了一所出版社，专门出版反战和反英国书籍。他向上司保证，这些书将会"在引导美国舆论方面取得突出的成绩"。① 可不幸的是，汤姆森几乎一本书都没卖出去。

---

① *Documents on German Foreign Policy 1918–1945*, Series D, *Vol. 9*, Washington, D. C.：U. S. Government Printing Office, p. 559.

第九章　我们需要为这场战争担忧吗？

1940年6月4日，英国的新首相从他下院的座位上站起来，发表了一篇堪称英国历史上最精彩的演讲。

"我们将在海滩作战，"① 温斯顿·丘吉尔低吼，"我们将在敌人的登陆点作战，我们将在田野和街头作战，我们将在山区作战。"停顿了一刻，他向他那些出神的议员同事们宣布说："我们绝不投降！"

在法国即将陷落，德国又马上要进攻英国之时，丘吉尔的这番演讲对于"万岁希特勒"（首相用纳粹的致敬语来讽刺德国元首）来说充满挑战意味，它不仅鼓舞了英国，更激励了全世界。这次演说及其后丘吉尔发表的多次令人记忆犹新的讲话，都清晰地表达了无论付出什么代价，英国皆要抗战到底的决心。当外交大臣哈利法克斯勋爵（Lord Halifax）在5月底争论说英国应该考虑与德国进行和谈时，丘吉尔拒绝了这个建议，他郑重宣告："我们要与德国决一死战。"② 多年后，英国战时的空军参谋长查尔斯·波特尔爵士（Sir Charles Portal）评论道，"他们说，如果与希特勒讲和，就不会有危险。我不是很确定这一点。但如果没有温斯顿，我们可能

---

① Richard M. Ketchum, *The Borrowed Years, 1938-1941: America on the Way to War*, New York: Random House, 1989, p.351.

② Lynne Olson, *Troublesome Young Men: The Rebels Who Brought Churchill to Power and Helped Save England*, New York: Farrar, Straus & Giroux, 2007, p.316.

会有危险"。①

但如果丘吉尔被赶下台会怎样？这并非不可能，因为在丘吉尔上任后，他多次明确请求罗斯福给予情势危急的英国援助。尽管有20多万名英国士兵从敦刻尔克的海滩上奇迹般获救，这个国家的命运还是游走在战争灾难的边缘。英国皇家空军中许多极其有经验的飞行员——且不提数百架飞机和超过6.8万人的地面部队——都牺牲在援助德国闪电战攻击的比利时和法国战场上。英国现在的人员只够装备20个师，还不到德国军事力量的1/10。而且这么点人，还没有什么东西可以拿来打仗。因为他们几乎把所有的坦克、装甲车、武器和其他装备都留在了法国。整个国家只有几十万支步枪和500门大炮——何况大部分大炮是从各地博物馆里拨过来的。丘吉尔后来在讲话的时候，确实没有夸张："从来没有哪一个大国在面对敌人的时候这样两手空空。"②

《我们将在海滩作战》演讲结束11天后，丘吉尔坐下开始撰写他向美国总统求援的最后一封信。他曾一次又一次用来提高国人士气、召集士兵们战斗的语气里包含着激荡人心的力量和蔑视强敌的勇气。但在这条信息里只有最无力的警告。丘吉尔警告，如果法国沦陷了——这看起来似乎已为期不远——而他的国家得不到美国的支援，那么一个"支离破碎、饥肠辘辘的"③ 英国就很有可能把他的政府扫地出门，再成立一个愿意与德国讲和的政府。

他接着说，这样的情形对于美国来说无疑是一场灾难，与英国

---

① Richard M. Ketchum, *The Borrowed Years, 1938-1941: America on the Way to War*, New York: Random House, 1989, p. 319.
② Lynne Olson and Stanley Cloud, *A Question of Honor: The Kosciuszko Squadron: Forgotten Heroes of World War II*, New York: Knopf, 2003, p. 93.
③ Kenneth S. Davis, *FDR: Into the Storm, 1937-1940*, New York: Random House, 1993, p. 558.

毫无二致。美国将独自面对"一个在纳粹统治下的欧洲合众国，他们会有更多、更强、更好的武器装备，远胜'新世界'（美国）"。要防止这种情况发生，美国必须立即向英国输送驱逐舰、飞机和武器。首相声称，这是"生死攸关的问题"。

几乎是从他接替内维尔·张伯伦那天起，丘吉尔就开始与美国总统斗智斗勇。当他一再向罗斯福讨要驱逐舰的时候，罗斯福回复说，没有国会的批准，他不能送。同时，罗斯福敦促丘吉尔考虑若有德国入侵行动，就将英国舰队派遣到加拿大或美国去。而首相则答复说，英国不太可能把她的海军——英国实力的代表——委托给一个中立的美国。根据英国内阁的说法，罗斯福"似乎认为，如果大英帝国灭亡了，他会出于好心来帮着收拾残骸……但他应该意识到，这个问题还有另外一面"。①

罗斯福当然了解英国舰队对英美两国防御的重要性，而且毫无疑问，他希望尽一切可能让英国继续作战。事实上，在收到丘吉尔关于一个失败主义的政府将取代他的政府而成为掌权政府这一警告信5天前，罗斯福总统就已经承诺给英国提供"这个国家所有的实物资源"② 以满足他们的需求。"我们不会放慢速度，我们不会绕弯子，"罗斯福在6月10日弗吉尼亚大学的一次毕业典礼上说道，"所有的迹象、所有的信号都在呼吁我们加速——全速前进"。

后来成为英国宣传使者的历史学家约翰·惠勒-贝内特，当时就在这场毕业典礼上。他记得"兴奋的电流穿透了我的全身……这就是我们一直渴求的——不仅有同情，还有支持英国的承诺。如

---

① David Reynolds, *Lord Lothian and Anglo-American Relations, 1939-1940*, Philadelphia: American Philosophical Society, 1983, p. 19.

② Richard M. Ketchum, *The Borrowed Years, 1938-1941: America on the Way to War*, New York: Random House, 1989, p. 358.

果英国能坚持等到这些送去的充裕物资,那我们就还有生存下去的希望,甚至可以赢得战争。这是希望的第一缕曙光"。① 正如《时代》所见,罗斯福总统的发言标志着美国中立立场的正式结束。"美国已经表明了态度……她曾经不切实际地希望在一个极权世界里,还能守得一方民主制的净土,现在希望破灭了。"②

然而罗斯福大方的许诺似乎不会迅速随时转化成行动。乔治·马歇尔和他军中的大部分同事,以及陆军部长哈里·伍德林都坚决反对给英国送去美国现有的哪怕是极少数量的飞机、坦克、舰艇和武器,他们说几乎国防所需要的任何东西都明显不足。他们强调,在美国卷入欧洲的斗争之前,有必要在国内建立一支强大的武装力量。"对他们来说只是杯水车薪,"马歇尔告诉财政部长亨利·摩根索,"但对我们来说这是救命稻草,情况就是这么回事。"③

当罗斯福总统6月要求陆军和海军就如何运用美国海上和空中力量打击德国军队提出想法时,军队的"联合作战委员会"回复说:"我们尚未准备好以目前的规模迎击如此之大的进攻,只要我们还有选择,我们就应该避免这场抗衡,直到准备充分了再说。"④

对于丘吉尔和英国来说,让情况变得更复杂的是华盛顿流行的一个说法,尤其是军方人士,他们认为英国败局已定,它得到的任何援助都会被德国缴获,再用来对付美国。如果美国把国内急需的

---

① Sir John Wheeler-Bennett, *Special Relationships: America in Peace and War*, London: Macmillan, 1975, p. 97.
② Richard M. Ketchum, *The Borrowed Years, 1938-1941: America on the Way to War*, New York: Random House, 1989, p. 358.
③ David Kennedy, *Freedom from Fear: The American People in Depression and War, 1929-1945*, Oxford: Oxford University Press, 1990, p. 448.
④ J. Garry Clifford and Samuel R. Spencer Jr., *The First Peacetime Draft*, Lawrence: University Press of Kansas, 1986, p. 45.

物资送给英国之后,英国被德国打败,马歇尔声称,"军队和政府将永远无法对美国人民承担的风险给出合理的解释"。① 丘吉尔在给英国驻华盛顿大使的一封信中尖锐地说道:"4月的时候,(美国官方成员)还十分确信盟军会赢得战争,所以没有必要提供援助。现在,他们又确信我们会输,所以不可能提供援助。"②

6月24日,马歇尔和他的海军同僚哈罗德·斯塔克上将力劝罗斯福停止对英国的所有援助。总统当即就反对这一意见,对他的军方负责人明确表示,美国不会违背之前的承诺,它会向最后一个反抗希特勒的欧洲国家伸出援手。然而,在接下来的几个月里,唯一能送到英国的装备就是几十架飞机和几十万支一战时期的步枪、机关枪、左轮手枪、迫击炮,还有一些弹药。当然这些都很重要,但从长远来看,这些东西显然在与德国进行持久战方面无济于事。事实上,马歇尔记得,送去英国的每支步枪只配备了10发子弹。

国会大多数议员加入了军方反对运送武器的行列,他们之前对国防建设有多支持,此时对援助英国就有多消极。基·皮特曼参议员是参议院外交关系委员会主席,他甚至劝说英国政府向希特勒投降。"众所周知,大不列颠完全没有做好防守的准备,"他说,"美国所能给予的一切都只能推迟最后的结果。"③ 6月初,皮特曼的委员会限制美国出售现代战机和船只给同盟国;6月晚些时候,国会禁止美国出售更多的军需品,除非美国军方负责人宣布它们乃美国国防要求得以满足后剩余的物资。

---

① William S. Langer and S. Everett Gleason, *The Challenge to Isolation: 1937–1940*, New York: Harper, 1952, p. 569.
② James R. M. Butler, *Lord Lothian: Philip Kerr, 1882–1940*, New York: St. Martin's, 1960, p. 120.
③ "Lord Lothian's Job," *Time*, July 8, 1940.

在那个决定性的春天,德国代理大使看到了华盛顿发生的一切,于是向他柏林的上司们保证说,从总统气恼不已的情况看,美国不可能做太多事去帮助英国和法国抵挡失败的命运。"只有经验丰富的观察家,"汉斯·汤姆森写道,"才能发现罗斯福心中熊熊的怒火,因为他目前看不到任何希望来帮助同盟国打这场重要的战争。"①

该不该援助英国?这场盛行于华盛顿的争论引发了全国的热议。"没有哪份报纸微不足道,也没有哪座村庄与世隔绝,更没有哪个公民因为蒙昧愚钝而漠不关心,"《时代》在5月底写道,"大致说来,大家争论的问题是:'我们需要为这场战争担忧吗?'"② 从缅因到加利福尼亚,人们开始纷纷发声,许多人迅速组织起来,热情洋溢地开展各种活动,试图影响政府的行动。6月底,法国政府的垮台唤醒了援助派,他们第一次让世人感受到了他们的存在。

"如果你们问过几百万美国人:这场战争让他们觉得最真实的时刻是何时?那么许多人会回答说,是德军开进巴黎的那一天。"③ 历史学家理查德·凯彻姆说。美国大多数人对此前被德军征服的几个国家知之甚少;对他们来说,希特勒早先占领的国家——用内维尔·张伯伦那句描述捷克斯洛伐克的"名言"来说——就是几个遥远的国家,对于那些国家里的人我们一无所知。但是法国及其首

---

① *Documents on German Foreign Policy 1918–1945*, Series D, Vol. 9, Washington, D.C.: U.S. Government Printing Office, p. 339.
② "The Great Debate," *Time*, May 13, 1940.
③ Richard M. Ketchum, *The Borrowed Years, 1938–1941: America on the Way to War*, New York: Random House, 1989, p. 375.

都就截然不同了。即使是那些从未去过巴黎的人，都能在脑海中想象出埃菲尔铁塔、凯旋门、优美的林荫大道和人行道边熙熙攘攘的咖啡馆。现在巴黎不复存在了，下一个就是伦敦吗？

如果发生了这种情况，英国舰队会怎么样呢？如果英国舰队也被德国吞并，那么帝国会控制大西洋的海上通道，让美国陷入进退两难的痛苦境地。美国的主力舰队规模较小、实力较弱，负责大西洋的巡逻防卫。这支舰队目前驻扎在夏威夷，用于震慑日本，日本当时正在侵华，野心剧增。如果把舰队留在太平洋，德国就能轻松地把运兵船送到南美洲，或者切断美国在海外的重要原材料来源——这同样极其可怕。但如果将舰队转移到大西洋，太平洋的大门又会向日本舰队完全敞开。

支持援助英国的一方把这个令人不安的设想当作他们新近组织运动中的关键论点。一个极有影响力的支持者专栏作家沃尔特·利普曼宣称："我们一直在欺骗自己，把我们眼前这片茫茫无垠的海水看成一条超级坚固的马其诺防线。对于控制海洋的人来说，它只是一条高速公路。所以，战火蔓延到海上的每一场战争，都是一场世界大战，而美国根本脱不了干系。"①

美国的安全取决于英国是否继续保持其国家独立，这个概念得到了后来迅速成长的美国首批主要公民团体的大力宣传。5月下旬，就在德国部队开始用铁蹄践踏西欧的几天之后，威廉·艾伦·怀特领导创建了这个组织。组织的正式名称是"援盟卫美委员会"（the Committee to Defend America by Aiding the Allies），但几乎每个人都把它称为"怀特委员会"。

1939年秋，帮助罗斯福在国会通过了"现购自运"法案后，

---

① *Life*, June 3, 1940.

这位堪萨斯的报社编辑越来越警惕美国对这场战争持续发酵的冷漠情绪。在德国这个巨型战车开动的几天后，怀特给几百位美国知名人士各发了一封电报，敦促他们加入他的行列，支持"援助一切战争短缺物资"的事业。这几百位知名人士中有许多是他之前一个委员会的成员，他们曾经游说国会修订《中立法案》。怀特认为援助盟军的主要是为了让美国不必卷入战争，该观点与支持这一新组织的罗斯福是一致的。怀特宣称，西方文明的走向"由欧洲战场的胜负决定"。① 如果美国眼睁睁地看着英国和法国倒下，那么"战争势必会降临到美国身上"。

实际上，"怀特委员会"是作为罗斯福及其政府的民间公共关系机构在运作的，它招募的都是州长、市长、大学校长、教授、新闻编辑、作家、商人、演员这样的人，其中还有一位职业拳击手——吉恩·腾尼（Gene Tunney）——担任执行委员会委员。而这些委员又帮着在全美各地组织地方性团体，以赢得广泛的基层支持。"我们的想法，"怀特在给一位朋友的信中写道，"是要让杰出公民的声音出现在电台里、报纸上和发往国会的邮件中，以此敦促美国成为英国和法国的非交战盟友。"②

随着法国被攻陷，"怀特委员会"的会员人数开始激增。到7月1日，它在全国已经拥有了300个地区分会；1个月后，在47个州有近700个地区分会。会员们出钱赞助集会和电台广播，在报纸上打广告，同时还给自己州的国会议员写信，把征集了数百万签名的支持援助请愿书邮寄到国会和白宫。

---

① William Allen White, "Is Our Way of Life Doomed?," *New York Times*, Sept. 9, 1940.
② William S. Langer and S. Everett Gleason, *The Challenge to Isolation: 1937–1940*, New York: Harper, 1952, p. 487.

"怀特委员会"的会员中最有价值的新成员是伊丽莎白·莫罗,当时她担任史密斯学院代理校长的职务。虽然莫罗夫人长期以来一直广泛参与慈善和人道事业,但她对于委员会的主要价值显然在于她是查尔斯·林德伯格岳母这一事实。作为援助盟军的热忱拥护者,她已经积极参加了一些组织,为交战国来的欧洲公民提供个人帮助。在日记中,安妮·林德伯格提到,她的母亲"为美国人没有更多地帮助盟军而觉得羞愧甚至有负罪感"。①

莫罗夫人把她新泽西的庄园用作一些民间救助团体的大本营,这让每次回家看望的安妮觉得非常不舒服。有时候,她会发现自己的一些老朋友在帮她妈妈整理食物和衣物,包裹好分发给难民。当他们要她加入时,她拒绝了。她说,这种行为会违背她自己个人的中立原则;查尔斯和她在这场战争中不会选择偏向哪一边,因为就林德伯格的观点来说,这场战争是帝国主义敌对国家之间的冲突,哪一边都不值得美国支持。

伊丽莎白·莫罗在5月19日林德伯格发表广播演讲之前,对他和安妮在这场战争中的态度一直缄默不言,至少有人在场的时候是如此。但林德伯格的演讲让她觉得失望难过,所以当着安妮一些亲近朋友的面,她建议自己的女儿:林德伯格将来至少能对希特勒的受害者表达一点同情,对纳粹的行为表达一点厌恶。这是不可能的,安妮回答:对于查尔斯来说,在欧洲战争中当一个不偏不倚的观察者,类似于一个裁判,才是最重要的。她母亲盯着她看了一会儿,失控发怒地说道:"我的理解是,裁判是有哨子的,如果有人

---

① Margaret Paton-Walsh, *Our War Too: American Women Against the Axis*, Lawrence: University Press of Kansas, 2002, p. 82.

比赛犯规，裁判就会吹哨子。"①

莫罗夫人的愤怒很大程度上源于林德伯格的激进主义对安妮的情感造成的明显伤害。她给一位朋友写信说："我在两个女婿之间左右为难，但我最担心的是安妮。她的灵魂被撕扯，这从她的健康方面可以看出来。"②

从表面上看，安妮还是一如既往的安静与沉稳，但是，内心深处的紧张不安、苦恼伤痛、悲伤愤怒和后悔遗憾早已让她筋疲力尽。查尔斯公开与英国和法国断绝关系，这让她觉得极为内疚，所以某个中午当她和妹妹康在纽约吃午餐时，她坚持选择去一家意大利餐厅而不是法国餐厅。"我没法面对法国人。"③ 她在日记中写道。几天前，法国的一个老相识——一位受命来找美国政府购买飞机的军事飞行员——邀请林德伯格共进午餐，安妮惊呆了。"打仗时他一直在法国，他知道法国面对的是什么，但他还是像个朋友一样对待 C。这太不可思议了。我不相信，设身处地来看，我做不到。"④

随着围绕战争的争论越来越激烈，安妮发现自己几乎与所有的老朋友及熟人疏远了。她沉思道，林德伯格对于"某个阶层"来说，成了"反基督者"⑤。她补充说道："我十分了解这个'阶层'。这是'我的'阶层。我跟这阶层里的所有人接受同样的教

---

① Leonard Mosley, *Lindbergh*, New York: Dell, 1977, p. 263.
② Elizabeth Morrow to Thomas Lamont, May 25, 1940, Lamont papers, BL.
③ Anne Morrow Lindbergh, *War Within and Without: Diaries and Letters of Anne Morrow Lindbergh, 1939-1944*, New York: Harcourt Brace, 1980, p. 99.
④ Anne Morrow Lindbergh, *War Within and Without: Diaries and Letters of Anne Morrow Lindbergh, 1939-1944*, New York: Harcourt Brace, 1980, p. 96.
⑤ Anne Morrow Lindbergh, *War Within and Without: Diaries and Letters of Anne Morrow Lindbergh, 1939-1944*, New York: Harcourt Brace, 1980, p. 96.

育、一起长大。东部地区的人、安全无忧的人、有钱人、文化人、敏感的人、博学之士,还有善良的人——这些聪明、杰出的人生活在一个与世隔绝的世界里,不知道现实为何物。"

她内心的冲突随着母亲和丈夫之间不断升级的矛盾而愈发激烈。伊丽莎白·莫罗尽管担心安妮,却还是在威廉·艾伦·怀特和奥布里·摩根的要求与劝说下,决定公开自己对林德伯格观点的反对态度。6月初,她代表"怀特委员会"做了一场全国广播讲话,呼吁政府竭尽全力为盟军提供支持:"我呼吁把武器弹药和补给品、食物、钱、飞机、船只和一切能够帮助盟军抵抗德国的物资运送给他们,"莫罗夫人接着说:"这世界上有些东西比战争更恶劣。这世界上有些崇高和高尚的东西值得我们为之奋斗。"① 这些言论在人们看来是在斥责林德伯格。

在这次讲话之前,她对安妮说,这不是要攻击查尔斯的意思,但正如她女儿写的:"当然,这个讲话就是要起到那个作用。"② 广播结束后,莫罗夫人回到了自己新泽西的庄园,在那里,康和奥布里已经开了香槟庆祝她的成功。与此同时,安妮独自聆听了妈妈的讲话,庆幸查尔斯不在家,没有听到。"这是一篇优美的演讲,鼓舞人心,饱含她的信仰和精神力量,"她在日记中写道,"但是我无法同意其主张,这种无能为力只能让我感到悲伤;我孤立无助,要和这些正直善良的人分道扬镳也令我很悲伤。"

安妮给母亲写信说道:"我多么希望,哦,我多么希望,无论如何我能全身心地感受这场战争。要么我能感受到,为了保存我们

---

① Dorothy Herrmann, *Anne Morrow Lindbergh: A Gift for Life*, New York: Ticknor & Fields, 1993, p. 232.
② Anne Morrow Lindbergh, *War Within and Without: Diaries and Letters of Anne Morrow Lindbergh, 1939-1944*, New York: Harcourt Brace, 1980, p. 97.

自己，战争是必要的；要么这场战争纯粹只是善与恶之间的斗争。对许多人来说……这显然是邪恶的势力击败了正义的一方。但我不愿意将之这般简化。"①

尽管伊丽莎白·莫罗的广播明显是针对林德伯格对战争的立场，但她发表此番讲话也是为了反驳一个普遍存在的观念，即女性因为扮演着母亲的角色，所以会更倾向于反对干预。这个观点也被一个所谓的"母亲运动"（"mother's movement"）强化了。这是一个由右翼妇女组织建立的联盟，其目的是反对罗斯福和他的外交政策，该组织宣称干预主义不仅是反美的，也违反家庭精神。

莫罗夫人发表该讲话之后，遭到了仇恨邮件的轰炸，许多信件以母亲的口吻攻击她的观点。"除非你撤回演讲，不然你就不得好死，"一封匿名信写道，"我们——美国所有的'母亲们'，会看着你被送上火车，前往英国、法国，然后把你丢在'前线'，跟和你一样的人在一起。你怎敢谈论战争！你有儿子去打仗吗？……记住，我们来找你了。我们会找到你的。"②

国内日益激烈的气氛对"怀特委员会"里的另一个著名成员也产生了深刻的影响。虽然罗伯特·舍伍德的朋友们都知道他是个风度翩翩的正人君子，但当他 1940 年 1 月获悉威廉·博拉参议员行将就木时，他在日记中写道："今天有个好消息……现在——上帝只需要带走（孤立分子出版商威廉·伦道夫）赫斯特（William

---

① Anne Morrow Lindbergh, *War Within and Without: Diaries and Letters of Anne Morrow Lindbergh, 1939-1944*, New York：Harcourt Brace, 1980, p. 100.

② Margaret Paton-Walsh, *Our War Too: American Women Against the Axis*, Lawrence：University Press of Kansas, 2002, p. 5.

Randolph Hearst）了。"① 当年晚些时候，《纽约客》刊登了一篇舍伍德的简介，称他是一个"激进的自由主义者"，② 他"对那些他认为对欧洲争端麻木不仁、漠不关心的人感到义愤填膺"。

舍伍德欣然接受了怀特的邀请，加入了他的团队，全心投入各种活动中。但他的紧迫感越来越强烈，因为他觉得委员会——或任何其他组织或个人——都无法让美国人相信拯救英国的重要性。所以，在得到了怀特的允许后，舍伍德设计了一个广告，自己撰写文案，还支付了一部分款项，于6月10日在全国100多家报纸上做了整版刊登。

广告的顶端写着标题："到了制止希特勒的时候了！"内容警告说"如果希特勒在欧洲取胜……美国就会发现自己要独自面对这蛮荒的世界——一个由纳粹统治的世界"，③ 在这世界里，"民主将不复存在"。广告的下面是充满感染力的呼吁，邀请读者们加入支援盟军的事业："在独裁国家，政府告诉人们做什么。但是——在这个民主国家——我们告诉政府怎么做。你们身处一个自由的国家，行使自己的权利吧。告诉你们的总统——告诉你们的参议员——告诉你们的国会议员——你们希望他们帮助同盟国制止希特勒！"

广告登出后一天，500多名志愿者来到"怀特委员会"位于纽约的总部，委员会的委员向白宫提交了支持援助请愿书，上面有2.5万人的签名。在当天的新闻发布会上，罗斯福肯定了舍伍德的广告，称其为"一件了不起的善举"④ 和"一项伟大的工作，对这

---

① Sherwood diary, Jan. 18, 1940, Sherwood papers, HL.
② "Old Monotonous," *New Yorker*, June 8, 1940.
③ Harriet Hyman Alonso, *Robert E. Sherwood: The Playwright in Peace and War*, Amherst: University of Massachusetts Press, 2007, p. 214.
④ John Mason Brown, *The Ordealofa Playwright: Robert E. Sherwood and the Challenge of War*, New York: Harper & Row, 1970, pp. 85-86.

个国家极富教育意义"。

但威廉·艾伦·怀特的观点完全不同。一堆表达愤怒的信件淹没了他,都是针对广告中的一句话,这句话声称任何反对其观点的人"不是傻子就是叛徒"。① 其中一个给怀特写信的人是奥斯瓦尔德·加里森·维拉德(Oswald Garrison Villard),他是自由派杂志《民族报》(The Nation)前任编辑,也是怀特的好朋友。维拉德终生信奉和平主义,是位反战者,他向这位堪萨斯的编辑抗议说,他和数百万其他反对支援同盟国的人都是"忠诚的、真诚的人,就像舍伍德和其他所有人一样真挚"。②

怀特同意他的观点。在给舍伍德的一封信中,他写道,剧作家(舍伍德)煽动性的言论"已经激怒了我们的对手,这对我来说完全没有必要。诚然,有成百上千万的美国人真诚地相信孤立主义理论。我不信,你也不信。可是当你称呼他们是傻子或叛徒的时候,他们会冲到最近的一张桌子上,给我写信,这些信写得合情合理,我不得不回复"。③ 这么多抱怨纷纷袭向他,怀特说,即使在3位速记员的帮助下,他也无法给所有人回信。

心怀歉意的舍伍德回复说,"傻子"指的只是"那些郑重保证希特勒不会进攻西半球的人(尤其是林德伯格)"。④ 几年后,这位剧作家提到怀特曾批评他时说,那是"因为我做得太过。但是就在不久之前,大家都会像我这样说别人"。⑤

---

① John Mason Brown, *The Ordealofa Playwright: Robert E. Sherwood and the Challenge of War*, New York: Harper & Row, 1970, p. 87.
② Oswald Garrison Villard to William Allen White, undated, White papers, LC.
③ William Allen White to Sherwood, June 14, 1940, Sherwood papers, HL.
④ Sherwood to William Allen White, June 17, 1940, Sherwood papers, HL.
⑤ Robert Sherwood, *Roosevelt and Hopkins: An Intimate History*, New York: Harper, 1948, p. 167.

对于威廉·艾伦·怀特来说,很明显,国人的想法转变得非常快,已经倾向于给英国送飞机、船只和武器了。这一年的晚春,政府对全国报纸的一项研究显示,尽管大部分美国人仍然反对美国武力干预战争,但绝大多数人现在支持将"充足的援助直接"① 送与英国。在最近的民意调查中,超过70%的美国人也同意提供援助。

但是,总统忽略了国人们发出的这些积极信号,并没有接着采取任何大胆的行动来履行他在弗吉尼亚大学做出的承诺。怀特深感挫败,他告诉一位朋友,除非有实质性的任务跟进,否则他的委员会也毫无用处:"我们正在全力以赴,但问题是,面对国会,我们没什么可以去支持、推进的。"② 怀特在6月初给罗斯福发了一封电报:"我来信要表明的是,我们一致赞成援助同盟国的计划,而不是赞成参战。作为一个老朋友,我要警告你,如果你无法赶上美国人民的步伐,也许你就无法再领导他们。他们前进的速度很快。"③

罗斯福仍然犹豫不决,他担心国会孤立派的影响力会压倒他在公众支持方面所持的信心。1919年,伍德罗·威尔逊被孤立派参议员羞辱的阴影始终萦绕在他的脑海中。如果他步伐迈得太大,他告诉英国大使,"你们就会在参议院遇到另一个'敢死营',就像威尔逊在国际联盟问题上所遇到的那样——一个会充分发掘人类厌恶战争的天性、挑动妇女的团体……再搅乱参议院,搞砸所有的行动"。④ 大使向一位助手解释道:"这会让轴心国欢欣鼓舞,让英国

---

① Richard W. Steele, *Propaganda in an Open Society: The Roosevelt Administration and the Media, 1939-1941*, Westport, Conn.: Greenwood Press, 1985, p. 100.
② William Allen White to Herbert Bayard Swope, May 31, 1940, White papers, LC.
③ William Allen White telegram to FDR, June 10, 1940, White papers, LC.
④ Richard M. Ketchum, *The Borrowed Years, 1938-1941: America on the Way to War*, New York: Random House, 1989, p. 355.

心灰意冷，也会让他自己名誉受损，因为这件事将变成他与国会之间的私人恩怨，而后以失败告终。"①

但是，在罗斯福总统及其政府敷衍推脱的时候，英国还能坚持下去吗？一个阳光明媚的中午，一群好友在弗吉尼亚的一个郊区相约吃午餐，打算仔细考量这个问题。"真的感觉厄运就要来临了，"②弗朗西斯·皮肯斯·米勒（Francis Pickens Miller）回忆道。作为一位知名的外交政策学者，米勒在他的乡村别墅里主持了这个午餐会。"在那个时刻，迫切需要有人为美国说话。我们为何不站出来呢？也许我们发声了，那些更有影响力的人也会开始发声。"

这次午餐会结束两周后，全国各地的报纸都刊登了有关成立一个公民游说新团体的报道。这个游说团体摒弃了"怀特委员会"和政府采取的中间立场，想给战场提供一切短缺的物资援助。是它，勇敢地说出了不能说的话：呼吁美国政府向德国直接宣战。这个团体的 30 名创立者——如一家报纸对他们的描述，"都是身居高位的人"——包括米勒、一位前美国海军司令、一位圣公会主教，以及多名编辑、出版商、作家、企业高管和律师。

为了解释这一激进建议的理由，路易斯维尔《信使报》（*Courier-Journal*）的编辑赫伯特·阿加和团体的另一位创始人指出，虽然国会已经投票通过数十亿美元的资金来重整美国军备，国内却没有开始大规模的经济或工业动员；相反，一切还是如往常一样，以商业为主。"我们这些要求对德宣战的人……早已预料到，如果劳力、资本和消费者层面都不同意为国家做出牺牲，经济就无

---

① J. Garry Clifford and Samuel R. Spencer Jr., *The First Peacetime Draft*, Lawrence: University Press of Kansas, 1986, p. 55.

② Francis Pickens Miller, *Man from the Valley: Memoirs of a 20th-Century Virginian*, Chapel Hill: University of North Carolina Press, 1971, p. 89.

法迅猛上升，美国就永远不会重整军备，更不用说给英国提供决定性的支持了，"阿加写道，"除非是战争期间，不然在一个自由的国家，人民不会这么做。"①

游说团体的创办声明名为"大声说出来吧"（A Summons to Speak Out），它敦促"志同道合的美国公民公开表达这些观点"。②但是，就如其团体成员承认的，这样呼吁人民行动的办法根本无法引起支持的热潮。虽然大部分美国人支持给予英国援助，而且超过一半的人觉得美国可能最终会被拖进战争的巨轮，但只有不到10%的人赞成立即对德宣战。《民族报》编辑弗丽达·基希威（Freda Kirchwey）分析得很正确："大部分美国人要的，是在不卷入战争的情况下，尽量地袒护英国。"③

在125个被邀加入这个新团体的人里，只有25%的人接受了邀约。接触了这些目标成员后，该团体发现有好几个强烈反对援助英国这一想法的人。他们警告说，这种行为会在一个亟须团结的国家里制造出更多的摩擦。在该团体成立的相关报道纷纷见报之后，很多成员收到了威胁信。

与"怀特委员会"不同的是，这个激进的干预派团体永远不会成为一个会员众多的基层组织。然而，尽管真正信仰它的核心层范围很小，但它最终将对美国未来的参战产生巨大的影响。

---

① Herbert Agar, *The Darkest Year: Britain Alone, June 1940-June 1941*, Garden City, N.Y.: Doubleday, 1973, p. 145.
② Herbert Agar, *The Darkest Year: Britain Alone, June 1940-June 1941*, Garden City, N.Y.: Doubleday, 1973, p. 56.
③ *Life*, Oct. 9, 1939.

第十章　我们为什么不替她辩护？

整个 1940 年的夏天，一群人时不时在纽约市第五大道附近一座意大利文艺复兴时期风格的大厦见面，共进晚餐。他们纷纷迅速地走进大门，穿过门厅，登上一部小型电梯，再随着电梯来到 4 楼一间私人会客室。侍者们端着食物和饮料在人群中穿梭，而他们则在思考如何帮助英国，让美国参战。

这些衣着得体、文质彬彬的革命者，属于那个呼吁美国直接参战而震动了整个社会的公民新组织。成立几周以来，这个组织吸引的新成员人数不多但声名显赫——总共约 50 人。身为东海岸新闻界、法律界、金融界和知识界最有权势和影响力的人，他们被统称为"世纪集团"（the Century Group）。"世纪集团"以其举办晚餐聚会所在的私人俱乐部命名，参加晚餐会的大部分人是该组织成员。

聚会地点的选择并不令人奇怪。"世纪联合会"（the Century Association）是纽约市最古老、最高档的一个俱乐部，亦是东海岸成员关系网络的体现。7 位"世纪人"（Centurion，这是俱乐部成员们用于称呼自己的名字）* 位居白宫高级官员之列，包括在位的现任总统富兰克林·D. 罗斯福；6 位在最高法院任职，另外有 30 多位任职于内阁。

---

* 本词原意为百夫长，指的是古代军队百人左右队伍的军官。——译注

考虑到该社团并不庞大的规模和他们对于会员标准的要求，这样的数据格外令人震惊，因为其性质与公职毫不相关。社团1847年由美国著名的艺术家和作家创建，成员仅限于"作家、艺术家和文学及艺术创作的爱好者"。① 跟大部分纽约男士俱乐部不同的是，这个社团从一开始就被视为知识与文学生活的中心，"一个宴请交际的高雅之地，一个轮船轰鸣、浓烟滚滚的海港边，谈天说地的好去处"。②

位于曼哈顿中心区43号大街的世纪俱乐部，由杰出的建筑师斯坦福·怀特（Stanford White）设计，他本人便是"世纪人"，自诩拥有大量藏书和丰富的美国艺术藏品，其中包括著名画家，如约翰·拉法基（John LaFarge）和温斯洛·霍姆（Winslow Homer）的作品，此二人也是世纪俱乐部成员。集团早期的成员名单读起来像一个艺术与文学的名人录：演员艾德文·布思（Edwin Booth），建筑师理查德·莫里斯·亨特（Richard Morris Hunt）和詹姆斯·伦威克（James Renwick），园林设计师弗雷德里克·劳·奥姆斯特德（Frederick Law Olmsted），诗人兼编辑威廉·卡伦·布莱恩特（William Cullen Bryant），雕塑家奥古斯都·圣-高登（Augustus Saint-Gaudens），作家亨利·亚当斯（Henry Adams），图书出版商亨利·霍尔特（Henry Holt）、威廉·阿普尔顿（William Appleton）和查尔斯·斯克里布纳（Charles Scribner）。

"世纪集团"成员喜欢把自己看作波西米亚人，但那只是一种愉悦人心的幻想；诗人沃尔特·惠特曼（Walt Whitman）——一个

---

① The Century Association, *The Century 1847 - 1946*, New York: The Century Association, 1947, p. 5.

② The Century Association, *The Century 1847 - 1946*, New York: The Century Association, 1947, p. 103.

真正的波西米亚人——从来没有接到加入该组织的邀请,因为成员们认为他还不够资格。尽管"世纪集团"有自己的艺术精神,却也算得上当权派的一个精神堡垒,这到了20世纪初期时变得尤为明显。当时集团开始借着"文学与艺术创作的爱好者"的名义给自己扩充更多的专业人士——法官、华尔街金融家、律师和公司高管。其中就有一些工业和金融业的巨头,如康奈利·范德比尔特(Cornelius Vanderbilt)、J. 皮尔蓬·摩根(J. Pierpont Morgan)和安德鲁·梅隆(Andrew Mellon)。

身为东海岸知识界与商界中德高望重的精英,"世纪人"为自己投身公共服务备感自豪,也鄙视党派政治之间的倾轧现象。"当他们提到政坛君子的时候,他们指的是这些成员。虽然不会庸俗地追逐公职,但他们中的一些人也不是不愿意偶尔为了公众利益牺牲一下自己。"[1] 历史学家、世纪人亨利·斯蒂尔·康麦格(Henry Steele Commager)嘲讽地说道。作家大卫·哈伯斯坦(David Halberstam)有一次曾形容也是一位"世纪人"的前国防部长罗伯特·洛维特(Robert Lovett)为具有"国家意识而非党派认知"[2]的人——这是对世纪集团精神的一个恰当描述。

在"世纪集团"内,民主党人的人数超过了共和党人。但相比国会中大部分作为保守派和孤立分子的共和党同僚,该组织中的共和党人与民主党人有着更多的共同点。就像他们的偶像西奥多·罗斯福一样,许多有名的东海岸共和党人赞成稳健的财政方针,但在社会事务上又倾向于自由主义。虽然他们反对富兰克林·罗斯福

---

[1] The Century Association, *The Century 1847 - 1946*, New York: The Century Association, 1947, p. 62.
[2] Frederic S. Nathan, *Centurions in Public Service*, New York: The Century Association, 2010, p. 54.

的许多经济政策，但又支持他相当一部分的新政改革措施。最重要的是，他们都是国际主义者和亲英派，很多人与英国有着紧密的个人、社会和商业联系。

"世纪集团"中有很大一部分人上过格罗顿、圣保罗和其他一些新英格兰预科学校。这些学校是仿效伊顿公学等英国公立学校创办的（有些美国学校在理念上极为亲英，所以他们用板球代替棒球，并鼓励学生使用英式而非美式拼写法）。

预科学校之后，东海岸这些名门望族的年轻孩子去了常春藤联盟读大学，尤其是哈佛大学和耶鲁大学。一毕业，就会有许多人在英国的大学继续深造，或就在不列颠群岛或欧洲大陆到处旅行。第一次世界大战之后，他们也没有像大多数美国人那样退缩到孤立主义中；他们中的大部分人支持美国加入国际联盟和国际法庭，后来又反对通过《中立法案》。同时，那些身处商业和金融业中的人，开始专注在工业和经济方面重建那个破败的欧洲。

"世纪集团"的几名成员是"对外关系委员会"的委员，"对外关系委员会"是美国第一个关注国际事务的智囊团。委员会总部位于纽约，来源于1919年参加巴黎和会的美国代表团一批年轻顾问的创意。在一系列非正式的会议期间，这群美国人及其英国同行决定在双方国家各自成立组织，旨在研究国际事务及促进英美之间的相互理解与合作。与美国"对外关系委员会"性质相同的英国机构曾经是现在也是"英国皇家国际事务研究所"（the Royal Institute of International Affairs），又被称为"查塔姆研究所"（Chatham House）。

在战争期间，"对外关系委员会"就像一片孤立主义海洋中的一个国际主义小岛，因为它试图唤醒美国履行其在世界上担负的责任。除了出版有影响力的杂志《外交事务》（*Foreign Affairs*）、为商人和外交专业人士主办各种研讨会和集会之外，它还在1939年9月欧洲战争爆发之后，为美国国务院拟定了长期规划文件。

自"对外关系委员会"成立以来，它就一直被批评者视为一个隐形政府，秘密制定美国外交政策标准。但在二战爆发前的几年里，人们对委员会不信任的态度还与他们对欧洲和广义上的国际主义的反感情绪有关，当时国际主义在美国颇有影响力。与"世纪集团"成员不同的是，大部分美国人从未在英国或欧洲大陆上旅行过，相当一部分人并没有这样的意愿，即使有条件也不会去。美国人在很大程度上不信任欧洲人和他们的想法，还有那些"受过更高教育又仍然热爱欧洲的有钱东部佬"。[1]

这种怀疑的根源是美国中心地带和东海岸地区在知识和理解上的巨大分歧造成的，特别是东部的金融和文化中心——纽约市。罗伯特·舍伍德（也是"世纪集团"成员）在20世纪30年代初写了一出名为《这就是纽约》(*This Is New York*)的戏剧，风趣地呈现了这些明显的地区差异。戏剧的主要人物之中，有一位南达科他州参议员，他轻蔑地称纽约是"反美的"，还宣称应该将纽约踢出美国，再拖着它越过大西洋去欧洲——它的老家。

舍伍德将纽约与美国其他地区的冲突描述成"一场不流血的内战"，[2] 说他之所以写这出戏剧，是因为他已经厌烦了"西部那些好斗的美国人"[3]，他们认为"纽约并不代表美国"。舍伍德用《这就是纽约》向这座充满生机、拥有灿烂前景的城市致敬，推崇这里自由的氛围和它展现的文化与政治活力。在舍伍德看来，纽约

---

[1] William Manchester, *The Glory and the Dream: A Narrative History of America, 1932-1972*, Boston: Little, Brown, 1973, p. 175.

[2] Robert Sherwood, *This Is New York*, New York: Scribner's, 1931, p. ix.

[3] Robert Sherwood, *This Is New York*, New York: Scribner's, 1931, p. ix.

是"唯一可以远离狭隘、远离清教徒式异端审判的避难所",① 也是"集中展现美国精神的地方"。②

当然,其他美国人,特别是那些生活在美国中部偏远地区和小城镇的美国人不同意这个观点。他们把纽约和美国其他主要的大都市看成腐败、邪恶和混乱的地方,社会中缺乏他们看重的宗教信仰和家庭观念。对一些人来说,大城市里充斥着异己分子带来的影响——激进派、移民、劳工组织和"侨居的黑人",③ 很是危险。一位来自偏远地区的国会议员声称:"这些人给新政带来了潜在的负面影响。"

美国还有许多人憎恶东海岸精英成员手上的权力和他们能施加的影响。他们眼中,这些人自大、带着优越感,即使自己完全隔绝在社会之外,也想要控制美国主流。在某种程度上,这些批评者对东岸的怀疑不无道理。"纽约,再往小了说,波士顿和费城,都觉得有权利——甚至有责任——为这个国家的方向定个基调,"约瑟夫·艾尔索普承认,他自己也是东海岸当权派的一分子,"他们的感觉(那些建制派成员的感觉)是,这个国家就是他们的国家。"④

出身名门、社会关系优越的东海岸人相信自己是社会的守卫者,他们和美国其他地方的人彼此猜忌、互有敌意。他们大量阅读辛克莱·刘易斯的小说,了解美国小城市的偏见与狭隘,用历史学家弗雷德里克·刘易斯·艾伦(Frederick Lewis Allen)的话说:

---

① Robert Sherwood, *This Is New York*, New York: Scribner's, 1931, p. xiii.
② Robert Sherwood, *This Is New York*, New York: Scribner's, 1931, p. xii.
③ William Manchester, *The Glory and the Dream: A Narrative History of America, 1932-1972*, Boston: Little, Brown, 1973, p. 167.
④ Joseph W. Alsop, *"I've Seen the Best of It": Memoirs*, New York: Norton, 1992, p. 35.

"他们一致鄙视绝大部分资产阶级,认为这些人要为禁令、审查、基要主义和其他的压迫行为负责。"① 《纽约客》是众所周知的"(东海岸)精英统治阶层的幽默杂志",② 在创刊文章中,它说"这可不是一份办给迪比克(Dubuque)*的老妇人看的杂志,也不会关心她在想什么。"③ 这句话彰显的精英主义立场表明了它对美国中心地带的看法。

《纽约客》的编辑不是"世纪集团"成员,但许多其他主要媒体人加入了该组织。而且,事实证明,他们极为关注迪比克老妇人和她对美国加入这场战争的想法。

虽然该组织中许多成员最终在支持参战的运动中发挥了关键性作用,但那些对美国舆论影响最大的还是组织里的专栏作家、编辑、电台评论家和出版商。他们的参与变成了对干预行动毫无顾虑的支持,这对新闻在寻求客观和平衡方面提出了严肃的质疑。然而除了极少数人,这些人对自己正在做的事情没有别的想法:在他们看来,这并非寻求公正的时刻。

"世纪集团"最好斗的记者和活动家就是赫伯特·阿加。在出版人的支持下,他私下离开了路易斯维尔《信使报》,准备去推进战争事业。阿加是纽约一位公司律师的儿子,家境殷实,于哥伦比亚大学毕业后,又在普林斯顿获得文学博士学位。第一次世界大战

---

① Frederick Lewis Allen, *Only Yesterday: An Informal History of the 1920's*, New York: Perennial, 2000, p. 203.
② Alan Brinkley, *The Publisher: Henry Luce and His American Century*, New York: Knopf, 2010, p. 197.
* 迪比克市,美国艾奥瓦州东部河港城市,临近密西西比河。——译注
③ Alan Brinkley, *The Publisher: Henry Luce and His American Century*, New York: Knopf, 2010, p. 196.

194 对峙：罗斯福、林德伯格，以及美国在 1939~1941 年针对二战的论争

图 10-1　赫伯特·阿加夫妇，阿加为路易斯维尔《信使报》编辑及"世纪集团"主要成员

期间，他在美国海军服役，是一名低级水兵，其后成为当时美国最大报纸之一的《信使报》驻伦敦的记者。

20 世纪 30 年代初，阿加在路易斯维尔定居，成了《信使报》的专栏作家，同时他也是著名的诗人和历史学家。37 岁时，他的作品《人民的选择》(*The People's Choice*) 审视了从乔治·华盛顿到沃伦·G. 哈定的美国总统任期情况，该书获得了普利策历史奖。阿加还是有名的南方诗人社团"逃亡者"(the Fugitives) 的成员，这个社团的成员还有罗伯特·佩恩·沃伦（Robert Penn Warren）、约翰·克罗·兰塞姆（John Crowe Ransom）和艾伦·泰特（Allen Tate）。

1940年初，阿加被任命为《信使报》的编辑。他一上任，《信使报》就成为美国国内极少的几家要求美国参战拯救英国的报纸之一。在孤立主义坚挺的路易斯维尔，该报纸的立场"实际上是在煽动暴乱"，① 因为那里有大量的德裔美国人。《信使报》老板巴里·宾厄姆（Barry Bingham）的妻子玛丽·宾厄姆（Mary Bingham）后来将阿加描述为"世界上所有干预主义者中最坦率、最可恨的人"。② （她的这个评论是称赞之意。）

因为阿加积极支持参战的立场，坚定信奉自由主义的宾厄姆夫妇接受了他们这位编辑的干预主义理念，这导致他们在晚宴和鸡尾酒会上遭到各种言语攻击，许多熟人和朋友也不再理会他们。多年后，玛丽·宾厄姆说，珍珠港事件的前几个月是他们一生中最艰难的时刻。

作为"世纪集团"里最敢说话的人，皮肤黝黑、相貌英俊的阿加公开表明了他对"怀特委员会"的鄙视态度，觉得他们过于温和。"我想，有史以来让人觉得最没劲的名字就是'援盟卫美委员会'，"他后来写道，"如果我们的国家需要保卫，我们为什么不保卫她，反而把任务交给法国和英国呢？"③

同时，反对者们批评"世纪集团"言行过激也让阿加备感自豪。"孤立派辱骂我们是战争贩子，"④ 他说道，"我们却认为这个

---

① Susan E. Tifft and Alex S. Jones, *The Patriarch: The Rise and Fall of the Bingham Dynasty*, New York: Summit, 1991, p. 162.
② Susan E. Tifft and Alex S. Jones, *The Patriarch: The Rise and Fall of the Bingham Dynasty*, New York: Summit, 1991, p. 162.
③ Herbert Agar, *The Darkest Year: Britain Alone, June 1940-June 1941*, Garden City, N.Y.: Doubleday, 1973, p. 144.
④ Herbert Agar, *The Darkest Year: Britain Alone, June 1940-June 1941*, Garden City, N.Y.: Doubleday, 1973, p. 1.

词表达了挑战的意味。我们希望跟德国开战，也在尽力促成此事。为了避免我们的朋友在保卫我们时遭遇不幸，我们不能满足于赠送或出售武器给他们。"

"世纪集团"的一位同僚说，阿加"是我们的《旧约》先知。每当我们束手无策、殚精竭诚之时，他都能让我们重整旗鼓；每当我们觉得前景模糊之时，他都会用充满激情的信念为我们重拾清晰的目标"。①

另一位世纪成员埃尔默·戴维斯（Elmer Davis）在表达他的干预理念时，鼓动性远不如阿加，但作为哥伦比亚广播公司最受欢迎的新闻评论员，他对美国舆论的影响要大得多。作为"世纪集团"中唯一来自中西部地区的人，戴维斯在印第安纳州长大，并在此上大学。他在牛津大学获得罗德奖学金，之后又去《纽约时报》当了10年的记者和社论作者。二战开始时，他加入了哥伦比亚广播公司，成为一名顶尖的新闻分析师。法国落败之前，他和威廉·艾伦·怀特及其委员会成员一样，认为美国只要给盟军提供援助就够了。然而现在，他确信，除非美国积极参战，不然什么都无法挽救英国和其他国家的西方文明。

去哥伦比亚广播公司加入戴维斯的还有乔治·费尔丁·艾略特（George Fielding Eliot），一位退役的陆军少校兼广播公司军事分析师，同时也是一名坚决的干预主义者。虽然是美国人，艾略特却在澳大利亚长大，作为澳大利亚的军官参加了第一次世界大战中伤亡惨重的加里波利战役（Gallipoli campaign）。后来他成为美国陆军的一名情报官，写了十几本有关军事和政治题材的书籍。除了为哥

---

① Mark Lincoln Chadwin, *The War Hawks: American Interventionists Before Pearl Harbor*, Chapel Hill: University of North Carolina Press, 1968, p. 53.

伦比亚广播公司播送节目之外,他还为《纽约先驱论坛报》(*New York Herald Tribune*)撰写一个专栏。

《纽约先驱论坛报》在声望和影响力上仅次于《纽约时报》,它以生动活泼的写作风格、出色的体育和书籍版块、广泛的国外新闻报道和全国有名的专栏作家而闻名,专栏作家中尤其以多萝西·汤普森和沃尔特·利普曼最为知名。《纽约先驱论坛报》是东海岸共和党建制派的喉舌,它忠诚地捍卫美国的自由企业制度和国际主义的外交政策。1940年5月德国发动闪电战后,《纽约时报》报道说,《纽约先驱论坛报》的社论专页"公开发表了两周前任何一家大报纸都不会说的话,'……从生命和金钱两方面来说,成本最低的解决方案应该是立即向德宣战'"。①

写下这份鼓动性宣言的人是杰弗里·帕森斯(Geoffrey Parsons),他是《纽约先驱论坛报》社论专页编辑、"世纪集团"另一位主要成员。帕森斯的祖父担任过哈佛法学院院长,在转战新闻界之前,他本人也是名律师。帕森斯在《纽约先驱论坛报》当了20多年的记者和编辑,在他的帮助下,报社改变了曾经坚守的保守主义立场,迈入更加进步的共和主义视野。

还有一个战斗在"世纪集团"前线的《纽约先驱论坛报》专栏作家约瑟夫·艾尔索普,他彼时30岁,是组织里最年轻的成员。艾尔索普的大本营在华盛顿,他浮华纨绔,常被一些老练的新闻同行取乐。他出身格罗顿中学和哈佛大学,穿着昂贵的手工西服,在他乔治敦的家里大宴宾客,做作地说着一口不太标准的英国话。但是,有如一位熟人所写的:"那些把他当作美国的博蒂·伍斯特

---

① "Reaction," *Time*, May 27, 1940.

（Bertie Wooster）*而低估他的人令自己身处险境。"

艾尔索普看上去带着不容他人质疑的自信，并具有辛辣的机智。作为一名记者兼作家，他始终不停地在寻找新闻。他与华盛顿的政界高层和上流社交圈联系紧密，这令他获益匪浅：他的母亲是西奥多·罗斯福的侄女，也是埃莉诺·罗斯福的表姐妹及密友，艾尔索普从小就把埃莉诺称为"埃莉诺表姨"。当他刚到华盛顿时，"埃莉诺表姨"就邀请他参加罗斯福家族在白宫举办的新年庆祝会。在后面的几年里，他自然也就应约加入了罗斯福一家的圣诞宴会和其他的社交活动。

然而，尽管艾尔索普和"世纪集团"其他新闻人都很有影响力，但说到更能影响美国人对战争看法的人莫过于集团中感觉最拘谨、最不自在的成员——杂志出版商亨利·卢斯。与其他人不同的是，卢斯是美国新闻业的一个开创性人物。但是，他总穿着皱巴巴的毛边西服，所以时常觉得自己是这个俱乐部中东海岸上流贵族圈的局外人。

表面上看，卢斯的权威履历与其同仁一样令人印象深刻。他上了霍奇基斯（Hotchkiss）——另一所东北地区的一流预科学校，然后就读耶鲁大学，被有名的秘密学生社团骷髅会（Skull and Bones）**发展成会员。他还在牛津大学做过短暂研究。但在这些地方，他始终没有归属感。卢斯是一位美国传教士的儿子，在中国出生、长大，他不知道如何跟那些有钱的同学相处，他们会嘲笑他土气的衣服，叫他"中国佬"。卢斯是个害羞、笨拙的人，他尚未找到合适的社交礼仪以使自己看上去能自然地与那些有钱人相处。

---

* 博蒂·伍斯特，小说人物，是个蠢笨无能的贵族。——译注
** 美国一个秘密精英社团，每年吸收15名耶鲁大学三年级学生入会，成员包括许多美国政界、商界、教育界的重要人物。——译注

图 10-2　杂志出版商亨利·卢斯,"世纪集团"的重要成员

　　他所拥有的是无尽的好奇心、充沛的精力和高瞻远瞩的胸襟,这使得他在 23 岁的时候就为建立一个杂志帝国打下了基础,而这个帝国后来彻底改变了美国新闻业。卢斯及其大学同学布里顿·哈登(Briton Hadden)一起创办了《时代》杂志,这是美国的第一本新闻周刊,旨在用活泼、简洁、易懂的散文体说明当前发生的事情以及政策问题。7 年后,在经济大萧条时期,卢斯创办了一本商业杂志《财富》。1936 年,又创办了《生活》,该出版物致力于摄影图片报道,所以很快就成为美国最为畅销的杂志。在电视出现之前的日子里,《生活》以其对新闻人物和新闻事件直白的图片表现,为数百万美国人开启了一扇展现国家和世界的窗户,让人无法抗拒。首刊发行时,全国各地的人们排队购买;该刊物盛极一时,在这段日子里,几乎每个中产家庭都有这本杂志。

卢斯的出版物——特别是《生活》——与"世纪集团"其他媒体人出版的内容相比,更多地展现了国家广泛的面貌。卢斯很早以前就明确表示,他希望杂志不会像《纽约客》这样的东海岸刊物那样过分讲究,孤傲不群。"纽约并不代表美国,"① 卢斯1938年写道,反驳了罗伯特·舍伍德的观点,"华尔街并不代表美国。百老汇并不代表美国……公园大道并不代表美国。知识分子并不代表美国……《时代》是为印第安纳州的绅士们编选的杂志。"有一次,当卢斯觉得《时代》的观点变得过于富有东部风格,就告诉他的编辑们:"我要在杂志里看到更多的玉米。不错,我知道你们不喜欢这些东西,你们太常春藤,也过于高级,但我要看到这里有更多的玉米。"②

甚至在第二次世界大战爆发之前,卢斯还一直在积极支持美国干预欧洲危机。他说,美国的实力过于强大,肩负的责任过于巨大,无法让自己"像无比强大的瑞士一样,在四面有敌的情况下小心翼翼地生活其间"。③ 罗斯福在让国家进入战备状态的步伐上进展缓慢,这让卢斯越来越沮丧,所以他对一位朋友说:"无论我们说什么、做什么,美国都拒绝被'卷入',是因为没有意识到我们现在已身处局中到底有多深。"④

到1939年底,为了详细报道这场战争,《时代》和《生活》

---

① Robert T. Elson, *Time, Inc.: The Intimate History of a Publishing Enterprise, 1923-1941*, New York: Atheneum, 1968, pp. 373-374.
② David Halberstam, *The Powers That Be*, Urbana: University of Illinois Press, 2000, p. 48.
③ Mark Lincoln Chadwin, *The War Hawks: American Interventionists Before Pearl Harbor*, Chapel Hill: University of North Carolina Press, 1968, p. 63.
④ Alan Brinkley, *The Publisher: Henry Luce and His American Century*, New York: Knopf, 2010, p. 141.

都调动了大量资源。德国入侵波兰之后,《生活》为迅速升级的冲突做了一期特刊,用生动的照片表现了波兰的痛苦挣扎和德国的强大兵力。后来,它把镜头聚焦英国坚定斗争以避免战败上,特别关注的是英国人民的勇气和温斯顿·丘吉尔——英国领袖——对人民的鼓舞。《生活》中那些精彩的照片穿插在支持干预主义的作家所写的长文里,例如沃尔特·利普曼在一篇长达5页的文章中,用可怕的细节刻画了德国取得对整个欧洲的控制权之后,能够在经济上碾压美国的情景。

亨利·卢斯的杂志影响深远,而他对"世纪集团"的贡献更具影响力。6月初,在为罗伯特·舍伍德的广告("到了制止希特勒的时候了!")投入了大笔资金后,卢斯又给组织的早期活动提供经费,包括出资在纽约第42街的一个大楼里开设一间小办公室("世纪集团"执行理事弗朗西斯·皮肯斯·米勒很快发现,隔壁的套房被一个纳粹阵线组织——"德国奖学金论坛"占用,专事印发支持希特勒的宣传单,并为德国特工召集会议提供场地。在密切监视进出办公室的人员后,米勒将调查结果传给了联邦调查局)。

虽然"世纪集团"的最终目标是让美国参战,但其成员知道,近期发生这种情况的概率几乎不存在。在第一次晚餐会议上,他们决定首先把工作重点放在对罗斯福及其政府的施压上,让他批准温斯顿·丘吉尔关于50艘美国驱逐舰的反复请求。

不可否认,英国迫切需要更多的战舰。1940年春,为了保护挪威、法国和欧洲低地国家免遭德国的闪电战袭击,英国皇家海军已经失去了几乎半数的驱逐舰。现在在英国和大西洋的海域里,不到100艘船要执行两项重要的任务:守卫英国海岸以应对德国有可能发起的入侵,保护英国商船免受德国潜艇和海上突击舰日益猖獗的掠夺。6月,已有140艘商用货船被击沉,比5月的损失要高出1倍的吨位。驱逐舰损失越多,英国的供应线就越可能被全面切断,进而又导致饥荒和贬值现象。

当卢斯和其他几个"世纪集团"的成员与罗斯福会面,劝说他把那些超龄的美国船只移交给英国时,罗斯福告诉他们,从政治层面来说,这是不可能的,至少目前不可能。"世纪集团"传话回来说,"我们要从政治上让他可以这样做,"① 赫伯特·阿加回忆说。"我们觉得他过度迟疑了,但是我们意识到,我们要接受他在该问题上的决断。要让国家做好准备,让罗斯福消除疑虑,我们就要采取一些引人关注的行动,将吸引全国人民的目光。"

为了让计划生效,"世纪集团"在这场大辩论中联合了另一个关键人物——英国驻美大使洛锡安爵士(Lord Lothian),他恰巧也是"世纪集团"的成员。

---

① Francis Pickens Miller, *Man from the Valley: Memoirs of a 20th-Century Virginian*, Chapel Hill: University of North Carolina Press, 1971, p. 98.

第十一章　最了不起的大使

当约翰·惠勒-贝内特于1939年中得知下一任英国驻华盛顿大使的具体人选时，他的第一反应是震惊和失望。他很肯定，这个新特使"可能打动不了美国民众，在官场也没人信任他"。①

洛锡安第十一世侯爵菲利普·克尔（Philip Kerr）的不良记录很多。他是英国贵族，地位很高，从来没有外交工作的经验。更糟糕的是，他一直是内维尔·张伯伦的盟友，公然对德采取绥靖政策，也是臭名昭著的"克莱夫顿社团"（Cliveden Set）成员。"克莱夫顿社团"指的是一群支持绥靖政策的英国知名人士，他们时常出入南希·阿斯特（Nancy Astor）的乡间别墅。出生在弗吉尼亚的阿斯特是下院议员，从精神层面说的话，洛锡安爵士深爱着她。

在惠勒-贝内特和其他英国官员看来，洛锡安可能是英国驻华盛顿大使的最差人选，在可能最差的时机来到美国。他的任务看似注定会失败——让已经极其怀疑英国宣传攻势且孤立主义盛行的美国相信，全力以赴地帮助英国最符合他们的国家利益。

然而，正如洛锡安的批评者们后来承认的那样，他们对他的看法大错特错了。在抵达华盛顿的6个月前，他宣布放弃支持绥靖政

---

① Sir John Wheeler-Bennett, *Special Relationships: America in Peace and War*, London: Macmillan, 1975, p. 66.

策。事实证明，用罗伯特·范西塔特爵士这位最直言不讳的批评者的话来说，他的确是"我们中最了不起的大使"。[1] 他用自己的魅力和智慧努力地向美国人民示好，设法说服许多美国人，他的国家和他们国家的命运紧密交织在一起，如果英国战败，美国也可能会陷落。

图 11-1　洛锡安爵士，英国驻美大使

美国人喜欢洛锡安，他也回报了美国人的善意。可以毫不夸张地说，他了解这个庞大的国家及其人民，比任何一位英国人都不差，甚至更胜一筹。作为罗兹信托基金会（管理罗兹奖学金的机构）的秘书，他在 1924 年到 1936 年 14 次前往美国，探访了 44 个

---

[1] Sir John Wheeler-Bennett, *Special Relationships: America in Peace and War*, London：Macmillan, 1975, p. 66.

州。大多数英国官员对于美国的了解仅限于东海岸，洛锡安与他们不同的是——据他的一个朋友说——他熟悉"美国人如何看待世界，了解中西部、南部、太平洋沿岸以及纽约和华盛顿（的人在想）什么"。①

洛锡安与他的许多同胞不同，他对自己的所见所闻着了迷。他曾经告诉一位美国建筑师，当他穿行在纽约、芝加哥等美国大城市的街道上看到那些摩天大楼林立的景色时有多兴奋。洛锡安说，这样的建筑"体现了无尽的物质追求、无穷的信心和无限的活力等现代美国精神"。② 在任职大使前不久，他对记者说："每次我到达纽约，都觉得自己年轻了15岁。"③ 1930年他继承爵位时，很担心这会"完全破坏我前往新世界旅行时曾经有过的乐趣。总有人煞风景地关注你"。④

在对华盛顿的态度上，洛锡安不拘礼节却脚踏实地的风格与前任大使罗纳德·林赛爵士（Sir Ronald Lindsay）截然不同，让人耳目一新。林赛为人冷漠、死板，并不认识多少美国人，也不喜欢他认识的美国人。尽管林赛是个经验丰富又老道的外交官，却一直在公共关系方面表现差劲：他认为华盛顿是个无聊得让人生厌的小镇，所以对之不屑一顾。1938年英王乔治六世和王后伊丽莎白访问华盛顿时，他拒绝邀请国会议员前往大使馆迎接王室夫妇。

---

① James R. M. Butler, *Lord Lothian: Philip Kerr, 1882-1940*, New York: St. Martin's, 1960, p. 260.
② Priscilla Roberts, "Lord Lothian and the Atlantic World," *The Historian*, March 2004, p. 105.
③ Priscilla Roberts, "Lord Lothian and the Atlantic World," *The Historian*, March 2004, p. 105.
④ James R. M. Butler, *Lord Lothian: Philip Kerr, 1882-1940*, New York: St. Martin's, 1960, p. 144.

57岁的洛锡安从向罗斯福总统递上国书的那一天起就表明，他不同意林赛的精英主义态度。洛锡安戴着一副牛角框眼镜，看起来更像一位教授而非世袭贵族。他出现在白宫时，穿的是皱巴巴的西装，而不是传统的大礼帽、燕尾服和条纹西裤，这令众人对之印象尤为深刻。仪式结束后，大使停下来和白宫外面的记者闲谈，这一举动无疑会让罗纳德爵士感到震惊。而就在说话时，一只小黑猫突然出现，并在他的裤子上蹭来蹭去。洛锡安拿起它，放在自己的肩膀上，继续其临时记者招待会。不出所料，闪光灯啪啪作响，次日全美各地的报纸头版都是大使和猫咪的可爱合影。在给南希·阿斯特的一封信中，洛锡安描述了这件事，然后揶揄道："现在，我已经成为其中一员了。"①

　　他在华盛顿的整个任期内，常与记者见面，跟他们随意交谈。他知道美国媒体在形成公众舆论方面有多重要，他也确实喜欢记者陪伴左右的感觉。他在美国有个庞大且兼容并包的朋友和熟人关系网，许多记者就是这个网络中的组成部分。成为洛锡安私人助理的约翰·惠勒-贝内特回忆说，在英国大使馆的社交活动中，"一个人有可能会遇到卡拉马祖市的市长或华盛顿某位著名人物的遗孀。无论是谁，大使都会表露与其交谈的兴趣"。② 大使的餐桌边，坐着新政拥护者、实业家、华尔街银行家、劳工领袖、记者、牧师甚至国会的孤立派成员。

　　洛锡安喜欢辩论，他喜欢与像海勒姆·约翰逊和伯顿·惠勒这样的反英参议员斗智斗勇。在大使馆吃过中餐或晚餐之后，他特别

---

① James R. M. Butler, *Lord Lothian: Philip Kerr, 1882-1940*, New York: St. Martin's, 1960, p. 261.

② Sir John Wheeler-Bennett, *Special Relationships: America in Peace and War*, London: Macmillan, 1975, p. 72.

爱做的一件事就是指着乔治三世的油画对反英人士说:"希望你们能认出自己最后一任国王的肖像。"[1] 惠勒-贝内特观察到,"听者对这些俏皮话做出的反应五花八门"。

菲利普·克尔首次进入公众视线是在 20 世纪初,当时距离他世袭爵位还有 25 年。23 岁的时候,他成为著名的"米尔纳青年团"(Milner Kindergarten)成员,这是一群刚从牛津毕业的年轻人,被南非殖民地总督阿尔弗雷德·米尔纳爵士(Sir Alfred Milner)招募麾下,帮助他重建这个被布尔战争(the Boer War)摧毁得四分五裂的国家。

这群年轻的国家公仆首先要做的是说服战争的敌对双方——布尔人和英国殖民地居民——必须为了共同利益和解共生。"米尔纳青年团"帮助起草了一份章程,在英联邦范围内给予南非自治权并恢复布尔人的各项权利。他们努力重建南非的基础设施和经济,恢复铁路,重新开放矿山、港口和学校。这些信奉自由主义的帝国主义分子,因为"在布尔人自愿默许的情况下,用自治领地的方式为(大英)帝国挽回了南非,也避免了一场几乎必定发生的内战",[2] 从而赢得了赞扬,作家詹姆斯·福克斯(James Fox)给予了如此评论。

这次大获成功之后不到 10 年,克尔担任英国首相大卫·劳合·乔治(David Lloyd George)的私人秘书,即主要的外事顾问。用劳合·乔治的话说,第一次世界大战最后两年里,克尔是"我

---

[1] Sir John Wheeler-Bennett, *Special Relationships: America in Peace and War*, London: Macmillan, 1975, p. 73.

[2] James Fox, *Five Sisters: The Langhornes of Virginia*, New York: Simon & Schuster, 2000, p. 156.

形影不离的朋友和合作伙伴"。① 1919 年的巴黎和会上，37 岁的克尔作为"另一个劳合·乔治（David Lloyd George）"，② 帮助撰写了《凡尔赛条约》中最具争议的一段文字——把战争爆发的原因完全归咎于德国的论断。这一部分（被用作）同盟国要求德国进行巨额赔偿的理由，也成为德国愤怒和仇恨的爆发点。

克尔是个品格高尚的理想主义者。他越来越确信同盟国犯了一个大错，即和约对德国不公平，应予以撤销。希特勒上台后，他说服自己，元首——他称之为"一个梦想家而非暴徒"③——仅仅只是想要纠正条约中的不公之处。在未能发现纳粹的本质时，当时已经世袭爵士头衔的克尔天真地告诉一位朋友："如果我们能与德国人就今天的主要问题举行一次会议……我想，我们可以影响他们，令其野蛮行径得以收敛。"④

希特勒及其同党高明地利用了洛锡安的负罪感，他们邀请他去柏林，宣扬他支持绥靖政策的观点。德国外交部长约阿希姆·冯·里宾特洛甫（Joachim von Ribbentrop）称洛锡安为"最有影响力的非公职英国人"，⑤ 捷克驻英国公使扬·马萨里克（Jan Masaryk）同意这个说法，他在 1938 年向布拉格汇报说，洛锡安是德国在英国"最危险的"⑥ 朋友，因为他是"最聪明的人"。

---

① *New York Times*, Dec. 13, 1940.
② *New York Times*, Dec. 13, 1940.
③ James R. M. Butler, *Lord Lothian: Philip Kerr, 1882–1940*, New York: St. Martin's, 1960, p. 236.
④ James R. M. Butler, *Lord Lothian: Philip Kerr, 1882–1940*, New York: St. Martin's, 1960, p. 206.
⑤ James Fox, *Five Sisters: The Langhornes of Virginia*, New York: Simon & Schuster, 2000, p. 435.
⑥ James Fox, *Five Sisters: The Langhornes of Virginia*, New York: Simon & Schuster, 2000, p. 435.

洛锡安与同样持有绥靖思想的南希·阿斯特关系极为亲密，这加固了他的亲德态度。南希·阿斯特是阿斯特子爵的夫人，也是第一位在英国下院拥有席位的女性。活泼的南希与为人冷漠的菲利普之间是如何产生联系，现在还不得而知。"毫无疑问，他们是相爱的——但他们从来没有越过雷池一步。"① 南希的一个儿子告诉詹姆斯·福克斯，他写了一本关于南希及其姐妹们的传记。南希告诉她的姐姐菲利斯（Phyllis），如果向洛锡安发出任何性暗示，他就会迅速离开。

英国天主教会的世俗领袖诺福克公爵（the duke of Norfolk）是洛锡安的祖父，所以洛锡安从小就接受了严格的天主教教义学习，是个"很虔诚的"② 男孩，而且一度考虑当牧师。尽管他很有魅力，也很合群，却像个僧侣一般清心寡欲，这使他无法吸引女人们的注意。他有次说，浪漫的爱情是种"会困扰心灵"③ 的疾病。

显然，这并不寻常。但是单身的洛锡安与阿斯特夫人之间的关系似乎给了他在其他地方得不到的慰藉与支持。多年来，宗教上的许多问题一直困扰着他，所以他不再信仰天主教义，也是在她的影响下，他投身基督教科学派。即使在他改变了对希特勒和对德国的想法之后，她仍然是他最亲密的朋友。

1939 年 3 月德国占领捷克斯洛伐克，这浇灭了洛锡安对它的好感。在此之前，他还写信给一位美国朋友说："以前还可以相信，德国关心的只是恢复一个大国应有的正常权利，但现在我们可

---

① James Fox, *Five Sisters: The Langhornes of Virginia*, New York: Simon & Schuster, 2000, p. 204.

② James R. M. Butler, *Lord Lothian: Philip Kerr, 1882-1940*, New York: St. Martin's, 1960, p. 3.

③ James Fox, *Five Sisters: The Langhornes of Virginia*, New York: Simon & Schuster, 2000, p. 169.

以清楚地看出,希特勒实际上是个不顾一切的疯子。"[1] 他断定,只有在以英美两国为首的西方民主政体的联合阻挡下,才能制止德国元首的野心。

这对洛锡安来说,并不新鲜:他成年后,大部分时间致力于进一步加强英美之间的合作,这是世界安全与和平的基础。作为巴黎和会中一位年轻的英国顾问,他与其美国同行一起创立了"对外关系委员会"和"英国皇家国际事务研究所"。在担任罗兹信托基金秘书期间,他也在继续促进美英关系更为紧密。

在他就任大使前的那个夏天,洛锡安游历美国,以体察民众对自己的意见和态度,并接触那些可能帮助英国抗争欧洲独裁者的人士。"美国真的是整个未来局势的关键所在。"[2] 他当时说。1939 年 9 月,在他抵达英国大使馆后不久,他写信给一位英国的朋友说:"打赢这场战争、让世界变得稳定、自由,这两者最终都取决于我们是否能博得 1.3 亿美国人的同情,并使这种同情持续下去。"[3]

洛锡安知道这是个棘手的任务。从一开始,他就向英国政府明确表示,在对待罗斯福政府和美国人民的时候,要倍加小心。"我们从没有听取过外国人的建议。美国人想必也是如此,"[4] 他 1940 年初写信给白厅时这么说,"他们的不同之处在于,我们会忽略此类建议,而美国人则会因为是英国人给出的意见而变得恼羞

---

[1] James R. M. Butler, *Lord Lothian: Philip Kerr, 1882 – 1940*, New York: St. Martin's, 1960, p. 227.

[2] Nicholas John Cull, *Selling War: The British Propaganda Campaign Against American "Neutrality" in World War II*, New York: Oxford University Press, 1995, p. 20.

[3] Nicholas John Cull, *Selling War: The British Propaganda Campaign Against American "Neutrality" in World War II*, New York: Oxford University Press, 1995, p. 33.

[4] James R. M. Butler, *Lord Lothian: Philip Kerr, 1882–1940*, New York: St. Martin's, 1960, p. 277.

成怒。"

他还坚持认为，英国人必须试着从美国人的立场来考虑问题，尽量理解他们为何对于美国可能卷入战争这样激动不安。他在给外交部的一份备忘录中说道："一般来说，美国人有充分理由对国际事务采取他们的看法，像我们一样。"① 在给南希·阿斯特的一封信中，他评论说，"我们确实没有责怪美国的道理。她只是在做我们做过的事"② 以尽量躲开战争。

洛锡安相信，英国对待美国的态度，不应该侧重于英国急需帮助这一点，而应该放在英国的存亡将决定美国本土安全与否上面。"美国，与其他所有国家一样，"他指出，"开展行动的唯一条件是，自己的切身利益——包括理想——受到了威胁。"③ 他深信，在某个时刻，美国人终会明白英国对他们的安全而言，到底有多重要。但是美国人会及时意识到这一点从而反对孤立分子的言论，并避免英国战败吗？这位大使知道——要让美国人更快地意识到他们国家面临的潜在危险，同时又要向他们隐瞒该认识其实来源于英国宣传攻势的这一事实——他必须走上的这条钢索非常狭窄。

在没有得到英国政府正式批准的情况下，洛锡安精心策划了一场不为人注意的宣传运动，直接向美国人民发出了呼吁。这场运动与威廉·斯蒂芬森的英国安全协调局所展开的秘密行动是分开进行的。洛锡安知道协调局的活动情况，但并没有直接参与。在一封致

---

① James R. M. Butler, *Lord Lothian: Philip Kerr, 1882-1940*, New York: St. Martin's, 1960, p. 258.
② James R. M. Butler, *Lord Lothian: Philip Kerr, 1882-1940*, New York: St. Martin's, 1960, p. 277.
③ Nicholas John Cull, *Selling War: The British Propaganda Campaign Against American "Neutrality" in World War II*, New York: Oxford University Press, 1995, pp. 63-64.

英国外交大臣哈利法克斯勋爵的电报中,他解释了普通美国人的观点有多重要:事实证明,"议会体系之下不为人所知的是,新闻报道、盖洛普民意测验和拍往国会的大量电报中表现的民众意见"①才是政府和国会采取行动的决定性因素。

在1940年的前几个月,洛锡安大使发表了一系列演讲,强调英美两国之间的战略性相互依存关系,并将演讲稿四处分发给记者。许多美国大报用头版刊登了他的讲话,还将其作为社论和联合专栏的主题,大部分持肯定的态度。洛锡安在美国人气猛增,使得德国媒体开始尖刻评论这位变节的贵族。"就是这同一个人,在不久之前,还是个通情达理之人,现在却似乎完全失去了理智,"一家报纸疾言厉色地说,"与他过去发表的言论相比,洛锡安爵士如今的讲话简直令人难以置信……"②

此外,洛锡安还招募约翰·惠勒-贝内特做他的"耳目"走遍全美国——听取舆论、建立关系网、与地方团体展开座谈以讨论有关英国存续对美国所具重要性的问题。在两年多的时间里,这位身材高大、留着大胡子的惠勒-贝内特多次往返美国,在37个州来回奔波,并给各色各样的团体——妇女俱乐部、哥伦布骑士会、狮子会、同济会、麋鹿俱乐部、圣地兄弟会和扶轮社等做讲座。38岁的贝内特是个风度翩翩、博学多才的英国人,他常与其他发言人共同讨论,有一次他发现自己插入了"蜜蜂养殖的学术讨论和如何处理马铃薯枯萎病的有趣谈话中"。③

---

① Nicholas John Cull, *Selling War: The British Propaganda Campaign Against American "Neutrality" in World War II*, New York: Oxford University Press, 1995, p. 34.
② *New York Times*, Jan. 16, 1940.
③ Sir John Wheeler-Bennett, *Special Relationships: America in Peace and War*, London: Macmillan, 1975, p. 81.

在为英国做辩护的时候，惠勒-贝内特面临一个艰巨的挑战。虽然他在旅途中遇到的人都很善良，也很热情，他还是发现他的听众有"一种无限的决心，要不惜一切代价阻止美国参战，如果有谁胆敢让（美国）背道而驰，谁就会遭殃"。① 他遇到的绝大多数美国人痛恨希特勒及其政策，但他们也提防着英国，不确定它能否逃过此劫。法国垮台之后，惠勒-贝内特回忆道："我发现支撑（美国人）士气的，反而是我。因为他们认定，我们即使勇敢无畏，却已然败了。所以他们跟我说话的时候，语气低沉，人们常常用这种语调安慰刚刚失去亲人的人。"②

为了改变美国人的此类看法，洛锡安下令秘密加强英国在纽约的新闻及宣传攻势。他让惠勒-贝内特和奥布里·摩根负责一个名为"英国新闻社"（the British Press Service）的新机构，任务就是"激发美国人了解英国的愿望，了解英国的交战能力，了解英国人民打胜仗的决心，了解英国从战争中建立一个美好世界的渴望"。③

大使坚决要求：实现这些目标和收集美国公众舆论信息时，英国机构的人员必须极其小心，以免引起美国孤立分子和德国特工们的注意。他警告："那些难以对付的反英分子"④ 将会"利用一切

---

① Sir John Wheeler-Bennett, *Special Relationships: America in Peace and War*, London: Macmillan, 1975, p. 81.
② Sir John Wheeler-Bennett, *Special Relationships: America in Peace and War*, London: Macmillan, 1975, p. 82.
③ Sir John Wheeler-Bennett, *Special Relationships: America in Peace and War*, London: Macmillan, 1975, p. 93.
④ Nicholas John Cull, *Selling War: The British Propaganda Campaign Against American "Neutrality" in World War II*, New York: Oxford University Press, 1995, p. 61.

机会歪曲我们的动机，责难我们使用的方法"。①

为了激发美国人民对英国的同情心和情感，洛锡安敦促英国政府要强调1940年5月底在敦刻尔克营救英国军队时的英勇表现，尤其是数百艘游船和普通英国人驾驶自己的其他小型船只穿越英吉利海峡帮助营救英国士兵的事迹。伦敦的新闻宣传官员执行了洛锡安的建议，美国人很快就在国内报纸上读到了像《纽约时报》社论页刊登的评论语："只要英语这门语言还存在，敦刻尔克就是个值得敬畏的词语。因为在那个港口……那些忘却了民主之魂的怒火和污点都消失无踪。在那个港口，英国军队虽然被击败，但并未被征服，光彩四射的英国仍然无畏直面强敌。"②

洛锡安大使还鼓动温斯顿·丘吉尔明确表示，无论法国发生什么情况，英国都将与德国抗战到底。其实两个人根本不是朋友：多年来他们在许多重要的政策事务上起过冲突，最突出的就是绥靖主义问题。有一次，洛锡安写信给一位朋友说："我认为温斯顿出洋相了。他总是这样。"③ 反过来，丘吉尔也认为洛锡安是个幼稚、

---

① 洛锡安呼吁采取谨慎行动，这并未时常受到重视。1940年夏天，上了些年纪的英国经济学家乔治·帕伊什爵士（Sir George Paish）抵达美国做巡回演讲。在与伯顿·惠勒参议员的谈话中，乔治爵士声称："我的责任是让美国参加最近的这次战争……我会让这个国家参战的。"这种不明智的话语激起了惠勒和国会中其他孤立派会员的抗议，他们要求立即将帕伊什驱逐出国，并对英国的宣传工作进行调查。《华盛顿邮报》要求英国大使馆对此做出回应，一位使馆官员刻薄地回复道："我们希望有人能把乔治·帕伊什爵士当成宣传单从德国上空投下去。"在洛锡安爵士的命令下，帕伊什被送上了一艘即将开往英国的船只，这才平息了美国人的愤怒。

② Richard M. Ketchum, *The Borrowed Years, 1938-1941: America on the Way to War*, New York: Random House, 1989, p.352.

③ James R. M. Butler, *Lord Lothian: Philip Kerr, 1882-1940*, New York: St. Martin's, 1960, p.281.

傲慢、无足轻重的人。但是，在战争最激烈的时候，两人却开始惺惺相惜起来。洛锡安非常钦佩丘吉尔的勇气和决心，而英国首相则发现，在危机的重压之下，洛锡安是如何把自己转变成"一个严肃认真、凡事深思的人……做好准备以应对美国人方方面面的态度和细节"。[1]

在收到洛锡安的请求后不久，丘吉尔就发表了著名的《我们将在海滩上作战》的讲话，正如这位大使所希望的，此举征服了美国人民。由于那次演讲以及其他类似的演讲，温斯顿·丘吉尔成了美国的英雄。当美联社驻伦敦记者德鲁·米德尔顿（Drew Middleton）1940年中回美国去探访他儿时在新泽西州南奥兰治的家时，他发现自己的家人都着了丘吉尔的迷。"多么伟大的人！"[2]他一位年老的叔叔在收音机上收听了英国首相最近的一个演讲之后感叹道，"多么伟大的民族！"其他家庭成员随声附和。

敦刻尔克的灾难性事件和丘吉尔的雄辩演说令许多美国人相信，美国必须在英国孤军对抗德国的斗争中给予其一切可能的支持。在敦刻尔克营救和丘吉尔的演讲之后做的一次民意调查表明，超过80%的美国人赞成尽可能多地向英国运送武器。但即使是公众压倒性支持军事援助的这一信号，也没能让政府动摇。洛锡安爵士7月的时候失望地给一位朋友写信说："这里的所有人都钦佩温斯顿，赞赏我们的国家精神。但是你会说，当一个国家在家门口跟希特勒的纳粹军队作战时，钦佩、赞赏和同情并没有多大帮助……"[3]

---

[1] Winston S. Churchill, *Their Finest Hour*, Boston: Houghton Mifflin, 1949, p. 555.
[2] Nicholas John Cull, *Selling War: The British Propaganda Campaign Against American "Neutrality" in World War II*, New York: Oxford University Press, 1995, p. 109.
[3] Nicholas John Cull, *Selling War: The British Propaganda Campaign Against American "Neutrality" in World War II*, New York: Oxford University Press, 1995, p. 73.

大使试着说服罗斯福和国务卿科德尔·赫尔立即采取行动。显然，德国入侵英国之势迫在眉睫，局势险恶，已不容继续拖延。到了7月中旬，纳粹空军已经开始在英吉利海峡袭击英国船只的护航舰队和英格兰南海岸的军事目标。英国的战斗即将打响，丘吉尔提到，"敌人很快就要把怒火和威势对准我们了"。①

但洛锡安的观点还是无法打动罗斯福和赫尔。与总统和国务卿会谈后，这位大使告诉外交部说，美国政府"还没有直面这样一个事实，即在不久的将来，美国在面对极权国家3倍或4倍于自己的海军和空军强敌时，拯救自己的唯一方式就是把这种局势所有的暴行刻不容缓地告知国会"。②

然而，尽管罗斯福和赫尔都跟洛锡安解释过生活中的政治事实，但洛锡安在他的电报中还是选择忽略了此事。1940年是选举年，虽然总统没有公开宣布，但是他已于近期决定第四次竞选总统，这是史无前例的情况——他也知道这个决定会让他受到严厉的批评。即使在形势最有利的情况下，他也很谨慎，决心不给共和党和其他的孤立派政敌任何可用的证据来指控他妄图把美国引向战争。

美国总统还在冷眼旁观，洛锡安决定主动出击。在向耶鲁校友发表的一篇被广为宣传的演讲中，他警告美国，在英国战败的情况下，不要指望英国舰队能有效地防守北美。"我希望你们不要抱有这个指望，"他宣称，"如果你们有这个指望……你们就是把希望建立在幻觉上。"③ 大使补充说，无论如何，英国皇家海军贵在能

---

① Richard M. Ketchum, *The Borrowed Years, 1938-1941: America on the Way to War*, New York: Random House, 1989, p. 377.
② David Reynolds, *Lord Lothian and Anglo-American Relations, 1939-1940*, Philadelphia: American Philosophical Society, 1983, p. 20.
③ "Lord Lothian's Job," *Time*, July 8, 1940.

有效地阻止敌军舰队从欧洲水域进入大西洋,而不是帮着加拿大去看管他们广阔的国土面积或在美国东海岸线巡逻。

几周后,洛锡安在一次广播采访中被问到帮助英国是否符合美国的利益时,他回答说:"什么对你们有利应该由你们自己来决定。但我所想到的是,在你们重整军备之前,在你们的两洋(大西洋和太平洋)海军就位之前,在你们的 5 万架飞机和大规模部队集结之前,英国和英国海军的继续存在对你们来说极为重要。今天,我们是你们的马其诺防线。如果这个防线消失了,那么在你们和希特勒及其盟友之间,就什么都没有了。"①

尽管人们能清楚地知悉洛锡安的意见,但他知道自己的观点只有由有影响力的美国人提出来,才能产生更大的作用。当"世纪集团"的一位代表 7 月初与他接触时,他立即意识到,这些具有良好社会关系的干预主义者可能是他宝贵的资源。

洛锡安忍不住带点讽刺地指出,在奥布里·摩根的安排下,他与"世纪集团"成员们的第一次会面是在 7 月 4 日。社团派出了亨利·范·杜森牧师(Reverend Henry Van Dusen)担任特使。作为知名的新教神学家,杜森牧师曾执教于纽约联合神学院(New York's Union Theological Seminary)。范·杜森在向大使解释了"世纪集团"的成立过程后,又问他及其朋友可以做些什么来帮助英国。答案很简单,洛锡安回答说向政府施压,使其应丘吉尔的要求,将一战时期的驱逐舰送给英国。为了助力完成这项工作,他许诺向"世纪集团"提供有关英国国防的最新机密资料。

---

① James R. M. Butler, *Lord Lothian: Philip Kerr, 1882-1940*, New York: St. Martin's, 1960, p.291.

不久之后，他从丘吉尔那里获得了一份绝密简报，内容是英国用于参战的 176 艘驱逐舰中，只有 68 艘仍然适合在本国水域服役——这一点强调了英国所处的危险程度。洛锡安将简报泄露给了"世纪集团"的几位成员和其他著名的干预派人士。他要求他们在使用信息内容时，不得提供可用船只的具体数字，以降低英国仇敌发现消息来源的概率，减少该信息将给德国带来的战略优势。

大约在同一时间，英国大使馆的法律顾问约翰·福斯特（John Foster）将丘吉尔发来的电报内容泄露给约瑟夫·艾尔索普，在电报中，丘吉尔向罗斯福恳求支援，而总统的回应则令人沮丧。英国人达到了自己的意图，艾尔索普将该信息传递给了"世纪集团"的其他成员，用他的话说："公众开始推动驱逐舰的转让问题。"[①]各种新闻报道、专栏和广播开始在国内的媒体尤其是那些"世纪集团"成员供职的媒体上出现，力陈驱逐舰对于英国存亡的重要性以及对于美国具有的重大意义。突然爆发的亲英情绪让德国驻华盛顿大使馆代理大使感到震惊，他对柏林说，美国"舆论正在被人一步一步地带往恐慌的边缘"。[②]

"世纪集团"成员们还决定直接向华盛顿的军政要员施压，其中许多人是他们的朋友和熟人。7 月下旬至 8 月上旬，他们在首都四处活动，向总统、内阁成员、参议员和国会议员、军队高层官员等主要的运动参与者发出呼吁。

约瑟夫·艾尔索普拜访了美国海军作战部长哈罗德·斯塔克上将，春季时，上将在某个国会委员会上作证说，美国那些年代久远

[①] Joseph W. Alsop, *FDR: 1882-1945: A Centenary Remembrance*, New York: Viking, 1982, p. 203.

[②] Nicholas John Cull, *Selling War: The British Propaganda Campaign Against American "Neutrality" in World War II*, New York: Oxford University Press, 1995, p. 78.

的驱逐舰太宝贵了,不能放着不用,而应当进行改装以用于美国的海岸线防卫。斯塔克作证后不久,国会通过一项具体法案,禁止多余船只的转让,除非海军司令明确表示美国的国防已不需要它们了。

斯塔克发现自己进退两难。他与许多军队人士不同,对英国的困境表示同情,因为第一次世界大战时他作为一名年轻军官在英国待过一段时间。他还读了美国驻伦敦海军武官、亲英派人士艾伦·柯克船长(Captain Alan Kirk)的电报,电报声称"(英国)水域的情况越来越危急",① 而按照斯塔克上将的说法,"英国要想挺过今年,就得看美国是否会做出解禁驱逐舰和飞机的决定"。然而,他在国会记录在案的证词是美国海军仍然需要这些旧驱逐舰。他现在怎么可能反悔,转而要求把驱逐舰交给英国呢?

艾尔索普知道上将面临的困境,告诉他"世纪集团"希望推动驱逐舰的转让工作,但只有在海军批准的情况下才会进行。斯塔克说他无法做出这个承诺,于是艾尔索普接着问,如果国会禁令的问题可以解决,他是否会同意。斯塔克说,是的,我同意;如果是那样的话,为了国家的利益,他愿意申报进行移交。

虽然艾尔索普告诉斯塔克他不是以一个记者的身份而是以"世纪集团"的名义在跟他谈这些,但他还是在几周后自己的一个专栏中提到了对海军上将的采访情况。在专栏中,他宣称美国的驱逐舰在控制英吉利海峡以对抗德军入侵方面至关重要。"海军高级军官们与总统,以及政府中几乎所有的知情人士,都认定所需要的驱逐舰应当立即到位。"② 艾尔索普说。

---

① Philip Goodhart, *Fifty Ships That Saved the World: The Foundation of the Anglo-American Alliance*, Garden City, N. Y.: Doubleday, 1965, p. 75.

② Robert W. Merry, *Taking On the World: Joseph and Stewart Alsop—— Guardians of the American Century*, New York: Viking, 1996, p. 84.

虽然文中提及的人物很明显是斯塔克,但这位专栏作家却在歪曲他的观点——当其他新闻记者就斯塔克的一番话联系他时,他愤怒地指出了这一事实。与海军司令进行"再次确认"① 后,《纽约时报》专栏作家亚瑟·克罗克(Arthur Krock)写道:"得到的肯定答复是,他依然反对转让驱逐舰。"

除了歪曲观点的问题外,艾尔索普的行为还引出了新闻诚信相关的严肃问题。他向读者隐瞒了一个事实,即他是一个致力于驱逐舰转让的压力集团成员,他也令斯塔克误解了他的身份——他是政治党派代表,而不是记者。"作为一个固执己见的公民,也许艾尔索普可以为自己所做的事情感到满意;但是作为一个新闻记者,他给自己带来了耻辱。"② 艾尔索普的传记作家罗伯特·梅里(Robert Merry)评论道。

当艾尔索普试图平息其专栏引发的骚动时,赫伯特·阿加和另外两名"世纪集团"成员去了白宫,想游说两周前刚赢得党内总统提名的罗斯福。像斯塔克一样,罗斯福说他被国会针对多余船只的禁令束缚了手脚。罗斯福认为,对英国的大规模援助,特别是向英国移交驱逐舰,只有在国会不反对的情况下通过特别立法批准才有可能实现。而他指出,这是不会发生的——至少最近不会发生。

阿加执意劝说。他说,总会有什么是"世纪集团"可以去做的,以帮助总统尽力援助英国。罗斯福想了一会儿,点了点头。他明确表示,这需要时间,但如果组织成员能启动某些活动,他也许

---

① Robert W. Merry, *Taking On the World: Joseph and Stewart Alsop—— Guardians of the American Century*, New York: Viking, 1996, p. 84.
② Robert W. Merry, *Taking On the World: Joseph and Stewart Alsop—— Guardians of the American Century*, New York: Viking, 1996, p. 85.

能做他们想做的事。

首先，阿加和其他人必须说服约翰·潘兴将军（General John Pershing）——第一次世界大战时美国的远征军领袖，也是美国最受尊敬的军事人物，让他发表一次全国性的广播讲话，支持驱逐舰转让事项。但是，总统警告，如果他们接触潘兴的这一消息有半点泄露，"你们若说是我出的主意，我就会说你们是骗子……"①

虽然"世纪集团"的代表因发现罗斯福在驱逐舰转让方面缺乏积极性而对他感到失望，但他们还是应他的要求开始行动了。当时79岁的潘兴住在里德陆军医院（Walter Reed Hospital），接触他的任务落在了阿加身上。身体每况愈下的将军告诉阿加，他几个月来一直想就此问题发言，但等不到罗斯福的电话。潘兴像阿加一样，认为美国应该参战，而不是"把别人装备起来，帮自己打仗"。② 不过，他同意就转让驱逐舰的重要性发表全国演讲，认为这是"必要的第一步"。他要阿加与沃尔特·利普曼合作准备发言稿。尽管不是"世纪集团"成员，利普曼却是潘兴和洛锡安两个人的密友，而且他在新闻界一直带头支持美国的安全最终取决于英国舰队这一观点。

潘兴在8月1日的广播中，极其坦率地向其听众们传达了一个信息。"趁还来得及，今晚我要告诉你们，"③ 他说，"英国海军需要驱逐舰来护卫商船、追捕潜艇、反击入侵。一战后我们留下了大量的驱逐舰……如果拯救英国舰队有什么是我们能做而我们却没有

---

① Herbert Agar, *The Darkest Year: Britain Alone*, *June 1940–June 1941*, Garden City, N. Y.: Doubleday, 1973, p. 147.

② Herbert Agar, *The Darkest Year: Britain Alone*, *June 1940–June* 1941, Garden City, N. Y.: Doubleday, 1973, pp. 148–149.

③ Philip Goodhart, *Fifty Ships That Saved the World: The Foundation of the Anglo-American Alliance*, Garden City, N. Y.: Doubleday, 1965, p. 160.

做的,那么我们就未能履行对美国的责任。"

潘兴的整个职业生涯都没有引发过政治争议,所以在支持驱逐舰转让这一事件上也没有引起党派之争。当他说英国应该有驱逐舰时,大部分公众接受了他的说法并奉之为圭臬。阿加后来回忆,潘兴将军的广播"是我们一直努力引导公众支持总统所采取的行动,这时到了转折点了"。①

潘兴发出呼吁后,立即有几名退休的海军高官附议,其中包括威廉·斯坦利上将（Admiral William Standley）。斯坦利是美国前海军作战部长,亦是"世纪集团"的成员。一些内阁成员在与"世纪集团"的代表们接触后,也开始为转让工作进行游说,其中就有哈罗德·艾克斯,他在日记中写道,他"花了很多时间与总统争论,无论如何,我们都应该同意英国的要求……在我看来,英国可以奋力抵抗这场最为激烈的战斗,我们却从中阻拦,真是愚不可及"。②

但在罗斯福看来,孤立派人士日益强烈的反对压倒了大众对于转让渐起的呼吁。《芝加哥论坛报》声称,把驱逐舰送给英国就是参战的行为。另一信奉孤立主义的报纸《圣路易斯邮报》的一位记者对沃尔特·利普曼做了一番调查,说他参与了所谓的"让美国卷入战争的阴谋活动",③ 并以此威胁这位专栏作家。震惊的利普曼说服了该报的出版商约瑟夫·普利策,让他压住了这条意在进行揭露的报道。

---

① Herbert Agar, *The Darkest Year: Britain Alone, June 1940-June 1941*, Garden City, N.Y.: Doubleday, 1973, p. 149.
② Harold Ickes, *The Secret Diary of Harold L. Ickes*, Vol. 3, *The Lowering Clouds*, 1939-1941, New York: Simon & Schuster, 1955, p. 233.
③ Ronald Steel, *Walter Lippmann and the American Century*, New York: Vintage, 1981, p. 385.

总统夹在中间，公众舆论向他施压要求批准这笔交易，但他又知道国会里的孤立派会竭尽所能反对任何授权进行该转让的法案。哪怕失败，孤立派也能让转让拖延好几周再通过。总统所需要的，是一个有法律效力的借口，以便完全绕过国会。

"世纪集团"再次介入以提供帮助。8月11日，《纽约时报》发表了后来被称为"写给本编辑的最重要的一封信"。[①] 信件由美国最著名的四位律师署名，由罗斯福政府财政部前助理部长、"世纪集团"成员迪安·艾奇逊（Dean Acheson）撰写。这封信提出，转让驱逐舰并不需要国会批准，根据宪法和现行法律，总统有权下达行政命令。

艾奇逊觉得罗斯福可以绕过许多法律专家认为必要的程序，这一观点颇有讽刺意味。6年前，在与罗斯福就一个类似的问题做了一番激烈争辩后，他辞去了财政部助理部长的职位。1933年，罗斯福想采取措施让美元贬值，艾奇逊告诉他，法律禁止他这么做。罗斯福告诫艾奇逊，他的工作就是找到规避这些法律的方法，并补充说："不会有问题的，你不相信我的话吗？"[②] 艾奇逊情绪失控地反驳，声称现在有人要求他签署非法文件。"够了！"罗斯福咆哮起来。艾奇逊随即就辞职了。

多年后，艾奇逊指出，虽然他尊重罗斯福，但他并不喜欢他。他尤其不喜欢他眼中总统对待下属（包括对待他自己）那种不顾场合高人一等的态度。"他总是摆出一副纡尊降贵的样子，"艾奇逊这么描述罗斯福，"老爷简单问候一声有前途的小马童，小马童

[①] Herbert Agar, *The Darkest Year: Britain Alone*, *June 1940-June 1941*, Garden City, N.Y.: Doubleday, 1973, p. 153.

[②] Walter Isaacson and Evan Thomas, *The Wise Men: Six Friends and the World They Made*, New York: Touchstone, 1988, p. 135.

卑躬屈膝进行回礼。这可真叫人扫兴"。① 这种随随便便的对待让一个自己也有点贵族派头的男人尤为恼火。艾奇逊的父亲是圣公会主教,他上过格罗顿公学、耶鲁大学和哈佛法学院,是法学院班上最优秀的学生,也是学校一位著名教授弗利克斯·法兰克福(Felix Frankfurter)的高徒。诗人阿奇博尔德·麦克里希(Archibald MacLeish)是艾奇逊在耶鲁大学的同班同学,后来用"快乐、优雅、勇敢"②的字眼来形容艾奇逊,但也说他是个"善于交际的势利眼,有点……自大和傲慢"。

然而,艾奇逊火热的干预主义态度战胜了他对罗斯福的个人情感。他是很早就倡导美国应全面支持英国的人,他曾在1939年的一次讲话中断言:"逃避不做这个决定,满足于一切与之无关的东西,就等于冒着……丧失生活所赋予我们在美国的一切之风险。"③

1940年7月下旬,罗斯福的助手本杰明·科恩(Benjamin Cohen)要身为"华盛顿卡文顿与柏灵律师事务所"(the Washington law firm of Covington and Burling)合伙人的艾奇逊与他一起写一份简报,为总统绕过国会以行政命令将驱逐舰送往英国提供法律依据。经过大量研究,艾奇逊和科恩得出的结论是,根据国际法和美国现行法规,只有转让专为现有交战国建造的船只才是违反法律的。既然讨论中的旧驱逐舰并不是为了此等目的而建造,那么把它们交给英国就是合法的。这两个人进一步达成共识,即这个行为符合美国的国家利益,正如潘兴将军所言,"转让……也许是把战争阻隔在

---

① Dean Acheson, *Morning and Noon*, Boston: Houghton Mifflin, 1965, p. 165.
② Walter Isaacson and Evan Thomas, *The Wise Men: Six Friends and the World They Made*, New York: Touchstone, 1988, p. 85.
③ Dean Acheson, *Morning and Noon*, Boston: Houghton Mifflin, 1965, p. 221.

我国海岸线之外的一个关键因素"。① 如果情况是这样,那海军作战部长就可以将转让驱逐舰当作美国国防事项给予合法批准了,也没有必要要求国会通过新立法。

艾奇逊和科恩完善了简报,把它写成信件的形式,艾奇逊还邀请了纽约两位著名律师——查尔斯·C. 伯林翰(Charles C. Burlingham)和托马斯·撒切尔(Thomas Thacher)——在信件上签名,签名者还有乔治·卢布里(George Rublee),他是艾奇逊在柏灵律师事务所的一位合伙人。虽然这三人都不是"世纪集团"的成员,但他们都是"世纪联合会"的会员。查尔斯·默茨(Charles Merz)也是如此,他是《纽约时报》的社论编辑,是艾奇逊在耶鲁大学的同学,他同意全文刊登此信。

律师们的意见在《纽约时报》上占了三页半的篇幅,引起了人们的极大关注,大部分持赞成的态度。赫伯特·阿加写道,这是"改变一切的新想法"。② 总统也认为这个意见是他一直在寻求的突破点,所以他很快接受了意见并采纳了其中的内容。斯塔克上将也是如此。

为了让这一交易更合公众的心意,他们就决定以加勒比和大西洋西部英属领地的军事基地为筹码,将驱逐舰转让与美国获取这些基地绑在一起。这样的补偿意味着美国可以大大提升国防安全,增强巴拿马运河和东海岸的防御力量,还有助于防止德国在拉丁美洲建立桥头堡进而对美不利。获取英国海外军事基地的念头由来已久,甚至在希特勒对西欧发动闪电战之前就存在了。美国军方赞成

---

① Richard M. Ketchum, *The Borrowed Years, 1938-1941: America on the Way to War*, New York: Random House, 1989, p.478.

② Herbert Agar, *The Darkest Year: Britain Alone, June 1940-June 1941*, Garden City, N.Y.: Doubleday, 1973, p.154.

这一想法，国内许多大报对此也不谋而合，尤其是《芝加哥论坛报》，它长期以来一直呼吁租借这些基地，以抵英国在一战时对美国欠下的债务。

"世纪集团"敦促总统做这样的交换，还有几个内阁成员也力劝总统。罗斯福同意了，8月初他要洛锡安爵士与英国政府讨论此事。巧的是，洛锡安已经跟英国政府沟通过了。几个月来，他一直在努力游说丘吉尔把基地交给美国，同时，他也在罗斯福这边推进驱逐舰转让之事。这位大使多次告诉英国政府，这样的条件能推进美国的互惠援助。8月之前，丘吉尔和他的内阁还一直在否决该方案，声称在美国还没有提供任何实质性援助之时，他们没有理由如此大动作。但随着英国局势日益危急，首相最终指示他的大使"全力促成"① 这个驱逐舰—基地的交换事宜。

这笔交易对美国显然比对英国更为有利，丘吉尔因为担心国内批评他做了一笔亏本买卖，希望这个交换能被视为以礼还礼的形式。罗斯福则始终坚持这对于美国公众来说，应该是"一场扬基人（美国人）锱铢必较的讨价还价"，② 在这个精明的部署中，美国要获取最大商业利益。"马上就要选举了，"③ 赫伯特·阿加讽刺地说道，"罗斯福不敢只表现出慷慨和有远见的一面……所以，在所有的讨论、讲话中，在写给媒体的全部信件中，他都会谈到……

---

① James R. M. Butler, *Lord Lothian: Philip Kerr, 1882-1940*, New York: St. Martin's, 1960, p. 295.
② Herbert Agar, *The Darkest Year: Britain Alone, June 1940-June 1941*, Garden City, N. Y.: Doubleday, 1973, p. 153.
③ Herbert Agar, *The Darkest Year: Britain Alone, June 1940-June 1941*, Garden City, N. Y.: Doubleday, 1973, pp. 152-153.

做出拯救世界的一个小小动作，美国就会得到不菲的利益。"①

为了争取公众对这笔交易的支持，"世纪集团"与威廉·艾伦·怀特的委员会，以及委员会的 600 个地区分会一起，在全美范围内发起了一场大规模的宣传活动。尽管这两个组织在采取干预主义的方法上完全不同，但在 1940 年夏末秋初之时，他们形成了统一战线。"'怀特委员会'是全国范围内的一个组织，而我们还没有达到这个程度，"阿加写道，"人们尊敬'怀特委员会'，却怀疑我们，因为我们总是提到'战争'这两个可怕的字眼。所以，'高尚'和'粗暴'手挽手联合起来，共同用广播、新闻通信和广告告诉民众，驱逐舰换基地的交易能保护我们的海岸线。"②

在"怀特委员会"的赞助下，美国主要的报纸刊登了整版广告，标题是"挡在我们和希特勒之间的，是英国舰队！"③ 这个广告鼓动读者们"给你们的总统——你们的参议员——你们的国会议员——写信或发电报，告诉他们，你们想要美国把超龄驱逐舰卖给英国，并向英国提供其他物资援助"。驱逐舰换基地交易的主要支持者包括罗伯特·舍伍德和伊丽莎白·莫罗，他们在集会中演讲，在公开支持声明上签名。他们四处分发传阅请愿书，获得了数百万个签名。

两个支持援助的团体都号召内部的记者成员与其他媒体同事一起撰写支持性社论、专栏和电台评论。约瑟夫·艾尔索普就这个问

---

① 最后，两位领导人相互妥协，把基地分成两类。为了安抚丘吉尔，一部分基地送给美国，而大部分基地则作为驱逐舰的交换筹码，这是罗斯福想要的结果。
② Herbert Agar, *The Darkest Year: Britain Alone, June 1940 – June 1941*, Garden City, N. Y.：Doubleday, 1973, p. 150.
③ Mark Lincoln Chadwin, *The War Hawks: American Interventionists Before Pearl Harbor*, Chapel Hill：University of North Carolina Press, 1968, p. 79.

题写了很多专栏,他在其中一个专栏中谴责罗斯福在驱逐舰转让方面没有更快地采取行动。总统的新闻发言人史蒂夫·厄尔利给他打电话说:"祝贺你做出了有益又明智的贡献。"① 艾尔索普吓了一跳,但他很快意识到,只要公众在罗斯福自己想要采取的行动上对他施压,他就不会真正在意这个压力。事实上,厄尔利的来电说明,总统还积极鼓励这类提醒。

很大程度上,因为大量的宣传工作,绝大多数美国人支持这个计划中交易的条件;整个8月做的民意调查始终显示,其支持率超过了60%。但在罗斯福觉得有信心签署转让文件之前,还有一个问题需要解决,他告诉"怀特委员会"和"世纪集团"的成员,他需要共和党总统候选人温德尔·威尔基(Wendell Willkie)的承诺,不能把交换驱逐舰作为竞选问题来为难他。罗斯福知道威尔基会是个可怕的竞争对手,所以不愿意给他和他所属的党派任何借口来针对民主党。

要求自己的对手放弃一个政治上肯定有益于他且容易引发争论的议题,无疑让人震惊。这个想法令人难以置信,就像一年前首次传出如下说法时一样:温德尔·威尔基真的可能得到共和党的提名。

---

① Joseph W. Alsop, *FDR: 1882–1945: A Centenary Remembrance*, New York: Viking, 1982, p. 203.

第十二章　人民扭转了局面

1940年5月,就在温德尔·威尔基获得共和党提名前几周,民意调查显示,他在党内的支持率还不到3%。"如果我从这里爬到华盛顿能让你得到提名的话,我会这么做的。"① 一位著名的中西部地区报纸出版商写信跟他说。但天不遂人愿,这位出版商接着说,共和党中坚分子方方面面都看不起的人,应该得不到候选人提名:因为他成年后几乎一直被视为民主党人,且公开支持美国援助英法的做法。

然而,正是因为威尔基的干预主义态度,1940年在费城举行的共和党大会上,他的支持者们才能够上演那场令人震惊的政变。"让威尔基得到提名的,不是拥挤的旁听席,也不是泛滥的电报,"后来他的一位主要顾问说,"而是人们扭转了局面。阿道夫·希特勒提名了威尔基。法国和欧洲低地国家一垮台,美国舆论一夜之间就发生了变化,这才是威尔基获得提名的原因"。② 正如《生活》所见:"他们的表现说明,只要有人唤醒他们,他们就能引发党派政治盘盂相击,让代表们选出他们想要的那个人。"③

---

① Steve Neal, *Dark Horse: A Biography of Wendell Willkie*, Garden City, N.Y.: Doubleday, 1984, p. 69.
② Steve Neal, *Dark Horse: A Biography of Wendell Willkie*, Garden City, N.Y.: Doubleday, 1984, p. 120.
③ *Life*, July 8, 1940.

几个月来，共和党提名人选中领先的两个人——纽约市地方检察官托马斯·杜威（Thomas Dewey）和参议员罗伯特·塔夫脱（Robert Taft）——主张欧洲的战争不关美国的事。相反，威尔基则一直不断地警告国人，如果德国控制了欧洲，美国会面临怎样的危险。他可能不是个专业的政客，但是他饱满的激情和坚定的信念吸引了越来越多的美国人，尤其是共和党内部那些向自由主义和国际主义信仰靠拢的人。

图 12-1 温德尔·威尔基

威尔基在政坛平步青云之前，就任美国一家电力巨头的总裁。但从他的外貌和举止丝毫看不出有大公司人物的影子。威尔基身材高大魁梧，头发有点凌乱，浑身散发温暖的气息，他朴素的魅力让人心动。小说家布思·塔金顿（Booth Tarkington）说，他是个

"举止完全自然的人,不会装模作样,也不会让人觉得纡尊降贵"。① 大卫·哈伯斯坦后来把他描述成"一个不像共和党人的共和党人——那些岁月中最稀有之人,一个性感的共和党人"。②

48 岁的威尔基在印第安纳州出生并长大,说话仍然带着印第安纳人特有的鼻音。他身上还保留了中西部农村地区的其他印记:在他成长的环境中,人们从来不锁前门,所以当他住在纽约第五大道的时候,也是这样——这让他那些有钱,安全意识也更高的邻居一直很惊讶。但是,在威尔基质朴无华的外表下,是一个态度强硬、头脑精明的人,他在 1933 年 41 岁的时候,就已经当上了"联邦与南方公司"(Commonwealth and Southern)总裁,这个公司是美国公用事业巨头,垄断了南方大部分地区的发电行业。

在加入该公司的几个月里,威尔基就与刚成立不久的罗斯福政府发生了冲突,因为政府提议建立田纳西河流域管理局。这是一个大胆的联邦项目,旨在为美国东南部地区提供电力、防洪、保持水土和其他福利。一旦项目完成,田纳西河流域管理局(Tennessee Valley Anthority,TVA)就能取代联邦与南方公司成为该区域发电行业的老大——为了防患于未然,威尔基执着地积极活动着。

威尔基擅长搞公共关系,他得心应手地把自己的公司,一个行业巨擘,描绘成"困在与苛政巨兽搏斗中"③ 的小英雄。让那些新

---

① Charles Peters, *Five Days in Philadelphia: The Amazing "We Want Willkie" Convention of 1940 and How It Freed FDR to Save the Western World*, New York: Public Affairs, 2005, p. 23.

② David Halberstam, *The Powers That Be*, Urbana: University of Illinois Press, 2000, p. 60.

③ Peter Kurth, *American Cassandra: The Life of Dorothy Thompson*, Boston: Little, Brown, 1990, p. 320.

政官员感到受挫的是,威尔基把联邦与南方公司——还有他自己——刻画成被政府无情迫害却无力反抗的受害者,引起了新闻界和大部分民众的共鸣。一位新政人士冷冷地回忆,只要是威尔基去国会委员会作证,记者席上就挤满了人,"总有 8~10 个摄影师在拍这位大人物"。① 在证词中,威尔基给自己的定位总是"一个受到'利益'攻击的普通美国人——一个为自己的权益发声的普通人、一个小人物"。②

最后,他放弃了这一斗争。在与田纳西河流域管理局谈判很久之后,他把联邦与南方公司的设备移交给了政府,获得 7860 万美元的补助,这让一些政府官员认为他在交易中占了上风。威尔基自己也从这场斗争中获胜。他成为受人尊敬的国民英雄,为温和的美国中产阶级尤其是商人发声,他们都觉得联邦政府管理的范围太大、势力太强,过于轻视私有企业。

但是,他也谴责大企业内部存在的各种问题和滥用职权的现象,包括他自己所在的行业。1939 年秋季之前,威尔基一直是民主党身份,他支持罗斯福新政的一系列改革措施,包括最低工资政策、限制工人工作时长、社会保障制度和劳资谈判等——所有这些都是让共和党保守派痛恨的话题。作为公民权利和自由的坚定拥护者,他成功地结束了三 K 党在地方事务中的影响力,为自己打响了名声,当时他还只是个在俄亥俄州执业的年轻律师。

尽管威尔基来自美国的中部地区,对那里的居民来说很有号召力,但他自己喜欢的是纽约市和他已亲历的都市高雅生活方式。他

---

① Francis Biddle, *In Brief Authority*, Garden City, N. Y.: Doubleday, 1962, p. 69.
② Francis Biddle, *In Brief Authority*, Garden City, N. Y.: Doubleday, 1962, p. 69.

常去剧院,是好几个顶级俱乐部(包括世纪俱乐部)的会员。"我不会住在任何其他地方!"① 有一次他向一个朋友感叹道,"这里是世界上最让人兴奋、最令人满意、最刺激的地方。我怎么生活都不厌烦。"

纽约之所以吸引他,部分源于一位名叫伊丽塔·范·多伦(Irita Van Doren)的南方女人。多伦说话柔声细语,与威尔基关系亲密。威尔基爱她,而她跟其他人比起来,又是成就他显赫政治地位的主要原因。这位身材娇小、一头卷发的范·多伦是《纽约先驱论坛报》的图书编辑,还是历史学家、批评家卡尔·范·多伦的前妻,也是美国最有影响力的文学家之一。她让《纽约先驱论坛报》的图书版面成为《纽约时报》最受欢迎图书版块的一个劲敌。多伦还在一个兼容并包的文学沙龙中成为资深会员,这个沙龙里有一些当时非常有名的作家,从卡尔·桑德堡、辛克莱·刘易斯到丽贝卡·韦斯特和安德雷·莫洛亚(Andre Maurois)。

二人相遇后不久,范·多伦就和已有家室的威尔基展开了婚外情。她把他介绍给自己的作家朋友,让他们做他的文学和学识导师,为他挑选出自认为可以阅读的书籍和文章,还帮他写演讲稿和其他文章。在她的指导下,他开始往《大西洋月刊》(*The Atlantic Monthly*)、《新共和报》(*The New Republic*)、《生活》、《周六晚报》、《福布斯》和《纽约时报》等不同的出版物投稿、写书评。

在范·多伦的鼓励下,威尔基开始越来越多地考虑是否要从政。根据两人共同的朋友记者约瑟夫·巴恩斯(Joseph Barnes)的说法,主要是她让他"明白自己的想法独到又重要,将来会成为

---

① Steve Neal, *Dark Horse: A Biography of Wendell Willkie*, Garden City, N.Y.: Doubleday, 1984, p. 25.

一名领导者"。① 威尔基和多伦出入的高层商界及学术界,也有越来越多的人这样看待他。大多数情况下,这些人是温和的自由派共和党人,他们常常会去欧洲旅行,也与欧洲有着千丝万缕的经济和私人关系。他们当中的有些人在华尔街法律事务所和金融公司工作,有些则供职于主要的媒体机构。

《纽约先驱论坛报》的出版人奥格登·里德(Ogden Reid)及其妻子海伦是威尔基及其政治潜力的众多慕名者之一,他们后来成为他最早的支持者。因为奥格登受到酗酒问题的严重困扰,所以海伦成长为报社的主要力量,她让报纸一改顽固的保守主义立场,观点进步很多。海伦·里德是位坚定的女权主义者,她是范·多伦的好友和知己,促进了后者事业的发展。

1939年3月3日,《纽约先驱论坛报》发表了一封写给编辑的信,信中呼吁提名温德尔·威尔基参加1940年美国总统竞选。写信的是G.弗诺·罗杰斯(G. Vernor Rogers),该报前身之一《纽约论坛报》(*New York Tribune*)的总经理。他也是海伦·里德的哥哥。罗杰斯的来信是个信号,首次表明东海岸的某些媒体人士可能正在找人替换那些已准备角逐总统竞选的共和党候选人。

当时呼声最高的人——在费城会议之前——是托马斯·杜威,他因为打击有组织犯罪、铁面无私地对一些臭名昭著的不法分子提起诉讼而得到全国人民的赞誉。到1939年,杜威已经拥有了一个相当不错的竞选团队——演讲稿写作班子、公关小组,还有两名从乔治·盖洛普(George Gallup)的机构借调来的民意调查专家。他缺乏的只是自己的观点。在他发表自己对于某些问题的立场之前,

---

① Charles Peters, *Five Days in Philadelphia: The Amazing "We Want Willkie" Convention of 1940 and How It Freed FDR to Save the Western World*, New York: Public Affairs, 2005, p. 35.

他的民调专家会先做调查，以检测各种立场的大众接受程度。如果反应消极，他们就会顺势做出改变。所以杜威倾向于孤立主义便不足为奇了。

杜威最势均力敌的竞争对手是俄亥俄州的罗伯特·塔夫脱参议员，前总统威廉·霍华德·塔夫脱（William Howard Taft）的儿子。塔夫脱之前是一名公司法律顾问，极为保守。希特勒1940年5月发动闪电战后，他说："华盛顿搞新政的那圈人向美国渗透自己极权主义思想的危险，远远要大于纳粹……将要发起的行动。"① 人们普遍认为塔夫脱是个冷漠、不容易亲近的人，思想又很保守。据一位英国观察家说，他似乎相信"1910年前后是美国的黄金时期"。②

弗诺·罗杰斯力荐威尔基的信出版之后，在其他报纸和杂志上又出现了一些文章，也推测这位印第安纳州人可能获得获选人资格。但很少有人当真：威尔基几乎没有得到任何支持和认可，甚至在民意调查中都从未出现相关迹象。接着进入1939年的夏天，他遇到了罗素·达文波特（Russell Davenport），《财富》杂志40岁的编辑主任，随后他政治版图的结构开始发生转变。

达文波特是典型的美国白人新教徒代表，他像演员格里高利·帕克（Gregory Peck）一样，来自费城的大家族，就读由自己先祖创办的耶鲁大学。达文波特后来成了一名小说家和诗人，他在20世纪20年代中期的时候住在巴黎，在那里，他接触的都是

---

① Charles Peters, *Five Days in Philadelphia: The Amazing "We Want Willkie" Convention of 1940 and How It Freed FDR to Save the Western World*, New York：Public Affairs, 2005, p. 21.

② Philip Goodhart, *Fifty Ships That Saved the World: The Foundation of the Anglo-American Alliance*, Garden City, N.Y.：Doubleday, 1965, p. 106.

欧内斯特·海明威、格特鲁德·斯泰因、珍妮特·弗兰纳（Janet Flanner）和其他一些住在法国的美国文学界人士。但他以作家的身份无法谋生，所以很快返回美国，加入了亨利·卢斯不断扩张的出版帝国。1929年，他帮助创办了《财富》杂志，8年后，他升任编辑主任。

达文波特和威尔基志趣相投，不仅在于他们有相同的政治观点，还在于他们相似的生活态度。第一次见面后，达文波特回到家就对他妻子玛西娅（Marcia）说："我遇到了一个人，他应该当下一任美国总统。"① 亨利·卢斯后来把威尔基-达文波特的会面形容成一种"创造政坛历史的化学反应"。②

从一开始，在威尔基原本不可能发生的竞选活动中，达文波特就是一个核心人物，担任他的首席战略策划、演讲稿撰写人以及他的知己。玛西娅·达文波特是个小说家，前《纽约客》作家，她也参与其中。1939年的整个秋天和1940年的冬天，达文波特夫妇每周都在他们曼哈顿的公寓中定期举办晚宴，把威尔基介绍给众多有名的纽约人和其他东海岸人士，这些人可能会在竞选中对之有益。

但他们时间紧迫。离共和党召开大会只有几个月了，而威尔基尚未在美国人民心中确立自己作为一个合格总统候选人的地位。1940年4月，达文波特试图通过在《财富》杂志上发表两篇文章引发公众对他这位朋友的兴趣，来弥补这一不足。第一篇——由威尔基撰写（达文波特和伊丽塔·范·多伦帮助编辑修改）——不仅抨击了罗斯福想要获取更多权力的行为，也指责了国会孤立派们妄图阻止向同盟国出售武器的动作。"我们反对战争，"他写道，

---

① Marcia Davenport, *Too Strong for Fantasy*, New York: Pocket, 1969, p. 216.
② Robert T. Elson, *Time, Inc.: The Intimate History of a Publishing Enterprise, 1923-1941*, New York: Atheneum, 1968, p. 417.

"但是我们并不打算放弃自己的权利,向那些正在保卫自己不受侵犯的人出售任何我们愿意出售给他们的东西。"①

与威尔基的文章同时出版的是达文波特写的一篇长达 2 页的社论,这篇社论肯定了威尔基在国内及国外政策上的观点,暗示美国人忽略共和党的那些头头们,选他为总统候选人。"他所代表的原则才是美国人的原则,"社论写道,"这些原则能否借他获取候选资格后盛行开来,就取决于我们的人民在政治方面是否成熟。"②

《财富》杂志上刊登的文章为威尔基打开了希望的闸门。年轻的普林斯顿毕业生小奥伦·鲁特(Oren Root Jr.)是华尔街一家知名律师事务所的合伙人,他深受文章感染,立即与一位朋友打印了 800 多份"威尔基竞选总统"的请愿书,并邮寄给刚从普林斯顿、哈佛和耶鲁大学毕业的校友们。同时,《纽约先驱论坛报》在公告栏中刊登了一则广告,号召其读者"帮助小奥伦·鲁特整理人们想要威尔基上台的强烈要求",③ 并敦促志愿者去事务所跟这位 28 岁的鲁特取得联系。

几天里,事务所的总机响个不停,合伙人们甚至都无法拨打外线电话。与此同时,满载请愿书、信件和捐款的大邮件袋开始堆积在鲁特的办公室以及事务所的大堂里。他的上司们恼怒万分,向他明确表示,这种情况不能继续,于是鲁特就请假独自全身心地投入这场堂·吉诃德式的威尔基竞选活动中。3 个星期里,他收集了 20

---

① Steve Neal, *Dark Horse: A Biography of Wendell Willkie*, Garden City, N.Y.: Doubleday, 1984, p. 68.
② Robert T. Elson, *Time, Inc.: The Intimate History of a Publishing Enterprise, 1923-1941*, New York: Atheneum, 1968, p. 417.
③ "President-Maker," *New Yorker*, June 8, 1940.

多万人的签名,在全国各地组织"威尔基竞选总统"的俱乐部。到费城大会时,已有 750 个这样的俱乐部、5 万名左右的志愿者,以及超过 300 万个签名支持威尔基提名候选人。

在威尔基不知情也没有提供任何支持的情况下,鲁特完成了这些事。事实上,他从未见过威尔基或达文波特。在写给威尔基的一封信中,鲁特向他道歉,未经他的允许行事:"我对于你能在费城提名候选人的事不抱幻想……(但是)我相信,如果立即采取足够的正确行动,那么即使是共和党的政客们也能最终接受此事。我准备用我所能付出的全部精力和想法去做这份工作。"①

在鲁特把工作铺展到全国的同时,达文波特正努力争取东部有影响力的专栏作家和编辑们的支持。雷蒙德·克拉珀几年前被其华盛顿的记者同事们称为美国"最重要、最公平和最可靠"② 的政坛专栏作家,在给他的信中,达文波特写道:"在美国,能团结共和党内进步力量的唯一有能力、有智慧、有说服力的人,就是温德尔·威尔基。但是,你会……指出,威尔基先生进入政坛不切实际。没错。但为什么我们就不让他当个总统呢?"③ 曾用"75%的新政派"④ 来描述自己的自由党人克拉珀,用几篇支持威尔基的专栏文章回应了达文波特的来信。

然而,达文波特笼络的最有价值的人,是他的老板亨利·卢

---

① Steve Neal, *Dark Horse: A Biography of Wendell Willkie*, Garden City, N.Y.: Doubleday, 1984, p. 69.
② Donald A. Ritchie, *Reporting from Washington: The History of the Washington Press Corps*, Oxford: Oxford University Press, 2005, p. 135.
③ Steve Neal, *Dark Horse: A Biography of Wendell Willkie*, Garden City, N.Y.: Doubleday, 1984, p. 71.
④ Jeff Shesol, *Supreme Power: Franklin Roosevelt vs. the Supreme Court*, New York: Norton, 2010, p. 283.

斯。卢斯在达文波特的一次晚宴上见过威尔基一次，极为赞赏他的超凡魅力和干预主义观点。这位出版商很快就带着其两本最具影响力的杂志《时代》和《生活》执着地投身威尔基的候选事务中。其实，两个刊物这几个月来一直刊登有利于威尔基的报道。但在卢斯表明他对威尔基的支持之后，它们就转变了之前多少左右兼顾的态度，开始全力支持威尔基：毫不吝啬地赞扬他，同时还不间断地戳穿他几位对手的黑幕。

　　大约在同一时间，威尔基又获得了另一家出版社的支持，这家出版社由哈佛毕业的考尔斯兄弟俩创办与运营。约翰·考尔斯（John Cowles）与加德纳·考尔斯（Gardner Cowles）是美国中西部地区人，虽然他们的出版社比卢斯的出版帝国规模小得多，影响力也没那么大，但因为他们的根据地在明尼阿波利斯，所以对威尔基来说也至关重要。在他们的出版物中，有两份发行面较广的报纸——《明尼阿波利斯星报》（the *Minneapolis Star-Journal*）和《得梅因纪事报》（the *Des Moines Register*），此外，还有一本很受欢迎的摄影报道杂志《展望》（*Look*），后者是《生活》的有力竞争者。

　　但比起他们用出版物给予的支持，考尔斯兄弟给予威尔基中西部地区的政治入场许可更有价值。他们陪同他乘坐小型私人飞机遍访整个地区，把他介绍给当地的共和党领导人，还帮他安排面向大批忠诚共和党人进行演讲的事宜。玛西娅·达文波特描述他是一位"守旧但令人敬畏的"[1] 演讲者，无论他走到哪里，都能激起观众们的热情和欢呼。在圣路易斯，他宣称："如今诋毁民主的那些人，在美国也好，在欧洲也好，是因为他们想要取悦大众。现在几

---

[1] Marcia Davenport, *Too Strong for Fantasy*, New York: Pocket, 1969, pp. 216-217.

乎没有人会站起来说自己的想法是什么。"① 在他演讲的每一站，他都会持续这么说，要求罗斯福政府向法国和英国送去更多的援助，他还说一想到自己的某位孤立派政敌有可能会成为总统，就"为我们国家的安全担忧"。②

在那之前，美国人对威尔基的印象还停留在媒体报道和电台评论上。然而现在，他们有机会通过与他的个人接触来形成自己对他的看法了——许多人喜欢他们看到的这个人。虽然共和党内的资深人士可能会排斥他的独立性，以及他的热情和激烈的干预主义思想，但很多温和的共和党人——小生意人和企业家、教师、律师以及其他职业的人——觉得他的这些品质都很有吸引力。"像我父亲这样的共和党人，对泰迪·罗斯福*的热爱从未减弱，他们对于共和党的忠诚也接受了哈定和柯立芝时期的严峻考验，所以温德尔·威尔基于他们而言似乎是一面闪闪发光的希望之旗，"历史学家理查德·凯彻姆写道，"一方面，他代表了企业……另一方面，他在国际事务上又具有前瞻性。"③

在1940年3月做的一项民意调查中，只有不到1%的共和党选民首选威尔基。到了5月底，这个数值上升到7%，而到了6月初，则有29%了。在共和党大会的那一周里，他的脸频繁出现在《时代》《生活》《周六晚报》和《展望》的封面上，这都为他打响了名声。"共和党提名的往往是那些在测验民意的非正式投票中排名

---

① Richard M. Ketchum, *The Borrowed Years, 1938-1941: America on the Way to War*, New York: Random House, 1989, p. 415.
② Steve Neal, *Dark Horse: A Biography of Wendell Willkie*, Garden City, N.Y.: Doubleday, 1984, p. 75.
* 西奥多·罗斯福——译注
③ Richard M. Ketchum, *The Borrowed Years, 1938-1941: America on the Way to War*, New York: Random House, 1989, p. 424.

靠前或某些令人乏味的政治家,"雷蒙德·克拉珀在《生活》中写道,"或者,他们也可以再勇敢些、更大胆些,看看要做的工作,抛开传统,选择最适合的人。他们可以跃过'远离草坪'的标识牌,提名温德尔·威尔基。"①

尽管如此,很少有人(如克拉珀)相信威尔基有可能成为候选人。众议院少数派领袖代表及大会主席约瑟夫·马丁抵达费城时坚信——正如他后来回忆的:"威尔基,尽管接二连三地进行宣传,但并不是个有力的竞争者。"②

费城大会于6月24日星期一开始,没人可以确定最后会发生什么。一周前法国已经向德国投降,战争的阴影就犹如这6月令人窒息的酷暑一样沉重地笼罩在会议上空。在一篇社论漫画中,希特勒站在费城会议大厅的正中间,下面写着"不速之客"。③

共和党集会前夕,威尔基曾呼吁美国立即援助英国,还补充说,他在这个问题上"与国家管理机构的步伐一致"④——这显然是对共和党孤立派的一击。被他的言论所激怒,约有50名共和党国会议员集体署名写了一封信,建议大会选择一位"一贯支持共和党政策的领导人……而且这位领导人公认的立场及其最近发表的声明能向美国人民保证:他不会带领这个国家走入海外的战场"。⑤

---

① Raymond Clapper, "GOP's Chance," *Life*, June 24, 1940.
② Philip Goodhart, *Fifty Ships That Saved the World: The Foundation of the Anglo-American Alliance*, Garden City, N. Y. : Doubleday, 1965, pp. 106-107.
③ Steve Neal, *Dark Horse: A Biography of Wendell Willkie*, Garden City, N. Y. : Doubleday, 1984, p. 108.
④ William S. Langer and S. Everett Gleason, *The Challenge to Isolation: 1937-1940*, New York : Harper, 1952, p. 670.
⑤ Steve Neal, *Dark Horse: A Biography of Wendell Willkie*, Garden City, N. Y. : Doubleday, 1984, pp. 97-98.

他们再次得到的确认是,大部分与会代表已经承诺选择塔夫脱或杜威,他们声称威尔基的得票数肯定在 100 票之内。

为了防止出现这种情况,威尔基的志愿者们拼命努力工作。在费城,尤为孜孜不倦投入其竞选活动中的人有《纽约先驱论坛报》的海伦·里德、多萝西·汤普森和伊丽塔·范·多伦;其中多伦为了避免引起政治丑闻,时刻与威尔基保持着距离,至少在公众场合里会如此。多萝西·汤普森抨击查尔斯·林德伯格有多激烈,支持威尔基就有多热诚。一天晚上,在费城与里德一起吃晚餐时,她用力敲着桌子,盘子和玻璃杯都晃了起来。"如果这些政客不提名温德尔,相信我,海伦,我们可以自己选他!"① 她愤慨地喊道,"我要到大街上去,让人民来选他!"

孤立分子在搞"阻止威尔基"的运动,可这个一头乱发的异见派还是不断在取得好成绩。会议开到一半的时候,乔治·盖洛普宣布推迟发布他最新的调查数据,说还没有得出结果,但也承认了"威尔基的发展势头迅猛"。② 事实的确如此。会议结束后不久,民意调查结果公布,威尔基突然超过了杜威,支持率是 44% 对 29%。人们普遍认为盖洛普是杜威的支持者,但威尔基阵营的一些人认为他故意拖延民意测验结果是为了帮助那个纽约地方检察官。

虽然杜威和塔夫脱已经得到了共和党大多数内部人士的支持,但威尔基也积聚了自己的一些党内盟友,最有名的是康涅狄格州共和党负责人塞缪尔·普赖尔(Samuel Pryor)。作为负责会议后勤的官员,普赖尔主持分发进入大厅的证件,包括旁听席的观众门票。

---

① Vincent Sheean, *Dorothy and Red*, Boston: Houghton Mifflin, 1963, p. 312.
② Charles Peters, *Five Days in Philadelphia: The Amazing "We Want Willkie" Convention of 1940 and How It Freed FDR to Save the Western World*, New York: Public Affairs, 2005, p. 99.

在杜威和塔夫脱阵营不知情的情况下，他减少了两人支持者的旁听席票数，大大增加了威尔基声援者的进场率。声援者中有数百名小奥伦·鲁特"威尔基俱乐部"的成员，他们此前已经从全美各地涌入了费城。

6月26日晚上，印第安纳州一位年轻的国会议员查尔斯·哈勒克（Charles Halleck）把威尔基的名字列入提名名单。当杜威和塔夫脱的会议代表喝倒彩、发嘘声或者尖叫着扰乱哈勒克的讲话时，旁听席里响起了欢呼声和掌声，声音如潮响彻大厅，还有不绝于耳的口号"我们要威尔基！"① 哈勒克发言结束之后，口号声更大了。旁听席上成千上万的人起立，叫喊着、跺着脚、鼓着掌，一遍又一遍用他们最大的声音呼唤着："我们要威尔基！"随着响声变得震耳欲聋，宣誓支持威尔基的几个代表抓起地上的州旗高高举起并绕场游行，而杜威和塔夫脱的代表们则试着夺回旗帜。一些代表团的人们挥拳相向扭打了起来，有几场激烈得等警察来了才停下。

政治类题材作家后来说，这是泰迪·罗斯福时期以来最激动人心、振聋发聩的大会场景，还极度体现了美国文化和美国的政治分歧，这一政治分歧不仅分裂了共和党，也分裂了整个国家。作家查尔斯·彼得斯（Charles Peters）指出："会议厅里大部分人……代表着来自美国小城镇且思想保守的孤立派。而旁听席上的大部分人则相反。"②

---

① Steve Neal, *Dark Horse: A Biography of Wendell Willkie*, Garden City, N.Y.: Doubleday, 1984, p. 106.
② Charles Peters, *Five Days in Philadelphia: The Amazing "We Want Willkie" Convention of 1940 and How It Freed FDR to Save the Western World*, New York: Public Affairs, 2005, p. 95.

次日上午,《纽约先驱论坛报》在头版刊登了一篇社论,有史以来第一次强烈要求共和党大会提名威尔基。在费城,准备晚上投票的会议代表们焦躁不安,整整一天紧张与兴奋的情绪有加无已。前一天晚上支持威尔基那震耳欲聋的示威行动让他们感到不安,不仅如此,那个星期暴风雪般不断寄到他们手里要求他们选择威尔基的电报、信件和明信片也让他们骑虎难下。根据后来的估算,支持威尔基的这类邮件超过了100万封。

1940年的共和党大会是多年来最有悬念的政党会议,6月27日的晚上,成百上千万的美国人坐在家里的收音机旁等待选举结果。投票一开始,旁听席上威尔基的支持者们就继续高喊口号。唱票时,各州代表团的负责人们合力喊叫以盖过嘈杂声,争取让在场的人听到自己的声音,而西部联盟电报公司(Western Union)的电报员们则在场上奔走,发送紧要关头的电报。第一轮投票后,杜威360票领先,塔夫特189票随后,而威尔基只有105票。

第二轮投票开始后,众议员约瑟夫·马丁提醒旁听席上的人,他们只是大会的观众,以此试图平息场内的狂怒。"来客们,见鬼,我们才是大会,"[1] 有人喊了回来。马丁不得不同意了。"我们这些专业人士不可能误续摆在我们面前的教训,"他后来写道,"此刻威尔基火了。"[2]

在这闷热的大厅里,投票一轮接着一轮,威尔基缓慢但稳健地赢得了支持。"结果总是悬而不决,那种让人揪心的感觉我至今还

---

[1] Philip Goodhart, *Fifty Ships That Saved the World: The Foundation of the Anglo-American Alliance*, Garden City, N. Y. : Doubleday, 1965, p. 108.

[2] Philip Goodhart, *Fifty Ships That Saved the World: The Foundation of the Anglo-American Alliance*, Garden City, N. Y. : Doubleday, 1965, p. 107.

记得，"① 玛西娅·达文波特回忆道。她还记得，"共和党保守派的怨恨，他们坚决抵制（威尔基），仇视他和我们所有为这一刻工作的人。我望着罗素，他面色苍白，满头大汗，一双绿色的眼睛在刺目的热光中熠熠发亮。他正看着场内的代表团成员们相互咆哮，彼此咒骂"，还时不时地"动起手来"。

终于，凌晨 1 点 15 分的时候，在经历了 8 个多小时的投票后，温德尔·威尔基被提名为共和党的总统候选人。现场一片混乱，威尔基的支持者们尖叫着、哭泣着、欢呼着、拥抱着，又接着喊了起来："我们要威尔基！"后来，新闻记者和其他人把那一晚发生的事称为"费城奇迹"。② 学者 H. L. 门肯就持这一说法。"我深信，威尔基的提名是由圣灵亲自督办的，"投票时在场的门肯写信给一位朋友这样说道，"在计第六轮投票票数时，我看到旁听席里站着一个天使。它穿着棕榈沙滩的西装，抽着 5 美分一支的雪茄，但无论如何，它显然就是一个天使。"③

在未来的几周、几个月里，民主党党内人士联合共和党中坚派共同指控威尔基的提名是由东海岸商人、华尔街银行家和出版商策划的阴谋。据称，他们挑选了大会旁听人员，负责制造了雪花般发送给代表们的大部分电报和信件。

玛西娅·达文波特等与这位共和党候选人关系密切的人否认了这一指控，声称虽然东海岸媒体确实帮助燃起了支持威尔基的烈火，但普通美国人的热情才是这把烈火燃遍全国的真正原因。一个

---

① Marcia Davenport, *Too Strong for Fantasy*, New York：Pocket, 1969, p. 228.
② Steve Neal, *Dark Horse: A Biography of Wendell Willkie*, Garden City, N. Y.：Doubleday, 1984, p. 122.
③ Steve Neal, *Dark Horse: A Biography of Wendell Willkie*, Garden City, N. Y.：Doubleday, 1984, p. 116.

独立性组织"社论研究报告"（Editorial Research Reports）研究了那些支持威尔基的电报，发现大部分电报确实是普通选民发来的。"我了解我家乡那些支持威尔基的人"，查尔斯·彼得斯（弗吉尼亚出生的一位西部作家和编辑，专门写了一本有关威尔基提名的书）说道，"他们都是独立的人，有自己行事的原则，不会听从其他任何人的指令。那场开始于精英们的小圈子里的运动，已经成为一场真正的人民运动"。①

《纽约客》的珍妮特·弗兰纳同意这一观点，但略带其他倾向。"对于数百万午夜后还守在收音机旁的美国人来说，威尔基的突然提名虽然遥不可及……但其影响远比一匹获胜的黑马带来的热度和震惊要大，"她写道，"因为最近多数欧洲民主政体都缄默了，所以那晚威尔基的当选不管是对于许多愤世嫉俗的听众还是民主党人士来说，都是一个令人兴奋、激动人心的消息。"② 弗兰纳指出，这，是人民的声音。

提名后的那晚，威尔基与代表们交谈时说，在战争的问题上，"我们不仅是共和党人，我们还是美国人"。③ 用罗伯特·舍伍德的话说，威尔基的当选"向世界其他地区——尤其是交战国地区——保证了美国外交政策的连续性，不管最后选举结果如何"。④ 洛锡安爵士感到欢欣鼓舞，他对丘吉尔和外交部说，无论谁赢得选

---

① Charles Peters, *Five Days in Philadelphia: The Amazing "We Want Willkie" Convention of 1940 and How It Freed FDR to Save the Western World*, New York: Public Affairs, 2005, p. 115.
② Janet Flanner, "Rushville's Renowned Son-in-Law," *New Yorker*, Oct. 12, 1940.
③ Steve Neal, *Dark Horse: A Biography of Wendell Willkie*, Garden City, N.Y.: Doubleday, 1984, p. 121.
④ Robert Sherwood, *Roosevelt and Hopkins: An Intimate History*, New York: Harper, 1948, p. 174.

举，他们在华盛顿都拥有了一位朋友。

与此同时，德国官员把干预派的胜利视为重大挫折。"从外交政策的角度看，温德尔·威尔基的提名于我们不利。"① 德国外交部郁闷地承认了这个事实。此前，德国驻华盛顿大使馆曾花上万美元请了50名共和党孤立派国会议员参加费城大会，目的是让大会采用孤立主义的施政纲领。在一封发给柏林的电报中，代理大使汉斯·汤姆森报告说，这些国会议员们不知道自己的差旅经费是哪里资助的，他们会去游说"政党纲领委员会"成员和其他共和党代表采用孤立派纲领。同时，汤姆森说，他们已经在多家美国报纸上刊登了整版广告，标题是：不要走向战争！

在他发送的电报中，汤姆森把费城计划描述成"伪装得很好的闪电宣传攻势"。② 可实际上，他的计划完全失败了。尽管国会议员们做出了努力，共和党还是在孤立派与干预派的观点之间好不容易找到了可以暂时相互妥协的外交政策准则；它反对美国参战这一观点，但还是愿意考虑给"自由受到威胁的民族"③ 提供援助。正如 H. L. 门肯所看到的那样，这个纲领"这样写，那么无论民主政体是胜是败都适用，美国既可以送武器去英国，也可以只给他们送鲜花"。④

然而，即使这一政党纲领直截了当地奉行孤立主义，也不会有

---

① *Documentson German Foreign Policy 1918–1945*, Series D, Vol. 9, Washington, D. C.：U. S. Government Printing Office, p. 49.
② *Documentson German Foreign Policy 1918–1945*, Series D, Vol. 9, Washington, D. C.：U. S. Government Printing Office, p. 551.
③ William S. Langer and S. Everett Gleason, *The Challenge to Isolation: 1937–1940*, New York：Harper, 1952, p. 669.
④ Richard M. Ketchum, *The Borrowed Years, 1938–1941: America on the Way to War*, New York：Random House, 1989, p. 426.

很大的不同。汤姆森和德国人不明白的似乎是，除了民主党和共和党的中坚分子以外，美国基本不会有人关注纲领性文件。美国人倾向于给候选人而不是纲领投票。虽然德国的宣传人员把注意力都放在了影响施政纲领的工作上，但共和党的代表们还是摆脱了他们的束缚，提名一位直言其干预主义立场的人士去竞选总统。

对罗斯福和民主党人而言，虽然他们因为威尔基的当选使得向英国提供援助变得没那么艰难而松了口气，但他们还是非常担心共和党在选民中的人气过高。罗斯福总统承认，威尔基会是他所面对过的最可怕的对手，他对专栏作家沃尔特·温切尔说："他的真诚带来了巨大的影响。人们相信他所说的每个字。我们要与他鏖战了。"①

---

① Steve Neal, *Dark Horse: A Biography of Wendell Willkie*, Garden City, N.Y.: Doubleday, 1984, p. 122.

第十三章　国会要发生骚乱了

甚至在温德尔·威尔基当选之前，罗斯福就知道他即将面临一场极为艰难的选举大战。根据最近的一项民意调查，有超过一半的受访者反对总统意欲打破乔治·华盛顿定下的不超过连任两届的先例。当然，人民仍然爱戴他，他有数百万的选民支持，尤其是那些曾经在他的经济和社会政策中获益的人。但越来越多的美国人似乎对他及其新政感到厌倦。因为新政虽然缓解了大萧条时期的许多问题，却没有找到真正解决问题的方法。"在国内事务的领导上，总统完成了他力所能及的一切，"司法部长罗伯特·杰克逊后来评论道，"我认为，基于他做出的国内规划，他没有任何理由第三次连任总统。"①

在1938年的国会选举中，共和党获得了8个州长席位、8个参议院席位和80多个众议院席位。根据1940年春所做的民意调查，在大多数州里，共和党比民主党势力更强大。"现在势头明显偏向共和党，除非出现罗斯福式奇迹……不然就没有什么可以在选举中挽救民主党。"②《时代》在4月的文章中这样总结道。

希特勒侵犯西欧便提供了一个令奇迹得以现身的机会。在经济

---

① Robert H. Jackson, *That Man: An Insider's Portrait of Franklin D. Roosevelt*, Oxford: Oxford University Press, 2003, p. 42.

② Steve Neal, *Dark Horse: A Biography of Wendell Willkie*, Garden City, N.Y.: Doubleday, 1984, pp. 56-57.

危机时期，美国人习惯性地寻求罗斯福总统的领导，他们现在也是这么做的。在德国军事入侵的一周里，他的民众支持率猛增。谁都不清楚他是何时下决心谋求第三任期的——他没有对任何人说过这件事，甚至包括他的妻子，但他身边的几名主要助手认为，他应该是在法国政府垮台之前或同期做出的决定。

一年多来，罗斯福就一直告诉身边共事的人，他打算在第二任期期满后退休。他说自己很累，他的健康状况已大不如前。他对内政部长哈罗德·艾克斯说，他的速度"慢下来了"，[1] 身体和思维都不如以前敏捷。埃莉诺·罗斯福坦诚地对她丈夫最亲近的助手哈里·霍普金斯（Harry Hopkins）说："他以前对待行政事务事必躬亲，现在却没有了热情，坦白地说，可能是厌烦了。"[2]

虽然不排除再次参加竞选的可能，但他也没有阻止其他民主党人士争取提名的行为。其中不乏那些认为自己是罗斯福合法继任者的杰出人物，如邮政总长詹姆士·法利（James Farley），副总统约翰·南斯·加纳——自法院改组惨败后，他与总统渐行渐远；还有参议员伯顿·惠勒，他于1939年11月批准成立了"惠勒总统竞选委员会"。

虽然罗斯福从未详细解释为何自己决定再一次去争取连任，但他有可能会这样总结——只有他才具备处理欧洲危机的能力和经验。他认为，民主党其他竞争者都不能胜任这个位置，温德尔·威尔基也是如此。关于共和党提名的候选人，罗斯福后来写信给一位朋友说："我觉得，他对这个世界没有太多的了解，他不得不多多

---

[1] Kenneth S. Davis, *FDR: Into the Storm, 1937–1940*, New York: Random House, 1993, p. 533.

[2] Kenneth S. Davis, *FDR: Into the Storm, 1937–1940*, New York: Random House, 1993, p. 533.

学习……以苦难的经历为校园。但是，在 1940 年，这会是一个相当危险的尝试。"① 在罗斯福看来，还有一个麻烦，如果共和党在竞选中获得全胜，就可能造成共和党孤立派顽固人士接管国会各委员会主席席位的局面。例如，参议员海勒姆·约翰逊会当选参议院外交关系委员会主席，而众议院外交事务委员会则会落到汉密尔顿·菲什众议员（Rep. Hamilton Fish）的手里。菲什众议员是一个极端保守主义者，他蔑视罗斯福，罗斯福也反感他。

然而，一旦罗斯福做出决定，他就明确对身边的人表示，他不会公开采取任何行动来争取提名。哈罗德·艾克斯力劝他不要这么做，他坚持要求总统参加竞选大会，"现身说法"② 地告诉选民为什么他认为谋求第三个任期很重要。艾克斯宣称，这样的声明"将把这场政治运动提升到新高度，从而（使它）激励全国人民"。

罗斯福忽略了他的建议。他深刻地意识到第三次任期的政治敏锐性问题，所以决心表现得好像并未积极地谋求——而且实际上也确实没有兴趣谋求——下一个任期。他还希望代表们自发地对他表示支持："对他所领导的政党表达一些爱戴和一些真诚的感激和忠心。"③

然而，一些政府官员还是认为，罗斯福一再表示对继续连任没有兴趣，其中有些许可信的东西。根据司法部副部长弗朗西斯·比德尔的说法，罗斯福是个"无趣、疲惫又陈腐的人……他对自己的提名没有太大的兴趣。就好像他不想做出选择，更愿意让别人来

---

① Robert H. Jackson, *That Man: An Insider's Portrait of Franklin D. Roosevelt*, Oxford: Oxford University Press, 2003, p. 45.
② Harold Ickes, *The Secret Diary of Harold L. Ickes*, Vol. 3, *The Lowering Clouds*, *1939-1941*, New York: Simon & Schuster, 1955, p. 250.
③ Geoffrey Perret, *Days of Sadness*, *Years of Triumph: The American People*, *1939-1945*, New York: Coward, McCann & Geoghegan, 1973, p. 48.

替他做决定一样……他不会出一点力"。①

威尔基当选总统候选人的两周后，民主党竞选大会在芝加哥举行，会上总统无精打采的样子似乎传染到了那些参会者的身上。民主党大会和共和党大会截然不同，与费城会议上肾上腺素飙升的混乱相比，芝加哥会议则让人感到"死气沉沉、冷冷清清"，② 艾克斯写道。专栏作家马奎斯·蔡尔兹用"沉闷"③ 和"可怕"两个词来形容这次会议。

在会议召开的第二个晚上，参议院多数党领导人及大会主席阿尔本·巴克利（Alben Barkley）议员给会议厅里上万名民主党人士宣读了罗斯福发来的一条信息。在信息中，罗斯福宣布，他无意竞选第三任任期，代表团成员可以自由地投票给自己想选的竞选人。有那么一刻，人们惊呆了，场上哑然无声。代表们不知道如何应对这一爆炸性宣言，他们只是看着，首先注视着巴克利，然后互相对视。

突然，一声"我们要罗斯福！"④ 的呐喊响彻这个巨大的会场。与费城支持威尔基的民众们那洪亮的咆哮声不同，这是一个人发出的吼声，经由扬声器放大，然后一遍一遍地循环："我们要罗斯福！"一支乐队奏起《好时光重现眼前》（*Happy Days Are Here Again*）的曲子，旁听席上的观众们涌到大厅里，而许多依然目瞪

---

① Francis Biddle, *In Brief Authority*, Garden City, N. Y.：Doubleday, 1962, pp. 140-141.

② Harold Ickes, *The Secret Diary of Harold L. Ickes*, Vol. 3, *The Lowering Clouds, 1939-1941*, New York：Simon & Schuster, 1955, p. 243.

③ Marquis W. Childs, *I Write from Washington*, New York：Harper, 1942, p. 196.

④ Geoffrey Perret, *Days of Sadness, Years of Triumph: The American People, 1939-1945*, New York：Coward, McCann & Geoghegan, 1973, p. 49.

口呆的代表则纷纷起立加入了这场游行。

第二天，记者们追踪到这个神秘的声音来自一位叫托马斯·麦加里（Thomas McGarry）的芝加哥下水道主管，他受市长爱德华·J. 凯利（Edward J. Kelly）之命，坐在会议大厅的地下室里，反复不停地用连接大厅扬声器的麦克风喊"我们要罗斯福！"的口号。凯利是罗斯福的主要支持者，他还精心策划了随后的游行活动。

"当然，代表们可以自由投票，投给他们想投的候选人，"民主党仲裁人欧内斯特·库尼奥（Ernest Cuneo）后来说道，"如果他们愿意的话，还可以自由地跳进密歇根湖，考虑他们对提名产生的全部影响，还不如跳湖算了。"① 在理查德·凯彻姆看来："大会这件事沾染了罗斯福为了自己而对之进行操纵的气味，恶心难当。"② 当凯利和该党的其他领导人明确要求代表们用鼓掌表示提名罗斯福的时候，这个嫌疑就更大了。法利坚持用计数的方式，结果是罗斯福946票，法利72票，加纳61票。尽管听命于人让代表们怨意难消，总统迂回曲折的手段也让他们怒不可遏，但想到他们至少能自由选择副总统候选人，于是又稍稍缓和了一些情绪。包括众议院议长威廉·班克赫德（William Bankhead）和詹姆斯·伯恩斯参议员在内的几位主要国会议员正在公开竞选这个职位，其中有些人认为自己得到了罗斯福的支持。

可总统又一次公布了一个令人不快的意外之举：通过他在芝加哥会议的特使哈里·霍普金斯，总统表示，他本人将指定副总统候选人。总统选择的是农业部长亨利·华莱士（Henry Wallace），一

---

① Ernest Cuneo unpublished autobiography, Cuneo papers, FDRPL.
② Richard M. Ketchum, *The Borrowed Years, 1938-1941: America on the Way to War*, New York: Random House, 1989, p. 463.

个土生土长的艾奥瓦州人。华莱士在杂交玉米的培植过程中起到了关键性作用,更重要的是,农业部引进变革性项目把农民从经济崩溃的深渊中拯救了出来,这一切彻底改变了美国农业的面貌。他在中西部地区很受人民爱戴,就总统而言,这是华莱士可以得到提拔的一个强项。但对于罗斯福来说,更重要的是,信奉自由主义的华莱士是他的坚定支持者,从未对他或他的国内国外政策产生动摇。"富兰克林指出过他身边众人出现不再忠诚于他的迹象,他也愈发意识到可以最大限度地指望华莱士。"① 罗斯福当政早期的首席顾问雷克斯福德·格威尔(Rexford Tugwell)评论道。

然而,在相当多的民主党资深人士看来,华莱士是个糟糕透顶的选择。在这些人眼中,他是一个激进的自由主义者、一个差劲的行政官员、一个口齿不清的竞选者和一个民主党新人,直到1936年才加入党派。他们认为,他"对玉米的遗传特性更感兴趣,对于泽西城的选票则兴味索然"。② 华莱士推崇素食、滴酒不沾,被公认为是个怪人,他涉足占星术、美洲土著宗教、乌托邦公社和东方神秘主义的研究,以寻求精神的真谛。

20世纪20年代末,华莱士与一位在俄罗斯出生的宗教精神领袖及画家尼古拉斯·罗里奇(Nicholas Roerich)关系密切。罗里奇既善于吸引美国富有的金主,又能娴熟地传授来自其本人的神圣智慧。20世纪30年代中期,在罗斯福的批准下,华莱士派罗里奇率领一支由政府资助的探险队前往蒙古和满洲,帮助美国中部地区寻找抗旱的植物,防止那里的平原因高温炙烤而发生土壤侵蚀现象。

---

① Rexford G. Tugwell, *The Democratic Roosevelt*, Garden City, N.Y.: Doubleday, 1957, p. 462.
② John C. Culver and John Hyde, *American Dreamer: The Life and Times of Henry A. Wallace*, New York: Norton, 2000, p. 209.

这项为期 16 个月的任务花费了 7.5 万美元（约合今天的 110 万美元），培育出共 20 个植株；罗里奇没有遵从最初的命令，而是在他儿子和 8 名哥萨克护卫的陪同下，花了大量时间骑马周游蒙古和满洲，挑起了政治纠纷。在美国国务院看来，罗里奇的行为实在是惹是生非，所以震惊之余，他们向华莱士施压，要求他结束这次考察。华莱士最终还是这么做了，他切断了与罗里奇的所有联系，并敦促国税局调查其财务状况。

不出所料，这类活动并没有让这位农业部长受到民主党中坚派的青睐。在芝加哥大会进展到一半的时候，霍普金斯警告罗斯福说，对华莱士的提名有可能会面对"大量的反对"①——事实证明，这个表述还过于轻描淡写。党派代表和那些争取提名的候选人都勃然大怒。例如，众议院议长班克赫德告诉艾克斯，他觉得自己遭到了"羞辱"②。当霍普金斯告诉罗斯福芝加哥城正在酝酿一场叛乱时，罗斯福声色俱厉地说道："好吧，该死的，要么他们支持华莱士，要么我就不参选，你完全可以这样告诉他们。"③

多亏了爱德华·凯利和其他大城市党派领导人的积极干预，华莱士在计票中勉强维持了微弱的优势，在 1100 张选票中赢得了 627 票。班克赫德拒绝撤回自己的提名，在做众议院议长提名演讲时，代表们为了表示对总统的愤怒，开始狂热欢呼；同时一听到华莱士的名字，他们就嘘声嘲弄喝倒彩。会议中群情激愤、满怀敌意，霍普金斯甚至阻止华莱士发表提名演讲，怕引起骚乱。在喧闹

---

① Kenneth S. Davis, *FDR: Into the Storm, 1937-1940*, New York: Random House, 1993, p. 599.

② Harold Ickes, *The Secret Diary of Harold L. Ickes, Vol. 3, The Lowering Clouds, 1939-1941*, New York: Simon & Schuster, 1955, p. 272.

③ Richard M. Ketchum, *The Borrowed Years, 1938-1941: America on the Way to War*, New York: Random House, 1989, p. 464.

刺耳的投票声中,华莱士的脸色"痛苦……只是全然地、漠然地承受着",① 劳工部长弗朗西丝·珀金斯(Frances Perkins)回忆,"我从来没有经历过比这更糟糕的事"。华莱士的妻子含着泪,问埃莉诺·罗斯福:"他们为什么要嘘我的亨利?"②

随着投票的艰难进行,包括"世纪集团"成员赫伯特·阿加和约瑟夫·艾尔索普在内的一群记者递了一张措辞严厉的字条给司法部副部长弗朗西斯·比德尔,他坐在他们上方的旁听席里。"如果总统有勇气公开要求的话,他本可以得到这世界上他想要的一切,"③ 纸条上写着,"人民……想跟随他,(但是)谁都不能跟随一个不愿意引领众人、不愿意挺身而出给人依靠、不愿意开诚布公说出自己想法的人,其实我们都知道他私底下在想些什么;他认为可以用花招代替道德、用聪明代替热情、用狡诈代替灵魂……他最终会得到他要求的华莱士……但他得让华莱士摆脱一身污秽,这对总统自己、对华莱士先生、对你们、对我们还有对美国传统民主制度都是侮辱。"

在随后的日子里,大部分明显支持威尔基的报纸和杂志将这次会议写成了一次对于操纵术的调查,操纵是由白宫、大城市政党领袖和"来自下水道的声音"实施。《生活》宣称:"无论找出多少合理的解释,都无法掩饰或磨灭这个铁一般的事实,上周在芝加哥,当世界民主政体处于危机之时,这个最伟大的民主国家却让世界目睹了其历史上最卑劣、最虚伪的一幕。"④ 尽管没有他们批评

---

① John C. Culver and John Hyde, *American Dreamer: The Life and Times of Henry A. Wallace*, New York: Norton, 2000, p. 221.
② John C. Culver and John Hyde, *American Dreamer: The Life and Times of Henry A. Wallace*, New York: Norton, 2000, p. 221.
③ Francis Biddle, *In Brief Authority*, Garden City, N.Y.: Doubleday, 1962, p. 142.
④ *Life*, July 29, 1940.

得那么夸张，但一些往常支持罗斯福的自由派出版物同意这一点。例如，《新共和杂志》(The New Republic) 把大会形容为"一片狼藉"①，并用"可怕的、恐慌的和懦弱的"等字眼描述白宫此次的表现。自由派专栏作家雷蒙德·克拉珀写道："本周在美国，生活中有些东西消失了。至少我失去了一些东西，就是对罗斯福总统的信任。"②

大会结束后立即展开的民意调查显示，威尔基和共和党即将压倒罗斯福和他的民主党。"如果总统在犯了这么多严重错误，或他对这些错误负有责任之后，能够对这场竞选做出补救之举，"哈罗德·艾克斯闷闷不乐地在日记中思虑地写道，"那么选举之神确实是站在他这边的。"③

随着会议的喧嚣逐渐消散，"世纪集团"和"怀特委员会"可以回归拯救英国的任务了。应罗斯福的要求，怀特本人与威尔基进行了接触，看他是否会支持驱逐舰-基地交换方案。这位堪萨斯人是共和党总统候选人的朋友，也是他的坚定支持者。他直言不讳地发表了一些支持威尔基的社论，在党内也有一定的影响力，人们认为发给大会代表的大量电报和信件主要归功于他。白宫和威尔基之间的另一个中间人是"世纪集团"的刘易斯·道格拉斯（Lewis

---

① Charles Peters, *Five Days in Philadelphia: The Amazing "We Want Willkie" Convention of 1940 and How It Freed FDR to Save the Western World*, New York: Public Affairs, 2005, p. 152.

② Charles Peters, *Five Days in Philadelphia: The Amazing "We Want Willkie" Convention of 1940 and How It Freed FDR to Save the Western World*, New York: Public Affairs, 2005, p. 152.

③ Harold Ickes, *The Secret Diary of Harold L. Ickes*, Vol. 3, *The Lowering Clouds, 1939-1941*, New York: Simon & Schuster, 1955, p. 266.

Douglas），他是美国预算局前局长，曾因反对新政而退出，现在是威尔基的主要顾问。

威尔基向两人明确表示，出于政治原因，他不能发表公开声明赞成驱逐舰—基地交换。他发现自己的处境内外交困：虽然他是干预派，但包括参议院和众议院议员在内的共和党知名人士都不是。作为共和党的旗手，他必须给人留下党内团结一致的印象（尽管实情并非如此），但如果公开声明支持驱逐舰—基地交换，就会破坏这种印象。然而与此同时，威尔基承诺，一旦该交易公之于众，他也不会借势攻击。他对洛锡安爵士也做了同样的保证，后者向丘吉尔汇报说，威尔基"特别强烈地要求，这番话无论在什么情况下都不能泄露出去，因为这肯定会在大选中被人用作攻击他的武器"。①

获得威尔基的默许，就清除了转交驱逐舰的最后障碍。9月3日，罗斯福宣布了这一交换命令，并强调了用旧军舰交换基地的重要性："这些安全前哨对西半球的价值是无法估量的。"②

尽管罗斯福看起来还是一如既往地热情，但他仍然对这项协议可能产生的政治后果深感忧虑。他告诉一些朋友和顾问，他有可能因为这个问题输掉选举。他对秘书说："国会因它要发生骚乱了。"③

一些立法者感到愤愤不平——杰拉尔德·奈称总统规避国会的行为是迈出了"独裁的一步"④，还有一些报纸对交换驱逐舰一事

---

① Wayne S. Cole, *Roosevelt and the Isolationists, 1932-1945*, Lincoln: University of Nebraska Press, 1983, p. 395.
② Philip Goodhart, *Fifty Ships That Saved the World: The Foundation of the Anglo-American Alliance*, Garden City, N. Y.: Doubleday, 1965, p. 182.
③ James MacGregor Burns, *Roosevelt: The Lion and the Fox*, New York: Harcourt, Brace & World, 1956, p. 441.
④ Mark Lincoln Chadwin, *The War Hawks: American Interventionists Before Pearl Harbor*, Chapel Hill: University of North Carolina Press, 1968, p. 106.

进行了谴责。但总统预期会到来的反对风暴并没有出现。这在很大程度上要归功于"怀特委员会"和其他组织发起的宣传运动,大部分美国人(在某项调查中,这个数据是70%)认为驱逐舰-基地交换对美国和英国而言都是极为有利的。"你们不能那样攻击一项交易,"一位孤立派参议员告诉《纽约邮报》(New York Post),"如果你们抨击驱逐舰交换的事,你们就是在抨击收购西半球防御基地的行为。选民们不会支持这种观点。罗斯福把两件事关联在了一起,他的智慧我们无法企及。"① 甚至《芝加哥论坛报》也赞同这一交换,还指出美国现在"在那些必须纳入美国防御圈内的区域有了海军和空军基地"。②

罗斯福在大选前2个月批准了这项带有政治风险的交易,他的勇气后来受到了人们的称赞。显然,他事先并不知道会得到如此满意的反应,但他还是主动这么做了。不过,此事也要归功于温德尔·威尔基,他不顾共和党领袖们的力劝,没有公开谴责这件事,导致自己被党内严重批评。洛锡安爵士在促成该交易的过程中发挥了关键性作用,"世纪集团"和"怀特委员会"的成员们也是如此,他们充当总统的前锋,向民众介绍驱逐舰-基地交换的重要性,还在政治上为总统开展行动清除了障碍。

驱逐舰—基地交换协议签署3天后,伴随着查尔斯顿大桥上穿行的汽车喇叭声和岸边围观者的欢呼声与掌声,8艘驱逐舰驶出了波士顿港。它们正前往新斯科舍省的哈利法克斯——这是首批待运

---

① Philip Goodhart, *Fifty Ships That Saved the World: The Foundation of the Anglo-American Alliance*, Garden City, N. Y.: Doubleday, 1965, p. 187.

② Richard M. Ketchum, *The Borrowed Years, 1938-1941: America on the Way to War*, New York: Random House, 1989, pp. 479-480.

给英国皇家海军的超龄船只,将被立即用作横越大西洋商船的护送舰队。

正如英国人很快就会发现的那样,这些驱逐舰的状态不佳。"我想,这是我所见过的最烂的驱逐舰了,"一位上将恼火地说,"它们是武器装备和膳宿条件都很差的远洋船。"① 丘吉尔带点策略性地向美国海军驻伦敦武官展示了这些舰艇的一系列问题:桥楼结构薄弱、舰船上部严重腐蚀、舱口盖不完善、转向不良,还有到处都有漏水现象。

尽管有各种缺陷,美国船只却在接下来令人紧张不安的一年里,在大西洋战役中起了关键作用。1940年余下的时间和1941年整整一年,它们完成了大西洋战舰护航20%至25%的任务;一些舰队担负起击沉德国潜艇的职责。"任何能用蒸汽推动、能射击、能投掷深水炸弹的驱逐舰,价格都等同于与其同等重量的黄金……"海军元帅乔治·克里西爵士(Sir George Creasy)说,他是英国海军反潜艇作战指挥,"诚然,继续开下去的话,这些驱逐舰中很多艘令人头痛。但是,总的说来,真正迫切需要的时候,它们还是能发挥宝贵的作用。"②

然而,即使驱逐舰-基地交换没有实现任何军事价值,对于不愿意走向战争的美国而言,它仍是一个意义重大的里程碑。美国首次给了英国实质性的帮助。在这个过程中,它正告德国和世界,当欧洲最后一个民主制堡垒走向失败的时候,它不会袖手旁观。正如巴尔的摩《太阳报》(Sun)指出的那样,驱逐舰-基地交换"令

---

① Lynne Olson, *Citizens of London: The Americans Who Stood with Britain in Its Darkest Finest Hour*, New York: Random House, 2010, p.7.

② Philip Goodhart, *Fifty Ships That Saved the World: The Foundation of the Anglo-American Alliance*, Garden City, N.Y.: Doubleday, 1965, p.237.

我们本已似有似无的官方中立立场成为非参战合作（支持英国）近乎透明的遮掩"。① 《纽约时报》军事记者汉森·鲍尔温（Hanson Baldwin）话风更甚，他说这些驱逐舰"实际上奠定了英语国家之间的非正式同盟关系，使美国比以往任何时候都接近参战的边缘"。② 德国官员们也同意这一说法，声称驱逐舰-基地交换"是对德国的公开敌对行动"。③

罗斯福担心这笔交易会让他输掉选举，但美国公众对它的热情支持有利于总统日后提出对英国更有价值的援助计划——"租借法案"。美国人对英国和战争看法的转变虽然缓慢，却明确无误。1940 年春德国发动闪电战期间，有将近 2/3 的美国人认为对于美国来说，最重要的是避开战争，而不是冒着卷入战争冲突的风险去帮助英国。到了 8 月，美国对这个问题的态度就是五五分了。再到年底，大多数美国人开始赞同和支持援助英国的决定，即使这就意味着参战。

现在，这种态度的转变尤为关键。正如丘吉尔预测的，"敌人的狂暴和威力"终于降临到他的岛国之上。

自 8 月中旬以来，德国轰炸机对英国南部的机场、飞机制造厂和雷达装置造成了严重破坏，想在横跨海峡入侵之前摧毁皇家空军的后方保障力量。其后的 9 月 7 日，即第一批美国驱逐舰启程横越大西洋的第二天，纳粹德国空军开始对伦敦及其他主要的英国城市

---

① William S. Langer and S. Everett Gleason, *The Challenge to Isolation: 1937–1940*, New York: Harper, 1952, pp. 773–774.

② Philip Goodhart, *Fifty Ships That Saved the World: The Foundation of the Anglo-American Alliance*, Garden City, N. Y.: Doubleday, 1965, p. 187.

③ William S. Langer and S. Everett Gleason, *The Challenge to Isolation: 1937–1940*, New York: Harper, 1952, p. 775.

进行无情的恐怖袭击。德国人连续57个夜晚轰炸英国首都，造成数万平民死亡，数百万人无家可归。

在英德之间决定生死的紧要关头，两个国家都在竭尽所能说服美国自己这方会赢得胜利。美国驻伦敦军事武官雷蒙德·李将军（General Raymond Lee）向华盛顿提供了来自英国情报部门的文件，该文件声称英国皇家空军击落了大量德国飞机。而英国驻华盛顿大使馆也发来了类似的信息。

这一边，弗雷德里希·冯·伯蒂歇尔将军传过来一捆捆绝密电报和地图，与来自杜鲁门·史密斯上校以及这位德国武官在美国陆军情报部其他朋友的信息正好相反。根据这些来自柏林的详细报告，德国空军的袭击正严重削弱英国的空中力量，使其港口和工业生产陷入瘫痪。陆军情报专家极其重视冯·伯蒂歇尔的信息，甚至在他前往陆军部总部开展例行工作时，都不会拦住他进行强制性安全检查，这与其他来访者遭受的严格对待不同。杜鲁门·史密斯编写的德国报告摘要在陆军部和国务院传阅。因对英国前景的悲观评价，这些摘要助长了两个部门内反对援助英国的言论。

然而，大多数美国人的感受截然不同，他们关注的不是英国损失几何，而是英国人民在面对德国的猛攻时所表现的勇气与坚韧。美国驻伦敦的记者们用铺天盖地的新闻报道和杂志文章，尤其是用电台广播激发了这种敬佩之情。他们描述了伦敦居民在自己的世界即将崩塌之时，珍爱生命、顽强生活的决心。在那段时间里，几乎每一期《生活》都以闪电战及其对于普通英国市民影响的摄影照片为特写。其中有一张照片令人感到特别心酸——照片里有个躺在病床上的小女孩，她有双大眼睛，满头金发，可爱极了。她的头上缠着绷带，手里紧紧抓着一只泰迪熊。这张照片作为《生活》的封面，触动了每个人的心。它也很快成为怀特委员会的活动海报。

然而,最能影响美国人对英国看法的是哥伦比亚广播公司的记者爱德华·R. 莫罗(Edward R. Murrow),他的战时广播以"这里是伦敦"的开场白而闻名,拥有数百万美国听众。在全国各地的家庭中,人们每晚聚集在收音机旁聆听莫罗用生动的语言描述闪电战中的平民英雄——那些"小人物……不是国家公职人员,没有需要勇气的借口",① 但是他们冒着生命危险,夜以继日地救助伤员、背回死者,并让他们破败的城市恢复生机。莫罗对德国给世界带来的危险忧心忡忡,深信英国的生存至关重要,所以他毫不后悔地要求美国必须解救英国。"他担心,非常担心他自己国家的人意识不到生活的真相,"莫罗的一位英国朋友说,"如果不在这里挡住希特勒及其军团,那他进军的下一站就是曼哈顿。"②

在很大程度上得益于莫罗的报告和其他美国记者的报道,哈利法克斯爵士能在 10 月下旬向英国战时内阁通报美国人对英国的"看法几乎奇迹般地发生了转变",③ 觉得拯救这个国家极为重要。正如历史学家尼古拉斯·库尔后来所说:"希特勒让美国看到了什么是恨,而现在英国告诉了美国什么是爱。"④

约翰·惠勒-贝内特在这个秋天遍游美国时,目睹了那种快速的情绪变化。当时他给一个中西部团体做演讲,内容是"闪电战

---

① Lynne Olson, *Citizens of London: The Americans Who Stood with Britain in Its Darkest, Finest Hour*, New York: Random House, 2010, p. 46.
② Lynne Olson, *Citizens of London: The Americans Who Stood with Britain in Its Darkest, Finest Hour*, New York: Random House, 2010, p. 33.
③ Nicholas John Cull, *Selling War: The British Propaganda Campaign Against American "Neutrality" in World War II*, New York: Oxford University Press, 1995, p. 109.
④ Nicholas John Cull, *Selling War: The British Propaganda Campaign Against American "Neutrality" in World War II*, New York: Oxford University Press, 1995, p. 110.

期间英勇的英国人民"。听众中有个人冲到他面前，挥动着拳头大声喊道："你这个骗人的恶棍，先生，你是个该死的危险分子，阴险的骗子！我这辈子一直信奉孤立主义，从不动摇——现在，你却让我觉得自己是个混蛋。"①

令弗雷德里希·冯·伯蒂歇尔失望的是，他也开始意识到美国人的情绪发生了明显变化。他越来越多地觉察到一些与他关系紧密的美国军方联系人正逐渐不再与德国产生共鸣，这种焦虑折磨着他。一个显著的例子是乔治·斯特朗将军（General George Strong），他是美国陆军参谋部部长，与冯·伯蒂歇尔的相识可以追溯到20世纪20年代。在他们多年的朋友关系中，斯特朗一直被外界视作亲德派，仇视英国和法国，以至于一位法国军官曾指责他代表的是德国利益。

1940年9月，斯特朗和几位美国军官一起被派往伦敦与英国军方人士进行磋商，他们还受命观察、判断英国存亡的前景。当冯·伯蒂歇尔听说斯特朗的名字出现在代表团中，就向柏林发了一条喜报，说这位美国将军"跟我有15年的交情，他的报告会与众人不同"。② 正是因为冯·伯蒂歇尔确信斯特朗会证实德国人报告中所称的英国损失惨重，所以当他的这位朋友返回美国后声称德国空军根本没有彻底击败英国皇家空军，空袭造成的损失相对较小，而英方关于德国飞机损失的"说法保守"③ 时，他的震惊无以复加。

---

① Sir John Wheeler-Bennett, *Special Relationships: America in Peace and War*, London: Macmillan, 1975, p. 84.
② Alfred M. Beck, *Hitler's Ambivalent Attaché: Friedrich von Boetticher in America, 1933-1941*, Washington, D. C.: Potomac Books, 2005, p. 168.
③ Alfred M. Beck, *Hitler's Ambivalent Attaché: Friedrich von Boetticher in America, 1933-1941*, Washington, D. C.: Potomac Books, 2005, p. 168.

为了解释斯特朗在态度上的惊人变化，冯·伯蒂歇尔只得猜测他因受命"作为其上峰罗斯福的喉舌"① 给出了此番言论。他对美国军方的影响可能即将结束，这一念头令这位德国武官觉得很可怕，不愿意再想下去。

---

① Alfred M. Beck, *Hitler's Ambivalent Attaché: Friedrich von Boetticher in America, 1933–1941*, Washington, D.C.: Potomac Books, 2005, p.168.

第十四章　首先是美国人，
　　　　　然后才是共和党人

　　对于美国的干预派来说，1940年的夏天格外忙碌。他们不仅负责详细制定驱逐舰-基地交换协议、提名温德尔·威尔基为共和党候选人，还在策划美国和平时期第一次征兵上发挥重要作用。尽管这三项任务全部是巨大挑战，令人望而生畏，但还是比不上罗伯特·舍伍德所说的"极其大胆"① 和"看似无望"的那个概念，即在还没发生战争的时候，要求美国年轻人拿起武器捍卫祖国。

　　美国公民只在内战和第一次世界大战期间被强制征过两次兵。在这两次战争中，人们是强烈反对征兵行为的。拥有一支常备军的观点，对于许多美国人（即使不是对于大部分人）来说，也是相当反感和抵触的。实际上，美国的开国元勋们也反对常备军，因为他们担心拥有这样的军事力量会造成美国人穷兵黩武的恶性。根据托马斯·杰斐逊的说法，一支常备军不外乎是个"手段……威胁到国家的权利"。正如许多美国人所看到的那样，征兵就像国家动用胁迫手段一样，让人想起在希特勒之德国和墨索里尼之意大利盛行的军国主义。和平时期的强制兵役简直让人难以想象。

　　1940年，孤立派声称，征兵之后紧接着就是派遣一支美国远

---

① Robert Sherwood, *Roosevelt and Hopkins: An Intimate History*, New York: Harper, 1948, p.157.

征军去欧洲战场。大学生会成为第一批应征入伍的人,所以他们对于这个问题尤其畅所欲言。在 20 世纪 30 年代初期和中期的时候,有 50 多万名美国大学生签名承诺,如果发生另一场战争,他们拒绝参军服役。随着 1939 年和 1940 年欧洲战火纷飞,全美成千上万的学生加入了反战示威游行的队伍。

反对反征兵势力的都是普通民众,他们提出的观点是———一群有影响力的人物坚信,一支训练有素的部队就像多给了飞机、军舰和武器一样,能加强美国的防御,这十分重要。美国第 1 集团军司令休·德拉姆将军(General Hugh Drum)1939 年末就曾表达了这样的观点:"如果缺少组织有序、受过训练的兵力来使用现代武器,这些东西又有什么价值呢?"[1]

强制兵役无论何时都要你情我愿,在总统选举年,它就成了一颗政治炸弹。1940 年 5 月底第一次有人提出这个想法的时候,罗斯福和大部分国会议员立即就避开了这个话题,乔治·马歇尔将军等军队将领也是如此。所以征兵支持者们凭着一己之力撰写了一个法案,还发起了一场宣传运动,告诉美国人民为何有必要征兵。这项法案于法国向德国投降的两天前在国会提出,如果国会通过了,必将影响数百万美国人的生活,这无异于是在华盛顿和全美其他地区引起一场轩然大波。

征兵运动的主要负责人是一位在曼哈顿执业的律师格林维尔·克拉克(Grenville Clark),他长着一张国字脸、身材魁梧,看起来像刚从箭牌衬衫广告里走出的模特。57 岁的克拉克在银行和铁路投资项目里继承了一笔可观的财产,是实力雄厚的华尔街"鲁特、

---

[1] *Life*, Aug. 28, 1939.

克拉克、巴克纳与巴兰坦律师事务所"（Wall Street law firm of Root, Clark, Buckner and Ballantine）的创办人和高级合伙人。朋友和熟人都称呼他为"格雷尼"，其中包括富兰克林·罗斯福，他俩是发小。

就像"世纪集团"诸多成员和东海岸精英中的其他人一样，克拉克本人也是"世纪集团"的成员，从小就认为普通公民有责任为国效忠。1915年5月，在第一次世界大战爆发不到一年的时间，德国舰艇击沉了一艘名为"卢西塔尼亚号"（Lusitania）的英国远洋客轮后，他首次将自己的想法付诸实践。在这次袭击中，有1000多人丧生，其中包括128名美国人。

克拉克认为美国应该对德国采取强硬行动，然而在那艘英国船沉没之后，伍德罗·威尔逊总统却没有对德宣战，这让他和他的搭档小伊莱休·鲁特（Elihu Root Jr.）很是失望。这两位年轻的律师相信战争不可避免，美国必须为此做好准备，所以他们决定为像自己这样受过大学教育的专业人士开设军事训练课程。由于他们的努力，有2000多名律师、银行家、商人、政客和记者在那年夏天花费几周时间学习了当一名士兵所要掌握的基本知识，包括操练、军事演习、大炮发射和其他各种武器的使用。在那些报名参加位于纽约北部地区普莱茨伯格（Plattsburg）郊区训练营的人中，有纽约市的市长和警务处长，有著名的战地记者理查德·哈定·戴维斯（Richard Harding Davis），还有后来担任《名利场》编辑的弗兰克·克劳宁希尔德（Frank Crowninshield）。

因为在第一批普莱茨伯格学员中，东海岸精英人士占了绝对优势，所以有些新闻报道将这一尝试称为百万富翁们的夏日嬉戏。然而事实并非如此。次年，在克拉克等组织者的努力下，全美有16000多名大学毕业生在训练营中接受了基于普莱茨伯格模式的基本军事训练。1917年美国最终向德国宣战时，这个营地又变成了军官训练学校，普莱茨伯格学员们再次蜂拥而来。经过90天的速成训练，绝大多数军官升级成为新兵教员，这些新兵现在正源源不断地涌入陆军。从这里结业的学员有很多上了法国的战场。

多年后，一位法国将军评价道，美国在一战期间最令人印象深刻的军事成就，是在极短的时间内就能够找到并训练出足够多军事技能娴熟的军官来带领一支200万人的军队。如历史学家J. 加里·克利福德（J. Garry Clifford）和小塞缪尔·R. 斯宾塞（Samuel R. Spencer, Jr.）所说，这个成就主要归功于普莱茨伯格运动。

一战后，参加过普莱茨伯格训练营的人纷纷回到了律师事务所、银行、报社和其他行业的工作中，但许多人，尤其是那些早期的追随者一直坚信军备的重要性，也始终坚持普通公民有义务参与本国事务。1940年5月，有几十人出席庆祝普莱茨伯格训练营诞辰25周年的活动，他们都是事业有成的中年人，在各自领域享有名望。在他们看来，这个月发生的事仿佛是1915年春天的重现：欧洲战争肆虐，美国中立但危险加剧，军事力量还很薄弱无法参战，甚至都达不到自卫的能力。

格林维尔·克拉克再次担任领导人，这群人决定发起一次新运动，其关注度和影响力要远远超过普莱茨伯格训练营。由于总统选举已经不到6个月了，他们的计划——立即制定强制性军事训练法令——实为惊人的大胆之举。但在这些有影响力的人中，有许多是行业翘楚，他们几乎无所畏惧。他们正是因为有积极的信仰与行动，才能取得今天的成就。他们渴望有人倾听他们的声音，有人注意到他们的行动。

克拉克尤其如此,他的积极进取和不屈不挠能让认识他的人联想到一只受过良好训练、自信满满的牛头犬。尽管看起来永远都是一副彬彬有礼、风度翩翩的派头,他却总在不知疲倦地追逐自己的目标,毫不介意或努力征服那些与他意见相左的人。

5月中旬的时候,克拉克给罗斯福发了一封电报,概述了他和其他普莱茨伯格训练营成员的想法,接着又询问了总统的想法。这两个人在哈佛读书时曾是同班同学,几年后又在一所有名的华尔街金融公司共事,担任法律事务部职员。一个慵懒的下午,克拉克惊诧地发现罗斯福正在为自己将来的职业道路做规划——纽约州众议院议员、海军助理部长、纽约州州长,而后是总统。

克拉克没有嘲笑罗斯福的大胆,而是每当他实现其中一个目标获得某个职位时,就为他欢呼喝彩。1932年,他支持罗斯福担任美国总统,1936年他也是华尔街少数支持他再次竞选总统的人。罗斯福第一个任期刚开始不久,克拉克就帮助白宫起草经济法案;作为回报,罗斯福让他担任新成立的全国劳资关系委员会主席。克拉克拒绝了,就像他拒绝所有此类邀请一样。他决心永远不在任何政府机构中任职,担心这会违背他的独立性原则。

虽然他在政府中的朋友都钦佩他在公共事业方面做出的努力,但是他们觉得他不懂政治现实。"格林维尔·克拉克无论在哪个地区,都无法当选国会议员——无论是北边、南边、东边,还是西边。"① 罗斯福有一次对一位助手抱怨道。1940年5月,缺少政治敏感的克拉克让总统极为不快。他最不希望看到的就是对他的连任再出现威胁,而征兵草案肯定就是这一威胁。所以他对克拉克的电

---

① J. Garry Clifford and Samuel R. Spencer Jr., *The First Peacetime Draft*, Lawrence: University Press of Kansas, 1986, pp. 21-22.

报进行了礼貌性回复,但未置可否。

但即使1940年不是总统选举年,罗斯福对克拉克的提议可能也不会有多少兴趣。在建立国家防御体系的过程中,总统将重点放在了扩充海军尤其是空中实力的项目上,此举被一位评论者描述成"能迅速提高国家安全指数又省钱的阿拉丁神灯"。[1] 纵观罗斯福的整个总统任期,陆军就像他的继子一样始终被他忽略——1940年春夏两季时仍然是这样的状况。总统还一直反对美国再次向欧洲派兵的提议,即便美国有可能在某个时刻不得已须直接跟希特勒开战,他的态度也是如此。

遭到罗斯福的冷落后,克拉克和同为普莱茨伯格训练营成员的《纽约时报》高管朱利叶斯·奥克斯·阿德勒(Julius Ochs Adler)一起于5月31日飞往华盛顿,试图说服陆军总参谋长支持他们的计划。与总统不同的是,乔治·马歇尔将军深知增强陆军的必要性。确实,几个月来他也一直在敦促罗斯福补上这一巨大漏洞,但收效甚微。

尽管马歇尔担任陆军总参谋长只有10个月的时间,但他很清楚征兵问题会是个爆炸性的政治问题。马歇尔野心勃勃,一位助手后来称他为"陆军中一位炉火纯青的政客",[2] 为了得到这一陆军最高职务,在哈里·霍普金斯等主要总统顾问的帮助下,他已经秘密游说了一年多的时间。他知道,这是罗斯福带着巨大的疑虑做出的选择,在很大程度上是因为他缺乏作战经验,在总统眼里,他是

---

[1] J. Garry Clifford and Samuel R. Spencer Jr., *The First Peacetime Draft*, Lawrence:University Press of Kansas, 1986, p. 41.

[2] Ed Cray, *General of the Army: George Marshall, Soldier and Statesman*, New York:Norton, 1990, p. 195.

"矮子里面拔将军"。①

马歇尔与总统之间的关系并不牢固,二人也并不亲密,所以对于一项尚未获得白宫和国会批准的有争议提议,无论它有多必要,他也不想采取主动的姿态。"我认为,"马歇尔在战争结束后说道,"从长远来看,我要作为一个团队固定的成员,还要在那个团队里令人信服,这两点十分重要,而不是违背总统和国会某些议员们的意愿公开采取行动。"② 如果文职领导者提出立法,他说:"我可以发言,也会尽我一切必要的努力。"

在与克拉克和阿德勒的会面中,马歇尔礼貌但直截了当地否定了他们的观点。这位陆军总参谋长念念不忘的想法是,德国人计划接管一个或多个南美洲国家政权,然后袭击巴拿马运河。他告诉来访者,他的首要任务是保卫美洲,这需要稳定、有序地组建部队。现在,他的士兵们缺少足够的教官和武器,更别提几十万的新兵了。大量未受军事训练的人涌进来,只会打乱他想要达到的所有目标。

克拉克和阿德勒觉得很震惊,因为马歇尔搞错了优先要考虑的事,而且他过于谨慎,所以他们接着跟这位总参谋长说,在英国和法国濒临亡国之时,他却在为南美洲担心,这是多么不明智。这两位纽约来客争辩道,对美国安全构成更大威胁的,不是乌拉圭或阿根廷的亲纳粹分子搞政变,而是英法被德国打败。此外,克拉克说,马歇尔在道义上有责任向罗斯福说明,美国需要更多训练有素的兵力,尤其是在他本人清楚地知道这个需求到底有多大的时候。

---

① Ed Cray, *General of the Army: George Marshall, Soldier and Statesman*, New York: Norton, 1990, p. 7.

② Forrest C. Pogue, *George C. Marshall: Ordeal and Hope, 1939–1942*, New York: Viking, 1966, p. 24.

马歇尔说话时语气生硬，一副高高在上的派头，是个明显难以对付的人，即使与他联系最紧密的人也觉得他令人生畏，所以他还不习惯被人斥责，尤其是被两个傲慢的平民斥责。"我很难控制自己脾气，"他后来回忆道，"有人正在随意指挥我，我的意思是命令……就是这么个重要的纽约人，还有另一个重要的纽约人……我想礼貌地听取他们的意见，但是我做不到。"① 马歇尔的脸红了起来，他简短地告诉克拉克和阿德勒，他认为在总统没有要求的情况下，他没有责任给他提意见，所以他也没有这样做的想法。就这样，他结束了这次会面。

克拉克对马歇尔感到失望，马歇尔对克拉克也是一样。于是，克拉克决定换个方法。必须有人，最好是陆军部长向军队和总统施压，让他们支持征兵。因为现任陆军部长哈里·伍德林是个死硬的孤立派，所以也要用一个同样坚定的干预派人士取代他才行。在与马歇尔对峙的几个小时里，一如既往自信的克拉克开始把那个空想变成现实。

如果某个民意调查专家要华盛顿内部人士选出罗斯福内阁中最差的成员，哈里·伍德林一定会以压倒性优势当选。约瑟夫·艾尔索普称他为"一个肮脏的三流货色"② 和"一个微不足道的政客，出名的只是他卑劣的本性"。一本有影响力的华盛顿金融周刊《基普林格经济报告》（*The Kiplinger Letter*）说他是个"显然无

---

① Forrest C. Pogue, *George C. Marshall: Ordeal and Hope, 1939–1942*, New York: Viking, 1966, p. 24.

② Joseph W. Alsop, *"I've Seen the Best of It": Memoirs*, New York: Norton, 1992, p. 139.

能的人"。①

伍德林是堪萨斯州的前任州长,他实际上本不应该当陆军部长。1933年,由于他在前一年的总统选举中支持罗斯福,他被任命为助理陆军部长。1936年,他的上司乔治·邓恩(George Dern)去世,他开始任代理部长。罗斯福则一直专注于当年的选举,接着又忙于处理法院改组方面的争议,所以没能像曾经计划的那样,抽出时间去找一个更有资格的人来补充内阁中这一职位。由此,伍德林就获得了永久的任命。

多年来,媒体和政府官员,包括伍德林的内阁同僚,都在劝说总统裁撤他。他不仅反对援助英国,还与自己的助理部长路易斯·约翰逊(Louis Johnson)相互倾轧,约翰逊想得到上司的职位,甚至公开表示要得到它。这两个人都不跟对方说话,不出所料的是,他们的部门一片混乱。罗斯福拒绝介入二人的矛盾之中,尽管他几个月以来就一直承诺替换伍德林,但在这件事情上一推再推。因为总统发现,无论解雇谁,都是一件困难的事,而且他有一个习惯,就是把让他不舒服的任职尽可能拖得更久些。

但那都是在格林维尔·克拉克进入这一争斗之前的事。在他与马歇尔充满火药味的会面数小时之后,克拉克与他的老朋友——最高法院法官弗利克斯·法兰克福共进午餐。法兰克福是罗斯福的非官方顾问,也是一名积极的干预分子和亲英人士,一直在劝罗斯福抛下伍德林。

进餐中,克拉克和法兰克福讨论了可能的接替方案,一两分钟后,他们喊出了同一个名字——亨利·史汀生。他不仅是美国最受

---

① J. Garry Clifford and Samuel R. Spencer Jr., *The First Peacetime Draft*, Lawrence: University Press of Kansas, 1986, p. 56.

人尊敬的政界元老,也是共和党东海岸建制派的支柱。72岁的史汀生曾是威廉·霍华德·塔夫脱时期的陆军部长,也是赫伯特·胡佛时期的国务卿。

就连嬉皮笑脸的年轻专栏作家约瑟夫·艾尔索普也敬畏史汀生,把他描述成"一个了不起的大人物"[1]和"本质上,这个国家有史以来最伟大的公仆"。艾尔索普惯于在谈话中起主导作用,但只要遇到率真、正直的史汀生,就会一反常态地克制自己:"我们很少在非私下的场合遇到,但如果在这样的场合里遇到了,我能做的,只是带着恭敬的态度轻声向他问候。"

作为克拉克和法兰克福两人的共同好友,史汀生本人也参加过普莱茨伯格训练营;在担任陆军部长4年后,他参加了1916年的夏季训练营。1917年美国参加第一次世界大战时,时年49岁的史汀生是华尔街的一位律师,他应征入伍被派到了法国,在那里他指挥一个野战炮兵营,被授予上校军衔。

史汀生一生大力倡导集体安全这一概念,作为国务卿,虽然没有成功,但是他始终努力推动国际联盟的创建工作,以应对1931年日本夺取满洲的侵略行为。离职后,他就像个预言家一样,警告美国同胞孤立主义的危险之处。20世纪30年代,他在一系列的演讲、广播和文章中一针见血地指出,美国是"当今世界最强大的国家",[2] 必须肩负起帮助维护世界和平与正义的责任。

后来美国没有采取任何措施来阻止日本、德国和意大利的侵略行为,史汀生发言谴责,说美国"默许了正在发生的错误,态度

---

[1] Joseph W. Alsop, *"I've Seen the Best of It": Memoirs*, New York: Norton, 1992, p. 143.
[2] Henry L. Stimson and McGeorge Bundy, *On Active Service in Peace and War*, New York: Harper, 1948, p. 308.

消极,令人不齿"。① "这个国家,"他指责说: "正让和平凌驾于正义之上。所以,我们的行为大大消除了(美国)在世界进步历程中的积极影响……像我们这样一个安全而强大的国家,不知是非善恶地采取这种偏离正道的政策……并不能使我们免于纠葛,反而会让我们更确定地陷入困境之中。"②

二战开始时,罗斯福发起了援助英国和法国的运动,史汀生成为他最坚定的支持者之一,但他比总统大胆得多。1939年9月,他发表广播讲话,支持废除卖往交战国的武器禁运令,而且他拒绝遵循政府的路线,说向同盟国出售武器弹药是避免美国参战的最佳途径。相反,他认为,帮助英法的主要原因是要确保两国不会被德国击败。他看得更远,说美国不得不自己参战的"时刻多半会到来"。③

国务卿科德尔·赫尔提前就得到了这个广播讲话稿,对史汀生的直率感到无比诧异,所以要求他的这位前任删除一些冒犯性的语言。但史汀生拒绝了,他告诉赫尔,如果他不能按照写的去说,他就不说了。赫尔让步了,这次演讲取得了巨大的成功,使威廉·艾伦·怀特的支持废除禁运委员会印制并在全国各地分发了成千上万册讲稿。

克拉克和法兰克福一打定主意让史汀生接替伍德林,克拉克就致电这位前内阁部长,询问后者如果有机会他是否愿意接受这个职

---

① Henry L. Stimson and McGeorge Bundy, *On Active Service in Peace and War*, New York: Harper, 1948, p. 311.
② Henry L. Stimson and McGeorge Bundy, *On Active Service in Peace and War*, New York: Harper, 1948, p. 312.
③ Henry L. Stimson and McGeorge Bundy, *On Active Service in Peace and War*, New York: Harper, 1948, p. 317.

位。起初史汀生拒绝了,直截了当地说这是"一个荒唐的想法"。①但克拉克以一只牛头犬的典型方式,持续向他施压,直到个把小时的争论之后,史汀生说,他愿意接受职位——但有一定的条件,必须允许他挑选自己的下属,允许他自由地游说自己赞成的政策,其中包括全面援助英法和实施强制服兵役举措。

获得了史汀生的同意,法兰克福于6月3日去见了罗斯福,想推动他和克拉克的法案。虽然史汀生曾反对大部分新政措施,也公开否决过罗斯福在最高法院的立法,但总统对他极为钦佩与尊重;确实,两人多年来一直互通问候,有信件来往。尽管罗斯福看似同意了让史汀生去作战部的提议,却并没有给法兰克福任何明确的说法。这位最高法院法官知道罗斯福喜欢拖延决策,所以他在接下来的几天里给罗斯福写了两封很长的信,再述了任命史汀生的必要性。

两周过去了,法兰克福开始绝望。然后,6月18日,哈里·伍德林拒绝在一份总统令上签字——该总统令要求将17架新生产的美国轰炸机出售给英国,这给了总统一个罢黜他的完美理由。第二天早上,罗斯福要求伍德林辞职,并收到了他的辞呈。几个小时后,他打电话给史汀生,邀请他上任。

在接受任职之前,史汀生说,他想确认总统是否完全知晓他秉持强硬的干预主义观点。就在前一天晚上,他还做了另一个全国广播演讲,呼吁征兵、呼吁废除全部《中立法案》、呼吁向英国运送大量的飞机和弹药——如果有必要的话,在美国海军的保护下用美国的船只运输。"除非直接宣战,否则很难制定出一个更完整的计

---

① J. Garry Clifford and Samuel R. Spencer Jr., *The First Peacetime Draft*, Lawrence: University Press of Kansas, 1986, p. 64.

划来抵抗纳粹",① 麦克乔治·邦迪（McGeorge Bundy）指出。邦迪是后来约翰·F. 肯尼迪（John F. Kennedy）总统和林登·B. 约翰逊（Lyndon B. Johnson）总统的助理，战后帮史汀生撰写了自传。当罗斯福回复说，他已经读过了演讲稿，而且"立场与它完全一致"② 时，史汀生接受了他的邀请。他当即给格林维尔·克拉克打了电话，宣布"你那个荒唐的计划实现了"。③

然而，史汀生并不是那天唯一加入罗斯福内阁的积极干预分子。除了任命史汀生，总统还任命了另一位知名的共和党人——弗兰克·诺克斯（Frank Knox），《芝加哥日报》（Chicago Daily News）的出版人和老板——担任海军部长。诺克斯要接替的是孤立派查尔斯·爱迪生，后者在一些政府官员的说服下，准备竞选新泽西州州长。

诺克斯是个白手起家的千万富翁，他个子矮小但健壮结实。如果要说和史汀生有什么区别的话，诺克斯的手段更强硬。他曾经作为一名莽骑兵（Rough Rider）在古巴和他的导师兼偶像泰迪·罗斯福一起战斗，罗斯福鼓励过他，要他从政。像史汀生一样，一战爆发的时候诺克斯已经40多岁了；像史汀生一样，他应征入伍，一开始只是个二等兵，战争结束的时候已经当上了陆军少校，在法国指挥一支炮兵部队。诺克斯强烈批评新政，1936年阿尔夫·兰登竞选总统时，他参与竞选副总统。然而，自1939年9月起，他开始无条件支持罗斯福援助同盟国的所有行动。

---

① Henry L. Stimson and McGeorge Bundy, *On Active Service in Peace and War*, New York: Harper, 1948, p. 320.
② Richard M. Ketchum, *The Borrowed Years, 1938-1941: America on the Way to War*, New York: Random House, 1989, p. 564.
③ J. Garry Clifford and Samuel R. Spencer Jr., *The First Peacetime Draft*, Lawrence: University Press of Kansas, 1986, p. 89.

几个月来，罗斯福总统在身边顾问们的催促下，一直在思考如何让更多的共和党人进入他的核心圈，以创建一个与温斯顿·丘吉尔的内阁相似的两党联盟的联合内阁。宣布了史汀生和诺克斯的任命之后，罗斯福宣称，做出这样的选择没有别的原因，只是为了鼓励"国民在世界发生危机之时团结起来，为了我们的国防团结起来"。①

但罗斯福和华盛顿的其他人都知道，这并非全部真相。在共和党竞选大会召开前几天选择史汀生和诺克斯进入罗斯福内阁，其实是一个老练的政客所走的一步妙棋。这一招不仅可以将罗斯福定义为一个想统一人心的超党派人士，只关心公众的利益，还可以通过强调共和党内部干预派与孤立派的分歧来削弱共和党人选举的获胜可能。

不出所料，共和党领导人爆发了。在关键时刻，他们党内的两个领袖人物怎敢放弃自己的政党转而加入其主要政敌富兰克林·F. 罗斯福的核心圈？共和党正式宣告将史汀生和诺克斯开除党籍，但两人都并不十分在意。史汀生与共和党的孤立派并不亲近，认为他们的观点"是扭曲的，毫无希望可言"。② 诺克斯则对朋友们说："我首先是美国人，然后才是共和党人。"③

罗斯福将史汀生和诺克斯召入他的内阁，是他在战前几年里采取的最大胆的举措之一。其影响远不只在征兵法案立法中多两个支持的声音。罗伯特·舍伍德把这两个人的任命称为"一次急需的

---

① J. Garry Clifford and Samuel R. Spencer Jr., *The First Peacetime Draft*, Lawrence: University Press of Kansas, 1986, p. 89.

② Henry L. Stimson and McGeorge Bundy, *On Active Service in Peace and War*, New York: Harper, 1948, p. 330.

③ Francis Biddle, *In Brief Authority*, Garden City, N.Y.: Doubleday, 1962, p. 175.

280 对峙：罗斯福、林德伯格，以及美国在 1939~1941 年针对二战的论争

图 14-1 《华盛顿明星报》(*Washington Star*) 上的这幅社论漫画表现的是罗斯福提名弗兰克·诺克斯和亨利·史汀生这两位著名的共和党领袖进入其内阁后，共和党人勃然大怒的情景。后台喝倒彩的人中，有托马斯·杜威、伯顿·惠勒和杰拉尔德·奈

输血行为"。① 他后来又写道："我们怎么强调史汀生和诺克斯对罗斯福的作用都不为过，因为他们帮助他解决了 1940 年的当务之急，再长远一点是援助英国和组建美国武装力量的问题，以及最终战争来临后的问题。"

在接下来的 18 个月里，这两个人与内阁另外两位积极的干预

---

① Robert Sherwood, *Roosevelt and Hopkins: An Intimate History*, New York: Harper, 1948, p. 164.

人士哈罗德·艾克斯和财政部长亨利·摩根索一起,不停地敦促总统采取更加激进的政策。史汀生和诺克斯二人都是公开支持驱逐舰-基地交换计划的人。事实上,连同洛锡安爵士一起,诺克斯是最早、最坚定支持用驱逐舰换基地的人。

史汀生和诺克斯还让自己的部门恢复了秩序和活力,向手下的军官和海军军官明确表示,他们开始主管其部门,希望得到服从。同时,史汀生与马歇尔建立了密切的关系,而且,尽管与陆军总参谋长比起来,这位陆军部长帮助英国的意愿更大,但两人还是在其他大多数问题上达成了共识。

两位新任内阁部长带来了一批在行业中表现杰出的年轻人作为他们的高级助理,大部分来自华尔街的律师事务所和银行。其中就有罗伯特·洛维特、詹姆斯·福莱斯特(James Forrestal)、约翰·麦克洛伊(John McCloy)和罗伯特·帕特森(Robert Patterson),这些人对二战期间及二战之后美国的外交政策产生了重大的影响。

但那都是后来的事了。格林维尔·克拉克担忧的是眼前,还有他的征兵立法会遭遇怎样的命运。在罗斯福宣布任命史汀生和诺克斯的同一天,他在国会提出了命名委婉的《选征兵役与训练法案》(Selective Training and Service Act)。

克拉克及其同事们都知道,他们谋求征兵之举仍然面临着极其渺茫的机会。史汀生的任命是至关重要的第一步,他们还是需要马歇尔、罗斯福和国会大部分议员的支持才能成事,只是所有这些人一直把他们当成瘟疫避之唯恐不及。他们沿着威廉·艾伦·怀特的脚步,也决定发起一场大规模的运动,来争取公众的支持。

6月3日,也是法兰克福和罗斯福会面的那一天,克拉克和征兵立法的其他主要支持者聚集在《纽约时报》副总裁兼总经理朱

图14-2 1940年征兵法案的主要策划者格林维尔·克拉克，在某个参议院委员会作证

利叶斯·阿德勒的办公室里策划他们的活动。他们组成了他们称之为的"国家应急委员会"（the National Emergency Committee）的团体，克拉克做委员会主席，阿德勒是4位副主席之一。当天下午，有200人加入委员会，大部分是前普莱茨伯格训练营成员，到周末的时候，这个团体已经拥有了来自全美各地的1000多名成员，其中大多数是他们所在圈子中有影响力的人物。有些成员则来自"世纪集团"和"怀特委员会"。

为了指挥一场全国性的公共关系运动，这个委员会从其成员那里募集了大量资金，聘请了前《纽约时报》记者伯利·布恩

(Perley Boone)，后者在最近闭幕的纽约世界博览会上担任宣传总监。布恩又雇用了一些作家和摄影师，他们开始在全美为报纸、杂志和广播电台炮制大量新闻稿和其他素材。

刊登相关报道和有利社论文章的报纸中有《纽约时报》。该报与其国内的竞争对手《纽约先驱论坛报》不同的是，它到目前为止在美国是否应参战的问题上一直保持着相对中立的立场。作为美国最有影响力的一家报纸，《纽约时报》长期以来一直强调自身的政治客观性，它曾在1896年郑重宣告，会"无所畏惧，不带偏袒，不分党派、教派与利益，不偏不倚地报道新闻"。[1]

当然，朱利叶斯·阿德勒并不公正。这位《纽约时报》的高管是曾在第一次世界大战中获得极高荣誉的老兵（在法国战场上，他端掉过一个德国人的机关枪工事），其干预主义态度很鲜明。尽管如此，他还是很谨慎地尽量不把自己的观点强加给报社的编辑人员。

决定《纽约时报》支持征兵立场的关键人物，是其出版商亚瑟·海斯·苏兹伯格。希特勒在西欧发动闪电战之前，苏兹伯格一直是个和平主义者，6月初他对编辑部的人说："先生们，我们现在做得还不够。如果我们不多做一些，我心有不安。"[2] 几天后，《纽约时报》发表了一篇社论，主张立即实施征兵行动，成为美国第一家发表如此言论的主要报纸。"为了自我防御，"[3] 社论说，"美国人民应该立即采取全民强制军事训练的制度。虽然我们报社

---

[1] Susan E. Tifft and Alex S. Jones, *The Trust: The Private and Powerful Family Behind The New York Times*, Boston: Little, Brown, 1999, p. xix.

[2] Meyer Berger, *The New York Times: 1851–1951*, New York: Simon & Schuster, 1951, p. 439.

[3] Meyer Berger, *The New York Times: 1851–1951*, New York: Simon & Schuster, 1951, pp. 439–440.

认为在和平时期实施此类政策并不明智,但我们仍然这么说。是事态的发展让我们得出了这个无情的结论。"

该篇社论刊登于6月7日,当天罗斯福就在新闻发布会上带着赞许的口吻提到了它。但孤立派人士一连串的反对意见随即而至(其中包括针对苏兹伯格及阿德勒的威胁信和恐吓电话),总统又退缩了,在下一个新闻发布会上说:"我并不是……暗示让美国的每一个小伙子都进行强制军事训练。"[1] 由于罗斯福低调行事,国会的民主党派领袖们都未处理"国家应急委员会"的法案。詹姆斯·伯恩斯参议员向克拉克解释道,这项立法没有总统的支持,"希望渺茫"[2]。

尽管如此,还是有人在国会中提出了法案,而且是由两个极不可能的倡议人提出的——一位共和党国会议员和一位反对罗斯福的民主党参议员。众议院的倡议人是詹姆斯·W. 沃兹沃思众议员(Rep. James W. Wadsworth),一位来自纽约北部地区备受尊敬的富绅。沃兹沃思以前是参议院军事委员会主席,坚定支持练兵备战。关于决定提议一项被认为是政治炸弹的法案,他后来说,是因为众议院的民主党领袖们"很愿意看到一个外人冒险的样子……而我则很愿意冒这个险"。[3] 在参议院,征兵立法的倡议人是内布拉斯加州的爱德华·伯克(Edward Burke),他虽然是个民主党人,却无比痛恨新政。伯克是最高法院改组斗争的领导人,在1938年的国会清洗计划中,他也是总统盯上的目标。

---

[1] Kenneth S. Davis, *FDR: Into the Storm, 1937-1940*, New York: Random House, 1993, p. 605.

[2] J. Garry Clifford and Samuel R. Spencer Jr., *The First Peacetime Draft*, Lawrence: University Press of Kansas, 1986, p. 84.

[3] James Wadsworth, Oral History Collection, Columbia University.

在格林维尔·克拉克与两位议员进行接洽并争取到他们的支持不到 48 小时，伯克-沃兹沃思法案被放进了众议院和参议院的送卡箱中，还分发给了华盛顿的记者们。伯利·布恩已经提前将法案副本发送给了几家大报社，立法一旦提出，法案文本就会由各通讯社发往全美各地的几千家报社。一夜之间，征兵就成了一个重大的全国性议题。

7 月 3 日国会听证会开始的时候，布恩也在现场。当记者们纷纷进入众议院的会议室后，他向大家分发了约翰·潘兴将军写的一封信，内容是支持立法。格林维尔·克拉克寻求这位老将军的支持，而潘兴提供了鼎力支持。"如果我们在 1914 年就采取强制军事训练行动，"他说，"我们就无须把只受过部分训练的年轻士兵送到战场上与敌军那经验丰富的老兵作战了。"①

后来，乔治·马歇尔也给出了相同的结论。几乎在他把克拉克和阿德勒赶出办公室那天的 1 个月后，这位陆军参谋长认为他们口中征兵的必要性是正确的。有两件事让他改变了原本的想法：一是法国政府垮台，二是军队新上任的文职参谋长亨利·史汀生也坚决持此意见。7 月 9 日，就在参议院确定他的任命之前，史汀生让克拉克、马歇尔和军队的其他高级官员去他位于华盛顿的大宅邸中会面。罗斯福还在举棋不定，史汀生却强调说，从此时开始，陆军部一定会给予征兵立法"坚定而明确的支持"。② 用马歇尔的话说，他让那些提出异议的人意识到，"自己从一开始就得罪了陆军部

---

① J. Garry Clifford and Samuel R. Spencer Jr. , *The First Peacetime Draft*, Lawrence：University Press of Kansas, 1986, p. 103.

② J. Garry Clifford and Samuel R. Spencer Jr. , *The First Peacetime Draft*, Lawrence：University Press of Kansas, 1986, p. 110.

长"。① 另一位参加集会的军官回忆说:"我们接到了行军令。"②

马歇尔和史汀生都多次前往国会,为征兵法案作证。7月30日,马歇尔告诉"参议院军事委员会",除了征兵,"没有其他可想到的方法"③ 来确保有"足够数量训练有素、经验丰富的士兵"来保卫国家。在早些时候的"众议院委员会听证会"上,一位国会议员曾问陆军总参谋长,为了应对眼前的危机,他是否要求过头了。马歇尔惊呆了,因为他认为这个问题非常愚蠢,所以厉声说道:"如果我们除爱国主义和精神之外什么都有,我就可以大大松懈下来了。"④

马歇尔和史汀生的证词,克拉克委员会广泛的宣传运动以及法国让人震惊的投降之举,都促使公众对征兵的意见发生了重大改变。到6月中旬,有64%的美国人支持义务兵役;1个月后,这个数字达到了71%。

然而,与此同时,国会办公室和白宫被几十万封信件、电报、明信片和来电淹没了,大部分内容强烈反对这项立法。伯顿·惠勒参议员和其他的国会孤立派成员们一起,精心组织了反征兵运动,他们宣称"在即将到来的选举前投票(征兵法案)的民主党党员们……将给自己的棺材钉上钉子"。⑤

显然,惠勒的许多国会同事同意他的说法。在发给伦敦的一

---

① J. Garry Clifford and Samuel R. Spencer Jr., *The First Peacetime Draft*, Lawrence: University Press of Kansas, 1986, p. 110.
② J. Garry Clifford and Samuel R. Spencer Jr., *The First Peacetime Draft*, Lawrence: University Press of Kansas, 1986, p. 110.
③ Forrest C. Pogue, *George C. Marshall: Ordeal and Hope, 1939–1942*, New York: Viking, 1966, p. 60.
④ Ed Cray, *General of the Army: George Marshall, Soldier and Statesman*, New York: Norton, 1990, p. 170.
⑤ "Conscription," *Time*, Aug. 12, 1940.

图 14-3 陆军总参谋长乔治·马歇尔将军（左）和陆军部长亨利·史汀生（右）

封电报中，奥布里·摩根设在纽约的英国新闻机构指出："国会议员们被他们收到的邮件吓坏了，因为绝大多数信件是反对该法案的，而且他们不信任民意调查的结果：美国支持征兵法案。他们觉得，这些民意调查结果即使不是伪造的，也没有考虑到一个事实，即对公共问题极感兴趣甚至会就此写信的人，就是准备出来投票的人。而一个被游说者找出来征询意见的人，则很有可能会待在家里。"[①]

根据洛锡安爵士的说法，罗斯福也有同样的感觉。虽然罗斯福非常重视的美国公共舆论压倒性地支持征兵，但他在这个问题上仍

---

① J. Garry Clifford and Samuel R. Spencer Jr., *The First Peacetime Draft*, Lawrence: University Press of Kansas, 1986, p. 284.

然保持沉默,尽管他也越来越相信征兵极有必要。在发往伦敦的信息里,洛锡安报告说,罗斯福"害怕国会里的强硬派,所以不同意真刀实枪地干,而是继续逐步渗透……让事实、媒体以及他的朋友们大声疾呼"① 来支持法案。

到7月下旬,上万的民众——其中绝大部分是征兵反对者——涌向国会。劳工领袖们到处游说反对立法,各种和平组织和其他反战组织的代表也是如此。国会山上人山人海,情绪高涨。"我本人很害怕暴力,"一位和平组织负责人说,"战争那邪恶、凶险的气息已经到达了这里。"② 几个反征兵抗议者未获批准在国会大厦的台阶上祈祷守夜时,国会山的警察挥舞着警棍驱散了人群。

一个由右翼妇女团体组成的结构松散的全国联合会——名字类似于"美国母亲会"(the Congress of American Mothers)和"美国母亲中立联盟"(the American Mothers' Neutrality League)——也来添了把火。每当国会提出她们眼中视为干预主义立场的立法时,就有数千名所谓的"母亲运动"支持者前往华盛顿游行。这些妇女身穿黑衣,许多人用面纱遮住自己的脸,让那些没有公开宣称自己是孤立派的国会议员看到生活的惨状。她们会跟踪自己的目标,朝他们尖叫、吐口水,还会在他们的办公室外守夜,大声哀嚎。

一个这样的妇女组织把干预派参议员克劳德·佩珀(Claude Pepper)的人像挂在国会大厦前的一棵橡树上,头是用椰子壳做的,身体用稻草填充,外面套着斜纹粗棉布做的衣服,前面还挂着一块牌子,上面写着:克劳德·"贝内迪克特·阿诺德"·佩珀。

---

① J. Garry Clifford and Samuel R. Spencer Jr., *The First Peacetime Draft*, Lawrence: University Press of Kansas, 1986, p. 97.

② J. Garry Clifford and Samuel R. Spencer Jr., *The First Peacetime Draft*, Lawrence: University Press of Kansas, 1986, p. 217.

妇女们很失望,这位佛罗里达民主党人并没有"咬钩",反而高兴地自认了,他还在参议院声称这个行为"有力地证明了我们正在努力维护的,那就是——言论自由和行动自由"。①

Fist-Shaking Mothers Hang Pepper's Effigy On Capitol Maple While He Sits in Senate

图 14-4　一个自称"母亲委员会"的孤立派妇女团体,把一个人像挂在国会大厦外面的一棵树上,人像代表的是干预派参议员克劳德·佩珀

注:图片上方的文字:挥舞着拳头的母亲们把佩珀的人像挂在国会大厦前的枫树上,彼时,佩珀参议员正坐在参议院里。

---

① 佩珀保存了这个人像留作纪念,现在这个人像在杰克逊维尔市的佛罗里达州立大学克劳德·佩珀藏书馆展出。

但反征兵示威游行和邮件确实成功地恐吓到了其他的立法者——确切地说，是很多立法者，致使伯克-沃兹沃思法案看似要夭折在委员会了。史汀生无法接受这个事实，所以他与弗兰克·诺克斯一起在8月2日的内阁会议上向罗斯福施压以获取他的支持。让这两位新任部长和内阁其他成员惊讶的是，总统居然答应了。他告诉史汀生，他会"召集一些（国会）领袖，告诉他们必须把精力放在那个法案上"，① 他已经把法案看成了"国防的重要保证之一"。第二天，罗斯福通知记者，说他支持征兵立法，认为这项立法"对保障国防的完备性至关重要"。②

这样一来，国会的斗争就开始了。这场斗争里满是卑劣的手段和刻薄的言行，甚至数周来一直盘旋在华盛顿上空的湿热天气也让斗争变得更激烈。"只要国会8月1日以后还在继续开会，你就可能自讨苦吃，"詹姆斯·伯恩斯参议员说，"这些人开始露出（爱吵架的拳击手）托尼·格伦托（Tony Galento）的表情，而行动起来就像（重量级冠军）乔·路易。他们会从任何一个部位攻击你，而裁判员和交战双方一样危险"。③ 另一位参议员评论说："想想要在这三伏天里裁决国家的命运，我就为我们国家的未来感到担忧。"④

伯恩斯的同事们都说他有先见之明。参议院里，一位来自西弗

---

① J. Garry Clifford and Samuel R. Spencer Jr., *The First Peacetime Draft*, Lawrence: University Press of Kansas, 1986, p.170.
② J. Garry Clifford and Samuel R. Spencer Jr., *The First Peacetime Draft*, Lawrence: University Press of Kansas, 1986, p.171.
③ J. Garry Clifford and Samuel R. Spencer Jr., *The First Peacetime Draft*, Lawrence: University Press of Kansas, 1986, p.174.
④ J. Garry Clifford and Samuel R. Spencer Jr., *The First Peacetime Draft*, Lawrence: University Press of Kansas, 1986, p.175.

对手有机会主导话语权、占领新闻头条。史汀生、克拉克和其他征兵支持者们担心,如果罗斯福不立刻施加影响,国会就会通过参议院的一个折中修正案,将目前军队的志愿服役制度延续到选举之后。史汀生敦促罗斯福为立法再次发声,但总统未予理会。

其后,8月17日,温德尔·威尔基加入论争。契机是他正式接受共和党提名的演讲。费城竞选大会两个月之后,威尔基的讲话将最终阐明共和党候选人在国内外诸多问题上的官方立场。

几周来,威尔基一直承受着反对征兵的巨大压力。他收到了数以千计反对征兵的书信和电报,还接到了国会民主党议员的来电和来访。众议院少数派领袖代表约瑟夫·马丁众议员——他也被威尔基选择担任共和党全国委员会(the Republican National Committee)领袖——对威尔基说:"立法问题是罗斯福要负责处理的问题,与你无关……你不必对每个法案发表意见。征兵是个非常不受欢迎的问题。当然,人们不希望自己的儿子穿上军装去服役。所以,对这个事要慢慢来。"[①]

威尔基知道,如果他反对征兵法案,共和党就会和民主党中的孤立主义者一起扼杀它。但如果他支持这个法案,征兵就会像交换驱逐舰一样,不再成为一个竞选问题,让紧张的国会议员们在投票支持它时承担更小的政治风险。

8月的某一天,烈日炎炎。这位共和党提名人来到印第安纳州的埃尔伍德,在他的家乡结束了这个悬而不决的状况。在对20多万人发表讲话时,他表示支持"某种形式的义务兵役",[②] 声称这

[①] J. Garry Clifford and Samuel R. Spencer Jr., *The First Peacetime Draft*, Lawrence: University Press of Kansas, 1986, p. 193.

[②] J. Garry Clifford and Samuel R. Spencer Jr., *The First Peacetime Draft*, Lawrence: University Press of Kansas, 1986, p. 194.

是"唯一民主的方式,能确保我们在国防上所需的、训练有素的优秀人才"。在两天后的一个新闻发布会上,威尔基详细阐述了他的观点,声明应立即实施征兵制,他也将继续支持这一举措,即使这意味着他可能会在11月败选。很快,约瑟夫·马丁宣布,共和党不会对征兵法案发表官方立场。国会的共和党议员可以依照意愿自由投票。

威尔基发表演讲的那天,罗斯福和史汀生一直在观察纽约北部第一集团军的演习。当天晚上,他们收到有关共和党支持的新闻报道时,显然都松了一口气。"威尔基的演讲是天赐之物",[1] 史汀生第二天告诉一位熟人。在日记中,这位陆军部长说,威尔基"已经大大削弱了一小撮孤立分子玩弄权术的努力"。

威尔基接受征兵的态度,加上部队在纽约演习时的糟糕表现,最终让罗斯福相信他必须发表明确声明,敦促立即通过该法案。他向朱利叶斯·阿德勒建议,找个《纽约时报》的记者在他下次的新闻发布会上就征兵问题提问。8月23日,《纽约时报》的记者查尔斯·赫德(Charles Hurd)进行了这一提问,他问罗斯福是否会对参议院推迟征兵的修正案做出评论。总统回答说,他"坚决反对"[2] 任何拖延颁布法案的行为。他向记者描述了此前一周他所见到的部队状况:训练效果不佳,士兵们身体素质不佳。他说,他们"在部队规模相同的情况下,一两天之内,就会被训练有素的对手消灭得一干二净"。不仅要尽快扩充部队人员,他接着说,还要给部队更专业的训练和武器。

---

[1] J. Garry Clifford and Samuel R. Spencer Jr., *The First Peacetime Draft*, Lawrence: University Press of Kansas, 1986, p. 201.

[2] J. Garry Clifford and Samuel R. Spencer Jr., *The First Peacetime Draft*, Lawrence: University Press of Kansas, 1986, p. 203.

第十四章 首先是美国人，然后才是共和党人　295

在总统的明确支持下，国会里的民主党领袖开始联合支持该法案，势头发生了戏剧性逆转。"虽然总统的表现不是特别勇敢，但确实成功了，"① 历史学家J. 加里·克利福德指出。他和小塞缪尔·R. 斯宾塞一起，写了一本关于征兵立法的权威性历史书。"法案成功与否主要取决于威尔基。" 帮助这些支持者的，还有德国空袭英国和伦敦的媒体报道及照片。正如一位与马歇尔将军走得很近的军官所说："希特勒每轰炸一次伦敦，我们就会多得几张支持票。"②

然而即使到了最后，参众两院发生的斗争也还是很激烈。9月14日，参议院和众议院在挫败了一系列面目全非的相关修正案后，通过了《选征兵役法》(the Selective Service Act)，规定21岁至35岁的所有美国男性必须登记服兵役一年。几位共和党参议员投票赞成该法案，众议院的一些共和党议员也是如此，其中包括少数党领袖约瑟夫·马丁。海勒姆·约翰逊参议员则愤怒地抱怨威尔基的讲话"令反对行为无能为力。他扇了我们每人一巴掌……我们这些想着美国人、做着美国人的人"。③

签署完该法案后，罗斯福试图打消人们的疑虑，即颁布征兵法并不意味着把美国年轻人派往欧洲作战。"我们已经开始训练更多的人，不是因为我们需要这些人上战场，"④ 他说，"而是未雨绸

---

① John G. Clifford, "Grenville Clark and the Origins of the Selective Service," *The Review of Politics*, January 1973.
② John G. Clifford, "Grenville Clark and the Origins of the Selective Service," *The Review of Politics*, January 1973.
③ J. Garry Clifford and Samuel R. Spencer Jr. , *The First Peacetime Draft*, Lawrence：University Press of Kansas, 1986, p. 196.
④ Richard M. Ketchum, *The Borrowed Years, 1938-1941：America on the Way to War*, New York：Random House, 1989, p. 515.

缪，(你拿上) 伞……——以免淋雨。"《国家报》编辑弗丽达·基希威称这种言论很愚蠢。"我们正式地公之于众，要跟与希特勒作战的国家站在一边，"基希威写道，"这个法案就是一项开战法案，基于最终无法避免主动参战这一假设。"①

罗斯福为人谨慎，所以他想把实际征兵的行动推迟到选举之后。然而，几位助手建议他不要这么做。"征兵抽签推迟到选举之后，会给别人留下口实来指控你是出于政治原因做出的拖延"，②罗斯福的行政助手詹姆斯·罗（James Rowe）写信跟他说。罗还指出，延期还会严重扰乱刚刚定下的征兵时间表。

罗斯福听从了罗的建议。10月29日，距离人们去投票处投票不到1周的时间，罗斯福和亨利·史汀生并排站在陆军部大礼堂的讲台上。在记者们照相机闪光灯的照射下，陆军部长蒙着眼睛，把手伸进一个巨大的玻璃鱼缸中，从上万个湖蓝色的胶囊中取出一个，把它递给罗斯福。罗斯福打开胶囊，宣布："第一个号码是1-5-8。"③ 听众中有个妇女尖叫了起来。她的儿子以及6000多名手持征兵号码为158的美国年轻人将成为第一批服役的士兵。接下来的几个小时里，陆军部的官员们抽取了剩下的号码，以确定在1600多万做过征兵登记的人中100多万人的入伍顺序。

史汀生向来不轻易赞美总统，但他这次称赞罗斯福在选举之前为了征兵而表现出的勇气和"良好的政治才能"。④ 专栏作家马克·沙利文（Mark Sullivan）在分析斗争期间罗斯福的行为模式

---

① Margaret Paton-Walsh, *Our War Too: American Women Against the Axis*, Lawrence: University Press of Kansas, 2002, pp. 115-116.
② James Rowe memo to FDR, Oct. 14, 1940, President's Secretary's File, FDRPL.
③ J. Garry Clifford and Samuel R. Spencer Jr., *The First Peacetime Draft*, Lawrence: University Press of Kansas, 1986, p. 2.
④ Stimson diary, Oct. 29, 1940, FDRPL.

时，将他描述成双重人格——"罗斯福总统先生和第三任总统候选人罗斯福先生……在这个场合，罗斯福总统先生似乎取得了胜利"。①

最受赞誉的人是格林维尔·克拉克，这不足为奇，因为他在推行征兵法案中扮演了重要的角色。"没有他孜孜不倦的努力，没有他超常的能力，没有他在许多方面的影响力，或者说最重要的，没有他顽强的毅力，征兵法不可能有颁布的一天"，② 刘易斯·赫希将军（General Lewis Hershey）宣称，他后来成为选征兵役制负责人。史汀生同意这个观点。在罗斯福签署法案的第二天，陆军部长就写信给克拉克说："如果不是因为你，在这样的一个时间里，就不可能颁布这样的一个法案。对于这一点，我是十分肯定的。"③ 在詹姆斯·沃兹沃思众议员写的致谢信中，他表达了对克拉克及其委员会的"钦佩与感激"，④ 因为他们果断执行了"一项重要的公共服务"。沃兹沃思还说："你要我来提出法案，是给我的极高荣誉，更重要的是，你给了我一个机会，让我可以为伟大的事业服务。"

在历史学家 J. 加里·克利福德看来，征兵的开始"无疑是珍珠港事件之前，美国国防法案中最重要的一部"。⑤ 这是美国历史

---

① J. Garry Clifford and Samuel R. Spencer Jr., *The First Peacetime Draft*, Lawrence: University Press of Kansas, 1986, p. 203.

② Lewis B. Hershey, "Grenville Clark and Selective Service," in *Memoirs of a Man: Grenville Clark*, Norman Cousins and J. Garry Clifford, eds., New York: Norton, 1975, p. 209.

③ J. Garry Clifford and Samuel R. Spencer Jr., *The First Peacetime Draft*, Lawrence: University Press of Kansas, 1986, pp. 224-225.

④ J. Garry Clifford and Samuel R. Spencer Jr., *The First Peacetime Draft*, Lawrence: University Press of Kansas, 1986, p. 225.

⑤ John G. Clifford, "Grenville Clark and the Origins of the Selective Service," *The Review of Politics*, January 1973.

上,陆军首次获得授权,在打仗前就开始开展大量军队训练、引进现代武器和战术,并进行大规模演习。1941年12月,当美国最终参战时,陆军部的名册上有36个师约165万名军人。

如果没有这项征兵计划,就不会多出上百万的兵力,美军就无法进军北非,这是珍珠港事件之后一年内,美国对德国发起的一系列进攻中的首次进攻。根据马歇尔将军的传记作者福里斯特·博格的说法:"正是1940年的《选征兵役法》……才使美国拥有庞大的陆军和空军,得以参加第二次世界大战。"[1]

此外,关于征兵的全国性辩论虽然旷日持久且充满争议,却有助于唤醒美国人民,让他们意识到有必要为一场日益迫近的战争做好准备。就像格林维尔·克拉克所看到的那样,尽管起初这项法案被白宫、陆军和国会一拖再拖,但它的通过却证明了亚伯拉罕·林肯的那句至理名言:"如果政府只能勉强尽自己的本分,人民就会出手拯救他们的政府。"[2]

---

[1] Forrest C. Pogue, *George C. Marshall: Ordeal and Hope, 1939-1942*, New York: Viking, 1966, p. 62.

[2] J. Garry Clifford and Samuel R. Spencer Jr., *The First Peacetime Draft*, Lawrence: University Press of Kansas, 1986, p. 5.

第十五章　美国佬不会来了

1977年，耶鲁大学校长金曼·布鲁斯特（Kingman Brewster）被任命为美国驻英大使。他在圣詹姆士宫接受任命，这几乎广受褒扬，很少有人注意到他的这一选择颇具讽刺意味。37年前，作为一名耶鲁大学的本科生，布鲁斯特曾是"美国至上"委员会（America First Committee）的创始人之一，该委员会于1940年夏天成立后的数月内，美国国内出现了最强大有效、最声势浩大的孤立主义组织。该组织的一大主要目标是阻止美国参战，即使这意味着德国人将打败英国。

虽然"美国至上"通常被人视作美国中西部保守孤立主义的化身，但它实际上诞生于耶鲁大学校园，是全美范围内学生因反对再次卷入战争而出现的产物。布鲁斯特及其大多数极具反叛意识的同学出生在第一次世界大战期间或之后，他们对那场杀戮及其后果普遍感到幻灭和痛苦，这影响了他们的早年岁月。

"战争本身的表现、多年的僵局、数百万人惨遭屠杀——所有这一切都令我们寒透骨髓，"[①] 哥伦比亚广播公司的记者埃里克·塞瓦雷德（Eric Sevareid）回忆说，作为明尼苏达大学的学生，他在20世纪30年代中期参加了一些和平主义示威活动。"我们当时很年轻，对于那些初尝生命美妙滋味的人来说，想到死亡便觉得是

[①] Eric Sevareid, *Not So Wild a Dream*, New York: Atheneum, 1976, pp. 62-63.

灾难，带着无法形容的恐惧……我们开始厌恶'爱国主义'这个词，我们认为这个词语贬值了，它成为装饰尸体并证明其合情合理的廉价奖章。"

一所接一所的学校里，学生们举行示威活动，要求美国不参与未来任何一场战争，正如塞瓦雷德所说的那样，"在一个疯狂的世界里至少保留一片理智的绿洲"①。在芝加哥大学，游行者举着象征"佛兰德斯战场"②的白色十字架；在密苏里大学，学生们举着"美国佬不会来了"③的牌子。包括塞瓦雷德在内的数千名美国青年效仿英国牛津大学的学生，发誓不会"为国旗或国家而拿起武器"④。

然而，很少有人想到耶鲁大学会爆发如此激烈的行动。毕竟，它的大部分学生来自东海岸的上层精英家庭。他们中不少人的父亲是亲英者和干预主义者，很多还曾亲身参加过战争。

金曼·布鲁斯特自己家族中就有几位成员坦言自己是亲英派。他的大堂姐珍妮特·布鲁斯特（Janet Brewster）不仅热心支持对英援助，而且嫁给了爱德华·R. 莫罗，后者在其从伦敦播送的美国哥伦比亚广播公司（CBS）广播节目中支持英国事业。金曼·布鲁斯特和珍妮特·布鲁斯特是新英格兰一个古老家族的后代，他们是威廉·布鲁斯特的直系后裔，威廉·布鲁斯特乘坐"五月花"号来到美国，曾是普利茅斯殖民地的宗教领袖。

但与珍妮特不同的是，金曼·布鲁斯特虽然同情英国的困境，

---

① Eric Sevareid, *Not So Wild a Dream*, New York: Atheneum, 1976, p. 64.
② Mark Lincoln Chadwin, *The War Hawks: American Interventionists Before Pearl Harbor*, Chapel Hill: University of North Carolina Press, 1968, p. 9.
③ Mark Lincoln Chadwin, *The War Hawks: American Interventionists Before Pearl Harbor*, Chapel Hill: University of North Carolina Press, 1968, p. 9.
④ Eric Sevareid, *Not So Wild a Dream*, New York: Atheneum, 1976, p. 60.

但他坚信"我们不应该被卷入战争"。① 他和其他反干预主义的学生认为自己比父辈们更聪明、更现实，也更不容易受到宣传的影响。在他们看来，其东部建制派长辈们所坚持的价值观已经被一战和大萧条击得粉碎。麦克乔治·邦迪是布鲁斯特在耶鲁大学的同学，他当时写道，自己和其他同龄的年轻人相仿，"对于所有的理想和每样绝对事物都抱有某种根深蒂固的不确定性……至于我们愿意为之赴死的东西，我们感到困惑和迷茫；我们曾抱着游戏态度对待众多理想，但无论面对何种理想，我们普遍都缺乏热爱之心"。②

1940年的反战学生——其中许多人是干预主义者——与其校长们和教授们进行对决，这为20世纪60年代校园内部的分歧埋下伏笔。事实上，耶鲁大学的校长查尔斯·西摩（Charles Seymour）和哈佛大学的校长詹姆斯·布莱恩特·科南特（James Bryant Conant）都是威廉·艾伦·怀特这一组织中全国委员会的成员。法国沦陷后，科南特在面向全美的电台广播中劝说罗斯福政府尽一切可能打败希特勒时，他收到了大量的辱骂信，其中有不少是哈佛大学的学生所写。学校的报纸《哈佛深红报》（The Harvard Crimson）刊登了一系列社论，敦促德国和英国通过谈判实现和平。"坦率地说，我们决心不惜一切代价实现和平，"一篇深红报社论宣称，"我们拒绝再打一场权力制衡的战争。"③

哈佛大学的反战学生还成立了一个名为"课堂将军表彰委员

---

① Ruth Sarles, *A Story of America First: The Men and Women Who Opposed U. S. Intervention in World War II*, Westport, Conn.: Praeger, 2003, p. 250.
② Geoffrey Kabaservice, *The Guardians: Kingman Brewster, His Circle, and the Rise of the Liberal Establishment*, New York: Henry Holt, 2004, p. 80.
③ Arthur M. Schlesinger, Jr., *A Life in the Twentieth Century: Innocent Beginnings, 1917-1950*, New York: Houghton Mifflin, 2000, p. 231.

会"（Committee for the Recognition of Classroom Generals）的组织。它的活动包括给5位主张干预主义的教授送去锡兵和臂章，并在校园内对干预主义的集会进行纠察，其标语上面写着"让我们送50位超龄教授去英国"。①

如同1940年其他校园的情形一样，在这场日益激烈的辩论中，哈佛大学的春季毕业典礼也沦为背景。1915届毕业生中的一员在校友大会上说"我们以参加（一战）为荣，现在也以参战为荣"②时，迎来年轻毕业生的嘘声和讥笑。而当1940届的演讲者在毕业典礼演讲中谴责对英国的援助是"痴人说梦"③时，那些支持干预的人同样敌意满满。

《大西洋月刊》上有两篇文章突显出美国大学生与其长辈之间的巨大分歧。在1940年8月那一期上，耶鲁大学历史教授阿诺·惠特里奇（Arnold Whitridge）——英国著名诗人马修·阿诺德（Matthew Arnold）的孙子——写了一封"致大学生的公开信"④，标题是"你的立场在哪里？"，耶鲁、哈佛、达特茅斯等大学中反对援助同盟国的学生声称绝不会为自己国家拿起武器并坚称"（交战）双方中没有哪一方比另一方更善良或者更邪恶"，身为一战老兵的惠特里奇对此深感困惑和不安。他表明这些观点是短视的，并断言："我认为除了守着一份对胜利的希冀外，我们还得做些什

---

① Eileen Eagan, *Class, Culture, and the Classroom: The Student Peace Movement of the 1930s*, Philadelphia: Temple University Press, 1981, p. 214.
② Arthur M. Schlesinger, Jr., *A Life in the Twentieth Century: Innocent Beginnings, 1917-1950*, New York: Houghton Mifflin, 2000, p. 245.
③ Arthur M. Schlesinger, Jr., *A Life in the Twentieth Century: Innocent Beginnings, 1917-1950*, New York: Houghton Mifflin, 2000, p. 245.
④ Richard M. Ketchum, *The Borrowed Years, 1938-1941: America on the Way to War*, New York: Random House, 1989, pp. 507-508.

么……尽管我们很讨厌战争，但我们必须去打仗，而且我们越早做好准备越好。"

该杂志9月那一期上，全美的大学生——以担任《耶鲁每日新闻》（Yale Daily News）主席的布鲁斯特和《哈佛深红报》社长的斯宾塞·克拉（Spencer Klaw）为代表——做出了轻蔑的回应。以"我们的立场在这里"①为标题，布鲁斯特和克拉对于他们眼中惠特里奇的"诡辩和刻薄"大加抨击，他们对此贴上"不值"和"不公"的标签。这两位学生编辑认为，只有远离战争，美国才能保持其民主的生活方式。美国人必须"站在大西洋我们这一侧……因为至少它提供了一个机会，以便维护美国国内我们所关心的一切事物"。

正如布鲁斯特的传记作者杰弗里·卡巴赛维奇（Geoffrey Kabaservice）所指出的那样，这位21岁的耶鲁大学三年级学生迅速成为"他那个时代最有争议的大学生之一"②。除了与别人为《大西洋月刊》合写文章外，他还经常在东部的大学里发表反干预主义的演讲，并参加了美国全国广播公司"美国空中的城市会议"（America's Town Meeting of the Air）这一面向全美的广播辩论。他在《耶鲁每日新闻》上发表了几篇反对干预的社论，被全国性的媒体纷纷转载。

但布鲁斯特所做的远不止写作和演讲。他已经成为一群耶鲁大学本科生和法律专业学生中的领军人物，他们聚集在一起，努力对抗他们眼中美国那不可阻挡的参战趋势。学生们夜以继日地聚集在

---

① Richard M. Ketchum, *The Borrowed Years, 1938-1941: America on the Way to War*, New York: Random House, 1989, pp. 508-509.

② Geoffrey Kabaservice, *The Guardians: Kingman Brewster, His Circle, and the Rise of the Liberal Establishment*, New York: Henry Holt, 2004, p. 70.

一起,讨论如何对抗日渐强大的干预主义运动;干预主义运动以"怀特委员会"和"世纪集团"为代表,它们已成功地唤醒公共舆论,以支持驱逐舰转移阵地以及征兵举措。

耶鲁大学的学生们坚信,孤立主义者在美国仍占主流。然而,这一运动组织得支离破碎,还没有哪个团体能够利用这个国家强烈的孤立主义情绪,并为之带来政治上的凝聚力。虽然查尔斯·林德伯格以其反战观点吸引了全民的注意力,但他仍在孤军作战,对于加入或领导任何现有孤立主义组织毫无兴趣。

在学生们看来,美国人民正被罗斯福政府以及支持总统的公民团体簇拥着涌向战争。由于其他人显然无法一呼百应地召集反抗力量,他们决定自己来带这个头。

很难将这些耶鲁人看作心怀不满的激进分子。就像金曼·布鲁斯特一样,他们几乎都是或曾经都是校园里学生的高层领导。不少人像布鲁斯特一样,后来也都有了广为人知的事业。如波特·斯图尔特(Potter Stewart)后来成为美国最高法院法官;再如他在法学院的好友萨金特·施赖弗(Sargent Shriver),20年后被其姐夫约翰·肯尼迪总统任命为"和平队"(Peace Corps)(1961年根据总统令成立的一家志愿服务组织,且通过了国会的授权)的首任负责人;另一位参与者杰拉尔德·福特(Gerald Ford)曾是密歇根大学的全美橄榄球最佳业余选手,后来成了美国总统。

领导他们的是被视作"军师"①的布鲁斯特和法律系学生罗伯特·道格拉斯·斯图尔特(Robert Douglas Stuart),后者的父亲是芝加哥桂格燕麦公司的一名高管,因而他擅长组织和管理。该组织

---

① Geoffrey Kabaservice, *The Guardians: Kingman Brewster, His Circle, and the Rise of the Liberal Establishment*, New York: Henry Holt, 2004, p. 74.

在整个东部的大学校园里散发反干预请愿书,并招募其他学生和刚毕业的学生回到家乡带头反对美国卷入战争,从而拉开了运动的序幕。

大家的反响非常热烈。耶鲁大学近半数学生在请愿书上签名,其他大学中的签名比例也差不多。数以百计的学生同意在1940年夏天努力组织反战活动,还有很多学生寄来钱财资助这项工作。捐赠者中有哈佛大学高才生约翰·肯尼迪,他那100美元支票上附有一张纸条,上面写着:"你们所做的事情至关重要。"[1] 同时,肯尼迪的哥哥乔帮助组建了"美国至上委员会"的哈佛分会,这是耶鲁大学赞助的这一团体此时的名称。另一名学生组织者是15岁的戈尔·维达尔(Gore Vidal),他在新罕布什尔州的菲利普斯·埃克塞特(Phillips Exeter)——他就读的预科学校——建立了一个"美国至上"分会。

布鲁斯特和斯图尔特于是开始让"美国至上"展开全国性的征伐运动。他们在全美各地旅行,劝说持孤立主义立场的国会议员等人给予他们支持。但他们最希望获取查尔斯·林德伯格的支持。他不仅是美国最著名的孤立主义者,也几乎是每个美国年轻人的童年英雄。1927年林德伯格飞越大西洋时,这些学生还是孩子,他立刻成为他们的榜样。罗伯特·斯图尔特小时候曾做过这样的美梦:林德伯格有一天会把飞机降落在他家后面那3英亩土地上,"我就能见到他了"[2]。金曼·布鲁斯特后来指出,由于将林德伯格

---

[1] Ruth Sarles, *A Story of America First: The Men and Women Who Opposed U.S. Intervention in World War II*, Westport, Conn.: Praeger, 2003, p. xxii.

[2] Ruth Sarles, *A Story of America First: The Men and Women Who Opposed U.S. Intervention in World War II*, Westport, Conn.: Praeger, 2003, p. 213.

视作英雄一样崇拜,他一生都"沉迷于飞行"①。但对于斯图尔特、布鲁斯特及其伙伴们如此钟情于林德伯格,还有一个解释:林德伯格是一个反叛者,以"其勇气和直率"②,藐视权威,不屈服于金钱或恐吓。换句话说,他们渴望成为他那样的人。

1940年秋,当斯图尔特和布鲁斯特邀请林德伯格在耶鲁大学发表重要演讲时,林德伯格起初打算拒绝邀请,因为他认为在这样一个东海岸建制派的堡垒,他接受邀请的话会遭遇敌意。但这两位年轻人及其萌芽中的运动令他印象深刻,他最终接受了邀请。

10月某个凉爽的夜晚,3000多名耶鲁大学的学生挤满了伍尔西厅(Woolsey Hall),来聆听林德伯格的演讲。出乎他意料的是,他没有遭受半点诘问,反而是一次次雷鸣般的欢呼声和掌声将他的演讲打断。"我们中的大多数人是第一次见到他本人——这位我们童年时代最著名的美国人,你能感受到因此而点燃的热情,而他本身散发的十足魅力也令气氛热烈高涨",③ 聆听演讲的一位耶鲁人——历史学家理查德·凯彻姆回忆说。

一个月前,"美国至上"作为一个全国性组织正式亮相。它所信奉的原则与林德伯格的原则很接近:建立美国坚固的国防;不介入外国战争以维护国内的民主;除了"现购自运"之外,不向英国提供援助。"当欧洲、亚洲和非洲人民惨遭现代战争的种种恐怖蹂躏并最终重获和平时,美国的力量将帮助他们重建,使他们重回

---

① Geoffrey Kabaservice, *The Guardians: Kingman Brewster, His Circle, and the Rise of the Liberal Establishment*, New York: Henry Holt, 2004, p. 77.
② Richard M. Ketchum, *The Borrowed Years, 1938-1941: America on the Way to War*, New York: Random House, 1989, p. 513.
③ Richard M. Ketchum, *The Borrowed Years, 1938-1941: America on the Way to War*, New York: Random House, 1989, p. 513.

图 15-1　1940 年 10 月，"美国至上"委员会创始人、耶鲁大学大三学生金曼·布鲁斯特（左）欢迎查尔斯·林德伯格来到耶鲁。右边是小理查德·比塞尔（Richard Bissell Jr.），耶鲁大学经济学教师，二战后成为中情局副局长

正轨、重拾希望",① 该组织的创始人宣布。而在此之前，美国人必须集中精力维护自己的自由状态和生活方式。

然而，随着"美国至上"出现在全美的舞台上，它不再是耶鲁大学学生最初创建的那个组织。最初的创始人中，只有罗伯特·斯图尔特仍大力参与组织的日常工作，成为"美国至上"的执行董事。他的父亲同意提供芝加哥的桂格燕麦办公室作为免费场地

---

① America First flyer, Sherwood papers, HL.

后,该组织的总部转移到芝加哥,即斯图尔特的家乡。

从那时起,"美国至上"的大多数领导者是中西部的商人,他们的社会、政治观点远比组织创始人的观点保守。虽然耶鲁大学大多数学生有特权背景,但他们认为自己是温和派或自由派。例如,金曼·布鲁斯特在其《耶鲁每日新闻》的社论中夸赞罗斯福的大量新政改革措施,并拒绝加入学校里条件最为严苛、备受尊崇的秘密社团"骷髅会",因为他认为它不民主。

在组织成立"美国至上"的过程中,布鲁斯特和斯图尔特努力使其成为一个能兼容两党主张的温和团体,其思想"与所有年龄段的绝大多数美国人一致"①。当它搬到芝加哥时,将继续担任其耶鲁分会主席的布鲁斯特警告斯图尔特,不要让过多保守派人士挤进该组织。他说,该组织的主要成员应该是在全美范围内广为人知并受人尊重的——"真实的、突出的,但不保守也并非企业的。你需要劳工党和进步党人士。如果该委员会变成一个阶级工具,那就太可怕了"。②

最初,"美国至上"没有辜负布鲁斯特的期望,广泛吸纳在社会和经济方面观点迥异之人。该团体包括保守派和自由派,共和党人、民主党人和无党派人士,新教徒、天主教徒和犹太人。在支持其设立宗旨的自由主义者中,有长期的和平主义者,如《国家》(Nation)前编辑奥斯瓦尔德·加里森·维拉德和美国社会党负责人诺曼·托马斯(Norman Thomas),他们在1938年成立了一个名为"让美国远离战争大会"(Keep America Out of War Congress)的

---

① Geoffrey Kabaservice, *The Guardians: Kingman Brewster, His Circle, and the Rise of the Liberal Establishment*, New York: Henry Holt, 2004, p. 75.

② Geoffrey Kabaservice, *The Guardians: Kingman Brewster, His Circle, and the Rise of the Liberal Establishment*, New York: Henry Holt, 2004, p. 74.

反战组织。与其他自由派和平主义者一样，维拉德和托马斯也担心发动战争将极度破坏美国的民主，从而令公民自由严格受限、新政的社会改革毁于一旦，右翼情绪也将重新抬头。

然而，该组织愈发难以说服知名的自由主义者特别是知识分子加入。芝加哥大学校长罗伯特·梅纳德·哈钦斯（Robert Maynard Hutchins）坦承自己持孤立主义立场，他便属于与该组织观点一致但拒绝加入其中的大量知名人士之列。

结果，"美国至上"成立后数月内，这一组织的成员就如金曼·布鲁斯特曾警告的那样以保守主义者为主了。

无论是中西部还是东部的居民，他们对美国参战的态度都不尽相同。以芝加哥为中心的美国中心地带存在相当一部分干涉主义者，与孤立主义在纽约和东海岸其他地区的力量一样强大。然而，"美国至上"从孤立主义传统据点的中西部地区汲取了最大的力量，而"怀特委员会"和"世纪集团"则继续在国际主义占主流的东海岸建制派中寻找最大的支持。在其成立的 14 个月中，近 100 万人加入了"美国至上"，而这些人中有近 2/3 的人居住在以芝加哥为中心半径为 300 英里的范围内，包括伊利诺伊州、威斯康星州、印第安纳州、密歇根州以及俄亥俄州、密苏里州、明尼苏达州和艾奥瓦州的部分地区。

1940 年夏天，一部极具煽动性的英国电影《牧师霍尔》（*Pastor Hall*）上映后，芝加哥和纽约之间的差异及其对战争的看法从这两个城市的不同反应中可见一斑。《牧师霍尔》改编自德国新教牧师马丁·尼莫勒（Martin Niemoller）的真实故事，他因公开反对纳粹而被送往达豪集中营（Dachau concentration camp），影片中出现了纳粹残暴的画面——正如《纽约时报》所言，"透过铁丝网看到了世界末日的恐怖景象"。①

最初,没有一家好莱坞电影公司同意发行这部具有争议的电影。罗斯福之子詹姆斯(James Roosevelt)自诩为独立制片人,在他的斡旋下,相关人士最终说服了"联合艺术家公司"(United Artists)。该片的美国版中有一篇由罗伯特·舍伍德撰写、埃莉诺·罗斯福宣读的简短介绍,其中声称该片"是一个关于仇恨、偏执、压制自由的故事,这些现在正席卷全球"。②

这部电影在纽约上映时,不仅赢得了评论界的好评,还引发了时代广场上的反纳粹示威活动。然而,在芝加哥,该市的电影审查委员会禁止上映该片,因为它从负面角度描述了纳粹德国。德裔美国人在芝加哥人口中占了很大比例,在德裔美国人团体的巨大压力下,审查委员会发布了禁令,理由是该市法令禁止"展示任何种族公民阶层中的堕落、犯罪或品德低劣"。③

《牧师霍尔》并非第一部被该委员会禁止的反纳粹电影。在过去两年里,它至少禁止放映了7部此类电影。然而,与此同时,它却允许上映《波兰战役》(Feldzug in Polen),这是一部由德国政府制作的宣传片,描绘了德国国防军于1939年征服波兰的过程,并将波兰刻画成"侵略者"。

注意到这一矛盾之处,芝加哥的部分组织,如"美国公民自由联盟"和"美国犹太人大会"(American Jewish Congress)的地方分会,都对禁止上映《牧师霍尔》这一举措提出抗议,一些妇女俱乐部也进行了抗议。弗兰克·诺克斯的《芝加哥日报》抨击

---

① New York Times, Sept. 21, 1940.
② Sherwood introduction to Pastor Hall, Sherwood papers, HL.
③ Nicholas John Cull, *Selling War: The British Propaganda Campaign Against American "Neutrality" in World War II*, New York: Oxford University Press, 1995, p. 50.

了该委员会,用该报的话来说就是后者具有"纳粹情结"①。面对一连串不利的报道,芝加哥市长爱德华·凯利命令该审查委员会重新审查。无奈之下,它撤销了此前的决定,批准该影片上映。

毫无疑问,芝加哥的德裔美国人数量可观,加上还有大量爱尔兰裔美国人(他们通常是反英的),都促使风城(芝加哥)成为孤立主义情绪的中心。但其他关键因素,如地理因素也在起作用。芝加哥(以及中西部其他地区)的许多居民(如果不是大多数的话),由于生活在美国中部而与世界其他地区从未有过太多联系,他们也从不担心来自国外的威胁。在他们眼中,在两大洋的保护下,美国看似无垠的疆域给美国人带来了安全感,这是其他国家无法比拟的。

此外,许多芝加哥人和中西部地区的居民怨恨他们眼中衰弱无力却自命不凡的东部以及与之关系密切且同样倨傲的英国人,这也助长了这些地区的孤立主义态度。芝加哥是美国第二大城市,也是美国工业的一个大本营,芝加哥以其繁华、自大和活力为荣,并认为自己才是美国最主要的大都市,而非纽约。它对诸如英国作家鲁德亚德·吉卜林(Rudyard Kipling)这样的评论家只存蔑视,吉卜林在访问芝加哥后宣称:"见过它之后,我无比希望永远不要再见到它。它里面住的是野蛮人。"②

1927年,该市市长"大比尔"汤普森与黑帮老大阿尔·卡彭(Al Capone)之间私下结盟促使暴力犯罪和政府腐败呈爆炸性增长。市长告诉他的支持者,美国的头号敌人是乔治五世。

---

① James C. Schneider, *Should America Go to War? The Debate Over Foreign Policy in Chicago, 1939–1941*, Chapel Hill: University of North Carolina Press, 1989, p. 93.

② Richard Norton Smith, *The Colonel: The Life and Legend of Robert R. McCormick, 1880–1955*, Boston: Houghton Mifflin, 1997, p. 42.

他还宣称，如果这位英国国王敢于踏足芝加哥，他会一拳揍在他脸上。

虽然芝加哥的主要报纸《论坛报》(Tribune) 尖锐批评了汤普森那"蠢头蠢脑的滑稽表演"[1]和"洋洋自得的流氓行径"，但该报及其派头十足的出版商罗伯特·麦考密克 (Robert McCormick) 却与市长一样，无法消除其坚定的仇英心理，而且他认为芝加哥才是宇宙中心，而不是那令人憎恨的东部地区。记者约翰·冈瑟(John Gunther) 是位芝加哥人，曾这样形容《论坛报》："咄咄逼人、极端敏感、大胆、爱炫耀、热衷扩张主义、古板老旧。"[2]用这些词语来描述麦考密克也恰如其分。

麦考密克称《论坛报》为"世界上最伟大的报纸"[3]，并告诉他的手下："我们是世界中心唯一最重要的力量。"[4] 他自矜于其狭隘的乡里乡气，对密西西比河以东的任何人和事都充满了蔑视。"你们这些人的问题在于你们看不到俄亥俄州以外的地方，"[5] 他对《纽约时报》的记者说，"当你想要前往俄亥俄州以外的西部去旅行时，你就会认为自己是'水牛比尔'(Buffalo Bill)。"*

---

[1] Richard Norton Smith, *The Colonel: The Life and Legend of Robert R. McCormick*, 1880-1955, Boston: Houghton Mifflin, 1997, p. 181.

[2] Richard Norton Smith, *The Colonel: The Life and Legend of Robert R. McCormick*, 1880-1955, Boston: Houghton Mifflin, 1997, p. xvi.

[3] Richard Norton Smith, *The Colonel: The Life and Legend of Robert R. McCormick*, 1880-1955, Boston: Houghton Mifflin, 1997, p. xvi.

[4] Richard Norton Smith, *The Colonel: The Life and Legend of Robert R. McCormick*, 1880-1955, Boston: Houghton Mifflin, 1997, p. 263.

[5] Richard Norton Smith, *The Colonel: The Life and Legend of Robert R. McCormick*, 1880-1955, Boston: Houghton Mifflin, 1997, p. xvi.

* 美国演出经理人 William Frederick Cody 的绰号，他策划了著名的蛮荒西部演出 (Wild West Show)，并在欧美各地巡演。——译注

图 15-2 《芝加哥论坛报》发行人
罗伯特·麦考密克

在麦考密克看来,纽约是"罪恶的索多玛和蛾摩拉"①。他将那里的青年人形容为"不道德的人,那里的成年人都被烧光。它的内部充满了罪恶,分裂的、颠覆的学说从这里蔓延到全国"。在他看来,华盛顿和罗斯福政府同样邪恶。他曾经敦促将美国首都从华盛顿迁到一个更具代表性的城市,比如密歇根州的大急流城。

最保守的麦考密克对罗斯福和新政恨之入骨。他宣称,民主党国会"由红色成员*主导并推动,他们正努力破坏我们的政府和文明,而那群自称为进步主义者和自由主义者**的学界蠢货们却支持

---

① Richard Norton Smith, *The Colonel: The Life and Legend of Robert R. McCormick, 1880-1955*, Boston: Houghton Mifflin, 1997, p. xvi.

* 罗斯福的反对者们声称罗斯福新政是淡红色的社会主义。——译注

** 这些是民主党的代名词。——译注

他们,这些人主要想要使私营企业无利可图"。① 罗斯福于1936年竞选连任时,《论坛报》的电话接线员奉命在接听每一个电话时都要这样问候:"只剩(X)天的时间来拯救美国了,你知道吗?"②

麦考密克一生中最大的乐趣之一就是想出新的方法来诱骗总统,他们曾是格罗顿中学的同学。1937年,麦考密克得知罗斯福要来芝加哥发表演讲,地点就在芝加哥河北岸《论坛报》仓库的正对面。麦考密克派了几名工人来到仓库,他们在那里印上一个高达10英尺的单词"UNDOMINATED"(意为"不占主导地位的"),就在写着"《芝加哥论坛报》——'世界上最伟大的报纸'"这一标牌上方。

与威廉·伦道夫·赫斯特一道,麦考密克及其两个堂亲——纽约《每日新闻》(*Daily News*)的老板约瑟夫·帕特森(Joseph Patterson)和《华盛顿时报-先驱报》(*Washington Times-Herald*)的埃莉诺·"茜茜"·帕特森(Eleanor "Cissy" Patterson)——成为美国孤立主义阵营最重要的出版商。《论坛报》因其发行量超过百万,读者遍布5个州,因而尤其成为一股不可忽视的力量。其庞大的员工队伍包括4个国内分社和十几个欧亚分社的记者。曾在该报工作的有威廉·夏伊勒(William L. Shirer)、文森特·希恩、弗洛伊德·吉本斯(Floyd Gibbons)、乔治·塞尔德斯(George Seldes)和西格丽德·舒尔茨(Sigrid Schultz)等杰出的驻外记者。

然而,这些名人的高质量报道不可避免地与麦考密克的主张相冲突——后者坚称《论坛报》的报道应反映他自己的憎恶和偏见,

---

① Richard Norton Smith, *The Colonel: The Life and Legend of Robert R. McCormick*, *1880-1955*, Boston: Houghton Mifflin, 1997, p. 312.

② Richard Norton Smith, *The Colonel: The Life and Legend of Robert R. McCormick*, *1880-1955*, Boston: Houghton Mifflin, 1997, p. xx.

特别是他对罗斯福、东海岸和英国人的仇恨。他声称，英国人的帝国主义与纳粹的侵略行为没什么不同。"《论坛报》严厉批评罗斯福政府故意毁坏国家、故意破坏民主，"《生活》杂志的一篇文章在 1941 年 12 月指出，"仅仅是对罗斯福普通的、常见的、日常的仇恨，便成为孤立主义的一个要素；特别是在芝加哥的部分地区，这绝对是一种邪教。"①

据了解麦考密克的人说，他对英国和东部的厌恶，源于他的童年。小时候，他曾在这两个地方度过了几年不快乐的时光。早年，他的父亲被任命为美国驻英国大使，少年的罗伯特高大、害羞而笨拙，被送进一所英国寄宿学校，学校里上层社会的同学看不起他，认为他是一个毫无教养、笨手笨脚的美国人。

几年后，麦考密克来到格罗顿上学，在那里他同样遭到蔑视。"从他的同学们身上散发的居高临下的态度，就像乌贼从身上喷射出的墨汁一样，"麦考密克的传记作者理查德·诺顿·史密斯（Richard Norton Smith）写道，"这让（他）永远对新英格兰人怀恨在心，认为他们是迷恋母国的新殖民者。"②

奇怪的是，尽管麦考密克对英国很反感，但成年后的他还是采取了英国乡绅的生活方式。他穿着萨维尔街（Savile Row）*的西装，从伦敦著名的约翰·洛布公司订购鞋子，说话偏英国口音，打马球，骑马打猎。人们只能猜测，如果那所英国学校的孩子们对他好一点，麦考密克、《论坛报》和有关参战与否的论争是否可能会大不相同。

---

① *Life*, Dec. 1, 1941.
② Richard Norton Smith, *The Colonel: The Life and Legend of Robert R. McCormick, 1880-1955*, Boston: Houghton Mifflin, 1997, p. 53.
* 世界知名的西装定制街，位于伦敦。——译注

照此时的情形看，他及其报纸无疑是孤立主义运动中最为尖锐的媒体声音，也是"美国至上"的坚定支持者。虽然麦考密克从未加入该组织，但他向其投入了相当多的资金，并发布对它有利的报道，也与该组织数位领袖是密友。

1941年初，《财富》杂志派出一名调查记者到芝加哥调查"美国至上"。在一份传到白宫的长篇备忘录中，这位记者写道："这个委员会的骨干是与'大企业'有关联并且仇视罗斯福的激进分子。正是他们为该组织提供了其所需的大部分资金；是他们制定了相关政策；而且他们在《芝加哥论坛报》的支持下，令任何一位有名的芝加哥人几乎都不可能在芝加哥担任干预主义运动的领导。"[1]

其实，"美国至上"主席罗伯特·伍德（Robert Wood）将军在总统任期的最初几年里，就曾大力支持罗斯福及其新政，当时全美商界高管中这样做的人寥寥无几。罗伯特·伍德担任商品销售巨头罗巴克·西尔斯公司（Roebuck Sears，简称西尔斯公司）的首席执行官，他毕业于西点军校，曾帮助组织修建巴拿马运河，并在第一次世界大战期间负责陆军的军需事务。20世纪20年代和30年代，他曾将西尔斯公司打造成全美领先的连锁零售店，将其重心从邮购销售转移到零售。

20世纪30年代末，伍德与罗斯福决裂了，因为罗斯福的法院改组计划以及他眼中政府对企业日益敌对的态度。他还反对罗斯福的干预主义外交政策，认为如果美国卷入另一场战争，美国资本主义将会崩溃。伍德将美英建立联盟比作"一个组织良好的、赚钱

---

[1] *Fortune* memo, July 22, 1941, President's Secretary's File, FDRPL.

的企业决定接受一个破产公司作为合伙人"①。他认为英国人应该通过谈判与德国协商实现和平,让美国自由地走自己的路。

起初,伍德不愿意接受"美国至上"主席这一位置,他说自己在西尔斯公司的工作已经够忙了,几乎没有时间去做别的事情。但帮助招揽伍德的罗伯特·斯图尔特说服了他,令他相信自己的加入对反干预主义的行动至关重要。伍德在芝加哥商界具有崇高地位,吸引了其他知名的企业领袖——他们大多是反对新政的共和党人,还有几人来自芝加哥大实业家族——加入该组织。进入该组织执行委员会的有莫顿盐业公司的斯特林·莫顿(Sterling Morton)以及霍梅尔肉类加工公司的总裁杰伊·霍梅尔(Jay Hormel)。该组织最重要的资金资助者是纺织品制造商威廉·雷格纳里(William Regnery),他早期曾支持罗斯福,但后于20世纪30年代末抛弃了他(雷格纳里的儿子亨利将继续创办以其家族名字命名的保守派出版公司)。

在广告和宣传活动方面,"美国至上"可以借助麦迪逊大道上三位传奇人物的才华,他们都曾帮助美国的广告业壮大成庞然大物。布鲁斯·巴顿(Bruce Barton)是纽约天联广告有限公司(BBDO,即Batten, Barton, Durstine和Osborn)的创始人,他特别擅长向美国人民推销其理念,其中包括耶稣基督实际上是现代商业创始人的这一观点。1936年,巴顿作为共和党人被选入国会,他在自己那本广受欢迎的《无人知晓之人》(*The Man Nobody Knows*)一书中写道,耶稣的寓言"始终是最有力的广告"②,如果耶稣今天还活着,他将成为一家全国性广告公司的负责人。

---

① "Follow What Leader?", *Time*, Oct. 6, 1941.
② Frederick Lewis Allen, *Only Yesterday: An Informal History of the 1920's*, New York: Perennial, 2000, p. 156.

与巴顿一道的还有威廉·本顿（William Benton）和切斯特·鲍尔斯（Chester Bowles），他们与巴顿这名纽约国会议员不同，都是自由派民主党人。这两人是耶鲁大学的同学，在毕业5年后的1929年，他们走到了一起，在麦迪逊大道上创办了另一家实力雄厚的公司，即本顿-鲍尔斯广告公司（Benton & Bowles）。在整个大萧条时期，本顿-鲍尔斯广告公司蓬勃发展，是第一家为广播公司制作广播节目的广告公司，业务范围涵盖了角色选派、担任导演、撰写剧本和捐资赞助。时至20世纪30年代中期，大部分收听率居前的广播节目都是由该公司负责制作的。

本顿一直发誓，一旦赚到1000万美元，他就会放弃广告业，投身于公共服务。36岁时，他做到了，于是成为芝加哥大学的副校长，兼任罗伯特·梅纳德·哈钦斯校长的顾问。本顿是"美国至上"智囊团的一员，为该组织出谋划策，并担任该组织与哈钦斯之间的中间人。

鲍尔斯留在了本顿-鲍尔斯广告公司。不过，他很快发现，在纽约公开支持"美国至上"并不容易。"我们的几位客户十分反对我所持有的立场，"他写信给一位熟人，"广告是一门糟糕的生意——你永远不能把自己的灵魂称为自己的。不管你喜欢与否，你通常或多或少属于你所服务的客户。"①

杰拉尔德·福特恰好也发现了在干预主义盛行的东部支持孤立主义会带来怎样的危害。就在帮助创立"美国至上"数月后，福特从该委员会辞职。他解释说，耶鲁大学的工作人员警告他，由于他与该组织有联系，他可能会丢掉该校橄榄球助理教练这份兼职。

---

① Howard B. Schaffer, *Chester Bowles: New Dealer in the Cold War*, Cambridge, Mass.: Harvard University Press, 1993, p. 28.

虽然不再是"美国至上"的正式成员,但福特发誓将继续为之工作,并补充说:"事实上,因为有点怀恨在心,我反而可能会花更多的时间在上面。"①②

其他几位愿意在集团中担任领导角色的东部知名人士包括西奥多·罗斯福的两个孩子——爱丽丝·罗斯福·朗沃斯(Alice Roosevelt Longworth)及其弟弟小西奥多(Theodore Jr.)。牙尖嘴利的爱丽丝长期持孤立主义立场,曾和其丈夫议员威廉·博拉一起于1919年击败伍德罗·威尔逊和国际联盟。事实上,博拉和其他反对国际联盟的参议员经常在她位于华盛顿的住宅中开会,策划布局。

虽然在罗斯福兄妹与"美国至上"之间的联系中,意识形态起了重要作用;但他们对身在白宫的远亲及其妻子埃莉诺(他们的堂姐妹)那明显的个人敌意也令这一联系更为紧密。爱丽丝和小西奥多都认为富兰克林·罗斯福是个篡位者,无权追随他们父亲的脚步。"爱丽丝在美国公共生活中有突出的俄狄浦斯情结,"③"怀特委员会"所编撰的一份有关"美国至上"的机密报告指出,"她已对西奥多及其贡献产生了无比崇拜之情,(她觉得)自西奥多以后,白宫里的任何男人,按理说都是冒牌货"。在1940年于费城举行的共和党大会上,爱丽丝散播了这样一条信息:"FDR"(富兰克林·罗斯福的缩写)这几个大写字母分别代表了"Fuehrer,

---

① 芝加哥的干预主义者也面临着类似问题。阿德莱·史蒂文森(Adlai Stevenson)是那里的一位名律师,他的法律伙伴告诉他,因为他担任"怀特委员会"芝加哥分会主席一职,该公司的许多客户感到不满,他必须在公司和他的干预主义活动之间做出选择。史蒂文森通过在华盛顿担任公职解决了这个问题。

② Gerald Ford to Robert Douglas Stuart, June 1940, America First Committee papers, HI.

③ White Committee report on America First, William Allen Whitepapers, LC.

Duce, Roosevelt"① （分别指元首、独裁者、罗斯福），这是其真正含义。而她的弟弟则"总觉得富兰克林·罗斯福夺走了本应属于自己的一切，"一位亲戚回忆说，"泰迪总是煽动大家的情绪，反对富兰克林·罗斯福。"②

尽管（老）罗斯福一家和其他人在推动"美国至上"实现其使命方面十分得力，但罗伯特·伍德希望此人——查尔斯·林德伯格——在该组织的领导层中占据最重要的位置。在接下来的一年里，伍德多次试图辞去主席一职，希望由林德伯格接任，但这一希望不断落空。虽然林德伯格十分欣赏并支持该组织的工作，但他还是一如既往地坚持走自己的路。当他受邀作为代表参加1940年共和党大会时，他拒绝了，声称这样做会影响自己的无党派立场。

最后，罗伯特·斯图尔特认为，林德伯格与自己保持距离也不错。虽然飞行员仍然是他的英雄，但令斯图尔特不安的是，林德伯格的某些密友持极端保守主义，特别是杜鲁门·史密斯和前国务次卿威廉·卡塞尔（William Castle）。他还担心，如果林德伯格与"美国至上"的关系过于密切，"在全美范围内对他进行的抹黑行动"③ 也会牵扯"美国至上"。该组织最不想要另一根引雷针。

尽管这一组织的领袖们努力与任何可能使其名誉受损的团体或个人保持距离，但几乎就在"美国至上"迁往芝加哥后，它那温和派受人尊敬的形象便难以维持下去了。毫无疑问，正如一位历史

---

① Stacy A. Cordery, *Alice: Alice Roosevelt Longworth: From White House Princess to Washington Power Broker*, New York：Viking, 2007, p. 394.

② Geoffrey C. Ward, *A First-Class Temperament: The Emergence of Franklin Roosevelt*, New York：Harper & Row, 1989, p. 532.

③ Wayne S. Cole, *Charles A. Lindbergh and the Battle Against American Intervention in World War II*, New York：Harcourt Brace Jovanovich, 1974, p. 120.

学家所写的那样，它的大多数领导层和成员是"正直、诚实、真诚的公民，他们强烈认为，与外国产生纠葛将对美国不利；他们还认为，如果自身安全受到来自海外的威胁，最好独自应对它"。① 这一团体被一名工作人员形容为"像热狗一样是地道的美国物品"②，公开禁止任何共产主义者或亲法西斯分子加入。

然而，它遇到一个无法克服的障碍：它的目标是令美国保持中立，但这也是希特勒及其支持者的目标。"因为美国置身事外对德国有利，所以'美国至上'不可避免会被指责为亲纳粹主义的，"该组织华盛顿分部的负责人露丝·萨尔斯（Ruth Sarles）承认，"同样，真正的亲纳粹分子会试图赶'美国至上'这一潮流，这是难以避免的。"③

随着该委员会影响力的扩大，一大批极端分子——其中大部分是右翼分子——纷纷加入这一团体。起初，他们被拒之门外。但许多地方分会——到1941年12月已有400多个分会——在会员标准上极为宽松，将那些根据该组织准入准则本就不得加入的人也吸纳了进来。在芝加哥的总部，工作人员人数太少且负荷过大，无法开展适当的监督。因此，地方分会的情况千差万别：正如某位评论家所指出的那样，在一些城市里，它们是"典型的大杂烩，其中有真诚的市民，有对温德尔·威尔基感到失望的支持者，也有习惯性入会的人"④，而在另一些地方，各分会则"在外部或在内部都由顽固者把持着"。

---

① Leonard Mosley, *Lindbergh*, New York: Dell, 1977, p. 278.
② Ruth Sarles, *A Story of America First: The Men and Women Who Opposed U. S. Intervention in World War II*, Westport, Conn.: Praeger, 2003, p. 1.
③ Ruth Sarles, *A Story of America First: The Men and Women Who Opposed U. S. Intervention in World War II*, Westport, Conn.: Praeger, 2003, p. 40.
④ *Life*, Dec. 1, 1941.

露丝·萨尔斯承认,该组织深受反犹太主义的困扰。"毫无疑问,"她写道,"在普通成员中存在反犹太主义分子。"① 确实,"有证据表明,一些热衷于反犹太的人借着为'美国至上'委员会工作,故意进一步推进反犹太主义"。

至少在开始的时候,罗伯特·伍德竭力避免出现任何反犹太主义迹象。他这样做有其私人原因:他的公司是由犹太人罗森瓦尔德(Rosenwalds)家族拥有的,他与该家族关系密切。同时,他和"美国至上"的其他领导人之间也出现了一些内部问题,他们任命了2名众人眼中公然反犹太的人员进入该组织的全国委员会。

第一位是艾弗里·布伦戴奇(Avery Brundage),他是芝加哥一位富有的建筑主管,同时也是美国奥委会主席。1936年,布伦戴奇因其当年在纳粹德国夏季奥运会上的行为激怒了全美民众。他不仅拒绝美国犹太组织和其他宗教团体抵制柏林奥运会的建议,还屈服于德国的压力,阻止犹太运动员参加奥运会。在布伦戴奇的坚持下,美国队中仅有的2名犹太人——他们都是田径运动员——在400米接力赛前被替换掉了。② 奥运会结束后不久,希特勒政府跟布伦戴奇的建筑公司签订了一份合同,准备在华盛顿建造一个新的德国大使馆。

尽管委员会对布伦戴奇的任命令人尴尬,但与另一人选汽车制造商亨利·福特(Henry Ford)引发的愤怒相比,布伦戴奇被任命为"美国至上"委员会成员所引起的骚动便显得微不足道了。因

---

① Ruth Sarles, *A Story of America First: The Men and Women Who Opposed U. S. Intervention in World War Ⅱ*, Westport, Conn: Praeger, 2003, pp.50-51.
② 其中一名替补队员是杰西·欧文斯(Jesse Owens),这位黑人田径巨星在柏林赢得了4枚金牌,其中包括一枚400米接力的金牌。

为希特勒在《我的奋斗》(*Mein Kampf*)中赞扬了福特公然的反犹太主义。20世纪20年代初，福特出版的周报《德宝独立报》(*The Dearborn Independent*)刊登了几十篇恶毒的反犹太文章，其中包括臭名昭著的《锡安长老会纪要》(*Protocols of the Elders of Zion*)——这是一份不实的文件，自称为某国际犹太会议的会议记录，内容是关于如何阴谋统治世界。据历史学家诺曼·考恩（Norman Cohn）说，《独立报》"做得最多的可能是令《锡安长老会纪要》扬名"[1]。

《独立报》及其出版商迅速引起了希特勒的注意，当时希特勒还是一个相对无名的政治煽动家，他在自己位于慕尼黑那简陋的办公室里放了该报，并在墙上挂了一幅福特的肖像。在《我的奋斗》一书的序言中，希特勒称赞福特攻击犹太人的行为是在为美国和世界提供"伟大的服务"[2]。1923年接受《芝加哥论坛报》采访时，这位未来的德国领导人宣布："我们期待海因里希·福特领导美国逐渐壮大的法西斯主义运动。"[3]

鉴于福特公司显然并不光彩的背景，伍德竟然如此莽撞地相信——他显然相信了：如果同时任命一位著名的犹太商人，即西尔斯公司的董事莱辛·罗森瓦尔德（Lessing Rosenwald）为委员会成员，那么犹太群体可能会同时接受委员会对这位汽车制造商的任命，这实在令人惊讶。"美国至上"同时宣布这两人的加入，显然是希望证明，观点迥异的人可以抛开分歧，团结在一起，共同致力

---

[1] Neil Baldwin, *Henry Ford and the Jews: The Mass Production of Hate*, New York: Public Affairs, 2001, p. 145.

[2] Neil Baldwin, *Henry Ford and the Jews: The Mass Production of Hate*, New York: Public Affairs, 2001, p. 145.

[3] Neil Baldwin, *Henry Ford and the Jews: The Mass Production of Hate*, New York: Public Affairs, 2001, p. 145.

于反干预主义的事业。

如果这就是该组织所期望的,那么其期望最终将完全落空。这份任命声明招致人们对"美国至上"的大肆攻击,最终迫使莱辛·罗森瓦尔德从该组织辞职,而福特则由其执行董事会投票决定从全国委员会中除名。罗伯特·斯图尔特写道:"我现在确信,我们犯了一个严重的错误。"① 事实证明,这句话其实是在轻描淡写。因为从那时起,任何有名的犹太人都拒绝与"美国至上"产生联系,至少是公开层面的联系。

对于美国的一些反犹太的、孤立主义的边缘团体来说,亨利·福特既是其灵感来源,也是其赞助人。他在"美国至上"组织中的成员身份虽然为期短暂,却广为人知,这有助于"美国至上"委员会吸收大量成员。

这群极端主义的乌合之众聚集在一起,只因为他们倾向于把美国的问题归咎于那些他们认为对真正的美国主义构成威胁之人,特别是犹太人和共产党人(通常二者被视为"一丘之貉")、移民、东部精英和罗斯福政府。这种错位的本土主义在很大程度上是由20世纪20年代和30年代震撼全美的大规模社会、经济动荡推动的。经济大萧条、"咆哮的二十年代"那宽松的行为准则、威尔逊理想主义的崩溃不仅使失业者和无产者,更使所有社会阶层人士产生了紧张、焦虑和愤怒的情绪。历史学家理查德·凯彻姆在匹兹堡的一个中产阶级家庭中长大,他回忆说:"在那条安静的街道上,通常来说极为平静的生活表面之下……是一层不安全感,是对不太

---

① Ruth Sarles, *A Story of America First: The Men and Women Who Opposed U. S. Intervention in World War* II, Westport, Conn: Praeger, 2003, p.50.

确定的东西和难以接受的事物之恐惧,是对异族的本能回避……一种不加考量的偏见是我们在这一精心构建的世界中(生活)的方式。"①

人们需要为现代生活中的痛苦和动荡寻找替罪羊,这便助长了种族和宗教中不容忍现象的增长。在许多情况下,这些现象将爆发为仇恨。"黑暗军团""美国十字军""白山茶花骑士团"等团体如雨后春笋般涌现。20世纪30年代末,身为明尼阿波利斯一家报社记者的埃里克·塞瓦雷德被派去报道另一类似团体的相关活动,这个组织叫"银衫"(Silver Shirts),其创始人威廉·达德利·佩利(William Dudley Pelley)据说想向华盛顿进军以便接管这个国家并将犹太人赶走。塞瓦雷德对"银衫"的调查是"一次令人难以置信的奇怪经历"②,他回忆说:"就像爱丽丝从兔子洞走到疯帽子的世界。我在满是中产阶级市民的客厅里度过了一个个令人发毛的夜晚,他们歌颂阿道夫·希特勒,渴望有一天佩利能作为美国的希特勒掌权……他们相当疯狂。"

另一个引起极大关注的本土主义团体是"保护者协会",这是一个由参议员罗伯特·雷诺兹(Robert Reynolds)发起的反移民运动,他于1941年成为参议院军事委员会主席。雷诺兹是来自北卡罗来纳州的保守派民主党人,他热情支持孤立主义并且仇恨英国,是国会中少数持这类观点的南方人之一。他说,他创建"保护派"是想让美国远离战争,至少在10年内停止一切移民,"驱逐美国主义以外的一切异端"。③他鼓励年轻人加入该协会的

---

① Richard M. Ketchum, *The Borrowed Years, 1938-1941: America on the Way to War*, New York: Random House, 1989, p. 108.
② Eric Sevareid, *Not So Wild a Dream*, New York: Atheneum, 1976, pp. 69-70.
③ *Life*, Sept. 8, 1941.

"边境巡逻队",抓捕"外国罪犯",每抓到一个人就能获得10美元的报酬。

雷诺兹提议对移民行为实行10年禁令的法案,在20世纪30年代末40年代初国会审议了60多项反外国人和反移民法案,雷诺兹的提议只是其中之一。"众议院非美活动调查委员会"主席马丁·戴斯(Martin Dies)议员表达了众多议员的排外态度,他叫喊着:"我们必须无视感情主义者和国际主义者抽泣中的眼泪,必须永久地关闭、锁住并闩上我们国家的大门以阻止新的移民潮,然后把钥匙扔掉。"①

雷诺兹则对任何关于其协会是反犹太的这类说法嗤之以鼻。"我们只是反对外国人,"他对一位记者说,"我希望我们自己那些优秀的男孩和可爱的女孩在这个美好的国家能占据所有的工作岗位。"②

然而,尽管他们获得的关注度很高,但雷诺兹的极端主义团体和大部分其他类似团体的成员人数相对较少,影响力有限。而亨利·福特的亲密盟友——一位名叫查尔斯·库格林(Charles Coughlin)的狂热天主教神父所煽动的群众运动就不一样了,他每周的电台广播在高峰期有4000多万名听众收听。库格林从底特律郊区的教堂设备进行广播,他自称是劳动人民的拥护者,经常发表反政府、反华尔街的檄文。他极度反犹,还谴责犹太人、共产党人、富兰克林·罗斯福和英国人的"反基督教阴谋"③。在1940年总统竞选期间,库格林对总统进行了多次猛烈抨击,其间他还对希

---

① Richard M. Ketchum, *The Borrowed Years, 1938–1941: America on the Way to War*, New York: Random House, 1989, p. 113.
② *Life*, Sept. 8, 1941.
③ *Life*, Sept. 8, 1941.

特勒和墨索里尼赞许有加,赞美纳粹对犹太人的迫害,并指控犹太银行家资助了俄国革命。"当我们要让美国的犹太人完蛋时,"他宣称,"他们将认为自己在德国的遭遇算不了什么。"①

库格林的支持者大多是来自城市的蓝领天主教徒,他尤其受到波士顿、纽约、芝加哥和其他城市中爱尔兰裔美国工人阶级群体的欢迎。但他的追随者也包括菲利普·约翰逊(Philip Johnson)等人,他当时是哈佛大学的学生,来自俄亥俄州的一个名门望族,后来成为美国最著名、最有影响力的建筑师之一。20 世纪 30 年代初,约翰逊在德国旅行时迷上了纳粹主义。1939 年,他被派往柏林,担任库格林的反犹太报纸《社会正义》(Social Justice)的记者。

在德军入侵波兰期间,约翰逊应希特勒政府的邀请,与其他外国记者一起来到前线。在波兰城市索波特,同行的哥伦比亚广播公司记者威廉·L. 夏伊勒被德国宣传部门的官员强迫与约翰逊同住一个旅馆房间。"我们都无法忍受这个家伙,怀疑他在替纳粹监视我们,"夏伊勒在日记中抱怨道,"直到我们同住的最后一个小时里,他还一直在冒充反纳粹分子,试图盘问我的态度。"②

无论约翰逊是什么样的人,但他肯定不是反纳粹分子。他在一封家信中描述了自己参观支离破碎的波兰时的所见所闻,他写道:"德国人的绿色制服令这个地方看起来很快乐、很幸福。没有多少犹太人。我们看到华沙和莫德林被轰炸。那是令人激动的

---

① Richard M. Ketchum, *The Borrowed Years, 1938-1941: America on the Way to War*, New York: Random House, 1989, p. 124.
② William L. Shirer, *Berlin Diary: The Journal of a Foreign Correspondent, 1931-1941*, New York: Knopf, 1941, p. 213.

场景。"①

约翰逊从德国发来的快信被刊登在《社会正义》周刊上,这是一份周刊小报,有些邮寄给订户,有些由库格林运动的青年成员在城市街道旁出售,他们兜售叫卖,以此挑衅那些看起来是犹太人的行人。在诋毁这些路人并要求他们购买该刊物后,库格林的流氓们往往会跳到这些"靶子"身上,对他们大加殴打。

20世纪40年代初,纽约、波士顿等城市对犹太人的攻击次数和残暴程度与日俱增。许多支持库格林的人挥舞着铜指关节,在街上和公园里袭击犹太人,亵渎侮辱犹太人的墓地,破坏犹太教堂和犹太人的商店。纽约自由派日报《PM报》称这类暴力事件是"有组织的恐怖主义运动"②。

令"美国至上"感到懊恼的是,它发现自己与库格林神父及其追随者的联系越来越密切。《社会正义》的叫卖者们经常聚集在"美国至上"集会外的人行道上,出售该报纸,并骚扰路过的行人。在给地方分会的备忘录中,露丝·萨尔斯称库格林派及其他类似组织是"一种威胁"③。她指出,它们"像白蚁一样蠕动在委员会的各项活动中"④,令许多人将它们的观点等同于"美国至上"的观点。尽管萨尔斯和委员会领导人谴责这种鱼龙混杂的现象,但事实上,"美国至上"的许多地方分会乐于吸收库格林的支持者和

---

① 在后来的岁月里,约翰逊会为自己臭名昭著的过往忏悔。他说:"对于这种令人难以置信的愚蠢行为,我无法辩解,我不知道你是如何赎罪的。"
② "Marauding Youth and the Christian Front: Anti Semitic Violence in Boston and New York During World War Ⅱ," *American Jewish History*, June 7, 2003.
③ Ruth Sarles, *A Story of America First: The Men and Women Who Opposed U. S. Intervention in World War Ⅱ*, Westport, Conn.: Praeger, 2003, p. 43.
④ Ruth Sarles, *A Story of America First: The Men and Women Who Opposed U. S. Intervention in World War Ⅱ*, Westport, Conn.: Praeger, 2003, p. 39.

其他极端分子加入，库格林本人也劝说其追随者加入这一反干预主义的团体。

那么，随着1940年末及1941年初有关战争的争论愈演愈烈，批评"美国至上"的干预主义者们毫不客气地谴责该组织是"纳粹的传送带"[①]及"美国历史上第一个法西斯党"[②]，便不足为奇了。

[①] Geoffrey Kabaservice, *The Guardians: Kingman Brewster, His Circle, and the Rise of the Liberal Establishment*, New York: Henry Holt, 2004, p. 81.
[②] Geoffrey Kabaservice, *The Guardians: Kingman Brewster, His Circle, and the Rise of the Liberal Establishment*, New York: Henry Holt, 2004, p. 81.

第十六章　作家之间的黑死病

1939年春从欧洲回到美国的那天起，安妮·林德伯格就决心避开公众的视线：她不想卷入人们对于战争的狂怒旋涡中。但是，她丈夫受到了尖锐激烈的批评，这令她重新思考自己的立场。

时至1940年秋天，人们对查尔斯·林德伯格围追堵截。据"美国新教联盟"（U. S. Protestantism）的旗舰杂志《基督教世纪》（*Christian Century*）报道："对林德伯格发动的攻击已经远远超出惯常争论的范畴，里面充满了毒液。哪怕这个人——他曾是这个国家万众瞩目的英雄——经证实成为另一个本尼迪克特·阿诺德，他也不可能受到更多的诽谤和恶意中伤了。"[①]

林德伯格一如既往地冷静。当他批评罗斯福政府和其他持干预主义观点的对手时，他自己极少表露任何情绪或根本没有表现出任何情绪。正如一家报纸所指出的："他从不'掺入私人恩怨'，从不侮辱人，从不含沙射影，也不会圆滑地委婉暗示；他太实事求是、讲究逻辑了。"[②] 无论是他还是安妮——一个在文明世界庇护下长大的人——都无法理解为何他的批评者们无法从差不多的高度发表他们的意见。

---

① A. Scott Berg, *Lindberg*, New York: Berkley Books, 1999, p. 409.
② *Omaha Morning World Herald* editorial, Friday, July 18, 1941, President's Official File, FDRPL.

1940 年 8 月，林德伯格向安妮出示了数封措辞"非常愤怒"①的电报，都是老友们发来的。有的写着"你让美国失望了"，有的写着"你代表着希特勒的一切暴行"。字里行间的厌恶之情将安妮吓了一跳。"他们有权批评——但贬低诋毁、偏离问题、指名道姓地辱骂！"她在日记里写着，"这令我震惊，因为我们一直认为他们是聪明的、温和的、宽容的"。

大约 40 年后，当安妮重读自己的日记时，又为当时自己的年轻和天真而震惊，"对政治一无所知，而愤怒之情又如此强烈"。②然而，彼时，她感到巨大的压力，"因为……我对 C 所遭遇的不公感到绝望"。③ 以此为其丈夫，以及他对战争所持的立场进行辩解捍卫，即使她仍然不确定自己对战争是何种感受。

虽然安妮已接受查尔斯的观点，但她并未完全相信孤立主义。她也并不觉得孤立主义阵营中的其他人士有多好："孤立主义者们所持的论点往往是狭隘的、物质主义的、短视的和极其自私的——他们排斥我。"④

康和奥布里·摩根给她看了他们在英国的朋友所写的信件后，她变得更加矛盾了，这些人正遭受纳粹德国空军（Luftwaffe）的袭击。安妮承认："这些信件令人激动，满含牺牲之火、勇敢之情、精神之美、目标之坚，以及漠视危险、死亡或艰难险阻的勇气。正

---

① Anne Lindbergh, *War Within and Without: Diaries and Letters of Anne Morrow Lindbergh, 1939-1944*, New York: Harcourt Brace, 1980, p. 136.

② Anne Lindbergh, *War Within and Without: Diaries and Letters of Anne Morrow Lindbergh, 1939-1944*, New York: Harcourt Brace, 1980, p. xxi.

③ Anne Lindbergh, *War Within and Without: Diaries and Letters of Anne Morrow Lindbergh, 1939-1944*, New York: Harcourt Brace, 1980, p. 143.

④ Anne Lindbergh, *War Within and Without: Diaries and Letters of Anne Morrow Lindbergh, 1939-1944*, New York: Harcourt Brace, 1980, p. 143.

如他们所说,这是真正的伊丽莎白时代*。"①

而后,她写道:"当你听到这方的论点时,你觉得英国人为此反抗到底是对的,与德国人打交道毫无希望。"②

1940年8月下旬,安妮坐下来撰写她所声称的"孤立主义的道德论"③,试图调和"'心在欧洲'和'思想在美国'之间永远存在的可怕斗争,并决定何为这个国家的最佳路线"。最后她撰写出一本奇怪的、混乱的小书,并给它起名为《未来的浪潮》(Wave of the Future),副标题是"信念的忏悔"。但康·摩根认为更贴切的副标题是"疑虑的忏悔",以强调该书作者显然正在经历着身份危机,"当她在成为安妮·莫罗还是查尔斯·林德伯格夫人之间徘徊时,她被撕裂了"。④

当人们阅读《未来的浪潮》时会发现:很显然,安妮并未解决自己的疑虑,也并未消除她对书中所写问题的困惑。她的那些想法半生不熟,她的写作措辞模糊、含混不清、充满诗意、带点神秘色彩,而且不合逻辑。要梳理清楚她想表达的思想,几乎是不可能的。据《生活》报道,连她丈夫都没有"完全理解"⑤这本书中的内容。

该书的主要观点似乎是:法西斯主义这样的极权主义意识形态

---

* 此处应该是将这段时期比拟为伊丽莎白时期,当时女王面对着其姐姐留下的内外困局,最终保持了统一,并使国家强盛起来。——译注

① Anne Lindbergh, *War Within and Without: Diaries and Letters of Anne Morrow Lindbergh, 1939-1944*, New York: Harcourt Brace, 1980, p. 131.

② Anne Lindbergh, *War Within and Without: Diaries and Letters of Anne Morrow Lindbergh, 1939-1944*, New York: Harcourt Brace, 1980, p. 131.

③ Anne Lindbergh, *War Within and Without: Diaries and Letters of Anne Morrow Lindbergh, 1939-1944*, New York: Harcourt Brace, 1980, p. 143.

④ A. Scott Berg, *Lindbergh*, New York: Berkley Books, 1999, p. 406.

⑤ Roger Butterfield, "Lindbergh," *Life*, Aug. 11, 1941.

利用现代技术和科学方面的进步对其控制下的民众灌输能量、动力、自我牺牲精神和自豪感,并取得了巨大成功。这些意识形态正借着一场革命性的"未来的浪潮"乘风破浪而来。安妮并未真正解释"未来的浪潮"这一概念,只是声称,"我一直觉得它可为人引导,可成为世界上一股善的力量,只希望大家能看到它、承认它、将之转往正确的方向"。她补充说,"德国或俄罗斯对它的所作所为并不正确,但在美国可能做得不错"①。

安妮将纳粹主义和其他极权主义信仰称为"未来的浪潮上的渣滓"②③。同时,她严厉批评了自己所目睹的这个世界上民主国家的罪恶——"盲目自大、自私自利、不负责任、疲惫昏聩、抵制变革,我们'民主国家'、我们所有人都犯了这些罪"。④ 对于该书的许多(如果不是绝大部分)读者而言,她似乎把自由国家的不足之处与德国和其他独裁政权所进行的肆意侵略和残忍迫害相提并论了。

安妮写道,美国必须专注于自我改革,建立一个新社会,为了国家和世界的利益去驾驭这一无定形的"未来的浪潮",而不是"爬入战争的大旋涡"⑤ 并试图对抗实际上已发生于欧洲的革命。"没有什么能与未来的浪潮抗争,就好比你还是个孩子的时候,怎

---

① Anne Lindbergh, *The Flower and the Nettle: Diaries and Letters of Anne Morrow Lindbergh, 1936-1939*, New York: Harcourt Brace Jovanovich, 1976., p. 101.

② Anne Morrow Lindbergh, *The Wave of the Future: A Confessionof Faith*, New York: Harcourt Brace, 1940, p. 34.

③ Anne Lindbergh, *The Wave of the Future: A Confession of Faith*, New York: Harcourt Brace, 1940, p. 19.

④ Anne Lindbergh, *The Wave of the Future: A Confession of Faith*, New York: Harcourt Brace, 1940, pp. 11-12.

⑤ Anne Lindbergh, *The Wave of the Future: A Confession of Faith*, New York: Harcourt Brace, 1940, p. 29.

能与突然出现在面前的巨浪抗争呢?"她警告说:"那时你明白了,蚍蜉撼树或者逃之夭夭(这样更糟糕),都是无望的。你所能做的就是潜入浪中或与其共同冲跃。否则,它肯定会压倒你。"①

安妮从开始撰写《未来的浪潮》之时起,就有预感肯定会收到负面的反馈。她写道:"人们将认为它是反英的,并已受德国宣传的'污染'(尽管我并不捍卫也不掩饰对德国恐怖行为的厌憎——以及对英国人的钦佩)。"② 可实际上,她所提到的厌憎和钦佩在书中都未清楚地体现。

安妮还意识到,自己并非所写主题方面的专家,这将引来批评者们的猛烈攻击。其中,有一位是她的朋友,她在该书出版前向他展示过手稿。她郁闷地指出,他"把我对它和自己的所有疑虑和恐惧都原封不动地退给了我"。③ 他称之为"狂妄的——我无权写它,因为并无更多历史、经济、外交等方面的知识。它会被抨击得体无完肤。它将被称为'第五纵队'*——这并非全无道理。它对 C 并无好处,对我也将造成伤害。"

她的朋友并没说错。安妮这本书于 1940 年 10 月出版,当时正值闪电战的高峰期。经她披露的据称暮气沉沉的英国人此时展现出了自豪感、决心和自我牺牲精神,而此前她已将这些特质归于德国和其他专制国家。尽管《未来的浪潮》出版时机不佳,但很快位

---

① Anne Lindbergh, *The Wave of the Future: A Confession of Faith*. New York: Harcourt Brace, 1940, p. 34.
② Anne Lindbergh, *War Within and Without: Diaries and Letters of Anne Morrow Lindbergh, 1939-1944*, New York: Harcourt Brace, 1980, p. 143.
③ Anne Lindbergh, *War Within and Without: Diaries and Letters of Anne Morrow Lindbergh, 1939-1944*. New York: Harcourt Brace, 1980, p. 145.
* 二战前夕,西班牙内战时,西班牙叛军联合他国军队进攻马德里时,叛军将领扬言,他有四个纵队正在发动进攻,而第五纵队已在首都马德里等待。后来第五纵队即成为叛徒和间谍的通称。——译注

列美国非虚构类畅销书的榜首——最初 2 个月就售出了 5 万册,不过,大部分批评者和读者的反应都极为不利。一位书商写信给安妮的出版商阿尔弗雷德·哈科特(Alfred Harcourt)说:林德伯格夫妇"都应被关到铁丝网后面!"①

然而,至少有一位批评家——著名的散文家和儿童书籍作家 E. B. 怀特(E. B. White)——能够透过安妮含糊的文字和朦胧的分析进行观察,对作者进行有条理而审慎的评价。怀特在《纽约客》上写道:"我不知道她的观点是什么,而且我认为这不是一部清晰的作品,也不是一本好书。"② 尽管认为她的结论冥顽不化,但他补充说,"我认为林德伯格夫人的思想并不比我的思想更法西斯,她并非想要一个不同的世界,她也并非一个失败主义者;相反,她是一个满怀诗性、自由主义精神和才华的人,只是她的思想遇到了困扰(就像时下任何人一样),但她在尝试着进行清晰的表达"。

对于这本书的其他评论,很少有如此一针见血或者宽大为怀的。多萝西·汤普森指责安妮将共产主义、法西斯主义和纳粹主义称作"未来的浪潮",并暗示该书将被查尔斯·林德伯格用作在美国开展法西斯运动的手册。与此观点相呼应,哈罗德·艾克斯将《未来的浪潮》打上这样的标签:"每个美国纳粹分子、法西斯主义者、联盟分子*和绥靖主义者的《圣经》。"③ 5 年后,小亚瑟·施莱辛格(Arthur Schlesinger Jr.)在其自传中,将安妮的书称为

---

① A. Scott Berg, *Lindbergh*, New York:Berkley Books, 1999, p. 406.
② Dorothy Herrmann, *Anne Morrow Lindbergh: A Gift for Life*, New York:Ticknor &Fields, 1993, pp. 243-244.
* 20 世纪 30 年代和 40 年代美国亲纳粹组织的成员。——译注
③ A. Scott Berg, *Lindbergh*, New York:Berkley Books, 1999, p. 407.

"一本有毒的小畅销书"①,该书认为极权主义是"人类试图创造的新概念,甚至最终可能成为不错的概念"。

对于批评家们公然错误地引用和误解自己的作品,安妮深感震惊。"我从没有讲过极权主义是未来的浪潮,"她在日记中写道,"事实上,我强调了它并不在我们的道路中——也不在我希望美国选择的道路中。"② 在《大西洋月刊》(*The Atlantic Monthly*)的一篇文章中,她试图澄清那些误解,重申自己认为法西斯、共产主义和纳粹主义是未来"浪潮表面上的渣滓"③,而非浪潮本身。"对我而言,未来的浪潮是……一场运动,以适应高度科学化、机械化和物质化的文明时代……在我看来,这是不可避免的。我觉得我们必须迎接这一浪潮,(但)并不是说我们必须采取与独裁统治国家一样的方式去迎接。自本人信念的深处,我反对那种方式。"

多年后,安妮对于撰写该书无比懊悔。"这是个错误,"她在接受某次电视采访时说,"它对任何人都没有帮助……我没有权利去写它。我了解得太少了。"当时,她被清一色的负面反馈击垮了,对自己深感愤怒,懊恼自己缺乏写作技巧从而未能清晰地向其读者们解释自己的观点。她不仅未能完成为孤立主义提供有力辩护的使命,反而被许多人视为法西斯主义的主要支持者。"我这一辈子都要忍受这个假象吗?"④ 她绝望地发问。

那些被她视作同类的人特别是作家疏远了她,这令她非常难

---

① Arthur M. Schlesinger Jr., *A Life in the Twentieth Century: Innocent Beginnings, 1917-1950*, New York: Houghton Mifflin, 2000, p. 242.
② Anne Lindbergh, *War Within and Without: Diaries and Letters of Anne Morrow Lindbergh, 1939-1944*, New York: Harcourt Brace, 1980, p. 170.
③ Anne Morrow Lindbergh, "Reaffirmation," *The Atlantic Monthly*, June 1941.
④ Anne Lindbergh, *War Within and Without: Diaries and Letters of Anne Morrow Lindbergh, 1939-1944*, New York: Harcourt Brace, 1980, p. 359.

过。她曾在那个圈子中占据一席之地,但是现在,她感觉自己被流放了。"我的婚姻,"她悲哀地说,"已经把我从自己的世界中拉了出来,改变了我,所以再也无法变回去了。"

当某位朋友邀请林德伯格一家与小说家罗伯特·内森(Robert Nathan)夫妇共进晚餐时,安妮问女主人是否确定内森夫妇想看到他们。当女主人回答"是"的时候,她很激动。"也许我错了,"安妮想,"也许人们并未感受如此强烈,也许两个世界可以相通。也许是我自己在一直举着一块实际上并不存在的玻璃墙。"① 然而,第二天,她的朋友回话说,内森夫妇确实"感受强烈"。安妮又变得沮丧,在日记中评论说:"毕竟,这跟我此前想的一样。"②

当她发现法国飞行员兼作家安托万·德·圣-埃克苏佩里(Antoine de Saint-Exupéry)身处纽约时,她变得更为痛苦,因为他"站另一边",她将无法去见他。一年前,他为她的作品《听!风》的法文版作序,序言写得不错,令人赞不绝口;她已对他产生了感情。甚至在他们相遇之前,她就对这位成为邮递领航员的法国贵族感到特别亲切。他最畅销的书籍《风、沙、星》(*Wind, Sand and Stars*)和《夜航》(*Night Flight*)用诗意而神秘的语言描述了飞行与人际关系中存在的欢欣和危险,安妮对之钦佩不已。而反过来,他也被《听!风》这本书迷住了,他坚持撰写的序言远长于出版商的要求,并阅读书中的段落,盛情招待其飞行员同伴们。

1939 年 8 月,在长岛北岸的林德伯格家中,迷人而健谈的

---

① Anne Lindbergh, *War Within and Without: Diaries and Letters of Anne Morrow Lindbergh*, *1939-1944*, New York: Harcourt Brace, 1980, p. 171.

② Anne Lindbergh, *War Within and Without: Diaries and Letters of Anne Morrow Lindbergh*, *1939-1944*, New York: Harcourt Brace, 1980, p. 172.

图 16-1　法国飞行员兼作家安托万·德·圣-埃克苏佩里

圣-埃克苏佩里和他们一起共度了一个周末。他不会说英语，安妮的法语说得有些磕磕绊绊。尽管如此，两人单独待了好几个小时，倾诉彼此对写作和生活的想法。他对她也感兴趣，这令她非常激动："不是因为我是女性，不是为了肤浅地散发魅力；也不是因为我的父亲或我的丈夫；都不是，而只是因为我的书、我的头脑、我的技艺。"①

安妮在其日记中描述了与圣-埃克苏佩里共度的宝贵时光，将他们的会面比作"夏日闪电"②，并宣称："我的老天，谈天说地、纵横比对、倾吐衷肠、寻获知音，这不费吹灰之力，却又如此的快

---

① Anne Lindbergh, *War Within and Without: Diaries and Letters of Anne Morrow Lindbergh, 1939-1944*, New York: Harcourt Brace, 1980, p. 23.

② A. Scott Berg, *Lindbergh*, New York: Berkley Books, 1999, p. 392.

乐。"她终于找到了一个灵魂伴侣,在余生中,她都会把那个周末视作自己所度过的最快乐、最兴奋的时刻之一。圣-埃克苏佩里离开时,她非常挂念。多年后,她的日记里依然满是他的名字。

当法国向德国宣战时,圣-埃克苏佩里加入了法国空军,在敌人阵地上空执行侦察任务。10 个月后法国投降了,他又来到美国。正如安妮自己清楚的,现在他们之间存在着一条不可逾越的鸿沟——他是一个激昂的反法西斯主义者,而她则被视作法西斯主义的辩护者,"作家之间的黑死病"①。她和自己所爱的男人之间产生了裂痕,这想想都是非常痛苦的。

林德伯格夫妇隔离在自己那漫无边际的白色农舍里,过着一种孤独的、与世隔绝的生活。一条体型庞大的黑色德国牧羊犬在院子里巡逻,当地警察在通往该居所的路上设置了一个哨所。这个家庭几乎与其富有的邻居毫无来往,因为他们大部分是干预主义者,其中有陆军部长亨利·史汀生。林德伯格成名一飞后与之结交的美国东海岸名流们现在几乎都与他断绝了联系。

安妮的一位熟人告诉摩根大通的合伙人托马斯·拉蒙特(Thomas Lamont)(莫罗家族的一位朋友,曾与林德伯格结交),林德伯格夫妇很孤单,并建议他去拜访他们,但拉蒙冷冷地回应说:"我(将)与他们没有任何关系。"② 亨利·布雷克里奇长期担任林德伯格在纽约的律师,不仅拒绝与林德伯格交往,还公然出言反对他,将自己这位前朋友和客户比作诸如挪威的维德孔·吉斯林(Vidkun Quisling)和法国的皮埃尔·拉瓦尔(Pierre Laval)这样的变节者,并宣称"传播失败主义信条的人就是阿道夫·希特

---

① Anne Lindbergh, *War Within and Without: Diaries and Letters of Anne Morrow Lindbergh, 1939-1944*, New York: Harcourt Brace, 1980, p. 161.
② Roger Butterfield, "Lindbergh," *Life*, Aug. 11, 1941.

勒的盟友"①。在华盛顿，林德伯格的远房兄弟美国海事委员会主席杰瑞·兰德（Admiral Jerry Land）上将在一位朋友提及这位飞行员时怒火中烧。"我没法再谈论他了！"兰德声称，"我认为他被坏人蒙蔽了，他大错特错"。②

在安妮努力应对潮水般涌来的厌弃态度时，她得到了重要的慰藉：她自己的家人从未放弃过她，尽管他们的关系遭受了巨大的压力。事实上，莫罗家族的所有人，包括她母亲在内，都在极力维护着这一亲密关系，这对他们而言是那样重要。当威廉·艾伦·怀特在演讲中吹嘘自己在说服伊丽莎白·莫罗转播反驳林德伯格孤立主义论点的电台广播时耍了"极为聪明的花招"③时，伊丽莎白马上给怀特写了一封措辞尖锐的信，指责他的说法用心险恶。她写道："尽管林德伯格上校和我对于美国应该对战争持怎样的态度看法不一，但我们都尊重对方意见中的真挚之情，我们之间没有误会。"④

安妮特别高兴妹妹康·摩根与自己的亲密关系依然牢固。一天晚上，与摩根夫妇共进晚餐后，她很开心自己与康"仍然可以谈天说地。这是一个美妙的夜晚，一个建立牢固关系的晚上，沟通的桥梁依然开放着"。⑤ 1943 年，安妮向一位熟人指出，在那段艰难岁月里，康和奥布里·摩根以及他们在纽约的英国同事，比她任何一位老友都要亲切得多，也更乐于接受她和查尔斯。

奥布里·摩根决心不放弃与其姐夫长期以来的友谊，无论他们在诸多问题上存在多大的分歧。他和约翰·惠勒-贝内特（摩根在

---

① *New York Times*, April 27, 1941.
② Roger Butterfield, "Lindbergh," *Life*, Aug. 11, 1941.
③ *New York Times*, Nov. 29, 1940.
④ A. Scott Berg, *Lindbergh*, New York: Berkley Books, 1999, p. 407.
⑤ Anne Lindbergh, *War Within and Without: Diaries and Letters of Anne Morrow Lindbergh, 1939–1944*. New York: Harcourt Brace, 1980, p. 105.

英国新闻社的同事）无数个夜晚都与林德伯格待在一起，"用最友好的方式进行争论、辩论、发表完全不同的见解"，惠勒-贝内特回忆说，"我们从不发脾气，也从不危及我们的友谊"。①

惠勒-贝内特认为林德伯格内心并非反英的，他只是觉得英国无法赢得战争而已。"奥布里和我说破了嘴，也无法令他理解英国在临场发挥方面的天赋和受到鼓舞后业余行动上的才能，"惠勒-贝内特写道，"他只是把英国视作一个糟糕的赌注，认为后者完蛋了。他不赞成罗斯福总统的'提供一切战争所需的支援'这一政策，理由是赔了夫人又折兵是毫无意义的。"②

多年后，摩根告诉丽芙·林德伯格："你父亲从来没有真正理解英国人的性格。"③ 有些记者不相信这对连襟在观点截然不同的情况下能相处得如此和谐，摩根对此笑着说，他们的关系"永远驳斥了'英国宣传是无敌的'这一神话"。④

安妮与其家人的稳固关系是她下坠的一生中为数不多的一大亮点。她错误地为其丈夫的孤立主义立场辩护，肯定无助于减少外界对他的攻击。如果起作用，那也是负面作用。

林德伯格所说或所做的一切都继续成为头版新闻。他将重心从电台广播转至全国各地反战集会上的演讲，这些集会常常吸引来大量的崇拜者。那些不同意他观点的人纷纷写信给白宫和联邦调查

---

① SirJohn Wheeler-Bennett, *Special Relationships: America in Peace and War*, London: Macmillan, 1975, p.130.

② SirJohn Wheeler-Bennett, *Special Relationships: America in Peace and War*, London: Macmillan, 1975, p.131.

③ Reeve Lindbergh, *Under a Wing: A Memoir*, New York: Simon & Schuster, 1998, p.146.

④ Roger Butterfield, "Lindbergh," *Life*, Aug. 11, 1941.

局，要求禁止他发言。"怎能令查尔斯·A. 林德伯格这样一个极为可耻、胆小的叛徒张嘴倒'粪'呢?"① 一名得克萨斯州人写信给罗斯福总统，"应该将他用长链条绑住，丢到大西洋中部，在那里他的身体将不再污染美国"。其他记者则劝说立即将林德伯格派到德国。

成千上万封骂人的信被直接送给林德伯格，其中许多封信充斥着此类侮辱而暴力的语言，美国邮局开始检查他们的邮件。一封写给"纳粹林德伯格"②的信要求他停止发表反战演讲，"否则从今天起三周内，你的另一个小宝贝将随时丧命"。

激怒那些批评者的不仅是因为林德伯格反对政府的干预政策，还因为他似乎不太关注和同情遭受轰炸的英国人和其他遭受纳粹荼毒的受害者。奥马哈一家报纸宣称："不太可能喜欢这个林德伯格……我们惊愕地放弃了他。在看到一个充满痛苦和恐惧的世界时，是否有可能有人依然无动于衷，哪怕一点情感的波动都没有呢?"③

因为他拒绝谴责纳粹的手段，也拒绝承认英国尚有幸存的希望，这些甚至使一些同持孤立主义观点的人也深表担忧。诺曼·托马斯建议林德伯格宣布他"个人反对法西斯的残忍、偏狭和专制。并清楚表明：至少，人们想要的和平意味着英国及其自治领地作为具有真正权力且绝对独立的国家延续下去，而不是作为希特勒的傀

---

① Leonard Mosley, *Lindbergh*, New York: Dell, 1977, pp. 280-281.
② Wayne S. Cole, *Charles A. Lindbergh and the Battle Against American Intervention in World War Ⅱ*, New York: Harcourt Brace Jovanovich, 1974, p. 147.
③ *Omaha Morning World Herald* editorial, Friday, July 18, 1941, President's Official File, FDRPL.

儡"。① 历史学家查尔斯·贝尔德（Charles Beard）是一名孤立主义者，他这样警告林德伯格："你在公开场合反复说，英国已经输掉了这场战争，这对'远离战争'这一事业危害极大。"②

林德伯格一位极端保守的朋友威廉·卡斯尔（William Castle）也劝告他说话要更小心点。"只要他在说那些他视为真相的东西，他就不会在意自己的声誉，"卡斯尔在日记中写道，"我说了……我关心他的名誉，只因为对于我们这些认为应远离战争的人而言，名誉是有用的，他不能让自己背上亲德的恶名。"③ 卡斯尔提出要审查林德伯格的演讲稿，看是否有过分煽动性的语言——林德伯格婉拒了。他每篇演讲稿都要花上好几个小时撰写，每个单词都是精心挑选的。他想说什么就说什么，而不在乎这是否会令自己成为弃儿。

他曾告诉岳母和其他人：他不想德国获胜，他反对纳粹对犹太人的迫害，他相信英国的失败将是"全世界的悲剧"④。但与此同时，他依然坚信英国已输掉了战争，应同意通过谈判以实现和平。尽管他一再坚持自己是中立的，但针对交战双方，他只批评英国。

即使"美国至上"迅速发展，林德伯格仍然是孤立主义最有力的武器。记者罗杰·巴特菲尔德（Roger Butterfield）注意到，他的观点"已经变得像炸弹一样有威力……他赫赫声名的魔力，他个性的魅力，他在麦克风前的真诚态度，已经说服了数以百万计的

---

① Wayne S. Cole, *Charles A. Lindbergh and the Battle Against American Intervention in World War II*, New York: Harcourt Brace Jovanovich, 1974, p. 145.
② Wayne S. Cole, *Charles A. Lindbergh and the Battle Against American Intervention in World War II*, New York: Harcourt Brace Jovanovich, 1974, p. 145.
③ Castle diary, Aug. 12, 1940, Castle papers, HL.
④ Wayne S. Cole, *Charles A. Lindbergh and the Battle Against American Intervention in World War II*, New York: Harcourt Brace Jovanovich, 1974, p. 85.

美国人去相信美国没有理由挑战或害怕希特勒——这些人此前仅仅半信半疑"。①

罗斯福总统愈加认为林德伯格是其总统之位以及英国生死存亡的主要威胁。他和其他干预主义者很快就会发起一场全面战役来削减林德伯格的影响力。但首先,罗斯福不得不应付另一个强有力的对手——温德尔·威尔基。

---

① Roger Butterfield, "Lindbergh," *Life*, Aug. 11, 1941.

第十七章　国家耻辱

　　无论如何，1940年的总统竞选是美国现代史上最令人厌恶的选举之一。亨利·华莱士称它"非常肮脏"[1]。罗伯特·舍伍德则给它贴上了"国家耻辱"的标签，将之描述为"可怕的伪装，主要竞选者都感觉被迫戴上了虚假的面孔"[2]。温德尔·威尔基竞选经理的妻子玛西娅·达文波特将其描述为"一场可耻的激烈角逐，两位候选人都未能在这场比赛中完全保持正直诚信"[3]。

　　然而，竞选之初，大家都很乐观，认为这场竞争可能相对会比较文明。威尔基和富兰克林·罗斯福在政策问题上没有较大差异。威尔基曾不顾共和党头头们的强烈反对，声言支持"罗斯福新政"（New Deal）中的众多社会项目，以及总统的外交政策。事实上，他也强调尽快向英国提供援助的重要性，但比罗斯福总统大胆得多。

　　然而，对威尔基来说，这种观点上的相似性将迅速变成一个严重问题——这只是共和党大会之后几乎即刻涌现的一众困难之一，这些困难有不少是自己造成的。威尔基及其助手们在科罗拉多州的

---

[1] John C. Culver and John Hyde, *American Dreamer: The Life and Times of Henry A. Wallace*, New York：Norton, 2000, p.242.
[2] Robert Sherwood, *Roosevelt and Hopkins: An Intimate History*, New York：Harper, 1948, p.187.
[3] Marcia Davenport, *Too Strong for Fantasy*, New York：Pocket, 1969, p.235.

群山中度过了5周的工作假期,而不是利用大会在全美范围所点燃的兴奋之情,前往各地露面。数年后,一位助手承认:"我们让世界上最沸腾的事件冷却了下来。"①

玛西娅·达文波特说,大家一致认为,甫一开始,威尔基的竞选就是记忆里组织最为混乱的——"不断涌现无政府、混乱的状态"。②雷蒙德·克拉珀注意到,"很少有比这更为混乱的总统竞选了"。他补充说:"如果入主白宫后威尔基的政府没有比在参选时更团结、协调、有效一点,那么政府几乎将陷入瘫痪。"③

威尔基和罗素·达文波特——后者辞去了《财富》杂志总编一职来指导该竞选——从一开始就非常清楚地表明,他们不希望与共和党的领导们有什么关系,他们似乎没有意识到自己需要该党的财力和人力来进行一场成熟的全国角逐。在竞选专列上,威尔基的业余团队和偶尔同候选人一起旅行的共和党保守派之间实质上处于敌对状态。

但对于威尔基而言,最艰巨的挑战是如何说服美国人——尽管他在大多数重大问题上与罗斯福的立场一致,但也存在足够重要的分歧——以确保人们投票给他这位初涉政坛之人而不是那位经验丰富的政坛"老兵"。共和党人决定按照三条战线出击:罗斯福长期无力修复经济,不能降低较高的失业率;面对德国快速增长的威胁,他未能动员工业并迅速地重新武装美国;最后就是人们所说的罗斯福具有独裁天性,他决定竞选第三个任期就是佐证。

---

① Steve Neal, *Dark Horse: A Biography of Wendell Willkie*, Garden City, N.Y.: Doubleday, 1984, p. 132.
② Marcia Davenport, *Too Strong for Fantasy*, New York: Pocket, 1969, p. 230.
③ Raymond Clapper, *Watching the World: 1934-1944*, NewYork: McGraw Hill, 1944, p. 160.

然而，以上三个方面的情况都对威尔基不利。尽管失业率确实居高不下，战争动员确实也处于混乱状态，但在过去几个月里，已有足够充裕的国防资金注入经济领域，点燃了就业和消费的繁荣。尽管选民对（罗斯福的）第三个任期仍持谨慎态度，但对许多人而言，他们倾向于在国际危机时刻支持现任者，压过了他们对"第三个任期"的担忧。

威尔基很沮丧，因为他无法给对手造成严重的政治损害；而整个9月和10月，罗斯福就当他不存在一样开展行动，这让他更为恼怒了。足智多谋、经验丰富的选手给这位业余选手在政治方面上了一堂大师级的课程。罗斯福没有参与传统的竞选活动，而是一直避开冲突。他强调自己的总指挥角色，对蓬勃发展的造船厂、军工厂和飞机厂进行视察，从而得以不断地宣传曝光。这些访问不仅是为了凸显罗斯福在构建强大国防中所做的贡献，也是为了强调与国防相关的工作在稳步进行。

虽然罗斯福似乎对实际上正在进行总统竞选这一事实视而不见，但他的助手们却竭尽所能地破坏公众对共和党提名人的信任和信心。他们一方面巧妙地利用了共和党内部的分歧和矛盾，另一方面试图用共和党党内占据主流的孤立主义和极端保守主义来抹黑持自由主义和干预主义的威尔基。

开始出现这样的传言：威尔基只不过是打掩护的，拥有大企业的保守共和党人另有真正的候选人；那些共和党人筹谋着如果威尔基当选，他们就将以法西斯的方式接管政府。"现在到了向美国人民直言不讳地讲述该政府重返华尔街计划的时刻了。"① 哈里·霍普金斯（Harry Hopkins）白宫文件中一份未经签署的竞选备忘录宣

---

① Unsigned memo, Harry Hopkins papers, FDRPL.

称："如果这个肮脏的团体在深夜被带进美国，那么对这个国家的工人组织等团体来说，将是遗憾的一天，因为他们总要进行艰苦的战斗。"

毫无疑问，企业界相当一部分人仍然强烈憎恨罗斯福；不少知名商人出于对利润的担心，主张英国和希特勒之间进行和平谈判。但是，没有任何证据支持这样的观点，即一些企业领导人正在策划一场政变；或者温德尔·威尔基是一个自由主义者，他和罗斯福一样强烈地反对共和党内的保守派。

然而，罗斯福及其周围的许多人显然自我催眠：威尔基一旦胜利，几乎会立即出现法西斯政变。"威尔基是非常危险的，"哈罗德·艾克斯在日记中写道，"他入主白宫的话，金钱利益将控制一切；只要他一能成事，我们便有望看到一个美国牌法西斯主义。"① 同时，亨利·华莱士在其日记中指出，罗斯福"确信威尔基内心深处是一名极权主义者"。②

由于共和党在民众眼中是铁杆的孤立主义派，威尔基也很容易受到这样的指控：纳粹德国及其在美国的拥护者们将会大举欢迎甚至大肆支持他的竞选。华莱士——民主党指定的候选人之一在一次又一次的讲话中几乎已经明言投票给威尔基就是投票给希特勒。"虽然共和党候选人并不对希特勒进行安抚姑息，也不是希特勒的朋友，"这位副总统候选人在内布拉斯加州乡村的一次演讲中说，"但你可以肯定，每一个纳粹分子，每一个支持希特勒的人，每一

---

① Harold Ickes, *The Secret Diary of Harold L. Ickes*, Vol. 3, *The Lowering Clouds, 1939-1941*, New York: Simon & Schuster, 1955, p. 212.

② John C. Culver and John Hyde, *American Dreamer: The Life and Times of Henry A. Wallace*, New York: Norton, 2000, p. 213.

个绥靖主义者都是共和党人。"[1] 华莱士在另一场讲话中坚称,他并非有意"暗示共和党领导人在故意地、有意识地对希特勒施以援手。但我想强调的是,若总统不是罗斯福,即便新领导人再具爱国精神,也会令希特勒欣喜"。[2]

忽略华莱士言辞中的有意抹黑,报纸头条关注的是其言论背后的意图。纽约《每日新闻》宣称,华莱士说威尔基是希特勒的人[3];而《得梅因纪事报》中的措辞则稍为严谨克制:纳粹更喜欢共和党(GOP)——据华莱士所说。[4] 在一篇驳斥华莱士论点的社论中,《纽约时报》(前两次总统选举中支持罗斯福,此时支持威尔基)宣称:"我们不会幻想着希特勒和墨索里尼会喜欢罗斯福,我们也不会幻想他们会更喜欢威尔基先生一点……因为威尔基先生与罗斯福先生一样积极支持美国,也同样强烈反对轴心国。"[5]

"威尔基的父母是德国移民"这一事实在民主党政客们看来,无疑可能另有政治价值。哈罗德·艾克斯代表总统要求联邦调查局对威尔基的背景展开调查,但埃德加·胡佛拒绝了这一要求,因为胡佛的一位高级特工曾劝告他说,这种公然的政治调查将是一个"严重错误"[6]。然而,民主党中坚分子发起了一场造谣行动,四处

---

[1] John C. Culver and John Hyde, *American Dreamer: The Life and Times of Henry A. Wallace*, New York: Norton, 2000, p. 237.

[2] John C. Culver and John Hyde, *American Dreamer: The Life and Times of Henry A. Wallace*, New York: Norton, 2000, p. 235.

[3] *Life*, Nov. 11, 1940.

[4] John C. Culver and John Hyde, *American Dreamer: The Life and Times of Henry A. Wallace*, New York: Norton, 2000, p. 235.

[5] SteveNeal, *Dark Horse: A Biography of Wendell Willkie*, Garden City, N.Y.: Doubleday, 1984, p. 162.

[6] Curt Gentry, *J. Edgar Hoover: The Man and the Secrets*, New York: Norton, 1991, p. 227.

传播威尔基的德国血统,还谣传他的姓氏实际上是伍尔基耶(Wulkje)*。各种未署名的小册子被人四处散发,声称威尔基认可希特勒的人种理论,即德国人是"优等民族",并指控他的姐姐嫁给了一名纳粹海军军官。事实上,她的丈夫是一名身处柏林的美国海军武官。

竞选后期,"民主党全国委员会"猛烈抨击威尔基想从罗斯福那里将黑人选民吸引走的企图。该委员会少数族裔部门发表了一份声明,声称威尔基的故乡印第安纳州戏谑地警告暗示:"黑佬们,别让日落至你处。"①** 它还引用了一个据推测是威尔基常说的双关语:"你不能这样对我,我是一个'白'*** 人。"② 威尔基年轻时曾担任律师,与三K党展开过斗争,并已于1940年赢得了众多黑人的认可,他此刻怒斥该说法为整个政治竞争中"最卑鄙、最无礼的"③ 中伤。

对威尔基的攻击不仅仅是口头上的。据威尔基传记作家史蒂夫·尼尔(Steve Neal)说,这位共和党人"发现自己成了遭受暴

---

* 德语奶油云的意思,这里为了强调他的可疑来历。——译注

① Steve Neal, *Dark Horse: A Biography of Wendell Willkie*, Garden City, N.Y.: Doubleday, 1984, p. 163.

** 原文应该是借用自《圣经》中的一句话:"Be ye angry, and sin not: let not the sun go down upon your wrath:(新约以弗所书第4章第26句),意思是'生气却不要犯罪,不可含怒到日落。'这句话的字面意思就是:别让太阳下落到此地你的身上,也就是别让太阳——这里暗示的光辉人物——坠落的意思"。——译注

*** 原文的 white 在此处除了表示肤色是白的,还可以表示没有污点,因此是双关。——译注

② Steve Neal, *Dark Horse: A Biography of Wendell Willkie*, Garden City, N.Y.: Doubleday, 1984, p. 163.

③ Steve Neal, *Dark Horse: A Biography of Wendell Willkie*, Garden City, N.Y.: Doubleday, 1984, p. 163.

力攻击最多的总统候选人"。① 在众多大城市的竞选宣传活动中，特别是在工人阶级为主的区域，大家朝威尔基投掷林林总总的物品，从腐烂的鸡蛋、水果、蔬菜、石头和灯泡到办公椅和废纸篓（后两样被人从办公室窗户投掷出去，就掉在了威尔基的身边），各种东西都有。在某次活动中，威尔基的妻子被人投掷鸡蛋。这种骚乱无序还往往伴随着一片嘘声和起哄声，它们出现得如此频繁，以至于《纽约时报》每天针对那些投出的和投中的攻击行为记录分数。

罗斯福声称这些袭击"应受到谴责"②，他敦促地方当局起诉那些攻击威尔基的人。但不可思议的是，大量麻烦是由大城市中民主党的头头们制造的，其中也包括罗斯福总统呼吁应去伸张正义的市长们和其他地方官员。

这种流氓行径，再加上民主党人质疑他对国家的热爱以及对种族宽容的奉献，威尔基深感愤怒，开始重新思量自己是否还要坚持文明竞选。而共和党领袖们又努力怂恿他——无论他们对他这个人有多不喜欢，也都渴望共和党能战胜罗斯福。他们向这位提名人指出，他的公道合理没能为他赢得任何政治加分；并说明，事实上，尽管在全国各地开展了数周疯狂的竞选活动，他在民意测验中的得分还是下降了很多。9月初，他和罗斯福还处于胶着状态；到该月底，罗斯福总统的支持率至少领先了10个点。

为了一改颓势，共和党政客们建议，威尔基必须放弃这种愚蠢的两党合作而对罗斯福最薄弱的地方发起进攻——关于战争。他们

---

① Steve Neal, *Dark Horse: A Biography of Wendell Willkie*, Garden City, N. Y.: Doubleday, 1984, p. 163.

② Steve Neal, *Dark Horse: A Biography of Wendell Willkie*, Garden City, N. Y.: Doubleday, 1984, p. 164.

实际上是说，威尔基必须放弃他在几周前所拥护的一切，并对总统发起一场可怕的战役；他得向选民们提出这样的论点，即和平是对美国的最佳政策，给罗斯福投票就是给战争投票。

威尔基最终同意了，他对民主党人的愤怒之情和战胜罗斯福的渴望之心压倒了他的原则和良知。突然间，这位持干预主义立场的候选人说起话来就像孤立主义的传道者，他指责总统已带着大家"漂向战争"。[1] 据政治作家理查德·罗维尔（Richard Rovere）所说："竞选结束时，威尔基又疯狂反对起几个月前的那个自己，就如当时反对他的竞选对手那样。"[2]

在一次全美范围的广播中，威尔基宣称罗斯福"助长了欧洲的大火"[3]，并暗示说罗斯福已与英国达成进入战争的秘密协议。"我们可以拥有和平，"威尔基继续说道，"但我们必须知道如何保护和平。首先，我们不答应去参与别人的战争。我们的孩子将置身在欧洲之外。"[4] 在另一场演讲中，他警告说，在罗斯福的统治下，美国年轻人"马上就要上路了"，但如果他们把他送进白宫，"我不会将美国任何年轻人送进另一场战争的废墟中"。[5]

威尔基的突然转变令其众多知名的支持者心烦意乱，其中包括很多支持他成为候选人的记者。雷蒙德·克拉珀对他采取"权宜

---

[1] Steve Neal, *Dark Horse: A Biography of Wendell Willkie*, Garden City, N.Y.: Doubleday, 1984, p. 159.
[2] Steve Neal, *Dark Horse: A Biography of Wendell Willkie*, Garden City, N.Y.: Doubleday, 1984, p. 160.
[3] John C. Culver and John Hyde, *American Dreamer: The Life and Times of Henry A. Wallace*, New York: Norton, 2000, p. 237.
[4] Steve Neal, *Dark Horse: A Biography of Wendell Willkie*, Garden City, N.Y.: Doubleday, 1984, p. 159.
[5] Steve Neal, *Dark Horse: A Biography of Wendell Willkie*, Garden City, N.Y.: Doubleday, 1984, p. 159.

之计"并进行"思想狭隘的呼吁"① 而深表遗憾,并补充说,这一"糟糕的判断……至少令我对他是否能当好总统产生了深深的疑虑"。亨利·卢斯曾为威尔基撰写竞选演说的草稿,也曾向罗素·达文波特提供政治建议,他对共和党处理战争问题的做法表示痛心,后来他说威尔基应"讲述真相……光荣地继续(去战胜对手)"。②

另一位有影响力的记者沃尔特·利普曼曾支持威尔基,时不时说出自己的建议,他极力劝告威尔基不要在战争问题上分裂美国。1940年的春天和夏天,利普曼曾强烈批评罗斯福,并赞扬威尔基,因为他认为罗斯福胆小怕事、不胜其任,而威尔基明确倡导对英国立即展开全面援助。现在,威尔基"变了心",利普曼震惊之余与之绝交了。

然而,尽管因为威尔基拼命煽动人们对于战争的恐惧,他的部分支持者感到失望,但这些策略开始产生期望的效果。罗斯福总统原本在民意调查中舒舒服服地处于领先地位,但到10月中旬,这一优势已经逐渐消失;在中西部大部分地区,威尔基开始领先于罗斯福,而在东北部地区则出现了支持率激增的迹象。

现在,民主党政客们开始恐慌了。电话和电报开始涌入白宫,劝说总统应放弃他作为总司令那如奥林匹斯山神灵般威严的姿态而亲自参与竞选。"政治领袖们在他们当地了解到:就总统选举的投票而言,美国人民自然会拒绝将自己的选票视为理所当然。"③ 罗

---

① Raymond Clapper, *Watching the World: 1934 - 1944*, New York: McGraw Hill, 1944, p. 161.

② Steve Neal, *Dark Horse: A Biography of Wendell Willkie*, Garden City, N.Y.: Doubleday, 1984, p. 160.

③ Samuel I. Rosenman, *Working with Roosevelt*, New York: Harper, 1952, p. 222.

斯福的主要演讲撰稿者塞缪尔·罗森曼指出："他们希望听到候选人围绕竞选问题进行辩论。对于罗斯福来说，幸运的是，他正接收到的报告令其及时意识到了这一点。"

但在总统进入战斗之前，他和助手们不得不着手处理一个问题，这个问题可能会极大地危及他的连任。白宫发现，一位名叫保罗·布洛克（Paul Block）的共和党报刊出版商获得了亨利·华莱士和罗斯福前任专家尼古拉斯·罗里奇之间的一些信件，并且正在考虑出版这些信件。

哈里·霍普金斯以某种方式获得了这些信件的副本，他告诉罗斯福，它们危害极大。其中的措辞进行了大量神秘的编码，比如华莱士将自己称为"加拉哈德"[1] 和"帕西法尔"*，这很容易令人怀疑华莱士的精神状况是否稳定，而如果总统竞选成功，他将是离总统之位最近的人。

然而，总统及其手下有一个强大的备用武器——威尔基与《纽约先驱论坛报》的伊丽塔·范·多伦的婚外情，他对此几乎没进行过什么遮掩。在竞选活动之前，两人经常一起出现在公众场合。威尔基甚至在范·多伦的公寓举行了新闻发布会，他向朋友们解释说："纽约所有的新闻记者都知道我们。"[2]

事实证明，威尔基错了，记者们可能已经知道了这一对，但由于他们从未撰文描述过这一桃色事件，绝大多数美国人对他复杂的私生活一无所知。竞选期间，威尔基的妻子尽职尽责地陪他到处拉

---

[1] John C. Culver and John Hyde, *American Dreamer: The Life and Times of Henry A. Wallace*, New York：Norton, 2000, p. 135.

* Parsifal 也是亚瑟王寻找圣杯的圆桌骑士之一。——译注

[2] Steve Neal, *Dark Horse: A Biography of Wendell Willkie*, Garden City, N.Y.：Doubleday, 1984, p. 43.

票,但他还通过电话和电报与范·多伦保持联系。

在罗斯福的鼓动下,其竞选团队的高级成员向共和党的同行们明确表示:如果华莱士与罗里奇之间的信件被公布,那么威尔基的婚外情也将被公之于众。罗斯福向白宫的一位助手这样表态:"如果有人试图在我身上玩肮脏的政治手段,我会以牙还牙。"① 他向助手解释了应该怎样将该事件公布出来。"我们这些主要的演讲者,谁都不能提这件事。"他补充说,"由这条线以下的人",如国会议员和地方官员,"来做这件事比较合适……只要不是我们这些处于上层的人"。

罗斯福的威胁起了作用。最后,双方都没有使用各自的秘密武器——在这场以肮脏把戏和过激言辞而闻名的竞选中,这一例外令人惊讶。

直到选举前的六周,罗斯福终于在激烈的战斗中夺回了失地。"我是一个久经沙场的竞选者,我喜欢来场硬战。"② 他在第一次政治演讲中曾这样宣布。观察到罗斯福说这些话时的"阴沉的微笑和紧绷的下巴",③ 塞缪尔·罗森曼知道"他并未夸大其词"。

一位新的演讲稿写作者——罗伯特·舍伍德——已加入总统的竞选团队以便最后再助推一次。舍伍德是罗斯福的忠实支持者,几个月来他一直在游说罗斯福和哈里·霍普金斯给他一个职位。1940年初,他就已写信给总统:"我真心希望在这关键的一年里,为您以及您的这一事业(无疑它是林肯的事业)提供服务,无论这些

---

① Joseph E. Persico, *Roosevelt's Secret War: FDR and World War II Espionage*, New York: Random House, 2001, p.41.
② Samuel I. Rosenman, *Working with Roosevelt*, New York: Harper, 1952, p.238.
③ Samuel I. Rosenman, *Working with Roosevelt*, New York: Harper, 1952, p.238.

服务价值几何。"① 从那时起直到罗斯福去世,他的三位主要演讲稿写作者一直是罗森曼、霍普金斯和舍伍德。

舍伍德作位剧作家接到的这一任命使其身为共和党成员的家人感到震惊,尤其是他的母亲,她"认为我是一位心怀善意但糊涂到家的叛徒",② 舍伍德跟一位朋友诉说。不久前,她曾听过一次政治广播,片刻后才意识到,这位对罗斯福大加赞美的演讲者,就是她心爱的鲍比(罗伯特)。"我可怜的孩子,"她不停地哀叹,"我可怜的孩子。"③

罗斯福的演讲虽然没有对威尔基指名道姓,但都效仿华莱士的演讲,拐弯抹角地将总统的对手与邪恶的国内外势力联系在一起。罗斯福在布鲁克林的一次演讲中说:"在共和党内部,这个国家极端反动分子和极端激进分子之间正在形成合力,这是极其不祥的。"④ 在克利夫兰,他谴责:"我们国家层面的圈子里存在某些力量,由自称美国人但将会摧毁美国的人组成。"⑤ 时任纽约州州长的民主党人赫伯特·雷曼(Herbert Lehman)声称,希特勒和墨索里尼正努力让罗斯福落败,以此暗指他们在为威尔基的选举而努力,而总统表示他同意这一观点。

这些毁谤出现时,英国人正遭受纳粹德国空军的炸弹袭击,每天晚上都有数百人死去,而德国潜艇正在切断英国的补给线。但两

---

① Robert Sherwood to FDR, Jan. 25, 1940, Sherwood papers, HL.
② Robert Sherwood to Felix Frankfurter, Jan. 24, 1948, Sherwood papers, HL.
③ Harriet Hyman Alonso, *Robert E. Sherwood: The Playwright in Peace and War*, Amherst: University of Massachusetts Press, 2007, p. 221.
④ Kenneth S. Davis, *FDR: Into the Storm, 1937−1940*, New York: Random House, 1993, p. 623.
⑤ Wayne S. Cole, *Roosevelt and the Isolationists, 1932−1945*, Lincoln: University of NebraskaPress, 1983, p. 401.

位总统候选人并未过多提及英国的危险境地。他们关注的主要问题是维护美国和平与安全的必要性。因威尔基提出防守,罗斯福不得不试图做出全面承诺,会保证和平,以此胜过对手。罗斯福在费城宣布:"我们不会参与任何外国的战争。"①

但共和党在民意测验中的得分仍在上升,民主党的领导们恳求总统发表更有力、更明确的声明,宣布自己不会将美国推入战争。就在选举的前几天,罗斯福做出了这一声明。在波士顿的一次演讲中,他向美国的父母们保证:"我以前说过这一点,但我会一遍又一遍地重申——你们的孩子不会被送去参与任何国外的战争。"②

舍伍德提出了"一遍又一遍"这一口号,并在余生对之深感懊悔,他后来使用"糟糕的"一词来描述该演讲。③ 在他看来,罗斯福犯了一个错误:"屈服于那些疯狂要求去做出彻底保证;但摸着良心说,遗憾的是,我碰巧……是那些劝说他孤注一掷的人员之一。"④

当时,一些批评者猛烈抨击这两位候选人,因为他们认为二者都对美国人民做出了鲁莽和不负责任的承诺。其中《国家杂志》(*The Nation*) 编辑弗丽达·基希威认为罗斯福和威尔基都不诚实,丢掉了他们的正直品格。在选举前几天发表的一篇专栏文章中,她

---

① Steve Neal, *Dark Horse: A Biography of Wendell Willkie*, Garden City, N.Y.: Doubleday, 1984, p. 167.
② Steve Neal, *Dark Horse: A Biography of Wendell Willkie*, Garden City, N.Y.: Doubleday, 1984, p. 167.
③ Robert Sherwood, *Roosevelt and Hopkins: An Intimate History*, New York: Harper, 1948, p. 191.
④ Robert Sherwood, *Roosevelt and Hopkins: An Intimate History*, New York: Harper, 1948, p. 201.

对两位候选人这样说:"你们不应该为了一较高下就这样无条件地允诺和平。相反,你应该勇敢地警告这个国家:战争可能是必需的……你应该明确告诉民众,这个国家已经不可避免地卷入对抗希特勒主义的战斗中,我们不应避开其最重要的意义。"[1]

有趣的是,尽管多萝西·汤普森早先曾指责罗斯福向美国公众承诺(国内形势)"比他们清醒认识到的还要安全",但她此时并未与基希威以及其他贬损总统候选人的批评者结盟。正因如此,冲动的汤普森现在加入了总统的阵营——以至于总统在1940年竞选中所做的最后一次演讲基本上来自汤普森为他撰写的演讲稿。她从狂热崇拜威尔基转而积极支持罗斯福,这简直令人瞠目结舌,即使是那些熟悉她善变本性的人也无比震惊。

在罗斯福担任总统期间,汤普森在美国国内很多问题上一直是保守派,曾直言不讳地批评新政,并对她眼中罗斯福的权力欲望加以抨击,一度还宣称他即将成为独裁者。但她在1940年的关注焦点——就像过去几年里那样——是阻止希特勒。她早先曾发誓要"最大限度地"[2] 支持威尔基,但当共和党开始不断发表与孤立主义相近的观点时,她改变了主意。当然,总统也明确支持反干预主义的观念。但汤普森下定了决心:总统有8年的经验,他是更好的赌注。她内心突然产生的变化也可能与罗斯福坚定的示好有关:他曾在5月和10月邀请汤普森参加白宫的私人会议,试图说服她"别再去想温德尔·威尔基这些蠢事了"。[3] 她与《纽约先驱论坛报》的同

---

[1] Margaret Paton-Walsh, *Our War Too: American Women Against the Axis*, Lawrence: University Press of Kansas, 2002, pp. 117-118.
[2] PeterKurth, *American Cassandra: The Life of Dorothy Thompson*, Boston: Little, Brown, 1990, p. 321.
[3] PeterKurth, *American Cassandra: The Life of Dorothy Thompson*, Boston: Little, Brown, 1990, p. 321.

事沃尔特·利普曼不同：利普曼拒绝为任何一位总统候选人代言，而汤普森以其惯常的戏剧化天分，在 10 月末就向读者们宣布，她已转而效忠总统了，并补充说："罗斯福必须继续执政，熬过此事再说。"①

因《纽约先驱论坛报》早先支持威尔基，曾在帮助后者获得共和党提名方面发挥了至关重要的作用——不出所料，该报老板奥格登和海伦·里德夫妇愤怒了，他们认为汤普森叛变了。海伦·里德曾是汤普森入职这一报纸的关键人物，并将其视为密友，因而她尤为恼火。

当汤普森又写了一篇专栏文章，宣称威尔基的胜利将令"德国纳粹欢欣鼓舞、英国民众大失所望"② 时，里德夫妇下令压下了它。在该文的位置上，转而挑选了自汤普森支持罗斯福后《先驱论坛报》收到的数百份负面信件中的一部分进行展示，还放上了报刊对她所持立场发布的正式免责声明。

伴随着汤普森引发的热议，这场异常激烈的竞选活动进入了尾声。舍伍德后来明确表示，他对自己给这场激烈竞争火上浇油而悔不当初。他写道，罗斯福"厌恶"③ 1940 年的这次竞选在很大程度上是因为"它在他的履历上留下了污点，这一污点只能借助未来五年所取得的成就才能消除"。

选举之夜，罗斯福在研究最近的竞选报告，他将特勤处头

---

① PeterKurth, *American Cassandra: The Life of Dorothy Thompson*, Boston：Little, Brown, 1990, p. 322.
② Margaret Paton-Walsh, *Our War Too: American Women Against the Axis*, Lawrence：University Press of Kansas, 2002, p. 116.
③ Robert Sherwood, *Roosevelt and Hopkins: An Intimate History*, New York：Harper, 1948, p. 201.

头迈克·赖利（Mike Reilly）叫到自己海德公园家里餐厅外的一个小房间中。赖利注意到总统大汗淋漓，表情严肃。"迈克，"罗斯福告诉他，"我不想在这里看到任何人。"① 总统向来合群，此刻却下了这一个不同寻常的命令，赖利感到惊讶，他问："包括您的家人吗，总统先生？"罗斯福迅速回答："我说的是'任何人'。"

这是赖利首次也是唯一一次看到罗斯福处于某种紧张激动的状态。后来，他猜测总统在选情反馈报告中注意到了什么，使他认为自己会输。一位记者指出，罗斯福在选举前"总是显得恐惧"②，但这次显然将是他所经历过的竞选中最为势均力敌的一次。根据竞选最后几天进行的民意调查，威尔基在六个州的"战场"中处于领先地位，还有几个州也在缩小差距。

尽管如此，罗斯福当晚并未与外界隔绝太久。后续报告显示，他正迈向胜利，获得史无前例的三连任；而很快，访客们涌入这个房间，祝贺这位春风满面的胜选总统。在这一美国历史上规模最大的选举中，他以 500 万张左右的选票优势获胜——他获得的选票为 2730 万张，而威尔基的是 2230 万张。

然而，在得知 1940 年的大选是近 25 年来选票最为接近的总统大选后，罗斯福获胜后的喜悦有些被冲淡了。比起在 1932 年和 1936 年那一边倒的得票情况，他这次的胜率极度下降了；事实上，在 1936 年，他的相对多数优势已被削减了一半以上。威尔基比以往任何一位共和党的总统候选人获得的选票都多——或者说，就此

---

① Michael F. Reilly, *Reilly of the White House*, New York：Simon & Schuster, 1947, p. 66.
② Walter Trohan, *Political Animals: Memoirs of a Sentimental Cynic*, Garden City, N.Y.：Doubleday, 1975, p. 83.

点而言，比除罗斯福以外的任何一位总统候选人所获得的选票都多。而且，根据选举后进行的民意调查，如果不是因为战争问题，共和党很可能会获胜。

在亨利·卢斯看来："希特勒的威胁帮助（威尔基）获得提名，但希特勒的威胁必然令他在总统选举中落败。"① 尽管许多美国选民显然希望改变国内的政策，但他们不愿意在全世界陷入战火之际，给一个未经考验的新手一次机会。用纽约市长菲奥雷洛·拉瓜迪亚（Fiorello La Guardia）的话说，他们更喜欢"暴露了缺点的罗斯福，而不是蕴藏着美德的威尔基"。②

选举结束后的那天深夜，威尔基的竞选经理罗素·达文波特位于曼哈顿公寓的门铃响了。达文波特的妻子玛西娅开了门，她正因前5个月的动荡不安而处于筋疲力尽、近乎震惊的状态，她发现站在她面前的哈里·霍普金斯同样筋疲力尽。进入客厅，霍普金斯握了握罗素·达文波特的手，而后坐了下来。

玛西娅·达文波特回忆说，对于威尔基阵营来说，总统的高级助手是一个大恶棍："我们曾常常对他进行精神上的谴责和言语上的抨击……但他此刻出现，证实在美国国内的政局之外出现了巨大危机，这是温德尔·威尔基和富兰克林·罗斯福都真正关心的问题；是每个人都在关心的问题，只要他……了解我们国家将要面临的局面。"③

就着啤酒和三明治，达文波特和霍普金斯一直聊到次日清晨。

---

① Robert T. Elson, *Time, Inc.: The Intimate History of a Publishing Enterprise, 1923-1941*, New York: Atheneum, 1968, pp. 444-445.
② Geoffrey Perret, *Days of Sadness, Years of Triumph: The American People, 1939-1945*, New York: Coward, McCann & Geoghegan, 1973, p. 53.
③ Geoffrey Perret, *Days of Sadness, Years of Triumph: The American People, 1939-1945*, New York: Coward, McCann & Geoghegan, 1973, p. 237.

不到一周后,威尔基明确表态,政治中伤和党派攻击到此结束。在广播中,他宣称:"我们已选举出富兰克林·罗斯福总统。他是你们的总统,他也是我的总统。我们所有人都应该对他的执政予以尊重。我们尊重他。我们会支持他。"①

---

① Steve Neal, *Dark Horse: A Biography of Wendell Willkie*, Garden City, N. Y.: Doubleday, 1984, pp. 181-182.

第十八章 好吧，孩子们，英国已破产

罗斯福在海德公园庆祝自己选举胜利的那一刻，德国空军轰炸机正在第 50 次夜袭伦敦后返回其位于法国的基地。自闪电战开始以来，有 3 万多名英国人在德国的突袭中丧生，其中至少有一半是伦敦人。数以百万计的房屋和伦敦不少著名地标都遭到损毁。唐宁街 10 号、殖民部、财政部和皇家骑兵卫队总部都遭到炸弹袭击。战争部里几乎没有一块完整的玻璃，白金汉宫也遭到了数次袭击。

但持续不断的轰炸远非 1940 年底英国面临的唯一危险。这个国家被德国的潜艇、船只和飞机包围，德军的这些力量都在虎视眈眈地等着瓜分前往英国的商船，它们为这座已被四面包围的岛屿带来重要物资。"自从 1588 年西班牙无敌舰队（Spanish Armada）向北横扫以来，英国这一海洋国家从未像现在这样面临着如此巨大的威胁，"《生活》报道："与当前的情形相比，第一次世界大战是一次愉快的巡航。当时的德国在波罗的海被包了饺子。现在，在欧洲沿岸，从挪威到西班牙，都散布着德国的海军基地和空军基地。"[1]在华盛顿，海军作战部长哈罗德·斯塔克上将告诉亨利·史汀生、弗兰克·诺克斯和乔治·马歇尔将军，按照目前航运的损失速度，英国连 6 个多月都无法撑下去。

---

[1] *Life*, March 24, 1941.

自6月以来,美国的总统竞选已比英国的迫切需求更为紧急。截至此时,它从美国获得的唯一实质性援助是几十架轰炸机和50艘老旧驱逐舰。当然,英国的政府人士认为,一旦总统选举结束,他们便可指望白宫采取迅速、果断的行动。

温斯顿·丘吉尔及其政府中的许多人都像期待圣诞节的孩子一样巴望着11月5日这一天。他们深信,如果罗斯福当选,他最终会履行自己的援助承诺,甚至可能参战。在总统获胜后的第二天,欣喜若狂的丘吉尔发来贺电,指出在竞选期间,他不能公开表态支持罗斯福连任,但"现在,我想你不会介意我这样说,我之前祈祷着你成功,真是谢天谢地,它成真了"。[1]

英国不仅需要更多的援助,而且迫切需要另寻方式以筹集资金。它从美国购买军备和其他物资——根据修订的美国《中立法案》,这些物品必须以美元支付,而这已耗尽了英国的大部分美元和黄金储备。为防止这些物资停运,英国财政部被迫从比利时政府借款,该政府携带了黄金储备,当时正流亡伦敦。

英国政府利用在伦敦怀有同情(英国)之心的美国记者,将其作为渠道,试图向美国民众传达该国的情况有多么糟糕。美联社的德鲁·米德尔顿(Drew Middleton)写了一篇报道,概述了英国"船运损失惊人"[2],并指出这个国家"即将到达其财力极限"。据《纽约时报》报道:"英国人想说服美国:到目前为止,它的援助一直不足,而且时有时无。据称在英国,在公众心中,'谈判中'

---

[1] Winston S. Churchill, *Their Finest Hour*, Boston: Houghton Mifflin, 1949, p. 553.
[2] Charles Peters, *Five Days in Philadelphia: The Amazing "We Want Willkie" Conventionof 1940 and How It Freed FDR to Save the Western World*, New York: Public Affairs, 2005, p. 179.

被误认为'在订购',而'订购中'则已被误认为'正交付'。"①

然而,英国人白等了。丘吉尔告诉他的战时内阁,罗斯福对他这封激动的电报未做任何回应——这种沉默令首相"很寒心"②。罗斯福也对是否开展新的援助计划保持沉默。当然更无迹象显示美国即将参战。

在周围人看来,总统的倦怠令人极其困惑。与英国人一样,他们也期望他能拿出大胆的新举措来应对大西洋危机,因为用斯塔克上将的话说,他现在已经从过去几个月里"必然影响着、占据着他心神的政治事务"③中解脱出来了。洛锡安勋爵向伦敦报告,罗斯福在选举后似乎异常疲倦和沮丧,这一评价得到了罗斯福不少手下的认同。原因可能是什么?是因为与之前的两次胜利相比,这一次是险胜,还是因为他明确承诺过不会让美国的年轻人去打仗?他是否认为,由于这一承诺,他不能下令实施可能将美国推入战争的行动?

无论出于何种原因,罗斯福的冷淡倦怠不仅令英国政府深感受挫,也令美国干预主义团体倍感沮丧,这些组织此前曾如此努力地游说向英国转运驱逐舰和其他物资的援助计划。"让我感到震惊的是,从竞选之初到现在,这个国家中来自总统的真正领导能力是这般薄弱",④"世纪集团"的杰弗里·帕森斯在12月初写给威廉·艾伦·怀特的信中这样说。在回信中,一贯亲切的怀特使用了异常

---

① *New York Times*, Dec. 12, 1940.
② David Reynolds, *Lord Lothian and Anglo-American Relations, 1939–1940*, Philadelphia: American Philosophical Society, 1983, p. 43.
③ William S. Langer and S. Everett Gleason, *The Undeclared War: 1940–1941*, New York: Harper, 1953, p. 215.
④ Geoffrey Parsons to William Allen White, Dec. 2, 1940, Whitepapers, LC.

尖刻的语言来表达自己的愤怒。这位堪萨斯州的编辑称罗斯福为"'伟大怀特（委员会）'之瓶颈"①，他说罗斯福"过于简单地处理这场危机"。怀特补充说："应该有人将他从自满自得中赶出来，让他害怕。"

与英国人一样，干预主义组织担心由于政府的沉默，美国人民不清楚英国局势有多严重，也不了解自己能做些什么来帮助他们。《生活》评论道："就像一支没有领袖的军队一样，（美国人民）等待着有人给他们下行军命令，并清楚地告诉他们所有人必须做出怎样的牺牲，自选举日以来，他们已等待了整整一个月。"②

与此同时，美国人兴致勃勃地沉浸在即将到来的圣诞节里，花的钱比1929年以来任何一年都多。随着经济反弹，假日里商店的采购量创下了纪录。像汽车和冰箱这样的大件商品卖得特别好；仅11月，就有40多万辆新车售出。

在这股消费热潮中，有人向爱国的精神和远方的战争表达敬意。为了给英国等遭受德国袭击的国家的战争受害者筹集资金，全美上下举办了大量义演、聚会和音乐会。在由纽约"怀特委员会"赞助的星条舞会上，吉卜赛·罗斯·李（Gypsy Rose Lee）一"脱"为英国，她让顾客们剪掉其衣服上那些策略性遮体的闪耀星星并筹集大笔捐款——这些顾客大部分是纽约市的富裕阶层，是咖啡馆的常客。在西雅图，社会上流人士举办了一场赌局，为英国新的喷火（Spitfire）战斗机筹集资金。"战争援助已成为一项大事业，"③一位记者指出，"但它一点一点地也呈现作秀的特点，从那些与其说慈悲怜悯不如说更看重自我放纵、更热衷个人名望的人那

---

① William Allen White to Geoffrey Parsons, Dec. 5, 1940, White papers, LC.
② *Life*, Dec. 16, 1940.
③ *Life*, Jan. 6, 1941.

里寻求支持……一些人开始好奇,支付完豪华舞厅和香槟的费用后,还剩多少美元。"

然而,在美国的援助行动中,并非所有努力之举都如此轻浮。事实上,很多行动确实为欧洲的战争受害者们提供了有意义的帮助。一些组织筹集了足够的资金,向英国运送救护车和其他医疗援助。哈佛大学在那里建立了一家医院,并提供资金以令其在二战中得以运营。超过50万美国妇女——她们属于一个名为"为英国捐包裹"(Bundles for Britain)的全国性团体——捐赠并筹集资金用于购买服装和其他个人物品,送给那些在轰炸中失去家园和财产的英国人。

这些私人援助很重要,但它们并不能帮助英国生存下来。而要令其得以存续,只能依靠美国政府雄厚的财力。最了解(美国)政府活动方式的英国官员——洛锡安勋爵——现在走上舞台,去做他外交生涯中最为重要的贡献。

与他在伦敦的政府同僚不一样,这位英国大使从未将11月5日视为"魔法日"。① 在他看来,罗斯福和美国都未做好远程作战的准备。他认为,美国大选日的重要性在于英国此时可以自由地再次向罗斯福政府及公众施压。而且,他决定,自己将是英国采取此类行动的动因。

洛锡安很清楚,英国需要的是面面俱到、影响深远的援助计划,而非此前的施舍——将旧的驱逐舰、飞机、步枪和其他武器东拼西凑送往英国。10月下旬,回到伦敦的几周时间里,这位大使

---

① David Reynolds, *Lord Lothian and Anglo-American Relations*, *1939–1940*, Philadelphia: American Philosophical Society, 1983, p.43.

考虑制定方案以结束美国行动迟缓的局面,从而产生了这样一个计划。

他首先说服丘吉尔写信给罗斯福,以最坦率的措辞毫无保留地简述英国在战略和财政上面临的绝望境地。丘吉尔在其战后的回忆录中指出,这封信算得上"我所写过的最为重要的信件之一"①,但当时,他强烈反对将"战略险况如此无情地暴露"②(用洛锡安的话来说)给(美国)总统。首相认为,这些爆料一旦为人泄露,将对英国士气造成打击,将对德国大有裨益。他更乐意等待——正如他所说的——"各类事件的推动"③ 以及"我们至交好友(罗斯福)的反应"。

洛锡安坚决反对,他坚称除非对罗斯福加以逼迫,否则后者不会采取任何行动。他将这封信视作令罗斯福总统采取行动的某种保单,他相信"它的存在,以及它在某一天可能会被公开出版的这一认知,将不断刺激(对方)满足我们的要求,以免将来落人口实,'罗斯福清楚,自己被警告了,因为他没有采取必要的措施'"。④

洛锡安为丘吉尔撰写了这封信的初稿,但首相继续拖延。在哈利法克斯勋爵和英国外交部常务次官亚历山大·卡多根(Alexander Cadogan)的帮助下,大使不断施压。洛锡安告诉丘吉尔,罗斯福即将开始加勒比海巡航,这样他就能在旅途中思考这封

---

① Winston S. Churchill, *Their Finest Hour*, Boston: Houghton Mifflin, 1949, p. 558.
② David Reynolds, *Lord Lothian and Anglo-American Relations, 1939-1940*, Philadelphia: American Philosophical Society, 1983, p. 45.
③ David Reynolds, *Lord Lothian and Anglo-American Relations, 1939-1940*, Philadelphia: American Philosophical Society, 1983, p. 58.
④ David Reynolds, *Lord Lothian and Anglo-American Relations, 1939-1940*, Philadelphia: American Philosophical Society, 1983, p. 47.

信，这至关重要。虽然仍然不太情愿，丘吉尔最终还是同意了。

洛锡安在11月下旬回到美国，信还没有写完，但首相承诺马上就好。大使一抵达纽约，他便开始了其计划的另一重要环节。他从经验中明白，丘吉尔的信虽然很重要，但可能不足以促使罗斯福采取行动，罗斯福还需要美国舆论的力量。于是，从洛锡安降落在拉瓜迪亚机场的那一刻起，他就着手发动这类舆论。

不出所料，他被一群记者和摄影师包围了。各种刺耳的问题向他抛来，他一一进行了回复，各类报道都见诸报端。约翰·惠勒·贝内特在此地欢迎洛锡安，他写道，大使对新闻记者的声明——"战争史上最重大的（一项声明）……"①——简短而直白："好吧，孩子们，英国已破产*。我们需要你们的钱。"②

新闻发布会的现场报道中并未提及这一寓意丰富的言论。但这些报道也许用更优雅的语言表明了洛锡安的言下之意：如果英国要生存下来继续战斗，它将需要美国的大量援助——而且越快越好。

洛锡安的坦率之语就像一枚炸弹。惠勒-贝内特和奥布里·摩根也在机场，"几乎不能相信我们的耳朵"，③ 惠勒·贝内特回忆道。洛锡安的两个同事问他，他要表达的是不是这个意思。"哦，是的，"④ 他回答，"这就是真相，还是让他们知道的好。"正如惠勒·贝内特所指出的："从来没有哪次言论比这次的言论更深思熟

---

① John Wheeler-Bennett, *Special Relationships: America in Peace and War*, London: Macmillan, 1975, p. 112.

* 除了破产，还有国破的含义，一语双关。——译注

② John Wheeler-Bennett, *Special Relationships: America in Peace and War*, London: Macmillan, 1975, p. 112.

③ John Wheeler-Bennett, *Special Relationships: America in Peace and War*, London: Macmillan, 1975, p. 112.

④ John Wheeler-Bennett, *Special Relationships: America in Peace and War*, London: Macmillan, 1975, p. 112.

虑。菲利普·洛锡安发挥了最佳状态。"①

然而，罗斯福和丘吉尔对此看法不一。总统对这明显的强迫之举感到愤怒，也担心洛锡安如此坦白的言论会对国会造成影响。丘吉尔方面则担心，大使的声明会激怒罗斯福，后者会拒绝自己提出的请求，这些请求就写在即将发出的这封信中。"我认为向记者们随便提及如此严肃的问题并不明智，"丘吉尔轻叱洛锡安，"更安全的做法是先说点振奋人心的话，而更为严肃的问题则应正式地向总统提出。"②

不过，首相很快就清楚地看到，洛锡安这一直截了当的做法确实取得了他想要的效果。他果断的非外交辞令的言论几乎出现在全美各家报纸的头版上，这深深地震惊了美国人民，并在全美范围引发了一场激烈的辩论——针对英国糟糕的财务状况。"通过向国会和公众揭示英国困境的另一面（此前只为少数政府官员所知），"历史学家威廉·兰格和埃弗里特·格里森（S. Everett Gleason）写道，"洛锡安勋爵令罗斯福总统接受了其顾问们一直以来劝说他接受的结论——总统除了向国会和民众要求通过新的明确的援英计划外，别无他法。"③

事实上，罗斯福开始相信，英国的国库确实已经空虚了。但洛锡安的声明刺激他采取行动，迫使他和财政部长亨利·摩根索

---

① John Wheeler-Bennett, *Special Relationships: America in Peace and War*, London: Macmillan, 1975, p. 113.
② David Reynolds, *Lord Lothian and Anglo-American Relations, 1939-1940*, Philadelphia: American Philosophical Society, 1983, p. 50.
③ William S. Langer and S. Everett Gleason, *The Undeclared War: 1940-1941*, New York: Harper, 1953, p. 225.

"立即处理资金问题"①（摩根索的原话）。大使的讲话也为丘吉尔给罗斯福写信做了铺垫。经过首相和外交部的多轮修改，这封信最终于12月2日交至洛锡安处再审读一遍，此时正值罗斯福总统开始其加勒比海的航行。在与唐宁街10号以及白厅进行多次咨询磋商后，洛锡安于12月7日将这封信的终稿交给了美国国务院的官员，再通过海上飞机呈送给总统。

在付出了这么多的努力后初见曙光，洛锡安深感兴奋，但也筋疲力尽了。自从他被任命为大使以来就忙个不停，同僚们一直担心他的身体。他在不太适宜的场合打瞌睡，例如午餐时瞌睡、晚宴中瞌睡，或者向其秘书口述信函时也在瞌睡。惠勒·贝内特恳求他多加休息，但洛锡安说自己还不能休息，有太多的事情等着他去做。

在丘吉尔的信被送给罗斯福的途中，洛锡安开始准备4天后在巴尔的摩将要发表的一次重要演讲。这将是他近5个月以来的首次公开演讲。而且据报道，他认为这是自己职业生涯中最重要的一次演讲。在几乎熬了整个通宵写完演讲稿后，他病倒了，卧床不起。

他太虚弱了，无法去演讲，便派内维尔·巴特勒（Nevile Butler）代他前往巴尔的摩去读演讲稿，后者是他在大使馆中的副手。正如《时代》所描述的，洛锡安的"有力声明"②回顾了英国的顽强抵抗和对最终获胜的信心，最后对美国人民发出衷心呼吁："到了你们决定是否与我们共同期待着最终胜利，并决定为此将给予我们何种支持的时候了。"③ 他宣称："我认为，我们正在尽

---

① David Reynolds, *Lord Lothian and Anglo-American Relations, 1939-1940*, Philadelphia: American Philosophical Society, 1983, p. 55.
② "Death of Lothian," *Time*, Dec. 23, 1940.
③ John Wheeler-Bennett, *Special Relationships: America in Peace and War*, London: Macmillan, 1975, p. 114.

自己的一切所能。自5月以来,我们始终直面任何挑战,未曾退缩或者拒绝。如果你们支持我们,我们绝不会退缩逃跑。现在问题很大程度上取决于你们决定做些什么。"

惠勒·贝内特写道,这是大使在向"美国、英国和全世界告别"。① 而巴特勒念完该演讲稿当晚,菲利普·洛锡安在一位基督教科学会(Christian Science)信仰疗法术士的照顾下,于英国驻华盛顿大使馆中与世长辞了。他的疾病令其频繁入睡,后来他被诊断为尿毒症,瞌睡就是由肾衰竭导致血液中有毒废物大量积聚而引起的。

洛锡安的意外去世对美国和英国都是一个惊人打击。还航行在海上的罗斯福,在这个被他称为"我的老友"的人去世时,向乔治六世(George Ⅵ)传达了他的悲伤和"难以估量"② 的震惊。洛锡安向美国公开发出了最后一条信息——英国对胜利充满信心,但只有在美国的慷慨援助下,英国才有信心获胜——这与丘吉尔的来信主题相呼应,罗斯福现在正在研究丘吉尔的信。

丘吉尔先列出了一系列请求,比如更多的军舰等军备以及美国对英国商船的保护,而后给罗斯福写道:"我们很快将没钱运输、购买其他供应物资。我相信您也同意:如果……靠我们的鲜血赢得了战争胜利、延续了文明,也为美国全副武装应对各种不测争取了时间之后,我们应处于被刮骨抽筋、元气大伤的境地——这在原则上是错误的,也是对双方不利的。"③

罗斯福在两周的巡航中摆脱了总统要处理日常公务的压力,有

---

① John Wheeler-Bennett, *Special Relationships: America in Peace and War*, London: Macmillan, 1975, p. 114.
② Cable from Roosevelt to George Ⅵ, President's Personal File, FDRPL.
③ Winston S. Churchill, *Their Finest Hour*, Boston: Houghton Mifflin, 1949, p. 566.

足够的时间思考丘吉尔的来信、洛锡安的演讲及死亡，还有自己该做出的反应。碰巧，他一直在思考提出何种新政策以帮助英国人。两个月前，他曾对一位熟人若有所思地说："美国难道不可能制造货船租给英国吗？"① 在航程即将结束时，罗斯福向哈里·霍普金斯概述了已在他脑海中成形的计划，这一计划巧妙而具有开拓性。它是一个全面的计划，将允许美国政府向任何国家——只要总统认为它对美国国防至关重要——提供或出租战争设备。

罗斯福制订其计划的时候，华盛顿和全美各地都在哀悼这位英国贵族，他将美国视为自己的第二故乡，他帮助促使《租借法案》（Lend-Lease）出台。"他在战争开始前5天抵达美国，当时美国对所有外国人——尤其是所有英国人的宣传都格外怀疑。"② 《时代》写道："他去世后，美国主要关心的是如何增加对英国的援助。虽然并无哪位历史学家将这一巨大转变完全归因于大使，但他无疑是其中不可或缺的一环。"

在纽约，一位出租车司机告诉某位乘客："我想美国人不会有多喜爱一个英国人，但我发誓，我今天遇到的每位乘客都对洛锡安勋爵的死感到非常难过。"③ 关于大使，一位电台评论员指出："他是一名侯爵，但他令人忘记了这一点；他是一个英国人，但他也令人忘记了这一点。"④

在华盛顿，马萨诸塞州骑兵们护送着洛锡安的棺柩一路从英国

---

① Kenneth S. Davis, *FDR: The War President, 1940－1943*, . NewYork：Random House, 2000, p. 48.
② "Death of Lothian," *Time*, Dec. 23, 1940.
③ James R. M. Butler, *Lord Lothian: Philip Kerr, 1882-1940*, New York：St. Martin's, 1960, p. 314.
④ James R. M. Butler, *Lord Lothian: Philip Kerr, 1882-1940*, New York：St. Martin's, 1960, p. 316.

大使馆前往国家大教堂举行葬礼，棺木上覆盖着国旗，人们默默列队站在队伍行经的马萨诸塞大道（Massachusetts Avenue）旁边。数以千计的哀悼者，比如最高法院的法官、内阁成员和国会领导人，参加了葬礼仪式，葬仪包括向上帝特别祈祷"关爱和保护大不列颠人民；在他们需要的这一时刻，保护他们，使他们免遭敌人的暴力摧残"。①

次日早晨，洛锡安的骨灰被送往阿灵顿国家公墓。在那里，他享受了最隆重的军葬，被安葬在"缅因级战列舰"（USS Maine）的桅杆底部，这艘战舰于1898年在古巴沉没从而推动了美西战争*。"轻柔地、充满敬意地，这个骨灰盒被放在一面叠好的英国国旗上，并送入墓穴中与缅因战舰上牺牲的军人们一起长眠，"②埃莉诺·谢泼德森（Eleanor Shepardson）（洛锡安在美国的一个朋友）写信给侯爵在苏格兰的两个姐妹时描述道："他现在在一个爱他、信他的国家中安息。"③

与此同时，在英国，洛锡安的逝世被视作难以估量的损失。"当消息传来的时候，我震惊了，仿佛一枚炸弹在我脚下爆炸了，"④前首相大卫·劳合·乔治评论道。《纽约时报》指出："毫不夸张地说，洛锡安勋爵的去世令（伦敦）政界深受打击，首先这是一场大灾难，其次这是个人的损失。"⑤ 一位电台评论员将他的死亡与一艘战舰的沉没相提并论；一位政府官员说，这比失去两

---

① "Death of Lothian," *Time*, Dec. 23, 1940.
* 该战舰停泊在巴西哈瓦那港口时发生了爆炸，200多名美国军人丧生，美国指控这是西班牙策划的，从而使两国间爆发战争。——译注
② Eleanor Shepardson to Lothian sisters, Whitney Shepardson papers, FDRPL.
③ 1945年12月，洛锡安勋爵的骨灰由一艘美国战舰运至苏格兰。
④ *New York Times*, Dec. 13, 1940.
⑤ *New York Times*, Dec. 13, 1940.

支军队还要糟糕。另一位官员宣称,这一事件"对英国大业造成的沉重打击仅次于"① 丘吉尔的逝世。

在一份发给罗斯福的有关洛锡安之死的电报草稿中,丘吉尔最初将这位同僚称为"我们最伟大的驻美大使之一"。② 然后,他删去了"之一",将之改为"我们最伟大的驻美大使"。

与丘吉尔一样,洛锡安在1940年和1941年这两个最关键年份中获得了最大的胜利。这位英国领导人在下院向大使致哀,悼文中提道:"我不禁感到,一个人在事业的巅峰时期死去,赢得全民尊敬和举世钦佩;在重大问题仍然需要他全程参与时去世;在他马上就要目睹最终成功时离世——这并非命运中最令人难受的。"③ 悼文雄辩而怅惘,在场的一些人认为丘吉尔既是在向大使致敬致哀,也是在说自己。

洛锡安勋爵逝世2周后,罗斯福自己开车来到白宫的外交餐厅,在一张摆满麦克风的大桌子后面坐下。他正要向美国人民进行又一场著名的炉边谈话,这是他任总统期间最重要的谈话之一。

他用自己拿手的、简单而口语化的语言,为收音机旁的听众勾勒出了自己所构思的新援助计划大纲,该计划极具革命性,然后他告诉听众为何该计划对美国和英国的安全都至关重要。他说:"自从詹姆斯敦和普利茅斯岩*之后,我们的美国文明从未处于当下这

---

① *New York Times*, Dec. 13, 1940.
② James R. M. Butler, *Lord Lothian: Philip Kerr, 1882-1940*, New York: St. Martin's, 1960, p. 318.
③ David Reynolds, *Lord Lothian and Anglo-American Relations, 1939-1940*, Philadelphia: American Philosophical Society, 1983, p. 60.

* 指英国人早期在美国建立的两处殖民地。——译注

样的危险之中。"① 如果英国人被打败，轴心国将"控制欧洲、亚洲、非洲、澳大拉西亚*的陆地和公海"。它们将"能够向本半球运送庞大的军事和海军资源。毫不夸张地说，我们整个美洲的所有人，都将生活在枪口下——这把枪装有威力极大的子弹，无论是经济上还是军事上"。

为了避开如此可怕的未来，美国"必须成为民主国家的大武库"，向英国和其他国家提供它们所需要的一切（物资）来与敌人做斗争。"我们必须就像已经身处战争中那样，在履行任务时要展现出同样的决心、紧迫感、爱国心和牺牲精神。"

在使用国民能理解的措辞向他们解释困难、复杂的问题方面，罗斯福是位天才，他在几天前的白宫新闻发布会上用邻居和花园软管打了个比方，为自己宣布《租借法案》铺路。他说，新援助计划就好比向房子着火的邻居借出一根水管。一旦火灭了，水管就会送还回来。同样，如果提供军需物资帮助英国击败德国和意大利，那么比起现在无人使用的状态，这些物资给美国带来的好处将会大得多。罗斯福暗示，战争结束后，它们会被送还美国（但只字未提实际上此类情况出现的可能性）。

但罗斯福的花园软管这一比喻存在一个问题，正如历史学家理查德·斯诺（Richard Snow）所指出的："如果你邻居的房子着火了，你不仅将自己的花园软管借给他，还得用它帮他去灭火。"② 在炉边谈话中，总统用尽心思强调——就像他自战争开始

---

① Kenneth S. Davis, *FDR: The War President, 1940-1943*, New York: Random House, 2000, pp. 82-83.

* Australasia，常指大洋洲地区，包括澳大利亚、新西兰和邻近的太平洋岛屿。——译注

② Richard Snow, *A Measureless Peril: America in the Fight for the Atlantic, The Longest Battle of World War II*, New York: Scribner, 2010, p. 115.

以来反复强调的那样——该倡议的主要目的，就像此前的种种倡议那样，是令美国能够置身战争之外。"如果我们现在尽一切努力支持那些抵御轴心国的国家，则美国卷入战争的可能性就小很多，"他说，"任何向欧洲派军的言论，你大可将之视为有意放出的谎言。"①

罗斯福努力动员美国人民支持《租借法案》的过程中，未能解答孤立主义和干预主义两大阵营里许多人心中担忧的问题。即便有了来自美国的补给，英国军队怎么能打败一个军队规模10倍于自己的敌人呢？如果他们做不到，美国又会采取什么行动（如果将来采取行动的话）？罗斯福本人曾说，要维护美国的民主政体，必须消灭希特勒和纳粹主义。除非美国全面参战，否则将如何做到呢？

孤立主义阵营的领袖们指责罗斯福虚伪，认为《租借法案》只不过是他将美国带入战争的又一秘密、间接的手段。"如果这是我们的战争，"参议员伯顿·惠勒声称，"我们怎么能理直气壮地借给（英国人）物资并要求他们偿还我们呢？如果这是我们的战争，我们应该有勇气去参加战斗。但这不是我们的战争。"②

惠勒是一位忠实的孤立主义者，赫伯特·阿加则是一名同样忠实的干预主义者，但他与这位参议员不谋而合，认为"《租借法案》乃美国和平的保障"这一观点不过是"骗人的话"③。当惠勒在《租借法案》辩论中询问阿加是否实际上在为一场未公开的对

---

① Herbert Agar, *The Darkest Year: Britain Alone, June 1940 – June 1941*, N.Y.: Doubleday & Co., 1973, p. 164.

② Burton K. Wheeler, *Yankee from the West*, Garden City, N.Y.: Doubleday, 1962, pp. 26-27.

③ Herbert Agar, *The Darkest Year: Britain Alone, June 1940 – June 1941*, N.Y.: Doubleday & Co., 1973, p. 156.

德战争工作时,阿加反驳说:"当然不是。我正在为一场公开的对德战争工作。当下,《租借法案》是我们所能获取的最佳方案。"①后来,《信使日报》(Courier-Journal)杂志的编辑写道:"法案的反对者们和战争贩子们是唯一可以自由说出自己所思所想的人。当罗斯福说该法案将使我们成为民主国家的军火库时,我们说这不过是一厢情愿的想法:在我们参战之前,我们永远不可能成为任何国家的军火库。"②

在政府的《租借法案》之争中,四个关键人物——亨利·史汀生、弗兰克·诺克斯、乔治·马歇尔将军和哈罗德·斯塔克上将——同意通过这一法案。在罗斯福炉边谈话之前不久的一次会议上,他们已然得出了结论,正如史汀生在日记中所指出的:"如果这个国家没有被拖入战争,那么这种紧急状况很难结束。"③几个月前,诺克斯曾写信给他的妻子:"我们越早宣战,就将越早准备就绪。"④

然而,罗斯福明确要求非军方高层和军方高层不要在公开场合发表这种意见。不同于征兵立法,《租借法案》是白宫的一项提案,而政府中该法案的支持者们被告知,当他们在国会山作证时,必须遵循总统的引导并采用他的论点。特别是对于史汀生和诺克斯而言,种种约束带来了痛苦的窘迫。他们深信战争正在逼近,但不得不在持怀疑态度的国会议员面前言之凿凿:随着《租借法案》

---

① Herbert Agar, *The Darkest Year: Britain Alone, June 1940 - June 1941*, N.Y.: Doubleday & Co., 1973, p. 165.
② Herbert Agar, *The Darkest Year: Britain Alone, June 1940 - June 1941*, N.Y.: Doubleday & Co., 1973, p. 165.
③ Stimson diary, Dec. 14, 1940, FDRPL.
④ Herbert Agar, *The Darkest Year: Britain Alone, June 1940 - June 1941*, N.Y.: Doubleday & Co., 1973, p. 156.

的通过，和平将继续笼罩美国。

国会中关于《租借法案》的争论在好几个方面都让人想起4年前政府提议扩大最高法院之事。在这两次情况中，反对方的领头人物都是伯顿·惠勒，而其中关键的问题也都一样——该立法将授予罗斯福前所未有的权力。

《租借法案》除了将明确结束美国的中立立场外，还将赋予总统独一无二的权力来决定哪些国家应获得美国的军事援助、援助额度是多少、是否偿还这些援助以及如何偿还。罗斯福的反对者们再次指控这是独裁主义的苗头。参议员海勒姆·约翰逊将《租借法案》描述为"荒诞的"[1]，他说："我拒绝为了支持一个战争贩子这种似是而非的请求，而去改变政府的整体形态……现在，由国会来决定我们的政府是否应像在极权主义国家那样接受命令甚或变成其中一个极权主义国家。"与约翰逊的指控相呼应的，是威斯康星州前任州长、孤立主义者菲利普·拉福莱特（Philip La Follette）的主张，政府"应对欧洲希特勒主义威胁的唯一办法是在美国逐步制造希特勒主义"。[2]

这些论断极具煽动性，但无一像伯顿·惠勒的恶言恶语那般尖刻刺耳。这位蒙大拿州的民主党人鄙视罗斯福，并决心对自己眼中总统那不知餍足的权力欲望加以遏制——罗斯福亲切地回应了他的鄙视态度。德国前任驻美大使汉斯·迪克霍夫在一封发往其柏林上峰的有关《租借法案》的急件中报告说："惠勒的反对更多是出于

---

[1] Margaret Paton-Walsh, *Our War Too: American Women Against the Axis*, Lawrence: University Press of Kansas, 2002, p. 134.

[2] Wayne S. Cole, *America First: The Battle Against Intervention*, *1940-1941*, Madison: University of Wisconsin Press, 1953, p. 55.

对罗斯福的个人仇恨,而非出于客观的坚定信念。"①

1941年1月,在一次抨击《租借法案》的广播节目中,惠勒突然说道:"美国从未赋予一个人夺走美国防卫能力的权力。"② 而后,他在某次提到政府有争议的农业计划——将作物犁掉、将牲畜杀死以提高价格——时宣称:"'租—借—赠'计划是罗斯福新政的三大要点,这是一项外交政策;它将在美国1/4的小伙子身躯下艰难推进。"

正如惠勒意识到的那样,这一煽动性的评论掀起了一场政治风暴。"我必须承认,"多年后他说,"那听起来确实有些刺耳。"③ 愤怒的罗斯福告诉记者,这句话是"人们所听过的最不真实、最卑劣、最不爱国的话"。④ 他冷冰冰地补充道:"就说是我说的。"⑤

惠勒的声明为后续的斗争定下了基调——全美围绕《租借法案》和美国日渐卷入战争这一状况进行了为期2个月的斗争,1940年总统候选人曾拒绝就这样的议题进行辩论,同时,这次斗争中的热切和恶意将超出征兵纷争的激烈程度。孤立主义者明

---

① *Documents on German Foreign Policy 1918–1945*, Series D, Vol. 12, Washington, D. C.: U. S. Government Printing Office, p. 258.
② Kenneth S. Davis, *FDR: The War President, 1940–1943*, New York: Random House, 2000, p. 98.
③ Burton K. Wheeler, *Yankee from the West*, Garden City, N.Y.: Doubleday, 1962, p. 27.
④ Robert Sherwood, *Roosevelt and Hopkins: An Intimate History*, New York: Harper, 1948, p. 229.
⑤ Almanac Singers 是一个反战民歌团体,其成员包括皮特·西格(Peter Seeger)和伍迪·格思里,在惠勒发表该言论后不久,它推出了一首歌,名为"Plow Under"(意为"在……之下耕种")。这首歌的开头是:

　　不是在猪下方,
　　而是在人之下,
　　现在耕于第四个之下。

白，要阻止（至少在经济上）美国在英国对抗希特勒的斗争中成为完全忠实的伙伴，这是他们最后一次重要的机会。他们认为，H. R. 1776*——其众议院的作者们故意给了它一个蕴含爱国内涵的代号——意味着再次对英国屈服了，而非该名称中所指的独立宣言。

在一次民意调查中，91%（这是极高的比例了）的美国人知道《租借法案》。对于孤立主义者来说，不幸的是，大多数美国人认为这是一个好主意。罗斯福炉边谈话后不久进行的一次盖洛普民意测验显示，61%的美国人赞成这一计划，而只有24%的人反对它。1个多月后又进行的一项调查显示，68%的美国人支持对英国施以援手，哪怕这会给美国带来战争风险。

但是，正如双方从征兵纷争中明白的，舆论有利并不一定会令国会给予支持。孤立主义者意识到他们必须击败《租借法案》，才能从实际上令美国有可能摆脱战争，他们召集多方力量进行全面攻击。"美国至上"委员会冲在前面。

在刚成立的前4个月，"美国至上"委员会几乎没有采取什么行动。《租借法案》成为它所需的催化剂，令其成员剧增，变为全美数一数二的反干预主义组织。几周内，成百上千的分会涌现出来，成千上万的"美国至上"委员会志愿者分发了反对《租借法案》的请愿书、张贴海报、举行集会，并向国会山和白宫密集地发送信件和电报。在华盛顿，"美国至上"委员会工作人员成为孤立主义参议员、国会议员的民间工作人员，为他们提供研究结果并撰写演讲稿以反对该立法。

与征兵立法一样，国会收到的《租借法案》相关信件是持强

---

* 《租借法案》，这是其代号。——译注

烈反对意见的,这与民意调查中得到的美国舆论情况并不一致。事实上,一些国会议员报告,收到的信件中,反对该法案的信件是支持态度的 20 倍。"反对派占了上风,"① 芝加哥《租借法案》支持者的头领阿德莱·史蒂文森承认。

罗斯福对孤立主义者游说活动的频繁程度感到震惊,他联系了"怀特委员会"和"世纪集团"寻求帮助。在竞选期间,总统曾避免与二者进行接触。对于它们给予他的压力,他感到恼火,并担心它们愈发直白的干预主义会在政治方面对他有损。但是,正如赫伯特·阿加所回忆的,此时罗斯福利用罗伯特·舍伍德作为中间人,呼吁他们为了《租借法案》"尽我们所有的努力"②。

这两大组织迅速做出反应。"世纪集团"在幕后工作,征集有利于己方的报纸社论和电台评论;"怀特委员会"与"美国至上"竞相推出大量传单、保险杠贴纸*、徽章、海报和请愿书。在全美各地,两大组织挨家挨户地收集签名、传阅材料。他们还开展团体辩论和论坛。正如罗斯福所指出的,"这片大地的每家报纸、每一波段、每个饼干桶上"都进行着有关《租借法案》的"伟大辩论"③。

历史学家韦恩·科尔(Wayne Cole)将这一全美范围的讨论称为"民主在行动"。④ 事实确实如此,尽管带有极大的讽刺。《芝加哥论坛报》(*Chicago Tribune*)(简称《论坛报》)认为这一立法

---

① James C. Schneider, *Should America Go to War? The Debate Over Foreign Policy in Chicago, 1939-1941*, Chapel Hill: University of North Carolina Press, 1989, p. 84.
② Herbert Agar, *The Darkest Year: Britain Alone, June 1940 - June 1941*, N. Y.: Doubleday & Co., 1973, p. 165.
* 贴在汽车后保险杠上,通常印有政治、宗教标语等。——译注
③ Andrew Johnstone, "Private Interest Groups and the Lend Lease Debate," *49th Parallel*, Summer 2001.
④ Wayne S. Cole, *Charles A., Lindbergh and the Battle Against American Intervention in World War II*, New York: Harcourt Brace Jovanovich, 1974, p. 103.

旨在"摧毁美利坚合众国"①，因而在其所有的社论、专栏和新闻报道中拒绝使用"《租借法案》"一词，而是采用了"《战争独裁法案》"②替代。这座城市的另一边是《论坛报》的竞争对手，弗兰克·诺克斯的《芝加哥日报》，后者指责罗伯特·麦考密克和其他孤立主义者在"大玩希特勒的把戏"。③ 与此同时，干预主义者的路易斯维尔《信使报》将国会中《租借法案》的反对者比作德国潜艇的指挥官，宣称两者都是为了制止援助（物资）到达英国。

随着这场辩论在全美范围展开，成千上万名活动家涌入华盛顿，试图说服国会议员，并为自己的立场辩护。《租借法案》的反对者们在宾夕法尼亚大道（Pennsylvania Avenue）*上游行，挥舞着美国国旗和横幅，写着"扼杀'1776法案'，而不是扼杀我们的小伙子"。一个名为"美国和平动员"（American Peace Mobilization）的组织在白宫外日夜抗议，其成员扛着标语，上面公然抨击罗斯福为"战争贩子"。还有一个随处可见的右翼母亲团体也出现在白宫外，举着一个羊皮卷，上面引用了罗斯福曾无数次做过的承诺——要令美国远离战乱。当新闻摄影师的镜头瞄准时，这些妇女烧毁了羊皮卷，并将灰烬放在一个殡仪馆骨灰缸里，上面标有"罗斯福诺言的骨灰"④。

---

① Kenneth S. Davis, *FDR: The War President, 1940-1943*, New York: Random House, 2000, p.99.

② Kenneth S. Davis, *FDR: The War President, 1940-1943*, New York: Random House, 2000, p.99.

③ James C. Schneider, *Should America Go to War? The Debate Over Foreign Policy in Chicago, 1939-1941*, Chapel Hill: University of North Carolina Press, 1989, p.85.

* 华盛顿哥伦比亚特区的街道，将白宫与美国国会大厦连接起来，即所谓的"美国大街"。——译注

④ David Brinkley, *Washington Goes to War*, New York: Knopf, 1988, p.30.

在国会山，身着黑裙、面纱遮脸的妇女们日复一日地坐在参议院外哭泣呜咽。还有一些人在参议院和众议院走廊里进行所谓的"死神守望"；在众议院某次讨论期间，一位穿着黑色长袍、戴着骷髅头面罩的妇女跳了起来，大喊："死神是最后的胜利者！"①

另一个母亲团体中的成员高喊"与英国米字旗（Union Jack）一起倒下！"② 并在干预主义死忠分子参议员卡特·格拉斯（Carter Glass）办公室外的走廊举行了一次静坐罢工。该组织的领袖称这位弗吉尼亚民主党人为"共和国的卖国贼"③，而后者则指责这一母亲团体及其追随者制造了"喧嚣混乱，但凡有点自尊心的粗野女人都会感到羞愧"。④ 后来，格拉斯要求联邦调查局调查这些"母亲"是否与德国等外国有关联。"我还认为，得问问她们是否真的是些母亲，"他补充道，"为了美国，我衷心地希望她们不是。"⑤⑥

1941年1月中旬，《租借法案》听证会开始时，每次开会时都

---

① Margaret Paton-Walsh, *Our War Too: American Women Against the Axis*, Lawrence: University Press of Kansas, 2002, p. 148.
② Margaret Paton-Walsh, *Our War Too: American Women Against the Axis*, Lawrence: University Press of Kansas, 2002, p. 148.
③ Margaret Paton-Walsh, *Our War Too: American Women Against the Axis*, Lawrence: University Press of Kansas, 2002, p. 148.
④ Margaret Paton-Walsh, *Our War Too: American Women Against the Axis*, Lawrence: University Press of Kansas, 2002, p. 148.
⑤ 针对这些母亲组织——她们"让国会认为所有妇女都反对战争、反对帮助英国"——"世纪集团"成立了自己的妇女部门，名为"妇女行动委员会"（Women's Committee for Action），在全美组织非官方的妇女网络，以便向国会议员施压，并发动公众舆论。
⑥ Margaret Paton-Walsh, *Our War Too: American Women Against the Axis*, Lawrence: University Press of Kansas, 2002, p. 148.

会挤满一大群人。众议院和参议院委员会的室内气氛类似于体育赛事的氛围,作为信徒的观众们对支持己方观点的人欢呼,而对反对的人发出一片嘘声。

委员会证人的名单很长,其中有两位毋庸置疑是名人:查尔斯·林德伯格,美国最著名的孤立主义者,与之对应的是干预主义者温德尔·威尔基。1月15日,林德伯格在众议院外交事务委员会(Foreign Affairs Committee)出现前的几个小时里,民众沿着朗沃斯办公大楼外的人行道排成蜿蜒的长队希望进入。当他进入委员会洞穴般幽深的房间时,迎接他的是屋内数百名观众喧闹的欢呼声和掌声。

在他发言作证时,掌声一直没有间断过。而当某位国会议员问他更希望哪方获胜时,则迎来一片嘘声。"我希望哪边都不要获胜,"① 林德伯格回应道,引爆了又一轮疯狂的掌声。他补充说,他更赞成通过谈判实现和平,而非英国或德国某一方获胜。他辩称:"任何一方大获全胜都将令欧洲衰落到我们前所未见的境地。"②

尽管林德伯格的露面已大受关注,但温德尔·威尔基2月11日在参议院外交关系委员会(Senate Foreign Relations Committee)作证时更具戏剧化和争议性。早在那天拂晓之前,许多人已经在参议院办公大楼外闲逛了;而根据安排,威尔基要那天下午才出庭作证。当他最终到达的时候,参议院这个层数极高、大理石墙的会议室大约已经有1200名观众,里面的人都要被挤出来了。这里的观众人数是该房间原本设定人员容量的2倍以上,也是有史以来该房间人员最为稠密的一次。

---

① Kenneth S. Davis, *The Hero: Charles A. Lindbergh and the American Dream*, Garden City, N. Y.: Doubleday, 1959, p. 398.

② Kenneth S. Davis, *FDR: The War President, 1940 – 1943*, New York: Random House, 2000, p. 110.

在证人席就座的威尔基所说的证词与他作为总统候选人时发表的演讲几乎无相似之处。据说,他对竞选期间的权宜之计和分裂行为深感懊悔,并发誓不会让这样的事情再发生。大选结束后,威尔基除了为总统罗斯福提供个人支持外,还呼吁他的支持者成为"精力充沛、一心为公、忠诚爱国的反对党,不会为了反对而反对"。① 他强调在这场严重危机中抛开政治分歧和对立有多么重要,并承诺"在努力完成国防部署(并)向英国提供援助的过程中,尽力让我们的人民团结一心"。②

威尔基公开宣称"两党合作",这激怒了共和党的领导者们。国会以及党内最知名的共和党人强烈反对《租借法案》,他们希望共和党名义上的最高领袖威尔基也这样做。虽然他未能当选总统,但依然深受相当一部分美国人民的欢迎。

但是,当威尔基在1月宣布支持这一计划时,共和党人想要一名坚定的反《租借法案》先锋这一渴望已化为泡影。"在这种可怕的情况下,"威尔基说,"应该授予执政者特别的权力。民主政体无法以任何其他方式保卫自身。"③ 此外,他还抨击了共和党中反对《租借法案》的人,声称"如果共和党允许自己成为美国人民眼中的孤立主义政党,它将永远无法再次上台执政"。④

在共和党的保守派看来,让事情变得愈发糟糕的是,威尔基宣

---

① Richard M. Ketchum, *The Borrowed Years, 1938-1941: America on the Way to War*, New York: Random House, 1989, pp. 527-528.
② Mark Lincoln Chadwin, *The War Hawks: American Interventionists Before Pearl Harbor*, Chapel Hill: University of North Carolina Press, 1968, p. 133.
③ Steve Neal, *Dark Horse: A Biography of Wendell Willkie*, Garden City, N.Y.: Doubleday, 1984, p. 187.
④ Kenneth S. Davis, *FDR: The War President, 1940-1943*, New York: Random House, 2000, p. 100.

布自己将作为罗斯福的私人代表前往英国，亲眼看看这个四面受敌的国家是怎样过活的。约瑟夫·马丁是威尔基任命的共和党全国委员会主席，他恳求威尔基不要去，"罗斯福只是想将你争取过来，"他解释道，"而共和党人不会认可这一点。"①

这说得很温和。很快，威尔基被该党成员们指责为变节者和叛徒。罗伯特·麦考密克称他为"共和党的吉斯林（Quisling）"②。罗伊·霍华德（Roy Howard）是斯克里普斯-霍华德（Scripps-Howard）报业连锁的出版商，持孤立主义立场。他邀请威尔基吃晚饭，并对后者说"我花在你身上的全部时间和精力都浪费了"③，他的报纸现在要"让你身败名裂"。威尔基后来告诉朋友们，面对这场谩骂，他设法按捺住性子，"尽管如此，若非霍华德是那么一个小人物，我都想把他打倒在地了"。④

根据专栏作家雷蒙德·克拉珀的说法，共和党中大部分最有影响力的成员在"密谋摆脱（威尔基）"⑤。他们恨他比恨罗斯福先生更甚。共和党全国委员会（RNC）一位前任主席约翰·汉密尔顿（John Hamilton）说："众议院和参议院共计190多名共和党议员中，他无论怎么找，都找不出10个朋友。"⑥

1941年1月19日，罗斯福三连任的总统就职典礼前一晚，

---

① Steve Neal, *Dark Horse: A Biography of Wendell Willkie*, Garden City, N.Y.: Doubleday, 1984, p. 189.
② Richard Norton Smith, *The Colonel: The Life and Legend of Robert R. McCormick, 1880-1955*, Boston: Houghton Mifflin, 1997, p. 403.
③ Unsigned memo, President's Secretary's File, FDRPL.
④ Unsigned memo, President's Secretary's File, FDRPL.
⑤ Raymond Clapper, *Watching the World: 1934-1944*, New York: McGraw Hill, 1944, p. 166.
⑥ Steve Neal, *Dark Horse: A Biography of Wendell Willkie*, Garden City, N.Y.: Doubleday, 1984, p. 189.

总统会见了威尔基。3个月前，二人还曾是仇敌，但现在威尔基是他最重要的外交政策盟友。虽然罗斯福"很快就喜欢上了威尔基"①[用劳工部长弗朗西斯·珀金斯的话说]，但这位前共和党提名人显然没有回报前者的青睐。《基督科学箴言报》(*The Christian Science Monitor*)专栏作家罗斯科·德拉蒙德(Roscoe Drummond)说，虽然这次会面的氛围亲切友善，但威尔基抵抗住了罗斯福那传说中的魅力。德拉蒙德评论道，这位共和党人之所以为罗斯福政府提供"无数公共服务"②，是出于责任感，而非因为他与总统很亲密。

白宫里的其他人显然和罗斯福一样对威尔基很感兴趣。埃莉诺·罗斯福在其回忆录中说，罗斯福的专业人士和家政工作人员急于看一眼威尔基，他们假装有事，进入他等待总统的那个房间里。她补充说，如果她没有被别的紧急任务绊住，"我自己也要去"。③

威尔基的温暖和魅力对英国人产生了差不多的影响。他在1月的最后一周在这个国家进行了一次旋风式的旅行，在伦敦一家酒吧买了几杯酒水、玩了飞镖，爬过一座被炸毁的建筑物废墟，顺便访问一家飞机工厂，在德国空军突袭期间参观地下掩体。当丘吉尔发现威尔基在没有佩戴钢盔的情况下在伦敦周围大步前行时，他立即给这位前总统候选人送去了6个头盔和3个防毒面具。英国报纸对

---

① Steve Neal, *Dark Horse: A Biography of Wendell Willkie*, Garden City, N.Y.: Doubleday, 1984, p.191.
② Richard M. Ketchum, *The Borrowed Years, 1938-1941: America on the Way to War*, New York: Random House, 1989, p.579.
③ Steve Neal, *Dark Horse: A Biography of Wendell Willkie*, Garden City, N.Y.: Doubleday, 1984, p.193.

他的访问充满了狂想;一篇热情的社论标题为"VENI、VIDI、WILLKIE"①*。

美国人也如痴如醉地关注威尔基对英国的访问。根据一位华盛顿专栏作家的说法,他的旅行"激起了国民的无比兴趣,这是其他美国人在公共生活中所进行的任何旅程都无法比拟的"。② 2月初,随着针对《租借法案》的辩论接近高潮,而其结果仍不确定,政府迫切需要威尔基的名人影响力。美国国务卿科德尔·赫尔给他发送了一份电报,要求他缩短行程,返回华盛顿并前往参议院外交关系委员会。

威尔基同意了,在原计划的作证时间到来的数小时之前抵达华盛顿。尽管这次艰苦旅行显然令他感到筋疲力尽,但他热情有力地向委员会保证《租借法案》是"我们避开战争的最佳机会,也是最后机会"③;并且只要英国收到该立法所承诺的援助,它就会在抵抗希特勒的过程中"坚定而强大"。"英国人民的团结程度几乎难以想象,"他补充说,"他们中有数百万人宁死也不放弃这座岛屿。"④

参议院外交关系委员会中的孤立主义者猛烈地向威尔基发起攻击,他们的问题充满敌意。一位参议员严厉考问他竞选时(向罗斯福)发出的非难——当时指责总统暗中计划派遣美国年轻人参

---

① *Life*, Feb. 17, 1941.
* 拉丁文,即"我来,我见,我征服",该标题把最后的"我征服"用威尔基的名字替换了。——译注
② Steve Neal, *Dark Horse: A Biography of Wendell Willkie*, Garden City, N.Y.:Doubleday, 1984, p. 201.
③ Kenneth S. Davis, *FDR: The War President, 1940-1943*, New York:Random House, 2000, p. 117.
④ Richard M. Ketchum, *The Borrowed Years, 1938-1941: America on the Way to War*, New York:Random House, 1989, p. 580.

战。威尔基的屁股不舒服地在椅子上挪来挪去,他用手指梳理了一下头发,最后难为情地露齿笑着说:"我竭尽全力想打败富兰克林·罗斯福。我试着用尽全力。但他当选为总统了。他现在是我的总统。"①

威尔基的言论激起热烈的掌声和欢呼声,也引出一连串持赞成态度的报纸社论,其中许多社论支持《租借法案》。《华盛顿邮报》专栏作家欧内斯特·林德利(Ernest Lindley)写道:"无论他在共和党中失去了怎样的影响力,在那些曾投票反对他的人群中,他的声望都提高了,这大大削弱了前一后果。"② 在他出庭作证后的第二天,参议院外交关系委员会以15∶8的投票结果赞成通过该法案。

尽管威尔基对该法案的坚定支持显然影响了不少立法者,但要在国会两院通过该法案,仍然困难重重。在众议院,为了能使该法案被批准,总统必须同意进行一些限制性的修正,比如设定该计划的有效期为2年。罗斯福同意了,2月9日众议院通过了该法案,投票结果为260∶165。

参议院中《租借法案》的反对者们仍然希望阻止这项措施。他们认为,1937年最高法院改组计划*之战中发生的事情可能会再

---

① Kenneth S. Davis, *FDR: The War President, 1940-1943*, New York:Random House, 2000, p.118.
② Steve Neal, *Dark Horse: A Biography of Wendell Willkie*, Garden City, N.Y.:Doubleday, 1984, p.206.
* 就是往最高法院中加塞法官,罗斯福试图通过增加大法官数量以便扭转最高法院中保守派占上风的局面。很多人担心罗斯福插手过多,染指高院容易造成独裁;而另一些人则认为为了罗斯福新政能顺利实施,有必要将这些阻力减小一点。最后该法案因为罗斯福的支持者约瑟夫·罗宾逊去世而夭折了,国会两方达成默契,参议院将法案留在议事日程上不予删除,但双方都不会进入后续的辩论、表决阶段——法案因未被公开否决,罗斯福保住了面子;反对方则因为该法案实质上未能通过而胜利了。——译注

次出现：这场辩论可拖延下去，直至孤立主义者有机会将公众舆论扭转为反对《租借法案》。在 2 周多的时间里，伯顿·惠勒、杰拉尔德·奈、海勒姆·约翰逊和其他一些人站在参议院内，对该法案进行了漫长的抨击（有些抨击持续时间长达 9 个小时），他们声称那些"英国财阀"将成为该法案慷慨援助的受惠者，而这些人不应该得到其好处。

哥伦比亚广播公司（CBS）的记者埃里克·塞瓦雷德报道了这场旷日持久、乏味无趣的辩论，他对眼前的情景倍感震惊。3 个月前，他身处伦敦，一边报道闪电战一边躲避炸弹；他深知英国多么迫切地需要这一法案提供的援助，而参议院此时正在针对它进行辩论。行的塞瓦雷德大学时代曾是一名和平主义者，而此刻他因自己的经历而有所改变——先是法国战败了，而后他又在英国报道德国的空袭。现在，他坚持认为美国必须"用尽一切手段作战"①；他震惊地发现，自己的同胞们，特别是在"枝繁叶茂、梦幻般"② 的华盛顿，很少有人持同样的信念。他后来写道，看到那些持孤立主义观点的参议员喋喋不休，他的"身体无比反感"③。他把那些演讲者描述为"嚼着烟、蘸了肉汁、肥胖的吉拉怪物*，他们的脸舒服地躺在自己的双下巴中，在别人演讲时打瞌睡，而后拖着他们迟钝的身体，嘴里说着关于乔治三世国王、战争债务、'傻子叔叔'**和堕落的法国这类恶毒的陈词滥调。"④ 他还说，他

---

① Eric Sevareid, *Not So Wild a Dream*, New York：Atheneum, 1976, p. 193.
② Eric Sevareid, *Not So Wild a Dream*, New York：Atheneum, 1976, p. 193.
③ Eric Sevareid, *Not So Wild a Dream*, New York：Atheneum, 1976, pp. 196-197.
* 一种有毒的蜥蜴。——译注
** 原文为 Uncle Sap, 听起来与美国的代称"Uncle Sam"类似，只是意思不同。——译注
④ Eric Sevareid, *Not So Wild a Dream*, New York：Atheneum, 1976, p. 197.

们是"非常危险的人"。

显然,罗斯福政府也这么认为。由于担心美国公众可能会被参议院的辩论所动摇,继而认为英国人在试图欺骗美国,白宫要求英国清算其在美国最有价值的工业控股公司——一家名为美国粘胶纺织公司(American Viscose)的企业——以证明它在接受美国援助之前,财政方面已山穷水尽。美国粘胶纺织公司被出售给了一群美国银行家,后者立即以高出原价颇多的价格将其转售。

丘吉尔认为这是一种高压手段的胁迫,他勃然大怒。在一封从未发出过的电报中,他这样跟罗斯福说:贵政府的要求是"披着行政命令的外皮从一个无助债务人那里搜刮走其最后的资产。我确信,你不会介意我这样说,如果你无法站在我们身边采取一切手段制止战争,我们就无法保证击败纳粹暴政,为您赢得重整军备所需的时间"。① 在他的一位内阁大臣面前,首相愤怒地说:"从我能看到的情形来看,我们不仅要被剥皮,还要被剥到见骨。"② (亨利·史汀生同意丘吉尔的说法,他在日记中写道:"我们不是因为投资而把钱付给英国,而是……为了保证我们的某种军事优势,这是英国为撑起其国防而给予我们的优势。"③)

回想起来,强制出售美国粘胶纺织公司对美国的舆论将产生巨大影响这一点是可疑的。因为在国会对《租借法案》的审议过程中,美国的公众舆论对该法案的大力支持从未动摇。参议院孤立主义者从未能够获得他们所希望的片刻喘息,他们的同事以及越来

---

① Lynne Olson, *Citizens of London: The Americans Who Stood with Britain in Its Darkest, Finest Hour*, New York: Random House, 2010, p. 73.
② Lynne Olson, *Citizens of London: The Americans Who Stood with Britain in Its Darkest, Finest Hour*, New York: Random House, 2010, pp. 73-74.
③ William S. Langer and S. Everett Gleason, *The Undeclared War: 1940-1941*, New York: Harper, 1953, p. 261.

多的美国人民开始对反对者的拖延战术极为不满。在参议院内，现在只要该法案的反对者一站起来说话，各种哀叹声、叫嚣声和呼喊声就开始出现了，都是"投票！投票！"[1]。在白宫同意接受更多的修正后，3月8日，疲惫不堪的参议院最终以60票对31票通过了该法案。

尽管在《租借法案》中做出了让步，但该法案的通过被（非常正确地）视作罗斯福的一次巨大胜利；确实，这是他担任总统期间最大的成就之一。他不仅设计了这一革命性的计划——该计划将在同盟国的最终获胜中发挥至关重要的作用，而且发起了一场卓绝的运动，令公众接受了它。

然而，洛锡安勋爵和温德尔·威尔基也值得赞扬。如果不是因为英国大使的压力，不确定总统是否会在这一时刻提议《租借法案》。而威尔基的支持——正如他在国会证词中所表明的那样——在保障公众对该计划的支持方面、在获取大量国会议员（包括民主党人和共和党人）的投票方面都发挥了重要作用。

就罗斯福而言，他很清楚自己亏欠这位前对手良多。当后来在战争中，哈里·霍普金斯在总统和罗伯特·舍伍德都在场的情况下说了一句关于威尔基的俏皮话时，罗斯福"以从未有过的尖锐语气责备呵斥了霍普金斯。"[2] 舍伍德写道，他引用了罗斯福对霍普金斯所说的话："不要再说这种话了。想都不要想这样的言论了。大家都应该知道，要不是温德尔·威尔基，我们可能不会有《租借法案》、《选征兵役法》等诸多东西。当我们最需要他时，上天

---

[1] Kenneth S. Davis, *FDR: The War President, 1940-1943*, New York: Random House, 2000, p. 135.

[2] Robert Sherwood, *Roosevelt and Hopkins: An Intimate History*. New York: Harper, 1948, p. 355.

将他赐给了美国。"

总统签署的《租借法案》标志着美国在战争中的作用以及其与英国的关系都发生了非比寻常的转变。它迅速轻松地抹去了美国中立立场的所有伪装；毫无疑问，美国现在是英国的盟友，尽管是不参战的盟友。这两个国家建立起前所未有的经济关系，要求它们共同努力以规划并实施国防物资设备的生产和分配。这种"特殊关系"已经真真切切地开始了。

一些孤立主义者开始重新思考自己的立场，因为他们意识到外界已经有了很多变化，这令他们不自在。其中包括来自密歇根州的共和党参议员亚瑟·范登堡，他在日记中写道："我们已经沿着这条道路迈出了第一步，此后永远无法回头……我们曾对英国说过，'我们将看到你走向胜利'——如果需要我们全力参战，但是我们未能做到，那将是极其不光彩的事。"① 尽管范登堡之前"从头到尾"都在反对《租借法案》，但正如他跟某位朋友所说的那样，他现在认为必须支持这一计划："现在对于《租借法案》，我们只能坚持下去，因为别无他选。"②

金曼·布鲁斯特也同意这一观点，他在参议院外交关系委员会作证时曾反对《租借法案》。然而，法案通过后，布鲁斯特立即退出了"美国至上"。他在向罗伯特·斯图尔特解释其推论时说："无论我们是否喜欢，美国都已经决定了自己的目的地……一个全国性的压力集团（pressure group）并不是为了定下政策，而是试图阻挠该政策。

---

① Richard M. Ketchum, *The Borrowed Years*, *1938–1941: America on the Way to War*, New York: Random House, 1989, p. 582.

② Richard M. Ketchum, *The Borrowed Years*, *1938–1941: America on the Way to War*, New York: Random House, 1989, p. 582.

我不能加入这种行动。"①

另一位年轻的杰出孤立主义者也重新考虑了自己的立场。约翰·肯尼迪得出的结论是：英国必须得到拯救，而美国必成为拯救者。"我们未给予英国足够的援助，也未充分鼓动国会和国家，这很危险……对我而言，这就像我们已参战那样危险，"他写道："我们应该看到，我们面临的直接威胁是英格兰可能会倾覆……美国必须开始行动。"②

在芝加哥，"美国至上"最著名的成员之一——斯特林·莫顿——在该组织的全国委员会上向其同僚们提出了几个问题：随着国家政策的确定，忠诚的美国人是否还会继续反对他们的政府？难道没到吞下所有疑虑去支持总统的时候吗？

对于莫顿的这些问题，"美国至上"的主席罗伯特·伍德明白无误地回复了"不"。伍德本人正承受着来自罗巴克·西尔斯公司的压力，该公司打算退出该组织。他写道："没错，从某种意义上说，我们现在处于战争之中，不过是站在一个友好的非交战国立场，还是站在一个积极的交战国立场，二者存在巨大差异。"③ 伍德承认，"美国至上"遭受了毁灭性的打击，但它还未输掉"美国是否进行干预"这一斗争。这个组织将继续战斗。

人们对《租借法案》忧喜交织，但很少有人关注这一事实：美国还需要走一段痛苦漫长的道路才能真正成为"民主国家的兵工厂"。正如弗雷德里希·冯·伯蒂歇尔将军在一份发给柏林的电

---

① Geoffrey Kabaservice, *The Guardians: Kingman Brewster, His Circle, and the Rise of the Liberal Establishment*, New York：Henry Holt, 2004, p. 83.
② Nigel Hamilton, *JFK: Reckless Youth*, New York：RandomHouse, 1992, p. 392.
③ James C. Schneider, *Should America Go to War? The Debate Over Foreign Policy in Chicago, 1939 - 1941*, Chapel Hill：University of North Carolina Press, 1989, p. 130.

报中所指出的,美国工业还未做好准备以满足英国需求,在未来很长一段时间也不能满足。美国官员们"想激发世人这样的印象:美国的援助将立即以最大的马力启动,"冯·伯蒂歇尔写道,"通过这种宣传手段,他们掩盖了一个简单的事实,即美国目前还无法提供足以左右战争进程的帮助。"①

在英国,温斯顿·丘吉尔也为类似的想法所困扰。当着议会成员,丘吉尔大肆称赞《租借法案》,称之为"任何国家历史上最高洁的行动"。② 但私下里,他并没有这般感动。他没有向罗斯福表达感激,而是写了一个措辞尖利的便条,质疑该计划的细节,并指出它在几个月内都不会生效。英国驻华盛顿大使馆对该便条草稿中的强硬措辞感到震惊,劝说丘吉尔缓和下语气并对美国提供新的援助明确表达谢意。首相勉强同意表达感激之情,但保留了自己的怀疑和焦虑。"记住,总统先生,"他写道,"我们不知道您在想什么,也不知道美国会做什么,而我们正在为我们的生命而战。"③

如果丘吉尔知道《租借法案》通过后,华盛顿方面又将安于惰性,他可能会按照最初的措辞发送那份电报。

---

① *Documents on German Foreign Policy 1918–1945*, Series D, Vol. 12, Washington, D. C.: U. S. Government Printing Office, p. 365.
② Lynne Olson, *Citizens of London: The Americans Who Stood with Britain in Its Darkest, Finest Hour*, New York: Random House, 2010, p. 11.
③ Lynne Olson, *Citizens of London: The Americans Who Stood with Britain in Its Darkest, Finest Hour*, New York: Random House, 2010, p. 11.

第十九章　一场与时间赛跑的比赛

在《租借法案》签字成为法律后的第 4 天,富兰克林·罗斯福前往白宫记者协会(White House Correspondents Association)宣布:"我们的民主国家已开始行动……我们现在可以抽调出的每一架飞机、每一台军备,都会被派往海外。"[①] 当总统强调这一拯救英国、助其击败希特勒的新行动有多么重要时,那些听众被他的热情和紧迫感震惊。"在华盛顿,"他继续说,"我们的思考速度现在加快。我希望'速度,现在加速'这一口号能进入美国的千家万户。"

那天晚上,罗斯福精力充沛、斗志昂扬,令部分听众联想到一位披上盔甲准备战斗的武士。对雷蒙德·克拉珀而言,罗斯福的讲话"是一场没有军队在场的战斗演讲,是一场一个总统可能会在宣战后发表的演讲"。[②]

但接下来……什么都没发生。正如罗斯福在其他一些振奋人心的演讲之后一样,他的辞藻很少被转化为现实。尽管总统的预测极为乐观,但华盛顿和美国其他地区都尚未发现速度方面显露的价值。动辄出现延误——在设立实施《租借法案》的机构时受阻,

---

[①] James MacGregor Burns, *Roosevelt: The Soldier of Freedom*, 1940-1945, New York: Harcourt Brace Jovanovich, 1970, p. 51.

[②] Raymond Clapper, *Watching the World: 1934-1944*, New York: McGraw Hill, 1944, p. 269.

在生产飞机、坦克、船只和其他设备时暂停。虽然与战争相关的生产力确实在上升,但与英美军队合起来的巨大需求相比,这显得微不足道。要满足这些需求,必须立即建造新的军工厂,极度扩大劳动力规模,并找到解决某些原材料严重短缺问题的办法。

但是,如果不解决问题的根源,上述目标便都无法达成,一位政府官员将之描述为"我们可在不伤害任何人的情况下完成工业转型奇迹的谎言"①。随着经济的复苏,私营企业几乎一点都不想拒绝生产消费者等着购买的任何新车和其他商品——或放弃由此产生的利润。也没有哪个联邦机构能强迫企业这么做。罗斯福于1941年1月设立了"生产管理办公室"(The Office of Production Management),负责监督工业动员等工作事宜,但该办公室无权迫使各企业转而从事战备工作,或迫使各企业确保其原材料用于生产国防物资而非民用物资。由于总统并未倡导紧迫性和牺牲精神,他想要的众人全力以赴的战争行动只不过是幻想。

《租借法案》通过后关键的数周乃至数月里,罗斯福似乎不愿意对该问题采取太多行动。根据罗斯福传记作家肯尼斯·戴维斯的说法,"总统的领导出现了一种奇怪的、长期的、极其危险的停顿"。② 在某种程度上,这种无力感是出于1941年春季至初夏多种疾病困扰着罗斯福。《租借法案》获批前不久,他为流感所重创,几个月来都无法痊愈。据报道,他还患有出血性痔疮和愈发严重的高血压。

总统任职期间,罗斯福承受着极大的压力,经历了8年多的艰

---

① William S. Langer and S. Everett Gleason, *The Undeclared War: 1940-1941*, New York: Harper, 1953, p. 437.

② Kenneth S. Davis, *FDR: The War President, 1940-1943*, New York: Random House, 2000, p. 152.

难岁月,大家都说他是"一个极度疲惫的人"①。此前一年,总统与几位亲密助手共进晚餐时,他突然面色苍白、软弱无力,而后短暂失去知觉。他的医生告诉忧心忡忡的工作人员,总统出现了"非常轻微的心脏病"②。

虽然几乎肯定是罗斯福的身体问题令其昏睡无力,但也可能是由于他承受着孤立主义者和干预主义者之间激烈的冲突压力而感到沮丧。春末,他在床上待了2周,几乎将所有人都拒之门外,对外声称自己一直感冒。在此期间,罗伯特·舍伍德与罗斯福进行了简短的磋商,他跟总统秘书米西·勒翰德(Missy LeHand)说,自己与总统在一起时,总统既没有打喷嚏,也没有咳嗽。勒翰德笑着说:"他的绝大部分痛苦完全源于愤怒。"③

不管总统出于什么原因陷入无精打采的低迷状态,在华盛顿乃至全美,人们都感到紧张和不安。政府关于当时公共舆论情况的一份报告指出,公众对华盛顿处理国内和国际问题出现极大的不满。"比起完全没有政策,更为可怕的是确定了一项政策,然后未能兑现。"④《纽约先驱论坛报》的一篇社论警告:"美国已确定了其政策——向英国提供所有战时短缺物资,现在该是实施的时候了。"

多年后,专栏作家马奎斯·蔡尔兹还记得:"混乱的迷雾就像厚重的毯子一样盖住了一切。似乎无人有权力或有意愿从这片空虚

---

① Harold Ickes, *The Secret Diary of Harold L. Ickes*, Vol. 3, *The Lowering Clouds*, *1939-1941*, New York: Simon & Schuster, 1955, p. 459.

② Kenneth S. Davis, *FDR: Into the Storm, 1937-1940*, New York: Random House, 1993, p. 584.

③ Robert Sherwood, *Roosevelt and Hopkins: An Intimate History*, New York: Harper, 1948, p. 293.

④ William S. Langer and S. Everett Gleason, *The Undeclared War: 1940-1941*, New York: Harper, 1953, p. 223.

中掏出实质性的有形物质。"① 4月初,亨利·史汀生在其日记中写道:"我非常敏锐地感觉到,在这里,处于最核心的领导层必须做点什么了,他们什么都没做,这令我开始倍感困扰……并无任何强大的领导者吸引住人们的思想,并向他们展示何为正确之举。"②

对于英国人来说,这种惰性出现的时机再糟糕不过了。他们不仅于1941年春输掉了大西洋之战,而且差点输掉整场战争。

英国在单独与世界上最强大的军事力量作战将近1年后,到了生死存亡之际。时任英国陆军元帅的艾伦布鲁克勋爵(Field Marshal Lord Alanbrooke)回忆:在财力上、情感上和体力上都很疲惫的情况下,其人民"正危在旦夕"③。

随着春季逐渐流逝,大西洋上的航运损失达到了天文数字的级别。两艘新的德国战斗巡洋舰(格奈森瑙号和沙恩霍斯特号)加入了U-艇狼群,旨在袭击英国商船。4月的物资设备沉没量近70万吨,是前2个月损失的2倍多。这个月的某个晚上,一群德国潜艇对英国一个总计22艘船的护航编队发起攻击,击沉了其中10艘。对德国海军来说,这一时期被称为"幸福时光"④。

在《租借法案》通过前不久,商船沉没的报告纷至沓来,温斯顿·丘吉尔的一位私人秘书向首相传递了这一最新消息。当秘书

---

① Marquis W. Childs, *I Write from Washington*, New York: Harper, 1942, p. 217.
② Stimson diary, April 9, 1941, FDRPL.
③ Lynne Olson, *Citizens of London: The Americans Who Stood with Britain in Its Darkest, Finest Hour*, New York: Random House, 2010, p. xiv.
④ Richard Snow, *A Measureless Peril: America in the Fight for the Atlantic, the Longest Battle of World War II*, New York: Scribner, 2010, p. 105.

评价说这一消息是多么"令人痛心"① 时，丘吉尔瞪着他。"令人痛心？"他惊呼道，"它太可怕了！如果继续这样，我们就被终结了。"德国高层官员也持同样的看法。外交部长约阿希姆·冯·里宾特洛甫告诉驻柏林的日本大使："即便目前英国在维持其食物供应方面困难重重……但现在重要的是击沉足够多的船只来损耗掉英国的进口物资，使之无力生存下去。"②

在那一时期，英国几乎发生了战争以来最为严重的饥荒。许多食品的配给此时极为严苛，如每个人每周仅限 1 盎司奶酪和少量肉类，每月仅限 8 盎司果酱和人造黄油。部分食物，如西红柿、洋葱、鸡蛋和橙子，几乎已完全从商店货架上消失了。服装也已开始定量配给，而大多数消费品（从平底锅到火柴）几乎无法找到。

与此同时，英国军队接连遭遇灾难。该年 4 月，德国横扫巴尔干地区（Balkans），击败了希腊；造成严重伤亡后，德军将此地的英国军队击溃。英国人退至克里特岛（Crete），5 月，德军再次将他们赶走。

在中东，当陆军元帅埃尔温·隆美尔（Field Marshal Erwin Rommel）和他的非洲军团（Africa Corps）赶来救援意大利人时，前期英国在利比亚对意大利人的一连串胜利化为乌有。只用了 10 天，德国人几乎重新占领了这 3 个月以来已被英国占领的所有土地，并使英国人退回了埃及。隆美尔的胜利被丘吉尔称为"一级灾难"③，它对英国来说是一场战略性的灾难，威胁到英国获取中

---

① Lynne Olson, *Citizens of London: The Americans Who Stood with Britain in Its Darkest, Finest Hour*, New York: Random House, 2010, p. 5.

② Lynne Olson, *Citizens of London: The Americans Who Stood with Britain in Its Darkest, Finest Hour*, New York: Random House, 2010, p. 6.

③ Lynne Olson, *Citizens of London: The Americans Who Stood with Britain in Its Darkest, Finest Hour*, New York: Random House, 2010, p. 85.

东石油并控制苏伊士运河,后者是通往印度以及远东其他地区的重要通道。

在这些苦难年月中,丘吉尔承认国内产生了一种"气馁沮丧"①之感。他对下院说:"我觉得我们每天、每小时都在为生命和生存而奋斗。"② 丘吉尔痛苦而清楚地意识到:英国的唯一希望就是美国进行干预,于是他在伦敦不断游说美国新大使约翰·吉尔伯特·温南特(John Gilbert Winant)和在《租借法案》问题上美国对英的负责人埃夫里尔·哈里曼(Averell Harriman),到了几近痴迷的地步。他想要更多的援助,想要美国海军保护商船护航舰队。但最重要的是,他希望美国参战。

总统身边的人,包括参谋长和大多数内阁成员,都对丘吉尔的警告深以为然。至少,他们认为,必须保护英国护航舰队,以遏制航运方面大出血般的损失。"大西洋的局势显然很危急,"海军上将哈罗德·斯塔克在写给某位同僚的信中说,"在我看来,除非我们采取强有力的措施进行挽救,否则(战局)是无望的。"③ 自1939年9月战争开始以来,斯塔克一直让海军备战,包括开始对美国船只进行反潜训练。这位美国海军作战部长坚信:美国要想安全,前提是英国存活下来;美国要甘愿做任何必要的事情——甚至是宣战——以实现此目标。

虽然斯塔克在劝说总统进行护航时同样铿锵有力,然而,是

---

① Lynne Olson, *Citizens of London: The Americans Who Stood with Britain in Its Darkest, Finest Hour*, New York: Random House, 2010, p. 86.

② Lynne Olson, *Citizens of London: The Americans Who Stood with Britain in Its Darkest, Finest Hour*, New York: Random House, 2010, p. 86.

③ Richard W. Steele, *Propaganda in an Open Society: The Roosevelt Administration and the Media, 1939-1941*, Westport, Conn.: Greenwood Press, 1985, p. 114.

73 岁的陆军部长亨利·史汀生成为对这一观点最坚持不懈的倡导者。在政府和华尔街的长期职业生涯中，一旦遇到自己笃信正确的事情，史汀生就会毫不犹豫地说出对该行动的想法。在回忆录中，弗朗西斯·比德尔——于 1941 年夏天接替罗伯特·杰克逊担任司法部长——声称，在内阁同僚中，他最钦佩史汀生。"他忠于总统……但他敢于直面总统，"比德尔写道，"对我来说，他是一个真诚而强大的英雄。"[1]

从史汀生进入政府那天起，他就对罗斯福起着激励作用，促使他去领导舆论而非遵从舆论。但在护航舰队保护的问题上，总统固执地抵制史汀生的劝说行为，就像他抵制针对这一问题的所有其他措施一样。罗斯福早先曾告诉记者，护航行动中几乎必然出现枪炮射击，而射击"会非常接近战争，不是吗？这是我们心里最不愿看到的"。[2] 他已让美国人民接受《租借法案》，作为美国不必参战但可击败希特勒的方式。现在他并不打算冒险卷入冲突，特别是因战争与孤立主义者再次发生冲突。

反干预者们仍然试图从《租借法案》的失败中恢复过来，他们发现自己突然东山再起了，这在很大程度上要感谢德国在巴尔干地区和中东地区取得的一连串胜利。美国人越来越怀疑英国军队抵抗德国的能力，也怀疑英国的总体生存机会。在民意调查中，认为帮助英格兰比远离战争更为重要的人数比例下降到略高于 50%（尽管此后不久又开始上升）。

因反战情绪高涨，伯顿·惠勒、杰拉尔德·奈以及其他一些持

---

[1] Francis Biddle, *In Brief Authority*, Garden City, N.Y.: Doubleday, 1962, pp. 184-185.

[2] James MacGregor Burns, *Roosevelt: The Soldier of Freedom*, *1940-1945*, New York: Harcourt Brace Jovanovich, 1970, p. 89.

孤立主义观点的国会议员在这个国家进行巡回演讲（大部分是在"美国至上"组织的集会中），反对美国海军为英国船只护航。4月下旬，查尔斯·林德伯格克服了自己此前不想与各大组织结盟也不想加入"美国至上"的顾虑，加入他们的队伍后，他立即成为该组织的明星人物。

伦敦《星期日快报》（*Sunday Express*）上面的一篇文章广受大家讨论，在文章中，一位颇具影响力的美国电台评论员雷蒙德·格拉姆·斯温（Raymond Gram Swing）宣称，他相信罗斯福"如果现在要求的话，可获许护航"[①]，但只能以微弱的投票优势通过。斯温是总统的知己，他接着说：过于接近的投票结果还不够好，至少要有2/3的国会成员支持这一"生死攸关的问题"。他补充说，罗斯福对护航问题漠不关心，因为他进行任何干预都会"致命地损害自己在国家上下团结局面的中心位置；他会毁掉自己作为一个象征性人物的形象——在这样一个人物周围应该凝聚着坚定团结的全国舆论"。罗斯福政府内外的其他人都必须主动采取措施。

斯温的推理也被视作罗斯福的推理，并没有能够说服史汀生以及斯温所提到的其他人。他们认为，根本没有时间采取这样一种态度上从容的、政治上安全的、公众层面支持的方法。总统的政府活动人士认为，罗斯福大大高估了美国和国会中孤立主义的力量，其反对者的大部分权力源于他对他们"明显带有恐惧的尊重"[②]。

来自全国各地的报告巩固了这一想法：公众对缺乏总统指导和引导感到日益担忧。副总统亨利·华莱士写道，在他的家乡艾奥瓦

[①] Kenneth S. Davis, *FDR: The War President, 1940-1943*, New York: Random House, 2000, p. 173.

[②] Kenneth S. Davis, *FDR: The War President, 1940-1943*, New York: Random House, 2000, p. 172.

州，农夫们已经准备好迎接"更有力、更明晰的领导"①。在华盛顿举行的一次全美州长会议上，几位州长对史汀生和弗兰克·诺克斯说："他们的选民在总统和国会代表还未采取行动前就准备为援助英国做更多的事。"② 在与史汀生的谈话中，众议院征兵法案的发起人詹姆斯·沃兹沃思众议员说，他认为"民众对罗斯福有点不耐烦了"③。而众议院议长山姆·雷伯恩（Sam Rayburn）和其他国会同事的感受也大同小异。

罗斯福并未理睬所有这些报告，他向他的老朋友前任大使威廉·布利特（William Bullitt）明确表示，自己并未计划对德国采取直接的、有力的行动——布利特也在向他施压。总统告诉布里特，自己正在等待希特勒挑起某个事件——该事件将令所有美国人团结起来，无论这种挑衅事件有多么不可能。

在与哈里·霍普金斯进行了一次交谈后，财政部长亨利·摩根索在其日记中指出，罗斯福和霍普金斯"都在摸索该采取什么行动。他们觉得必须做点事，但只是不知道做什么。霍普金斯说……他认为总统不愿意参战，宁愿听从公众意见，也不愿领导公众舆论"。④ 5月中旬，罗斯福告诉摩根索："我等着被推进（战争）。"⑤

---

① James MacGregor Burns, *Roosevelt: The Soldier of Freedom*, *1940-1945*, New York: Harcourt Brace Jovanovich, 1970, p. 91.
② Stimson diary, Jan. 19, 1941, FDRPL.
③ Stimson diary, April 25, 1941, FDRPL.
④ William S. Langer and S. Everett Gleason, *The Undeclared War: 1940-1941*, New York: Harper, 1953, p. 456.
⑤ Richard M. Ketchum, *The Borrowed Years*, *1938-1941: America on the Way to War*, New York: Random House, 1989, p. 589.

然而，阿道夫·希特勒下定决心驻足而观。他和罗斯福就像一场风险极高的棋局中两个谨慎的棋手。他们的顾问正在敦促二者在大西洋之战中更积极主动，但两人都不想激起可能引发两国交战的事件。

1939年到1940年，希特勒公开表示，不管美国可能针对战争采取什么行动，他都冷眼旁观。"美国，"他冷笑道，"对我们来说并不重要。"① 他深信，他的军队会像征服法国和低地国家一样轻易地征服英国，他忽视美国参战的任何可能性，这并非毫无缘由。但是，当英国的反抗打破了他速战速决的希望时，元首向其下属强调：不要唤醒美国这一沉睡猛虎，这至关重要。德国海军被勒令禁止在大西洋发起任何可能推动美国参战的事件。

1939年9月，当罗斯福已宣布美军将在一个中立地带（这个中立地带延伸到美国东海岸300英里以外）开展巡逻后，希特勒禁止德国海军攻击该地带的船只——这令其海军元帅埃里希·雷德尔上将（Admiral Erich Raeder）十分愤怒。在雷德尔看来更糟糕的是，希特勒下令，无论美国船只身处大西洋何处，德军不得对美国船只发动任何攻击，他的态度非常坚决。

1940年的整个夏天和秋天，雷德尔认为，由于美国愈加明确将保障英国不被亡国，实际上已经脱去其中立主义的全部伪装，那么美国的船只应该加入公平对抗。尽管希特勒依然拒绝接受海军上将的呼吁，但他也不能忽视《租借法案》及其对于美国在冲突中所起作用产生的重要转变。这位德国军队的高级指挥官认为《租借法案》完全就是在"对德宣战"②。

---

① David Kennedy, *Freedom from Fear: The American People in Depression and War, 1929-1945*, Oxford: Oxford University Press, 1990, p. 368.

② Saul Friedlander, *Prelude to Downfall: Hitler and the United States, 1939-1941*, New York: Knopf, 1967, p. 175.

第十九章 一场与时间赛跑的比赛

1941年3月25日，德国政府宣布，英国周围的德国海军作战区域将极度扩张，向西延伸数百英里，进入大西洋，越过冰岛，接近格陵兰岛。在这片广阔的海洋中，德国潜艇、船只和飞机现在获准对商船以及任何可能试图保护它们的中立国（美国）军舰不加克制、不受限制地使用武器。然而，同时，当雷德尔请求允许攻击那些并未守卫护航舰队的美国船只时，希特勒拒绝了。

罗斯福在接下来的数天里研究了德国的这一新举措，与其顾问们就如何回应进行了激烈的辩论。史汀生及其政府中的其他干预主义者竭力劝说他命令海军立即保卫护航舰队。

当总统对该问题下定决心之时，他用自己的方式回应了希特勒的挑衅。他于4月10日宣布：陆军和海军将立即在格陵兰岛建立基地，以防止德国未来可能占领这个沉沉积雪覆盖的丹麦殖民地。美国官员们表明，格陵兰岛实际上是西半球的一部分，因此，就其本身而言，同样受制于门罗主义关于禁止外国势力进行干预的约束条款。这一说法基本上未受到德国质疑。

也许这是因为罗斯福最终决定不采取更为挑衅的行为，即命令美国海军船只护送英国护航舰队。他将300海里的美国中立地带界限扩展到大西洋中线以外区域，他转而进行驻军，范围几乎覆盖了整个格陵兰岛，并与希特勒的新海军作战区存在相当大的重叠区域。美国船只和飞机受命在这片广阔的区域巡逻，如果发现任何德国潜艇或海上突击舰的踪迹就会向英国人示警。

虽然罗斯福和希特勒显然都加大了赌注，但他们仍然决心最大限度地减少与对方军队对抗的风险。总统明确下令，除非首先受到攻击，否则美国船只和飞机不会对德国船只开火。4月下旬，希特勒再次命令雷德尔避免与美国船只发生冲突。

美国加大监视力度，这对英国人来说确实有用，但它并未能阻止德国潜艇的肆虐。由于美国巡逻队伍被禁止与德国船只交战,英国人仍然要全权负责保护自己护送的船只,因此损失仍在继续增加。5月的前3周,德国潜艇在美国扩大后的中立地带击沉了20艘英国商船。

虽然罗斯福宣布建立格陵兰基地,并加大巡逻力度,但未能平息美国国内要求采取更有力行动的呼声。5月初,一位洛杉矶居民给白宫写了一封愤怒的信,指出他认为罗斯福和美国对战争的态度矛盾且优柔寡断:"根据盖洛普(的调查),美国人民认为国家应该冒着战争的风险,但不应真的开战。我们不与德国打仗,但德国是我们的敌人。我们将用海军进行'巡逻',但不用于'护航'。如德国获胜,将会带来可怕的危险,因此林德伯格是个卖国贼,这些话就是他说出来的。"①

对于总统不使用海军进行护航的决定,亨利·史汀生非常失望。他认为要是有人就这个问题公开发表意见,那将极为关键。他决定让自己来做那个人。5月6日,陆军部长在罗斯福批准的一次全国电台广播中呼吁美国海军保护运往英国的货物,并指出除非这些物资真的运达目的地,否则《租借法案》没有任何意义。但史汀生更进一步地提醒美国人,他们可能将为自己的国家而战,他们必须理解自己要承担的责任。"有人认为可以不用牺牲便保全我们国家那珍贵的自由,而我不是这样认为的。"② 他说,"这份自由无法轻易地留住。除非我们这一方愿意牺牲,如果有必要的话,要为

---

① Geoffrey Perret, *Days of Sadness, Years of Triumph: The American People, 1939-1945*, New York: Coward, McCann & Geoghegan, 1973, p. 79.
② Henry L. Stimson and McGeorge Bundy, *On Active Service in Peace and War*, NewYork: Harper, 1948, p. 370.

必须保留美国自由这一信念而牺牲,否则它将会消失"。

史汀生带了头,政府中的其他重要人物也紧随其后。弗兰克·诺克斯在一次演讲中宣布:"我们为了留下……而在战斗。我们已经宣布,决不能让侵略国获胜。我们已斩钉截铁地做出承诺,将看到那一局面被阻止……这是我们的战斗。"① 就连农业部长克劳德·威卡德(Claude Wickard)也参与了这一行动,他说:"如果我们脑海中只有半途而废的措施,那么让英国人相信我们正令援助变得有效,这是多么残酷而讽刺的嘲弄。"② 在纽约,当温德尔·威尔基慎重而缓慢地、戏剧性地宣布"我们……想要……那些……货物……受到保护"③ 时,广大听众对之报以经久不息的热烈掌声。

威尔基获得的掌声和络绎不绝地飞向史汀生的信件(称赞他的广播讲话)都表明,正如陆军部长告诉哈里·霍普金斯的:"人们要求强劲的领导,而非更多的讲话。"④ 在与诺克斯、哈罗德·艾克斯和罗伯特·杰克逊的一次会面中,史汀生讨论了让总统停止犹豫不决并采取行动的必要性。"我确实从四面八方得知人们对总统缺乏领导力而感到日渐不满,"艾克斯在日记中写道,"如果他愿意抓住并领导这个国家,他便仍然拥有它。他要是什么都不做,那肯定无法更为长久地拥有这个国家。"⑤

5月初,艾克斯前往纽约参加了重要干预主义者的晚餐会议,罗斯福并不知情。这些干预者中大多数人是"世纪集团"的成员。

---

① *Life*, May 5, 1941.

② *Life*, May 19, 1941.

③ *Life*, May 19, 1941.

④ Stimson diary, May 9, 1941, FDRPL.

⑤ Harold Ickes, *The Secret Diary of Harold L. Ickes*, *Vol. 3*, *The Lowering Clouds*, *1939-1941*, New York: Simon & Schuster, 1955, p. 511.

他告诉他们：政府在教导公众行动方面的必要性时是"绝对无望的"①；"由于政府在这一重要问题上让美国失望了，所以应该由人民自己决定是政府采取行动还是在它缺席的情况下行动。"这个月晚些时候，艾克斯告诉一位朋友，"如果我能预见现在的情形，看到一个如此消极、难以振奋人心的总统，我就不会支持罗斯福的这次连任"。②

史汀生是唯一既有道德声望又具政治高度的内阁成员，他当面告诉总统，后者没有履行领导职责。在4月下旬与罗斯福的一次单独会谈中，他确实这样做了。罗斯福应不依靠公众舆论来决定该做什么，而是必须引导舆论。"我警告他，"史汀生后来在日记中写道，"如果他自己不引导，而是期望人们自愿主动地让他知道他们是否会跟随他，这是无益的。"③

罗斯福极为幽默地接受了史汀生的训诫，但并未怎么留意它，或根本没有注意它。就像雷蒙德·格拉姆·斯温说过的，总统决心将自己立于"国家上下团结局面的中心位置"，他乐于让史汀生和其他人倡导更为有力的干预主义，然而他自己尚不愿意这样做。

所以这一瘫软无力的局面将持续下去。

当陆军部长连同几位同僚劝告总统应变得更加积极进取时，政府中的其他高层则认为罗斯福在冒着战争风险帮助英国人的道路上已经走得太远了。在这些劝说警告中，就有科德尔·赫尔的声

---

① Harold Ickes, *The Secret Diary of Harold L. Ickes*, Vol. 3, *The Lowering Clouds, 1939–1941*, New York: Simon & Schuster, 1955, p. 497.

② Harold Ickes, *The Secret Diary of Harold L. Ickes*, Vol. 3, *The Lowering Clouds, 1939–1941*, New York: Simon & Schuster, 1955, p. 511.

③ Stimson diary, April 22, 1941, FDRPL.

音——正如一个评论者所说的,赫尔"天生厌恶坚定或果断的行动"①。在5月下旬与赫尔进行了一次特别令人沮丧的会议后,史汀生在日记中指出,国务卿"赫尔除了发泄失败主义的情绪外,别的啥也不做……他就会念叨着'一切都在走向地狱'。"② 国务院的其他重要人物,如助理国务卿阿道夫·伯尔和布雷肯里奇·朗(Breckinridge Long)因仇视英国人和反战而闻名。事实上,朗在20世纪30年代末40年代初就因尽其一切努力阻止犹太难民进入美国,而被埃莉诺·罗斯福贴上了"法西斯分子"③的标签。

更令史汀生不安的是,陆军和海军中大量高级军官激烈抵制拯救英国人的全面行动。乔治·马歇尔将军正迅速成为美国最受尊敬的将领,在围绕该问题进行的两败俱伤的官僚斗争中,他的角色很复杂。马歇尔曾出庭作证支持《租借法案》,并支持美国保护英国护航舰队的想法。但在这两种情形下,他的理由都是帮助美国的防卫行动,而非帮助英国。在为《租借法案》作证时,他告诉国会,经该计划授权,战争(物资)的产量将大幅增加,这将对美国军方大有裨益;如果英国战败,美国已经提升的工业产能将为美国和西半球其他地区的防务提供更多武器弹药。至于护航,马歇尔认为让海军护航将有助于加强这一半球的防御;此外,还能令英国在战争中坚持足够长的时间,让美国得以充分武装自己。

与此同时,这位陆军参谋长反对美国应该参战的观念。他在一个国会委员会作证时说:"我认为在美国,没有哪个群体会比陆军

---

① William S. Langer and S. Everett Gleason, *The Undeclared War: 1940 – 1941*, New York: Harper, 1953, p. 696.
② Stimson diary, May 27, 1941, FDRPL.
③ Doris Kearns Goodwin, *No Ordinary Time: Franklin and Eleanor Roosevelt: The Home Front in World War II*, New York: Simon & Schuster, 1994, p. 174.

部的军官们更为一致地希望避免卷入这场可怕的战争。"① 马歇尔更为强烈地反对罗斯福要在英国武装部队和美国武装部队之间平分武器和其他供应物资的计划,该计划是罗斯福在1940年大选后不久提出的。"把马歇尔称为孤立主义者,这也太扯淡了,"历史学家J.加里·克利福德和小塞缪尔·R.斯宾塞写道,"但他担忧着(西)半球的防御状况,渴望将重新武装美国军队这一需求置于对盟国的军事援助之上,这些情绪与'美国至上'委员会的'直布罗陀美国'*这一想法是不谋而合的。"② 阿尔伯特·魏德迈将军(在美国参战之前,他对自己的孤立主义信念和活动进行了坚定的辩护)在其回忆录中写道,马歇尔"意识到美国的利益正在受到罗斯福总统政策的危害,该政策是将一切可能的援助扩大到任何(与轴心国)作战的国家"③。

马歇尔及其顾问们深信,如果他们尽了最大努力之后美国还是卷入了战争,那么击败德国人的唯一希望是派遣一支庞大的美国地面部队登陆欧洲,人数远超100万人。但在1941年春天,美国陆军的武器和设备还不够装备这支队伍人数的十分之一。陆军高级军官们被这样的场景吓坏了:从美国工厂出来的战争物资,哪怕数量并不多,其中的一半也被人自然而然地运往英国。

马歇尔及其陆军航空兵团参谋长哈普·阿诺德还认为,如果美

---

① Ed. Cray, *General of the Army: George Marshall, Soldier and Statesman*, New York: Norton, 1990, p. 153.
* 未能查到相关资料,但是二战时直布罗陀为海上咽喉、兵家必争之地,防御牢固,被称为"可能是整个欧洲,乃至全世界最难夺取和防御工事最为密集的地区",因而猜测该委员会是想把美国也打造成铜墙铁壁。——译注
② J. Garry Cliffordand Samuel R. Spencer Jr., *The First Peacetime Draft*, Lawrence: University Press of Kansas, 1986, p. 246.
③ Gen. Albert C. Wedemeyer, *Wedemeyer Reports!* New York: Henry Holt, 1958, p. 69.

国被迫将其大量现代化的飞机移交给别人，那么陆军航空兵团将无力帮助保卫自己的国家，或在未来发生任何海外冲突时无法真正有效地参与其中。在马歇尔的支持下，阿诺德一再大吵大闹，抗议将美国制造的飞机转至英国。这两位将军对罗斯福计划将美国 50% 的重型轰炸机——强大的 B-17——送往英国的计划十分不满，因为这些轰炸机的生产数量仍然很少。马歇尔一度命令阿诺德"看看是否还有哪些我们敢做的事情"①，以防止罗斯福实施"英美各一半的指令"。

格林维尔·克拉克（Grenville Clark）回忆自己在征兵问题上与马歇尔的分歧，他当时写信给史汀生讲述自己的担忧时想着这位陆军参谋长："我们军人采取的方法过于狭隘——过分强调'家国'和'本半球'的防御，过分强调所谓的'美国利益'，过分重视对英国观点的防御性态度……如果这一观点占了上风，那么，它将是输掉战争的最佳途径。它必须被抵制、被瓦解。"②

1941 年，马歇尔从那些既反英又反战的工作人员处获得了他大部分的军事情报。年初，他把整个美国陆军中可以说孤立主义思想最为根深蒂固的军官带到了华盛顿。作为马歇尔的亲密朋友，斯坦利·恩比克（Stanley Embick）将军曾担任副参谋长和陆军战争计划部的前任部长。他也是一个强烈的恐英者，认为美国应该为了防卫而武装自己。在担任副参谋长期间，恩比克公开与"国家防战委员会"（the National Council for Prevention of War）结盟，那是一个知名的和平主义组织。1938 年，他在陆军部的同事中散发了

---

① Murray Green unpublished manuscript, Green papers, AFA.
② Grenville Clark to Henry Stimson, Dec. 23, 1940, Sherwoodpapers, HL.

该委员会主席反战演讲稿的复件，该演讲稿等文件主张通过一项宪法修正案，要求在国家参战之前举行全国性的公民投票。64岁的恩比克这时已成为第三集团军总司令，刚刚宣称美国干预主义者的"历史意义尚不如一名普通的欧洲农民"①。

1941年3月，就在恩比克将要退休前的几周，马歇尔召集他到陆军部参加英美之间的秘密会谈，讨论美国有朝一日参战的话可能采取的联合行动。考虑到恩比克的孤立主义以及他对英国人及其领导人温斯顿·丘吉尔那众所周知的厌恶之情，这次任务选择他便显得极为有趣了。

在会议期间，美国和英国代表团一致认为，如果两国确实发现双方在共同御敌，他们的主要行动将是对抗德国而非日本。他们还决定，美国海军将部署一支规模较大的分遣舰队来护卫英国商船，而多达30艘的美国潜艇将对敌方船只作战。英国人对这些计划深感满意，但他们没有取得更多的进展，因为罗斯福对实施这些计划没什么兴趣。

一个月后，马歇尔把恩比克叫回华盛顿。这一次，马歇尔希望他的朋友参加陆军部的高层战略讨论，讨论陆军应该给总统什么建议，因为他在思考该如何应对希特勒于3月25日扩大英国周围的德国战区这一举措。

在史汀生、诺克斯、斯塔克上将、亨利·摩根索和其他高级政府官员的重压下，此刻罗斯福倾向于下令美国海军的护航保护范围最远至冰岛，甚至可能一路到英国。他还决定将大量战舰从珍珠港转移至大西洋。大家都知道，如果采取这两类行动，与德国发生战

---

① Ronald Schaffer, "General Stanley D. Embick: Military Dissenter," *Military Affairs*, 1973.

争的可能性将大幅增加。应哈里·霍普金斯的要求，马歇尔请他在战争计划部的高级军事专家们想想两个关键问题的答案：在此刻将国家推入战争是不是正确的战略举措？有无可能推迟如此重要的一步？

军队参谋们回应认为美国可以积极参与战争。马歇尔的战略专家们承认，由于陆军如此薄弱，海军刚开始不得不首当其冲迎战；他们仍然认为，美国"足够快"地参战，以确保英国坚持下去是"非常必要的"[①]。他们说，战争状态将唤醒美国人民认识到"当前局势的严重性"，并"以一种时下未有的凝聚力将他们团结在一起，一般情况下，设备和战备生产工作将大大加快"，并且"丘吉尔政府将得以巩固"。

在一次与马歇尔讨论报告的会议上，其中一名参谋——约瑟夫·麦克纳尼（Joseph McNarney）上校——对交战的必要性更加直言不讳。"重要的是，"他说，"我们开始削弱德国的作战能力。我们有海军，并且海军又可以做点什么。如果我们等待，我们最后就孤立无援了……我可能会被别人称为'吞火者'，但有些事情必须要去做。"[②]

在讨论过程中，恩比克走进房间。当有人问及他的观点时，他回答说自己不同意战争计划部战略专家的所有结论。他不仅强烈反对美国参战（他说，"从陆军和海军的视角来看，这是错误的"，而且"对美国人民而言也是错误的"[③]），而且反对向英国提供任

---

① Mark Watson, *Chief of Staff: Prewar Plans and Preparations*, Washington, D.C.: Center of Military History, 1991, p.389.

② Mark Watson, *Chief of Staff: Prewar Plans and Preparations*, Washington, D.C.: Center of Military History, 1991, p.390.

③ Mark Watson, *Chief of Staff: Prewar Plans and Preparations*, Washington, D.C.: Center of Military History, 1991, p.390.

何军事或经济援助。与来自战争计划部的人员不同，恩比克认为英国的情况并不危险。他说，即使危险，"如果当前的危机令丘吉尔政府垮台了，那对英国人来说就更好了"。① （大家都知道恩比克对丘吉尔很不屑；他曾经把这位首相称为"一个自负的傻瓜，他未与纳粹讲和，应该下台"。②）

会后，马歇尔带着恩比克来到白宫，恩比克在白宫向总统重复了自己的言论，认为美国没有准备好参战，而且参战是不可取的。或者，就此事而言，做任何事情来激怒德国人都是不明智的。会后，罗斯福决定不同意海军护航的观点，而是调整为在大西洋扩大巡逻。他还取消了从太平洋转移战舰的命令。根据某些说法，恩比克的建议鼓舞了罗斯福，在后者的决定中发挥了重要作用，令其自然而然地倾向于采取谨慎小心的态度。

不久之后，马歇尔真正地让恩比克成为自己的高级军事顾问，这一决定将在整个战争期间对美国的军事政策产生深远影响，特别是关于英国的政策。

恩比克并非马歇尔工作人员中唯一以反英和孤立主义倾向而闻名的重要成员。林德伯格的知己杜鲁门·史密斯上校与这位陆军参谋长也交往甚密，尽管在前一年他还掺和了白宫选举。史密斯与其在陆军情报部门的大多数同事一样，毫不隐藏自己的看法：德国将很快打败英国，美国应放弃拯救英国的尝试，在他看来这是无望的。

尽管马歇尔曾劝说史密斯远离林德伯格，但后者无视这一警

---

① Ronald Schaffer, "General Stanley D. Embick: MilitaryDissenter," *Military Affairs*, 1973.

② Leonard Mosley, *Marshall: Hero For Our Time*, NewYork: Hearst, 1982, p. 153.

告，继续定期与美国这一孤立主义头头会面，策划反战策略；而此时他仍然担任陆军参谋长对德国方面的主要专家。史密斯还与德国驻华盛顿的大使馆武官弗雷德里希·冯·伯蒂歇尔将军保持着密切来往。后者告诉其在柏林的上司，史密斯上校"处于一个极佳位置，他知道政府正在计划什么，还清楚可以依靠什么以便通过其极富影响力的朋友尽力挫败美国总统的计划"。[1]

1941年，史密斯将军事情报传递给了林德伯格和其他著名的孤立主义者，包括前总统赫伯特·胡佛。史密斯在与胡佛的一次会面中说，陆军情报部门无人"能理解我们加入战争的任何意义"[2]，并补充说，"总参谋部中没有人想去打仗，但他们无法给局势带来巨大影响"。史密斯告诉胡佛，在政治上，"马歇尔将军承受的压力如此之大"，以至于倘若总参谋部被人公开询问其对战争持何种态度，它"将被迫发表一些模棱两可的言论"。

几个月来，史密斯一直在政府中到处传播英国幸存机会渺茫的悲观情报报告。1941年4月中旬，根据亨利·史汀生的说法，史密斯"在地中海造成了无比糟糕的后果"[3]，因为他预言英国在希腊和中东即将失败，并指控丘吉尔政府对英国军事事务的"灾难性干扰"。愤怒的史汀生命令马歇尔警告史密斯和其他军方情报人员不要再发表如此"危险的声明"[4]。这位陆军部长向马歇尔宣布："美国能否成功取决于英国舰队是否安全；而英国舰队是否安全及其是否能保存下来，则取决于丘吉尔政府的保护行动。因此，传播

---

[1] Leonard Mosley, *Lindbergh*, New York: Dell, 1977, p.417.
[2] Joseph Bendersky, *The "Jewish Threat": The Anti-Semitic Politics of the U.S. Army*, New York: Basic Books, 2000, p.275
[3] Stimson diary, April 14, 1941, FDRPL.
[4] Stimson diary, April 14, 1941, FDRPL.

这样的谣言或评论时,(史密斯和其他人)正在妨害美国的重要安全状况,我不会理解这点。"①

马歇尔稍后向史汀生报告说,史密斯已听从命令。尽管如此,随后不久,史汀生收到了另一份来自史密斯的悲观报告,其中谈及了英国的获胜机会,还更为尖刻地批评了丘吉尔及其政府。史汀生发作了,向马歇尔喊道他"再也受不了了"②,并要求陆军参谋长做点什么来阻止"亲德势力"渗透进他的情报部门。马歇尔也高声大喊,为自己手下辩护,而后两人冷静了下来。马歇尔说,他会考虑史汀生说的话,并再次与史密斯就该问题谈话。他所承诺的谈话是否真的进行,这尚不清楚。如果真的进行了,那也收效甚微。因为陆军的情报报告中,仍在继续中伤英国及其领导人。

杜鲁门·史密斯及其陆军情报部门数个同事也给予了"美国至上"委员会坚定(即便无言)的支持,就像相当一部分其他高级军官所做的那样。前国务次卿威廉·卡索是林德伯格的密友,也是"美国至上"华盛顿分会的负责人。他在日记中指出,许多现役军人特意找到他以便为委员会的工作提供热烈支持,其中包括美国陆军军械局副局长莱文·坎贝尔(Levin Campbell)将军,他负责监督全美新弹药厂的规划和建设。坎贝尔的支持言论表明了"一种态度,在陆军和海军的高级军官中,很少有人去表达这种态度。因为这样做是危险的,"卡索写道,"他们不想卷入这场战争,他们也不喜欢事件的进展方式。"③ 一位上将告诉卡索:"几乎整个海军都支持我。但他们在公共场合什么都不能说……他给了我一份

---

① Stimson diary, April 14, 1941, FDRPL.
② Stimson diary, April 17, 1941, FDRPL.
③ Castle diary, Sept. 20, 1941, Castle papers, HL.

名单，上面是同意并值得与之交谈的上将名字。"①

　　这位上将可能夸大了海军反战情绪普遍蔓延的情况。但毫无疑问，这种情绪在军中高级军官中普遍存在（斯塔克上将是一个明显的例外）。白宫的一位顾问告诉罗斯福，许多海军高级军官对其文职部长弗兰克·诺克斯狂热的干预主义表示"非常震惊；他们认为他错了"。② 至于诺克斯，他向一位同事承认自己"非常不安地发现美国海军军官的观点倒向失败主义"。③ 海军部长向史汀生描述了"自己如何不得不在任何积极的运动中与手下上将们的胆怯作战……他们是如何基于英国人的失败去进行所有评估和建议的"。④

　　史汀生在自己的部门发现众多军官同样难以对付，他承认诺克斯的情况糟糕得多。"一些海军军官比我手下的任何事物都要固执，更趋于抗命状态，"⑤ 史汀生在其日记中写道。

　　然而，无论总统怎么努力，他都无法忽视来自公众和政府内部干预主义官员们那不断增加的压力，这些人代表英国推动更为大胆的行动。5月初，白宫收到一份政府对媒体的调查报告，称目前美国有极大比例的报纸在公开批评总统的失败以影响公众舆论。这些报纸的社论作者们声称，美国民众中存在极度的"冷漠、困惑和

---

① Castle diary, Dec. 18, 1940, Castle papers, HL.
② John Franklin Carter report to FDR, July 11, 1941, President's Secretary's File, FDRPL.
③ Lynne Olson, *Citizens of London: The Americans Who Stood with Britain in Its Darkest, Finest Hour*, New York: Random House, 2010, p. 68.
④ Stimson diary, June 20, 1941, FDRPL.
⑤ Stimson diary, Dec. 17, 1940, FDRPL.

胆怯"①，这是因为罗斯福明显不信任他们理解并付诸行动以便拯救英国并打败希特勒的能力。

根据这份调查，大多数公众已认为，美国海军对英国商船的保护行动关系到英国的生死存亡。该报告敦促总统向其国民澄清这一问题，这一建议得到了总统的几位顾问的极力赞成。

对此，罗斯福决定再发表一次演讲，这是他自5个月前针对《租借法案》的炉边谈话以来首次就重大政策进行演讲。此次演讲计划于5月14日在全国播出，随后延至5月27日，这加剧了原已绷紧的局面和悬念。关于演讲内容的谣言在华盛顿四处流传，一些人说，总统将宣布护航。其他人回应说：不，总统在计划要求国会废除《中立法案》。还有一些人则声称，总统将呼吁国会进行宣战。

罗斯福穷于应付全美各地涌来的建议，这些建议的主题聚焦他应该说什么。在3天的时间里，白宫收到了12000多封信。亨利·史汀生是其中一位极富影响力的参与者，他在一份便笺上非常直白地说，他将尽全力来坚定总统的决心。史汀生写道，美国人民"希望您带领并引导他们……如果让他们失望了，那对您而言将是灾难性的，"② 这位陆军部长补充说，"权宜之计和半途而废的措施"再也不够了，美国人不应该因为大西洋上的"某个意外或错误"而被要求参战。"必须在您的领导下带领他们达成这一重大决议。"

几周以来，罗斯福圈子内激进的干预主义者们一直劝说他宣布进入"国家无限紧急状态"，该行政决定将赋予他行使众多广泛的战争权力。然而在与其两位主要的演讲稿作家罗伯特·舍伍德和塞

---

① Richard W. Steele, *Propaganda in an Open Society: The Roosevelt Administration and the Media, 1939-1941*, Westport, Conn: Greenwood Press, 1985, p.116.
② Stimson to FDR, May 24, 1941, FDRPL.

缪尔·罗森曼一起撰写演讲词时,罗斯福并未提及紧急状态声明;在撰写了几份草案后,演讲稿作家们主动将之写进稿子。罗斯福在文中读到它的时候,微微一笑地问道:"没人在自由发挥吗?"① 罗森曼和舍伍德点头承认自己加了料,但他们认为这是他真正想说的。总统沉默了一会儿,然后他若有所思地说:"你们知道的,除非国会愿意给我更多的弹药,否则没几轮武器可用了。而宣布进入无限紧急状态则是其中一样武器,同时也是非常重要的武器。现在到了使用它的合适时间了吗?或者我们还是应该等到事情再糟糕一点——就像事态肯定会这样发展?"② 这些撰稿人没有回答,但是该声明依然留在了演讲稿内。

5月27日晚,罗斯福从白宫东厅(East Room)向全美发表讲话。据估计,有8500万美国人——占美国人口的65%以上——收听了这一讲话,也是截至当时收音机听众最多的一次。

罗斯福用高度形象的措辞概括如下内容:一旦英国被击败,美国将面临巨大的危险。纳粹会在经济上"扼杀"③ 这个国家;美国工人"将不得不与世界其他地区被奴役的劳动力展开竞争……美国农场主会用其产品交换希特勒乐意给的东西……我们会永远将国家资源投入军备"。

但是,他宣称,他及其政府永远不会允许这一情况发生。总统宣布国家进入无限紧急状态,并发誓全力支持英国。他说:"必须向英国运送必要的供应物资,并且将采取所有其他必要措施来运送

---

① Samuel and Dorothy Rosenman, *Presidential Style: Some Giants and a Pygmy in the White House*, New York: Harper & Row, 1976, p. 384.
② Samuel and Dorothy Rosenman, *Presidential Style: Some Giants and a Pygmy in the White House*, New York: Harper & Row, 1976, p. 384.
③ Kenneth S. Davis, *FDR: The War President, 1940-1943*, New York: Random House, 2000, p. 186.

这些货物。"他特别强调说:"这是可以做到的。也是必须做到的。我们必将做到这一点。"

这些是充满激情、振奋人心的话语,对罗斯福的众多听众而言,它们听起来"几乎就像对战争的呼唤"①。甚至在总统讲话结束之前,电报就开始潮水般涌入白宫;而令他高兴和欣慰的是,这些电报——正如他对舍伍德所说——"95%是赞成的!"②(每当罗斯福就重大政策发表演讲或宣布一项新倡议时——如《租借法案》或《驱逐舰-基地交换协议》,他似乎都对公众进行的积极回应感到惊讶。正如周围的人所见到的,他总认为自己肩上正承担着极大的政治风险,而实际上他所面临的风险小得多。)

舍伍德后来写道,美国媒体和公众将总统 5 月 27 日的讲话解释为"一次庄严的承诺。大家认为美国进入反德战争是不可避免的,甚至是迫在眉睫的"。③ 在一篇社论中,《纽约时报》称赞罗斯福"为自由而战"④,并补充说,总统"承诺的国家道路……将得到我们绝大多数民众的支持"。但在所有有利的评论中,几乎无人提及罗斯福并未承诺未来将开展什么行动。

广播次日,200 多名记者挤进了罗斯福的办公室,急于详细了解他现在打算采取何种行动。他们注定要失望。就像此前经常发生的那样,总统话语强硬,但对于任何交战的想法,他都进行了回

---

① Robert Sherwood, *Roosevelt and Hopkins: An Intimate History*, New York: Harper, 1948, p. 298.
② Robert Sherwood, *Roosevelt and Hopkins: An Intimate History*, New York: Harper, 1948, p. 298.
③ Robert Sherwood, *Roosevelt and Hopkins: An Intimate History*, New York: Harper, 1948, p. 298.
④ Kenneth S. Davis, *FDR: The War President, 1940-1943*, New York: Random House, 2000, p. 188.

避。至少目前是这样，不会有护航；不会废除《中立法案》；不会有战争。此外，罗斯福说，他"当前"① 并未计划发布必要的行政命令，以使刚刚宣布的无限紧急状态生效。

全美上下都弥漫着一股沮丧感。《生活》写道，总统的讲话显然似乎承诺要采取行动："他对全国上下说，各就各位，大家要与命运赛跑……要为我们有史以来将采取的最大行动做好准备。然后，当人们做好准备，紧张等待之际，他将发令员的发令枪塞进口袋，去海德公园度周末了。"②

与此同时，英国人的耐心也马上就要耗尽了。伦敦一家报纸《新闻纪事报》（*News Chronicle*）在一篇针对美国的社论中，首段直言不讳："我们希望你与我们一道参战。战斗吧！就是现在！"③ 关于美国人的犹豫不决，伦敦《每日镜报》（*Daily Mirror*）愤怒地指出："他们似乎已在悬崖边永久住下了……不要错过这部扣人心弦戏剧的下一紧张回合，就在下周……下月……某个时候……永远没有下文。"④

1941 年 5 月下旬，英国一份准官方刊物《简氏全球航空器》（*Jane's All the World's Aircraft*）的编辑发表了一份声明，称美国已决定"支持最后一名英国人"⑤ 的战争。尴尬万分的飞机制造部官员否认与该刊物有任何联系，而其出版商则表示会删除这一冒犯性的话语。

对于在伦敦的美国官员来说，华盛顿似乎是另一个星球，因为

---

① Kenneth S. Davis, *FDR: The War President, 1940-1943*, New York: Random House, 2000, p. 188.
② *Life*, June 16, 1941.
③ *Life*, June 2, 1941.
④ *Life*, June 2, 1941.
⑤ *Life*, April 14, 1941.

它不愿意接受英国可能战败的局面。"我无法理解美国那种像鸵鸟一样的态度,"① 埃夫里尔·哈里曼向一位朋友发火,"我们要么对这场战争的结果感兴趣,要么不感兴趣……如果我们有兴趣,为何我们没有意识到,我们每天都在推迟直接参战……我们正冒着'战争将会失败'的极致风险?"

"整个过程将是一场与时间赛跑的比赛,"驻伦敦的美国大使馆武官雷蒙德·李将军在其日志中写道,"我们的援助是否能足够迅速到达目的地,以支撑起一项正在落败的事业,这是一个问题。"②

---

① Lynne Olson, *Citizens of London: The Americans Who Stood with Britain in Its Darkest, Finest Hour*, New York: Random House, 2010, p. 91.
② Lynne Olson, *Citizens of London: The Americans Who Stood with Britain in Its Darkest, Finest Hour*, New York: Random House, 2010, p. 87.

第二十章 一种卖国的观点

总统虽懒散无力，但显然对政敌的感觉并非如此——这是罗伯特·舍伍德在国会批准《租借法案》几天后帮助罗斯福撰写演讲稿时发现的。在舍伍德看来，该演讲应该庆祝政府的胜利。然而，总统不是这样认为的。

罗斯福声称自己打算"在这次讲话中变得非常强硬"①，他看上去灰暗而疲倦，对那些反对他帮助英国的人发起"尖刻而报复性的"②（据后来舍伍德所描述）攻击，将他们愤怒地称呼为"某个专栏作家"、"某个参议员"以及"某些共和党演说家"。舍伍德瞠目结舌。他从未见过总统的心情如此糟糕，也从未见过他"发脾气……也从未见过他有一丁点神经过敏，他对下属也只是谨慎相待"。

罗斯福在向速记员口述该"积怨档案"时说了个把小时，而后他突然停下来，一言未发就离开了房间。舍伍德吓坏了，立即找到哈里·霍普金斯告诉后者发生了什么事情。霍普金斯满不在乎地告诉对方不要担心，他确信总统只是将所有"令人烦躁的东西"从自己心中移走，而不是打算在演讲中这样做。

---

① Robert Sherwood, *Roosevelt and Hopkins: An Intimate History*, New York：Harper, 1948, p. 265.
② Robert Sherwood, *Roosevelt and Hopkins: An Intimate History*, New York：Harper, 1948, p. 266.

霍普金斯是对的，但只是关于那个演讲的看法是对的。罗斯福对与自己敌对的那些孤立主义者大发雷霆，从1941年初开始，他就全力以赴、毫不留情地摧毁他们的信誉和影响力。"如果说1940年就像是一场艰苦的马车赛开启了大幕，那么1941年便是它残酷的高潮，"民主党的一名特工欧内斯特·库尼奥回忆道，"一旦清除了选举方面的障碍，罗斯福就扔下身上的包裹物，扣紧头盔，长驱直入。"①

起初，总统希望《租借法案》的通过将昭示着孤立主义影响的终结，希望美国人现在团结起来支持本国作为英国非交战盟友这一新角色，很多人确实这样做了。不过，虽然在1941年春季，干预主义运动已毫无疑问地壮大了，孤立主义也大大减少了，但后者仍然是一股不容忽视的力量，其顽固分子发誓要与罗斯福斗争到底。

罗斯福及其盟友们反复强调国民团结的必要性——按照他们自己的方式。在《租借法案》通过后的某次讲话中，总统坚称已到了结束质疑和异议的时候了："你们的政府有权期望所有公民都一起加入我们的共同防御中来——从此刻起忠诚地参与进来。"② 他批评那些仍在提出异议的人狭隘、自私、持党派偏见、不爱国。据罗斯福说，他们"在大多数情况下不经意间"③ 帮了一把美国境内的轴心国特工，这些特工试图"将我们的人民分裂成敌对的群体，破坏我们的团结，粉碎我们自我防卫的意愿"。罗斯福接着说：

---

① Cuneo unpublished autobiography, Cuneo papers, FDRPL.
② Richard W. Steele, *Propaganda in an Open Society: The Roosevelt Administration and the Media, 1939-1941*, Westport, Conn: Greenwood Press, 1985, p. 117.
③ Kenneth S. Davis, *FDR: The War President, 1940-1943*, New York: Random House, 2000, p. 83.

"我不是指控这些美国公民是外国特工。但我确实指控他们在美国的所作所为,这些正是独裁者们所希望的。"

关于罗斯福的策略,历史学家理查德·斯蒂尔后来这样评论道:"总统所斗争的……不是不忠,而是少数美国人对战争起源和目的存在的疑虑。罗斯福并没有正面处理这些疑虑——这确实是一项艰巨的教育任务,他转而选择抹黑它们、从而'抹掉'它们。"[1] 罗斯福的战略——质疑批评者不爱国,指责他们向敌人提供援助和鼓励——将被后来上任的部分总统借用,如林登·约翰逊、罗纳德·里根(Ronald Reagan)和乔治·沃克·布什(George W. Bush,即"小布什"),这些人在自己的外交政策遭到反对时也采取了这一策略。

孤立主义运动方面的历史学者韦恩·科尔是这样描述这一时期的:"在外交政策问题方面,理论上言论十分自由。但在实践中,直至 1941 年,谁要为非干预主义发言都将受到怀疑,且不得不面对自己名誉受损以及智慧甚至忠诚度被人质疑的局面。"[2]

反孤立主义运动的主要靶子是"美国至上"及其最著名的成员查尔斯·林德伯格,这不足为奇。林德伯格于 1941 年 4 月决定加入该组织,这对后者大有裨益,因为在反对《租借法案》中败北后,该组织经历了成员急剧缩水、筹集资金锐减的境地。而在罗伯特·伍德将军宣布飞行员成为"美国至上"委员会的成员后,二者都直线上升。在谈到林德伯格时,伍德宣称:"他已成为本方

---

[1] Richard W. Steele, "Franklin D. Roosevelt and His Foreign Policy Critics," *Political Science Quarterly*, Spring 1979.

[2] Wayne S. Cole, *Roosevelt and the Isolationists, 1932–1945*, Lincoln: University of Nebraska Press, 1983, p. 418.

观点的真正领导者,在本国民众中追随者众多。"① 记者 H. R. 尼克尔博克（H. R. Knickerbocker）指出,过去一年中,林德伯格的声誉可能已被玷污,但"因为他身上的某些东西还深深地吸引着美国,因此他尚未完全丢掉声誉……他的影响力超过了我们所有其他的孤立主义者……我相信,林德伯格要为这个国家长时间的摇摆不定——犹豫是否为了自我防卫而参战——负主要责任"。②

罗斯福无疑也这样认为。根据历史学家肯尼斯·戴维斯的说法,总统认为林德伯格控制着孤立主义运动中的权力平衡："通过团结核心力量——否则其将在明显的压力下解体——并混淆、分裂极少数民众……他能阻止政府采取真正有效的行动。因此,林德伯格应该被禁言。"③

在林德伯格加入"美国至上"的几周内,这个重新活跃起来的组织已经吸收了数十万名新成员。无论在哪里,只要他在"美国至上"的集会上发言,都会人潮涌动,为他鼓劲。他在该组织的基层成员中特别受欢迎,因此被用作门奖（door prize）*。"美国至上"宣布：成员数量增长最多的分会将赢得主持林德伯格下一次演讲的特权。

所有这一切都让总统及其手下非常担心,他们特别担心林德伯格对年轻人产生持续的吸引力,如创立"美国至上"的耶鲁大学

---

① Wayne S. Cole, *Charles A. Lindbergh and the Battle Against American Intervention in World War Ⅱ*, New York: Harcourt Brace Jovanovich, 1974, p.120.
② Kenneth S. Davis, *The Hero: Charles A. Lindbergh and the American Dream*, Garden City, N.Y.: Doubleday, 1959, p.400.
③ Kenneth S. Davis, *The Hero: Charles A. Lindbergh and the American Dream*, Garden City, N.Y.: Doubleday, 1959, p.403.
* 舞蹈或聚会或其他社交用途的票,在入口处发放；对获得门票奖励的人发放的奖——因在比赛和竞争中获胜或中奖而被奖励的东西。——译注

学生。多萝西·汤普森在 1940 年大选后仍然坚定地支持总统,她将美国大学生对林德伯格及其观点的兴趣比作"希特勒青年运动"对元首的崇拜。

然而,虽然"美国至上"在林德伯格加入后达到了其实力巅峰,但也因他而受到了远多于以往的批评。具有讽刺意味的是,在这段时间里,林德伯格最直言不讳的对手之一是罗伯特·舍伍德(他曾惊骇于罗斯福对对手的尖刻批评)。就在要去白宫开始工作之前,舍伍德在面向加拿大听众的一次广播讲话中,将自己曾经视为英雄的这个人称为"阿道夫·希特勒的马屁精"①,因为他持"一种卖国的观点",并且"致力于为希特勒的事业辩护"。舍伍德除了在此将林德伯格称为纳粹分子外,在后来某次"怀特委员会"的会议上,他也这样做了。他在这次会议上将林德伯格称为"一个纳粹,带着纳粹分子对于所有民主进程的极度蔑视"。②

白宫招揽了一批国会议员和政府官员加入了舍伍德对林德伯格的中伤行动。总统的主要代言人是内政部长哈罗德·艾克斯,他显然很享受这一工作并一再提醒听众,他是首位攻击该飞行员的名人,因为飞行员于 1938 年领取了一枚德国勋章。正如弗朗西斯·比德尔所指出的,艾克斯有"天赋……直击要害"③。艾克斯对林德伯格非常痴迷,以至于保存着一份编制了索引并做了注释的文件,其中有后者所有的演讲和文章。

在 1940 年的一次演讲中,艾克斯把林德伯格视为"本土法西

---

① John Mason Brown, *The Ordeal of a Playwright: Robert E. Sherwood and the Challenge of War*, New York: Harper & Row, 1970, p. 97.
② Wayne S. Cole, *Charles A. Lindbergh and the Battle Against American Intervention in World War II*, New York: Harcourt Brace Jovanovich, 1974, p. 147.
③ Francis Biddle, *In Brief Authority*, Garden City, N.Y.: Doubleday, 1962, p. 179.

图 20-1　内政部长哈罗德·艾克斯在华盛顿与英国前（以及未来的）外交大臣安东尼·艾登握手

斯主义者"① 和"一位四处巡游的绥靖分子，还没等命令下来就会毫无尊严地递上自己的剑"②。1941 年 2 月，内政部长声称林德伯格及其盟友是"一些假装爱国的卖国贼，他们为了让希特勒主义更加轻易地战胜我们，会巧妙地阻止我们获胜，比如令我方的枪支开不了、飞机飞不了"。2 个月后，艾克斯指责林德伯格是"纳粹（在美国）的头号同道中人"③，也是"将亲纳粹主义标准拔高了

---

① Ickes speech, Dec. 17, 1940, Ickes papers, LC.
② Ickes speech, Feb. 25, 1941, Ickes papers, LC.
③ Wayne S. Cole, *Charles A. Lindbergh and the Battle Against American Intervention in World War II*, New York: Harcourt Brace Jovanovich, 1974, p.130.

的首位美国人"。而同样是在4月的一次演讲中，他把安妮·林德伯格那臭名昭著的《未来的浪潮》称为"每一个美国纳粹分子、法西斯主义者、暴徒和绥靖分子的《圣经》"。

在艾克斯进行演讲后数天，罗斯福决定亲自与林德伯格一较高下。在此之前，他只对飞行员及其妻子进行了间接的贬损。例如，在舍伍德的鼓动下，他在其第三任期就职演说中轻蔑地聚焦安妮·林德伯格的书，他宣称："有人相信……暴政和奴隶制已成为未来的浪涌，而自由则成了退却的潮水。我们的民众清楚，这不是真的。"①

但时至1941年早春，罗斯福确信艾克斯反复跟他所说的内容是真实的——林德伯格是"一名无情且蓄意的法西斯主义者"②，出于对总统的憎恨，他决心"为自己获得终极权力"。4月底，总统召来了一个名叫约翰·富兰克林·卡特（John Franklin Carter）的人前往自己的办公室，后者负责白宫一家小型秘密的研究和情报单位，该单位是罗斯福设立的。卡特毕业于耶鲁大学并且是一名为多家报纸供稿的专栏作家。他与其研究人员一起，为罗斯福收集各类信息——从公众舆论到总统的政治对手。在这种情况下，总统要求卡特向他提供"内战铜头毒蛇"（Copperheads）（南北战争时的一个政治团体）的材料，这些北方人曾对林肯总统和战争持批评态度，并同情（美国内战中的）南方。

卡特刚刚完成其调查，罗斯福的新闻秘书史蒂夫·厄尔利就告诉白宫记者，等到下一次总统新闻发布会时，如果他们提出这样一个问题——为什么林德伯格不像其他众多的预备役军官那样，被召

---

① A. Scott Berg, *Lindbergh*, New York：Berkley Books, 1999, p.407.
② Ickes to FDR, Steve Early papers, FDRPL.

回服现役,他们可能会得到一个有趣的答案。

4月25日,一位记者确实提出了这个问题,罗斯福早已准备好怎么回应,他借古喻今。他说,在内战期间,一些人因为其失败主义态度而特别被禁止在美军中服役。尤其是那些反战的北方传统民主党人,该党派由俄亥俄州一位名叫克莱门特·瓦兰迪汉(Clement Vallandigham)的参议员领导,他对林肯政府发表了"具有攻击性的演讲"①,并宣称北方永远不会在与南方的冲突中获胜。瓦兰迪汉被捕后被放逐到南部同盟,随后他前往加拿大,而后又重返北方并在此继续进行煽动。虽然有人催促林肯判他叛国罪,但林肯否决了。

当记者问罗斯福是否将林德伯格比作瓦兰迪汉时,罗斯福总统回答说是的。在同样的情形下,他提到了美国独立战争中的绥靖分子——这些人试图说服乔治·华盛顿在福奇谷*放弃战斗,他们表明英国人不可战胜。在新闻发布会上,似乎并无记者意识到将林德伯格和早先的失败主义者之间进行类比至少在某一方面是错误的:1941年4月,美国尚未处于战争中。

罗斯福对林德伯格的公开谴责在全美范围内成为头条新闻,大量新闻报道指出,总统差不多就要直呼林德伯格为叛徒了。罗斯福的声明令公众对这位飞行员发起了新一轮的攻击。在西弗吉尼亚州的查尔斯顿,一名联邦法官在大陪审团宣誓之际,跑题去谴责林德伯格批评罗斯福的外交政策。"你们说我们在这个国家有言论自

---

① Kenneth S. Davis, *The Hero: Charles A. Lindbergh and the American Dream*, Garden City, N. Y.: Doubleday, 1959, p.403.

* 独立战争爆发后,华盛顿率领的军队屡战屡败,逃至费城的大山之中,以保存有生力量。这个地方叫 Valley Forge,中文译作"福吉谷"或者"福奇岛"。——译注

由，"法官说，"但我要告诉你们，不应允许任何人攻击我们的政府，特别是在这些日子里。"① 他接着说，"林德伯格这样的人毁了美国"。在6月初写给《纽约时报》编辑的一封信中，一位读者称林德伯格为"一条蛆"②，并要求以叛国罪和煽动革命罪逮捕他。

罗斯福发表的反林德伯格声明以及由此引发的反响受到了极大的批评，即使是一些著名的干预主义者也对之进行了抨击。虽然林德伯格的外交政策观点与纳粹宣传鼓吹中所倡导的观点相似，但他从未因德国或任何别的国家而支持纳粹。事实上，他反对任何外国政府或政党对美国施加影响这类观点。正如《生活》所指出的："现在没有任何记录或证据表明林德伯格有意跟随纳粹政党的路线或与德国领导人，或与其代理人进行过任何接触。也许因为几乎其他所有的人都在如此强烈地反对纳粹，所以林德伯格看起来是纳粹的支持者。"③

根据一份发送给罗斯福的政府报告："媒体十分反对总统（对林德伯格）发表的苛责……有人认为，总统沉溺于人身攻击，这不利于国家团结。"④ 温德尔·威尔基说："希望政府会停止这些持续的、激烈的攻击……应该通过系统有序和深思熟虑的讨论发扬民主，而不是通过这种不成熟的辱骂。没有什么比这种攻击更能造成分裂了。"⑤ 几天后，威尔基在纽约的一次干预主义者集会上发言，他斥责听众在提到林德伯格的名字时大喝倒彩。"我们不要再对任

---

① *Charleston Evening Post*, May 26, 1941.
② Charles Wolfert, letters to the editor, *New York Times*, June 5, 1940.
③ Roger Butterfield, "Lindbergh," *Life*, Aug. 11, 1941.
④ Richard W. Steele, *Propaganda in an Open Society: The Roosevelt Administration and the Media, 1939-1941*, Westport, Conn: Greenwood Press, 1985, p.191.
⑤ Steve Neal, *Dark Horse: A Biography of Wendell Willkie*, Garden City, N.Y.: Doubleday, 1984, p.212.

何一位美国公民无礼了,"他说,"今晚来到这里的人,无论信仰和党派,无论性别,都不是为了来诽谤我们的同胞。我们一个都不能少。让我们将所有的嘘声都留下送给希特勒。"①

至于林德伯格,他因总统的攻击而感到震惊,这很反常。长期以来,他一直因其面对批评时"岿然不动、宽容冷淡"(这是他妻子的描述)而闻名。他曾告诉某位记者,自己只关心"家国、朋友以及同胞们未来的福利,只要与这些相关,挨几句骂没什么"。②

但这轮攻击不仅是一次政治攻击,他认为美国总统已直接质疑他的忠诚、质疑他的品行。"发现自己正在反对一场自己并不相信的战争,这何其有幸;但我宁愿自己正在为一场自己确实相信的战争而战。"③林德伯格在其日记中苦涩地评论道:"要是美国能站在一场理性之战的正确一方该多好!有些仗是值得去打的,但我们如果参加这场战争的话,将给美国带来灾难。"

林德伯格深思熟虑了几天后,给罗斯福写信要求卸任。"非常遗憾,我采取了这一行动,"④他跟总统说,"因为我与陆军航空兵团的关系是我此生中最为重要的关系之一。在我看来,它仅次于本人作为一个公民的权利——与同胞进行自由交谈的权利,以及与他们讨论本次危机中所面临战争与和平问题的权利。"

在专栏作家多丽丝·弗莱森(Doris Fleeson)所说的"这一新

---

① Steve Neal, *Dark Horse: A Biography of Wendell Willkie*, Garden City, N.Y.: Doubleday, 1984, p. 212.
② Walter S. Ross, *The Last Hero: Charles A. Lindbergh*, New York: Harper & Row, 1976, p. 319.
③ Charles A. Lindbergh, *The Wartime Journals of Charles A. Lindbergh*, New York: Harcourt Brace Jovanovich, 1970, p. 478.
④ Kenneth S. Davis, *The Hero: Charles A. Lindbergh and the American Dream*, Garden City, N.Y.: Doubleday, 1959, p. 404.

的、噼里啪啦的罗斯福-林德伯格之争中"①,史蒂夫·厄尔利尖锐地批评林德伯格一边将该信寄往白宫,一边向媒体公开这封信。厄尔利注意到,1934年林德伯格向罗斯福写信批评后者取消航空邮件合同时,已用过这一战术了。然后,厄尔利对林德伯格继续深挖,高声质疑他是否还正在"归还希特勒先生颁发的勋章"②。根据一家报纸对厄尔利言论的报道,他"刚离开总统,没有人怀疑希特勒式的俏皮话是罗斯福式的"。③

许多媒体指责林德伯格和罗斯福的行为不合时宜、粗暴无礼。"没有证据证明总统将林德伯格先生与瓦兰迪汉参议员放在一起比较的做法是合理的。"④《纽约时报》发表社论说:"也没有任何美国人——从士兵到一般军官,无论在服现役或服预备役——能重要到可以不再为这个国家服务,就因为他(正如他所认为的)被三军统帅或任何其他上司不公正地训斥了。"《生活》说,这起事件"给美国人留下了不好的印象。总统对他人进行于事无补的侮辱。而'孤鹰'*则发怒并要求辞职,这也于事无补"⑤。

在此之前,林德伯格的演讲都是相对审慎而客观的,在很大程度上避免进行人身攻击。然而,在白宫发起猛攻之后,这一情形发生了变化。他的演讲变得更具争议性、更尖刻、更富煽动性,他经常对罗斯福和其他政府官员进行尖锐的批评。具体来说,他指责总统破坏民主和代议制政府。

---

① *Washington Times-Herald*, April 30, 1941.
② *New York Times*, April 30, 1941.
③ *Washington Times-Herald*, April 30, 1941.
④ *New York Times*, April 29, 1941.
* 林德伯格。——译注
⑤ *Life*, May 12, 1941.

林德伯格在某次于明尼阿波利斯举行的"美国至上"集会上说，民主"如今是不存在的，即便在我们自己的国家中"。① 对于他口中的"以秘密手段执政"②，他大加谴责；并指责罗斯福剥夺了美国人的"信息自由——自由民族拥有自己在哪些方面被政府领导的知情权"。在纽约麦迪逊广场花园（Madison Square Garden），他宣称在1940年总统竞选期间，选民们在对外交政策发表言论方面被给予的机会，"几乎与德国人可以获得的机会差不多——如果希特勒与戈林竞选的话"③。

　　当他在一次演讲中为了美国"主张新政策和新领导"④ 时，他的批评者们指责他呼吁推翻罗斯福政府。林德伯格坚决否认这一指控，并在他的反战运动中首次也是唯一一次发表声明，澄清自己的本意。在一份给巴尔的摩《太阳报》（该报纸要他进行本次说明）的电报中，他说："我和'美国至上'委员会的任何人都不主张通过宪法手段之外的方式开展行动。"⑤ 在另一次极其牵强附会的解释中，他坚称，他呼吁换掉领导实际上是针对干预主义运动——"我们（美国）近几个月来一直跟随着国内南辕北辙的领导者"。

　　随着罗斯福和林德伯格定下基调，有关美国参战与否的争论变得愈发激烈。"双方都发现，要把对手视作恰好持有不同意见的诚

---

① Roger Butterfield, "Lindbergh," *Life*, Aug. 11, 1941.
② Wayne S. Cole, *Charles A. Lindbergh and the Battle Against American Intervention in World War II*, New York: Harcourt Brace Jovanovich, 1974, p. 189.
③ Wayne S. Cole, *Charles A. Lindbergh and the Battle Against American Intervention in World War II*, New York: Harcourt Brace Jovanovich, 1974, p. 189.
④ Wayne S. Cole, *Charles A. Lindbergh and the Battle Against American Intervention in World War II*, New York: Harcourt Brace Jovanovich, 1974, p. 189.
⑤ Wayne S. Cole, *Charles A. Lindbergh and the Battle Against American Intervention in World War II*, New York: Harcourt Brace Jovanovich, 1974, p. 190.

图 20-2　查尔斯·林德伯格在"美国至上"印第安纳州韦恩堡
一次集会上讲话，集会上人山人海

实之人，愈发困难。"① 历史学家韦恩·科尔评论道："双方发动的攻击都变得更加针对个人、更加恶意，也更具破坏性。人们更倾向于这样看待对手：他们不仅是错误的，而且是邪恶的；他们采取的行动可能源于自私的、反民主的甚至颠覆活动的考量。"

记者雷蒙德·克拉珀的妻子亲身体会到，当她的丈夫开始收到数百封"污秽的、粗俗的"②，并威胁他及其两个孩子的生命的信

---

① Wayne S. Cole, *Charles A. Lindbergh and the Battle Against American Intervention in World War II*, New York: Harcourt Brace Jovanovich, 1974, pp. 140-141.
② Olive Clapper, *Washington Tapestry*, New York: McGrawHill, 1946) p. 250.

件时,这场辩论已变得多么残酷,而起因仅仅是他在自己新闻集团的专栏文章中倡议向英国输送更多的援助。一天,奥利弗·克拉珀收到一个邮寄过来的被装在礼盒中的包裹。她打开后发现里面是一具微型黑棺材,棺材里面放着一具纸骷髅,上面标着"你的丈夫"。

持干预主义立场的报纸和杂志无疑与持孤立主义立场的对手们——《芝加哥论坛报》、赫斯特出版社(the Hearst press)和斯克里普斯-霍华德报系(Scripps-Howard papers)——相抗衡,互相展开恶意攻击。《旧金山纪事报》(*San Francisco Chronicle*)刊登了一幅漫画,上面描绘了参议员杰拉尔德·奈正挥舞着"美国至上"的旗子登上一节印着"纳粹"字样的火车守车[*]。罗伯特·麦考密克的《论坛报》则将罗斯福及其拥趸称为"肥胖的老人,高龄的歇斯底里症患者……他们把所有的精力都用在挑起战争、为他人而战上面"。[①] 与此同时,《时代》则将"美国至上"称为"仇犹者、仇罗斯福者、仇英者、科格林主义者(Coughlinite)[**]、政客和煽动者"[②] 之集大成者。在一篇社论中,《芝加哥日报》暗示"美国至上"所持立场给敌人提供了帮助和安慰,该报声称,这构成了叛国罪。

同样参与到这一指责把戏(blame game)[***] 中的人是苏斯博士(Dr. Seuss),无可比拟的西奥多尔·苏斯·盖泽尔(Dr. Seuss. Theodor Geisel)是他的本名。当时他担任 *PM* 的社论漫画家,这是一家左

---

[*] 过去每列火车尾部都会有个小房子一样的车厢,用来瞭望车辆或协助刹车。——译注

① Joseph Gies, *The Colonel of Chicago*, New York: Dutton, 1979, p. 170.

[**] 仇外的人,担心外来方式对美国人的生活造成威胁。——译注

② Geoffrey Kabaservice, *The Guardians: Kingman Brewster, His Circle, and the Rise of the Liberal Establishment*, New York: Henry Holt, 2004, pp. 80-81.

[***] 美国总统竞选中常用的策略,互相将责任推给对方。——译注

倾的、持干预主义态度的纽约日报。苏斯博士后来很快成为美国最受爱戴的一位儿童书籍作者。根据其编辑和出版商拉尔夫·英格索尔的说法，孤立主义者是"民主之敌"①，因此他的报纸"具有某种特殊的义务——和特权——来揭露他们"。

身为达特茅斯*的毕业生，盖泽尔于1941年开始在《PM报》工作时，就已出版了两本儿童书籍——《国王的高跷》（King's Stilts）和《霍顿孵蛋》（Horton Hatches the Egg）。盖泽尔的漫画采用了那些奇特的超现实动物，它们具有一针见血的机智——这成为他作品的标记性特征，讽刺了轴心国领袖和美国孤立主义者。他最喜欢的话题首先是希特勒，然后就是查尔斯·林德伯格。

他有幅漫画描绘了林德伯格正拍着纳粹飞龙的头部。而另一幅漫画中，一群鸵鸟（鸵鸟是盖泽尔笔下孤立主义的象征）正沿着街道行进，它们举着一个标示牌，上面写着：1944年林德格竞选总统！② 而几个戴着黑色头罩的邪恶人物，身上贴着"美国法西斯"的标签，跟在他们举着的标语后面，上面写着：是的，但为何要等到1944年呢？另一幅漫画中，一头微笑的鲸鱼腾跃在山顶上，唱着："我在保住我的头皮／高居于阿尔卑斯山之顶／亲爱的林弟！他令我做了这个决定！"③**

---

① Richard H. Minear, *Dr. Seuss Goes to War: The World War II Editorial Cartoons of Theodor Seuss Geisel*, New York：New Press, 1999, p. 14.
* 达特茅斯学院，世界知名大学，也是著名的私立八大常春藤盟校之一。——译注
② Richard H. Minear, *Dr. Seuss Goes to War: The World War II Editorial Cartoons of Theodor Seuss Geisel*, New York：New Press, 1999, p. 20.
③ Richard H. Minear, *Dr. Seuss Goes to War: The World War II Editorial Cartoons of Theodor Seuss Geisel*, New York：New Press, 1999, p. 21.
** 这幅漫画将查尔斯·林德伯格等美国孤立主义者比作生活在阿尔卑斯山山峰上的鲸鱼。全文是：鲸鱼说，"海洋里有这么多的鱼在打架……我在保住我的头皮／高居于阿尔卑斯山之顶／亲爱的林弟！他令我做了这个决定！"——译注

"美国至上"也是盖泽尔讽刺画笔下的一个经常描绘的对象。他1941年的一幅漫画中有位母亲,上面标着"美国至上",她在给吓坏了的孩子们读一本书,书名为《阿道夫这匹狼》(Adolf the Wolf)。插图旁白写着:"……狼把孩子们嚼碎,吐出骨头来……但那些是他国的儿童,这真的不要紧。"[1]

由于盖泽尔等人针对"美国至上"的批评令人颜面扫地,该组织相当多的温和派成员纷纷辞职;在其数个分会中,出现了转向极右的重大变化。像库格林神父(Father Coughlin)的"全国社会正义联盟"(National Union of Social Justice)这样的边缘团体,其成员在"美国至上"听众中逐渐占据越来越大的比例。他们在听到任何提及罗斯福、温斯顿·丘吉尔或温德尔·威尔基的场合都会发出嘘声;而在演说者嘲笑英国和"国际银行家",或者断言"英国正在输掉战争"时,他们则一片欢呼。

林德伯格为了证实自己所言非虚——英国应该与德国谈判,在一次集会上说,英国人面临饥荒,他们的城市经受着"轰炸摧毁"[2]。洞穴般幽深的大厅迅速爆发出状若狂欢的掌声。而在他发言的另一场集会中,听众中有数人高呼"绞死罗斯福!"[3] 以及"弹劾总统!"。与"美国至上"的其他领导者一样,林德伯格谴责这种仇恨的言论,但他的批评收效甚微。根据历史学家杰弗里·佩雷的说法,"林德伯格违背了自己的意愿,成为孤立主义最坏分子

---

[1] Richard H. Minear, *Dr. Seuss Goes to War: The World War II Editorial Cartoons of Theodor Seuss Geisel*, New York: New Press, 1999, p. 21.

[2] Geoffrey Perret, *Days of Sadness, Years of Triumph: The American People, 1939-1945*, New York: Coward, McCann & Geoghegan, 1973, p. 159.

[3] Isabel Leighton, *The Aspirin Age: 1919-1941*, New York: Simon & Schuster, 1949, p. 211.

的宠儿"。①

在这段时间里,干预主义运动也被温和主义与激进主义之间的激烈斗争搅浑。它最后也以温和派的失败及其领导人威廉·艾伦·怀特的突然辞职而告终(怀特负责的这一组织是他于 1940 年春季创办的)。

数月来,怀特一直与其组织中更为极端的干预主义者产生分歧,其中许多人也是"世纪集团"的成员。尽管他为英国获得全面援助而四处奔走,但这位 72 岁的编辑仍然坚持认为美国必须远离战争。"一个老头子有啥权利喊青年小伙去送命?"② 怀特写信给罗伯特·舍伍德说:"每当高声呼唤战争时,我总因一个老人的恐惧和怀疑而束手束脚。在这些种子中,忧愁渐生,将会结出悲剧之果。"

但随着英国濒临灾难的边缘,"怀特委员会"中越来越多的成员对这种个人的怀疑和顾忌失去了耐心。"世纪集团"更直言不讳,对于怀特渴望的温和节制和文明充满了蔑视。怀特在写给《纽约时报》出版商亚瑟·苏兹伯格的信中抱怨:"'激进的''世纪集团'令我更头疼,也令我在夜间难以入眠,夜晚清醒的时间远长于工作时所花费的时间。"③

到 1940 年底,干预主义派别之间的裂痕已成为一道鸿沟。怀特和该组织纽约分会的大多数成员之间就该委员会于 1940 年议会

---

① Geoffrey Perret, *Days of Sadness, Years of Triumph: The American People, 1939-1945*, New York: Coward, McCann & Geoghegan, 1973, p. 159.

② John Mason Brown, *The Ordeal of a Playwright: Robert E. Sherwood and the Challenge of War*, New York: Harper & Row, 1970, pp. 32-33.

③ White to Arthur Sulzberger, Dec. 10, 1941, White papers, LC.

选举中应发挥怎样的作用发生了激烈的争执,内部分歧从中可见一斑。该分会大部分成员认为,"怀特委员会"应支持那些赞成对英国发起援助的候选人,并努力击败那些持反对意见的候选人。而反观怀特,他主张应超脱党派之争。作为一名坚定的共和党人,他知道大多数持孤立主义观点的国会议员是共和党成员,他决心不做任何阻碍他们获胜的事。

当纽约的激进分子组团反对汉密尔顿·菲什当选时,这一问题便到了紧要关头。汉密尔顿·菲什是他们所在州共和党国会议员中的首要孤立主义者。反菲什组织利用"怀特委员会"纽约分会的办公室作为其总部,这令局外人认为该委员会是阻止菲什当选的背后力量。

在一封仓促写就的信中,怀特向这名国会议员否认自己与反对后者的运动有任何关联,继而说:"虽然你和我对该运动的某些问题持不同意见,但我希望作为共和党人,我们能团结一心,支持每个地区和每个州的每张共和党选票。"① 他向自己的老朋友菲什明确表态,这封信菲什想怎么用就可以怎么用。菲什立即公开了该信,并赢得了连任。怀特支持反对其委员会事业的这名顽固分子,这令拥护他的公众十分震惊,其组织的大量成员愤怒地质疑自己领导人的忠诚何在:是忠心于其共和党同僚,还是坚信英国终将胜利、纳粹德国必将战败?

这一争执出现后不久,对于委员会未来走向便出现了争议。针对怀特更令人愉快的判断,该团体执行董事于1940年12月发表声明,敦促罗斯福加大战争动员力度并承担维护"英美两国之间生

---

① Kenneth S. Davis, *FDR: The War President*, *1940-1943*, New York:Random House, 2000, p. 87.

命线"① 的责任,"在任何情况下"都不得砍掉这条生命线。实际上,该委员会曾呼吁,若所有其他措施都失败了,便使用美国海军护航英国商船。反对护航的怀特担心委员会"走在公众舆论和总统前面过远"②。于是他在堪萨斯州的家中,告知委员会其他领导者他对此深表担忧。

几天后,怀特得知出版商罗伊·霍华德正计划在其斯克里普斯-霍华德报系刊登一篇文章,攻击他及其团体是战争的鼓吹者。怀特在委员会的工作使他筋疲力尽,又愤怒于霍华德将自己称为"激进的战争贩子",同时也担心妻子的健康状况不佳,他已经受够了。他告知霍华德,该报道的前提是完全错误的:"上帝知道,我待在这个组织的唯一原因是想让这个国家免于战争……有我和我的人赞成派出护航舰队这样的传言,是一件愚蠢的事情。因为护航,除非你开枪,否则仅作为装饰而已。现在并非开枪的时候,或者永远都不是时候。"③ 怀特补充说:"如果我为'援盟卫美委员会'做一箴言,那就是'美国佬不会来了'。"他允许霍华德印刷出版这封信。

这封信的出版问世令怀特在执行董事会的同事们以及该集团的普通成员大吃一惊。实际上,他们的这位负责人实际上已致力于奉行许多人坚决反对的政策:不管英国的命运如何,都反对美国参与战争。"你对霍华德采访内容的误解正在全国范围产生影响;除非我们能迅速发布一份意见一致的声明,否则我们的行动将面临灾难

---

① Kenneth S. Davis, *FDR: The War President*, *1940-1943*, New York: Random House, 2000, p. 87.
② Kenneth S. Davis, *FDR: The War President*, *1940-1943*, New York: Random House, 2000, p. 87.
③ Kenneth S. Davis, *FDR: The War President*, *1940-1943*, New York: Random House, 2000, p. 88.

性的威胁。"① 该委员会的执行主任克拉克·艾切尔伯格（Clark Eichelberger）在一份紧急电报中这样告诉怀特。

但没有什么误解，孤立主义领导者们迅速采取行动，利用了干预主义运动中这一明显的深层裂痕。"怀特先生澄清了自己的立场及其委员会的立场，对这个国家贡献巨大。"② 查尔斯·林德伯格说："在我看来，当真接受其说法是明智的，欢迎他加入'孤立主义者'的阵营。"

孤立主义者对怀特这封信报以欢呼，而干预主义者则满怀愤怒。纽约市市长菲奥雷洛·拉瓜迪亚指责怀特"是典型的赖伐尔（Laval）做派"③，赖伐尔是亲德的法国维希外长。拉瓜迪亚在向公众公开的一封信中建议怀特"继续担任'言语援盟卫美委员会'主席，而我们其他人将加入一个'行动援盟卫美委员会'"④。

"怀特委员会"纽约分会立即邀请拉瓜迪亚担任其名誉主席。摩根大通的合伙人托马斯·拉蒙特在给罗斯福的信中这样写道："如果有人一直在寻找将怀特踢出去的最佳方式，那么没有什么比得上纽约分会夸赞拉瓜迪亚市长的那封侮辱信。"⑤

怀特明白了这一暗示。1941年1月1日，他辞去该委员会全美主席一职。6个月前，他作为该组织领导人出面并提出了要向盟国提供援助的想法，从而赢得了全国范围的支持，但他的温和立场

---

① Clark Eichelberger to White, Dec. 26, 1940, White papers, LC.
② Wayne S. Cole, *Charles A. Lindbergh and the Battle Against American Intervention in World War Ⅱ*, New York: Harcourt Brace Jovanovich, 1974, pp. 137-138.
③ Wayne S. Cole, *Charles A. Lindbergh and the Battle Against American Intervention in World War Ⅱ*, New York: Harcourt Brace Jovanovich, 1974, p. 138.
④ Wayne S. Cole, *Charles A. Lindbergh and the Battle Against American Intervention in World War Ⅱ*, New York: Harcourt Brace Jovanovich, 1974, p. 138.
⑤ Thomas Lamont to FDR, Jan. 3, 1941, President's Official File, FDRPL.

现在已被视为落伍了。他向一位朋友抱怨说,该委员会受制于顽固的干预主义者:"没法赶走他们……这个组织正被用来为战争跳鬼魂舞*,我实在无法继续担任其负责人了。"①

怀特辞职后,"世纪集团"旗下的狂热分子刘易斯·道格拉斯成为该委员会最具影响力的人物。他写道:"只要击败轴心国需要什么,本委员会的政策方针就会采纳什么。"② 他明确指出,其中包括战争的可能性——甚至可能性极大。

与此同时,"世纪集团"的成员于1941年初解散了这一组织,认为因缺乏基层结构和广泛的财政资助,该组织效用极为有限。该组织的部分成员立即形成了一个新的更为强硬的机构,名为"为自由而战"(Fight for Freedom)。其创始人有赫伯特·阿加及其在路易斯维尔《信使报》的同事乌尔里克·贝尔(Ulric Bell),后者成为该组织的执行董事。

"为自由而战"这一组织主张美国应无条件地进行军事干预;与"世纪集团"此前的做法相比,它的要求更为激进,在攻击对手方面也更具煽动性。它的主席——辛辛那提的主教亨利·霍布森(Henry Hobson)——于1941年4月19日将该机构公之于众,宣布美国"处于不道德的、怯懦的境地——要求他人为了这一在我们看来至关重要的胜利而做出最大牺牲。一旦美国接受了我们身处

---

* 印第安人的一种舞蹈,舞者期望所有的白人元素如枪支等都会被埋葬,反映出其反抗白人统治的宗教观和救世观。——译注

① Geoffrey Perret, *Days of Sadness, Years of Triumph: The American People, 1939-1945*, New York: Coward, McCann & Geoghegan, 1973, p. 155.

② William M. Tuttle Jr., "Aid-to-the-Allies Short-of War vs. American Intervention, 1940: A Reappraisal of William Allen White's Leadership," *Journal of American History*, March 1970.

战争中这一事实,则我们内部终将获得和平"。① 几个月后,在一封致罗伯特·伍德将军的公开信中,霍布森指责"美国至上"成为"美国历史上第一个法西斯主义政党"②;他还跟伍德说,现在"到了您终结贵机构中纳粹恐怖和仇恨氛围的时候了"。

当"美国至上"康涅狄格州分会主席向"为自由而战"的相应领导者发出挑战,要求就外交问题进行公开辩论时,"为自由而战"的代表回答说"不要将钱花在租用某个大厅上"③,"美国至上"应租用"一架飞机和一些降落伞,并将林德伯格先生、惠勒、塔夫脱等(遣送)至希特勒的德国,因为他们目前展开的活动对德国帮助如此之多……在首次为自由而战时,我们摆脱了贝内迪克特·阿诺德;在这次为自由而战时,让我们摆脱所有的贝内迪克特·阿诺德"。

"为自由而战"的会员中有美国东海岸商业界、学术界和文化界精英,如温德尔·威尔基、格林维尔·克拉克、刘易斯·道格拉斯、洛克菲勒家族成员以及哈佛大学、曼荷莲女子学院和史密斯学院的校长们。此外,还包括作家马克斯韦尔·安德森(Maxwell Anderson)、埃德纳·费伯、乔治·S. 考夫曼、莫斯·哈特(Moss Hart)、埃德娜·圣文森特·默蕾(Edna St. Vincent Millay)和多罗茜·帕克。该机构的主要集合地点是"21俱乐部"* 曼哈顿专属

---

① Margaret Paton-Walsh, *Our War Too: American Women Against the Axis*, Lawrence: University Press of Kansas, 2002, pp. 154-155.

② Justus Doenecke, *In Danger Undaunted: The Anti Interventionist Movement of 1940-1941 as Revealed in the Papers of the America First Committee*, Stanford: Hoover Institution Press, 1990, p. 389.

③ Wayne S. Cole, *Charles A. Lindbergh and the Battle Against American Intervention in World War II*, New York: Harcourt Brace Jovanovich, 1974, p. 150.

* 纽约市的城市地标,有两大餐厅、10间私家包厢。——译注

餐厅，它的一位老板麦克·克莱恩德勒（Mac Kriendler）加入了"为自由而战"的全美董事会。

克莱恩德勒表明了他支持哪一方。如果向该组织进行捐赠的话，捐赠者在"21俱乐部"将能确保订到好位置，而众人皆知的孤立主义者将被禁止进入该餐厅。汉密尔顿·菲什曾经设法当"漏网之鱼"*，但在他离开时被克莱恩德勒的兄弟及合伙人杰克抓了个正着，并受到质问。"菲什先生，我想我不喜欢你，也不喜欢你的政见，"杰克·克莱恩德勒说，"如果你不再来这里，我将不胜感激。"①

"为自由而战"像"怀特委员会"一样，在全美范围内组建了一个广泛的分会网络，四处分发请愿书、招募地方报纸编辑支持其事业、赞助集会以及向国会写信。新组织与白宫保持着密切的关系；其高层每天都与罗伯特·舍伍德以及罗斯福的其他工作人员保持着密切的联系，舍伍德的妻子还在"为自由而战"总部担任志愿者。应乌尔里克·贝尔的要求，新闻秘书史蒂夫·厄尔利授权白宫打字员为该组织将干预主义者写给总统的信函根据名称和地址编辑邮件清单。

"为自由而战"还与一个名为"民主之友"（Friends of Democracy）的组织合作密切，结果后者甚至比前者还好战。"民主之友"由堪萨斯城唯一神教派（Unitarianism）**的里昂·伯克黑德牧师（Leon Birkhead）组织，它雇用自由撰稿记者和调查人员渗入

---

* 一语双关，菲什的英文是 Fish，鱼的意思，这里是比喻，比喻他设法悄悄地或者低调地，不引人注意地离开。——译注

① Marilyn Kaytor, "*21*": *The Life and Times of New York's Favorite Club*, New York: Viking, 1975, p. 96.

** 是否认三位一体和基督神性的基督教派别。——译注

右翼极端主义团体和反战组织,观察他们的活动并将其公之于众。

1941年初,伯克黑德的机构花费高昂成本制作出版了一份小册子,内容有关"美国至上",标题为"纳粹传送带"。这本小册子将"美国至上"称为"纳粹前线……纳粹主义的使徒们正在将其反民主思想传播到无数的家庭中"。①"为自由而战"在全美范围的分会分发了成千上万本小册子,其内容广为人知。

不久之后,伯克黑德寻求"为自由而战"成员的捐赠,以便开展"一次宣传活动,将查尔斯·林德伯格打上纳粹的标签"。②这次活动的成果是另一本精心制作的小册子,其内容指责林德伯格"对我们的民主生活方式而言是实实在在的威胁"③,并直指他是未来的"美国希特勒"。1941年4月,当林德伯格在纽约一次人山人海的"美国至上"集会上发表演讲时,100多名"民主之友"的成员分发了反对林德伯格的传单,并在会场外进行纠察。数十名警察中的大部分骑着马整晚在附近几条街上打转,为防止干预主义者和成千上万"美国至上"的支持者发生混战。

在这个国家野蛮的政治气候中,这样的场景正变得十分普遍。双方在纽约和其他城市区域的街角举行集会。他们本应在相关问题上给路人以启迪,但最后往往演变为言语和肢体的冲突。"某个新的声音歇斯底里地响起,采用了夸张的修辞,"一位记者报道称,"在这些集会上,有组织的起哄者们经常令战斗遽然而起。各自阵

---

① Wayne S. Cole, *Charles A. Lindbergh and the Battle Against American Intervention in World War II*, New York: Harcourt Brace Jovanovich, 1974, p. 140.

② Wayne S. Cole, *Charles A. Lindbergh and the Battle Against American Intervention in World War II*, New York: Harcourt Brace Jovanovich, 1974, p. 151.

③ Wayne S. Cole, *Charles A. Lindbergh and the Battle Against American Intervention in World War II*, New York: Harcourt Brace Jovanovich, 1974, p. 151.

营的支持者们互相嘲笑对方是'犹太人'、是'纳粹'。①

1941年初夏,"为自由而战"在曼哈顿第五大道圣托马斯教堂的台阶上举行集会。几个街区外,人们成群结队地离开了"美国至上"在卡内基大厅举行的一场集会,前往附近街角去听一位干预主义者发表演讲,最后导致了一场混战。数人在随后的混战中受伤。

随着1941年的时光慢慢流逝,人们愈发觉得难以容忍,这给"美国至上"和其他反战组织的行动造成了沉重打击。在迈阿密、亚特兰大、匹兹堡、洛杉矶、西雅图等主要城市,"美国至上"无法获准在公园和城市礼堂等公共场所举行集会。在布鲁克林,道奇棒球队总裁拒绝该机构使用埃比兹球场(Ebbets Field)的请求。在俄克拉荷马市,市议会一致投票取消"美国至上"与市政礼堂之间的集会租约,林德伯格将在该集会上发言(集会转而在城外的一个棒球场举行)。

反对林德伯格的人已变得如此畅所欲言,更是频频威胁他的安全,以至于他每到一个城市露面,警察都要出面保护。他们搜查他将要入住的房间,并在他的行程路线上以及他发言的大厅里安排警卫。他将公开露面的时长压至最短,只会在发表演讲时出现,然后迅速离开。

在好几个城市中,图书馆查禁了与林德伯格有关的书籍,以他命名的街道也改了名,而相关的纪念碑和牌匾都被拆掉了。在纽约,拉斐特酒店(Lafayette Hotel)——曾为雷蒙德·奥尔特格所有,这位富商的2.5万美元奖金成就了林德伯格飞往巴黎的那次历史性航行——从其酒店墙壁上取下了那面林德伯格在其跨越太平洋

---

① *Life*, Sept. 29, 1941.

之行中所持的旗子。当一位记者询问这家酒店的现主人——奥尔特格的儿子——为何那面旗帜消失的时候,这位主人耸耸肩予以回应。"太多利与弊了,"他说,"1927年我们将其悬挂此处时,大家都为他感到自豪。但现在他在谈论政治,所以最近,人们注意到这面旗帜时便开始争论。因此,最好将其拿掉了事。"①

即使是在长岛的家里,林德伯格及其家人也被"痛苦、怀疑和憎恨"②(正如其妻子所言)包围着。安妮·林德伯格在其日记中写道:"我厌倦了这个地方。我们在这里不再有任何隐私;人们整天打电话——他们知道我们在何处。他们甚至不请自来,满屋子、满花园地寻找我们。海滩上挤满了(对我们来说不太友善的)人,我再也无法前往那里了。我感到陷入了困境——周末我不想出去散步,因为害怕遇见别人。"③

1941年仲夏,林德伯格夫妇再次搬家。他们这次搬到远离马萨诸塞州的一个小岛上,该岛名为玛莎葡萄园岛(Martha's Vineyard)*,他们在那里一处与世隔绝且背风的地方租了一幢小房子。发现这个家庭的这一举动,大家立即纷纷向联邦调查局写信,警告这可能存在的危险。有封信宣称玛莎葡萄园岛是"德国人侵的完美基地"④,写信人想要知道"目前正采取什么行动来保卫这个岛?谁在监视这个如此热爱德国人、热爱新秩序的人?"另一位记者则写道:"我们中的大多数人希望收到这样的消息:'美国敌

---

① Leonard Mosley, *Lindbergh*, New York: Dell, 1977p. 306.
② A. Scott Berg, *Lindbergh*, New York: Berkley Books, 1999, pp. 424–425.
③ Anne Lindbergh, *War Within and Without: Diaries and Letters of Anne Morrow Lindbergh, 1939–1944*, New York: Harcourt Brace, 1980, p. 210.
* 常被简称为"葡萄园岛",是美国马萨诸塞州外海一岛屿。——译注
④ Dorothy Herrmann, *Anne Morrow Lindbergh: A Gift for Life*, New York: Ticknor &Fields, 1993, p. 259.

人'像德国和日本嫌犯一样已被控制住了……借助海岸附近的船只很容易就能登上玛莎葡萄园岛，当然这对于一个支持德国的人而言，将是一个理想场所。"①

正好联邦调查局已对林德伯格进行密切观察。就在他和安妮搬到玛莎葡萄园岛之前，他从"美国至上"中一位熟人处得知，联邦调查局已窃听林德伯格的电话数月了。这位熟人说，传递信息的特工对林德伯格很"友好"②，但他们不得不听从命令。

威廉·沙利文（William Sullivan）这位在美国联邦调查局任职30多年的高层官员声称，罗斯福曾于1941年初要求埃德加·胡佛对那些反对《租借法案》的知名人士的相关行动展开新的调查。沙利文在其回忆录中写道："（总统）也在调查那些反对我们参加二战的人，就像后来几届政府让联邦调查局调查那些反对参加越战的人一样。"③

然而美国司法部长罗伯特·杰克逊及其继任者弗朗西斯·比德尔则故作不知，联邦调查局在1941年对近100个个人和组织的电话进行了窃听。然而，并非所有的政府官员都会配合行动。当胡佛要求联邦通信委员会主席詹姆斯·弗莱（James Fly）监听美国和轴心国之间的所有长途电话时，弗莱以国会和最高法院禁止窃听为由断然拒绝了。对于政府试图立法以使某些情形下的窃听合法化的行为，弗莱也强烈反对。

---

① Dorothy Herrmann, *Anne Morrow Lindbergh: A Gift for Life*, New York: Ticknor &Fields, 1993, p. 259.
② Charles A. Lindbergh, *The Wartime Journals of Charles A. Lindbergh*, New York: Harcourt Brace Jovanovich, 1970, p. 515.
③ William C. Sullivan, *The Bureau: My Thirty Years in Hoover's FBI*, New York: Norton, 1979, p. 37.

美国联邦通信委员会主席认为窃听电话的行为显然侵犯了隐私,他表示反对,这令胡佛和总统深感愤怒,他们毫不客气地驳斥了他的反对意见。"我认为,"罗斯福给弗莱的信中写道,"我们中的任何一个人都不应过于死磕某条法规细节……而去妨碍法律。"①而胡佛则指责弗莱阻碍了联邦调查局意欲保护国家免受颠覆的行动。他将这些指控传给了其亲密朋友专栏作家沃尔特·温切尔,后者立即把它们印刷出版。

在珍珠港事件发生之前这些动荡骚乱的日子中,联邦调查局并非唯一采取此举的政府机构——其调查正引出侵犯公民自由这一令人不安的问题。"众议院非美活动调查委员会"(The House Committee on Un-American Activities, HUAC)也展开了类似的调查。但它的主要调查行动并未咬住孤立主义团体和本土法西斯组织,而是针对自由主义者、左翼分子和罗斯福政府。

该委员会成立于1934年,是调查美国亲纳粹组织和其他右翼极端主义组织的特别委员会。在结束运作一年后,由得克萨斯州的右翼反新政民主党人马丁·戴斯担任主席,国会于1938年重新恢复了它的运作。戴斯除了沉迷于宣传之外,还反对移民、工会、知识分子、几乎任何类型的社会变革。

虽然委员会的任务是调查美国的法西斯主义活动和共产主义活动,但戴斯反而着重关注加入工会的工人和联邦政府,因为他声称其中到处存在共产主义。在1938年的首次听证会上,这位得克萨斯州国会议员将新政描绘成某一共产主义巨大阴谋中的一部分。

---

① Richard W. Steele, *Free Speech in the Good War*, New York: St. Martin's, 1999, p. 93.

同年，戴斯呼吁哈里·霍普金斯、哈罗德·艾克斯、劳工部长弗朗西斯·珀金斯及其"大量的激进分子同僚"① 辞职，因为他们"在政治方面表现疯狂，有的是社会主义者，有的是共产主义者"。他的委员会对"联邦剧院项目"（Federal Theatre Project）进行了调查，并大肆宣扬。该项目在大萧条期间资助了全美剧院和其他的现场艺术表演——这一调查最终令该项目被取消。1940 年，戴斯出版了一本书，名为《美国的特洛伊木马》（*The Trojan Horse In America*），书中宣称埃莉诺·罗斯福"是共产党放出的'特洛伊木马'中最宝贵的财富之一"。②

尽管总统不赞成戴斯抹黑其妻子和伙伴，但他还是试图安抚这位国会议员。根据民意调查，他的这种行为——扣"赤色分子"帽子进行政治迫害、反移民活动——在国会山赢得了不少支持，也令大部分美国人支持他。为了让戴斯保持安静，罗斯福在 1939 年初同意向他提供机密的细节——来自被传唤至委员会的证人的纳税申报表，并命令联邦调查局调查戴斯目标名单上的数个组织。

虽然罗斯福尽力和解，但未能阻止戴斯。1939 年，他开始公布政府中被指控为共产党员及亲共人员的名字，总共超过 500 人，但并无证据支持这些指控。根据历史学家罗伯特·格里菲斯（Robert Griffith）的说法，"马丁·戴斯一年内指控的人比参议员约瑟夫·麦卡锡（McCarthy）一生中指控的还要多"。③ 格里菲斯曾在 20 世纪 50 年代初撰写大量文章，关于麦卡锡对被怀疑为共产

---

① Robert Justin Goldstein, *Political Repression in Modern America: From 1870 to the Present*, Cambridge, Mass.: Schenkman, 1978, p. 243.
② Robert Justin Goldstein, *Political Repression in Modern America: From 1870 to the Present*, Cambridge, Mass.: Schenkman, 1978, p. 243.
③ Robert Justin Goldstein, *Political Repression in ModernAmerica: From 1870 to the Present*, Cambridge, Mass.: Schenkman, 1978, pp. 243-244.

党员的人所进行的调查,他指出:"戴斯委员会开创了后来被称为'麦卡锡主义'的全部口号、技术和政治神话。"①

对于早先那些为了令抨击、反对总统及其外交政策的人缄声而采取的行动,自由(民主党)人士中的许多人曾表示赞同。现在他们发现自己也遭受了攻击。司法部下令对申请联邦政府职位的人员进行背景调查,它制定了一份有关颠覆组织的名单,一旦发现谁属于其中任何一个组织,就会将之从联邦政府中解雇。

不少州政府和市政府也紧随其后。在纽约,60多名布鲁克林学院、亨特学院和城市学院的教授被指为共产党人,后立法机构下令将他们解聘。纽约的几所中学也清除了涉嫌为共产党员的教师。

各方纷纷屈服于该时代这一镇压的风气,其中最显著的例子也许是"美国公民自由联盟"(American Civil Liberties Union)。它在1940年决定禁止任何隶属于"支持任何国家专制独裁形式的政治组织"②的人成为其员工和领导。由于这一新的正式声明,此前曾长期反对株连之举的"美国公民自由联盟"要求其董事会的一名成员辞职,因为她是共产党人。当该成员拒绝辞职时,她被逐出了该组织。

---

① Robert Griffith, *The Politics of Fear: Joseph R. McCarthy and the Senate*, Amherst: University of Massachusetts Press, 1970, p. 32.
② Robert Justin Goldstein, *Political Repression in Modern America: From 1870 to the Present*, Cambridge, Mass.: Schenkman, 1978, p. 262.

第二十一章 元首感谢您的忠诚

1941年中,一个名叫乔治·西尔维斯特·菲雷克(George Sylvester Viereck)的人已经成为美国最受关注的人之一,他曾是个诗人。作为归化入籍的美国公民,菲雷克现在是纳粹德国在美国的首席政论家。多年来,他一直就美国舆论状况和国会山对德国的态度向德国外交部提供建议。在其工作过程中,他在国会议员中培养了大量的孤立主义者,如众议员汉密尔顿·菲什和参议员欧内斯特·伦丁(Ernest Lundeen)(一名明尼苏达州共和党人)。1939年末,菲雷克用德国资金成立了一个反英组织,称为"欧洲支付战争债务委员会"(Make Europe Pay Its WarDebts Committee)。伦丁被任命为该组织主席。

1年多来,菲雷克因与德国代办汉斯·汤姆森(Hans Thomsen)密切合作,一直受到英国情报机构和联邦调查局的严密监视,这两个机构也在密切关注"美国至上"委员会和国会山的孤立主义者。参加这一行动的有"为自由而战"和其他干预主义者团体,以及"反诽谤联盟"(Anti-Defamation League),后者是一个犹太组织,旨在打击反犹太主义和其他偏见及歧视。

通过美国中间人,英国安全协调局与一些干预主义组织建立了密切联系,向这些组织提供其手下所发现的信息,并在某些情况下协助资助这些组织。根据英国安全协调局的官方历史,英国人与"为自由而战"结盟,后者的办公室与英国安全协调局的办公室同位于洛克菲勒中心大楼,旨在扰乱"美国至上"的集会并败坏其演讲者的声誉。1941年9月,当参议员杰拉尔德·奈在波士顿举行的一次类似集会上讲话时,"为自由而战"对之喝倒彩并进行诘问,还散发了数千份传单,抨击他是一个绥靖分子和纳粹主义的"爱好者"。他们还在波士顿的报纸上刊登了反对奈的广告。当汉密尔顿·菲什出现在密尔沃基举行的"美国至上"集会上时,一位"为自由而战"成员在他演讲时走近他,并给了他一张卡片,上面写着:"元首感谢您的忠诚。"① 事先得到消息的报纸摄影师们就在近旁拍下了这位国会议员的照片,他惊慌失措,然后全美各地的报纸都刊登了这些照片。

联邦调查局、英国安全协调局和非官方的干预主义团体采用的另一策略是派手下打入"美国至上"和其他孤立主义组织的内部。根据多方言论,"反诽谤联盟"在其纽约律师阿诺德·福斯特(Arnold Forster)的指导下特别擅长做这类事情。"只要是针对激进的右派,"一位历史学家指出,"福斯特掌管的情报部门是全美最优秀的情报收集部门之一,到处安插了间谍。"②

20世纪30年代和40年代初,"反诽谤联盟"渗透进诸如"德美同盟"(German American Bund)、"美国至上"、所谓的母亲组织和国会中部分孤立主义者的办公室等。福斯特说,监视的目的是查明这些团体和个人是否"有意或无意地向我们境内的反犹太、亲纳粹的政治派系提供援助和支持"③。

"反诽谤联盟"最成功的特工之一是一个名叫马乔里·莱恩

---

① British Security Coordination, p. 71.
② Neal Gabler, *Winchell: Gossip, Power, and the Culture of Celebrity*, New York: Knopf, 1995, p. 295.
③ Arnold Forster, *Square One: A Memoir*, New York: DonaldI. Fine, 1988, p. 57.

（Marjorie Lane）的纽约人，她与该组织的大多数特工一样，并不是犹太人。几年来，莱恩作为卧底，为一些极端妇女团体担任志愿者，如"为了美国的妇女"（Women for the USA）和"为美国动员的母亲会"（We the Mothers Mobilize for America）。白天，她会在这些机构的办公室打字、接听电话、接待访客；到了晚上，她会使用一个最新式微型照相机拍摄能证明这些机构罪行的信件和文件。福斯特将所有这些材料传递给了联邦调查局和英国安全协调局，以及像德鲁·皮尔森和沃尔特·温切尔这些同一战线的专栏作家。事实上，福斯特与温切尔走得很近，经常为他代笔撰写一些关于反犹右派的专栏。

"美国至上"的对手们在他们对该组织的调查中，未能提供明确的证据证明其领导人和德国之间存在直接联系。然而，在其他方面，该组织则极易被干预主义组织指控为"纳粹传送带"。其中几名最活跃的演讲者被发现与德国政府有联系，尤其是劳拉·英格尔斯（Laura Ingalls）——一个曾打破纪录的飞行员，仅次于著名的阿梅莉亚·埃尔哈特（Amelia Earhart）。英格尔斯是纽约一位富商的女儿，1935 年成为第一个不间断地飞行在美国两大海岸之间的女性。而在 1 年前，她作为年度最杰出女性飞行员赢得了"哈蒙奖杯"。

然而，1939 年 9 月，英格尔斯飞越白宫并向下散发反战小册子，因而变得臭名昭著。她是一位热情的孤立主义者，经常在"美国至上"会议和集会上发言。后来有人透露，她做这些事可从德国驻华盛顿大使馆那里获得酬劳。据说她在该大使馆的主要联系人——一位名叫乌尔里希·冯·基南斯男爵（Baron Ulrich von Gienanth）的纳粹特工——告诉她："你能为我们事业所做的事情中,最棒的就是继续支持'美国至上'委员会。"① 1942年,她因未能登记为一名德国特工而被联邦调查局逮捕,并被判处两年监禁。尽管"美国至上"的领导人认为,英格尔斯和其他一些成员的亲德活动"不应被放大到不适当的比例"②,但毫无疑问,在这方面,该组织自身助长了问题的产生,因为它未能严格地筛选清除这类人。

有证据显示,一些孤立主义立法者也同样是极易被命中的目标。1940年,英国人发现了一个由乔治·西尔维斯特·菲雷克主导的计划:利用国会孤立主义者的"免费邮寄特权"(franking privilege)*,安排反战和反英演讲稿及其他材料的大规模免费邮寄。

根据美国国会的"免费邮寄"规定,成员可以在不支付邮资的情况下,寄送自己的演讲稿以及来自《国会记录》(*Congressional Record*)、国会山辩论和其他官方记录的摘录。他们还获准将大量盖上了免资邮戳的文章发给第三方,而后第三方可免费寄出这些邮件。

正如英国安全协调局所说,菲雷克曾与为众议员汉密尔顿·菲什工作的低级职员乔治·希尔交好,后者将国会议员和参议员所做的孤立主义演讲插入《国会记录》,然后重印。数以千计的重印本被委员会出资购买并送往"欧洲支付战争债务委员会"和其他的

---

① Wayne S. Cole, *America First: The Battle Against Intervention, 1940-1941*, Madison: University of Wisconsin Press, 1953, p. 121.
② Wayne S. Cole, *America First: The Battle Against Intervention, 1940-1941*, Madison: University of Wisconsin Press, 1953, p. 121.
* 始于1775年,属于美国国会议员的一项特权,可以在信封角落直接盖章,免收邮资,以方便他们与选民等联络,也能方便他们更了解政府内部的情况。——译注

亲德团体处，再捆起来送往美国其他地区；而后被邮寄给一长串邮寄名单上成千上万的美国人。用英国安全协调局的官方历史措辞来说，"似乎国会正被变成德国人开展宣传的分发室"。①

1941年初，英国人利用美国代理人，将"免费邮寄"行动公之于众。"为自由而战"也加入了这场战役，指责伯顿·惠勒、杰拉尔德·奈、汉密尔顿·菲什和其他国会议员故意允许自己的"免费邮寄"特权被亲德和反犹团体使用。几个月后，菲雷克因在美国国务院注册为外国特工时对其活动有所隐瞒而被逮捕、定罪并入狱。同时，当乔治·希尔被问及与菲雷克的关系时，他因撒谎而被联邦大陪审团指控犯了伪证罪。

然而，政府并未对挪用了"免费邮寄"特权的任何国会议员和参议员采取法律行动。在战后美国司法部发布的一份报告中，调查此案的政府律师约翰·罗格（Joh Rogge）认为包括菲什和参议员欧内斯特·伦丁在内的4位立法者此前在"免费邮寄"行动中与菲雷克积极合作过。② 罗格则与另外20名国会议员（包括奈和惠勒在内）被列入为菲雷克"所利用"③之人的范围。他说，没有证据表明这20余人中有任何一人知道菲雷克是该计划的背后主谋，或者有德国资金涉及其中。

菲什、惠勒、奈以及其他人前往国会发言为自己辩护。所有人

---

① British Security Coordination, p. 76.
② 1940年8月31日，有一架商业客机在弗吉尼亚州蓝岭山脉附近坠毁，伦丁与其他24名乘客全部丧生。伦丁去世2周后，专栏作家德鲁·皮尔森报告说，这位参议员——他将之称为"狂热的亲德孤立主义者"——在坠机时已接受了联邦调查局对其里通外国（德国）相关情况的调查。皮尔森还提出飞机可能被蓄意破坏。但这两大指控皆未得到证实。
③ Wayne S. Cole, *Roosevelt and the Isolationists, 1932–1945*, Lincoln：University of Nebraska Press, 1983, p. 473.

都说他们并不清楚这一不当行为,并为自己将"免费邮寄"另作他用进行辩护。惠勒宣称,"那些反对政府观点的国会议员"① 如果不是因为有能力发出"免费邮寄"的材料,"那么广大民众几乎就没有机会知悉他们的观点"。而菲什说,有人为了"中伤"② 那些试图让美国摆脱战争的人,而制造了这一骚动。

无论这些立法者在法律意义上是否清白,"免费邮寄"的丑闻都令其品行和爱国精神蒙上了阴影,此后再也没能恢复如初。

对于身处美国的汉斯·汤姆森及其德国同事来说,人生也变得甚为艰难。美国联邦调查局正在密切监视使馆工作人员,同时也密切监视德国在纽约和美国其他城市的雇员。在华盛顿,德国外交官在大使馆和其他社交场合经常遭到排斥。在一条发给德国外交部的讯息中,汤姆森抱怨"对德国的仇恨活动不断扩大"③,并补充说:"帝国政府及其官方代表(正待一一展现)是美国舆论的一号公敌。"④

即便是弗雷德里希·冯·伯蒂歇尔也遇到了问题。这位德国驻外使领馆的武官长期以来一直认为,他在战争部朋友圈中的反英、反战观点最终将成为官方政策。但令他极为沮丧的是,自己已失算,并且这已愈发明显。他的一些美国朋友现在回避他,避免与他

---

① Wayne S. Cole, *Roosevelt and the Isolationists*, *1932 – 1945*, Lincoln: University of Nebraska Press, 1983, p. 473.

② Wayne S. Cole, *Roosevelt and the Isolationists*, *1932 – 1945*, Lincoln: University of Nebraska Press, 1983, p. 473.

③ *Documents on German Foreign Policy 1918 – 1945*, Series D, Vol. 11, Washington, D. C.: U. S. Government Printing Office, p. 337.

④ *Documents on German Foreign Policy 1918 – 1945*, Series D, Vol. 11, Washington, D. C.: U. S. Government Printing Office, pp. 409 – 410.

公然来往；因为要是被人看到与他在一起的话，政治上就太不明智了。在乔治·马歇尔将军的命令下，冯·伯蒂歇尔将空军电报和其他报告（它们夸大性地估计了德国的能力）移交给陆军情报部门的做法也被中止。

1941年6月16日，罗斯福政府下令驱逐在美所有德国领事官员，以及一些德国新闻、宣传和商业机构的工作人员，声称他们参与了"与其合法职能相冲突的活动"①，即间谍活动。然而，汤姆森将驱逐行为归因于"美国政府陷入的两难境地，它既关心英国要求援助的紧急呼吁，又没有准备好。因为他们目前还未准备好提供更具体的战争援助……他们以强有力的言行对抗轴心国"。②

柏林下令驱逐美国驻德国领事馆的所有人员，以此作为反击。然而，希特勒并未断绝与美国的外交关系：德国驻华盛顿大使馆仍然开放，美国驻柏林大使馆也是如此。"尽管新采取了这些积极措施，"德国宣传部声称，"但帝国政府不会屈服于那些挑衅行为。"③

在德国政府雇员被驱逐1个月后，联邦调查局逮捕了20多个人，其中大多数是出生于德国的美国公民，罪名是间谍罪和破坏罪。这是汤姆森最糟糕的噩梦。他一再恳求柏林不要派间谍或破坏者前往美国，"我心急如焚地警告不要采取这一方式"④，他写道，"若要让美国站到敌人那一边并摧毁其对德国的最后一丝同情，那

---

① Saul Friedlander, *Prelude to Downfall: Hitler and the United States, 1939-1941*, New York: Knopf, 1967, p. 243.

② *Documents on German Foreign Policy 1918-1945*, Series D, Vol. 12, Washington, D. C. : U. S. Government Printing Office, pp. 1035-1036.

③ Saul Friedlander, *Prelude to Downfall: Hitler and the United States, 1939-1941*, New York: Knopf, 1967, p. 244.

④ *Documents on German Foreign Policy 1918-1945*, Series D, Vol. 9, Washington, D. C. : U. S. Government Printing Office, p. 399.

么这些活动最有效不过了。"①

虽然（德）外交部同情汤姆森，但他被告知：德国军队的情报部门"阿布韦尔"（Abwehr）*有"紧迫的军事理由"②收集美国的情报，并将继续这样做。事实上，该部门在20世纪30年代的大部分时间里是如此行动的，并获得了美国部分公司的极大帮助；这些公司没有丝毫愧疚之心，至少直至1940年还在向德国人出售重要军备，如自动驾驶仪、陀螺罗盘甚至高射炮控制系统等。

汤姆森有充分的理由抱怨"阿布韦尔"特工以及在美国开展行动的德国其他情报机构。在大多数情况下，他们的工作都很糟糕。汤姆森写道，他们的行动"特点是言行天真、粗心，显得不负责任；此外，还缺乏任何协调"③。

德国特工们在其战前的间谍生涯中，只取得了一次值得夸耀的重要成就：获得了诺顿轰炸机瞄准器的设计图，这是一项革命性的技术研发，能使轰炸机精确击中工业目标。1937年，在曼哈顿诺顿工厂工作的德国移民赫尔曼·朗（Hermann Lang）将其复制的蓝图转交给尼古拉斯·里特（Nikolaus Ritter），后者是一名身处美国的"阿布韦尔"少校。这些设计图被偷运到一艘德国远洋班轮上，进而被送入德国，德国工程师们据此建造了自己的版本。然而，最终结果是该器械对德国毫无价值。空军决定弃之不用，他们更喜欢本国研制的轰炸瞄准器，因为后者已投入生产了，而且他们对此比

---

① *Documents on German Foreign Policy 1918–1945*, Series D, Vol. 9, Washington, D. C.: U. S. Government Printing Office, p. 411.

* 第二次世界大战期间纳粹德国的反间谍机关。——译注

② Saul Friedlander, *Prelude to Downfall: Hitler and the United States, 1939–1941*, New York: Knopf, 1967, p. 103.

③ *Documents on German Foreign Policy 1918–1945*, Series D, Vol. 13, Washington, D. C.: U. S. Government Printing Office, p. 99.

较熟悉。

里特在与朗接触两年后，又得到了一个极有前途的新生力量——一个出生在德国的美国公民，名叫威廉·G. 塞伯尔德（William G. Sebold），当他前往鲁尔去探望母亲时，盖世太保强迫他做了间谍。塞伯尔德被里特雇用，并被送往汉堡的一所"阿布韦尔"间谍学校。在那里完成培训后，他获得一个假名和一本假护照，然后被派往纽约担任一名无线电操作员，负责将居住在该地区数名"阿布韦尔"特工的报告送回汉堡。

塞伯尔德的德语代号是"流浪汉"（Tramp），这证明其工作完成得很出色；"阿布韦尔"要求他传递其他一些间谍的情报，包括赫尔曼·朗的。他全都照做了，并在曼哈顿市中心的"纽约人"（Knickerbocker）大厦设了一个办公室，作为20余名特工的会面地点，随后，他再将这些人的情报转送回德国。

德国特工并不知道，他们与塞伯尔德谈论起自己过往的功绩和未来的计划时，全都被联邦调查局的窃听器和摄像机记录下来了。塞伯尔德是陆军工程兵团的无线电操作员，他是一位双料间谍，他一屈服于盖世太保就与在德国的美国官员接洽，从回到美国的那一刻起，他就与联邦调查局合作。他给德国的情报实际上是由联邦调查局的特工传递的，他们消除了任何可能损害美国利益的材料，同时也向"阿布韦尔"传递假情报。来自德国的情报提醒联邦调查局注意"阿布韦尔"未来获取情报的目标和新特工的招募。

在1941年7月被捕的间谍中，赫尔曼·朗与其同伙被认定犯有间谍罪并被长期监禁。而威廉·塞伯尔德是他们接受审判时美国政府的主要证人。

这次间谍被一网打尽对德国来说是场大灾难，汉斯·汤姆森在给柏林的电报中愤怒地强调了这一点："卷入这一事件的人，大多数人，也许是所有人，完全没有资格从事这类行动……可以这样认为：美国政府早就知晓该网络的所有情况，考虑到这些人缺少经验、有时愚不可及的行为，这当然不会是什么伟大壮举。"①

然而，当联邦调查局向美国公众吹嘘自己在破除间谍网络方面取得巨大成功时，它基本上没有提及德国特工的无能和失利。胡佛曾私下指出，德国"如今更多地依赖宣传，而非间谍活动"。② 根据司法部长罗伯特·杰克逊的说法，"纳粹在这个国家从未形成一个广泛的间谍圈或具有破坏力的组织"。③

事实上，美国在战前或战争期间从未面临任何来自内部颠覆活动的严重威胁。但美国人民从未知晓这一点；事实上，他们听到的情况是相反的。根据联邦调查局和白宫的说法，德国间谍的聚集有着无可争议的证据，证明"第五纵队"和敌方特工蜂拥而至，在美国四处频繁地开展行动。

1941年夏天，德国人并不是 J. 埃德加·胡佛黑名单上的唯一目标：他还大举搜捕其前盟友威廉·斯蒂芬森和英国安全协调局成员。尽管英国人向联邦调查局提供了各种帮助，比如提供了某些证据证明德国间谍群体的罪行，但胡佛和斯蒂芬森之间的关系已经开始复杂起来。这位联邦调查局局长愈加担心，英国人正在参与的活动按理说应由该局开展。例如，他对英国安全协调局特工艾米·帕克的间谍活动非常不满，派人不停地监视她，并窃

---

① *Documents on German Foreign Policy 1918 – 1945*, *Series D*, *Vol. 13*, Washington, D. C.：U. S. Government Printing Office, p. 98.

② Joseph E. Persico, *Roosevelt's Secret War: FDR and World War II Espionage*, New York：Random House, 2001, p. 43.

③ Robert H. Jackson, *That Man: An Insider's Portrait of Franklin D. Roosevelt*, Oxford：Oxford University Press, 2003, p. 73.

听她的电话。而且，斯蒂芬森在帮助建立"美国战略情报局"（Office of Strategic Services，OSS）这一美国首个中央情报机构方面功不可没，胡佛也对此感到不安，因为他认为该机构是联邦调查局的竞争对手。

事实上，从斯蒂芬森到达美国的那一天开始，他就支持创建一个类似于英国安全协调局的美国机构；这样他和其他英国情报官员便可与之开展合作，在全世界范围规划针对轴心国的秘密活动。

图 21-1 "美国战略情报局"局长威廉·多诺万（左一）在战后的一次仪式上，为战时英国安全协调局的情报头头威廉·斯蒂芬森佩戴"荣誉勋章"，这是当时美国文职的最高荣誉奖章

他在美国的合作者是威廉·多诺万，后者是华尔街的一位富翁律师，曾是柯立芝政府的助理司法部长。在此之前，他参加了第一次世界大战，是一位名副其实的英雄。多诺万——陆军著名的"战斗六十九"团中的一名军官，因战时功绩而获得了"野蛮比尔"的绰号——获得了全美最高级别的3项英勇奖章，如"荣誉勋章"。他是弗兰克·诺克斯的亲密朋友和政治盟友，1940年，后者说服罗斯福将多诺万派往欧洲和中东进行数次秘密访问；其中有一次访问就前往英国，以确定这一国家是否能继续生存下去。多诺万是"世纪集团"的成员，他向罗斯福汇报时认为英国肯定可以幸存；并敦促立即向英国人派送所有可能的援助。

斯蒂芬森在一战期间便认识了多诺万，他一到美国就与他取得了联系，两人很快就建立了密切的私人和工作关系。对两人共同的同事而言，高大魁梧的多诺万是"大比尔"，而矮小瘦弱的斯蒂芬森则是"小比尔"。

直到1941年，美国的情报收集职能一直分散在多个政府机构中，如联邦调查局和陆军部、海军部、国务院。在斯蒂芬森的帮助下，多诺万于当年7月说服罗斯福成立了一个名为"情报协调办公室"（COI）的新组织，并由他自己担任该机构负责人。它是"美国战略情报局"的前身，这一机构的成立不仅是为了从美国真正的、潜在的敌人那里搜集情报，也是为了进行颠覆宣传和破坏行动，从而成为美国版的英国安全协调局。

从成立之日起，斯蒂芬森就成为"情报协调办公室"的"教父"，他帮助设立其总部，启动外勤工作，为其特工提供培训设施和教官，并常向多诺万源源不断地传递"秘密情报……包括那些通常仅限于英国政府内部流传的高度机密材料"①。正如多诺万本人后来所承认的那样,"比尔·斯蒂芬森教会了我们一切关于外国情报的知识"②。

在伦敦,丘吉尔与英国情报部门的联络官德斯蒙德·莫顿（Desmond Morton）写道:"有个最机密的事实——首相是知情的,但并非所有其他有关人员都知晓,那就是,实际上美国安全部门是应总统的要求,由英国人为他们管理的……当然,鉴于这一事实如果被孤立主义者知道的话会引起轩然大波,所以应该保密。"③

当然,斯蒂芬森和多诺万的行动之间存在密切关系,这对J. 埃德加·胡佛来说并不是什么秘密。与任何一位孤立主义者可能的反应一样,他很愤怒。他不仅对成立一个敌对的情报组织深恶痛绝,他还鄙视多诺万,而多诺万也鄙视他。20世纪20年代初,多诺万担任助理司法部长时,两人曾多次发生冲突。有一次,多诺万极力主张司法部长哈兰·斯通（Harlan Stone）解雇胡佛。但斯通没有理会该建议,多诺万于是收获了一个终生劲敌。

在与英国安全协调局（实际上是与多诺万）的斗争中,胡佛得到了一个强有力的盟友——助理国务卿阿道夫·伯尔的帮助,后者是国务院与白宫、联邦调查局以及政府内部其他情报收集单位的情报联络员。伯尔作为罗斯福最初的智囊之一,曾是哥伦比亚大学的法学教授。他既反战又反英,斥责英国人的记录

---

① Bill Macdonald, *The True Intrepid: Sir William Stephenson and the Unknown Agents*, Vancouver, B. C.: Raincoast Books, 2001, p. 78.
② Bill Macdonald, *The True Intrepid: Sir William Stephenson and the Unknown Agents*, Vancouver, B. C.: Raincoast Books, 2001, p. 82.
③ Bill Macdonald, *The True Intrepid: Sir William Stephenson and the Unknown Agents*, Vancouver, B. C.: Raincoast Books, 2001, p. 68.

"半真半假、失信于人,在国务院甚至总统背后搞阴谋"①(这是他的原话)。

1941年初春,胡佛告知伯尔——正如伯尔后来向国务次卿萨姆纳·威尔斯解释的那样——英国在美国建立了"一个规格相同的秘密警察和情报部门,(它)开始渗入所有领域——政治、金融、工业、可能还有军事情报……我有理由相信,它正在开展的大量活动可能违反了我们的间谍法"。②

在胡佛的协助下,伯尔展开了一场艰苦的运动,以便终止斯蒂芬森的大部分或全部行动。两位官员都支持田纳西州民主党人参议员肯尼斯·麦凯勒(Kenneth McKellar)所提出的一项法案。该法案要求对所有在美外国特工(无论是否友好)的工作进行严格限制,比如要求他们向联邦调查局公开其记录。

英国安全协调局进行了反击,指派一名特工去"恶意中伤"③伯尔,据说还窃听了他的电话。当胡佛发现该监视行为后,他告诉斯蒂芬森,希望该特工在当晚6点前离开美国。虽然斯蒂芬森声称"居然有手下会做出这样的事,自己感到惊讶和恐惧"④,但他还是按照美国联邦调查局局长的要求做了。

珍珠港事件后不久,麦凯勒法案在国会获得通过,并送交总统签署;多诺万代表斯蒂芬森劝说罗斯福否决该法案。该法案后来的修正版本特别免除了对英国安全协调局的限制,罗斯福继而予以批

---

① Berle diary, Sept. 13, 1939, Berle papers, FDRPL.
② Nicholas John Cull, *Selling War: The British Propaganda Campaign Against American "Neutrality" in World War II*, New York: Oxford University Press, 1995, p. 145.
③ Bill Macdonald, *The True Intrepid: Sir William Stephenson and the Unknown Agents*, Vancouver, B.C.: Raincoast Books, 2001, p. 93.
④ Curt Gentry, *J. Edgar Hoover: The Man and the Secrets*, New York: Norton, 1991, p. 268.

准，它成了法律。

正如胡佛和伯尔可能本应知道的那样，总统永远不会同意削弱一个这样的组织：一个在抗击国内外他和美国所认为的那些敌人时，已显示了其巨大作用的组织。

第二十二章 这场危机在哪里？

时至1941年夏，美国军队的士气已经降到谷底。前一年征募的年轻人议论着想擅离职守*，有些人甚至提议可能发动兵变。在密西西比州的一个营地里，当罗斯福总统和乔治·马歇尔将军的形象闪现在银幕上时，观看新闻片的士兵们大声讥笑。

在这里，应征入伍的士兵正在挖厕所、削土豆，进行无休止的操练，完成这种种任务每个月的收入仅有30美元，而在他们家乡国防设备工厂工作的朋友的收入是其六七倍。为什么？因为没有战争。尽管总统在5月27日的演讲中宣布全国进入了紧急状态，但似乎一点进入紧急状态的迹象都没有。只要有眼睛的人都可以看到，训练营外的生活照旧进行。"这场危机在哪里？"① 一个入伍者抱怨说，"我看到的是人们手上有了更多的钱，而那些有钱的人呢？则更有钱了。"为何他和战友要做出牺牲，而其他人就无须如此？实际上，真见鬼，他们为何会在那里？

似乎无人知晓答案。"就人们所能看到的，"② 《生活》指出，"军队没有目标。它不知道是否将要进入战斗，也不知道将在何时

---

* 原文是缩略语AWOL，全称为Absent Without Official Leave，意思是未经官方允许自行离开。——译注

① Maj. Stephen D. Wesbrook, "The Railey Report and Army Morale 1941," *Military Review*, June 1980.

② *Life*, Aug. 18, 1941.

何地参战。如果美国的政治领导人已制定了任何军事目标,那他们尚未明确透露给军方。这反映在训练中,他们的军事操练并不面向任何实际的战况。"

这个国家的国防动员计划毫无进展,而且缺乏方向。罗斯福继续拒绝任命某位下属把持包办战时生产,并且这一方面的管理仍然极为混乱。各地爆发了激烈的冲突。国防工业受到罢工和(生产)不足的困扰。政府官僚与前来华盛顿帮助指挥战争动员的商人发生冲突。陆军、海军和陆军航空兵团的官员们为了在采购中分得更多份额而相互争斗。正如司法部长弗朗西斯·比德尔所评论的,纷争"给全国人民留下了一种不团结的感觉,一种政府不清楚将要前往何方的感觉"。[1]

1941年8月,《财富》杂志的编者们写道,美国在成为罗斯福所设想的民主政体兵工厂方面的期望"不仅是落空的"[2],而且它"以9种不同的方式在9个不同的地方,都惨败了"。该杂志声称,所有这些问题中存在这样一个事实:美国人"还未被要求采取必要行动以获得胜利"。

就像过去几个月一样,关键问题是:国家在这场斗争中的关键目标是什么?仅仅是为了对美洲的防御和对英国的援助,还是为了积极参战?不管是什么,"高层们最好快点给我们一些可以全心投入、深信不疑的东西,别为时过晚了"。[3] 一名士兵宣称。

而万分焦虑的亨利·史汀生已开始怀疑是否为时已晚了。"今

---

[1] Francis Biddle, *In Brief Authority*, Garden City, N.Y.: Doubleday, 1962, p.186.
[2] Forrest C. Pogue, *George C. Marshall: Ordeal and Hope, 1939–1942*, New York: Viking, 1966, p.157.
[3] Stephen D. Wesbrook, "The Railey Report and Army Morale 1941," *Military Review*, June 1980.

晚,我比以往任何时候都感到迫切,"他在7月初的日记中写道,"目前尚不清楚这个国家本身是否有能力应对这样的紧急情况。我们是否真的能足够强大、足够真实、足够投入地迎战德国人?这日益成为一个真正的问题。"①

从民意调查一眼望去,大多数美国人依然坚持的看法与该国应发挥何种作用的观点南辕北辙。在一项盖洛普调查中,3/4的受调查者在被问及如果别无他法去击败轴心国,他们是否会赞成参战时,其答案是肯定的。80%的人声称他们认为美国最终将不得不参战;然而,当被问及该国现在是否应该介入战斗时,同样是80%的人认为不应该介入。

然而,这些意见并不像它们所表现得那般矛盾。除非美国人认为参战是必要的,否则他们不愿意陷入战争,这样的心态是可以理解的。而到此刻为止,他们仍不相信这是必要的。据史汀生和其他干预主义者所说,总统有义务为美国人民将各个要点融会贯通并说服后者:为了击败希特勒,美国现在必须果敢地采取行动。他们说,但愿他会领路,那样众人就会跟随。主张这一立场的人中,有一位名叫哈德利·坎特里尔(Hadley Cantril)的社会心理学家,他实际上已成为罗斯福的个人民意调查员。

1940年,坎特里尔便已创办了普林斯顿大学"舆论研究办公室",以便研究公众对政治问题和社会问题的态度。他与乔治·盖洛普的民意调查组织密切合作——后一组织也位于新泽西州普林斯顿——负责对公众开展真实的民意调查。坎特里尔的团队帮助盖洛普民意调查人员设计问题,并对盖洛普数据进行分析。坎特里尔是一位强大的自由派人士,忠诚于罗斯福;他向白宫提供服务,并明

---

① Stimson diary, July 2, 1941, FDRPL.

确表态将尽自己的一切努力，令其所开展的民意调查满足总统的需要："我们可以获得关于您所提问题的机密信息、追查您可能想要查验的任何预感（与舆论的决定因素相关）并向您提供任何所问问题的答案。"①

在接下来的一年中，坎特里尔利用盖洛普调查行动来回答白宫所提出的具体问题，这些问题反过来又被用来制定政府的策略。坎特里尔多次向总统助理强调，需要对罗斯福享有获取调查结果这一特权以及他参与这些调查的设计等情况进行保密。"由于所有这些问题都是在最近的盖洛普民意调查中提出的，"他于1941年5月写信给罗斯福的顾问安娜·罗森伯格（Anna Rosenberg），"我拜托您和您的朋友（总统）不要让华盛顿的其他人知道这些问题。因为支配权这一老问题——再加上如果某些参议员知道了，他们会找盖洛普大吵大闹，而后者对我的信任将会动摇。"②

在演讲中宣布国家进入无限紧急状态后，又过了几周时间，罗斯福迷惑地问坎特里尔，为什么在最近的民意调查中，公众似乎对他所说的言论已不再像他刚做完演讲时那般热情。坎特里尔回答说，主要原因是罗斯福"未能公布任何人们可以轻易产生概念的新政策；当'全国紧急状态'对日常生活没什么改变时，新政策就啥都不是"。③ 他接着说："总统电台演讲不会助长干预主义行动的任何扩展，除非演讲中宣布将采取行动或演讲后便立刻行动。"

坎特里尔指出，每次总统提出大胆的举措，比如《租借法案》

---

① Michael Leigh, *Mobilizing Consent: Public Opinion and American Foreign Policy, 1937-1947*, Westport, Conn: Greenwood Press, 1976, p. 73.
② Hadley Cantril to Anna Rosenberg, May 1941, President's Secretary's File, FDRPL.
③ Hadley Cantril to Anna Rosenberg, July 3, 1941, President's Secretary's File, FDRPL.

或《驱逐舰-基地交换协议》，绝大多数美国人支持他。他确信，如果罗斯福现在呼吁采取护航或其他更极端的方式来帮助英国——即使就公众而言，这将造成巨大的牺牲，那么绝大多数人同样将会支持他。坎特里尔在一份备忘录中告诉安娜·罗森伯格："我已试图强调了数十次，但不知何故，我们大家收集的信息与政策的制定似乎没什么关联。"① 乔治·盖洛普与坎特里尔的观点类似，他早先曾指出，在某个问题上"影响舆论的最佳方式"② 是"让罗斯福先生谈论它、赞成它"。

在坎特里尔看来，相较于未呼吁采取新举措援助英国人，罗斯福不采取任何行动的应对方式面临的政治风险更大。他说，由于公众对软弱乏力的总统执政方式感到不满，他预言共和党将在下一届国会选举中取得巨大进展。坎特里尔在写给罗森伯格的信中，加粗文字来强调自己的观点：**"人们想要的是，有人告诉他们要做什么。"**③

然而，罗斯福拒绝接受坎特里尔的论点。民意调查结果对他及其政策越有利，他似乎就越不愿去相信。他显然更多地沉浸在自己对公众舆论更为悲观的评价中，深受其影响。在他看来，国会中孤立主义组织虽然已减少但仍然强大，它们的一言一行都反映了这一悲观评价。

罗斯福坚持认为大多数美国人尚未掌握有关战争的"严酷现实"④，尽管有大量的相反证据，但他不愿意在与对手的摊牌中去

---

① Michael Leigh, *Mobilizing Consent: Public Opinion and American Foreign Policy, 1937-1947*, Westport, Conn: Greenwood Press, 1976, p. 72.
② J. Garry Clifford, "Both Ends of the Telescope: New Perspectives on FDR and American Entry into World War II," *Diplomatic History*, Spring 1989.
③ Michael Leigh, *Mobilizing Consent: Public Opinion and American Foreign Policy, 1937-1947*, Westport, Conn: Greenwood Press, 1976, p. 73.
④ William S. Langer and S. Everett Gleason, *The Undeclared War: 1940-1941*, New York: Harper, 1953, p. 444.

检验自己的领导能力。尽管罗伯特·杰克逊和罗斯福周围的其他人都认为，他"可能会愈发无视国会……只要考虑到公众情绪"[1]（用杰克逊的话说），罗斯福对此并不认同。用其演讲稿作者塞缪尔·罗森曼的话来说，他觉得"现在没到远远走在美国人民前面的时候。也还没到在由孤立主义者把控的国会中遭遇失败的时候"。[2]

哈利法克斯勋爵在写给温斯顿·丘吉尔的一封信中——前者已接替洛锡安勋爵担任英国大使——解释了罗斯福陷入的困境，正如总统所看到的那样："他的永恒问题是想在以下选项之间做出选择：（1）70%的美国人希望远离战争；（2）70%的美国人希望尽一切努力削弱希特勒，即便这意味着战争。他说，如果他要求宣战，他也无法得偿所愿，舆论会转而反对他。"[3]

大家对罗斯福数月来懒于采取行动这一现象感到极为困惑，其中包括德国政府。就在5月27日，总统发表了那个言辞激烈的演讲后不到2周，有消息称，一艘德国潜艇在大西洋南部（该区域远离德国所宣布的战区）击沉了美国货轮"罗宾·摩尔号"（Robin Moor）。潜艇舰长还将"罗宾·摩尔号"的船员们放在救生艇上，只提供少量食物和水，并且未将他们的位置用无线电广播发送给可能处于附近的船只——这违反了国际公约。船员们在大西洋上漂流了19天后，才于6月9日获得救援。

希特勒及其手下担心这一沉没事件——直接违反了元首下达的

---

[1] Robert H. Jackson, *That Man: An Insider's Portrait of Franklin D. Roosevelt*, Oxford: Oxford University Press, 2003, p. 41.

[2] Samuel I. Rosenman, *Working with Roosevelt*, New York: Harper, 1952, p. 280.

[3] Richard M. Ketchum, *The Borrowed Years, 1938-1941: America on the Way to War*, New York: Random House, 1989, p. 603.

远离美国船只的命令——会使美国卷入战争,或者至少会推动美国海军对船队展开护航。美国的干预主义者,包括总统圈子内的人,都向他施压,想让他立即向海军下令去执行护航任务,以此作为报复。但令德国松了一口气的是,罗斯福的反应相当温和,只是下令关闭德国驻美国领事馆,冻结轴心国名下所有资产。

等危机一解除,希特勒就向海军元帅埃里希·雷德尔明确表示:接下来的几个月里,德国海军必须避免这类事件再次发生。他们不得攻击战区内外的任何船只,除非明确标记为敌方船只。在任何情况下,美国船只都不得成为攻击目标。

为何希特勒会如此谨慎?等到1941年6月22日,原因便显而易见了,这一天,200万名德国军人向苏联发动了闪电战。几乎无人相信苏联人能坚持抵抗6周到7周以上。但在美国干预主义者看来,这一间隙,无论有多短暂,都成为美国采取新的雷霆之举来援助英国的绝佳时机。"自希特勒朝这个世界释放'战争猛犬'以来,我们首次获得了一个天赐良机来确定这场世界大战的结果。"① 弗兰克·诺克斯在全国电台广播中宣称:"在他转身的同时,我们必须回以重击,那能够并必将改变整个世界看法的一击,以回应他明显的轻视态度。"

诺克斯、亨利·史汀生和斯塔克上将向罗斯福施加压力,要求立即为穿越大西洋的所有商船提供海上防护。斯塔克向罗斯福承认,该行动"几乎肯定会使我们卷入战争",但他又接着说:"倘若再拖延下去,英国可能就无法存续下去了。"② 令斯塔克和其他人高兴的是,7月2日总统下令为美国船只制订计划,以便于次周

---

① William S. Langer and S. Everett Gleason, *The Undeclared War: 1940–1941*, New York: Harper, 1953, p. 539.

② William S. Langer and S. Everett Gleason, *The Undeclared War: 1940–1941*, New York: Harper, 1953, p. 538.

开始执行护航行动。但几天后,他思量再三,又取消了这一命令。

罗斯福喜欢先尽可能地不置可否,他决定继续等待、静观其变。与其顾问们的看法不同,他仍然不相信局势已到紧急关头。在他看来,希特勒入侵苏联将减轻英国承受的压力,让他的政府有更多时间来评估局势并决定后续行动。丘吉尔承诺向苏联人提供援助后,罗斯福谨慎地效仿;不过丘吉尔承诺立即提供全力支持,而罗斯福则一开始就对美国的援助程度、援助从何时开始等问题含糊其辞。

这种不情愿的态度并不令人惊讶。他面临孤立主义者的强烈反对,其中许多人(如查尔斯·林德伯格)都激烈地反苏联。在旧金山"美国至上"举行的一次集会上,林德伯格宣称,虽然他反对美国与外国结盟,但"比起与残忍的、不信神的、野蛮的苏联人结盟,他更情愿看到本国与英国结盟甚至与德国结盟,哪怕后者也存在各种缺点"。[1] 不出所料,这一煽动性言论引发了对他的新一轮激烈攻击。

但是,反对援助苏联的这一观念并不仅存在于孤立主义者之中,大量美国人,包括一些支持总统政策的人,都反对对约瑟夫·斯大林(Joseph Stalin)领导的共产党专政国家施以援手。密苏里州的参议员哈里·杜鲁门(Harry Truman)的看法代表了大部分人的观点:"如果我们看到德国获胜,我们就应该帮助苏联;如果我们看到苏联获胜,我们就应该帮助德国,这样他们就会全力地互相杀戮。"[2]

军队中的高级军官也非常直言不讳地反对援助斯大林及其苏

---

[1] Wayne S. Cole, *Roosevelt and the Isolationists*, *1932–1945*, Lincoln: University of Nebraska Press, 1983, p.435.

[2] David McCullough, *Truman*, New York: Simon & Schuster, 1992, p.262.

联。许多人与林德伯格持相同的态度,对苏联和共产主义特别反感。他们强烈反对向一个被视作敌方的国家运送任何弹药,毕竟自己的弹药都不够用。

然而,当罗斯福于8月最终同丘吉尔一道,承诺向斯大林提供飞机、坦克、卡车和其他援助时,大多数美国人又认为德国对美国的直接危险远远大于苏联对美国的威胁,因而支持总统的这一决定。

虽然罗斯福仍然抗拒护航这一想法,但他确实利用了当前希特勒全力对付苏联而无法分神这一形势,在大西洋的博弈中再次采取行动。几个月来,丘吉尔一直劝说他派遣美军前往冰岛。冰岛此前是丹麦在北大西洋的领土,战略上位于加拿大和英国之间的船队路线附近。1940年丹麦被德国攻占后不久,英国就占领了该岛,而丘吉尔急于将岛上的英国军队转移到中东战场。

7月8日,4000名美国海军陆战队士兵登陆冰岛。罗斯福在对美国公众的声明中解释说,这一决定纯粹是一种防御性措施,是为了防止德国人利用这一亚北极岛屿作为"最终攻击西半球的海军或空军基地"①。由于冰岛位于纽约以东3900英里,有人认为这一理由有点奇怪,这是可以理解的。

然而,公众多半是赞成的。这令罗斯福十分惊喜,他像以前经常做的那样,已准备好迎接"唇枪舌剑"②。《生活》在其8月4日的那一期中不无讽刺地指出:"在民意测验中,投票反对战争的人达到70%~80%,但他们仍然无法为总统引路。但占领冰岛获得了61%

---

① William S. Langer and S. Everett Gleason, *The Undeclared War: 1940–1941*, New York: Harper, 1953, p. 557.

② William S. Langer and S. Everett Gleason, *The Undeclared War: 1940–1941*, New York: Harper, 1953, p. 578.

民众的巨大支持,这似乎表明他们已准备跟随总统的步伐了。"①

许多人认为,罗斯福在冰岛的行动是为了安抚美国的干预主义者,也是为了提升英国人的士气,而并非存心参战。汉斯·汤姆森在柏林向其上司保证,罗斯福总统"没有兴趣加入一场全面战争并承担所有后果"。②正如汤姆森所看到的,罗斯福可能会继续采取临时行动,比如关闭德国领事馆和占领冰岛,"这基本上令美国无须承担什么责任,也几乎不会卷入任何紧迫的危险"。③

然而,没有人可以否认美国接管冰岛的行为是对德国的直接反抗,这给大西洋紧张的局势大大加码。7月8日,德国潜艇部队负责人请求允许攻击冰岛海岸外的美国船只。然而,希特勒重申了他的命令,即哪怕在战区内,也不能击沉美国船只。"我们绝对有必要避免与美国发生事变,"德国海军接到如此命令,"因此,德国对美国的态度一如既往——不让自己被激怒,同时避开一切争论。"④

当雷德尔元帅向希特勒抗议,声称美国军队出现在冰岛应被视为战争行为时,元首回答说,在德国征服苏联之前,他"最渴望推迟美国参战的时间"⑤。他说这只需要再等一两个月的时间。一旦达到该目的,他"也有权对美国采取严厉行动"。

尽管亨利·史汀生、弗兰克·诺克斯和政府部门中其他的干预

---

① *Life*, Aug. 4, 1941.
② *Documents on German Foreign Policy 1918–1945*, Series D, Vol. 13, Washington, D.C.: U.S. Government Printing Office, p. 103.
③ *Documents on German Foreign Policy 1918–1945*, Series D, Vol. 13, Washington, D.C.: U.S. Government Printing Office, p. 103.
④ Saul Friedlander, *Prelude to Downfall: Hitler and the United States, 1939–1941*, New York: Knopf, 1967, p. 258.
⑤ Saul Friedlander, *Prelude to Downfall: Hitler and the United States, 1939–1941*, New York: Knopf, 1967, p. 258.

主义者对罗斯福决定在冰岛驻军感到欣慰,但看到罗斯福在海军护航方面犹豫不决,他们又深感失望。然而,结果证明,登陆冰岛的部队为在大西洋进行有限的护航提供了方便。

美国驻冰岛部队显然必须通过美国商船和冰岛商船获取从美国运出的粮食、武器以及其他必需品。这些船只反过来则需要美国海军护航,这些护航行为将获准摧毁任何"威胁此类航运的敌对势力"①。碰巧,供应冰岛军事基地的美国船队和前往英国的船队从加拿大同一港口出发,并选择了相同的航线——这是斯塔克上将利用的巧合。在罗斯福的允许下,海军护航行动负责人做好了美国护航船队的日程安排,以便某些护航船只与前往英国的英国或加拿大船队同时从加拿大起航。借此,它们便都将获得美国海军的保护。

截至7月中旬,所有往返冰岛的友方船只都由美国海军护送。斯塔克告诉下属和英国人:"对这整件事必须尽可能地保持安静。"② 然而,正如这位海军作战部长所知,这种局面可能不会持续很长时间。数周内(如果不是数天内),美国海军和德国海军必然会发生冲突。

然而,急剧升级的战争风险并未令国防动员方面获得同样显著的增长。过去一年,工业生产增长了约30%,飞机制造业增长了158%,造船业增长了120%,但与美国军方、英国人以及现在苏联人的巨大需求相比,这些数字太微不足道了。正如专栏作家雷蒙德·

---

① William S. Langer and S. Everett Gleason, *The Undeclared War: 1940–1941*, New York: Harper, 1953, p. 579.
② B. Mitchell Simpson, *Admiral Harold R. Stark: Architect of Victory*, Columbia: University of South Carolina Press, 1989, p. 89.

克拉珀所指出的："我们的军工厂仍然是一个玩具枪武器库。"①

在拨给英国的 70 亿美元《租借法案》援助中，只有约 2% 的贷款以物资供应的形式到达了英国，其中大部分物资是蛋粉、罐装肉、豆类和其他食物。1941 年 7 月，美国负责《租借法案》的官员威廉·惠特尼（William Whitney）因抗议美国未能采取更多行动而辞职。"我们欺骗了大西洋两岸的民众，让他们以为如今租借的战争物资正源源不断地穿梭于大西洋，而事实上几乎没有或根本没有。"② 惠特尼在辞职信中写道："我认为，政府……应该向国会和人民说明：我们吹嘘自己将同英国一道对抗希特勒，但在这项工作中，我们的所作所为却微不足道，这是不光彩的。"

美国蓬勃发展的经济仍然主要用于满足民用需求。汽车和其他高价物品的销售额一直处于高位，大多数美国人的生活比他们有生以来过得要好。当安托万·德·圣-埃克苏佩里在纽约某一晚宴上被问及美国可以为战争做些什么时，他清晰地进行了总结。"就目前的情况而言，"这位法国作家回答说，"贵国将 90% 的工业潜力用于制造美国人想要的消费品——汽车和口香糖，而将 10% 的工业潜力用于阻止希特勒。只有当这些数字反过来——10% 用于生产汽车和口香糖，90% 用于制止希特勒——才会有希望。"③

圣-埃克苏佩里在夸大其词，但并未过度夸大。许多公司不愿放弃从消费品中获得的高额利润，仍然不愿将其工厂和其他设施转而用于国防生产。虽然他们渴望为自己赚更多的钱，但他们拒绝支付工人更高的工资和其他福利，不愿意将一部分利润分出去，这令

---

① *Life*, Sept. 29, 1941.
② Lynne Olson, *Citizens of London: The Americans Who Stood with Britain in Its Darkest, Finest Hour*, New York: Random House, 2010, p. 115.
③ Stacy Schiff, *Saint-Exupéry: A Biography*, New York: Knopf, 1995, p. 358.

飞机制造等关键行业大面积罢工。机床和必需原料（如铝和钢）的短缺情况迅速加剧；在一些地方，造船厂因缺少钢材而停产闲置。

1941年3月，哈里·杜鲁门发起一次参议院调查。该调查揭露了国防计划中普遍存在的问题，比如欺诈、收费过高以及私营企业和工业中的伪劣工艺。"我们正在向世界广而告之……我们现在一团糟。"① 杜鲁门调查委员会成员汤姆·康纳利（Tom Connally）参议员厌恶地说。一份政府报告警告说，除非美国加强动员，否则一年内美国的军工生产产量将被英国和加拿大赶超。

许多人认为，解决混乱的唯一办法是任命一位政府官员，该官员有权确定优先生产哪类产品及其价格，而制造商们必须服从他的指令，但总统不同意。他一如既往地不愿让出权力，坚持要保留自己对国防方面的行政控制，尽管他无法从其他紧迫事项中抽身，因而无法提供任何真正的领导或指导。

在史汀生和其他人的推动下，罗斯福最终于1941年7月同意换掉彷徨乏力的"生产管理办公室"，取而代之的是一个新机构——"优先供应和分配委员会"（Supply Priorities and Allocation Board，SPAB）。虽然罗斯福依然拥有对国防计划的最终权力，但SPAB有权确定国防和民用生产方面的优先事项和原料分配。该机构迅速宣布计划配给橡胶，并下令将汽车、冰箱和洗衣机的产量削减50%。

国防生产状况逐渐开始改善。坦克正以更快的速度从装配线上制造出来，船舶和飞机也正在加速生产。然而，正如SPAB主席唐纳

---

① James MacGregor Burns, *Roosevelt: The Soldier of Freedom, 1940-1945*, New York: Harcourt Brace Jovanovich, 1970, p. 119.

德·尼尔森（Donald Nelson）多年后承认的那样，"1941年将永远被人牢记，因为这一年，在我们最终参战之前，我们几乎输掉了战争"。①

而之所以出现这种噩梦般的预测，那是因为显然美国军队有可能很快崩溃。

当国会在1940年9月通过了征兵立法时，它将被征召军人的服役时间限定为12个月，这是马歇尔将军不愿同意，但又不得不妥协的条款。因此，他手下虽有140万名军人在服役，但到1941年秋天，将有70%的士兵退役。随着战争日益迫近，到了国家最需要战争的时候，军队却几乎将面临瓦解。

然而，该立法确实包含了一个例外条款：如果国会发现国家利益受到威胁，那么军人的服役期限可以延长。7月，马歇尔直言不讳地宣布"现在就存在这样的紧急状况"②。对于国会议员来说，这是最糟糕的消息。几个星期以来，来自入伍士兵及其父母们的信件和电报纷纷涌向议员们，愤怒和怨恨之情赫然纸上，坚称年轻人已做出巨大的经济和其他方面的个人牺牲，并且已经遵守了一年期合同条款，现在必须允许这些士兵重回家园故土、重返工作岗位。

1941年8月，《生活》的一名记者在某个营地采访入伍军人后报道说，有50%的人威胁如果一年期满时未能退伍，他们会当逃兵。记者注意到，无论他往哪个方向望去都能看到粉笔写的字母"OHIO"*。正如《生活》的这篇文章所说，这些人"不想打仗，

---

① Richard M. Ketchum, *The Borrowed Years, 1938-1941: America on the Way to War*, New York: Random House, 1989, p. 626.

② *Life*, July 28, 1941.

* 全称是"Over the Hill in October"，字面意思是"十月翻过山"，言外之意是"十月退出"。——译注

因为他们看不到任何打仗的理由。因此,他们认为自己在军营中毫无意义。一种反对罗斯福的情绪涌现出来,而且非常强烈"①。

入伍士兵们感到厌倦和不安,他们抱怨战斗训练过于敷衍或者根本没有训练,还抱怨缺乏现代武器。在训练中,侧面涂有"坦克"字样的卡车取代了真正的坦克,一段排水管代替了反坦克炮,木制三脚架充当了 60 毫米迫击炮。"这里的年轻人都讨厌军队,"一个列兵指出,"他们毫无斗志,除非他们喝得醉醺醺的"。另一个列兵愤怒地叫着:"罗斯福、马歇尔和军队,统统见鬼去吧!尤其是这个该死的、可怕的地方!"②

《生活》对士气崩溃的调查在华盛顿和全美范围引起了极大轰动。战争部官员声称,该报道水分极大,过于夸张——《纽约时报》出版商亚瑟·苏兹伯格也持同样的看法,他下令自行对这一情况进行调查。2 个月来,希尔顿·豪威尔·雷利(Hilton Howell Railey)——一位经验丰富的军事记者,也是亚瑟·苏兹伯格的密友——采访了 7 个陆军军营和营地中的 1000 多名士兵。当雷利刚开始调查时,他像苏兹伯格一样,确信《生活》的那篇文章严重夸大了事实;而当他结束该调查时,他却认为那篇文章大大低估了这一问题。

对于士兵周末从路易斯安那州波尔克营地(Camp Polk)外出的行为,雷利很震惊,将他们描述为"一群毫无纪律的暴徒"③,并补充说,如果自己是一名军事警察:"我可能已逮捕了 5000 名军人,其中很多是军官……因为他们公然违反军法条例。"几乎所有

---

① *Life*, Aug 18, 1941.
② *Life*, Aug. 18, 1941.
③ Stephen D. Wesbrook, "The Railey Reportand Army Morale 1941," *Military Review*, June 1980.

他采访的士兵都对他们的军官和罗斯福政府表现出极大的敌意,"超过90%的人对政府的言论失去了信心"。① 一名士兵同雷利说:"政府不是在愚弄我们吧……我们正被骗入一场战争,他妈的我们本应彻底远离这场战争。"②

苏兹伯格没有公布雷利那令人震惊的报告,而是命令大家对之噤声——当这一决定在后来被公之于众时,人们不断批评《纽约时报》与政府之间这种自行审查、舒适惬意的关系。但出版商并无悔意,而是宣称自己的行为是"为了公共利益"③。他亲自向罗斯福和马歇尔递交了雷利调查结果的副本,并向他们保证:"就说我吧,我并不打算让希特勒看到(我们)武装部队士气低落这一事实。"④ 在阅读了《纽约时报》的报告后,亨利·史汀生在其日记中指出,士气低落这一问题的原因非常清楚:"我们一直在尝试训练一支军队用于作战,而国会却并未宣战,且美国也未直面危险。"⑤

令情况更为糟糕的是,人们普遍认为,政府正在违背入伍者服役一年即可回家的承诺。在征兵法案通过前的国会辩论中,该立法的支持者们很少强调允许延长服役期的相关规定。无论如何,国会成员们已经把重点放在1942年的选举上,显然不希望与它扯上关系。众议院议长山姆·雷伯恩和多数党领袖约翰·麦考马克(John

---

① Stephen D. Wesbrook, "The Railey Report and Army Morale 1941," *Military Review*, June 1980.

② Stephen D. Wesbrook, "The Railey Report and Army Morale 1941," *Military Review*, June 1980.

③ Stephen D. Wesbrook, "The Railey Report and Army Morale 1941," *Military Review*, June 1980.

④ Stephen D. Wesbrook, "The Railey Report and Army Morale 1941," *Military Review*, June 1980.

⑤ Stimson diary, Sept 15, 1941, FDRPL.

McCormack）告诉史汀生,延长征兵期的议案永远不会在他们的议会上通过。他们说,即使是政府在国会中最坚定的支持者,也认为这些立法违反了政府和入伍者之间的道德契约。纽约共和党众议员詹姆斯·沃兹沃思支持最初的征兵议案并支持延长服役期,他这样说:"整件事都被描述成一件骇人听闻的故事、一种打破信仰的行为。每个人都说没有必要这样做,我们仍然很平静。"①

当马歇尔和史汀生在1941年初春第一次敦促罗斯福提议一份延期法案草案时,总统意识到这会引发公众的愤怒呐喊,他犹豫了。最后,在6月下旬,他勉强签署了这项法案,但并没有公开予以支持,这使得国会通过该法案的重任落在马歇尔肩上了。

作为政府的先遣兵,这位陆军参谋长频繁前往国会山,向立法者们"兜售"延期法案。他坚称这个国家面临的危险是实实在在的、迫在眉睫的,他直言不讳地对一个委员会说:"我无论如何也无法理解,任何人听到已发生的……却不同意我们必须采取本人所建议的这些法案。"② 私下里,他对助手们说,如果不延长征募期,那"将是最大的悲剧……我们(正)处于一个非常绝望的境地"③。当议员们提出入伍士兵们在抱怨心中的焦虑不安和生活不便时,马歇尔反驳说,这些人是士兵,不能指望像在家里一样。"我们不能拥有一个名为军队的政治俱乐部,"④ 他说。

虽然马歇尔的论点动摇了部分国会议员,但仍有许多议员并不

---

① James Wadsworth, Oral History Collection, CU.
② Forrest C. Pogue, *George C. Marshall: Ordeal and Hope, 1939-1942*, New York: Viking, 1966, p. 151.
③ Marshall interview with Forrest Pogue, Marshall papers, Marshall Foundation, www.marshallfoundation.org/library/pogue.html.
④ Richard M. Ketchum, *The Borrowed Years, 1938-1941: America on the Way to War*, New York: Random House, 1989, p. 645.

接受。一位资深的国会助手对陆军总参谋说,他在国会山工作了40年,从未见到对一个法案如此担忧的情况。在马歇尔和史汀生的施压下,罗斯福终于同意向公众和国会解释为何如此迫切需要这项立法。

在7月21日发布的一次电台广播中,总统强有力地宣布:这个国家如今面临的危险"远远大于"① 一年前通过征兵法案时的危险。他说:"我们美国人不能拿自己国家的安全进行投机。"虽然他意识到延长服役期限会造成"个人的牺牲",但他断然警告说,如果不这样做,后果将是美国武装力量的解体。

如同过去经常发生的那样,公众对总统的呼吁予以积极回应。根据在罗斯福演讲后不久进行的民意调查,略多于50%的美国人现在赞成延长入伍者的服役期。有消息传来,一些国会议员正在重新考虑是否依然持反对意见。"观念思潮,"史汀生夸口道,"正大大朝向有利于我们的方向行进。"②

与此同时,政府中持孤立主义态度的反对者们正疯狂地努力抵制这一趋向。尽管"美国至上"组织并未对是否延长服役期正式表态——罗伯特·伍德曾毕业于西点军校,现在又是退役将军,他对该问题态度极为矛盾,但这一组织的其他官员和工作人员私下里建议他们的成员进行反对。"我个人建议你们尽一切努力阻止通过这项延长服役期的提案,"一位工作人员给地方"美国至上"分会写信说,"我认为我们可以赢得这场斗争,如果我们赢了,那么对于政府影响力将是可怕的打击。"③

---

① Davis, *FDR, The War President*, p. 252.
② Stimson diary, July 21, 1941, FDRPL.
③ Wayne S. Cole. *Roosevelt and the Isolationists, 1932–1945*. Lincoln:University of Nebraska Press, 1983, p. 437.

在国会两院准备就该法案进行辩论时，无处不在的母亲组织再次纷纷来到华盛顿。妇女们身穿黑衣、戴着面纱，坐在参议院会议室旁接待室的长椅上，像往常一样哭泣呻吟，这令任何碰巧经过的参议员都感到不舒服。到了晚上，她们举着点燃的蜡烛，继续去支持服役期延长的国会议员家门口哭泣。这样的策略收效甚微。8月7日，参议院以45票对30票通过了该立法。

在众议院，由于马歇尔据理力争，山姆·雷伯恩和约翰·麦考马克终于对延期法案投了支持票，但其众多民主党同僚与之意见相左。8月初，麦考马克报告说，在众议院267名民主党人中，约有60人反对该法案，还有数十人态度不明。

两党都对共和党修正案的热情越来越高涨——该修正案将在年底使所有入伍者重新变为预备役状态，并给予罗斯福在自己认为必要的情况下将他们召回军队的权力。正如史汀生所指出的那样，这一修正案的目的很明显——将该行动的责任方从国会转移到罗斯福身上，因为这一举措并不得人心；如果他真的下令了，那么"（那些人）会第一个跳出来指责他"。① 史汀生在日记中谴责修正案的提案者们是"懦夫"②，这是难以辩驳的。多年来，在国会中，罗斯福的批评者一直谴责他是独裁者。但当他们有机会行使自己的职权时，他们退缩了。

雷伯恩此时担任众议院议长不到1年，就承担起在此引领该法案的责任。他聪明绝顶，身形粗短、身躯宽阔而有力，是位59岁的单身汉；但他在众议院已工作了29年，其中有4年担任多数党领袖。众议院是他一生挚爱，他对众议院的运作比任何其他成员都

---

① Stimson diary, Aug 7, 1941, FDRPL.
② Stimson diary, Aug 7, 1941, FDRPL.

更为清楚。正如白宫助手詹姆斯·兰迪斯所指出的那样,雷伯恩"在官方程序方面是专家——善于揣测人们行为的动机"①。这位议长极为正直,脾气火爆。在其许多同事眼中,他是个令人生畏的人物——据众议院警卫官(Sergeant at Arms)*所说,一些国会议员"真的连话都不敢跟他说"②,但他也唤起了人们深深的敬意,有些议员甚至对他极度爱戴。

雷伯恩作为20世纪30年代早期和中期"众议院州际和对外贸易委员会"(House Interstate and Foreign Commerce Committee)的主席,在"罗斯福新政"立法的通过中发挥了重要作用。他提出了5项关键的政府措施,比如《证券交易法》(Securities Exchange Act)和《公用事业法》(Public Utilities Act),并在众议院助其通过。然而,尽管总统对他十分倚重,但两人之间的关系长期存在问题。像国会其他的领导人一样,雷伯恩从未进入罗斯福的内部顾问圈子,而且在政府政策的形成中也未能获准提出什么意见。他来自得克萨斯州的农村,被"新政"中接受过常春藤联盟教育的年轻知识分子所蔑视,认为他并非"我们中的一员"③。他对亨利·华莱士抱怨说"总统并未充分信任他"④,白宫助手乔纳森·丹尼尔斯(Jonathan Daniels)说,雷伯恩觉得"总统不愿听取自己

---

① Robert A. Caro, *The Years of Lyndon Johnson: The Path to Power*, New York: Knopf, 1982, p. 323.

* 也译为纠仪长或者侍从长。——译注

② Robert A. Caro, *The Years of Lyndon Johnson: The Path to Power*, New York: Knopf, 1982, p. 330.

③ D. B. Hardeman and Donald C. Bacon, *Rayburn: A Biography*, Austin: Texas Monthly Press, 1987, p. 233.

④ Robert A. Caro, *The Years of Lyndon Johnson: The Path to Power*, New York: Knopf, 1982, p. 596.

的建议"①。

尽管如此,他仍然无比忠诚于罗斯福——这种忠心延伸到了罗斯福的外交政策上。虽然他一生中只离开过美国两次——前往巴拿马运河和墨西哥进行短暂的旅行,但雷伯恩一直是一名坚定的国际主义者,他坚信美国的命运与其他国家的命运密不可分。现在,马歇尔已说服他:延长服役期对美国的安全至关重要,他便把自己那令人生畏的才干全部使出来,以便使它得以通过。

在众议院为期3天的激烈辩论中,雷伯恩将自己的议长之位让给了他人。他在国会的会议室和走廊里四处溜达,拉住同事就跟他们说:"我需要你的这一票。我希望你们能支持我,因为这对我意义重大。"② 许多人照做了,这在很大程度上是因为他们欠雷伯恩很多;作为多数党领袖,他带给了民主党立法者们无数的好处,如可取的委员会工作和有利的立法程序。现在,他们明白,是时候回报了。

8月12日,当该立法进入众议院进行表决时,众议院的长廊上挤满了身穿制服的士兵和身着黑衣的母亲组织成员。这里的气氛极为紧张。当雷伯恩坐上议长的椅子,他并不知道自己和詹姆斯·沃兹沃思是否已经争取到了足够的支持以通过该法案。要想获胜,必须拉来共和党20张甚至更多的支持票,而沃兹沃思一直在疯狂地努力争取。虽然共和党官方层面反对这项立法,但少数党领袖约瑟夫·马丁个人认为延长服役期限是必要的,他曾告诉其共和党的

---

① Robert A. Caro, *The Years of Lyndon Johnson: The Path to Power*, New York: Knopf, 1982, p. 596.

② D. B. Hardeman and Donald C. Bacon, *Rayburn: A Biography*, Austin: Texas Monthly Press, 1987, p. 264.

同僚们,"在这个问题上按照你们自己的喜好行事"①。但众议院的孤立主义者们预测,投赞成票的共和党议员数量不会超过一打,民主党党鞭(Democratic whip)帕特·波兰德(Pat Boland)告诉雷伯恩,他不清楚能拿到多少张共和党人的票。

书记员唱票的时候,选票数反复来回拉锯。出席的记者们比较了记录:有些人根据投票记录认为是延期法案支持方获胜,另一些人的则正好相反。他们唯一能达成一致的是,最后的差距将微乎其微。

在读完所有成员的姓名后,该书记员又捋了一次名单,反复宣布还有哪些人尚未投票。当他做了这些后,他在一张纸上写下了相关数字,并将其交给雷伯恩。但在议长宣布结果之前,一名民主党成员站了起来,要求确认结果。当雷伯恩示意他发言时,该国会议员将自己的投票从"是"改为"否"——这在宣布最后的统计结果之前是允许的。雷伯恩低头看了看那张纸,经过这一变更,投票结果为 203 票赞成、202 票反对。就在那时,另一个成员也跳了出来。雷伯恩意识到这项法案的命运悬而未定,他选择无视此人——后者现在正疯狂地挥舞着手臂,反而点了一个共和党的副"党鞭",这个人要求重新计票(这是一种常规的动议,以确定每个成员的投票情况是否都已被正确地记录在案)。

这一动议成了雷伯恩的救生索,他一把抓住了它。雷伯恩迅速宣布了计票结果,"法案已获通过"②,并下令复核票数。直到这时,反对者们才意识到自己被耍了。因为,根据众议院的规定,一

---

① D. B. Hardeman and Donald C. Bacon, *Rayburn: A Biography*, Austin: Texas Monthly Press, 1987, p. 265.
② D. B. Hardeman and Donald C. Bacon, *Rayburn: A Biography*, Austin: Texas Monthly Press, 1987, p. 267.

且宣布投票结果并重新核票,则任何议员都不得改变自己的投票结果。而重新计票表明结果无误,众议院内一片混乱。愤怒的共和党人冲到众议院的天井里,要求雷伯恩下令重新审议;法案的拥护者们则爆发出阵阵欢呼和掌声;而在长廊里,"母亲"们则愤怒地尖叫起来。在一片嘈杂声中,议长平静地敲响了他的议事槌,要求维持秩序。由于雷伯恩掌握了神秘的众议院议事程序,140万大军得以保全。4个月后,日本人轰炸了珍珠港。

投赞成票的203名众议院议员中,有21名是共和党人,多亏詹姆斯·沃兹沃思的大力游说,这些人帮助他们以关键的1票优势取得了胜利。而沃兹沃思则认为投票票数如此接近源于那些处于连任关口议员们的"懦弱"①。仿佛是为了证明沃兹沃思的这一观点,一位国会议员在投票前不久曾写信给其同事:"如果你不小心行事,你的政治外皮——它无比贴合你,也无比珍贵——便会被晾晒在谷仓门上。"②

众议院投票的微弱差距震惊了华盛顿和全美大部分地区,很难说这是否准确反映了美国人民的整体情绪。公众舆论的调查结果仍显示多数人支持延期。事实上,在65名投反对票的民主党人中,有相当一部分人是赞成这项法案的;但正如沃兹沃思所指出的那样,他们太过懦弱,不愿冒政治风险。有报道称,一些人认为,就算没有他们的支持,这项法案也会顺利通过,因而看到票数如此接近时倍感惊讶。

这场毫厘之差的胜利令许多人目瞪口呆,如温斯顿·丘吉尔和

---

① Forrest C. Pogue, *George C. Marshall: Ordeal and Hope, 1939-1942*, New York: Viking, 1966, p. 152.

② William S. Langer and S. Everett Gleason, *The Undeclared War: 1940-1941*, New York: Harper, 1953, p. 574.

英国的军事首领们。在众议院投票之时,他们正与罗斯福及其军事首领们在纽芬兰海岸外的布雷森莎湾(Placentia Bay)会面。英国人倾向于将自己的议会制政府形式等同于美国那极为与众不同的三权分立制度。如果(英国)下院出现了这样的表决情形,那么实际上受制于议会的丘吉尔政府很可能已经倒台了。

罗斯福并无此类危险,但来自华盛顿的这些消息肯定并不能激励他采取任何引人注目的新行动来帮助英国人。他拒绝了丘吉尔要求参战的恳求,尽管他向首相承诺自己在大西洋战役中"将变得日益主动"[1]。为了朝这个方向迈出第一步,他同意将美国海军为远至冰岛的英国和美国船队护航这一非正式的保护方式正式确定下来。

回去后,丘吉尔郁郁寡欢地给儿子写了封信:"总统,尽管他很热心肠,出发点也充满善意,但他的众多崇拜者认为他跟在公众舆论后开展行动,而不是站在最前面领导并形成公众舆论。"[2] 当罗斯福召开记者招待会,向美国人民保证纽芬兰会议并未将美国带往战争时,丘吉尔立刻给哈里·霍普金斯发了一封电报,声称总统的声明对英国公众和英国政府产生了令人泄气的不良影响,他说英国人和英政府正在经历"一波沮丧感"[3]。首相在结尾处隐晦地警告:"如果1942年伊始俄国人战败了,而英国孤军奋战,那么各类危险便会纷纷冒头。"

回到华盛顿后,罗斯福向记者们抱怨,在他看来公众对美国的

---

[1] Lynne Olson, *Citizens of London: The Americans Who Stood with Britain in Its Darkest, Finest Hour*, New York: Random House, 2010, p. 122.

[2] Lynne Olson, *Citizens of London: The Americans Who Stood with Britain in Its Darkest, Finest Hour*, New York: Random House, 2010, pp. 122-123.

[3] William S. Langer and S. Everett Gleason, *The Undeclared War: 1940-1941*, New York: Harper, 1953, p. 734.

战争行动极为冷漠。他说，美国的问题在于"太多的美国人尚未下定决心：我们要打赢一场战争，而且要打一场硬仗才能赢"①。在罗斯福的很多圈内人看来，总统并未意识到，美国人民如此懒于改变的一个重要原因是他未能教育并指引他们。

延期法案投票表决后不久，马歇尔将军写信给罗斯福："公众对局势的真实情况和必然结果极为困惑……必须采取一些行动令他们了解美国所处的紧急状况，并理解拥有一支训练有素的部队有多么必要。在战争部这样的机构内，我们正在尽最大努力消除后方阵地的这一弱点。但由于它牵涉平民百姓……因此有必要迅速采取行动。"②

罗斯福回信问道："你有什么主意吗？"③

---

① *Life*, Sept 1, 1941.
② Stephen D. Wesbrook, "The Railey Report and Army Morale 1941," *Military Review*, June 1980.
③ Stephen D. Wesbrook, "The Railey Report and Army Morale 1941," *Military Review*, June 1980.

第二十三章　宣传……涂有一层厚厚的糖衣

伯顿·惠勒厌倦了失败。

自战争开始以来，围绕美国在这场战争中应该起什么作用，惠勒及其他孤立主义者所发起的每一场立法斗争都遭遇了失败。他认为，导致这些失败的一个主要原因是媒体对他及其盟友的偏见，令他们的信息难以传达给公众。几个月来，惠勒一直在抱怨反战活动家们要得到公平平等的报道是如何艰难。在他看来，媒体一直允许罗斯福政府自由地制定这场讨论的框架。这位蒙大拿州民主党人尤其批评新闻片和电影，他指责这些媒体异常迷恋支持英国、支持战争的主题。

在罗斯福于1940年12月为宣布《租借法案》而发表讲话后，作为回应，惠勒曾勃然大怒，并条分缕析地公开谴责这一计划。新闻片忽视了他的回应，却相当关注总统的讲话。"你能不能发发善心通知我，打算什么时候刊登我的回应，如果会的话？"[①]他如此要求"派拉蒙新闻"（Paramount News），全美最大的新闻片制作公司之一，"还有，如果贵公司打算有任何行动的话，在直接涉及战争与和平问题的待定立法方面，你们对于传递正反双方观点时打算

---

① John E. Moser, "'Gigantic Engines of Propaganda': The 1941 Senate Investigation of Hollywood," *Historian*, Summer 2001.

怎么办?"惠勒指控电影业煽动战争的宣传,他提出是否可能立法对此进行限制,除非电影制片人开始展现"更公正的态度"①。

好莱坞是美国大众文化最为强劲的创造者,但它被惠勒以及其他孤立主义领导者视作极其强大的威胁。电影的影响力是毋庸置疑的:在20世纪30年代末40年代初,一半以上的美国人每周至少看一部电影。"在美国我们确实存在两种教育体系,"《基督教世纪》指出,"即公共学校体系和电影。"②

1941年8月,参议员杰拉尔德·奈为其参议员同事已点燃的火焰煽风造势。奈声称电影公司是"现存最为庞大的战争宣传马达"③,他要求参议院立即调查好莱坞,并对他眼中好莱坞与罗斯福政府之间的串通勾结展开调查。"银幕上充斥着一部又一部旨在唤起我们对战争狂热情绪的影片",这位南达科他州的共和党人在圣路易斯举行的一次"美国至上"集会上宣称,"事实是,今晚在美国的2万家影院里,他们正在举行大规模的战争集会。"④

虽然奈的这些言论有点过火,但相较而言,他对电影公司负责人的评论——他们应对这一局面负主要责任——更具煽动性,这些人是从"俄罗斯、匈牙利、德国和巴尔干半岛上的国家"⑤ 移民到美国的,因此自然而然容易受到"种族情感"的影响。这位参议

---

① David Welky, *The Moguls and the Dictators: Hollywood and the Coming of World War II*, Baltimore: Johns Hopkins University Press, 2008, p. 251.
② David Welky, *The Moguls and the Dictators: Hollywood and the Coming of World War II*, Baltimore: Johns Hopkins University Press, 2008, p. 4.
③ Robert Calder, *Beware the British Serpent: The Role of Writers in British Propaganda in the United States, 1939-1945*, Montreal: Queen's University Press, 2004, p. 239.
④ Welky, David, *The Moguls and the Dictators: Hollywood and the Coming of World War II*, Baltimore: Johns Hopkins University Press, 2008, p. 293.
⑤ Neal Gabler, *An Empire of Their Own: How the Jews Invented Hollywood*, New York: Crown, 1988, p. 345.

员所指的显然是路易斯·B. 梅耶（Louis B Mayer）、塞缪尔·戈德温、华纳兄弟等犹太裔电影巨头。按照奈的说法，他们"踏上我们的土地并在此取得了美国国籍"，但同时他们"对国外的某些事业怀有很深的敌意"。奈与惠勒以及其他孤立主义者一样，对于媒体对其事业的消极反应深感失落，他不仅向好莱坞宣战，还放出了反犹太主义这一"幽灵"。

奈在圣路易斯演讲前数小时与密苏里州参议员班尼特·钱普·克拉克（Bennett Champ Clark）共同提出了一项参议院决议，要求对电影和广播宣传开展正式调查。伯顿·惠勒作为"参议院州际商业委员会"（Senate Interstate Commerce Committee）主席，将该决议提交给由另一位知名孤立主义者（爱达荷州参议员 D. 沃斯·克拉克）领导的小组委员会，沃斯·克拉克立刻依次安排了听证会。

现在，轮到好莱坞站在孤立主义与干预主义之争的舞台中央了。

碰巧的是，这些参议员对于电影业中亲英、亲干预主义的指控基本上是真实的。1939 年 9 月至 1941 年 12 月，好莱坞上映了数十部描述纳粹德国罪恶、赞扬英国抵抗德国，甚至暗示美国可能参战的电影。

1941 年中，哈利法克斯勋爵给伦敦的一位同僚写信说，美国的电影在支持"我们的事业方面干得不赖"[1]。美国电影观众对美国制作的故事片如《北佬参军记》（*A Yank in the RAF*）、《国际中队》（*International Squadron*）以及英国纪录片《伦敦可以坚持》（*London Can Take It！*）、《这里是英格兰》（*This Is England*）反响热烈，这印证了哈利法克斯的观点。在与政府的密切合作过程中，

---

[1] Welky, David, *The Moguls and the Dictators: Hollywood and the Coming of World War II*, Baltimore: Johns Hopkins University Press, 2008, p. 274.

电影公司也在制作短片，宣传时下的国防建设，并激励美国年轻人参军。

此外，好莱坞的许多知名人士还亲自支持干预主义运动。沃尔特·万格（Walter Wanger）既是一位著名的独立制片人，也是"美国电影艺术与科学学院"（Academy of Motion Picture Arts and Sciences）主席，同时还是"世纪集团"及其后身"为自由而战"的一名活跃成员。加入"为自由而战"这一组织的还有导演霍华德·霍克斯（Howard Hawks）和威廉·惠勒（William Wyler），演员小道格拉斯·范朋克（Douglas Fairbanks Jr.）、汉弗莱·鲍嘉（Humphrey Bogart）、海伦·海丝、布吉斯·梅迪斯（Burgess Meredith）、茂文·道格拉斯（Melvyn Douglas）和爱德华·G. 罗宾逊（Edward G. Robinson）。电影公司大亨达里尔·扎努克（Darryl Zanuck）和华纳兄弟向该组织提供了大量捐款。

时至 1941 年，好莱坞中不少人已是政治行动的老手了。5 年前，在纳粹德国的威胁日益增大的情况下，数百名编剧、导演、演员和制片人聚集在一起，成立了"好莱坞反纳粹联盟"（Hollywood Anti-Nazi League），成为电影界自由主义、干预主义活动的焦点。为了提高电影界的政治意识，该联盟发起了集会、群众大会和投书运动，为多项事业努力——从支持西班牙内战中的忠诚派力量，到助力为反抗马丁·戴斯的"众议院非美国活动调查委员会"而腹背受敌的"联邦剧院项目"。

相比之下，"美国至上"发现在电影之都几乎不可能招募到成员。好莱坞中实实在在加入孤立主义事业的名人为数不多，其中有一位是女演员丽莲·吉许（Lillian Gish），她成为"美国至上"委员会的一员。然而，1941 年 8 月，吉许告知罗伯特·伍德，制片商已明确表示只要她还是他这一组织的成员，他们就不会雇用她，而后她便脱离了这一组织。

不过,好莱坞的干预主义情绪问题还是比杰拉尔德·奈和其他孤立主义批评家们所说的复杂得多。虽然好莱坞的众多创作团体在20世纪30年代末确实已经在政治上活跃起来了,但那些真正有实力拍摄电影的人,即电影制片厂的老板们,直到这一运动晚期,还在犹豫是否利用其产品对任何政治或其他方面的事业进行宣传。第一部明确反纳粹的电影——华纳兄弟的《一个纳粹间谍的自白》(*Confessions of a Nazi Spy*)——直到1939年5月才问世,比起美国新闻短片、广播、报纸和杂志对希特勒政权邪恶行径的关注已晚了数年。其他电影公司一直等到1940年中期才加入反法西斯的队伍;即便它们都参与进来了,这类影片的数量在电影公司年度总拍摄量中也只占极小的比例。

在电影业相对短暂的发展过程中,电影制片人出于对自己利润的保护以及对私人压力团体和政府审查的担心,竭力避免争议。他们尤其注意不去得罪重要的外国市场,因为这些市场带来的收入至少占其年收入的一半。20世纪30年代,德国和意大利是美国电影主要的出口国,电影公司的老板们不愿意做任何可能激怒这些国家极权主义领导人的事情。

罗伯特·舍伍德在其1936年获得普利策奖的剧本《白痴的欢乐》被米高梅(Metro-Goldwyn Mayer)选中时,就意识到了这一点。《白痴的欢乐》的背景设定在瑞士边境一家小型意大利酒店中,它既反战又反法西斯主义。该作品主要关注一群来自不同国家的外国旅行者,他们在意大利对巴黎突然发动空袭时陷入困境。为了避免惹怒意大利,米高梅老板路易斯·B.梅耶下令将该故事的背景改为一个未具名的国家,其居民说的是世界语,而非意大利语,且未提到法西斯主义。意大利驻洛杉矶领事被授权最终批准了该剧本，米高梅向意大利政府的代表们试映了这部电影。

当撰写该剧本的罗伯特·舍伍德被人问及是否有合作者时，他悲哀地回答说："有——墨索里尼。"① 经过删减、剪去利爪的《白痴的欢乐》最终于1939年初出炉，该影片受到批评家们的严厉抨击。尽管米高梅为安抚意大利的敏感神经付出了所有努力，但意大利最终还是禁映了这部影片，西班牙、法国、瑞士和爱沙尼亚也跟着禁映了。

好莱坞的自我审查制度具体由"海斯办公室"及其《制片法典》体现，它在将社会和政治问题从电影中删减方面也发挥了重要作用。1922年，在好莱坞出现了一系列性丑闻后，威尔·海丝（Will Hays）受各电影公司负责人的聘请，负责整顿这一行业。威尔·海斯是前总统沃伦·哈定时的邮政总长，他极大地限制了银幕上对性、暴力和美国社会弊端的描绘。"公共秩序问题、公共利益问题、如何避免煽动性、偏见性或颠覆性的元素，"海斯郑重其事地写道，"这些问题是社会责任的问题，这些社会责任永远加诸那些制作、发行和放映影片之人的身上。"②

1939年9月战争开始时，海斯敦促电影公司的老板们在冲突中严格保持中立，并警告说，与这次战争有关的电影可能被联邦管控，也会在全美鼓励好战精神。"电影的主要目的……"③ 他提醒巨头们，"是娱乐。"同样保守的还有约瑟夫·布林（Joseph Breen），他负责执行《制片法典》，他也告诉各电影制片公司，它

---

① *Life*, Feb. 13, 1939.

② Welky, David, *The Moguls and the Dictators: Hollywood and the Coming of World War II*, Baltimore: Johns Hopkins University Press, 2008, p. 29.

③ Welky, David, *The Moguls and the Dictators: Hollywood and the Coming of World War II*, Baltimore: Johns Hopkins University Press, 2008, p. 159.

们必须尊重"任何国家的正当权利、历史和感情"①，包括德国和意大利。

对于这一点，大多数电影公司的老板不愿意提出反对意见。比如，路易斯·B.梅耶"认为电影应该是对世界丑恶现象的一种逃避"。② 爱德华·G.罗宾逊评论道："除了爱情、石头垒的房子、美丽的女人和雄壮的男人——总而言之——这些上帝的真正目的外，电影不应该再包含任何信息。"用编剧兼制片人小杰西·拉斯基（Jesse Lasky Jr.）的话说："我们总是善于对现实视而不见，无论近在咫尺还是远在天边。"③

但另一个因素也在起作用——一个大家都承认但很少有人公开承认的因素。正如奈恶意指出的那样，即大多数电影公司的负责人是中欧或东欧犹太人的后裔。但大多数人并未像他所说的那样容易受到"种族情感"的影响，而是尽力摆脱自己的犹太人过往，努力融入美国主流社会。考虑到当时美国盛行的强烈的反犹主义倾向，要做到这些并不容易。电影公司的老板们担心：制作反纳粹的电影，特别是那些关注犹太人受到迫害的电影，可能会令人们强烈反对"犹太战争贩子"；这反过来又会令众人对他们自身的背景和身份产生不必要的关注。

根据20世纪30年代末的一项民意调查，60%的美国人同意将犹太人描绘为"贪婪的、不诚实的群体"，72%的美国人反对允许

---

① Welky, David, *The Moguls and the Dictators: Hollywood and the Coming of World War II*, Baltimore: Johns Hopkins University Press, 2008, p. 60.
② Welky, David, *The Moguls and the Dictators: Hollywood and the Coming of World War II*, Baltimore: Johns Hopkins University Press, 2008, p. 59.
③ Welky, David, *The Moguls and the Dictators: Hollywood and the Coming of World War II*, Baltimore: Johns Hopkins University Press, 2008, p. 3.

更多的犹太难民进入美国。"犹太人在某种程度上还是外国人。"① 小说家雷蒙德·钱德勒（Raymond Chandler）是一位洛杉矶居民，十分熟悉好莱坞，他对其英文出版商写道："我曾住在一个犹太社区，我曾看着它怎样变成犹太社区的，那真是太可怕了。"

在 20 世纪 30 年代的大部分时间里，由于各大电影公司对战争题材的胆怯，美国电影观众能观看到海外动态的唯一机会是通过故事片放映之前播放的新闻片。有 5 年的时间，大的新闻影片公司不像故事片那样受到自我审查制度的约束，愈发以希特勒、墨索里尼以及他们对欧洲和平构成的威胁作为其报道主题。

在所有的新闻影片中，亨利·卢斯传媒王国的作品《时代在前进》（March of Time）* 是迄今为止最反纳粹、最亲英国的新闻片。该作品与其竞争对手的作品不同，它在叙述和记录胶片中加入了舞台剧，创造了一种新的强有力的电影新闻形式，批评者将之描述为带有偏见和煽动性。

1938 年，《时代在前进》以一部名为《纳粹德国内部》（Inside Nazi Germany）的短片点燃了一场争论风暴。在该短片中，警察在围捕犹太人，小混混在建筑物上涂抹反犹口号，诸如此类，不一而足。"自德国的儿童知事晓理之时起，其就不再是一个个体，而是接受了这样的教导——自己生来就是为父国**而死的，"② 影片中播

---

① Otto Friedrich, *City of Nets: A Portrait of Hollywood in the 1940's*, New York：Harper & Row, 1986, p. 47.

* 这是该媒体王国每月的宣传类"新闻片"，它们反映了现实片段。——译注

** 德国，德国人将祖国称之为父国，这在一定程度上反映了其背后的文化，所以保留了。——译注

② Alan Brinkley, *The Publisher: Henry Luce and His American Century*, New York：Knopf, 2010, p. 187.

音员用凝重的语气播报着。虽然德国官员抗议这部短片的上映,并且芝加哥市也禁止放映它,但数百万美国人仍涌向全国5000多家影院观看了这部影片。

在接下来的3年里,《时代在前进》制作的大部分新闻片都谈及欧洲危机。它们直言不讳地反对法西斯主义,还公开支持美国更为深入地参与这一战争。

到1939年,希特勒和墨索里尼已经禁止了好莱坞的作品,严格限制美国电影在两国上映,同时切断了这些电影公司大部分的国外收入。英国市场成为这些公司在欧洲唯一尚存且有利可图的电影市场,因而此时对于大型电影公司而言,加入制作描绘纳粹威胁的新闻片已无阻力。但在1939年,唯一这样做的电影公司是华纳兄弟,该公司长期以来擅长拍摄具有明确政治和社会主题的电影。同年5月,华纳兄弟推出了《一个纳粹间谍的自白》,该片描述了德裔美国特工与约瑟夫·戈培尔(Joseph Goebbels)勾结,试图为纳粹在美国赢得影响力;在紧要关头该阴谋暴露了,FBI与纽约警方将之粉碎。最后一幕是地方检察官在对特工的审判中向陪审团——美国民众——讲解孤立主义的危害。

在华盛顿,德国临时公使汉斯·汤姆森就"自白"中的反德主题向美国国务院提出了强烈抗议。1940年,在米高梅公司的《致命风暴》(*The Mortal Storm*)上映后,他也进行了控诉,这部影片带点夸张但强劲有力地描述了纳粹主义在德国的兴起,以及纳粹主义给一位犹太教授及其家人造成的可怕后果。《致命风暴》于1940年6月上映,这正是法国沦陷前夕。德国在西欧发动"闪电战"后,这部影片开启了好莱坞大量反纳粹影片的热潮。正如《生活》杂志嘲讽地指出:"电影公司拍摄谴责阿道夫·希特勒的电影速度如此之快……以至于几乎每个好莱坞游客在电影公司餐厅坐下来时，都会在自己身边发现一个身穿纳粹制服的流氓。"①

2个月后，正当德国的炸弹如雨点般落在伦敦时，美国人蜂拥至电影院观看了一部让人脊背发凉的间谍惊悚片，它的故事和《致命风暴》一样，无比接近现实生活，令人不安。这部名为《海外特派员》(Foreign Correspondent) 的影片由阿尔弗雷德·希区柯克执导，主要讲述了纽约一名报社记者乔尼·琼斯的故事。一开始，琼斯对欧洲日益严重的危机没怎么关注甚至漠不关心。然而，在被调到伦敦后，乔尔·麦克雷 (Joel McCrea) 饰演的琼斯被推进了一个超现实的世界，其间充斥着刺客、内奸和凶残的纳粹间谍。对于德国对世界的危害，他不再无动于衷，而是成为反纳粹事业的热烈拥护者。

这部电影的最后一幕中，琼斯在德国空军对伦敦的空袭中，向家乡的听众做了一次慷慨激昂的广播，实际上是在极力劝说他们摆脱孤立主义，来帮助处于危险境地的欧洲。背景中灯光微闪，空袭警报声呼啸而过，他宣称："你们听到的所有噪音……都是死神在前往伦敦。你能听到炸弹落在街道和房屋上的声音。不要充耳不闻——这是个大新闻，你也是其中的一部分……除了美国，其他地方的灯都熄灭了。让那些灯火继续燃烧吧……守住你们的灯，它们是世界上仅存的光。"②

《海外特派员》是由沃尔特·万格制作的，他是好莱坞最直言不讳的干预主义者。万格是富有的德国犹太移民之子，毕业于达特茅斯学院，他是电影业少有的成功的独立制片人之一。他毫不讳言

---

① *Life*, June 17, 1940.
② Nicholas John Cull, *Selling War: The British Propaganda Campaign Against American "Neutrality" in World War II*, New York: Oxford University Press, 1995, p. 112.

自己的电影是意识形态的武器，并明确表示《海外特派员》一片旨在"让美国意识到，如果她背弃欧洲的话，必定会面临何种威胁"。①

阿尔弗雷德·希区柯克同样毫不畏惧地提倡利用电影达到政治目的。对于希区柯克而言，他的目的是推进自己祖国（英国）的事业。希区柯克只是好莱坞众多知名英国公民中的一员，这些人与他们的政府密切合作，宣传英国及其为战争付出的努力。1939 年战争开始时，洛锡安勋爵曾建议电影业这一大型英国移民地中的英国人——其中包括演员加里·格兰特（Cary Grant）、罗纳德·考尔曼（Ronald Colman）和塞德里克·哈德威克（Cedric Hardwicke）——留在原地而非回国。"在好莱坞维持强大的英国演员核心地位对我们的利益至关重要，"洛锡安写信给哈利法克斯勋爵说，"部分原因是让他们在非常动荡的群体中持续捍卫英国的事业；否则，该群体就要受德国宣传人士的摆布；而且制作这些带着浓郁英国主题的电影，是英国最好的、最巧妙的一大宣传形式。"②

虽然部分年轻演员如大卫·尼文（David Niven）无视洛锡安的建议，回英国参军，但大多数人留在了美国。一些新涌入的英国导演和作家也加入了他们，其中许多人是被其政府招募前往好莱坞的。1940 年，匈牙利移民亚历山大·柯达（Alexander Korda）作为英国最重要的制片人和导演之一，来到英国拍摄了《汉密尔顿夫人》（*That Hamilton Woman*），这是一部关于艾玛·汉密尔顿和纳尔逊勋爵（Lord Nelson）之间爱情故事的宫廷剧。纳尔逊勋爵是

---

① Robert Calder, *Beware the British Serpent: The Role of Writers in British Propaganda in the United States, 1939-1945*, Montreal: Queen's University Press, 2004, p. 248.

② Nicholas John Cull, *Selling War: The British Propaganda Campaign Against American "Neutrality" in World War II*, New York: Oxford University Press, 1995, p. 50.

英国海军上将,他在特拉法尔加海战中击败了拿破仑的军队。

这部电影由劳伦斯·奥利弗(Laurence Olivier)和费雯·丽(Vivien Leigh)主演,正如柯达坦率承认的那样,它是"宣传……涂有一层厚厚的糖衣"①,旨在强调当前英国反抗征服者的战争恰似当年英国反抗拿破仑称霸世界的战争。在一次演讲中,纳尔逊对其他海军上将们宣称:"你们不可能与独裁者和平共处,你们必须摧毁他们。把他们消灭掉!"② 在纽约和其他强烈认同干预主义的城市,这些激昂的台词总能唤起观众们热烈的掌声。

温斯顿·丘吉尔非常喜欢《汉密尔顿夫人》,他曾多次观看这部影片。据报道,他招募柯达不仅仅是为了拍摄具有亲英倾向的电影。据柯达说,在首相的要求下,他与威廉·斯蒂芬森(他的一个密友)紧密合作。柯达在洛克菲勒中心设立了一个办公室,他还成为英国政府和英国安全协调局特工之间的中介。虽然对此并无官方证据,但丘吉尔确实在未做任何解释的情况下于1942年授予了柯达爵位。

还有一些广为人知的小说家和剧作家同样也在为英国尽自己的一份力量。例如,参与《海外特派员》制作的两位编剧是R.C.谢里夫(R. C. Sherriff)和詹姆斯·希尔顿(James Hilton),前者关于第一次世界大战的深刻剧作《旅程终点》(*Journey's End*)成为经典之作,后者则写下了畅销小说《再见,奇普斯先生》(*Goodbye, Mr. Chips*)和《消失的地平线》(*Lost Horizon*)(这两部小说也被拍成了电影,颇受欢迎)。

---

① Robert Calder, *Beware the British Serpent: The Role of Writers in British Propaganda in the United States, 1939-1945*, Montreal: Queen's University Press, 2004, p. 251.
② Robert Calder, *Beware the British Serpent: The Role of Writers in British Propaganda in the United States, 1939-1945*, Montreal: Queen's University Press, 2004, p. 251.

谢里夫和希尔顿特别擅长创造出一个理想化的、令人鼓舞的英国形象，还帮助撰写了《忠勇之家》（Mrs. Miniver），这部影片讲述了敦刻尔克大撤退和闪电战时期伦敦郊区一户中上层家庭的经历。《忠勇之家》的故事展示了英国人在灾难中表现的决心和勇气，触动了数百万美国人的心。丘吉尔称其所做的"宣传价值一百艘战舰"①。但正如该影片导演威廉·惠勒所指出的，他的电影就像《汉密尔顿夫人》一样，很难说是对这场战争的真实写照。惠勒自称是一名"好战分子"，他说自己拍摄《忠勇之家》是因为"担心美国人是孤立主义分子"②，但他也承认这部电影"只触及了战争的表面"。

然而，即使是像《一个纳粹间谍的自白》和《致命风暴》这样的硬汉电影，在涉及战争的残酷现实时也缩手缩脚，只在周边打转。比如，除一个突出例子外，在20世纪30年代末40年代初，没有一部好莱坞电影明确表示犹太人是纳粹进行迫害的主要目标。在好莱坞电影中，谴责纳粹主义是可以接受的，但具体提及其残暴的反犹主义则是不可接受的。《致命风暴》这部电影显然是与德国一个犹太家庭的毁灭有关，但其从未提及"犹太人"一词。

电影公司的老板们决定回避该问题，他们担心在电影中提及它会在美国激起更大的反犹浪潮。1940年底，约瑟夫·P. 肯尼迪（Joseph p. Kennedy）——持孤立主义立场的美国驻英大使，他本人此前也是电影大亨——参观巡视了好莱坞，这加剧了他们的担忧。肯尼迪在与50名电影业高级主管（其中大多数是犹太人）

---

① Lynne Olson, *Citizens of London: The Americans Who Stood with Britain in Its Darkest, Finest Hour*, New York：Random House, 2010, p. 236.

② Lynne Olson, *Citizens of London: The Americans Who Stood with Britain in Its Darkest, Finest Hour*, New York：Random House, 2010, p. 236.

共进午餐时,警告这些前同行,如果他们继续"利用电影媒介宣传或对民主国家与独裁者之间的(战争)事业表达同情"①,他们自己及其犹太同胞将面临危险。他说,这类电影只会凸显犹太人对电影业的控制,而这反过来又会为好莱坞招致反犹主义的强烈反扑。

唯一对这种恐惧之情嗤之以鼻的行业巨头是查理·卓别林(Charlie Chaplin),他拍摄于1940年的电影《大独裁者》(*The Great Dictator*)是那个时期唯一指明反犹主义乃希特勒意识形态核心原则的好莱坞作品。如今人们对这部电影的印象主要是它讽刺性地将希特勒和墨索里尼刻画成大话连篇的小丑,其实《大独裁者》还毫不留情地揭露了纳粹对犹太人所犯下的凶残行径。

卓别林并非犹太人,他自己制作并执导电影。从宣布制作该影片的那天起,他就面临着持续不断的压力,很多人要求他停止拍摄。满怀仇恨的邮件铺天盖地而来,就连之前鼓励他拍摄这部电影的白宫也警告卓别林,这部影片很可能惨败。而事实上,它的票房大卖,最终成为卓别林最成功的一部商业电影,至今仍被奉为经典。

有意思的是,在珍珠港事件之前,对美国人影响最大的一部电影与反犹主义、纳粹、英国人或第二次世界大战都没有关系。相反,它讲述了一个田纳西州农民的真实故事,这个农民名叫阿尔文·约克(Alvin York),他在1917年被迫放弃自己强烈的反战主义,转而承担起别人告知他应该肩负的爱国责任——在第一次世界大战中为祖国而战。

---

① Welky, David, *The Moguls and the Dictators: Hollywood and the Coming of World War II*, Baltimore: Johns Hopkins University Press, 2008, p. 244.

第二十三章　宣传……涂有一层厚厚的糖衣　509

约克是名神枪手，他应征入伍。他曾短暂地考虑是否应本着良心拒服兵役，但最终勉强同意服役。在发生于法国的马兹—阿尔冈（Meus-Argonne）战役中，他不顾猛烈的火力，发动袭击端了敌人的机枪掩体，俘虏德军132人，击毙28人。为此，约克被授予荣誉勋章，回国后，他被列入美国最伟大战时英雄的行列。

多年来，约克一直不愿意拍摄一部关于其功绩的电影，但由于制片人小杰西·拉斯基的坚持，1940年他终于妥协了。在编剧霍华德·科克（Howard Koch）和约翰·休斯顿（John Huston）的帮助下，拉斯基开始将约克的故事拍成一部现代寓言——描述美国陷入了两难境地，一方面憎恶战争，另一方面却不得不进行战斗以便维护其所珍视的自由和原则。在影片拍摄的过程中，现实生活中的约克在大战后一度持和平主义并在20世纪30年代公开表示反对卷入另一场战争或冲突，但他还是偏向干预主义。

1941年夏天上映的《约克军曹》（Sergeant York），由加里·库珀（Gary Cooper）主演，该片在纽约市举行了豪华的首映式。观众中有约克、约翰·潘兴、埃莉诺·罗斯福、温德尔·威尔基、亨利·卢斯和义务兵役制负责人刘易斯·B. 赫尔希将军。4周后，华盛顿方面也举行了首映式，给《约克军曹》披上了政府背书的独特光环。部队陪同约克从（洛杉矶）联合车站前往白宫，在白宫，罗斯福告诉他以及记者们自己因这部电影感到"激动"。国会议员、军方首领们和其他政府官员也观看了这部影片，放映后的第二天上午，约克应邀在参议院进行每日祷告。

这部电影超出了政府的预期，深深打动了数百万美国人，他们与20多年前的约克一样，在同样的困境中挣扎。正如历史学家大卫·韦尔基（David Welky）所说，这部电影所传达的信息是，"士兵们必须为……自由、民主而战——并暗示现在到了再次为它们而战的时候了"。① 鉴于某些年轻的男性观影者可能受到银幕上约克行动的激励而从军,军队准备了一份长达8页的征兵手册,详细介绍了这位英雄的生平。

《约克军曹》是1941年美国票房最高的电影,大获成功。它获得11项奥斯卡奖提名,并赢得2项奥斯卡奖,如加里·库珀获得了最佳男主角的荣誉。

1941年9月9日,参议员 D. 沃斯·克拉克敲响了玻璃烟灰缸,以之代替法槌,宣告参议院对电影业指控的听证会开始了。用参议员杰拉尔德·奈的话说,电影业是"试图用宣传使美国晕头转向,把她推向战争"②。听证会经广泛宣传,当天上午有近500名观众挤进了参议院基层会议室,有的人还站到了椅子上以便更好地观看整个过程。他们不仅是来见证那些电影公司负责人与小组委员会成员之间预计会出现的口水战——这些委员会成员除一人外,其余皆是坚定的孤立主义者——而且想亲眼看看温德尔·威尔基,这位电影业的知名法律顾问。

威尔基在1940年被罗斯福击败后不久就加入了纽约的一家律师事务所,据说他的服务报酬是10万美元(按今天的美元换算约为150万美元)。虽然他的要价很高,但不可否认,电影公司的钱花得很值得。威尔基是公共关系方面的天才,他非常善于利用国会听证会来推进自己的事业,正如他在20世纪30年代初因田纳西河

---

① Welky, David, *The Moguls and the Dictators: Hollywood and the Coming of World War II*, Baltimore: Johns Hopkins University Press, 2008, p. 286.
② Steve Neal. *Dark Horse: A Biography of Wendell Willkie*. Garden City, N. Y.: Doubleday, 1984, p. 213.

流域管理局而与罗斯福政府做斗争中表现的那样*。

威尔基获得一众电影公司律师的协助，并与白宫协调了其策略，而后他建议电影主管们展开攻势。他在这方面给他们上了一堂大师级的课：在听证会开始前发布了一份措辞激烈的新闻稿，谴责小组委员会对电影业的攻击是反美的、反犹的，并指责小组委员会正试图扼杀人类的基本自由。

好莱坞听从威尔基的建议，没有为反对希特勒和反对纳粹道歉。在提及奈对电影巨头们犹太血统的评论时，威尔基坚持认为，这些电影公司负责人是彻头彻尾的美国人，只有叛徒才会怀疑他们的忠诚。他认为，孤立主义者试图恐吓好莱坞以拍摄反映他们自己观点的电影，这将严重侵犯美国公民的自由。"这对于报纸、杂志和其他期刊而言，只是一小步，"威尔基宣称，"而从新闻自由来看，对于个人表述自己观点的自由，这也只是一小步。"①

由于威尔基提出了各种论点，小组委员会在听证会开始之前就已经完全处于防守状态。在质疑参议员发起这一调查的目的时，这位前总统候选人成功地"令其客户站在了上帝和美国这一边，而令其敌人处于另一端，"②大卫·韦尔基曾写道，"反对好莱坞就是反对美国；质疑其动机就是拥护纳粹主义。"

听证会的第一天，威尔基坐在房间靠边的一张桌子旁，策略性地靠近报道听证过程的、庞大的新闻代表团。最初，D. 沃斯·克

---

* 如前文所述，该管理局是政府执掌的机构，负责田纳西河流域的水土保持、发电、交通等，以便让民众用上更为便宜的电力，从而提振经济，但这对威尔基掌管的民营联邦南方公司造成了冲击。——译注

① Welky, David, *The Moguls and the Dictators: Hollywood and the Coming of World War II*, Baltimore: Johns Hopkins University Press, 2008, p. 299.

② Welky, David, *The Moguls and the Dictators: Hollywood and the Coming of World War II*, Baltimore: Johns Hopkins University Press, 2008, p. 300.

拉克告诉他，他将获准盘问证人并向小组委员会发问，但在威尔基发表了煽动性的新闻声明后，这位爱达荷州的共和党人改变了主意。如果克拉克以为自己已经让电影界那位口若悬河的律师沉默，那么他将很快就意识到自己错了。

令克拉克懊恼的是，他还发现，其小组的5名成员中有一位其实是威尔基的盟友，即参议员欧内斯特·麦克法兰（Ernest McFarland）。麦克法兰是一位来自亚利桑那州的新晋民主党人，同时也是一名知名的干预主义者，但他在这个问题上从来没有特别发表过意见，他与奈、克拉克、惠勒以及美国西部地区的其他孤立主义者也保持友好的关系。考虑到麦克法兰是一名温顺的罗斯福支持者，克拉克将他选入小组委员会，以便象征性地代表干预主义者。事实证明，这位身材魁梧的亚利桑那州人鄙视其参议院同僚们的孤立主义观点，并不失时机地流露这一点。他的首个目标是听证会的第一位证人——杰拉尔德·奈。

作证时，这位来自南达科他州的参议员并未做任何对自己有帮助的事情。他被威尔基的反犹主义指控激怒了，宣读了一份长达41页的声明，否认"偏执、种族以及宗教偏见在听证会中起了任何作用"，① 并宣称自己反对"在美国人的思想和行动中注入反犹主义"。但随后，他全盘否定了自己所说的话，严词谴责那些"出生在国外并受旧世界仇恨驱使"的电影负责人正"往美国电影中注入切骨之仇的宣传"。根据奈的说法，众多美国人认为"我们的犹太裔市民会欣然让我们的国家及我们的小伙子卷入这场外国战争"。这位参议员认为，因为鼓励这种态度，美国犹太人助长了美

---

① Welky, David, *The Moguls and the Dictators: Hollywood and the Coming of World War II*, Baltimore: Johns Hopkins University Press, 2008, p. 302.

国反犹主义的发展。

在询问奈时,麦克法兰要求知道这位参议员及其同事希望通过对电影业的调查达到何种目的,奈无法回答。他也无法回答麦克法兰所提出的另一个问题:到底他认为哪些战争片最令人反感?他实际上承认:"我有一个可怕的弱点,那就是今晚去看了电影,次日上午却说不出电影名字。"①

麦克法兰发现了空子,便不惜一切代价地加以利用。"你看过《飞行太保》(Flight Command)吗?"② 他向这位共和党同事发问。

"参议员,我想我没有。"

"《汉密尔顿夫人》呢?"

"我没有看过。"

"《万里追踪》(Man Hunt)呢?"

"大概没有。"

"《约克军曹》呢?"

"我想也没有。"

"那么《逃亡》呢?"

"你能不能跟我说说其中的部分情节,让我试着回忆一下?"

"《一个纳粹间谍的自白》呢?"

奈说他可能看过那部电影,但他把它与《我嫁给了一个纳粹》(I Married a Nazi)搞混了。"无论如何,我都无法说清哪个是哪个。"

很快,令人尴尬的是,奈并未看过也不记得他及其孤立主义同

---

① Welky, David, *The Moguls and the Dictators: Hollywood and the Coming of World War II*, Baltimore: Johns Hopkins University Press, 2008, p. 303.

② Welky, David, *The Moguls and the Dictators: Hollywood and the Coming of World War II*, Baltimore: Johns Hopkins University Press, 2008, p. 303.

事们极度反感的任何一部电影,只有《大独裁者》除外。麦克法兰对奈大加嘲讽,如《好莱坞报道》(*Hollywood Reporter*)后来所描绘的:"就像审核《查泰莱夫人的情人》的审查员那样。"①

麦克法兰和奈之间单方面的口角为听证会的其余部分定了调。孤立主义的参议员们显然未曾做足功课,结果变成了笑话。对于将要批判的电影,他们并未做好准备;对于调查目的,他们也含糊其辞。他们的拙劣表现助长了人们的怀疑:举行听证会的唯一原因是为孤立主义事业做宣传。

而威尔基则不顾克拉克试图让他闭嘴的举动,频频向记者耳语。记者们将他说的每一句话都记下来,然后将这些话写进报道中。他还多次抢过话筒向小组委员会发表即兴言论。听证会的第三天,他指出,该听证会至今未能产生任何立法——而这毕竟是开展这一调查的表面原因。

不出所料,听证会注定要失败。威尔基关于未遂审查的谈话引起了全国各地报纸的反响,许多报纸将之称为"猎巫行动"(witch hunt)*并予以谴责。据《布法罗信使报》(*Buffalo Courier-Express*)报道,听证会在"直接攻击言论自由的宪法保障"②。《密尔沃基日报》(*The Milwaukee Journal*)气愤地质问参议员们:"他们想拍摄一些支持希特勒的电影吗?他们希望放映一些反对国防行

---

① Clayton R. Koppes and Gregory D. Black, *Hollywood Goes to War: How Politics, Profits and Propaganda Shaped World War II Movies*, London: Tauris, 1988, p. 44.

* 该词源自欧洲中古世纪,当时人们将不少女性诬陷为女巫。尽管没有证据,她们最终仍被活活烧死。因此,这一词衍生为"在没有证据的情况下,刻意针对某人或诽谤他人"之意。——译注

② David Welky, *The Moguls and the Dictators: Hollywood and the Coming of World War II*, Baltimore: Johns Hopkins University Press, 2008, p. 298.

动的影片吗？他们到底想要什么？"①

就连"美国至上"也认为听证会是一场灾难。"该调查的某些方面非常令人不快，我都怀疑继续宣传它是否明智，"② 该组织在华盛顿的负责人露丝·萨尔斯给一位同事这样写道。

面对暴风雨般猛烈的嘲笑声和批评声，小组委员会在第一周后突然宣布休会。相关听证会未再启动。

好莱坞面对孤立主义者取得的胜利令那里的工作人员勇气倍增，在全美范围对具有争议的政治问题展开辩论时，他们站在了最前沿。正如大卫·韦尔基所指出的那样，在战前的数年里，这一行业为反对独裁者而采取的行动是其"政治首秀"③。从那时起，好莱坞的主要人物就开始毫无顾忌地在美国和国际重大事务上发出自己的声音。

电影业伸出援手将公众舆论轻轻一推，令其转向了美国必须参战的观点，此后在战争期间，它与罗斯福政府密切合作。其众多成员积极参与竞选活动以助力总统1944年的连任选举，电影公司的负责人则制作了政府鼓励他们拍摄的电影，如《莫斯科使团》(*Mission to Moscow*)，该片歌颂了美国关键的战时盟友——苏联。

多年来，电影界一直在各方面令国会和其他地方的保守势力鄙视——在政治方向上以左翼为主，并且不加掩饰地支持罗斯福及其新政。那么当保守主义在战争结束罗斯福去世之后卷土重来时，它

---

① David Welky, *The Moguls and the Dictators: Hollywood and the Coming of World War II*, Baltimore: Johns Hopkins University Press, 2008, p. 308.
② David Welky, *The Moguls and the Dictators: Hollywood and the Coming of World War II*, Baltimore: Johns Hopkins University Press, 2008, p. 309.
③ David Welky, *The Moguls and the Dictators: Hollywood and the Coming of World War II*, Baltimore: Johns Hopkins University Press, 2008, p. 329.

的一大首要目标就是电影业，这毫不令人惊讶。

随着苏联从盟友转变为对手，冷战的第一股寒流开始席卷全美。联邦调查局和"众议院非美活动调查委员会"将就共产党在好莱坞的影响展开调查。这次调查将把多名编剧、导演、演员和制片人列入黑名单并关进监狱，就政治方面而言，他们中的大多数人于战前好莱坞反对独裁者的运动中崭露头角。任何曾经游行反对过希特勒或墨索里尼的人都有可能丢掉生计。这一冰冻期将持续十几年，并破坏和毁掉成百（如果不是上千）人的生活。

第二十四章　为反犹太主义奠定基础

参议院电影听证会开始后不久,查尔斯·林德伯格递给妻子一份演讲稿,他即将在得梅因举行的"美国至上"集会上发言。安妮·林德伯格读的时候,每翻一页,其焦虑就随之加剧。然而,她知道,无论怎样说出自己的担忧,可能都不会有什么效果。虽然她是林德伯格唯一信任的人,她可以阅读和评论后者的演讲稿和文章草稿,但他通常并不会听从她的建议。"很多回我都希望他修改演讲稿,"她后来回忆说,"有许多话我希望查尔斯不要说。"①

例如,她曾在5月劝说他不要呼吁为美国"制定新政策,迎来新领导",她认为这种言论会被人解读为鼓吹叛乱,他对这个建议置之不理。但正如她所预料的那样,他的讲话受到了严厉谴责。同样,在德国入侵苏联后,她建议他不要再发表"宁愿美国与英国或德国结盟,也不要与苏联结盟"这类煽动性言论。他再次无视她的恳求。他不在乎别人怎么想。他相信自己的观点是正确的,这才是最重要的。

在安妮看来,这篇新的演讲比起他所有其他演讲都更具挑衅意味。她告诉他,这一次,必会引来轩然大波。但她说的每个字都未起到任何作用。林德伯格越来越敏感多疑,他确信罗斯福政府正试图让他闭嘴。他还确信,美国即将进入战争,他决心在华盛顿永远

---

① Julie Nixon Eisenhower, *Special People*, New York: Simon &Schuster, 1977, p. 136.

封杀他之前做出最后一击。

哈罗德·艾克斯对林德伯格毫不留情地发动攻击——每一次新的攻击都比之前的攻击更加尖锐，这助长了后者的受迫害情结。这位内政部长沉浸在林德伯格阴谋接管美国这一个人观点中。对于他的眼中钉，艾克斯写信给罗斯福："他的行动是冷酷计算过的，以期为自己获取最终权力——他所谓的'新领导'。"①

在仔细研究了林德伯格之后，艾克斯决定猛烈抨击这位飞行员于1938年接受过赫尔曼·戈林所颁发勋章这件事，这最有可能触林德伯格的痛处。在一次又一次的演讲中，他不提林德伯格的名字，而是称其为"德国鹰骑士"②*。1941年7月14日，艾克斯发起了他迄今为最为严酷的攻击，控告"前上校林德伯格"③ 因为亲纳粹而于战前访问德国，还谎称自己是应美国军方的要求前往德国的。艾克斯宣称，林德伯格忠心于希特勒政权、深爱着该政权授予他的勋章："他更喜欢保留德国鹰勋章，而把我军的上校军衔还给了美国总统。"艾克斯接着说，林德伯格"对这个国家及其自由制度构成了威胁"。

林德伯格夫妇都被艾克斯的攻击深深激怒了，安妮称艾克斯的攻击"从头到尾都充满了谎言、诽谤和错误的影射"④。过去，林德伯格没有对艾克斯的攻击做出回应，但他终于受够了。他确信罗斯福是其幕后黑手，决定向总统抱怨。"我若与艾克斯这类人发生争论，将没有任何好处，"他在日记中写道，"但如果我能将艾克

---

① Undated Ickes memo to FDR, Stephen Early papers, FDRPL.
② Leonard Mosley, *Lindbergh*, New York: Dell, 1977, p. 294.
* 德国鹰骑士团的十字勋章是第三帝国给外国人的最高荣誉。——译注
③ New York Times, July 15, 1941.
④ Anne Lindbergh, *War Within and Without: Diaries and Letters of Anne Morrow Lindbergh, 1939-1944*, New York: Harcourt Brace, 1980, p. 210.

斯的行为归咎于罗斯福，那么就会产生最大的效果。"①

林德伯格在写给富兰克林的信中（他也向新闻界公布了这封信），概述了自己访问德国以及戈林颁发奖章的情况。他说，美国军方请他评估德国飞机的发展现状，美国大使也劝说他前往男士晚宴*，在晚宴上，德国空军高官出乎意料地向他颁发了勋章。"总统先生，"林德伯格宣称，"我向您保证，我与任何外国政府都没有关系……我愿意将我的档案开放给您用以调查。如果您心中有疑问，我请求您给我机会让我回答任何指控。"② 他还认为艾克斯欠他一个道歉。

他没有得到道歉。政府的唯一回应是新闻秘书史蒂夫·厄尔利的一份说明，将他那封曾刊登在全美各地报纸头版的信斥为廉价的宣传噱头。艾克斯则很高兴他的刺激引来林德伯格"尖声抗议"③，强调了飞行员的脆弱以及后者在政治上的天真。"他第一次处于守势"④，艾克斯在日记中兴高采烈。

与此同时，部长因这一残酷战术也受到了严厉批评。"如果身居高位进行人格诽谤以对自由言论做出惩罚，那么自由言论便不再是自由言论。"⑤ 内布拉斯加州奥马哈市的一家报纸在艾克斯7月14日的讲话后发表社论中这样写道："如果采用艾克斯解决争端的方式，那么我们都应拿着斧头出去相互砍杀。"

---

① Charles A. Lindbergh, *The Wartime Journals of Charles A. Lindbergh*, New York: Harcourt Brace Jovanovich, 1970, p. 518.
* 又称单身晚宴，只允许男性参加。——译注
② Leonard Mosley, *Lindbergh*, New York: Dell, 1977, p. 295.
③ Harold Ickes, *The Secret Diary of Harold L. Ickes*, Vol. 3, *The Lowering Clouds, 1939-1941*, New York: Simon & Schuster, 1955, p. 581.
④ Harold Ickes, *The Secret Diary of Harold L. Ickes*, Vol. 3, *The Lowering Clouds, 1939-1941*, New York: Simon & Schuster, 1955, p. 582.
⑤ Omaha Morning World Herald editorial, Friday, July 18, 1941, President's Official File, FDRPL.

大量信件涌向内政部长,其中许多信件谴责了他的尖刻。有一封充满感情的长信来自堪萨斯州奥斯威戈的民主党人迈尔斯·哈特(Miles Hart),他说他反对林德伯格的孤立主义,认为美国必须发动战争。但是,哈特写道,林德伯格完全有权利说出他自己的看法,"我们有权倾听他的意见,而不受那些想以无关理由让我们回避其观点的人的突发行为所困扰……您不能靠骂他是傻瓜来回应他的论点……您有大量理由、充分论据来反驳其论断。为什么不使用它们呢?"①

哈特接着说,他讨厌"这种只要碰巧有谁与政府持不同意见,就去质疑其动机的做法……美国人民正面临着巨大的问题。我们不能在歇斯底里和个人谩骂的气氛中解决这些问题。我们必须掌握所有事实,然后再冷静而合理地决定接下来应该怎么做……您和您的伙伴们,包括罗斯福先生,已经浪费太长时间了。这座城市着火了,现在到了抛开你们那些娱乐消遣去专心灭火的时候"。

林德伯格筹划了 6 个月才于 9 月发表演讲。在此前的数次演讲中他提到了自己所声称的那些"强大因素",它们正试图将美国推向战争,但他并未指名道姓。林德伯格现在确信美国卷入战争"实际上是不可避免的"②,而且"将我们卷入其中的事件可能在任何一天就会出现";林德伯格决定自己在退无可退时必须指出这些"强大因素",以提醒美国人注意这些因素构成的危险。

他精选出 3 群"战争煽动者"③:罗斯福政府、英国人和美国

---

① Miles Hart letter to Ickes, July 5, 1941, Ickes papers, LC.
② Wayne S. Cole, *Charles A. Lindbergh and the Battle Against American Intervention in World War II*, New York: Harcourt Brace Jovanovich, 1974, p. 158.
③ Wayne S. Cole, *Charles A. Lindbergh and the Battle Against American Intervention in World War II*, New York: Harcourt Brace Jovanovich, 1974, p. 160.

犹太人。他对总统及其下属的批评最为尖锐,在一次长篇演讲中,只有3段话谈及犹太人的影响。但正如安妮所预料的那样,这些评论将掀起风暴。

林德伯格在谈及犹太人时首先说,他理解他们为何希望美国参战并打败德国。纳粹的迫害"足以招致任何种族的仇恨。任何对人类尊严有感知的人都无法容忍"① 欧洲犹太人的遭遇。

尽管如此,林德伯格说,美国犹太人必须认识到,如果美国真的卷入战争,他们必将是最先承受战争后果的一批人。他指出,比如这将令美国国内反犹太主义猛烈爆发。"宽容是一种美德,它依赖和平和力量,"他说,"历史表明,宽容无法在战争和毁灭中生存。"②

林德伯格坚持认为自己既未攻击犹太人,也未攻击英国人,他说自己钦佩这两个群体。他反对的是"这两个民族的领导人……出于……本非美国的……原因,希望将我们卷入战争。我们不能责怪他们为自己心中的利益着想,但我们也必须为我们的利益着想。我们不能让其他民族天生的情感和偏见将我们国家引向毁灭。"③林德伯格继续说,犹太人对这个国家构成了特别的"危险",因为"他们在我们的电影、新闻、广播和政府中都拥有极大的权力和影响力"。

看完演讲稿后,沉浸在"极度沮丧"④ 中的安妮恳求他不要发

---

① Wayne S. Cole, *Charles A. Lindbergh and the Battle Against American Intervention in World War II*, New York: Harcourt Brace Jovanovich, 1974, p. 171.
② Wayne S. Cole, *Charles A. Lindbergh and the Battle Against American Intervention in World War II*, New York: Harcourt Brace Jovanovich, 1974, p. 171.
③ Wayne S. Cole, *Charles A. Lindbergh and the Battle Against American Intervention in World War II*, New York: Harcourt Brace Jovanovich, 1974, p. 172.
④ Anne Lindbergh, *War Within and Without: Diaries and Letters of Anne Morrow Lindbergh, 1939-1944*, New York: Harcourt Brace, 1980, p. 220.

表这一演讲。她说,批评罗斯福政府和英国人是完全可以接受的,但他难道没有意识到,他关于犹太人的言论是在"将他们作为一个群体实行种族隔离"①,从而"为反犹太主义奠定基础"吗?就像纳粹在德国所做的那样,林德伯格也给犹太人打上一个"异族"的烙印,他们自身的动机与他们所在国家的利益是对立的。根据林德伯格的言论,他们首先是犹太人,然后才是美国人。简而言之,他们是"他者"。

当安妮告诉林德伯格他的言论会被解释为"迫害犹太人"②时,他辩解说,他不是有意的,他肯定不是反犹太的。对于这两种说法,安妮都表示认可。"我从来没有听我丈夫讲过有关犹太人的笑话,"她给朋友的信中写道,"我从来没有听到他说过任何贬低某位犹太人的话。"③ 尽管如此,她断言他的讲话"至多在无意识地拉拢反犹太主义"④,"反犹太主义势力会聚集到他身边,欣喜若狂"。她声称,她宁可看到美国处于战争状态,也不愿看到美国"为凶猛的反犹太主义所动摇"⑤。

林德伯格对安妮的爆发感到困惑,拒绝接受她的所有观点。他告诉她,自己发表演讲的唯一原因是为美国人民找出那些想要通过宣传将美国引向战争的幕后力量,希望能向公众灌输反对陷入战争

---

① Anne Lindbergh, *War Within and Without: Diaries and Letters of Anne Morrow Lindbergh, 1939-1944*, New York: Harcourt Brace, 1980, p. 223.
② Anne Lindbergh, *War Within and Without: Diaries and Letters of Anne Morrow Lindbergh, 1939-1944*, New York: Harcourt Brace, 1980, p. 224.
③ Anne Lindbergh, *War Within and Without: Diaries and Letters of Anne Morrow Lindbergh, 1939-1944*, New York: Harcourt Brace, 1980, p. 227.
④ Anne Lindbergh, *War Within and Without: Diaries and Letters of Anne Morrow Lindbergh, 1939-1944*, New York: Harcourt Brace, 1980, p. 221.
⑤ Anne Lindbergh, *War Within and Without: Diaries and Letters of Anne Morrow Lindbergh, 1939-1944*, New York: Harcourt Brace, 1980, p. 224.

狂热的思想。他并非在试图挑起人们的激情，而是希望美国人客观冷静地看待这一情况。

几年后，安妮向采访者描述了她与林德伯格就得梅因演讲所发生的"可怕争吵"①。"他就是不相信我"，她说，"他根本不明白"她在说什么。他对别人的细微区别和敏感感受难以分辨，他觉得自己所持的观点必然是正确的，他有权利——实际上是有义务——去讲述这些观点，不管将对自己或他人造成怎样的后果。林德伯格认为这种固执是一种勇气，而不是一种傲慢。有一次，他在解释自己为何不想从政时说："我宁愿在自己想说的时候说出自己的真实看法，而不是每发表一份声明就要揣测它是否会受人欢迎。"②

毫无疑问，林德伯格自己对美国的黑暗看法影响了他的这一观点——美国犹太人在战时将面临激增的迫害。他告诉朋友们，宽容和个人自由正在这个国家迅速消失；他预测，如果战争爆发，"美国将出现猛烈的暴力动荡"——"一场血腥的革命"③。

同时，他的反犹太主义——无论多么无意——极为明显。他坚信，犹太人对美国人的生活，特别是在报刊、广播和电影中，产生了不相称的、不正常的影响。"部分犹太人为一个国家增添了力量和名望，但大量犹太人制造了混乱，"④ 他在1939年4月的日记中写道，"这种情况愈发多了。"1941年7月，他对一位熟人说，犹太人在媒体中的影响将"因他们的毁灭而告终。他们不是为了其

---

① Dorothy Herrmann, *Anne Morrow Lindbergh: A Gift for Life*, New York: Ticknor & Fields, 1993, p. 322.
② Richard M. Ketchum, *The Borrowed Years, 1938-1941: America on the Way to War*, New York: Random House, 1989, p. 642.
③ William Castle diary, Aug. 11, 1941, HL.
④ A. Scott Berg, *Lindbergh*, New York: Berkley Books, 1999, p. 386.

国家和大多数受众的利益,而是为了他们自己种族的利益,或大量他们所认定的利益"。①

这类观点在当时的美国并不罕见。哈佛大学历史学家威廉·L. 兰格——他后来与人共同撰写了两卷本的历史书,与珍珠港事件前4年美国外交政策相关——在1939年美国战争学院(U.S. War College)的一次演讲中提出了大致相同的观点:"你必须面对这样一个事实,我们美国最重要的一些报纸都受犹太人控制。我想如果我是犹太人,我对纳粹德国的感觉也会与大多数犹太人的感觉差不多,带上这种色彩的新闻是最难以避免的。"② 兰格特别提到了《纽约时报》,该报老板是犹太人,他声称该报对"德国发生的每件小乱子(毕竟在一个拥有7000万人口的国家里,众多这类事件都会发生)"都给予了"极大的关注"……另一部分则是有意淡化或以讥讽的方式搪塞过去。所以,以某种相当微妙的方式,你得到的画面是无论如何,"德国人都毫无可取之处"。

20世纪30年代和40年代初,美国人生活中存在反犹这一显著特征,大量其他国家也是如此。直到二战后以及大屠杀曝光后,美国社会中的大多数人才认为公开的反犹太歧视是不可接受的。

20世纪初,数百万犹太移民从东欧涌入美国,这极大地推进了反犹太主义在美国的蔓延。由于传统上,在经济不稳定、社会变革期偏见会盛行,那么大萧条及其伴随而来的动荡局面也给美国人对犹太人的偏见提供了又一肥沃的温床,这也就不足为奇了。"经济困难正在造成沉重的打击,""反诽谤联盟"的阿诺德·福斯特

---

① Dorothy Herrmann, *Anne Morrow Lindbergh: A Gift for Life*, New York: Ticknor & Fields, 1993, p. 235.
② Joseph Bendersky, *The "Jewish Threat": The Anti-Semitic Politics of the U. S. Army*, NewYork: Basic Books, 2000, p. 273.

指出，"人们需要一个替罪羊来减轻经济大萧条带给他们的痛苦。"①

在美国，反犹太主义的病毒既感染了华尔街的律师，也感染了乡巴佬；既影响了德高望重的政治家，也影响了民粹主义极端分子。1939年，国务院知名官员和国会议员在华盛顿出席了一次午餐会，讨论的焦点是犹太难民问题。其中一位客人——此前是浸礼会牧师的国会议员——开玩笑地说："我不经常批评上帝，但我确实觉得他在红海淹错了人。"②*

美国大多数重要高校，包括几乎所有的"常春藤"盟校，都有严格的犹太人配额录取制度。那些为数不多的犹太入学者常常会感受到金曼·布鲁斯特所说的"潜移默化的反犹太主义"③氛围。作为耶鲁大学的学生，布鲁斯特、麦克乔治·邦迪等人在1938年发起了一场帮助德国犹太人移民美国的运动。但是其耶鲁校友的反应令人气馁。正如邦迪在《耶鲁每日新闻》上所写的："一个特大型团体说：'我们不喜欢犹太人。耶鲁大学已经有太多的犹太人了，为何还要让更多的犹太人进来呢？'这并非一场争论，而是反映了一种偏见和歧视。"④

上过大学的美国犹太人在毕业后发现仍要吃更多的闭门羹。大多数人难以进入著名的研究生院，比如医学和法律方面的研究生

---

① Arnold Forster, *Square One: A Memoir*, New York: Donald I. Fine, 1988, p.38.
② Castle diary, Jan.29, 1939, Castle papers, HL.
* 典故出自《出埃及记》，上帝让摩西引领以色列人通过红海，而将法老的军队淹没。——译注
③ Geoffrey Kabaservice, *The Guardians: Kingman Brewster, His Circle, and the Rise of the Liberal Establishment*, New York: Henry Holt, 2004, p.66.
④ Geoffrey Kabaservice, *The Guardians: Kingman Brewster, His Circle, and the Rise of the Liberal Establishment*, New York: Henry Holt, 2004, p.66.

院。许多（如果不是绝大多数）大公司和律师事务所拒绝雇用他们。他们不能住在某些住宅区；不能加入私人俱乐部，如乡村俱乐部；不能入住众多旅馆和度假胜地。

在联邦政府机构中，特别是国务院、陆军部，充斥着反犹太主义。国务院的上层梯队由来自"常春藤"联盟的富有名流把控，他们抵制雇用犹太人，令犹太人的人生变得艰难。他们还在日常谈话中不断诋毁犹太人，前国务次卿威廉·卡索的日记就清楚地表明了这一点。

卡索本人是一名反犹太主义者，他写道，国务院的高级官员们经常聚会，在他们的交谈中，对犹太人的恶意诋毁言论占了极大一部分。在描述1940年初的一次晚宴时，卡索说："恐怕不少与犹太人相关的、不愉快的事情会被谈及，所以聚会的人还是少点为好。"① 那晚的客人中有美国前驻德国大使休·威尔逊，他本人对犹太人的歧视是众所周知的。

助理国务卿阿道夫·伯尔虽然不是职业外交家，但也因反感犹太人而闻名。法国沦陷后，伯尔在日记中对身为犹太人的最高法院大法官费利克斯·法兰克福大肆抨击，因为大法官试图说服罗斯福为英国人提供更多援助。"犹太集团，无论你在哪里发现的犹太集团，"伯尔写道，"都不仅亲英，而且会为了英国利益而牺牲美国利益——往往不知不觉就牺牲了。"②

许多美国高级军官也表现出类似的偏见。1938年，前陆军副参谋长乔治·凡·霍恩·莫斯利（George Van Horn Moseley）将军曾是美国功勋最为卓著的军人之一，他主张对来自纳粹德国的犹太

---

① Castle diary, Jan 30, 1940, Castle papers, HL.
② Berle diary, Oct 11, 1940, Berle papers, FDRPL.

难民进行强制绝育，然后才能让他们进入美国。"只有这样，我们才能妥善保护我们的未来"①，莫斯利宣称。

同样支持反犹观点的还有两位陆军军官——杜鲁门·史密斯上校及其朋友阿尔伯特·魏德迈少校，他们被视作陆军部中最重要的德国问题专家。他们在位于柏林的德国战争学院待了2年，不久就被派到陆军战争计划部（Army War Plans Division）。在魏德迈看来，犹太人天生粗暴、诡计多端、自私自利，这令他们与其他群体"互相怀疑或厌恶，互不相容"②。魏德迈在柏林逗留期间对犹太人逐渐产生了厌恶感。他写道，在那里他第一次意识到罗斯福受犹太人利益的影响程度有多深。二战后，当时已是陆军副总参谋长的魏德迈断言，总统的犹太顾问——其中有塞缪尔·罗森曼、费利克斯·法兰克福和亨利·摩根索——"尽一切可能散布对纳粹的恶意和仇恨，并激起罗斯福对德国人的反感"。③ 他说，在一己私利的驱使下，这些犹太人和其他犹太人令美国参战变得不可避免。

魏德迈再次采用了战前常见的指控手法——罗斯福给华盛顿领来了一大群激进的犹太人来管理政府。部分罗斯福的反对者甚至认为，总统本人就是个犹太人。这两种论点都是错误的。虽然犹太律师、经济学家和其他专业人员肯定是政府管理方面人才和专门技术的重要来源之一，但在罗斯福任命的高层中，犹太人的人数比例只占不到15%。

这一比例虽然不大，但比起在私营企业和工业界高级职位上受

---

① Joseph Bendersky, The "Jewish Threat": The Anti-Semitic Politics of the U. S. Army, New York: Basic Books, 2000, p. 250.
② Joseph Bendersky, The "Jewish Threat": The Anti-Semitic Politics of the U. S. Army, New York: Basic Books, 2000, p. 238.
③ Joseph Bendersky, The "Jewish Threat": The Anti-Semitic Politics of the U. S. Army, New York: Basic Books, 2000, p. 274.

雇的犹太人比例则大得多。20世纪30年代，联邦政府——特别是应对经济和社会改革的机构——为拥有大学学历的犹太人提供了为数不多极有前途的岗位，而这些犹太人往往是新政的坚定支持者。

然而，尽管总统在为犹太人提供重要的工作和其他机会时毫不退缩、坚定不移，但他和家人以及非犹太人顾问们都依然保留着其传记作者杰弗里·沃德所说的"东部建制派"那"公开的、几乎普遍存在的"[1]反犹太主义。哈罗德·艾克斯的传记作者T. H. 沃特金斯（T. H. Watkins）写道，总统"有办法以一种调皮的、带有优越感的口吻使用'希伯来'一词，以至于这十余年来，它仍然听起来极为刺耳，就像指甲在黑板上刮擦"[2]。

至少有一次，罗斯福表达了与林德伯格相同的观点——犹太人是美国社会的外来者，需要注意他们的行为。罗斯福在一次与天主教经济学家里奥·克劳利（Leo Crowley）共进午餐时说："里奥，你知道这是个新教国家，天主教徒与犹太人在此就得忍着。我想要什么，你就得附和赞同。"[3] 总统说这番话的时候很可能是开个玩笑，但其基本观点是清晰的。

哈罗德·艾克斯——众所周知他是美国政府中对反犹太主义批评得最为猛烈的人——也警告美国犹太人要小心行事。在1938年11月的演讲中，艾克斯对林德伯格发起了第一波攻击，他告诫富裕的犹太人"在财富获取、社会行事方面要小心谨慎。一个非犹太裔的百万富翁犯错的话，只是他一个人的错；而一个犹太裔的富

---

[1] Geoffrey C. Ward, *A First-Class Temperament: The Emergence of Franklin Roosevelt*, New York: Harper & Row, 1989, p. 59.

[2] T. H. Watkins, *Righteous Pilgrim: The Life and Times of Harold L. Ickes, 1874-1952*, New York: Henry Holt, 1990, p. 661.

[3] Geoffrey C. Ward, *A First-Class Temperament: The Emergence of Franklin Roosevelt*, New York: Harper & Row, 1989, p. 255.

翁犯错的话，则是其整个种族的错。这虽然极为残酷且有失公平，却是不得不面对的事实"①。

许多美国犹太人（如果不是绝大多数）倾向于配合这一观点，尽量保持低调，特别是在战争方面。"在美国的犹太人仍然保持沉默，希望获得最好的结果，"以赛亚·柏林（Isaiah Berlin）是位牛津大学学生，在纽约为英国政府工作，他于 1941 年 7 月给苏联的犹太人父母写信时说："他们首先害怕被视作好战分子，害怕别人认为他们的所作所为是为了犹太人自己的利益，而非为了美国的总体利益。"②

大多数情况下，在该时期遇到犹太群体所面临的最痛苦的一大问题——是否允许更多的欧洲犹太人移民到美国这一争议——美国犹太人对此都保持沉默。根据阿诺德·福斯特的说法，"即使是纽约的主要犹太组织，由于担心反犹太主义的爆发，也基本上对难民危机保持沉默"③。

20 世纪 30 年代末 40 年代初，每天都有成千上万绝望的犹太人在由纳粹管控的德国、奥地利等国的美国领事馆前排队申请签证。然而，由于美国并不热衷为他们提供逃亡渠道，因此几乎所有的犹太人都被拒之门外。

大多数美国人，包括国会和国务院中的大部分人，都坚决反对接纳更多难民。在《财富》杂志的一项调查中，2/3 以上的受访者同意如下说法："在目前的条件下，我们应该尽量禁止（移民）进

---

① New York Times, Dec. 13, 1938.
② Henry Hardy, ed., *Isaiah Berlin: Letters 1928 – 1946*, Cambridge：Cambridge University Press, 2004, p. 375.
③ Arnold Forster, *Square One: A Memoir*, New York：DonaldI. Fine, 1988, p. 52.

入"。① 正如《时代》周刊于 1940 年 3 月所说的那样,"美国人民除了读读有关难民的消息外,迄今并未表现出要为世界难民做点什么的倾向"。②

美国公众担心,难民涌入美国的话,本地出生的美国人工作机会就会减少。美国人还担心纳粹特工可能会混入移民中——罗斯福和 J. 埃德加·胡佛在发出关于第五纵队(内奸)的警告中就强调了这一看法。毫无疑问,反犹太主义也是助长反移民情绪的一个重要因素。1938 年"水晶之夜"迫害,有人提议从德国接收一万名犹太儿童,超过 2/3 的美国人反对这一想法。英国最终接收了 9000 人,而美国只接收了 240 人。但美国人在 1940 年设想为英国儿童提供避难所,使他们逃离"不列颠之战"和闪电战的危险,两种反应天差地别。盖洛普的一项民意调查估计,有 500 万~700 万个美国家庭愿意在战争期间收容来自英国的年轻避难人员。

虽然罗斯福对犹太难民的困境表示同情,但在战前和战时,他几乎未做任何具体的工作来帮助他们。在阿诺德·福斯特看来,"罗斯福在犹太人最黑暗的时刻辜负了他们……令人遗憾的事实是,整个大屠杀期间,罗斯福一直把犹太人的灾难放在次要位置,优先处理其他一堆事务"。③ 不过,罗斯福和大多数美国人一样,缓于行动。

而正巧,林德伯格认为大多数美国犹太人支持英国的事业,其中许多人希望美国参战——毫无疑问,他没想错。但他指称犹太组

---

① David Kennedy, *Freedom from Fear: The American People in Depression and War, 1929-1945*, Oxford: Oxford University Press, 1990, p. 415.
② Geoffrey Perret, *Days of Sadness, Years of Triumph: The American People, 1939-1945*, New York: Coward, McCann & Geoghegan, 1973, p. 97.
③ Arnold Forster, *Square One: A Memoir*, New York: DonaldI. Fine, 1988, p. 51.

织和犹太人是美国人民中关键的"战争煽动者"就大错特错了。虽然犹太名人们确实属于"世纪集团"和"为自由而战"等干涉主义组织,但他们在这些组织成员中只占极小一部分,其成员大部分是东海岸的上层新教徒。1941年7月,德国临时大使汉斯·汤姆森向德国外交部指出,由于担心成为替罪羊,"有远见的犹太人圈子避免主动参与煽动战争的活动,而是将其留给罗斯福内阁中激进的好战分子和英国的宣传行动"。[1]

林德伯格声称犹太人控制了媒体,这一说法也被证明是错误的。美国报纸出版商中只有不到3%的人是犹太人,而那些犹太人在处理美国参战的问题上往往极为谨慎。一个典型例子是《纽约时报》的出版商亚瑟·苏兹伯格,他虽然倾向于干涉主义,但远没有《纽约先驱论坛报》、《PM报》、《纽约邮报》等纽约报纸的出版人那么直言不讳。1941年9月,苏兹伯格对为威廉·斯蒂芬森工作的英国宣传官员瓦伦丁·威廉姆斯(Valentine Williams)说:"我一生中第一次为自己是一名犹太人而感到遗憾,因为随着反犹太主义浪潮的高涨,他无法像自己所希望的那样处处大力拥护政府的反希特勒政策。"[2] 这位《时报》出版人还补充道:"他若表态支持,则孤立主义者们会将之归结为犹太人的影响,从而令其力度大打折扣。"

安妮·林德伯格经常陪同其丈夫为"美国至上"出访,但她并未和他一起去得梅因。在他发表过演讲的地区中,得梅因正在

---

[1] *Documents on German Foreign Policy 1918–1945*, Series D, Vol. 13, Washington, D. C.: U. S. Government Printing Office, p. 213.

[2] Thomas E. Mahl, *Desperate Deception: British Covert Operationsin the United States, 1939–1944*, Washington, D. C.: Brassey's, 1998, p. 53.

成为对他最不友好的地区之一。以孤立主义者居多的中西部地区出现了一个异类,艾奥瓦州——这是副总统亨利·华莱士的家乡——存在浓厚的干预主义情绪,这是由考尔斯兄弟的《得梅因纪事报》(简称《纪事报》)培养起来的,这是该州的主要报纸。在林德伯格演讲前不久,《纪事报》的编辑,也是"为自由而战"得梅因分会的主席,称林德伯格为"美国头号公敌"①;并补充说,即便他"是从德国政府领薪的特工,他都不可能为希特勒的事业服务得如此周到"。演讲当天,《纪事报》在其头版刊登了一幅社论漫画,画面上林德伯格站在几个麦克风前进行演讲,而希特勒和墨索里尼坐在他面前,热烈鼓掌。漫画上的标题是:最赏识他的听众。②

当林德伯格踏上得梅因体育场的讲台时,他脸色严肃,显然很紧张。迎接他的是8000多名观众的欢呼声、掌声和嘘声,以及零星的起哄嘲笑声。在这一面向全美范围播放的演讲中,在抨击"战争煽动者"之前,他先谴责了媒体对待他以及其他孤立主义者及其事业的方式。他说"新闻片"③已经"失去了客观性的所有伪装……对反对干预主义的个人发起了一场抹黑运动。凡是敢于提出'参战并不符合美国最佳利益'这一观点的人,都被无休止地冠上第五纵队分子、叛徒、纳粹、反犹太者等名号"。

当林德伯格讲到其演讲要点时,掌声明显超过了嘲笑声。他提到英国人、罗斯福政府和犹太人是煽动狂热参战的主力军,这令大

---

① Wayne S. Cole, *Charles A. Lindbergh and the Battle Against American Intervention in World War II*, New York: Harcourt Brace Jovanovich, 1974, p. 160.
② *Des Moines Register* cartoon, Sept. 11, 1941, America First papers, HI.
③ Ruth Sarles, *A Story of America First: The Men and Women Who Opposed U. S. Intervention in World War II*, Westport, Conn.: Praeger, 2003, p. 67.

多数人起立鼓掌，正如他后来在日记中所写的："无论是什么样的反对意见，都完全淹没在支持我们的声音中。"①

他告诉其听众，这三大群体数月来一直在努力将这个国家卷入战争，"而我们却毫无察觉"②，现在这些人正试图制造"一系列事件，迫使我们卷入真正的冲突"。不过，虽然美国正处于战争的边缘，但"要避开战争仍为时未晚"。林德伯格敦促那些在礼堂中及广播前的听众去联系国会成员，因为国会是"这个国家民主和代议制政府的最后堡垒"。

他对罗斯福及其顾问们展开了最为严厉的抨击，他指责罗斯福"利用战争将自己限制国会权力、采取独裁程序的行为变得合理化"③。但正如安妮所担心的，他对犹太人的评论成为这场演讲中唯一受到关注的部分。演讲结束后的数天，她在日记中写道，"风暴开始猛烈爆发"④，这无论如何都是特别保守的描述。林德伯格的言论催生了一场狂怒的飓风，席卷了整个美国，并令孤立主义运动遭受了近乎致命的打击。历史学家韦恩·科尔写道："在美国历史上，几乎没有哪场公开演讲比林德伯格的得梅因演讲更能引起轩然大波或给演讲者带来更多的批评。"⑤

几乎全美所有的报纸和杂志都谴责他。《纽约先驱论坛报》称

---

① Charles A, Lindbergh, *The Wartime Journals of Charles A. Lindbergh*, New York: Harcourt Brace Jovanovich, 1970, p. 538.
② Wayne S. Cole, *Charles A. Lindbergh and the Battle Against American Intervention in World War II*, New York: Harcourt Brace Jovanovich, 1974, p. 162.
③ Wayne S. Cole, *Charles A. Lindbergh and the Battle Against American Intervention in World War II*, New York: Harcourt Brace Jovanovich, 1974, p. 187.
④ Anne Lindbergh, *War Within and Without: Diaries and Letters of Anne Morrow Lindbergh, 1939-1944*. New York: Harcourt Brace, 1980, p. 225.
⑤ Wayne S. Cole, *Charles A. Lindbergh and the Battle Against American Intervention in World War II*, New York: Harcourt Brace Jovanovich, 1974, p. 173.

他的演讲是在呼吁"歧视和偏见之黑暗力量"①。在《PM报》一幅题为"传播美好的戈培尔元素"②的漫画中,西奥多尔·盖泽尔描绘了林德伯格正坐在"纳粹反犹太的臭马车"上。《自由》(Liberty)杂志称他为"美国最危险的人"③。当着林德伯格的面,该杂志写道:"反犹太主义的领导人是可鄙的小混混和狂热分子,通过邮件发送无礼的传单……但现在这一切都改变了……他,赫赫有名的那个人,已经站在了公开场合。以往那些默默无闻的煽动者只是窃窃私语,而他却厚颜无耻地说了出来。"

美国国内主流的孤立主义报纸也对林德伯格进行了批评,而这些报纸几天前才对他大加赞扬。赫斯特出版社抨击他的演讲"鲁莽而偏狭"④,而《芝加哥论坛报》则谴责他对犹太人发表"不当评论"⑤。

在纽约,温德尔·威尔基早些时候还维护了林德伯格对政府政策发表反对言论的权利,他此时却声称林德伯格的讲话是"在我所处的时代,美国名人所发表的最反美的言论"⑥。威尔基还说:"如果在这一关键时刻美国人民允许出现种族歧视,他们就不配保有民主。"

对于干预主义者来说,林德伯格的演讲是一场及时雨。无论是

---

① Wayne S. Cole, *Charles A. Lindbergh and the Battle Against American Intervention in World War II*, New York: Harcourt Brace Jovanovich, 1974, p. 174.
② Richard H. Minear, *Dr. Seuss Goes to War: The World War II Editorial Cartoons of Theodor Seuss Geisel*, New York: New Press, 1999, p. 21.
③ A. Scott Berg, *Lindbergh*, New York: Berkley Books, 1999, p. 428.
④ Wayne S. Cole, *Charles A. Lindbergh and the Battle Against American Intervention in World War II*, New York: Harcourt Brace Jovanovich, 1974, p. 177.
⑤ Wayne S. Cole, *Charles A. Lindbergh and the Battle Against American Intervention in World War II*, New York: Harcourt Brace Jovanovich, 1974, p. 177.
⑥ A. Scott Berg, *Lindbergh*, New York: Berkley Books, 1999, p. 428.

罗斯福还是哈罗德·艾克斯都未公开发表评论，但彼时他们已无须发言：全美民众已十分愤怒。白宫唯一提及该演讲的官员是史蒂夫·厄尔利，他也只是说自己认为林德伯格的言论与"过去几天柏林的言论"有"惊人的相似之处"①。

孤立主义者则痛苦地意识到这对他们的事业将造成巨大损害。"让美国远离战争大会"（其成员主要是自由派反战主义者）的执行董事写道，得梅因的演讲"在煽动反犹太主义的情绪、把'骑墙派'犹太人推向战争阵营方面所做的工作，比林德伯格先生所能想象的还要多"②。该协会理事会明确表示，它"极为反对"③林德伯格"暗示犹太血统或信奉犹太教的美国公民是与其他美国人民不同的独立群体，暗示他们作为独立的群体在产生影响，或暗示他们一致支持我们加入欧洲战争"。

社会党领袖诺曼·托马斯是这一协会的其中一名创始人，他被这篇演讲激怒了，与"美国至上"以及曾与自己关系密切的林德伯格断绝了一切联系。"我们的朋友林德伯格不是给我们带来了很大伤害吗？"④托马斯给一位朋友写信道，"老实说，我认为林德伯格并非一个反犹太主义者，但我认为他是一个大傻子……并不是所有的犹太人都支持战争，而且如果我们有权利煽动大家反对战争，那么犹太人就有权利煽动支持战争……上校自己不接受公共关系方

---

① Wayne S. Cole, *Charles A. Lindbergh and the Battle Against American Intervention in World War II*, New York: Harcourt Brace Jovanovich, 1974, p. 175.
② Wayne S. Cole, *Charles A. Lindbergh and the Battle Against American Intervention in World War II*, New York: Harcourt Brace Jovanovich, 1974, p. 178.
③ Wayne S. Cole, *Charles A. Lindbergh and the Battle Against American Intervention in World War II*, New York: Harcourt Brace Jovanovich, 1974, p. 178.
④ Dorothy Herrmann, *Anne Morrow Lindbergh: A Gift for Life*, New York: Ticknor & Fields, 1993, pp. 262-63.

面的建议,却希望一个航空的外行能接受某个专家的相关建议,这真的太可惜了"。

"美国至上"这一组织因该演讲而陷入混乱,在如何进行应对的问题上出现了严重的分歧。执行委员会成员斯特林·莫顿在给罗伯特·伍德的信中谴责林德伯格的煽动性言论,他说:"没有人比犹太人更有权利反对希特勒及其所做的一切,如果他们愿意,他们完全有权利利用自己的影响力去支持参战。"①

罗伯特·斯图尔特和"美国至上"组织纽约分部负责人约翰·T. 弗林(John T. Flynn)极力敦促该组织强烈谴责反犹太主义。弗林并不反对林德伯格关于犹太人的言论,但他还是称这次演讲是"愚蠢的"②,并说它"给了我们所有人可怕的一击。它只是给整个孤立主义斗争贴上了反犹太主义的标签,(并)令我们广受指控,人们认为我们在进行种族迫害"。

然而,"美国至上"的其他领导人支持林德伯格所说的话,而林德伯格本人也拒绝否认或修改自己的任何声明。由于不愿意谴责美国最受欢迎的孤立主义者——他是"我们战斗的核心"③,一位"美国至上"官员这样描述林德伯格——在缺乏共识的情况下,"美国至上"无奈地发表了一个模糊的声明,否认它或林德伯格持反犹太主义立场。这份文件并未让任何人满意,且加剧了干预主义者对该组织的指控。莱辛·罗森瓦尔德的家族拥有罗巴克·西尔斯公司,他本人曾经是"美国至上"全国委员会的成员,此时要求

---

① Ruth Sarles, *A Story of America First: The Men and Women Who Opposed U. S. Intervention in World War* II , Westport, Conn.: Praeger, 2003, p. xxxiii.
② David Welky, *The Moguls and the Dictators: Hollywood and the Coming of World War* II , Baltimore: Johns Hopkins University Press, 2008, p. 307.
③ Unsigned memo, Sept. 19, 1941, America First papers, HI.

罗伯特·伍德公开否认林德伯格的讲话。伍德拒绝这样做时，罗森瓦尔德结束了自己与巴克·西尔斯公司董事长（伍德）的亲密友谊。这道裂痕永远无法愈合。

尽管林德伯格身上承受着全部指责，但还是有几个人站出来为他辩护。其中一个是19岁的康奈尔大学学生库尔特·冯内古特（Kurt Vonnegut），他在校报上写了一篇热情洋溢的专栏文章支持林德伯格，文章抨击"诽谤者"[1] 挑起大家对"一个忠诚而真诚的爱国者"的仇恨。冯内古特于1945年在炮弹轰炸下的德国德累斯顿（Dresden）被俘，这一经历将促使他撰写出其标志性小说《第五屠宰场》（*Slaughterhouse-Five*）。而在1941年，他是一名坚定的孤立主义者，认为美国应该尽可能地远离战争。"美国是一个民主国家，这就是他们口中我们将为之而战的原因，"他写道，"林德，你是变节者。我们在某处读到那个说法，所以必定是那样。他们说你应该被驱逐出境。既然如此，就在船上给我们留个位置吧。"

其他人虽然没有为林德伯格的言论辩护，但指责了那些攻击他的人的虚伪。诺曼·托马斯即便在贬低林德伯格的言论时也宣称，"某些逮着机会就批评林德伯格的人也许比这位飞行员更加反犹太"[2]。《基督教世纪》在一篇社论中嘲讽地指出："在林德伯格发表了得梅因演讲后的第二天早晨，100家俱乐部和酒店大堂响起了对林德伯格的谴责抨击——可这些俱乐部和酒店禁止犹太人入内。"[3]

---

[1] Ruth Sarles, *A Story of America First: The Men and Women Who Opposed U. S. Intervention in World War II*, Westport, Conn.: Praeger, 2003, p. xxxiii.

[2] Ruth Sarles, *A Story of America First: The Men and Women Who Opposed U. S. Intervention in World War II*, Westport, Conn.: Praeger, 2003, p. xxxiii.

[3] Ruth Sarles, *A Story of America First: The Men and Women Who Opposed U. S. Intervention in World War II*, Westport, Conn.: Praeger, 2003, p. 58.

在康涅狄格州的富裕城镇，格林威治和斯坦福德的"美国至上"分会主席格雷戈里·梅森（Gregory Mason）博士在给"怀特委员会"康涅狄格州南部分会主席的一封信中提出了同样的观点。根据梅森的说法，在该地区的"怀特委员会"和"为自由而战"等组织中，众多知名成员加入了"高级社交俱乐部，这些俱乐部严禁犹太人加入。随意从任何一份当地报纸中找出有关参加'为英国捐包裹'派对或参加为英国皇家空军所举行义卖的报道，你会发现名单中很大比例是有钱的势利之辈，他们会像躲避麻风病人一样在社交上躲避犹太人"①。

然而，尽管梅森的指控极为真实，但这些指控并不能改变这样一个事实：林德伯格在得梅因的言论毫无疑问是反犹太主义的，这些言论对孤立主义事业造成了不可估量的伤害。它们转移了人们对美国是否参战这一主要问题的注意力。而且正如安妮·林德伯格所担心的那样，受它们的鼓舞，美国反犹太分子变得更加直言不讳。

"美国至上"组织一直在反犹太主义方面存在问题，但在得梅因发表演讲后的数天和数周内，该问题变成了一场全面的危机。成千上万封信件涌向该组织的总部，其中大部分是公然反犹太主义的。一名写信者这样写道："我们需要成千上万无所畏惧的男男女女来赶走犹太人，这些犹太人已经占领了美国。"②

"美国至上"对林德伯格这一演讲的反应软弱无力，而且并未谴责反犹太主义，这无疑令该组织于1941年秋天远远偏离了一年前耶鲁那些怀抱理想主义的青年创始人为其所设想的道路。

---

① Wayne S. Cole, *Charles A. Lindbergh and the Battle Against American Intervention in World War II*, New York: Harcourt Brace Jovanovich, 1974, pp. 181-182.

② Wayne S. Cole, *Charles A. Lindbergh and the Battle Against American Intervention in World War II*, New York: Harcourt Brace Jovanovich, 1974, p. 176.

虽然林德伯格对反犹太主义这类指控似乎很无所谓，至少在表面上如此，但得梅因演讲的幽灵将困扰他的妻儿数十年。"这不是很奇怪吗，"安妮当时给一位朋友写道，"他心中没有仇恨，根本没有一丝仇恨，但他却唤起了仇恨，并传播了仇恨。"① 多年后，她对一位采访者说："我不能责怪人们曲解（他的语意），我可以理解犹太人为何不喜欢他。"②

丽芙·林德伯格是查尔斯和安妮的孩子中唯一撰文并公开谈论其家庭的人。在其成年后的大部分时间里，她一直在努力面对其父亲的爆炸性言论。20世纪60年代初，她在拉德克利夫上学时首次获知了这一演讲，因为几个朋友的父母在她面前表现得很奇怪，与她约会的一个男孩听到一位室友这样说，他不介意去见丽芙，但他永远不会与她父亲握手。

当她对这种敌意表示不解时，她大学里最亲密的朋友建议她读一读林德伯格的得梅因演讲稿。她读后受到了极大的打击。"我仍然能感受到当时那种强烈的头晕目眩，"多年后她写道，"我边读他的言论，边弯下了腰。"③ 丽芙在儿时就读过安妮·弗兰克的日记，她深知大屠杀有多可怕。她明白为何父亲的言论将牵连"如此多的人"④。

她无比震惊、不知所措，不断在想，这并非自己所认识的父亲——这个男人从来没有在她面前说过任何反犹言论，从来没有开

---

① Richard M. Ketchum, *The Borrowed Years*, *1938-1941: America on the Way to War*, New York: Random House, 1989, p. 642.
② Julie Nixon Eisenhower, *Special People*, New York: Simon &Schuster, 1977, p. 136.
③ Reeve Lindbergh, *Under a Wing: A Memoir*, New York: Simon & Schuster, 1998, p. 214.
④ Reeve Lindbergh, *Under a Wing: A Memoir*, New York: Simon & Schuster, 1998, p. 214.

过一个种族笑话，也没有讲过与种族相关的污言秽语，而她在别的朋友家曾听人说过。他教育孩子们说，这种话"令人厌恶，千万别说"①。

丽芙的困惑很快就转变为羞愧和愤怒。她纠结于父亲到底打算表达什么——在此期间，她也在努力解决反犹太主义内在构成这一问题。"他真的认为他只是简单地、冷静地'陈述事实'，就像他后来坚称的那样，而并不了解该声明的架构本身就回荡着反犹太主义的回响吗？如果他真的那般认为，那么该声明的内在深处就不是一种反犹太主义的形式（无论他如何认为它毫无恶意）？事实上，是否存在一种无辜的、无意识的反犹太主义？……大屠杀是否会永远将某种态度定罪——这种态度此前在美国和其他国家的非犹太人群体中是可以接受且普遍存在的？……还是我只是在玩弄文字游戏而否认显而易见的事实？"②

她总结道，她的父亲正在做他此前所做过的事情："确定他所看到的情况……以逻辑推理的方式将其阐明，然后有条不紊地进行自己的论证……他向美国人民谈及孤立主义，谈及战争的弊端，谈及德国对犹太人的迫害，采用的就是他跟孩子们谈论独立和责任、'冻疮的七大症状'或'朋克设计'时所采用的方式。他当时到底在想什么？他怎么会如此不近人情？"③

当丽芙向母亲询问那场臭名昭著的演讲时，安妮说，当她警告林德伯格如果发表该演讲将会被贴上反犹标签时，林德伯格拒绝相

---

① Reeve Lindbergh, *Under a Wing: A Memoir*, New York: Simon & Schuster, 1998, p. 203.
② Reeve Lindbergh, *Under a Wing: A Memoir*, New York: Simon & Schuster, 1998, p. 202.
③ Reeve Lindbergh, *Under a Wing: A Memoir*, New York: Simon & Schuster, 1998, p. 215.

信她。丽芙大吃一惊：按照她的经验，父亲总是很听母亲的话。安妮回答说，他年轻时不是这样的。他从小便听不进别人的话，只依靠自己的判断：他身为飞行员能平安幸存下来，这依赖于他遵循自己的直觉。"如果他听别人的，"安妮对女儿说，"他永远不会到巴黎去。"①

林德伯格的批评者在得梅因演讲后便迫不及待地对他大加抨击，但显然有一个人除外——他的岳母。

伊丽莎白·莫罗保持沉默并非因为她没那么信奉干预主义事业。事实上，情况恰恰相反。此时，她坚信美国必须参战以从德国手中拯救英国和世界其他国家，她是"为自由而战"妇女部的名誉主席，在干预主义组织中，它是最为极端的一个组织。

1941年11月21日，莫罗夫人在全美范围内进行了一次广播，解释了她支持战争的根本理由。"我认为德国获胜的话，对我们来说将产生灾难性的后果。因而我认为我们国家，如果必要的话，应该全面参战，以阻止德国获胜。"② 但在其广播结束时，她突然把焦点转移到一个显然令她无比担忧的问题上——毁谤中伤和日益恶毒的辱骂，声称这不仅使她自己的家庭而且使整个国家分崩离析。

莫罗夫人向其干预主义盟友发出呼吁，她"迫切希望我们大家不仅能成为优秀的战士，而且能成为公正的战士。有一些诚实的、有良知的、可敬的公民认为，参与欧洲战争无助于我国的国

---

① Reeve Lindbergh, *Under a Wing: A Memoir*, New York: Simon & Schuster, 1998, p. 216.

② Margaret Paton-Walsh, *Our War Too: American Women Against the Axis*, Lawrence: University Press of Kansas, 2002, p. 186.

防,且难以维护对我们所有人而言都如此珍贵的美国生活方式。在我们与他们意见相左时,我们必须尊重他们所发表意见中的诚意"①。

她的声音饱含感情,她接着说:"'战争贩子'是个令人不快的称号,但'不爱国'和'反美'同样是令人不快的修饰语。因为对于人们心中的动机,只有上帝才无所不知。"②

---

① Margaret Paton-Walsh, *Our War Too: American Women Against the Axis*, Lawrence: University Press of Kansas, 2002, p.187.

② Margaret Paton-Walsh, *Our War Too: American Women Against the Axis*, Lawrence: University Press of Kansas, 2002, p.187.

第二十五章　他没打算将这个国家带入战争

1941年秋，一个新的超级英雄激发了全美各地年轻漫画读者的兴趣。《美国队长》问世了，其封面上身着红白蓝三色衣服的主角正用右手朝阿道夫·希特勒这个傻子的下巴挥出一拳，这本漫画卖出了近100万册。"美国队长"致力于从纳粹等威胁中将美国拯救出来，他迅速在超级英雄的殿堂中占据了一席之地。

多年后，《美国队长》的创作者之一乔·西蒙（Joe Simon）欣然承认，他及其同事杰克·科比（Jack Kirby）通过这一新的漫画角色在发表政治声明：二者都认为美国必须参战，以结束纳粹德国的恐怖统治。"反对参战的人都组织得井然有序，"西蒙说，"我们也想有自己的发言权。"[①]

这本流行的新漫画书并非唯一具有强烈干预主义倾向的作品。当时，许多报纸上的连环画也令其主人公展开了反对轴心国的行动。在阿尔·卡普（Al Capp）的《丛林小子》（*Li'l Abner*）中，入侵多格派奇（Dogpatch）的反派明显是对德国领导人的讽刺。乔·帕卢卡（Joe Palooka）曾经把英国人描绘成女里女气、戴着单片眼镜的绥靖分子，现在却将他们刻画为与纳粹英勇作战

[①] Bradford W. Wright, *Comic Book Nation: The Transformation of Youth Culture in America*, Baltimore: Johns Hopkins University Press, 2003, p. 36.

的人。

393　　那些读者如果不仅阅读漫画还阅读报纸的话，几乎可发现实际上每一页上都有提及战争。根据政府对媒体的分析，现在大多数美国报纸支持罗斯福的干预政策，越来越多的人支持美国立即参战。超过300份报纸这样做，如《纽约邮报》、《纽约先驱论坛报》、《旧金山纪事报》（San Francisco Chronicle）、克里夫兰的《实话报》（Plain Dealer）、《亚特兰大宪法报》（Atlanta Constitution）和路易斯维尔的《信使报》。

　　1941年大量畅销书也选取了与战争相关的主题。威廉·夏伊勒的《柏林日记》（Berlin Diary）在非小说排行榜上名列前茅，温斯顿·丘吉尔的演讲集和爱德华·R. 莫罗的伦敦广播节目《这里是伦敦》（This Is London）的汇编也排名靠前。在小说方面，《密涅瓦夫人》（Mrs. Miniver）故事集（那部风靡一时的电影《忠勇之家》就是根据它改编的）和詹姆斯·希尔顿的《鸳梦重温》（Random Harvest）都名列榜首。

　　毫无疑问，这场战争在国民意识中打下了深刻的烙印。在《风尚》（Vogue）杂志的时尚版面上，模特们在一架飞往伦敦的飞机前摆出各种姿势，这架飞机上装满了"为英国捐包裹"的物资。伊丽莎白·雅顿（Elizabeth Arden）化妆品公司开始推出"胜利手势"（V for Victory）口红。纽瓦克（Newark）、旧金山和其他主要城市上演了停电演习，志愿者管理员在社区里忙着要求人们熄灯。在纽约市，超过6.2万名居民自愿成为菲奥雷洛·拉瓜迪亚市长新民防计划的管理员。

　　夏季休会后返岗的国会议员们报告说，他们的许多选民对战争的看法已然发生了改变，一些孤立主义者居多的选区变成了"中间派，而原本的中间派现在则变成了干预派"①。曾经热衷于孤立主义的"美国退伍军人协会"（American Legion）在其年度大会上呼吁废除《中立法案》，并呼吁制定一项"反击敌人"②的计划。

一位《生活》杂志记者前往密苏里州的尼欧肖（Neosho），这是一个位于奥扎克（Ozarks）边缘的小镇，他对那里的居民进行抽样调查。在采访了几十名尼欧肖的居民后，他得出的结论是：大多数镇民虽然是共和党人，"几乎对所有事物都持保守态度"③，但他们深思熟虑后认为美国必须参战。

"我不愿意看到我们的孩子被派出去打仗，我有一个19岁的孩子，"面粉磨坊主C. W.克劳福德（C. W. Crawford）说，"但如果除此之外英国无法获胜的话，我们还得派他们去……我们得出钱出力。"④ 尼欧肖市长兼食品杂货商格伦·伍兹（Glen Woods）评论道："我看不出我们该如何做才能积极参战，我也无法设想如果我们不这样做又该如何过活。"该镇周报编辑格伦·沃尔芬德（Glenn Wolfender）告诉这位《生活》记者，他和尼欧肖的其他居民已成了干预主义者，这出于一种道德信念，即美国必须终结希特勒。"当你有了（这样的信念），在这个世界上，就再也没有比之更为强大的事物了。"沃尔芬德补充道："也许它就是你们城里人可以利用的东西——我无意冒犯——你懂的。"

1941年秋天进行的一项民意调查显示，在那些自称为共和党人的群体中，75%的人现在支持罗斯福的外交政策。只有不到20%

---

① Richard M. Ketchum, *The Borrowed Years, 1938-1941: America on the Way to War*, New York: Random House, 1989, p. 622.
② Richard M. Ketchum, *The Borrowed Years, 1938-1941: America on the Way to War*, New York: Random House, 1989, p. 622.
③ *Life*, May 26, 1941.
④ *Life*, May 26, 1941.

的美国人承认自己是孤立主义者，72%的人认为"打败纳粹主义"① 是"自己国家所面临的最大任务"。民调专家埃尔莫·罗珀（Elmo Roper）报告："用兵参战的意愿增长甚至超过了我们名义上干预主义倾向的增长……现在绝大多数人支持派出所有武装部队——如果必要的话。"在芝加哥，一名英国宣传官员格雷厄姆·赫顿（Graham Hutton）写道："孤立主义者正在进行一场口头的、顽固的但毫无希望的后卫战。"②

那么，依照几乎所有的标准，美国人似乎已为战争做好了准备。然而他们仍然害怕突然跃进至采取全面敌对行动这一阶段。根据民意调查，75%到80%的公众继续反对立即对德宣战。

与此同时，来自战争前线的消息越来越无望。德国人横扫苏联大部分地区后，此时已包围列宁格勒，正威胁着莫斯科。温斯顿·丘吉尔担心苏联人可能很快就会崩溃，而德国将再次对英国展开全面打击，因此他急切地希望美国人明确无误地参与进来。

正如历史学家杰弗里·佩雷所指出的那样，那年秋天一个奇怪的场景正在华盛顿和美国其他地区上演："成年男人们在相互推搡着，相互怂恿着，他们大胆蛮横，说着强硬的话，却濒临颤抖的边缘。"③ 佩雷接着说，"这是一种'不愉快的场景'——人们缺乏确切目标，他们漂泊不定"。

后来又发生了有关"格里尔"（Greer）的离奇事件。

9月4日，美国驱逐舰"格里尔号"正向冰岛首都雷克雅未克

---

① Nicholas John Cull, *Selling War: The British Propaganda Campaign Against American "Neutrality" in World War II*, New York: Oxford University Press, 1995, p. 185.
② Nicholas John Cull, *Selling War: The British Propaganda Campaign Against American "Neutrality" in World War II*, New York: Oxford University Press, 1995, p. 185.
③ Geoffrey Perret, *Days of Sadness, Years of Triumph: The American People, 1939-1945*, New York: Coward, McCann & Geoghegan, 1973, p. 191.

驶去。这时它接到一架英国巡逻机的消息,在前方 10 英里处发现了一艘德国潜艇。就在 2 周前,美国海军已经授权其大西洋基地的舰艇开始护送所有贸易友船,包括目的地为英国和苏联的货运船只,最远是冰岛。在那里,英国海军将接替美军进行护航。美国海军舰艇还获得授权,可摧毁任何德国潜艇或海上突击舰,只要它们威胁到这些商船护航船队。

由于"格里尔号"在获知有关潜艇的消息时并没有在为商船护航,因此它并未获准开火。它只能选择跟踪 U 型潜艇,并向英国人报告其位置,它这样行动了 3 个多小时。英国巡逻机一度投下几枚深水炸弹,但并未收到明显效果。

最后,德国潜艇指挥官受够了。他显然认为这些深水炸弹来自"格里尔号",于是向美舰发射了 2 枚鱼雷。"格里尔号"躲过了这两枚鱼雷,同时也投下了深水炸弹进行反击。在这场对抗中,两艘船都未受到损害或造成伤亡。

一周后,罗斯福以该事件为由头扩大了交战规则,允许美国海军舰艇只要遭遇轴心国的任何船只就可当场射击,而不用管它们是否对商船构成威胁。在 9 月 11 日的一次广播中,总统指控德国潜艇"在未事先警告的情况下,首先向这艘美国驱逐舰开火,并蓄意设计将之击沉"[1](事情确实如此,但总统并未提到该事件的其他细节:英国人针对 U 型潜艇投下深水炸弹,并且"格里尔号"在遭到此次攻击前对该潜艇监视了 3 个小时)。

罗斯福将对"格里尔号"的攻击描述为"海盗行径"[2],他使

---

[1] William S. Langer and S. Everett Gleason, *The Undeclared War: 1940–1941*, New York: Harper, 1953, p.745.

[2] William S. Langer and S. Everett Gleason, *The Undeclared War: 1940–1941*, New York: Harper, 1953, p.745.

用了自己迄今为止最为强硬的措辞去抨击德国潜艇和海上舰艇乃"大西洋响尾蛇",对"公海的自由航道构成威胁","对我们的主权构成挑战"。他坚称,他下令"当场射击"并不意味着这是种战争行为,而是在对美国安全至关重要的水域范围所采取的一种防御措施。"当你看到一条准备攻击的响尾蛇时,你不会等到它发起攻击后才将其压扁……现在就是积极防御的时候。"在广播中,总统还顺便宣布了自己早先的决定,即美国海军为所有商船提供护航,护航路线远至冰岛。

在接下来的一个月里,美国驱逐舰在战斗条件下,为 14 个船队共计 675 艘船护航,帮助它们穿越风暴前夕的北大西洋。美国海军由此成为美国首个开始作战的军事力量,尽管依然尚未宣战。大多数低级海军军官和船员并不像高层上司那样持孤立主义立场并带有仇英心理。此前一年,50 艘超龄驱逐舰被移交给皇家海军时,英国海员们高兴地发现,他们的美国同行们已经在船上储备了各类奢侈物品,如香烟、毯子、床单、牛排和培根,这些都是他们服役期间闻所未闻的。美国海军军官"直截了当地说出自己是多么希望能跟船一起过来,和我们共同对付德国兵",① 英国海军中将盖伊·塞耶爵士说。

1941 年 9 月下旬,第一支由美国舰艇正式护航的英国船队在冰岛南部与英国皇家海军交接。护航准将、英国海军少将 E. 曼纳斯(E. Manners)和护航指挥、美国海军的莫顿·德约(Morton Deyo)告别时,互致感谢之情和良好祝愿。"请接受我最美好的祝贺,"曼纳斯示意道,"……感谢你们对我们的照顾,

---

① Philip Goodhart, *Fifty Ships That Saved the World: The Foundation of the Anglo-American Alliance*, Garden City, N.Y.: Doubleday, 1965, p.198.

感谢你们善良的建议和帮助。愿你们成功,祝你们好运,'狩猎'愉快"。① 德约也回复道:"这是我们的首次护航工作,加倍感谢你们提供的信息。就像上次战争一样,我知道我们海军的观点是一致的……希望我们能再次见面。"

随着有关美国是否应参战的争论愈加激烈,美国海军的大西洋部队估计有1万名士兵已加入战斗行列。至少有20名美国公民志愿在英国皇家海军中服役,在冰岛至英国的英国护航船队上担任军官。他们具有不同的背景和职业——医生、游艇经纪人、剧场广告宣传和房地产销售等,但大多数是热心的水手。英国皇家海军中有个叫埃德温·拉塞尔(Edwin Russell)的美国人——他是普林斯顿大学的毕业生,其父拥有新泽西州最大的报纸《纽瓦克星报》(Newark Star-Ledger)——最后娶了马尔博罗公爵的女儿莎拉·斯宾塞·丘吉尔女士(Lady Sarah Spencer Churchill),后者是温斯顿·丘吉尔的表妹。

又有数百名美国人前往英国加入皇家空军,其中有7人在"不列颠之战"中执行飞行任务。事实上,这么多的美国公民已成为皇家空军的飞行员,他们因而获准组建了自己的编队,名为"飞鹰中队"(Eagle Squadrons)。此外,5000多名美国人加入了在英国作战的加拿大陆军及空军服役,同时另有数十人加入了英国军队。

英军中的志愿者中有5位是年轻的常春藤盟校毕业生,他们离开了达特茅斯和哈佛的课堂,加入了在英国的事业。其中有查尔

---

① David Fairbank White, *Bitter Ocean: The Battle of the Atlantic, 1939-1945*, New York: Simon & Schuster, 2006, p. 134.

斯·博尔特（Charles Bolté），他是达特茅斯的学生领袖，在一年内，他从一名热忱的反战主义者转变成了一名同样热心的干预主义者。1941年4月，博尔特在《达特茅斯日报》（*Dartmouth Daily Newspaper*）头版上发表了一封致罗斯福总统的公开信。"我们已经等得够久了，"① 他写道，"我们听说希腊已经沦陷，该电台广播还播送了美国正在向英国派遣一些船只的消息——'小型船只，20艘鱼雷艇'。这是悲剧中的荒诞场景……我们尚未生产出充足的枪支、坦克、飞机、炸弹。我们尚未提供舰艇……我们尚未提供士兵……现在我们要求您派美国飞行员、机械师、水手和士兵去需要他们的地方作战……我们请求您下令参战，让我们完善自我。"②

英国政府很快意识到尽管美国仍然冷淡疏离，但美国的年轻人愿意为英国战斗和牺牲，这具有极其重要的宣传价值。正如一位官员所写的那样："每一个加入皇家武装部队的美国人对我们来说都是价值连城的。"③ 英国和美国的报纸刊登了美国志愿军人的光辉故事，英国广播公司在其部分广播节目中重点报道了他们，哥伦比亚广播公司的爱德华·莫罗也进行了报道。

然而，对前线其他数千名美国人的报道并不多——当时那些商船水手和美国海军正参与"大西洋之战"，在2500英里寒冷而危险的海面上发动战斗。其间的每一天，长长的灰色的美国驱逐舰队都要护航4支或5支船队前往英国或返回美国。这是历史上最伟大的货物运输行动。

---

① Rachel S. Cox, *Into Dust and Fire: Five Young Americans Who Went First to Fight the Nazi Army*, New York: New American Library, 2012, p. 9.
② 博尔特后来在阿拉曼与英国人共同作战时失去了一条腿，在盟军于1943年取得北非胜利前不久，他有两位同样毕业于常春藤的战友在战斗中牺牲。
③ Lynne Olson, *Citizens of London: The Americans Who Stood with Britain in Its Darkest, Finest Hour*, New York: Random House, 2010, p. 132.

第二十五章 他没打算将这个国家带入战争

从新斯科舍省（Nova Scotia）和哈利法克斯（Halifax）的港口出发，这些临时的、杂乱的舰队通常由三四十艘油轮和货轮组成——其中有些是闪闪发光的新船，有些则是老化生锈的破船。而针对这些船只的护航，要监管这些规格、速度和机动性都迥然不同的船只，并使它们尽可能地保持紧密队形，是一项令人紧张的任务。

在广阔、起伏、灰暗的荒凉海洋中，发现敌方浮在水面的舰艇已经够困难了，而用原始声呐设备定位水下潜艇则棘手得多——这更像是艺术而非科学。很多时候，一艘商船突然爆炸并发出刺目的炫光，便成为德国 U 型潜艇出没的首个也是唯一的迹象。

事实证明，天气也是同样可怕的敌人。护航船队在北大西洋所航行的航线以其险恶天气而闻名，特别是在冬季。而事实证明，那一年的秋冬经历了记忆中最为糟糕的某种天气。这些船只及其船员几乎每天都要经受严寒、咆哮、刺骨大风的连番冲击，还有怒涛冲上甲板，遇到哪扇舱门敞开着，便由此倾泻而下，因而船上的人永远生活得极其痛苦。有时，船只上覆盖了厚厚的冰，它们在飞雪中迷失了方向。而浓雾一直都是威胁，因为它大大增加了撞船的风险。

1941 年秋天，这场战争仍与大多数美国人的个人得失无关。然而，对于那些执行护航任务的美国海军军人的妻子和家人来说，情况并非如此。数百名妇女和儿童被转移到美国大西洋舰队的重要基地——缅因州的波特兰市，期待其丈夫或者父亲从危险的航程中返回与之团聚。在波特兰，一位记者指出："人们在用现在时态谈论美国的战争。"[①] 波特兰到处都是"正在等待的妇女"，它是"离战争最近的美国城市"。

波特兰充满了谣言和担忧，这毫不奇怪。在北大西洋这场危险

---

① *Life*, Nov. 24, 1941.

的猫鼠游戏中,谁会是美国首先的伤亡者呢?

答案于10月16日晚上在冰岛东南的冰冷水域揭晓了。一支由英国皇家海军护卫的船队,在驶向英国的途中,遭到了U型潜艇狼群的袭击。接到该船队的紧急求救信号后,驻扎在冰岛的5艘美国驱逐舰飞速赶往援助。在随后的混战中,其中一艘驱逐舰"科尔尼号"(Kearney)被德军鱼雷击中,11名水兵在爆炸中丧生,22人受伤。

当美国人在正式行动中首次伤亡的消息传到华盛顿时,国会正就罗斯福的一项提案进行辩论,它提议允许美国商船武装起来,并允许它们运送货物通过德国作战区,从而进入英国和其他交战国的港口。这项立法实际上废除了《中立法案》的几项关键条款。

10月27日,总统发表了迄今为止措辞最为强硬的一次讲话,谴责对"科尔尼号"的攻击,并宣称"面对这一最新、最大的挑战,我们美国人已经枕戈待旦,在战壕中各就各位了"[1]。但发表了一番参战言论后,他并未采取新的行动。

在大西洋会议期间,罗斯福曾告诉丘吉尔,他计划"寻找一个事件,从而有理由开战"[2]。他曾对其核心圈子中的几个人说过类似的话。在丘吉尔和其他人看来,"科尔尼号"遭受攻击似乎正是罗斯福一直在等待的事件。然而,总统显然并不认可。

毫无疑问,大多数美国人支持罗斯福公开持强硬态度。在一项

---

[1] Geoffrey Perret, *Days of Sadness, Years of Triumph: The American People, 1939–1945*, New York: Coward, McCann & Geoghegan, 1973, p.171.

[2] Kenneth S. Davis, *FDR: The War President, 1940–1943*, New York: Random House, 2000, p.274.

调查中，近 2/3 的公众说他们赞成罗斯福的"见了就打"（shoot on sight）政策。根据其他调查结果，超过 70% 的公众赞同美国护航的做法。罗斯福的国民们显然做好了必要时参加战斗的准备，正如他所指出的那样，他们已经在战壕中各就各位了。也如一位历史学家所说的那样，现在，他们"等待着战斗指令，但他们的统帅却忍而不发……他曾一次又一次地用炽热的话语告诉他们，美国要继续生存下去的话，希特勒必须落败。但是，他并未采取言辞中所暗示的亟待实施的行动"①。

民众希望罗斯福能领导他们，而罗斯福却似乎希望他们能领导他。于是，事情再次陷入僵局。

在这些弥漫着紧张气氛的日子里，总统全身心投入以争取国会对《中立法案》修订案的批准，这是走向战争的另一个中间环节。事实上，为了采取更为积极的措施，他承受了相当大的压力。一些持干预主义立场的报纸呼吁对《中立法案》进行直接上诉，就像"美国退伍军人协会"在其 9 月的大会上所做的那样。

几个月来，温德尔·威尔基也曾劝说他去尝试废除该法案，威尔基称这一法案"虚伪且蓄意自欺欺人"②。威尔基抱怨政府的懒散无力，指责它"在关键时刻奉行其一贯的路线——咨询民调，试探公众的反应，让部分成员发表声明，可接着又让其他人来否认——这一路线已经引发了人们如此多的困惑和误解"③。在"科

---

① Kenneth S. Davis, *FDR: The War President, 1940-1943*, New York: Random House, 2000, p.324.
② Steve Neal, *Dark Horse: A Biography of Wendell Willkie*, Garden City, N.Y.: Doubleday, 1984, p.213.
③ Steve Neal, *Dark Horse: A Biography of Wendell Willkie*, Garden City, N.Y.: Doubleday, 1984, p.214.

尔尼号"遇袭后,这位共和党前总统候选人直言不讳地对记者说:"美国已进入战争,而且已参战一段时间了。"① 他还补充说,美国人民"别再奢望和平了"。

罗斯福向国会发出要求修改《中立法案》的信息后,威尔基说服3位共和党参议员提出一份修正案,该修正案将令整个《中立法案》无效。在他的推动下,来自40个州的100多名知名共和党人在一封信上签字,该信呼吁共和党立法者支持这一修正案。信中宣称,数以百万计的共和党人决心"将这碍事的孤立主义丑陋污点从共和党的脸上抹去"②。2名民主党参议员卡特·格拉斯和克劳德·佩珀及其3名共和党同僚一起敦促直接废除该法。但民主党的国会领导人紧随白宫的做法,只选择废除其中的两项条款:禁止对商船进行武装和禁止向交战国港口运送货物。

又一次,大多数国民显然支持总统的提案。根据盖洛普的一项民意调查,81%的美国人赞成武装船只,61%的美国人支持允许船只向英国运输补给物品的想法。但罗斯福再次将更多的关注目光投向国会中那些孤立主义少数派的反对意见,这些反对派尽管人数逐步减少但在坚决发声。罗斯福坚持认为,这项立法不应被视作在直接挑战德国,而应该被视作纯粹在捍卫美国权利。

他的反对者们——现已大幅减少,只剩孤立主义的核心人物了——不认同这一论点。在最终的游说活动中,"美国至上"虽然因林德伯格的得梅因演讲而被严重削弱,但仍激烈反对白宫的提案。在该提案送交国会的那天,罗伯特·伍德谴责这项议案相当于

---

① Steve Neal, *Dark Horse: A Biography of Wendell Willkie*, Garden City, N.Y.: Doubleday, 1984, p. 215.
② *Life*, Nov 3, 1941.

"为美国水兵镌刻的溺水许可证"①。他及其组织认为,修改《中立法案》会令美国立即陷入战争。

在一封标题为"危机来了"②的信中,"美国至上"的领导层敦促其地方分会纷纷向国会山发送信件和电报反对该法案。"我们将与之抗争",这封信中宣称,"就像我们与宣战进行抗争一样"。每个国会议员都应该知悉(此点)。该消息说,投票支持这项法案将意味着投票"让美国海员去死。必须有人提醒他们,因为他们假借托词做了自己不敢直接去做的事,美国人民将追究他们的责任"。

总统进行了反击,他在10月27日的演讲中宣布了一个震惊全美的消息。他说,他有一张德国秘密地图,其上显示了德意志帝国如何计划将南美洲和中美洲大部分地区划分为5个附属国。他还谈及纳粹的一个详细计划,要废除世界上所有现存的宗教,并以一个国际的纳粹教会取而代之。

罗斯福提到的地图实际上是南美洲和中美洲空中交通路线的略图,它将该地区重新划分为4个州和1个殖民地,这些区域在德国的统治之下。该地图上,拟议的德国航空网络中有通往巴西东海岸港口纳塔尔(Natal)和巴拿马的航线。

乔治·马歇尔将军和美国军方的其他人仍然非常担心,有一天德国的某支部队可能会从非洲西海岸被运至巴西东海岸,然后北上至巴拿马运河。事实上,就在总统发表该演讲的那一周,陆军战争计划部就曾警告说,德国对巴西依然构成极为严重的威胁。

---

① Wayne S. Cole, *America First: The Battle Against Intervention*, *1940-1941*, Madison: University of Wisconsin Press, 1953, p. 163.

② Wayne S. Cole, *Roosevelt and the Isolationists*, *1932-1945*, Lincoln: University of Nebraska Press, 1983, p. 451.

罗斯福的揭露之举在其政府和全美引起了警觉,这毫不意外。记者们强烈要求白宫提供更多信息,并要求查看该地图。但是总统拒绝了,声称公开该地图的话会危及其消息来源,他将之描述为"确实很可靠"①。

然而,德国官员不同意这种说法。在罗斯福发表该讲话的4天后,德国外交部长约阿希姆·冯·里宾特洛甫断然否认存在这样一张地图,宣称它以及那份提及灭绝世界宗教的文件都是"最粗暴、最无耻的伪造品"②。在里宾特洛甫发表这份声明之前,德国政府曾疯狂地搜索是否真的曾制作过此类文件,但毫无收获。

德国这一次说了实话。事实证明,那张地图是威廉·斯蒂芬森掌控的英国安全协调局之杰作。在其官方历史中,英国安全协调局声称,它那范围宽广的南美特工网络拦截了一名德国信使,并在其送信的箱子内发现了该地图。事实上,这是一份伪造的地图,是英国安全协调局在多伦多市中心一个名为M站的秘密单位炮制出来的,该单位的任务就是伪造信件和其他文件。

地图被送往纽约后,就交到了威廉·多诺万手上,后者又把地图转交给了罗斯福。实际上是多诺万的行政助理将该文件送入白宫的,据这位助理所说,他的老板和总统都不知道该文件是伪造的。虽然这很可能是真的,但政府中的其他高级官员有段时间也曾警告,英国人可能会为了达到自己的目的而试图向美国政府传送伪造的文件。9月初,助理国务卿阿道夫·伯尔告知国务次卿萨姆纳·威尔斯说,在南美洲,"英国情报部门一直在非常积极地制造一些

---

① Joseph E. Persico, *Roosevelt's Secret War: FDR and World War II Espionage*, New York: Random House, 2001, p. 127.

② *Documents on German Foreign Policy 1918–45*, Series D, Vol. 13, Washington, D. C.: U. S. Government Printing Office, p. 724.

看上去极为危险的事情"①，他还补充说，"我们必须对那些虚假的恐慌事件保持一点警惕性"。他举了（英国）"伪造详述纳粹在南美洲阴谋的文件这一例子"。

现在并不清楚罗斯福若将这份地图公之于众，对国会的该次投票将产生多大的影响。很有可能"科尔尼号"的消息对那些倾向于投票支持《中立法案》修订案的人影响更大。同时，倾向于反对这一议案的立法者们则会受到如下影响：他们的办公室涌入了数千封反对修订这一法案的信件和电报，对于罗斯福未能采取充足措施来阻止发生在飞机等国防（用品）制造工厂中持续的劳工骚乱，他们深感愤怒。

在国会山和全美各地，要求立法在国家进入紧急状态期间禁止罢工的呼声越来越大，而支持工人的罗斯福政府对于这些要求是不愿满足的。1941年11月初，亨利·史汀生在其日记中写道："感觉总统对工人的态度太软了，这令国会里的许多人非常愤怒，于是对于总统想要他们去做的任何事情，他们都不愿令其满意，除非总统对工人采取更严厉的态度。"②

如同此前他们反对每项干预主义议案时所做的那样，参议院中的孤立主义者尽可能长时间地进行抵制；他们发表看上去似乎无休无止的演讲，反对修改《中立法案》。在历时2天长达8小时的演讲中，伯顿·惠勒向其支持政府的同僚们发出严厉警告："你们这些盲目追随政府政策的人，你们这些在鞭笞之下就要把这个国家引向战争的人——你们会把它带到地狱去！"③惠勒演讲的听众之一，

---

① Nicholas John Cull, *Selling War: The British Propaganda Campaign Against American "Neutrality" in World War II*, New York: Oxford University Press, 1995, p. 173.
② Stimson diary, Nov 13, 1941, FDRPL.
③ Wayne S. Cole, *Roosevelt and the Isolationists, 1932–1945*, Lincoln: University of Nebraska Press, 1983, p. 452.

参议员克劳德·佩珀在其日记中疲惫地指出："悲剧性的冷漠在国会中仍然醒目。民主政体将勉强得以保留下来，如果确实保留下来的话。"①

11月初，参议院终于以50∶37的相对微弱优势通过了该议案。尽管温德尔·威尔基尽了最大努力，但只有6名共和党人投了赞成票。几天后，众议院效仿参议院的做法再次通过了对这一法案的修订，票数为212∶194，特别接近。

国会中弥漫的反工人情绪是这次投票票数差距缩小的一个重要因素，这一事实对罗斯福而言似乎并未造成什么影响。他唯一关注的是，政府的一项干预主义提案在国会又一次得以勉强通过了。这次投票当然并未削弱总统强烈的谨慎意识。

当华盛顿正处于持续不断的骚动中时，美国驱逐舰在大西洋遭受攻击的消息传来了，此次攻击比"科尔尼号"遭受的攻击更具灾难性。10月31日，在冰岛西海岸，"鲁本·詹姆斯号"（Reuben James）被击沉，115名船员丧生。这艘一战时期服役的驱逐舰因此获得了悲伤的"殊荣"，成为二战中第一艘在战斗中失事的美国海军舰艇。

在"鲁本·詹姆斯号"沉没前几周，船上的一名水兵华莱士·李·索沃斯（Wallace Lee Sowers）写信给其父母，讲述了自己迄今为止在护航船队中的惨痛经历。他描述在一个冰冷的深夜，一艘潜艇如何袭击了他们的船，而这艘被索沃斯深情地唤为"这个老锡罐"② 的"鲁本·詹姆斯号"又是如何躲过了鱼雷，接着又

---

① Claude Denson Pepper, *Pepper: Eyewitness to a Century*, New York: Harcourt Brace Jovanovich, 1987, p.107.
② *Life*, Nov 17, 1941.

如何从没那么幸运的英国商船上寻找幸存者。"我们一个都没有找到,"这位年轻的水兵写道,他还告诉父母希望圣诞节的时候能在家度过。

"鲁本·詹姆斯号"确实是个"锡罐",它格外老旧,配置的是陈旧的哑炮。然而,在被送往船厂进行彻底整修之前,它收到命令进行最后一次护航,目的地是冰岛。10月23日,它和其他4艘驱逐舰领着商船舰队离开哈利法克斯。途中,海军护航舰队收到了几份发现U型潜艇的报告。10月31日晚,潜艇终于出击。其中一艘潜艇向"鲁本·詹姆斯号"发射了一枚鱼雷,将其击碎,炸成两半。橙色的火焰照亮了天空,这艘驱逐舰在几分钟内就沉没了。

华莱士·李·索沃斯和其他逝去的年轻人分布在美国的各个阶层,他们有的来自路易斯安那州和亚拉巴马州的小城镇,也有的来自纽约和芝加哥等大都市。其中一人的父亲叫劳埃德·拉弗勒尔(Lloyd LaFleur),他来自得克萨斯州,是一个药剂师的伙计——在收到儿子的死讯后,他告诉记者:"我认为美国应该参战,将德国潜艇永远从海上抹去。如果我还年轻,我愿意去干。"①

德国官员们怀着极大的恐惧等待美国对这次沉船事件做出反应,他们相信罗斯福会以此为借口与德国绝交并与之宣战。但罗斯福什么也没做。令他自己的助手们感到惊愕的是,他甚至连一份谴责声明都未发布。他们确信他一直等待着诸如"鲁本·詹姆斯号"遭受鱼雷攻击之类的事件发生。那么,为何他不采取行动呢?

哈罗德·艾克斯呈给总统一封来自一位老朋友的信,信中指出:虽然只有国会有权宣战,但罗斯福作为最高统帅有权发动防御性战争。总统说,这一观点很有意思,但他指出艾克斯的朋友不

---

① *Life*, Nov 10, 1941.

懂,"这只是一个时机问题"①。内政部长在其日记中郁闷地写道:"显然,总统打算等待……天知道要等多久、要等什么。"与此同时,斯塔克上将向一个朋友抱怨道:"海军在大西洋已经进入战争了,但是这个国家似乎没有意识到这一点。"② 美国民众并未发出强烈呼声要求罗斯福为"我们的孩子"报仇;相反,占据主流的反应似乎是持一种冷漠态度。然而,在一种宿命论般的认命情绪中,美国民众似乎仅仅一直在追随总统的步伐。

似乎无人关心失去生命的百余名年轻水兵,民谣歌手伍迪·格思里(Woody Guthrie)对此感到难过,他写了一首名为"'鲁本·詹姆斯号'之沉没"(The Sinking of the Reuben James)的歌曲,并与皮特·西格共同录制。这首歌成为民谣经典,数百万美国人逐渐知晓了它那扣人心弦的曲调。

> 告诉我他们的名字,告诉我他们的名字。
> 你有朋友在那艘宽大的"鲁本·詹姆斯号"上吗?③

在伦敦,温斯顿·丘吉尔几乎已控制不住自己的情绪了,他向其下属们猛烈抨击美国的瘫痪状态,怒斥罗斯福不愿对之采取任何行动的态度。在对下院的一次演讲中,他宣称:"在战争时期,没有什么比生活在盖洛普民意调查、要把把'脉'或量量'体温'这样多变的氛围中更为危险的了……只有一种责任,只有一种安全

---

① Harold Ickes, *The Secret Diary of Harold L. Ickes*, Vol. 3, *The Lowering Clouds, 1939-1941*, New York: Simon & Schuster, 1955, p. 650.

② Richard M. Ketchum, *The Borrowed Years, 1938-1941: America on the Way to War*, New York: Random House, 1989, p. 606.

③ Richard Snow, *A Measureless Peril: America in the Fight for the Atlantic, the Longest Battle of World War II*, New York: Scribner, 2010, p. 141.

的做法，那就是保持公正，不要害怕去做或去说你认为正确的事。"①

罗斯福曾说自己是个"耍把戏的"②，他一直对自己擅长即兴演讲和巧妙操纵深感自豪。但是，正如罗伯特·舍伍德后来所写的那样："他再无更多的把戏了。他曾从袋子中掏出如此之多的兔子，但现在那个袋子已经空了。"③ 舍伍德评论道，在美国的平静下，可以看到"一个大国的可怕景象，它已放弃了所有的主动权，因此必须在软弱无力的状态下等待其潜在的敌人来决定在哪里、在什么时候、以什么方式采取行动"。④

同其他几位与总统关系密切的人一样，舍伍德一直怀疑罗斯福并未采取主动，主要是因为总统决心"不管遇到什么危险，他没打算将这个国家带入战争"⑤。与该观点相呼应的是，塞缪尔·罗森曼后来写道："当时或在珍珠港事件之前的任何时刻，（罗斯福）最不希望的就是对希特勒或对日本人正式宣战，或者由后二者对美国宣战。"⑥前司法部长罗伯特·杰克逊自罗斯福担任纽约州长时就认识他了，罗伯特对一位采访者说，罗斯福一直"坚信将会船到桥头自然直。他觉得，通过一些外交手段，或者其他某些手段，事

---

① Lynne Olson, *Citizens of London: The Americans Who Stood with Britain in Its Darkest, Finest Hour*, New York: Random House, 2010, p. 140.
② Doris Kearns Goodwin, *No Ordinary Time: Franklin and Eleanor Roosevelt: The Home Front in World War II*, New York: Simon & Schuster, 1994, p. 137.
③ Robert Sherwood. *Roosevelt and Hopkins: An Intimate History*, New York: Harper, 1948, p. 383.
④ Robert Sherwood. *Roosevelt and Hopkins: An Intimate History*, New York: Harper, 1948, p. 429.
⑤ Robert Sherwood. *Roosevelt and Hopkins: An Intimate History*, New York: Harper, 1948, p. 299.
⑥ Samuel and Dorothy Rosenman, *Presidential Style*, p. 384.

情就会进展顺利"①。而根据赫伯特·阿加的说法:"那些坚称罗斯福总是清楚自己方向的历史学家,要么就无视那数月黑暗的时光,要么就忘记了民主政治模棱两可的特性。"②

在此前的两年里,罗斯福一直忙于应付来自日本和德国的威胁,试图尽可能拖延与这两个国家最后摊牌的时间。由于罗斯福的注意力集中在德国的攻势上,特别是在大西洋区域,因而他打算告诉自己的顾问们,要"纵容日本人"③。因为在他看来,与日本作战将是"在错误的时间、错误的海洋里打一场错误的战争"。

罗斯福显然并未预料到的是,日本人与它的德国盟友不同,他们并不排斥与美国作战的这一想法——想怎么打就怎么打,能尽快打就尽快打。

---

① Robert H. Jackson, *That Man: An Insider's Portrait of Franklin D. Roosevelt*, Oxford: Oxford University Press, 2003, p. 106.
② Herbert Agar, *The Darkest Year: Britain Alone, June 1940 – June 1941*, N.Y.: Doubleday & Co., 1973, p. 168.
③ Lynne Olson, *Citizens of London: The Americans Who Stood with Britain in Its Darkest, Finest Hour*, New York: Random House, 2010, p. 138.

第二十六章　历史上最大的独家新闻

自 1931 年占据中国东北成立满洲国以来，日本和美国之间的关系愈加紧张。日本人决心扩张其帝国，于 1937 年发动了全面侵华战争，对中国的城市狂轰滥炸，屠杀了数十万平民，并控制了上海等主要沿海港口。显然，日本打算在远东建立霸权，现在它对美国、英国以及荷兰在该地区的重要利益构成了直接威胁。

从一开始，美国就谴责日本的侵略行为，但和其他西方大国一样，它并未采取任何措施加以阻止。罗斯福政府陷入了两难的境地。虽然华盛顿认识到日本人对美国构成的威胁不断增加，但他们得出的结论是，纳粹德国的威胁要大得多，而且更为直接。由于美国当时没有能力同时保卫大西洋和太平洋，因此它认为最佳办法是一边帮助英国抵御德国，一边遏制日本。

日本许多最为重要的战略物资依赖美国提供，因此美国政府转而将经济制裁作为主要手段，以限制东京并迫使其修改或放弃其扩张主义计划。然而，日本人对于他们心中关乎日本未来的重要问题，并不打算让步。

显然，这两个国家正在走向对峙局面。1940 年春，华盛顿放任其与日本为期 50 年的贸易协定到期……对东京而言，这是一个不祥之兆。几个月后，美国政府宣布对所有运往日本的优质钢铁废料和高辛烷值航空燃料实施禁运。

日本于 1940 年 9 月与德国和意大利签署了《德意日三国同盟

条约》，所有签署国都同意，如果其中任何一个国家受到攻击，其他两个国家将向其提供援助。华盛顿对这一挑衅行为的反应是禁止向日本出口所有的废旧金属。3个月后，它停止运输其他出口货物如机床。

石油——对日本人而言是最基本的战略物资——是唯一未受影响的主要出口产品。日本80%以上的燃料供应来自美国，禁运将对该国的军事和经济造成毁灭性打击。数月来，罗斯福政府一直保留着这一最终的、最有力的终极经济武器，不仅是为了发挥其影响，也是因为总统和科德尔·赫尔都担心，禁运石油的话会促使日本人在亚洲夺取石油资源丰富的领土，如荷属东印度群岛——一连串位于太平洋的岛屿，现属于印度尼西亚。

然而，正如罗斯福所说，在试图"纵容日本人"（"baby the Japs along"）的过程中，他及其政府遭到了美国人民的反对，越来越多的人希望政府可永久地威慑日本人。"许多人对于太平洋战争似乎并不像对于欧洲战争那样激烈抵触"[1]，《生活》在1941年初指出。一方面，在许多美国人心中，与声势浩大的德国军队发生冲突是一件令人恐惧的事情，这将意味着数百万美国人的伤亡。另一方面，在他们眼中，对日战争的结局会更令人满意，因为这一战争很可能限于海上，美国海军将轻松获胜。

这种信心在很大程度上源于种族主义观念，但事实证明其大错特错了。当时西方人持"黄祸论"，认为日本人作为黄种人可被道德与体力皆占上风的白人轻易征服。那些赞成美国对日采取更为强硬政策的人中有美国主要的孤立主义者，包括查尔斯·林德伯格和参议员伯顿·惠勒。美国人在对日本以及日本人了解甚少或一无所

---

[1] *Life*, March 3, 1941.

知的情况下做出了关于日本的假设。他们从美国新闻界得到的帮助微乎其微,因为美国媒体专注于欧洲战争,完全忽视了过去两年亚洲和太平洋地区的进展。

美国政府,尤其是军方也低估了日本人。他们不重视日本海军的实力,也轻视其陆军的能力。因为在日本对华不宣而战后,4年内日本陆军仍未能完全控制中国。政府官员们说服自己:基地设于珍珠港的美国太平洋海军舰队将毫不费力地将日本拒之于西太平洋门外。

对东京而言,美国石油禁运的隐含威胁是悬在其头顶的一把达摩克利斯之剑。日本的石油储备仅能再维持两年。届时,美国将差不多达成其在两大洋建立海军的目标。日本明白眼下只有两个选择:立马打一仗或改变其外交及军事政策。但对日本领导人来说,后一选项是不可接受的。

1941年夏,日本军队占领了印度支那(今越南)——橡胶的主要产地之一,并要求在战略要地暹罗(今泰国)建立军事基地。毋庸置疑,所有人都认为英国和荷兰在远东的属地——马来亚、缅甸、新加坡、香港和荷属东印度——处于危险之中。作为回应,罗斯福宣布立即冻结日本在美国的所有资产。根据该命令,日本要继续购买美国商品(如石油)的话,必须经过美国政府某委员会的批准。虽然这一冻结行为并未直接禁运石油,但显而易见它对日本产生了严重影响。

许多美国报纸此前已为石油禁运进行了艰苦游说,它们此时认为政府结束了对东京的"绥靖政策",对之大加赞赏。"不要搞错了,"[1]《纽约邮报》宣称,"美国必须无情地运用其碾压式力量。"与此同

---

[1] William S. Langer and S. Everett Gleason, *The Undeclared War: 1940–1941*, New York: Harper, 1953, p. 652.

时,《PM报》欣喜地表示:"绞索终于套在日本的脖子上了……一段时间内,它可能会恫吓并报复,但最终它只能呜咽啜泣、屈服让步。"①

然而,总统并不打算让他的这一命令成为自动中断石油供给的信号。他希望保留自己选择的余地,也希望能将日本人带到谈判桌上。尽管如此,国务院官员还是以这样一种方式实施了冻结:不再继续向日本出口任何重要的商品,如石油。美日贸易戛然而止,罗斯福此前希望尽可能往后拖延的危机现在迫在眉睫了。

到1941年11月底,美英两国政府都预计日本将随时发动大规模进攻,它们认为暹罗或马来亚可能是其目标。在纽芬兰会议上,丘吉尔曾呼吁罗斯福同他一起警告日本:今后对亚洲的任何入侵行动都将遭到英美的武力攻击。但罗斯福拒绝如此直截了当地下最后通牒。大多数评论家预料突袭将发生在美国领土之外的区域,如果这样的情况出现的话,英国首相担心美国总统和美国人会避开战争,让英国独自面对德日这两个强大的敌人。

与此同时,美国公众对整个局势似乎已然麻木。"没有人担心,"一位记者写道,"没有人谈论日本人或太平洋地区。所有这一切只表明了一件事:美国人没有被日本人吓到。"② 那可能是真的。但美国人注意力涣散也可用这样一个事实来解释:至少暂时出现了另一重大新闻事件吸引了他们的注意力。

12月4日,罗伯特·麦考密克的《芝加哥论坛报》及其堂兄茜茜·帕特森出版的《华盛顿时报-先驱报》在整个华盛顿官方引

---

① William S. Langer and S. Everett Gleason, *The Undeclared War: 1940–1941*, New York: Harper, 1953, p. 652.
② *Life*, Dec 8, 1941.

起了地震般的震动。《论坛报》的头版配了一个巨大的标题:"罗斯福的秘密战争计划披露!"① 就像《华盛顿时报-先驱报》的头版那样,它专门揭露了所谓政府"全面战争蓝图"——一份最高机密的政府文件,其内概述了与德国全面对抗的计划。

根据《芝加哥论坛报》国会山记者切斯里·曼利(Chesly Manly)撰写的报道,该计划在"尽最后、最大的努力"②,它需要一支约 500 万人的美国远征军部队,从而于 1943 年 7 月前对德国占领的欧洲发动全面攻击。该文声称,最终,美国武装力量的总人数将超过 1000 万人。曼利写道,其报道所依据的报告"代表着影响整个文明世界众生命运的决定和承诺"。如果报道准确的话,它还表明美国总统是个骗子。③

华盛顿陷入了疯狂。《华盛顿时报-先驱报》当天的报纸在一两个小时内就卖光了,许多政府部门的工作也陷入瘫痪。记者们涌向白宫,吵着要一个解释,他们又立即被引往陆军部。在该处,气急败坏的亨利·史汀生宣称,虽然泄露给曼利的文件是真实的,但记者完全(或是故意)曲解了其目的。史汀生说,这是一套由工作人员开展的、尚未完成的研究报告,"从未构成并被授权成为政府的一项计划"④。简而言之,它是一个并不确定的计划,只是在评估美国的军备状况以及美国一旦卷入战争后的各种备选方案。

陆军部长愤怒到了极点,猛烈抨击麦考密克兄弟俩发表这种异

---

① Forrest C. Pogue, *George C. Marshall: Ordeal and Hope, 1939–1942*, New York: Viking, 1966, p. 160.
② Forrest C. Pogue, *George C. Marshall: Ordeal and Hope, 1939–1942*, New York: Viking, 1966, p. 161.
③ Joseph Gies, *The Colonel of Chicago*, New York: Dutton, 1979, p. 189.
④ Burton K. Wheeler, *Yankee from the West*, Garden City, N. Y.: Doubleday, 1962, p. 35.

常敏感的材料。"将这些机密的研究报告拿去向美国的敌人们公开,"他厉声说道,"这样的人或者这样的报纸,还有没有一点爱国心?"①

史汀生没有透露的是这些计划仅在数月前才拟定。直到珍珠港事件前夕,才出现"美国若要打败轴心国需要做些什么"这类详细评估——在某种意义上,这一事实同文件本身的内容一样令人震惊。

一年多来,史汀生、弗兰克·诺克斯、乔治·马歇尔、哈罗德·斯塔克和参与国防动员的其他政府官员一直在催促总统针对美国在战争中的目标制定明确而具体的政策方针。美国在冲突中要扮演什么角色?它的计划仅仅是保卫自己的边境以及拉美邻国的边境,还是应该针对全面干预制定蓝图,如组建一支大规模的远征军?

多年来,美国军方为未来可能发生的冲突制订了一系列应急计划。1940年初,斯塔克上将制定了自己的蓝图,被称为"犬计划"(Plan Dog),该计划关注欧洲和太平洋两线作战的可能性。斯塔克的计划主张应优先考虑击败德国和意大利,而与日本进行有限的防御战争。它为当年3月在华盛顿举行的美英军事讨论奠定了基调。然而,罗斯福拒绝投身"犬计划",就像他拒绝签署其他任何全面的、长期的提案一样。"这段时期局势动荡,"② 他告诉弗兰克·诺克斯,"我不希望对1941年7月1日之后可能发生的事情进行批准授权。"

---

① Forrest C. Pogue, *George C. Marshall: Ordeal and Hope, 1939-1942*, New York: Viking, 1966, p. 161.

② James MacGregor Burns, *Roosevelt: The Soldier of Freedom, 1940-1945*, New York: Harcourt Brace Jovanovich, 1970, p. 84.

罗斯福不愿意发布明确的指令，再加上对于应优先生产什么，他习惯于改变主意。这令主管后勤的官员们抓狂。"首先，总统每月要500架轰炸机，这打乱了计划，"①"然后他又说自己想要那么多坦克，这又打乱了计划。总统永远不会坐下来商讨一项完整的计划，也不会同时推进整件事情。"

由于并无具体计划可遵循，美国的国防生产仍然缓慢且反复无常。流向英国的军需品仍然相对稀稀拉拉，向苏联交付武器也不过是一句口头承诺而已。在写给史汀生的一份备忘录中，负责军事动员的陆军次长罗伯特·帕特森措辞强硬地问道，如果没有一份详细复杂、考虑周密的计划，美国究竟如何有望武装自己并履行对其他国家的承诺。

带着帕特森的备忘录，史汀生终于说服总统采取行动。7月9日，罗斯福指示史汀生和诺克斯制订了"打败我们潜在敌人所需的总体生产要求"②这类计划。最后，在这场对抗落幕前夕，陆军和海军被授权起草全面性的意见，以便估计潜在的敌人和战区、美国军事力量的规模和构成，以及满足美国及其潜在盟友国防需求所需的财政和工业手段。

极具讽刺意味的是，被选来指导这项异常复杂、被称为"胜利计划"研究的人，正是阿尔伯特·魏德迈少校，他是美国陆军中最具孤立主义倾向的军官之一。魏德迈刚刚被马歇尔派到陆军战争计划部，因此成了——正如他在回忆录中所写的那样——"一场我并不希望发生的战争之参谋"③。20世纪30年代末，他曾在位

---

① Forrest C. Pogue, *George C. Marshall: Ordeal and Hope, 1939–1942*, New York: Viking, 1966, pp. 156–157.
② FDR to Stimson, July 9, 1941, President's Secretary's File, FDRPL.
③ Albert C. Wedemeyer, *Wedemeyer Reports!* New York: Henry Holt, 1958, p. 14.

于柏林的德国军事学院学习了2年,并承认自己"与同时代的大多数人看待德国的角度不同"①。他完全接受第三帝国的观点,即"以莫斯科为中心的世界范围的共产主义阴谋"② 是世界紧张局势和冲突出现的主要原因,"德国人对生存空间(Lebensraum)*的寻求并没有像共产主义那样对西方世界造成同等程度的威胁"。③他罔顾纳粹对所征服国家的残暴对待,将"生存空间"简单地描述为"从更为落后民族那里赢得生存空间的国家运动"④。

即便处于一个对德国军队明显姑息纵容的环境,魏德迈的亲德观点也被认为是极端的。他在多年后写道:"我(在陆军部)的一些同僚和朋友认为我同情纳粹主义……我也许曾在表达'我们不应卷入战争'这类看法时,常常过于直率或轻率。"⑤

尽管如此,他还是承担了编撰计划的任务。他表明,作为一名职业军人,自己无权就战争还是和平做出决定。"我的工作是预测事态发展并不断制订计划,以便我的国家能够为命运、政客或醉心于权力的领导者(罗斯福)可能引发的任何突发事件做好准备。"⑥他说,他的工作还包括提出一项计划,"在最短的时间内令我们的敌人屈服"。

在近3个月的时间里,魏德迈及其全部手下(团队规模并不大)几乎不分昼夜地工作,以完成这一艰巨任务。他们筛选了大

---

① Albert C. Wedemeyer, *Wedemeyer Reports!* New York: Henry Holt, 1958, p. 10.
② Albert C. Wedemeyer, *Wedemeyer Reports!* New York: Henry Holt, 1958, p. 10.
* 由纳粹分子提出,指国土以外可控制的领土和属地。——译注
③ Albert C. Wedemeyer, *Wedemeyer Reports!* New York: Henry Holt, 1958, p. 10.
④ Joseph Bendersky, *The "Jewish Threat": The Anti-Semitic Politics of the U. S. Army*, New York: Basic Books, 2000, p. 232.
⑤ Albert C. Wedemeyer, *Wedemeyer Reports!* New York: Henry Holt, 1958, p. 41.
⑥ Albert C. Wedemeyer, *Wedemeyer Reports!* New York: Henry Holt, 1958, p. 41.

图 26-1 二战后的阿尔伯特·魏德迈将军

量的优先事项和要求，包括涉及训练、装备、军备、舰船、飞机、卡车以及其他数千种防御所需物资的最详尽细节。结果这一分析具有令人惊叹的先见之明，最终成为整个战争期间美国军事规划和动员的基本蓝图。多年以后，罗伯特·舍伍德将"胜利计划"称为"美国历史上最了不起的文件之一，因为它在这个国家卷入战争之前就确定了一场全球战争的基本战略"①。

魏德迈及其团队在此研究中宣称，英国无法孤军作战打败德国，因而如果要打败轴心国，美国就必须参战。一旦参战，其首个

---

① Eric Larrabee, *Commander in Chief: Franklin D. Roosevelt, His Lieutenants, and Their War*, New York: Harper & Row, 1987, p. 121.

主要目标必须是"在军事上彻底击败德国……同时牵制住日本,防止事态进一步发展"①。"胜利计划"的编撰者们特别提到"海军和空军只靠自己几乎不能赢得重要的战争",他们明确指出,征服德国和日本将需要一支庞大的美国陆军。1943年7月1日——切斯里·曼利声称该日期是美国进攻欧洲的开始之日——实际上是魏德迈预计美国将首次做好充分行动准备的日期。

"胜利计划"的研究工作将美国从懈怠的动员项目中唤醒。据它估计,国防生产将不得不倍增,这将至少花费1500亿美元,以满足美国及其《租借法案》伙伴之需求。"若想最终战胜轴心国,"该分析评论道,"需要在工业方面下达此前很少有人构想过的要求。"②

多亏了"胜利计划",白宫和政府其他部门终于直面严峻的现实——不能再一切照旧。依照唐纳德·尼尔森——一名重要的国防动员官员——所说,该计划"彻底改变了我们的生产,很可能是一个决定性的转折点"③。

9月中旬,这份冗长的、绝密的报告的副本被分发给史汀生、诺克斯、马歇尔、斯塔克等高层官员,他们都明白自己不得向任何人透露相关内容。9月25日,史汀生亲手将一份副本呈交给总统。罗斯福在听取了该方案的概要后,不同意其中的一个结论。"他害怕任何带有这类立场的假设:我们必须登陆……并击溃德国,"史

---

① William S. Langer and S. Everett Gleason, *The Undeclared War: 1940-1941*, New York: Harper, 1953, p.739.
② David Kennedy, *Freedom from Fear: The American People in Depression and War, 1929-1945*, Oxford: Oxford University Press, 1990, p.487.
③ Richard M. Ketchum, *The Borrowed Years, 1938-1941: America on the Way to War*, New York: Random House, 1989, p.629.

汀生在日记中写道,"他认为这将(导致)非常糟糕的反应。"①陆军部长回答说,他认为美国参战"会对生产大有裨益,会对人民的心理有好处"。史汀生指出,总统对此点"完全赞同"。

然而,罗斯福从未正式签署该计划。他显然仍心怀希望:美国也许能够在不必向欧洲派遣军队的情况下参战。事实上,大约在他收到"胜利计划"报告之时,他就向史汀生和马歇尔建议实际上应削减军队的规模,以帮助筹资为英国和苏联提供更多的资源。

尽管如此,总统还是向国会山发出了追加 80 亿美元军费的请求,以推动国防生产高速发展。而就在国会刚刚开始审议该立法时,《芝加哥论坛报》和《华盛顿时报－先驱报》抛出了"胜利计划"这一炸弹。

当魏德迈及其团队在 1941 年夏末秋初孜孜于他们的报告之际,罗伯特·麦考密克正试图找出法子来破坏某一新晨报在芝加哥的首发,该晨报持干预主义立场,是作为《芝加哥论坛报》的对手而特别创建的。

芝加哥《太阳报》是马歇尔·菲尔德三世(Marshall Field Ⅲ)的心血结晶,他是百货公司大亨马歇尔·菲尔德的孙子兼继承人。前一年,菲尔德出资创办了 PM,这份持干预主义立场的日报于纽约发行。现在,他想在其家族故里重施这一壮举。

麦考密克两大最凶猛的敌人——美国总统和海军部长弗兰克·诺克斯努力支持着菲尔德,诺克斯拥有芝加哥的主要午报——《芝加哥日报》。诺克斯把《芝加哥日报》大楼的顶层三层租给菲尔德,并允许他使用自己报纸的印刷机,他向"芝加哥俱乐部"

---

① Stimson diary, Sept. 25, 1941, FDRPL.

416　的成员吹嘘说:"我们现在也有了《芝加哥论坛报》。马歇尔·菲尔德要创办一份晨报,上至总统,下至平民,大家都会支持他。"①伦敦《每日邮报》(Daily Mail)报道:《太阳报》的成立代表了在美国"向孤立主义发起攻击的最后一次伟大努力"②。

　　"为自由而战"芝加哥分部的成员们分发了印有"芝加哥需要一份晨报"③口号的徽章,还分发了传单,传单上展示了《芝加哥论坛报》大楼顶上的万字饰,并写有"数十亿用于国防,但2分钱也别给《芝加哥论坛报》"④。南密歇根大道上的反《芝加哥论坛报》集会变成了一场喧闹的街头斗殴,麦考密克的反对者们砸碎了《论坛报》的售报箱,并将其内报纸付之一炬。

　　而麦考密克则决心竭尽所能地去破坏《太阳报》的首发日,并向罗斯福和诺克斯报仇。在该报创刊日(12月4日)的数月前,这位《芝加哥论坛报》的发行人就命令其编辑部主任和华盛顿分社找出一个足够轰动的独家新闻,以转移人们对《太阳报》创刊的关注。

　　切斯里·曼利是撰写这一报道的记者,他是一个顽固的保守派,认为罗斯福的政府内充满了"不信神的共产主义者"⑤。在国会山,曼利的最佳消息来源是立法者,其中许多立法人士是孤立主义者,他们跟他一样坚决反对总统及其政策。当曼利从匿名消息源获知并

---

① Richard Norton Smith, *The Colonel: The Life and Legend of Robert R. McCormick, 1880-1955*, Boston: Houghton Mifflin, 1997, p. 410.
② Richard Norton Smith, *The Colonel: The Life and Legend of Robert R. McCormick, 1880-1955*, Boston: Houghton Mifflin, 1997, p. 414.
③ James C. Schneider, *Should America Go to War? The Debate Over Foreign Policy in Chicago, 1939-1941*, Chapel Hill: University of North Carolina Press, 1989, p. 168.
④ James C. Schneider, *Should America Go to War? The Debate Over Foreign Policy in Chicago, 1939-1941*, Chapel Hill: University of North Carolina Press, 1989, p. 168.
⑤ Donald A. Ritchie, *Reporting from Washington: The History of the Washington Press Corps*, Oxford: Oxford University Press, 2005, p. 10.

撰写出他对"胜利计划"的报道时,《芝加哥论坛报》内部各层级出现了警告信号。编辑主任 J. 罗伊·马洛尼(J. Loy Maloney)对泄露至关重要的、高度敏感的军事机密这一想法感到不安,这些机密显然对美国潜在的敌人极具价值。《芝加哥论坛报》的白宫记者沃尔特·特罗汉(Walter Trohan)怀有同样的担忧。虽然他自己也反对新政,但特罗汉认为,曼利是故意欺骗其读者,将"胜利计划"——显然是一个应急计划——写成"板上钉钉"的战争计划。

然而,下属们的疑虑,对于欢欣鼓舞的麦考密克而言没有任何影响,他将"胜利计划"的外泄称为"历史上最大的独家新闻"[①]。这篇报道不仅如他所希望的那样,风头完全盖过了《太阳报》的首发;而且在他看来,它还对罗斯福及其政府的信誉和威望造成了潜在的毁灭性打击。

12月5日,《华盛顿时报-先驱报》头版头条大声宣布:**战争计划曝光震撼首都,军队拨款法案岌岌可危;国会一片哗然**。在参议院,伯顿·惠勒宣称,这篇报道证明了他和其他孤立主义者一直以来所说的话:总统正试图将美国骗入战争泥沼,他许诺过让美国远离战争,但只不过是谎言。这位蒙大拿州的民主党人说,他将提出一项决议,要求对这份秘密计划的源头进行调查。

"美国至上"华盛顿分会的负责人露丝·萨尔斯给一位同事写信说,虽然"胜利计划"显然是"任何一个陆军部只要产生了警觉,都会准备好的那种计划",[②] 然而,"如果我们咬死不放,那么

---

① Richard Norton Smith, *The Colonel: The Life and Legend of Robert R. McCormick, 1880-1955*, Boston: Houghton Mifflin, 1997, p. xxi.

② Justus Doenecke, *In Danger Undaunted: The AntiInterventionist Movement of 1940-1941 as Revealed in the Papers of the America FirstCommittee*, Stanford: Hoover Institution Press, 1990, p. 36.

便可以此作为突破口……如果惠勒参议员提出一项调查决议……他声称自己将这样行动,我们应该大力支持该决议"。

同时,史汀生和诺克斯坚持认为,麦考密克和《芝加哥论坛报》及《华盛顿时报-先驱报》的其他高管们,以及那位仍不为人所知的政府泄密者,都应该被起诉并受到惩罚。"很难想象有比这更不爱国或对我们的国防计划造成更大损害的行为了"①,史汀生愤怒地说。他对陆军部的同僚说,必须尽一切努力"去除内部的不忠行径,'美国至上'和麦考密克家族报纸现在就表现得不忠于国家"②。在12月4日的内阁会议上,司法部长弗朗西斯·比德尔说,他认为可以根据《1917年间谍法》起诉这些报社高管。

起初,总统批准了起诉麦考密克等人的计划,但他很快又有了新的想法。他指示其新闻秘书史蒂夫·厄尔利发表声明,宣称政府不会挑战报纸"刊登新闻"③ 的权利,无论它可能多么失准。不过,罗斯福确实授权联邦调查局和军方对泄密源头进行调查。

《芝加哥论坛报》的记者和编辑都受到了盘问,他们家里和办公室的电话都被监听。沃尔特·特罗汉(Walter Trohan)请了自己的一个朋友——一名华盛顿警察中尉——检查他家里的电话是否有监控装置。检查完之后,该中尉告诉特罗汉,他"从未见过这类装置,我发现了水龙头上的窃听器"④。据这位《芝加哥论坛报》的记者说,他的电话通话被联邦调查局、陆军和海军情报部门录音了,甚至连"反诽谤联盟"也不知怎么地对通话录音了。然而,

---

① Stimson diary, Dec 4 1941, FDRPL.
② Stimson diary, Dec 4 1941, FDRPL.
③ Joseph Gies, *The Colonel of Chicago*, New York: Dutton, 1979, p. 192.
④ Walter Trohan, *Political Animals: Memoirs of a Sentimental Cynic*, Garden City, N.Y.: Doubleday, 1975, p. 171.

尽管联邦调查局的调查人员深入挖掘该报事务，但未能查出泄密源头。切斯里·曼利尽管遭受严厉质询，但他拒绝透露任何相关信息以解释自己获得政府报告的方式。

鉴于阿尔伯特·魏德迈众所周知的孤立主义倾向，此案的主要嫌疑人便是身为"胜利计划"设计者的阿尔伯特·魏德迈，这毫不令人惊讶。12月4日清晨，当魏德迈来到陆军战争计划部办公室时，所有的谈话戛然而止了。他的秘书显然一直在哭，递给他一份《华盛顿时报-先驱报》。他一看到头版头条就知道自己遇到大麻烦了。"哪怕华盛顿上空投下一颗炸弹，我也不会比这更惊恐、更震惊"①，他后来回忆说。

对魏德迈不利的因素极多：他强烈反对美国参战；他对这一秘密计划了解如此深入；他在德国接受过培训；他与另一位知名孤立主义者斯坦利·恩比克将军的女儿结婚；他与杜鲁门·史密斯、"美国至上"和查尔斯·林德伯格的关系很密切——他与这位飞行员是在后者一次德国之行中首次会面的。史汀生收到一封匿名信，指控魏德迈及其岳父是泄密方。魏德迈的几位军中同袍告诉联邦调查局调查人员，他们认为他是泄密者。魏德迈说，联邦调查局"像秃鹫扑向匍匐的羚羊一样扑向我"②。

联邦调查局在其关于魏德迈的报告中指出："据称，他的情感、他的言论，以及他的共鸣都是最亲德的……他与陆军部的同僚们进行了相当激烈的讨论，表明他对政府的国际计划并不支持……他曾亲自与林德伯格上校一起穿行德国。他曾在华盛顿招待过林德伯格，林德伯格也曾招待过他。"③ 这份报告还说，魏德迈在1941

---

① Albert C. Wedemeyer, *Wedemeyer Reports!* New York: Henry Holt, 1958, p.16.
② Wedemeyer to Chesly Manly, Aug 22, 1957, Wedemeyer papers, HI.
③ FBI report on Victory Program leak, Wedemeyer papers, HI.

年9月请了4天假去参加"美国至上"在纽约举行的某项活动,其中林德伯格发表了讲话。

魏德迈没有否认上述任何一条指控。他承认他与林德伯格关系密切:"我尊重他,并同意他在美国是否参战方面所持的许多想法。"① 他还说,他同意"美国至上"组织的众多观点,并经常参加该组织的集会,不过从未着制服参加。尽管如此,联邦调查局审讯人员还是未能找到泄密事件与魏德迈直接相关的任何证据,而魏德迈又坚称自己是无辜的。后来,联邦调查局公开宣布他无罪。

那个在众目睽睽之下隐藏起来的中间人正是伯顿·惠勒,他获取了一份"胜利计划"并将之转交给曼利;他曾在参议院的会场上愤然要求展开一项调查。当时没有人将他牵扯进来,直到1962年惠勒出版自传,他本人才披露自己就是那个中间人。

根据这位参议员的说法,该报告是由陆军航空部队(Army Air Forces)一名军官交给他的,该军官已向他传递了长达一年多的机密信息。② 1941年初,在《租借法案》的辩论期间,这名军官就已向惠勒提供统计数据,这些数据显示出美国空军仍然严重缺乏现代化的飞机——惠勒在一次演讲中使用了这一情报,抗议罗斯福将飞机和其他军备交给英国的计划。1941年9月,上尉告诉惠勒,武装部队在罗斯福的命令下,已制定了一个"庞大的美国远征军"③ 总计划。当参议员要求察看这份计划时,上尉说他来看看自己能做些什么。

---

① Albert C. Wedemeyer, *Wedemeyer Reports!* New York: Henry Holt, 1958, p. 40.
② 1941年6月,美国陆军航空兵团改名为美国陆军航空部队。
③ Burton K. Wheeler, *Yankee from the West*, Garden City, N.Y.: Doubleday, 1962, p. 32.

此后 2 个月不到，他带着一份"差不多一本普通小说厚度的文件出现在惠勒家，文件用棕色纸包着，上面贴着'胜利计划'的标签"①。当惠勒问他是否害怕"将华盛顿最为秘密的文件"交给一个参议员时，该军官回答说："国会是政府的一个分支，我认为它有权知道在这个与人命息息相关的行政部门内到底发生了什么。"

多年来，惠勒是切斯里·曼利的重要消息来源之一。前者邀请这名《芝加哥论坛报》的记者到自己家中，两人浏览了报告，在最重要的部分做了标记，并由惠勒的一个秘书进行速记抄写。这天深夜，惠勒将该文件还给了那名军官，以便后者次日一早把文件还给陆军部。

这位蒙大拿州参议员将自己擅自泄露军事机密的行为进行了合理化解释，他声称公众有权知道"如果我们参战，他们即将面临什么，以及我们很可能会参战的事实"②。但如果他如此执着于分享信息，他为何不在参议院的会场中这样做，而要把它交给记者？在其自传中，惠勒声称自己曾考虑过将该报告交给参议院"外交关系委员会"，但他又决定不这样做，因为担心委员会中的干预主义者会将之藏起来。

这个借口站不住脚。惠勒显然并不打算为自己的行为承担责任，而泄密事件幕后的那名高级军官也并无此意。根据惠勒、沃尔特·特罗汉和联邦调查局官员的说法，那位军官是亨利·"哈普"·阿诺德将军，他是美国陆军航空部队司令。

---

① Burton K. Wheeler, *Yankee from the West*, Garden City, N.Y.: Doubleday, 1962, p. 32.

② Burton K. Wheeler, *Yankee from the West*, Garden City, N.Y.: Doubleday, 1962, p. 32.

惠勒在其书中并未指明阿诺德或其他任何人是泄密者。但他确实在战后告诉魏德迈：陆军航空部队司令通过"他的一个手下"向他"提供"①了这份研究报告。根据魏德迈的说法，参议员接着说阿诺德"在他没有组建起一支空军之前不赞成这样参战，所以他将尽一切可能来延缓它"。

阿诺德在大家的口碑中，已然成为一名经验丰富的泄密者——按照沃尔特·特罗汉的说法"仅次于罗斯福"②，而且阿诺德还擅长官僚体系的内斗。阿诺德在其职业生涯早期，就曾多次反抗上级的行动和决定。在一次这样的反抗后，他被下放到巴拿马一段时间。1940年3月，罗斯福威胁说，如果他不停止其顽固行为，就将他派往关岛。

这位陆军航空部队司令在与罗斯福对峙后放低了姿态，但继续慷慨激昂地游说，要求更多、更好的飞机。他特别反对《租借法案》计划，指责其始作俑者令航空部队的"橱柜"变得空空如也。他还明确表态反对参战，除非这个"橱柜"里有足够的库存。1941年秋，他指出只有2个轰炸机中队、3个战斗机群做好了战斗准备。

据一些人说，阿诺德和他的一些手下对于陆军部不承认空中力量的重要作用十分生气，并以"胜利计划"为例声称陆军航空部队在该计划所建议的资源分配方面被亏待。

对于该报告强调组建一支庞大的陆军，航空部队高层极力反对；他们还认为该报告过于慷慨地拨款给海军去建造更多的驱逐舰、航空母舰、潜艇和其他舰艇，因而再次加以反对。"马上就发

---

① Murray Green interview with Wedemeyer, Green papers, AFA.
② Richard Norton Smith, *The Colonel: The Life and Legend of Robert R. McCormick, 1880-1955*, Boston: Houghton Mifflin, 1997, p. 415.

生了激烈冲突，"魏德迈承认，"不仅在工业方面，而且在战略影响方面。海军打算夺取大量任务。"① 史汀生对这种观点表示赞同，他在战后指出，海军的"全部行动是为了……把我们的一切（陆军和空军）置于他们的一切之后"②，魏德迈说，为了阻止这一情况发生，阿诺德"将会战斗，而且他会战斗得很勇猛"③。他借助泄露报告这一方式，将向国会和美国人提及自己的情况，希望立即阻止"胜利计划"——以及它所提议的那种战争。

从官方的角度来说，此案仍未告破。但法兰克·沃尔德罗普（Frank Waldrop）——在泄密事件发生时任《华盛顿时报-先驱报》的编辑主任——在1963年声称，战后一位联邦调查局的高级官员告诉他，该机构已在10天内揪出罪犯。据沃尔德罗普所说，这位官员——路易斯·尼科尔斯，该局的一位助理局长——把罪魁祸首描述为"一位声名显赫、对二战具有无比重要价值的将军"④，他的动机是揭露该计划"在空中力量方面所存在的短板"。在后来接受历史学家托马斯·弗莱明（Thomas Fleming）的采访时，沃尔德罗普引用尼科尔斯的话说："当查到阿诺德那里，我们就放弃了。"⑤

多年来，弗莱明和其他人一直在猜测是不是总统本人泄露了"胜利计划"，以促使希特勒对美国宣战。持这种观点者强调，罗

---

① Murray Green interview with Wedemeyer, Green papers, AFA.
② Henry L. Stimson and McGeorge Bundy, *On Active Service in Peace and War*, NewYork: Harper, 1948, p. 355.
③ Murray Green interview with Wedemeyer, Green papers, AFA.
④ Thomas Fleming, *The New Dealers' War: FDR and the War Within World War II*, New York: Basic, 2001, p. 27.
⑤ Thomas Fleming, *The New Dealers' War: FDR and the War Within World War II*, New York: Basic, 2001, p. 28.

斯福似乎不愿追查罪魁祸首；他们还强调倘若真的是阿诺德，怎么不见总统和马歇尔对他采取任何不利行动。然而，即便没有伯顿·惠勒和路易斯·尼科尔斯指认阿诺德是罪魁祸首，罗斯福是泄密者这一情形似乎也不大可信。当时，日本显然正处于参战的边缘，而一个过去谨慎如斯的总统突然推进双线作战，这种观点极为牵强。用法兰克·沃尔德罗普的话说，很难相信罗斯福会"火上浇油"①。

另外还必须指出的是，据报道，联邦调查局指认阿诺德的行为是在美国参战数天后做出的。对于美国政府来说，当务之急是营造一种全民团结的氛围。如果这意味着要掩盖陆军航空部队司令所做出的行为，哪怕在许多人看来这是不爱国、不忠诚的行为，也只能作罢。

12月5日，即切斯里·曼利的报道出版次日，罗斯福收到了一份截获自日本政府致日本驻华盛顿大使馆的电报。读了这份被美国破译了的交战电报后，总统清醒地表示："这意味着战争。"②

日本人显然在行动，它的2支大型船队出现在中国沿海，但无人知道它们将前往何方。那里的情报指向暹罗、马来亚、新加坡或荷属东印度。

夏威夷可能成为日本攻击目标的这一观点，几乎被罗斯福政府中每个人乃至全美上下的所有人否定。有人猜测菲律宾可能有危险，但人们普遍认为珍珠港不大可能有危险，主要因为夏威夷离日本很远。尽管海军情报官员多次警告，日本人可能会通过偷袭珍珠

---

① Thomas Fleming, *The New Dealers' War: FDR and the War Within World War II*, New York: Basic, 2001, p. 28.
② Lynne Olson, *Citizens of London: The Americans Who Stood with Britain in Its Darkest, Finest Hour*, New York: Random House, 2010, p. 143.

港来挑起与美国的战争。事实上，弗兰克·诺克斯在1941年初就发布了一份备忘录，声称："（在珍珠港的）舰队或海军基地存在遭受重大灾难的内在可能性，这证明有理由尽快采取一切可能的措施，推动陆军和海军联合起来做好准备，以抵御（这种）突袭。"①然而，诺克斯的备忘录或其他所有警告（其中有几份警告是在12月初发出的）都没怎么引起关注。

结果，在紧张的美英官员们毫不知情的情况下，另一支日本海军特遣部队也出现在公海上。11月26日，周三，清晨，在日控千岛群岛（Kurile Islands）一个戒备森严的港口中，空气中已经弥漫着各种喧闹声，有船锚被拖起，有船舶发动机在转动。在厚重的云层和飞旋的风雪笼罩下，1支由战列舰、航空母舰、驱逐舰、潜艇和油轮组成的强大舰队扬帆起航，驶向珍珠港。

---

① A. Scott Berg, *Lindbergh*, New York: Berkley Books, 1999, pp. 555-556.

第二十七章 让我们打垮他们

对许多美国人而言,这是一个再平常不过的星期天:早上去教堂,中午吃顿主日大餐(Sunday Dinner),然后可能打个盹,读个报,悠闲地开车兜兜风,或者听听CBS每周播放的"纽约爱乐乐团"电台广播。

1941年12月7日,和其他纽约人一样,奥布里和康·摩根夫妇及其留宿客人约翰·惠勒-贝内特在下午3点正收听流行的爱乐电台广播,聆听由阿图·鲁宾斯坦(Arthur Rubinstein)演奏的勃拉姆斯《第二钢琴协奏曲》。在波士顿,哈佛大学的研究生小亚瑟·施莱辛格也在做着同样的事情。播放间歇,爱乐乐团的广播听众听到CBS播音员约翰·查尔斯·戴利(John Charles Daly)打断插播了一条惊人的新闻简报——日本人轰炸了珍珠港。施莱辛格后来写道,那一刻,"一个时代结束了"[1]。

这也令有关美国是否参战的辩论随之终结。而且,事实上,珍珠港袭击令众多参与该讨论的人的论点站不住脚了。正如专栏作家马奎斯·蔡尔兹所说:"那些最为大胆的干预主义者也极度低估了日本的打击力量。孤立主义者的主要论点——没有任何外国势力想在我们自己的领土内攻击我们——则被完全打脸了。"[2]

---

[1] Arthur M. Schlesinger Jr., *A Life in the Twentieth Century: Innocent Beginnings, 1917-1950*, New York: Houghton Mifflin, 2000, p. 261.

[2] Marquis W. Childs, *I Write from Washington*, New York: Harper, 1942, p. 242.

罗斯福总统正在白宫与哈里·霍普金斯谈话，弗兰克·诺克斯通过电话向他通报了这一消息。"不！"罗斯福惊呼。他坐着一动不动，凝视前方数分钟。而后终于惊起，他给科德尔·赫尔打电话，下达了关于这次袭击的第一则新闻公告。整个下午和晚上，总统都收到大量新急件，更新珍珠港所遭受损失的最新信息，并详细介绍日本在亚洲及太平洋地区的其他袭击。

罗斯福努力认真处理这场灾难，他看起来"非常紧张和疲惫"，他的妻子后来写道："但他十分平静。他面对任何重大事件的反应总是很平静。如果发生一些不好的事情，他就变得几乎像一座冰山一样，决不允许一丝情绪流露出来。"[1] 然而，在其他人的记忆中，那天的罗斯福却略有不同。罗斯福的秘书格蕾丝·塔利（Grace Tully）记得他那天是愤怒的、紧张的、激动的；而司法部长弗朗西斯·比德尔则形容罗斯福"深受震动，比我见过的任何场合都要严肃"[2]。

傍晚时分，他召集内阁成员和国会领导人到白宫。为了一报珍珠港事件发生前的辩论之仇，罗斯福拒绝让众议院外交事务委员会中的首席共和党人汉密尔顿·菲什议员参加。另一位国会孤立主义者参议员海勒姆·约翰逊在最后一刻才被接纳。会上气氛很激烈。参议院外交关系委员会的新任主席汤姆·康纳利参议员涨红着脸跳起来，用拳头敲着桌子大声说："总统先生，他们怎么打得我们措手不及？"[3] 罗斯福低着头，喃喃低语说："我不知道，汤姆。我真的不知道。"

---

[1] Geoffrey C. Ward, *A First-Class Temperament: The Emergence of Franklin Roosevelt*, New York: Harper & Row, 1989, p. 591.

[2] Francis Biddle, *In Brief Authority*, Garden City, N.Y.: Doubleday, 1962, p. 206.

[3] Francis Biddle, *In Brief Authority*, Garden City, N.Y.: Doubleday, 1962, p. 206.

亨利·史汀生提出了同样的问题：美国军方"早已得到警告，并处于警戒状态，怎么会被打得如此措手不及？"①但是，调查、解释和借口将不得不留待以后。现在的任务是起草一份对日宣战书。为此，史汀生叫来格林维尔·克拉克，后者是征兵制的设计者，作为一名顾问在无偿为他工作。克拉克立即着手起草该文件。

白宫守卫加倍，这座行政大楼的窗户匆匆安装了遮光窗帘，隔壁老旧的"国家、战争和海军大楼"（State, War, and Navybuilding）屋顶上架起了高射炮。周日驾车归来的司机们发现了守卫华盛顿桥梁的士兵。潮汐盆地（Tidal Basin）周围种着著名的日本樱花树，那些眼尖的人可能已经注意到，其中一棵树正躺在地上，显然是被某个愤怒的市民砍倒的。

直至当天深夜，大批群众在白宫外转悠。许多旁观者在街对面的拉斐特公园（Lafayette Park）里挤作一团，其他人则紧紧靠着前面高高的铁栅栏。在整个迷雾弥漫的夜晚，人们自发哼唱起爱国歌曲，时不时打破了寂静，其中《上帝保佑美国》是大家特别喜爱的一首。

临近午夜时分，富兰克林邀请从伦敦回家休假的哥伦比亚广播公司新闻记者爱德华·R. 莫罗到他的办公室来。此外，还有美国政府新设情报机构的负责人威廉·多诺万。就着啤酒和三明治，罗斯福向来访者讲述了珍珠港遭受的惊人损失——8艘战舰或被击沉或严重受损，数百架飞机被摧毁，死伤和失踪人员达数千人。总统一直控制着自己的怒火，直到他开始谈论飞机。"在地上被摧毁的，上帝啊！"②他大喊着，用拳头捶着桌子。"在地上！"正如莫

---

① Stimson diary, Dec. 7, 1941, FDRPL.

② Lynne Olson, *Citizens of London: The Americans Who Stood with Britain in Its Darkest, Finest Hour*, New York: Random House, 2010, p. 146.

罗后来回忆的那样,"想起这个他似乎很受伤"。

总统一度问莫罗和多诺万一个问题,这个问题他俩都认为有点奇怪:鉴于日本对美国本土的攻击,他们是否认为美国人民现在会支持宣战?两人坚定地打包票,他们的同胞必定会团结在总统周围。

听到这个消息时,林德伯格夫妇正在玛莎葡萄园岛上和孩子们共度安静的一天。自从林德伯格发表了那臭名昭著的得梅因演讲后,他便没有做太多的公开演讲。为数不多的几次露面中,对于自己在艾奥瓦州所发表言论饱受谴责这一情况,他似乎已泰然自若。例如,在10月于印第安纳州韦恩堡的一次演讲中,他再次宣称言论自由在美国已死,并建议罗斯福大可取消1942年的国会选举。

但在林德伯格得知日军发动袭击后不久发表的声明中,再也看不到此类言辞了。"月复一月,我们一直在一步步接近战争。"[1] 他说,"现在它已到来,不管我们过去的态度如何,我们美国人民现在必须团结起来迎接它……不管那一政策是否英明,我们的国家已遭受武力袭击,我们必须以牙还牙。"他接着说:"我们现在必须尽一切努力打造世界上最伟大、最有效的陆海空三军。"

该声明发表后,林德伯格沉默了。他拒绝接听不断响起的电话,拒绝回复以前的支持者和诋毁者发来的大量电报,也拒绝接受记者的采访。经过2年动荡的岁月,美国最著名的孤立主义者突然从公共场合中消失了。

其他知名的孤立主义者也呼应林德伯格,呼唤民族团结。罗伯

---

[1] Kenneth S. Davis, *The Hero: Charles A. Lindbergh and the American Dream*, Garden City, N. Y.: Doubleday, 1959, p. 555.

特·麦考密克正在与大家共进午餐,其中有一名来自伦敦的新闻记者和一名英国的宣传官员;当他听到袭击事件的消息时便为自己辩解。"日本轰炸了珍珠港,"他宣称,"我必须离开我的客人,写一篇社论,集结全国力量反对侵略。"①次日的《芝加哥论坛报》上,麦考密克的头版社论这样开头:"从今天开始,我们所有人只有一项任务。那就是竭尽全力捍卫我们所有人都珍视的美国自由。"②社论旁是一幅漫画,画上山姆大叔站在约翰牛旁,他们正看着一个标有"二战"标签的怪物从其坟墓中升起。"约翰,这一次,"山姆大叔说,"我们必须把这个怪物埋深一点!"③

参议员伯顿·惠勒对这次袭击的回应言简意赅:"让我们打垮他们。"④众议员汉密尔顿·菲什对持孤立主义的同僚说:"辩论的时间已经过去,行动的时刻已经到来……对于日本背信弃义的攻击,只有一个回应——那就是必将胜利的战争。"⑤与此同时,"美国至上"发表了一份声明,敦促其成员团结起来支持战争,并保证支持罗斯福担任总司令。该组织随后永远关了门。"我只记得感觉很不舒服,"罗伯特·斯图尔特多年后说,"不仅因为珍珠港的损失,还因为它的寓意——游戏结束了。"⑥

参议员杰拉尔德·奈是孤立主义领导人中唯一对珍珠港事件回

---

① Nicholas John Cull, *Selling War: The British Propaganda Campaign Against American "Neutrality" in World War* Ⅱ, New York: Oxford University Press, 1995, p. 187.
② Joseph Gies, *The Colonel of Chicago*, New York: Dutton, 1979, p. 194.
③ Joseph Gies, *The Colonel of Chicago*, New York: Dutton, 1979, p. 194.
④ Burton K. Wheeler, *Yankee from the West*, Garden City, N. Y.: Doubleday, 1962, p. 36.
⑤ Wayne S. Cole, *Roosevelt and the Isolationists, 1932 - 1945*, Lincoln: University of Nebraska Press, 1983, p. 504.
⑥ Ruth Sarles, *A Story of America First: The Men and Women Who Opposed U. S. Intervention in World War* Ⅱ, Westport, Conn.: Praeger, 2003, p. 215.

应有失风度的人。当有人告诉他这一消息时，他正在匹兹堡举行的"美国至上"集会的台下等待发表演讲。他并未去求证，而是继续发表自己的反战演说。直到一个记者走上台，递给他一张纸条，说日本人刚刚对美国宣战。奈瞥了一眼纸条，向听众宣布："我20年来宣告的新闻中，这是最坏的一条。"① 然后，让人难以置信的是，他照着演讲稿念完，只加了一句话："这正是英国精心安排给我们的……我们都被总统骗了。"当记者们事后围住他的时候，这位参议员抱怨道："在我听来，这非常蹊跷。"

与此同时，英国人非常高兴。在纽约为威廉·斯蒂芬森工作的玛丽昂·德·查斯特兰一听到这个消息，就从她的公寓赶到英国安全协调局办公室。她赶到的时候，正赶上驻纽约日本领事馆的官员——他们的办公室和英国安全协调局的办公室位于洛克菲勒中心的同一栋楼里——被美国当局护送离开。从薄暮到夜深，查斯特兰和英国安全协调局的其他工作人员都在喝着香槟以庆祝新英美联盟的诞生。

在英国，温斯顿·丘吉尔与美国大使约翰·吉尔伯特·温南特以及《租借法案》的负责人埃夫里尔·哈里曼正在首相的乡间别墅契克斯*共进晚餐，此时他得知了这一袭击的消息。当天早些时候，丘吉尔还因担忧日本即将发动进攻而感到困扰，曾问温南特："如果他们向我们宣战，你们会向他们宣战吗？"② 大使回答说：

---

① Richard M. Ketchum, *The Borrowed Years, 1938–1941: America on the Way to War*, New York: Random House, 1989, p. 783.

* 位于英格兰南部白金汉郡中部，英国首相的乡间官邸。——译注

② Lynne Olson, *Citizens of London: The Americans Who Stood with Britain in Its Darkest, Finest Hour*, New York: Random House, 2010, p. 143.

"首相阁下,这一问题我无法回答。因为根据美国宪法,只有国会才有权宣战。"丘吉尔沉默了片刻,温南特知道他在想什么:日本人如果进攻英国在亚洲的领地,便将令英军陷入双线作战,这可能指望不上美国。

那天晚上,丘吉尔——疲惫、情绪低落、显然很沮丧——一反常态地对谁都没怎么说话。马上就到9点了,丘吉尔的随侍将一台翻盖便携式收音机带到餐厅里,这样首相及其客人就可以收听英国广播公司(BBC)的新闻。起初这似乎就是一个日常的广播:开头是战争公报,接着是一些国内新闻的小插曲。而后,终于听到一句简短的、不带感情的话:"刚刚得到的消息,日本飞机突袭了珍珠港——美国在夏威夷的海军基地。"①

丘吉尔一听就朝门口走去,大声说:"我们要对日本宣战!"②温南特跳起来追着他跑。"天哪,"他说,"您不能在广播里宣战!"丘吉尔停下来,疑惑地看着他,问道:"那我该怎么做?"温南特说他会马上给罗斯福打电话,丘吉尔便回答说:"我也要和他谈谈。"

几分钟后,罗斯福打来了电话。"总统先生,关于日本的事情是怎么回事?"丘吉尔问道。罗斯福回答道:"他们已在珍珠港袭击了我们。我们现在都在同一艘船上了。"丘吉尔后来写道,那天晚上他"带着得救和感恩的心情睡了一个好觉",此时他特别相信"我们已经赢得了这场战争,英国将会幸存"。

---

① Lynne Olson, *Citizens of London: The Americans Who Stood with Britain in Its Darkest, Finest Hour*, New York: Random House, 2010, p. 144.

② Lynne Olson, *Citizens of London: The Americans Who Stood with Britain in Its Darkest, Finest Hour*, New York: Random House, 2010, p. 144.

实际上，因为坚信一切都会好起来，丘吉尔有点高兴过早了。次日，罗斯福要求国会仅对日本宣战，甚至提都没提德国或意大利。罗斯福最亲密的顾问大多劝说他对所有轴心国开战；史汀生认为日本攻击美国是德国推动的——这是正确的。但总统坚持己见，他说自己察觉到，"在部分公众心中，一直将对日战争和对德战争区别看待"。①

12月8日下午早些时候，包裹在深色海军斗篷中的罗斯福不得不前往国会山。在几十名手持步枪、刺刀的海军陆战队员的守卫下，国会看起来像一个武装营地。建筑物外的柱子之间都用钢丝绳拴起来了，将数百名聚集在寒冷空气中想要亲历这一历史事件的人挡在外面。

罗斯福撑着儿子詹姆斯的胳膊，他的脸憔悴而严厉，慢慢地踏上众议院的讲台台阶。这个洞穴般幽深的房子里挤满了国会议员、最高法院法官以及外国外交官、内阁和其他重要的行政官员，（看到他）房间里立刻爆发出一阵掌声和欢呼。观众中有埃莉诺·罗斯福和伊迪丝·威尔逊（Edith Wilson），后者是此前唯一主导过美国参与世界大战的总统（托马斯·伍德罗·威尔逊）之遗孀。

罗斯福的宣战呼吁仅耗时6分钟，但它给众议院会议厅里的听众，以及当天下午聚集在收音机旁的数百万美国人留下了不可磨灭的印象。总统从第一句话开始，声音就带着几乎无法抑制的愤怒，他将12月7日描述为一个"将活在耻辱中的日子"②，强调了自己和同胞们对这一"卑劣懦弱"的攻击深感愤怒，并毫不怀疑美国

---

① Robert Dallek, *Franklin D. Roosevelt and American Foreign Policy*, 1932–1945, New York: Oxford University Press, 1995, p. 312.
② James MacGregor Burns, *Roosevelt: The Soldier of Freedom*, 1940–1945, New York: Harcourt Brace Jovanovich, 1970, p. 165.

复仇的决心。在演讲结束时,两党的立法者们都一跃而起,起立鼓掌。

罗斯福发言半小时后,参议院一致投票通过对日开战;众议院的场面则有点混乱。议员珍妮特·兰金(Jeannette Rankin)——蒙大拿州的共和党人,也是第一位在国会任职的女性——在计票前向同事们明确表示,就像1917年投票决定美国是否应参加第一次世界大战时那样,自己将投反对票。众议院的共和党人试图劝阻她,但61岁的兰金终身都持和平主义,她此前曾在"美国至上"的数次集会上发表演讲,因此她不为所动。当众议院多数党领袖约翰·麦考马克宣读战争决议时,她站起来喊道:"议长先生,我反对。"[①] 山姆·雷伯恩冰冷地打断了她的话。"无异议。"他宣布,并示意麦考马克继续。

两党的国会议员欢呼着、跺着脚,大喊:"投票!投票!投票!"雷伯恩敲响法槌,宣布议程,麦考马克敦促众议院对该决议投出一致的结果。兰金又跳起来,寻求雷伯恩的认可。"坐下!"一位议员喊道,兰金声明:"程序问题。"雷伯恩没有理睬她,兰金一再要求确认,但书记员点名的声音十分洪亮,将她的声音盖过了。最后的投票结果是388∶1。

专栏作家马奎斯·蔡尔兹在众议院记者席上观看了这混乱的一幕,他后来写道:"在我看来,那些试图胁迫(兰金)投赞成票的人很愚蠢。一张孤零零的反对票是向世界表明:即使在受到袭击的关键时刻,我们也不会强迫投票者投下独裁的、虚假的赞成票。"[②]

下午3时15分,雷伯恩签署了决议;10分钟后,副总统亨

---

① D. B. Hardeman and Donald C. Bacon, *Rayburn: A Biography*, Austin: Texas Monthly Press, 1987, p.276.
② Marquis W. Childs, *I Write from Washington*, New York: Harper, 1942, p.244.

利·华莱士代表参议院签署了决议;下午 4 点 10 分,罗斯福总统签署了决议。美国现在正式进入战争状态。

晚上,国会大厦屋顶上的灯被熄灭了。在这次战争结束前,它将一直是熄灭的状态。

漫长的 3 天里,英国面临着在欧洲和亚洲同时作战的可怕预期,而美国则只需面对亚洲战场。柏林方面没有任何消息。希特勒在一年多的时间里不惜一切代价避免与美国开战。如果他继续这样做呢?总统会最终掌握主动权吗?如果不会,英国人怎么可能坚持下去?

根据《德意日三国同盟条约》的条款,日本袭击珍珠港并不意味着德国和意大利有义务向美国开战,该条约只适用于其签署国遭到袭击的情况。12 月初的那几天里,德国政府最高层就是否将美国列入德国的敌人名单之列展开了争论。希特勒的一些顾问建议他不要将美国列入敌国名单。与他们意见相左的是外交部长约阿希姆·冯·里宾特洛甫等人,这些人指出,德国长期以来一直想要日本参战,并"画了个饼":如果日本与美国交战,"德国当然会立即参战"①。

最后,希特勒解决了这一问题。数月来,尽管他认为美国一再挑衅,但他一直建议要耐心点。可在内心深处,希特勒对罗斯福和美国充满了愤怒和仇恨。日本对珍珠港的进攻被他誉为"转折点"②,令他得以做自己一直想做的事。

12 月 11 日,希特勒在德意志帝国议会上向美国宣战。作为回

---

① William L. Langer and S. Everett Gleason, *The Undeclared War: 1940-1941*, New York: Harper, 1953, p.910.

② Richard M. Ketchum, *The Borrowed Years, 1938-1941: America on the Way to War*, New York: Random House, 1989, p.791.

应，罗斯福向国会发出决议，要求对德国和意大利开战。这次，珍妮特·兰金决定弃权，参议院和众议院一致投了赞成票。

近一年来，德国政府中许多官员一直坚信罗斯福随时会参战。他们觉得，在珍珠港事件发生时若推迟对美国宣战，则只不过在拖延一件不可避免、终将发生的事情。但真的如此吗？如果希特勒未对美国宣战，或者日本人未攻击美国领土，那么将会发生什么呢？

图27-1　1941年12月11日，罗斯福总统签署了美国对德的宣战书

考虑到即便在珍珠港事件之后,罗斯福显然也不确定公众是否会支持宣战,因而至少在彼时,很难相信日本人对英国或荷兰在太平洋的属地发动袭击会促使美国政府推动这类宣战宣言。在珍珠港事件发生前的一次白宫会议上,罗斯福说,他怀疑即使日本最终攻击菲律宾——菲律宾当时属于美国领土,驻扎有一大批陆军,美国也不会发动战争。在那种情况下,温斯顿·丘吉尔对于独自面对双线作战的担忧或许会成为现实。

而如果不是希特勒一怒之下决定对美国开战,那么国会和美国人民很有可能会向总统施压,让他放弃在大西洋对德国不宣而战,转而集中精力打败日本,因为后者是唯一真正攻击过美国的国家。在这一情况下,美国对英国和苏联的武器运输可能会被大幅削减甚至终止,那么德国无疑会击败这两个国家。

令各同盟国高兴的是,这些情况都未成为现实。迪安·艾奇逊巧妙地这样形容:"最后,我们的敌人以无与伦比的愚蠢,化解了我们的困境、澄清了我们的疑虑、终止了我们的踌躇、凝聚起我们的人民,从而令我们踏上美国国家利益所需要的、漫长而艰难的道路。"[1] 珍珠港事件后,罗斯福不必担心民族情绪了。这次袭击并未像日本政府所希望的那样令美国士气低落,反而振奋了美国人民的士气:它令这个国家团结了起来。"战争的到来令人如释重负,就像一场逆断层地震,在一次可怕的摇晃中,将一切支离破碎的、扭曲变形的事物都震回了原位,"《时代》在珍珠港事件后的第一期中写道,"日本的炸弹终于给美国带来了国家的团结。"[2]

---

[1] William Manchester, *The Glory and the Dream: A Narrative History of America, 1932-1972*, Boston: Little, Brown, 1973, p. 260.

[2] Geoffrey Perret, *Days of Sadness, Years of Triumph: The American People, 1939-1945*, New York: Coward, McCann & Geoghegan, 1973, p. 203.

由于国会和美国人民此刻坚定地支持罗斯福,于是总统一改珍珠港事件前的谨慎,也摆脱了对国会山的顺从,重新成为新政初期那个大胆的领袖。他表现得极为冷静,重新焕发自信。在12月9日的记者招待会上,他说:"我们现在正处于这场战争中,所有人都身处其中——自始至终。男男女女、黄童皓首,每一个都是我们的伙伴,大家将共创美国历史上最为非凡的事业。"①

在这一天以及后续许多天里,成千上万的美国年轻人涌向各自所在地区的征兵办公室,要求入伍。休假的士兵们归队报到,并带着新的紧迫感开始操练。在华盛顿,所有军官都接到命令不着便服,而是全副武装。正如一位有趣的评论家所指出的那样,军需大楼(Munitions Building)的走廊里"挤满了身着军装的军官,部分人的军装可追溯至1918年……少校们穿着他们还是少尉时所买的衣服……这是因战争召唤而举行的一场清仓拍卖会"②。

经过数月的犹豫不决,美国工业进入了全速运行的状态。每天24小时、每周7天,工厂都在生产飞机、枪支、船只、坦克以及其他武器装备和补给品。这些物资最终将在赢得战争方面发挥了特别关键的作用。美国人被告知他们在这段时间内必定没有新的车辆、冰箱和其他大件物品。国防工人则展现出一种新的工作强度。加利福尼亚州某家轰炸机制造厂的一名员工观察到,在珍珠港事件之前,"大多数人在制造飞机时并不比他们制造烟灰缸时更努

---

① James MacGregor Burns, *Roosevelt: The Soldier of Freedom, 1940-1945*, New York: Harcourt Brace Jovanovich, 1970, p. 172.
② David Brinkley, *Washington Goes to War*, p. 91.

力——只要让老板满意即可"①,他说,而珍珠港事件之后,产量猛增。

在美国参战的三年半时间里,孤立主义者们曾预测美国在战时将遭遇可怕的命运,但只有一个预测真的实现了。那主要是由自由主义者所提出的担忧,即参战将限制公民的权利和自由、将遏制新政改革,并将令保守主义情绪重新抬头。

但令自由主义者们失望的是,美国政府此时的关注焦点更多地放在支持国防事业上,远超其对推进社会和经济变革的关注。正如罗斯福自己所说,"新政博士"已让位给"求胜博士"。美国政府表现出一种新的意愿,愿意给出自己需要的买卖,允许国防承包商赚取巨额利润。这个国家自身也开始右倾,1942年的选举中,进步派被清扫出国会,国会事实上的控制权则转至保守派手中。共和党人在参议院中得到了7个席位,在众议院中得到了44个席位。"普通人现在更保守了,"一位历史学家指出,"因为他们终于有了需要'保'和'守'的东西了。"②

公民自由方面也遭受打击。虽然绝大多数美国人在第二次世界大战期间几乎没有感受到宪法层面对自由的限制,但1942年初,西海岸10余万日裔美国人突然在自己的家里、企业和农场中被人带走,并在此期间被关进阴暗的集中营。"美国公民自由联盟"宣称,这是"我们历史上最严重的一次大规模侵犯美国公民权利的

---

① Geoffrey Perret, *Days of Sadness, Years of Triumph: The American People, 1939-1945*, New York: Coward, McCann & Geoghegan, 1973, p. 255.
② Geoffrey Perret, *Days of Sadness, Years of Triumph: The American People, 1939-1945*, New York: Coward, McCann & Geoghegan, 1973, p. 213.

行为"。①

几个月后,司法部长弗朗西斯·比德尔迫于总统的压力,以煽动罪起诉了28名美国法西斯分子。被告中有"银衫"领导人威廉·达德利·佩利以及杰拉尔德·L. K. 史密斯(Gerald L. K. Smith),后者是一个亲纳粹的政治组织者,甚至在珍珠港事件之后,他依然在充斥着仇恨的报纸和新闻通讯中表达其反战、反政府和反犹太的观点。

1942年初,比德尔跟罗斯福说,虽然这些刊物所展现的思想确实令人生厌,但它们及其拥趸对美国本身以及战争行动并不构成直接威胁。比德尔补充说,根据现行法律,要证明本土法西斯分子犯有煽动罪极其困难。他说,这些人没有一个犯了如下罪行:主张用武力推翻美国政府。然而,罗斯福希望他们停下来,比德尔最终让步了。司法部指控那些被告与德国密谋,试图通过破坏军队的忠诚和士气,在美国建立一个法西斯政府。

此案从一开始就注定了尴尬的结局。除了充满仇恨的言论外,各个被告之间几乎没有共同点。事实上,大部分人甚至互不相识——要试图证明这是共谋的话,无疑是一个棘手的事实。司法部绞尽脑汁想出证据,直到1944年4月才将此案提交审判。判决拖了8个月——直到首席法官去世,才宣布审判无效。1945年,就在战争即将结束之际,美国政府再次起诉被告。次年,上诉法院驳回了这些指控,称其是对司法制度的歪曲。

虽然战争期间美国公民权利受到侵犯的案例相对较少,但这种侵犯行为仍然提醒人们,当国家面临不安和恐惧时,宪法自由是脆弱的。"检验对基本权利的保护不是看平稳时期如何尽责,而是看

---

① Francis Biddle, *In Brief Authority*, Garden City, N.Y.: Doubleday, 1962, p. 213.

危险时期如何警惕地捍卫它们,"历史学家杰弗里·佩雷认为,"照此检验标准,战时经历对于数以万计的美国人来说简直就是一场灾难。"①

然而,其他大部分美国人的战时经历更为积极。"没有哪场战争是'好'的,"英国历史学家大卫·雷诺兹(David Reynolds)写道,"但美国的战争则好得不能再好了。"②

在珍珠港事件之前,查尔斯·林德伯格、伯顿·惠勒等主要的孤立主义者已做过预测:如果美国参与其中,将有数百万年轻人死亡。实际死亡人数是417000人——这当然是个庞大而悲惨的数字,但这一伤亡率远低于其他主要交战国。在主要交战国中,只有美国平民没有大面积地遭受蹂躏和痛苦。而且美国本土并未遭受轰炸,因此没有出现平民伤亡,也没有出现百万栋房屋被毁的情况。

罗伯特·伍德和其他孤立主义商人担心战争将意味着美国经济和资本主义制度的崩溃;可实际情况恰恰相反,战争结束了大萧条,而且切切实实地促进了经济增长。由于国防方面的繁荣,在战争进行的三年半时间里,失业率从14%下降到2%以下。美国人的年收入增长了50%以上,此时美国国内很多人的工资收入超出了他们的想象。一位记者在一个繁荣的小镇上待了一段时间后报道说:"如果今天这场战争以我们的胜利结束,那么这里的大多数人都可实话实说:这场战争是他们人生中最棒的经历。"③

---

① Geoffrey Perret, *Days of Sadness, Years of Triumph: The American People, 1939–1945*, New York: Coward, McCann & Geoghegan, 1973, p. 367.
② Lynne Olson, *Citizens of London: The Americans Who Stood with Britain in Its Darkest, Finest Hour*, New York: Random House, 2010, p. 229.
③ Geoffrey Perret, *Days of Sadness, Years of Triumph: The American People, 1939–1945*, New York: Coward, McCann & Geoghegan, 1973, p. 213.

林德伯格等人所做的预测——美国参战的话,将引发大规模的骚乱,并令反犹太主义猛烈爆发——也是没有根据的。虽然美国国内确实有动乱的例子——1943年发生在底特律的种族暴乱中有34人被杀,便是一个典型的例子——但它们相对罕见。而当库格林神父的暴徒们继续攻击纽约、波士顿等大城市的犹太人时,反犹太主义并未有普遍激增的现象。事实上,当战争接近尾声时,随着数百万犹太人在纳粹死亡集中营中去世的消息被披露出来,公然的反犹太主义在美国开始消退。

大屠杀的消息彻底暴露出林德伯格论点的似是而非——他认为这场战争是帝国主义国家的冲突,对立双方都不值得美国支持。但在大屠杀全部细节为人所知之前,美国人民就业已找寻到共同的事业,相信自己正在为拯救西方文明而打一场正义的、必要的仗。这么做的过程中,他们前所未有地团结起来。"它很珍贵,"杰弗里·佩雷写道,"一种强烈的真正共同体意识。"[1]

这种团结之情在很大程度上必须归功于围绕战争长达2年的公开辩论。尽管出现各种尖酸言辞,极不体面,但这些辩论帮助教育了美国人,使他们认识到有必要为参战做好准备。美国参战的利弊——更不用说每一个重要步骤的意义,从驱逐舰-基地交换到征兵再到《租借法案》——都在政府办公室中、国会大厅里、电台和报刊上,以及全美家家户户、各个企业中经过了彻底的探讨和权衡。公民个人——从大学生到家庭主妇再到华尔街居民——在努力帮助影响其同胞方面所发挥的关键作用也同样重要。这有力展现了行动中的民主精神,尽管过程是动荡的。

---

[1] Geoffrey Perret, *Days of Sadness, Years of Triumph: The American People, 1939-1945*, New York: Coward, McCann & Geoghegan, 1973, p. 215.

结果，正如《陆军海军杂志》(The Army and Navy Journal) 于 1945 年 11 月所指出的那样："当日本人攻击我们时，当日本在欧洲的轴心国盟友向我们宣战时，美国无论在精神上还是在军事上所做的准备，都胜过我们历史上的任何一场战争。"[①]

[①] "U.S. at War," *Army and Navy Journal*, Nov. 2, 1945.

第二十八章　结　局

在珍珠港事件发生后的岁月里，查尔斯·林德伯格希望自己的所作所为都能得到宽恕，于是尽自己最大的努力进入陆军航空部队再服现役。事实证明，他太天真了，他认为自己先前反对罗斯福可能会令自己"对（政府管理）的价值更大，而非更小。在我看来，战争获胜必须上下团结一心，而这就要求大家在华盛顿都各抒己见"。①

林德伯格询问与其保持密切联系的哈普·阿诺德对此有何看法。阿诺德将之转达给白宫。罗斯福及其助手们并未亲自公开发表意见，而是将阿诺德置于"林德伯格是否该复职"这一即将爆发争论的中心。

尽管阿诺德在泄露"胜利计划"方面明显负有罪责，但他还是设法保住了自己的工作。珍珠港的灾难和美国参战令联邦调查局结束了对泄密事件的调查，尽管调查人员认为阿诺德是罪魁祸首，但并未采取后续行动。若将他揭发，则会暴露政府内部存在根本分歧——这一局面是白宫急于避免的，因为它决心在战时对外展现美国上下团结一心的局面。

美国的官员们直到战后才知道，"胜利计划"的披露促使德国军事最高指挥部劝说希特勒从苏联撤退。那些军事高官于1941年

---

① A. Scott Berg, *Lindbergh*, New York：Berkley Books, 1999, p.437.

12月初认为，德国不应将重点放在东线，而应在此建造一条强大的防线；100多个师应换防他处，执行征服英国并控制整个地中海地区（包括苏伊士运河在内）的任务，然后预计在1943年中，美国将进攻欧洲。如果最高指挥部的建议得以执行，很可能就不会出现1942年盟军在北非登陆的场景，而且，盟军很可能不会在欧洲获胜。

起初，希特勒本已同意采纳这一战略上的根本转变，但在珍珠港事件后，他决定反对这种战略变化。他宣称，从苏联大规模撤军既不必要也不可能。元首预测：美国被太平洋上的日军牵制住了，现在对德国在西方阵地构成的威胁远没有那么严重。

在阿尔伯特·魏德迈看来，乔治·马歇尔将军并不清楚泄密事件可能带来怎样致命的后果。在随后的喧嚣中，他充当了阿诺德的重要辩护人及保护者。当阿诺德的传记作者默里·格林问及魏德迈是否相信马歇尔会允许阿诺德在被证实有罪的情况下继续工作时，魏德迈回答说："我认为他会。我想他会一切以赢得战争为先。"[1] 他补充说："许多军人认为，乔治·马歇尔知道谁是（罪魁祸首）；他们认为无论涉及谁，他都应更为坦诚。而我也倾向于那样做。"

至于罗斯福，虽然他同意留用阿诺德，但他并不反对时不时做点什么令阿诺德过得不舒服。他此时就是这样做的，他让助手们把林德伯格要求在陆军航空部队复职的消息透露给媒体，并催促记者们与阿诺德联系以获取意见。当媒体依言去找阿诺德时，这位惊愕的航空部队司令明确表示，他认为应该接受林德伯格的请求。这"表明他的孤立主义立场有了清晰改变"[2]，阿诺德说，"也表达了

---

[1] Murray Green interview with Wedemeyer, Green papers, AFA.
[2] Kenneth S. Davis, *The Hero: Charles A. Lindbergh and the American Dream*, Garden City, N.Y.: Doubleday, 1959, p. 416.

他的深切愿望——循着自己训练多年的航线来帮助这个国家"。

阿诺德的声明获得了某些支持,比如《纽约时报》的声援。"毫无疑问,林德伯格先生的提议应该被接受,并且将会被接受,"《纽约时报》的社论说,"它将不仅象征着我们新收获的团结,也能有效埋葬已逝的过往,(而且)林德伯格先生对其国家有用——因而这一提议会被接受……他非常了解飞机,也有丰富的飞行经验,这是毫无疑问的。我们也不怀疑,他服役的话将会为己添彩、为国争光。"①

但是其他很多人并不同意,这一点在罗斯福将这个提议公之于众时无疑就很清楚。一封封反对林德伯格的邮件飞往白宫,并立即改道飞进阿诺德的办公室。大部分邮件用语如此毒辣,深深震撼了这位航空部队司令。有一封信很具代表性,它是这样写的:"我们的儿子正在服役,我们不想有卖国贼在他背后捣乱。"②

美国政府无意答应林德伯格的请求,并且这一迹象越来越明显。毫不意外的是,其中主要的反对者是哈罗德·艾克斯,他就像雨果小说《悲惨世界》中的沙威探长一样,继续不懈地追逐着自己的猎物。在珍珠港事件发生前不久,艾克斯与纽约一家出版商签订了一份合同,要撰写一本作品猛烈抨击这位飞行员,书名暂定为《为何希特勒听起来像林德伯格》(*Why Hitler Sounds Like Lindbergh*)。美国参战后,为了国家团结,艾克斯勉强同意了出版商的要求,将该书搁置。但3年后,这位内政部长再次敦促出版该著作并宣称:"我坚决认为,不应让林德伯格真的逍遥法外。"③

---

① A. Scott Berg, *Lindbergh*, New York: Berkley Books, 1999, p. 434.
② Wayne S. Cole, *Charles A. Lindbergh and the Battle Against American Intervention in World War II*, New York: Harcourt Brace Jovanovich, 1974, p. 213.
③ Ickes to James Henle, Aug 28, 1944, Ickes papers, LC.

（这本书并未出版。）

如果艾克斯心存报复的话，那么在珍珠港事件后的紧要关头，其报复心理更强。他在1942年初写给罗斯福的备忘录中，坚称林德伯格意图推翻政府，如果让"这位希特勒的忠实朋友"[1] 成为战争英雄，那罗斯福的所有对手将会集结起来。"这对美国民主将是可悲的伤害，"艾克斯认为，"也给了这个国家最难以接受、最冷酷无情的一大敌人获得服役记录的机会……他应湮没无闻，这是对他的仁慈。"总统这样回应艾克斯，他"完全"[2] 同意"你就林德伯格及其潜在危险所说的一切"。

将该坏消息告知林德伯格的这一任务落在了亨利·史汀生身上。在陆军部长的办公室里，他们进行了气氛紧张的会面。部长告诉林德伯格，他不愿将指挥官的职位授予一个"不相信我们事业正义性的人"[3]，并补充说，他不相信这样的人能"足够积极进取地作战"。林德伯格回答说，他不会收回自己的观点，他还是认为美国参战是个错误的决定。他接着说，但是，既然国家已经做出参战的决定，他就支持它，并渴望以任何力所能及的方式帮助它。然而，史汀生仍然不为所动。在许多人眼中，一个忠诚度有问题的人不能也不会提供任何帮助。

因此，林德伯格被禁止进入军中服役，他与飞机业的几位老朋友商量以民间顾问的身份为他们工作，以便开发、测试新轰炸机和战斗机。起初，这些高管们都很热情——毕竟，在飞往巴黎打破历史纪录之前，林德伯格就已参与了飞机的设计和生产，但紧接着，他们一个个拒绝了林德伯格的这一想法。泛美航空的负责人胡安·

---

[1] Ickes to FDR, Stephen Early papers, FDRPL.
[2] Ickes to FDR, Stephen Early papers, FDRPL.
[3] Murray Green unpublished manuscript, Green papers, AFA.

特里普（Juan Trippe）也是林德伯格的老朋友，他告诉后者，"路上已设置了障碍"①。特里普解释说，白宫"哪怕听他提起这个话题都很生气"②，白宫还告诉他，不希望林德伯格"以任何身份与泛美航空有关联"。由于关系到数十亿美元的国防合同，没有哪家飞机制造商愿意为了接受林德伯格而得罪政府，他们承受不起后果。

没有人承受得起，但亨利·福特除外。多年来，福特一直跻身美国最热心的孤立主义者之列，他此刻正掌管着一个蓬勃发展的国防制造业帝国——生产发动机、坦克、吉普车、指挥车和飞机，特别是 B-24 轰炸机。这些飞机是在柳溪（Willow Run）工厂制造的，那是福特在底特律外长达数英里的飞机组装厂。福特需要政府的业务，而政府也同样需要福特。因此，他明确表示，自己不在乎政府官员们会否对其雇用林德伯格作为技术顾问有看法。

一年多的时间里，林德伯格致力于改进福特公司所制造飞机的设计和性能，包括 B-24 和 P-47 战斗机，即所谓的"雷电"（Thunderbolt）。他进行了数十次试飞，在极高的高度操作 P-47，以测试这种高度对飞行员和飞机的影响。经过他的研究，福特修改了"雷电"的设计和氧气设备。据航空部队所说，这优化了飞行器的性能，帮助挽救了许多飞行员的生命。战争后期，林德伯格在联合飞机公司（United Aircraft Corp.）担任顾问，为该公司"海盗战斗机"（Corsair）的研发和设计发挥了重要作用。"海盗战斗机"是海军的一种新型战斗机，既可从航空母舰上起飞，也可从地面基地起飞。

---

① A. Scott Berg, *Lindbergh*, New York: Berkley Books, 1999, p.437.
② A. Scott Berg, *Lindbergh*, New York: Berkley Books, 1999, p.437.

接下来三年半的战争中，林德伯格令批评者们的预测——林德伯格的目的是推翻总统——落空了。他坚决远离政治和公众的视线，不再对战争的进展发表评论，也不再批评罗斯福及其政策。他对朋友们说，自己"特意进入了技术领域"①，这样便可对美国参战行动给予"最大支持"，而不至于再次卷入政治争议中。

自从林德伯格于 1939 年春从欧洲回来后，人们按照常理进行判断，认为他最终会竞选公职。"在林德伯格的大多数朋友看来，"《生活》在 1941 年 8 月写道，"他将更为积极地参与政治，不管是投身战争中还是置身战争之外，这是大家公认的事实。他们说，他将'被迫从政'，以证明自己是正确的；有意无意地，他清楚自己必须一直'站在最前线'。"②1941 年 11 月，多萝西·汤普森说，她"绝对肯定"③ 林德伯格将组建一个新党，并尽其所能地成为总统。正好包括伯顿·惠勒和威廉·博拉在内的一众政客，都曾劝他这么做。

然而，每次有人提议时，林德伯格都拒绝了。"我觉得自己无论从性情还是欲望方面，都不适合积极参政，"④ 他在 1941 年末写信给罗伯特·伍德，"我过去两年之所以参政，只是因为我的国家面临着最高级别的战时紧急状态。"他说，进入政治舞台的话，那将不得不放弃自己所珍视的独立性，无法完全按照自己的想法去说、去做。然后，在一份对于了解他这个人极为关键的声明中，他

---

① Wayne S. Cole, *Charles A. Lindbergh and the Battle Against American Intervention in World War II*, New York: Harcourt Brace Jovanovich, 1974, p. 222.

② Roger Butterfield, "Lindbergh," *Life*, Aug. 11, 1941.

③ Kenneth S. Davis, *The Hero: Charles A. Lindbergh and the American Dream*, Garden City, N. Y.: Doubleday, 1959, p. 414.

④ Ruth Sarles, *A Story of America First: The Men and Women Who Opposed U. S. Intervention in World War II*, Westport, Conn: Praeger, 2003, p. 118.

指出："就个人而言，我更喜欢冒险、远离中心、自由自在，任由自己的思想、理想和信念引导我。我不喜欢因众人烦恼的问题而裹足不前，也不喜欢因渴望高枕无忧而受到牵制。我必须承认以下事实，而且我也不会为之道歉：我宁愿要冒险而不要安稳，宁愿要自由而不要声望，宁愿要信仰而不要权势。"① 安妮后来告诉某位记者："我认为查尔斯……从未想过要成为一个这样的领导者——在某种意义上，身边追随者众、手中大权在握、背后群策群力。查尔斯从未真正地去追求这些东西。他有自己要推进的事业，但通常是他独自推进的。"②

虽然在整个战争期间，林德伯格在罗斯福政府上层官员中一直不受欢迎，但其军方朋友一直对他极为忠诚。1944 年初，他们中的部分人鼓励他以民间顾问的身份前往太平洋战场，在那里他可在战斗条件下测试战斗机，还可向飞行员们展示如何令自己的飞机发挥最佳性能，并就如何改进设计提出建议。当他说白宫绝不会同意时，他们回答说："为何一定要让白宫知道？"③

几周后，林德伯格在罗斯福、弗兰克·诺克斯以及亨利·史汀生不知情的情况下，穿着未佩戴徽章的海军军官制服，前往太平洋。在接下来的 5 个月里，这位 42 岁的平民驾驶飞机执行了大约 50 次战斗任务，与日本海军、海军陆战队以及陆军航空部队作战；而空军中队队长以及更高级别的军官们对此却视而不见。执行这些任务时——如巡逻、护航、低空扫射和俯冲轰炸——他至少击落了 1 架日本零式战斗机，自己也差点被击落。与林德伯格在美国国内

---

① Charles A. Lindbergh, *The Wartime Journals of Charles A. Lindbergh*, New York: Harcourt Brace Jovanovich, 1970, p. 452.
② Alden Whitman, "Life with Lindy," *New York Times Magazine*, May 8, 1977.
③ Leonard Mosley, *Lindbergh*, New York: Dell, 1977, p. 320.

的情形一样，他所提出的修改建议改进了其所驾驶飞机的效能；以P-38"闪电"战斗机为例，他的建议令其航程增加了500英里。

大家都说，他在那些危险而刺激的年月里非常快乐。那段时期的照片中，他的脸上几乎总是挂着灿烂的笑容。安妮写道，随军飞行"令他变了个人——他重回少年了"。他与部分一起飞行的年轻飞行员关系密切，其中不少人至少比他小20岁。某个早上，他在执行任务时收起落架有点慢，一个年轻同胞笑着用无线电通知他："林德伯格！……把你的轮子收起来！你不是在开'圣路易斯精神号'！"[1] 据林德伯格的女儿丽芙说，他当时的状态很好："一切都井然有序，又有同志情谊，而且没有世界上其他地方出现的混乱和紧张。"[2]

战后，即使是林德伯格最为严厉的一些批评家也承认，他已经为自己赎罪了。罗伯特·舍伍德在他获普利策奖的《罗斯福与霍普金斯》(Hopkins and Roosevelt) 一书中承认，这个曾经被他斥为"纳粹分子"和"希特勒马屁精"的人，事实上"作为一名平民飞行员，已在战时提供了宝贵的服务"[3]。不过对林德伯格的妻子而言，这场战争没什么好的。因为丈夫大部分时间不在身边，安妮只能在底特律郊区一间租来的房子里独自抚养4个小孩（女儿安妮于1940年出生，儿子斯科特于1943年出生）。在南太平洋，林德伯格成功地摆脱了旁人对其孤立主义的憎恶。但在底特律，安妮孤立无援，她仍被过往之事所困扰。

---

[1] Lauren D. Lyman, "The Lindbergh I Knew," *Saturday Evening Post*, April 4, 1953.

[2] Dorothy Herrmann, *Anne Morrow Lindbergh: A Gift for Life*, New York: Ticknor & Fields, 1993, p. 284.

[3] Robert Sherwood, *Roosevelt and Hopkins: An Intimate History*, New York: Harper, 1948, p. 155.

当哈科特·布雷斯出版公司于1943年夏天出版她的一部短篇小说《陡峭的攀登》(The Steep Ascent)时,"每月读书会"(Book-of-the-Month Club)拒绝将其选入其中,出版社解释道,许多读者威胁说,如果选这本书,他们将注销会员。哈科特·布雷斯极不情愿地得出结论,很大一部分读者不会购买《未来的浪潮》的作者所写的任何一本书,哈科特·布雷斯将《陡峭的攀登》一书的印数限制在2.5万册,远远少于她此前的任何一本书。

1944年8月,安妮得知安托万·德·圣-埃克苏佩里去世的消息后彻底崩溃了——圣-埃克苏佩里于1943年加入自由法国部队(Free French forces),一年后在一次侦察飞行中为即将到来的盟军登陆绘制地形图时,在法国南部上空失踪。① 尽管她在1939年只与他待了3天,但他们的相遇改变了她的一生。她将《陡峭的攀登》当作"写给他的一封信"②,并指出:"以前或以后都无人能比他更好地传达'我的语言'。"她还说:"如果他也许不会——在某时或某地——去读它,那么写了又有何用?"

数周以来,她的心因悲痛而麻木,经常泪流满面。她写道,圣-埃克苏佩里的死对她来说,就像自己失去儿子和姐妹时一样痛苦。当时她很自责,居然对一个只相处了数日的男人产生如此强烈的感情。她承认,自己不是他的妻子或情人,甚至算不上亲密的朋友。但是,重读了自己为那个命中注定的周末所写的日记之后,她确定记忆无误,自己与圣-埃克苏佩里确实建立了亲密的关系。

她在日记中倾诉了自己的悲伤,她写道:"我很难过,我们再也

---

① 在美国逗留的18个月里,圣·埃克苏佩里写了《飞往阿拉斯》及《小王子》两本书。

② Anne Lindbergh, *War Within and Without: Diaries and Letters of Anne Morrow Lindbergh, 1939-1944*, New York: Harcourt Brace, 1980, p.447.

没有见过面。我难过的是,他从未试图来见我们,虽然我也理解;我难过的是,激烈的政治和反战斗争、众目睽睽、流言蜚语、令人困惑的伤害摧残、我书中的错误,这些令我们再未见面;我难过的是,我从未奢望去了解他是否原谅我们的立场,原谅我的作品。"①

她早年间曾把林德伯格描述为她的"太阳"②。而此时圣-埃克苏佩里似乎已经取代了他。对安妮来说,查尔斯现在是"地球"③,而圣-埃克苏佩里则是"太阳、月亮或星星,它们照亮了地球,令整个世界、整段人生更加美丽。现在地球失去了光亮,它不再美丽如斯。我在其中跌跌撞撞前行,不再快乐"④。

查尔斯-林德伯格并非唯一在美国参战后受到白宫冷遇的前孤立主义者。罗伯特·伍德是"美国至上"的主席,他在申请服役时也失败了。"哈普"·阿诺德是伍德的一位好友,替他向罗斯福求情,说自己需要这位前陆军军需局长的帮助,以改善航空部队的军供体系。总统不为所动。"我认为不应让伍德将军穿上军装,"他告诉阿诺德,"他太老了;而且,在过去,他极为赞同纳粹的方式。"⑤ 罗斯福继续说,但如果阿诺德想使用伍德作为文职顾问,他不会反对。阿诺德立即让伍德开始工作,将他派往欧洲、中东和

---

① Anne Lindbergh, *War Within and Without: Diaries and Letters of Anne Morrow Lindbergh, 1939-1944*, New York: Harcourt Brace, 1980, pp. 449-450.

② Joyce Milton, *Loss of Eden: A Biography of Charles and Anne Morrow Lindbergh*, New York: Harper Collins, 1993, p. 474.

③ Joyce Milton, *Loss of Eden: A Biography of Charles and Anne Morrow Lindbergh*, New York: Harper Collins, 1993, p. 447.

④ Joyce Milton, *Loss of Eden: A Biography of Charles and Anne Morrow Lindbergh*, New York: Harper Collins, 1993, p. 447.

⑤ Wayne S. Cole, *Roosevelt and the Isolationists, 1932-1945*, Lincoln: University of Nebraska Press, 1983, p. 509.

太平洋的航空部队基地核查这些地方的军需供应是否正常，让他提出改进建议。战争结束时，这位罗巴克·西尔斯公司董事长被授予"功绩勋章"，这种军事勋章是为了表彰其突出贡献。

然而，"美国至上"的年轻创始人并未如其更为杰出的长辈那样遭受敌意。罗伯特·斯图尔特曾在陆军预备役中加入预备役军官训练营（ROTC），珍珠港事件后不久，他就进入了现役，并升至少校军衔，在伦敦为德怀特·D. 艾森豪威尔（Dwight D. Eisenhower）将军的参谋部服役。诺曼底登陆后，他立即在法国参战。金曼·布鲁斯特、杰拉尔德·福特、萨金特·施赖弗（Sargent Shriver）和波特·斯图尔特都加入了海军。布鲁斯特成为一名飞行员，斯图尔特在大西洋和地中海的舰艇上服役，福特和施赖弗则被派往太平洋的海上执行任务。施赖弗在瓜达尔卡纳尔岛战役中受伤。

甚至在珍珠港事件之前，大多数大学校园中的气氛就已开始转向了干预主义。当战争爆发时，此前的反战活动家纷纷入伍，其中就有尼尔·安德森·斯科特（Neal Anderson Scott）。他于1940年在戴维森学院毕业典礼上发表了演讲，像当年其他许多毕业演讲一样，宣称"美国佬不会来了"。* 斯科特是一名海军少尉，在1942年南太平洋的圣克鲁斯海战中阵亡。

同时，那些在珍珠港事件之前曾反对总统干预主义政策的高级军官们并未遭受任何报复。多亏了乔治·马歇尔将军，他们有的在战时还获得了有影响力的官职。

---

* 当时有这样一个机构叫"美国佬不会来了"，其主要任务是支持中立主义，反对美国国内战争热的上升趋势；1942年，美国参战后，有部电影叫《美国佬来了》，还有首歌曲"Over there"的歌词中也有这句话，应该也是源于此。——译注

第二十八章 结 局

1941 年 9 月,某陆军委员会下令强制杜鲁门·史密斯上校退休,因为后者患有糖尿病。马歇尔一直在清理陆军的军官队伍——因健康原因,许多年长的军官离开了军队,他遗憾地告诉史密斯,自己保不住他了。退役后不久,史密斯直言不讳地支持"美国至上",公开与林德伯格以及该组织的其他领导者交往。尽管如此,美国一参战,马歇尔就将史密斯官复原职,担任陆军总司令的德国问题最高顾问。倘若马歇尔希望成真,他真的被任命为进攻欧洲的盟军指挥官,他还计划将史密斯带到伦敦,让其成为自己的重要助手(不过,最后是德怀特·D.艾森豪威尔得到了该任命)。尽管马歇尔未能让史密斯晋升为准将,但他还是很照顾这位深受自己信任的顾问。史密斯在战争结束时被授予了"杰出服役勋章"(Distinguished Service Medal),以表彰他"在国家战争行动中所做的贡献"[1],这一贡献被描述为"具有重大意义的"。

据大家所说,史密斯在战争期间都忠心耿耿地为美国服务,但他及其妻子仍然对罗斯福满怀仇恨。1945 年 4 月,他们听到罗斯福去世的消息时,史密斯夫妇"大笑起来"[2],不仅相互拥抱,还拥抱了一位朋友,他们"双手高扬,欣喜若狂"。凯瑟琳·史密斯(Katharine Smith)在一本未出版的回忆录中写道:"那个坏人死了!我知道我们如此痛恨他是多么正确的。无论是在国外还是在国内,无论什么不幸都可直接追溯至其政策。我们的衰落、我们的堕落都源于那个人以及他那信仰社会主义的、盲目而贪婪的妻子。"

与此同时,在珍珠港事件之前一直反对援助英国、反对美国参战的斯坦利·恩比克将军可以说是二战中最具影响力、最有权势的

---

[1] Truman Smith, *Berlin Alert: The Memoirs of Truman Smith*, Stanford: Hoover Institution Press, 1984, p. 42.

[2] Katharine Smith unpublished autobiography, Truman Smith papers, HI.

陆军参谋长。1942年秋，马歇尔任命恩比克为陆军代表加入"联合战略调查委员会"（Joint Strategic Survey Committee），该委员会由一群高级军官组成，负责向"参谋首长联席会议"（Joint Chiefs of Staff）提供与战争相关的战略和政治决策建议。据一位历史学家说，该委员会的影响力有时与"参谋首长联席会议"本身"相当"①。恩比克被很多人视作该委员会的主导力量。

恩比克强烈反对英国的一项关键战略——盟军在北非和欧洲周边的其他地区首次对德国发动进攻，而不是穿越英吉利海峡来进攻法国。在恩比克的指导下，"联合战略调查委员会"将英国的战略描述为一个保护其帝国、维护欧洲力量平衡的计划。

马歇尔受恩比克观点的影响，向罗斯福明确表示自己反对1942年盟军登陆北非的战役——马歇尔的这一观点最终被总统否决了。对于这位陆军参谋长来说，"每一个战时计划背后都少不了对丘吉尔领导下英帝国主义阴谋的怀疑"②，历史学家斯坦利·温特劳布（Stanley Weintraub）曾这样写道。马歇尔本人在战后也承认："我们这边曾经反英情绪泛滥，远非我们应有的态度。我们的同胞们总是等着发现阿尔比恩*的背信弃义。"③

还有一人也对阿尔比恩大肆抨击，那就是阿尔伯特·魏德迈中校，他是恩比克的女婿，也是"胜利计划"的设计师。作为陆军

---

① Mark A. Stoler, "From Continentalism to Globalism: Gen. Stanley D. Embick, the Joint Strategic Survey Committee and the Military View of American National Policy During the Second World War," *Diplomatic History*, July 1982.

② Lynne Olson, *Citizens of London: The Americans Who Stood with Britain in Its Darkest, Finest Hour*, New York: Random House, 2010, p. 152.

* 在英国诞生的神话中，海神波塞冬之子——巨人阿尔比恩在一个岛屿上建立了自己的种族。后用该词代指英国。——译注

③ Lynne Olson, *Citizens of London: The Americans Who Stood with Britain in Its Darkest, Finest Hour*, New York: Random House, 2010, p. 152.

的主要策划者之一,他极力反对盟军在地中海的行动。魏德迈被历史学家约翰·基根(John Keegan)誉为"美国有史以来最具智慧和远见的军事家之一"①,他在诺曼底登陆的最初策划中发挥了重要作用后,于1943年被调往远东,在那里成为东南亚司令部盟军最高指挥官路易斯·蒙巴顿勋爵(Lord Louis Mountbatten)(英国海军元帅)的参谋长。1944年,魏德迈又被任命为美国驻中国的最高指挥官。他确信,自己被派往亚洲是温斯顿·丘吉尔等英国人的命令,这些人不满他对他们个人及他们的战略不断进行批评,于是说服罗斯福将他调走。

还有"哈普"·阿诺德,他逃过了"胜利计划"泄密事件,成功地达成了自己所设定的目标——打造世界上最强大的空军。在短短4年的时间里,其部队规模从仅有数千人和数百架陈旧的飞机猛增到240万人和8万架现代化的飞机。阿诺德深信靠战略轰炸几乎就能赢下战争,他希望证明自己长期以来的信念:空军远胜于任何其他军种,但他这两点看法都错了。

正如马歇尔长期以来所认为的那样,也正如魏德迈在"胜利计划"中所指出的:如果没有大量地面部队参战,欧洲战争是不可能获胜的。虽然阿诺德的陆军航空部队确实在胜利中发挥了重要作用,但无论在地面还是在空中,都付出了巨大而血腥的人力代价。至战争结束时,美国在欧洲进行空中行动时所遭受的伤亡多于整个海军陆战队在太平洋地区长期战役中所遭受的伤亡。

这个人——比任何其他普通公民都更有助于团结全美上下——的想法是援助英国、对抗德国以终止战争,并提出战后国际合作的

---

① Wedemeyer obituary, *New York Times*, Dec 20, 1989.

重要性。温德尔·威尔基被一家报纸称为"一只畅所欲言的、赤胆忠心的闹钟"①。他虽然拒绝了罗斯福让他进入其政府的打算,却成了罗斯福的某种无任所大使。他前往全球各地,与盟国元首、军人和普通公民会面。无论走到哪里,他都谈到筑造一个团结民主的世界有多重要,可以摆脱极权主义、帝国主义和殖民主义的污秽。

1943年,威尔基出版了一本名为《一个世界》(One World)的书,阐述了其国际主义观点。这本书很快成为畅销书,它促使公众舆论慢慢转向战后成立一个联合国的想法,但也令他成为共和党内更富争议的人物。共和党中保守的老卫兵将威尔基形容为"罗斯福的傀儡"②,他们从不原谅他的自由主义——如他强烈反对美国国内的种族歧视。1943年6月,底特律发生种族暴乱时,威尔基抨击共和党和民主党都忽视了他曾说过的"黑人问题"③。在他看来,"想要剥夺我们的部分公民权利,如经济权利、民权或政治权利;这一想法的基本动机与法西斯主义试图统治整个民族和国家时的动机一样。我们必须在国内和国外消除这一想法"。④

威尔基曾梦想赢得1944年共和党的总统提名,但党内的老成员们阻挠了他的这一打算。他们甚至没有邀请他参加芝加哥的大会,尽管1940年他所赢得的选票比历史上此前任何一位共和党候选人都多。威尔基的影响力在芝加哥还是照样能感受到的:共和党通过了一个国际主义政治纲领,呼吁"美国应该在某个战后于各

---

① *Life*, Aug 11, 1941.
② *Life*, Nov 3, 1941.
③ Steve Neal, *Dark Horse: A Biography of Wendell Willkie*, Garden City, N.Y.: Doubleday, 1984, p. 275.
④ Steve Neal, *Dark Horse: A Biography of Wendell Willkie*, Garden City, N.Y.: Doubleday, 1984, p. 275.

主权国家间成立的合作组织中担负责任、参与其中,以防出现军事侵略,并以此实现永久和平"①。

1944年9月下旬,威尔基对一位熟人说:"如果我能撰写自己的墓志铭,需要在这两种说法间做出选择时——'这里躺着一位平凡的总统'和'这里躺着一位危难之际为挽救自由而做出贡献的人'——我宁愿选择后者。"②几天后,热爱理想主义的威尔基——他也同样好烟、好酒、好美食——死于心脏病发作,时年52岁。

据《纽约时报》报道,威尔基的死令全美上下"陷入深深的哀痛"③。《纽约时报》在一篇社论中宣称:"他的党、他的国对他的亏欠,岁月将无法偿还……只要在珍惜自由的地方,就能感受到悲伤之情:他的工作已经完成。我们向一位伟大的美国人致敬。"④罗斯福称赞威尔基具有"无比的勇气——这是其主要特征"⑤。一位名叫钱宁·托比亚斯(Channing Tobias)的年轻黑人领袖赞成该观点,他声称:"作为一个黑人,我很悲痛,因为失去了自林肯以来最敢于为黑人权利发声的勇士。"⑥ 西海岸码头工人工会的左派负责人哈里·布里奇斯(Harry Bridges)认为:"温德尔·威尔基是美国人中唯一已被证实宁愿不做总统,也要做个正直之人的人。"⑦

---

① Wayne S. Cole, *Roosevelt and the Isolationists, 1932-1945*, Lincoln: University of Nebraska Press, 1983, p. 522.
② Charles Peters, *Five Days in Philadelphia: The Amazing "We Want Willkie" Convention of 1940 and How It Freed FDR to Save the Western World*, New York: Public Affairs, 2005, p. 195.
③ *New York Times*, Oct 9, 1941.
④ *New York Times*, Oct 9, 1941.
⑤ *New York Times*, Oct 9, 1941.
⑥ *New York Times*, Oct 9, 1941.
⑦ *New York Times*, Oct 9, 1941.

虽然威尔基一直避开政府的招募，一如既往地开辟自己的道路，但他众多持干预主义的同僚确实进入了政府。"世纪集团"的埃尔默·戴维斯成为"战争情报办公室"（Office of War Information）的负责人，这是美国战争行动的宣传部门。罗伯特·舍伍德被任命为这一机构海外分部的主任，他在此帮助创建了美国之音——美国政府的广播网，至今还在向世界各国广播国际新闻。与此同时，赫伯特·阿加成为美国驻伦敦大使约翰·吉尔伯特·温南特的一位工作人员，然后转任"战争情报办公室"伦敦办事处负责人。阿加与妻子离婚后娶了一名英国女性，余生都待在英国。

1941 年，亨利·卢斯放弃政府职务，坚定地掌管着其杂志帝国，他把 20 世纪定义为"美国的世纪"①。在这一世纪里，美国将最终完成其作为世界领袖的使命。他的使命是将国际主义与热忱的国家主义甚至帝国主义结合在一起，这将越来越引起普通美国人和美国外交政策制定者的共鸣。

战后世界里，对美国国家政策起首要作用的设计者将包括"世纪集团"的迪安·艾奇逊、亨利·史汀生及弗兰克·诺克斯战前和战时的顾问——约翰·麦克洛伊、罗伯特·洛维特、詹姆斯·福莱斯特和罗伯特·帕特森。这些"智者"——这是后来大家对他们的称呼——决心实现"美国治下的和平"（Pax Americana），这是他们对于美国所怀的未来愿景。用其传记作家沃尔特·艾萨克森（Walter Isaacson）和埃文·托马斯（Evan Thomas）的话说，它需要"重塑美国的传统角色……重构全球范围的权力平衡"。② 这种重塑重构将导致越南战争和伊拉克战争等未来冲突。

---

① Henry Luce, "American Century," *Life*, Feb 17, 1941.
② Walter Isaacsonand Evan Thomas, *The Wise Men: Six Friends and the World They Made*, NewYork: Touchstone, 1988, p. 407.

当战前对手在二战后努力扩大美国的影响力时，美国最为知名的孤立主义者却在展开一场截然不同的斗争。他们正致力于重塑自己的声誉，而很多人的这一努力会失败。正如杰弗里·佩雷对孤立主义者的评价："他们在今后的岁月里，一般统统会被人视为愚蠢、恶毒、亲纳粹的反动分子，或者至少是对新时期的现实情况视而不见、对国家的安全构成威胁的人。"①

1944年，参议员杰拉尔德·奈和班尼特·钱普·克拉克，以及罗斯福的死敌众议员汉密尔顿·菲什在竞选连任时失利。2年后，参议员伯顿·惠勒也被击败。参议员罗伯特·塔夫脱接下来又两次试图获取共和党的总统提名，但失败了，他的失败在很大程度上是由于其孤立主义立场。

然而，一些战前持孤立主义立场的人，如广告天才切斯特·鲍尔斯，确实设法抛弃其过往历史。尽管鲍尔斯积极参与了"美国至上"的活动，但作为一名自由民主党人，他还是迅速成为战时"物价管理局"的主任、康涅狄格州州长、众议院议员、美国驻印度和尼泊尔大使，并最终在肯尼迪政府中担任副国务卿。一旦涉及"美国至上"的地方，鲍尔斯似乎患上了失忆症。他在其回忆录中并未提到自己曾是该组织成员，在其任命听证会上也未提及。至于他与罗伯特·伍德、罗伯特·斯图尔特等"美国至上"领导者交流的许多信件，没有一封被放入他在耶鲁大学的文件中。

杰拉尔德·福特在他的自传中，虽然承认其在耶鲁大学时曾与孤立主义"逢场作戏"，但也未提及自己与"美国至上"的关系，这在他随后的政治生涯中也从未成为问题。同样，金曼·布鲁斯特

---

① Geoffrey Perret, *Days of Sadness, Years of Triumph: The American People, 1939-1945*, New York: Coward, McCann & Geoghegan, 1973, p. 160.

作为"美国至上"的创始人,并未因此受到任何长期影响——1988年《纽约时报》他的讣告中,也未提及这一角色。

萨金特·施赖弗是与"美国至上"相关的人之中,少数几个毫无顾忌公开讨论自己战前持孤立主义立场的人之一。"是的,我确实是'美国至上'中的一员,"有人写信想要了解他参与其中的程度,他如此回答:"我之所以加入它,是因为当时我相信,我们置身事外的话,可以更有助于确保欧洲战争得以公正解决。历史证明,我的判断错了,这既非我第一次犯错,也非最后一次犯错。在我的听证会上,该组织中我所认识的人没有一个表达过任何亲德或反犹太主义的观点。我可以这样理解:持亲德或反犹太观点的人有多支持'美国至上',那么当时持亲俄或亲共观点的人就有多支持某个干预主义组织。"① 后来,施赖弗告诉某位记者:"我想救下美国人的性命。如果那是一个不光彩的动机,我完全愿意被判有罪。"②

罗伯特·斯图尔特战后在桂格燕麦公司(Quaker Oats Company)逐级升任为首席执行官和董事会主席,曾有人问他是否组织过"美国至上"成员再聚会。"没有,"他回答,"我们可能有点敏感,因为这个世界仍然认为我们是坏人。"③

离欧洲战争结束还差不到一个月时,富兰克林·罗斯福却在乔治亚州的沃姆斯普林斯因脑溢血去世。林德伯格的传记作者 A. 斯科特·伯格(A. Scott Berg)指出,总统的去世,"并未一夜间影

---

① Scott Stossel, *Sarge: The Life and Times of Sargent Shriver*, Washington, D. C. : Smithsonian Books, 2004, p. 58.
② Scott Stossel, *Sarge: The Life and Times of Sargent Shriver*, Washington, D. C. : Smithsonian Books, 2004, p. 58.
③ Ruth Sarles, *A Story of America First: The Men and Women Who Opposed U. S. Intervention in World War Ⅱ*, Westport, Conn. : Praeger, 2003, p. 219.

响华盛顿官方对林德伯格的态度，而是花了'一周'的时间"。①

1945年4月下旬，查尔斯·林德伯格正式从政治帷幕中浮现。他受命前往华盛顿去加入一个由海军赞助的代表团，前往欧洲考察德国在高速飞机方面的研发情况。罗斯福去世后，他评论道："华盛顿对我的恨意几乎消失了。"② 他后来对某位采访者说，这就像太阳终于从云层后露出来了。

整个20世纪40年代末到50年代，林德伯格担任美国空军（1947年由美国陆军航空部队更名）和美国"参谋首长联席会议"的特别顾问。他参与大量项目，其中数个项目聚焦火箭、导弹和太空计划。作为泛美航空的顾问和董事，他还经常前往欧洲、亚洲和南美洲出差。

1954年，德怀特·D. 艾森豪威尔总统恢复了林德伯格在空军预备队中的军人身份，军衔为准将。继艾森豪威尔之后的总统约翰·F. 肯尼迪也很崇拜林德伯格。与金曼·布鲁斯特和罗伯特·斯图尔特一样，肯尼迪从小就把这位飞行家当作偶像；他自己在大学时也是一个孤立主义者，曾钦佩林德伯格的反战立场。此外，与林德伯格一样，他在文学方面也有很高的造诣。他们都曾获得普利策传记奖——林德伯格在1954年因《圣路易斯精神号》（*Spirit of St. Louis*）获得该奖，这本自传描述了他飞往巴黎的航行。而肯尼迪在1957年因《当仁不让》（*Profiles in Courage*）获此殊荣。

因此，当杰奎琳·肯尼迪开始策划白宫有史以来最华丽的国宴之一——1962年4月为接待法国文化部长安德烈·马尔罗（André Malraux）而举行的晚宴时，她的丈夫坚持首先邀请林德伯格夫妇

---

① A. Scott Berg, *Lindbergh*, New York: Berkley Books, 1999, p. 463.
② A. Scott Berg, *Lindbergh*, New York: Berkley Books, 1999, p. 463.

等人，也就不足为奇了。林德伯格是"肯尼迪总统最期待出现在晚宴中的客人"①，其妻子后来说，"因为他一生都在崇拜林德伯格夫妇"。肯尼迪夫妇知道隐居的林德伯格夫妇不愿意出席公开的重大场合，于是邀请他们在白宫过夜，以免记者打扰他们。此事过后，林德伯格写了一封感谢信给肯尼迪，其中写道："我们离开的时候，深怀感激、备受鼓舞。"②

然而，尽管林德伯格有如此多的荣誉和优待，但他从未能完全将战前那段问题重重的过往抛诸脑后。例如，他告诉朋友们，每当访问英国时，他都感到"非常拘谨"③。"即使过了这么多年，"一位曾见过他的英国人说，"他还是担心会有人攻击他……因为他在二战中对英国的所作所为。"④

毫无疑问，林德伯格本人要对战后因其孤立主义而引发的大部分争议负责。他直到生命的最后一刻，也从未承认自己的任何言行有错。安妮承认："我们都很盲目，尤其是在刚开始的时候，对纳粹制度中最严重的罪恶视而不见。"⑤ 林德伯格与安妮不同，关于自己对希特勒恐怖政权不加批判的态度，他没有说过一句悔恨或道歉的话。当他的战时日记于1970年出版时，林德伯格公然将纳粹对犹太人的大肆屠杀与其他战争罪行等同起来，如美军对日本战俘的残暴行为。他仍然坚称，美国参战是个错误。

"像美国国内外许多文明有礼的人士一样，他无法理解纳粹主义的根本罪恶，"《纽约时报》这样评论林德伯格及其日记，"即使

---

① Dorothy Herrmann, *Anne Morrow Lindbergh: A Gift for Life*, New York: Ticknor & Fields, 1993, p.299.
② A. Scott Berg, *Lindbergh*, New York: Berkley Books, 1999, p.517.
③ Leonard Mosley, *Lindbergh*, New York: Dell, 1977, p.xii.
④ Leonard Mosley, *Lindbergh*, New York: Dell, 1977, p.xii.
⑤ Anne Morrow Lindbergh obituary, *New York Times*, Feb 8, 2001.

在 1/4 世纪过后的追忆中,他也无法领会它……美国士兵对死去或被俘的日本人所采取的个别不当行为怎能与德国政府冷酷谋划、有条不紊执行的谋杀或奴役犹太人、斯拉夫人和其他'劣等'种族之政策相提并论……无可否认,这个世界并非恰如美国人——或其他任何人——所愿,但肯定好于它可能演变成的其他模样——如果美国没有帮忙打败德国和日本军国主义的话……如果有哪场战争称得上值得打、值得赢的话,那就是二战。"①

然而,尽管林德伯格赞同那些反对共产主义的保守分子所持的观点,即"我们为了打败德国和日本,支持了苏联和中国这些更大的威胁",但他从未像伯顿·惠勒、罗伯特·伍德、阿尔伯特·魏德迈和杜鲁门·史密斯那样,加入参议员约瑟夫·麦卡锡对政府中共产党人的讨伐行动。20 世纪 50 年代和 60 年代,除了林德伯格之外,他们所有人都在其他右翼事业中崭露头角。例如,魏德迈曾担任"约翰·伯奇协会"(John Birch Society)*旗下杂志编辑们的顾问。对比之下,1952 年麦卡锡主义最为严重之际,林德伯格像往常一样固执独立、难以捉摸,他投票支持自由派民主党人阿德莱·史蒂文森**竞选总统。

随着年龄的增长,林德伯格舍弃了此前的许多兴趣,如对现代技术的关注,尤其是与航空有关的技术。1928 年,当他第一次开始追求安妮时,他告诉她自己最珍藏的梦想是"通过航行将各国联系起来,从而打破国与国之间的偏见"。② 在后来的岁月里,尽管飞机

---

① Leonard Mosley, *Lindbergh*, New York: Dell, 1977, pp. 378-379.
* 美国一个保守的反共团体。——译注
** 此人曾勇敢反对麦卡锡。——译注
② Anne Morrow Lindbergh, *Bring Me a Unicorn: Diaries and Letters of Anne Morrow Lindbergh, 1922-1928*, New York: Harcourt Brace Jovanovich, 1971, pp. 204-205.

确实在技术意义上拉近了世界各民族之间的距离,但"它们在战争中无情地轰炸,大大抵消了这一成就",①他写下了这般评语。他补充说,无论是在军事上还是生态上,"我已目睹自己所崇拜的科学和所热爱的飞机摧毁了文明——而我曾期望它们去服务文明"。②

在他生命的最后10年,他致力于制止人类对自然的掠夺,投身拯救鲸鱼、水牛、老鹰等濒危物种的运动。"如果让我做出选择,"他在去世前不久说,"我宁可选择鸟类而不是飞机。"③

当林德伯格经历了太平洋战场的重重危险归来时,他和许多回国军人一样,发现自己的妻子变化巨大。在过去长达3年分居两地的生活中,安妮·林德伯格被迫独当一面,她变得更加坚强和自立。

在底特律,她数年来首次为自己开创出令人满意的生活。她在克兰布鲁克艺术学院(Cranbrook Academy of Art)上绘画和雕塑课,该学院就在城外,是艺术家的聚集地。她与学院许多成员关系密切,其中包括芬兰建筑师埃罗·沙里宁(Eero Saarinen)和瑞典雕塑家卡尔·米尔斯(Carl Milles)。她指出,实际上她所有的新朋友都是欧洲人,她与他们在情感和智力方面产生的认同感,远远超过她与大多数美国人之间的认同感。

安妮终于从林德伯格的阴影中走了出来,她找到了一个属于她自己的群体,一个她可以"展示真我"④的圈子,她在日记中评论

---

① A. Scott Berg, *Lindbergh*, New York: Berkley Books, 1999, p. 520.
② "Lindbergh: The Way of a Hero," *Time*, May 26, 1967.
③ Alden Whitman, "Lindbergh Speaks Out," *New York Times Magazine*, May 8, 1977.
④ Anne Lindbergh, *War Within and Without: Diaries and Letters of Anne Morrow Lindbergh, 1939-1944*, New York: Harcourt Brace, 1980, p. 427.

第二十八章　结　局

道:"我以前从未对一群人这样展示过……当然在我的婚姻中也肯定不会,因为我们进入的圈子从来没有我的同伴。在政治团体、航空团体中,自然而然地大家都向 C 看齐。但在这里,我永远是我自己,而且他们喜欢我!"

在战争结束前不到一年,林德伯格夫妇搬回东部,住进康涅狄格州西港一栋租来的房子,在那里,他们开始过着愈发不同的生活。安妮忙于照顾 5 个孩子(丽芙是最年幼的,出生于 1945 年 10 月),不再像林德伯格那样四处漂泊。就像在底特律一样,她建立了自己的朋友圈——"艺术家、作家、舞蹈家,有时是心理学家或教师,"丽芙记得,"但其中商人或飞行员则为数寥寥。"[1]

林德伯格则在不停游历。在旅途中,他很少与家人交流,常常不让家人知道自己身处何地,何时归来。"他喜欢显得神秘"[2],他一个孩子回忆说。战后,安妮给朋友的信中写道:"查尔斯只是偶尔联络一下我们。我想,他今年已是第 4 次或第 5 次环游世界了。"[3] 他经常错过圣诞节和其他的家庭庆祝活动。某次节日后,安妮写信给他说,在元旦那天,她和孩子们"玩了个游戏,(游戏中)我们都在猜你在哪里"。

当他真的回家时,他带来了兴奋和活力——但据其岳母观察,也带来了某种"可怕的"[4]紧张感。伊丽莎白·莫罗在日记中指出:"他必须控制一切,控制家里的一举一动。"[5] 林德伯格是个慈爱但

---

[1] Reeve Lindbergh, *Under a Wing: A Memoir*, New York: Simon & Schuster, 1998, p. 57.
[2] Walter S. Ross, *The Last Hero: Charles A. Lindbergh*, New York: Harper & Row, 1976, p. 335.
[3] Leonard Mosley, *Lindbergh*, New York: Dell, 1977, p. xvii.
[4] A. Scott Berg, *Lindbergh*, New York: Berkley Books, 1999, p. 480.
[5] A. Scott Berg, *Lindbergh*, New York: Berkley Books, 1999, p. 480.

严厉的父亲，他花了很多时间与孩子们待在一起，不仅陪他们玩耍，也训导管教他们。他对安妮越来越独立感到恼火，对她吹毛求疵。丽芙·林德伯格写道，当他再次踏上新的旅途时，"大家都感到放松，长长地松了口气，这口气憋了很久了；管教也明显放松了"。①

她的婚姻充满失望和冲突，安妮挣扎其中，开始看心理治疗师。她还和其在纽约的内科医生走得很近，他鼓励她将多年来憋在心里的抑郁、愤怒和悲伤说出来。在这段自我审视的时间里，她花了很长时间思考自己大半生的战斗——如何在履行女儿、妻子和母亲职责的同时坚持做自己。

20世纪40年代末，安妮已开始每年休假一次，远离家庭负荷。她在佛罗里达州西部海岸的卡普蒂瓦岛（Captiva Island）上租了一栋乡间小屋，在那里的海滩上漫步数小时寻找贝壳。在漫游的过程中，一本书的轮廓在其脑海中形成。自从因《未来的浪潮》和《陡峭的攀登》而出现了战时创伤经历后，她就不再写书了。"我当时非常沮丧，"她后来承认，"难过到不想再写作。我可以理解为何（《未来的浪潮》）会被误解……但我的反应是，如果我的表述如此糟糕，我就不应继续写作。"②

但她现在脑海中构思的作品与战争或孤立主义无关。这本书将着重关注她和许多跟她一样的其他妇女所面临的问题，这些妇女忙于扮演各种角色的同时，正试图弄清"如何在人生各种分心劳神的事务中保持完整；如何在不同牵绊的生拉硬拽下保持平衡；如何

---

① Reeve Lindbergh, *Under a Wing: A Memoir*, New York: Simon & Schuster, 1998, p. 61.

② Julie Nixon Eisenhower, *Special People*, New York: Simon &Schuster, 1977, p. 140.

保持坚强"。①

《来自大海的礼物》(*Gift from the Sea*) 于 1955 年出版，是一系列抒情冥想，讨论了青春、年龄、爱情、婚姻、友谊和善待自己的必要性，很快成为美国出版史上最成功的作品之一。它连续 2 年跻身《纽约时报》畅销书的排行榜，第一年还位列榜首。在印行的前 20 年里，其销量超过了 500 万册；如今离它首次出版已过去 50 多年，但它依然畅销。

在《来自大海的礼物》一书中，安妮认为，"我们妇女每天都做熙攘热闹之举"②——女性必须定期从其众多责任中抽出时间去寻求孤独，以重新充实自己的创造力，并滋养自己的精神。"如果女性的功能是给予，那么她也必须得到补给。"

她强调了女性与其他人培养相互扶持的关系有多重要，并举例说明了自己生活中某种这样的关系——不是与丈夫的关系，而是与其姐妹康的关系。安妮在书中指出，在佛罗里达州的某次逗留期间，康过来和她一起住了一周。安妮在描述她和康一起承担日常家务的方式时，强调了她们关系中的力量和慰藉："我们在一起工作很轻松，按照本能行事，我们干活来回走动的时候不会撞到对方。我们一边扫地、晒东西、收拾的时候，会一边讨论一个人、一首诗或一段回忆……我们像舞者一样，在每天的生活中穿梭，只不过轻轻碰触，因为我们在本能地跟着同一个节奏移动。"③

然而，尽管安妮的书取得了巨大成功，但似乎并未给她带来多少享受和满足。对于聚光灯再次落在身上，她感到不自在；她在日

---

① Anne Morrow Lindbergh, *Gift from the Sea*, New York: Pantheon, 2005, p. 23.
② Anne Morrow Lindbergh, *Gift from the Sea*, New York: Pantheon, 2005, p. 20.
③ Anne Morrow Lindbergh, *Gift from the Sea*, New York: Pantheon, 2005, p. 92.

记中写道,名声"给生活添了很多麻烦"。① 不过,最让她烦恼的是,她觉得自己已"成熟,不再需要"② 书中所表达的情感。虽然《来自大海的礼物》帮助无数女性重新评估自己的需求、欲望和人际关系,但该书作者难以遵从自己的建议。1956年的某个夏日,当查尔斯突然宣布他又要进行一次漫长的旅行后,安妮在日记中评论道,她感到"相当悲伤(和)失望"③。接着,她又提出了这样一个具有讽刺意味的看法:"读了我那本《来自大海的礼物》一书的读者必定会大吃一惊!什么?不喜欢独处吗?!"

一年半后,她从纽约一家医院写信给其丈夫,当时她刚做完膝盖手术,正在恢复。"你在哪里?过去2周里,我每天都在盼你来。我知道自己说起手术的事有点轻描淡写,但我确实希望你能及时赶来接我回家。"④

随着她婚姻中出现了越来越多的问题,安妮记录了"心灵与情感的痛苦"⑤,连同她心中对于查尔斯"堆积的苦涩"。因为他长期频繁地离家,而在家时又对她"不加体谅、饱含敌意"。正如A. 斯科特·伯格所言,"林德伯格的婚姻已变成了单方面的婚姻,查尔斯想参与时他就参与进来。两人在一起时,他希望(安妮的)注意力都放在他身上"。⑥

---

① Anne Morrow Lindbergh, *Against Wind and Tide: Letters and Journals, 1947-1986*, New York: Pantheon, 2012, p. 144.

② Anne Morrow Lindbergh, *Against Wind and Tide: Letters and Journals, 1947-1986*, New York: Pantheon, 2012, p. 144.

③ Anne Morrow Lindbergh, *Against Wind and Tide: Letters and Journals, 1947-1986*, New York: Pantheon, 2012, p. 155.

④ Anne Morrow Lindbergh, *Against Wind and Tide: Letters and Journals, 1947-1986*, New York: Pantheon, 2012, p. 173.

⑤ A. Scott Berg, *Lindbergh*, New York: Berkley Books, 1999, p. 497.

⑥ A. Scott Berg, *Lindbergh*, New York: Berkley Books, 1999, pp. 547-548.

他们结婚 20 周年的时候,她在一篇名为"二十年后婚姻誓言注解"的日记随笔中倾诉了自己的感情。在与林德伯格结婚之前,追星的安妮曾将他描述为"最后的神祇""一位身穿闪亮盔甲的骑士"。

而她修改后的誓言则显示,她早已放弃了那种浪漫的、童话般的形象。这篇文章中有这样的语句:"因为我知道你并不完美,所以我不崇拜你……我不会承诺去服从你……我不会将婚姻视作自己任何问题的解决之道。"①

在愤怒和沮丧中,她转而向其内科医生兼顾问达纳·阿奇利(Dana Atchley)医生寻求安慰。她记录道:"达纳将我拉出来了……令我活下去。"② 医生和病人之间的亲密关系开花结果,双方陷入热恋。1956 年,安妮在纽约租了一间小公寓,她可以隐居于此写写作、见见朋友,与阿奇利共度时光。她一度考虑过是否离婚,但最后她决定不离婚。尽管她和查尔斯"并非良配"③,而且她觉得自己"被抛弃了,受欺负了"④,但她无法亲手断掉两人之间的纽带。

林德伯格显然从不知道安妮与阿奇利的关系,他自己在连续不断的旅行中恰好有了私心。战后远离家庭责任、自由自在的生活,似乎给他注入了新的活力。安妮的心理治疗师告诉她,他认为林德伯格虽然现在已 50 多岁了,但"依然年轻"⑤。

虽然上面说的可能是对的,但这并非此异常复杂现实之全貌。

---

① Anne Morrow Lindbergh, *Against Wind and Tide: Letters and Journals, 1947-1986*, New York: Pantheon, 2012, pp. 54-55.
② A. Scott Berg, *Lindbergh*, New York: Berkley Books, 1999, p. 497.
③ A. Scott Berg, *Lindbergh*, New York: Berkley Books, 1999, p. 509.
④ Anne Morrow Lindbergh, *Against Wind and Tide: Letters and Journals, 1947-1986*, New York: Pantheon, 2012, p. 169.
⑤ A. Scott Berg, *Lindbergh*, New York: Berkley Books, 1999, p. 510.

从1957年直至1974年去世，林德伯格过着秘密的生活，其大胆程度令人叹为观止。在这17年里，他与3个不同的女人生了至少7个孩子，她们都是德国人。他在德国和瑞士为孩子们安家，他经常去那些地方探望情妇和孩子。

他的第一个情人是1957年在慕尼黑认识的制帽师布丽吉特·赫斯海默（Brigitte Hesshaimer），后来又跟布丽吉特的姐妹玛丽埃塔（Marietta）好上了。玛丽埃塔和布丽吉特都比林德伯格小20多岁。他的第3个情人是德国秘书瓦丽思卡（Valeska），后者的姓氏未被透露，她帮助他处理在德国的业务。林德伯格的欧洲子女——布丽吉特生了3个，玛丽埃塔生了2个，瓦丽思卡生了2个——于1958年至1967年出生。

他的秘密直到2003年才见光，这距离他去世已近30年，而安妮也已去世2年了。这一消息令其家人和熟人极度震惊，尽管安妮的一位密友告诉丽芙，她的母亲显然已感觉到哪里出了岔子。"她知道，"这位朋友说，"但她并不知道自己知道了什么。"①

林德伯格非常小心，他确保自己隐秘的生活在有生之年一直维持着原状。他的情妇跟孩子们说，他们的父亲是一个名叫卡鲁·肯特（Careu Kent）的知名美国作家，正在执行一项秘密任务，她们绝对不能向任何人提及他。当这些女人给林德伯格写信时，她们的信都被寄到定期更换的邮箱里。

布丽吉特的孩子们在母亲去世后发现了父亲的真实身份，并将其公之于众。林德伯格的德国后代中，只有他们公开谈论起林德伯格对他们及其母亲的探望情况——每年大约4次。他们回忆说，他

---

① Reeve Lindbergh, *Forward from Here: Leaving Middle Age—and Other Unexpected Adventures*, New York: Simon & Schuster, 2008, p. 210.

给他们做煎饼，还带他们去公园。"他来的时候，我们总是非常高兴，"一个儿子说，"他真的让我们觉得他为我们而来。"①

父亲的过往犹如一枚炸弹，丽芙及其兄弟姐妹们大受打击，他们努力去理解这个难以理解的问题。林德伯格——"我们家道德和伦理行为的严厉仲裁者"②，丽芙写道——几十年来，父亲要求他们遵守的每一条标准他自己几乎都违反了，他怎么能这样？

一种可能的解释是林德伯格经常表态希望至少有一打孩子，也许是为了弥补自己作为独生子的孤独和寂寞。安妮生下他们的第6个孩子丽芙时已经40岁了，她不会再生了。查尔斯与其情妇们又生了7个孩子，实现了他要12个孩子的愿望（算上被杀的小查尔斯是13个）。

林德伯格仍然是优生学*这一伪科学的信徒，主张通过选择性生育来确保北欧和西欧"欧洲血统"的优势，他显然也对进一步延续他自己的北欧基因很感兴趣（丽芙回忆说，她的父亲曾经对他们讲过选择具有良好基因配偶的重要性）。如果他倾向于非婚生子——显然他就是这样做的，那么从其北欧观点来看，还有谁比德国人——最后的雅利安人——更适合作为配偶呢？然而，这一学说存在重大问题：布丽吉特及其妹妹都患有脊柱结核病，这令她们在身体方面并非完美样本。

在与另外3名女性组成家庭的过程中，林德伯格可能也受到了这一诱惑：有机会创造生活的平行宇宙，在那里他可以摆脱自己作为地球上知名人物的身份，来去自如，每次与每个家庭只待几天，

---

① "Lindbergh's Double Life," *Deutsche Welle*, June 20, 2005.
② Reeve Lindbergh, *Forward from Here: Leaving Middle Age—and Other Unexpected Adventures*, New York: Simon & Schuster, 2008, p. 201.
* 这里是指纳粹的种族主义优生学。——译注

无须肩负长期的责任。丽芙·林德伯格对这种情况提出了另一种看法:"我的第一个念头是,这种安排有一定的意义。没有一个女人可与他一直生活在一起。"①

起初,丽芙对林德伯格的欺骗和虚伪感到愤怒。在得知自己同父异母兄弟姐妹的情况后不久,她在日记中写道:"这些孩子甚至不知道他是谁!他对他们使用的是假名。(为了保护他们?也许吧!为了保护他自己?绝对如此!)"②但在随后的几年里,她拜访了新找到的所有7个兄弟姐妹,她与她那难以捉摸的父亲达成了某种和解,她意识到自己从未真正了解过他。"我的家庭,有时就像一出戏,"③她指出,"其故事线既具有强大的说服力,又极其令人费解。"

丽芙曾做过一个梦,在梦中她告诉林德伯格,他所有的孩子——欧洲的和美国的——都被他的所作所为伤害了。在梦中,她的父亲对其抱怨未做任何回应。"他就是听不明白,"她评论道:"那一刻,我以为我知道了父亲的真相……他带着所有的天赋和能力来到这个世界上,却没有带专门的倾听能力,无论这是什么样的能力,它对于充分理解他人的痛苦都是至关重要的。"④

在进一步了解林德伯格的秘密生活时,丽芙震惊于这样一个事实:"我父亲晚年每一段亲密的人际关系都秘密断掉了。他无法对地球上任何地方爱着他的任何人完全坦白……留给我的是他那无法

---

① Reeve Lindbergh, *Forward from Here: Leaving Middle Age—and Other Unexpected Adventures*, New York: Simon & Schuster, 2008, p. 204.
② Reeve Lindbergh, *Forward from Here: Leaving Middle Age—and Other Unexpected Adventures*, New York: Simon & Schuster, 2008, p. 203.
③ Reeve Lindbergh, *Forward from Here: Leaving Middle Age—and Other Unexpected Adventures*, New York: Simon & Schuster, 2008, p. 217.
④ Reeve Lindbergh, *Forward from Here: Leaving Middle Age—and Other Unexpected Adventures*, New York: Simon & Schuster, 2008, pp. 217-218.

言说的孤独感。"①

然而，有一个地方，在那里林德伯格可以摆脱这种孤独；在那里他可以忘记，至少有片刻可以忘记，自己那奇怪而矛盾人生中的混乱和需求；在那里，时间可以倒流，让他再次体验那次冒险的经历——他青春中纯粹的、简单的喜悦——或迅疾地低掠波浪，或轻轻地触摸云层，或远远地翻过山峰。

去世前，林德伯格每年都要去华盛顿好几次，参观史密森尼博物馆艺术与工业大楼。他的脸上布满皱纹，头发花白稀疏，大多数游客已经认不出他了。然而他总是未雨绸缪，每次都站在一个展示柜后面，毫不显眼。在那里，他凝视着高高在上的"圣路易斯精神号"。

---

① Reeve Lindbergh, *Forward from Here: Leaving Middle Age—and Other Unexpected Adventures*, New York：Simon & Schuster, 2008, p. 218.

致　谢

在我所有的作品中，我都努力将所研究的人和历史写得栩栩如生。要做到这一点，显然必须找到好的文献材料，而在撰写《对峙》一书时，我有幸翻阅了大量资料。同时代报纸和杂志上的记载非常珍贵，它们提供了丰富多彩的细节，描述了美国参加第二次世界大战前两年国内动荡不安的情绪。更为重要的是，本书主要人物和次要人物的书信、日志、日记和其他个人文件中呈现的信息，往往令人惊讶，且容易引起争议。

我深深感谢那些在我查找资料的过程中给予帮助的图书馆员和档案员。他们是历史的真正保管者，他们热情、无私的工作无异于英雄行为。其中主要有富兰克林·罗斯福图书馆的首席档案员鲍勃·克拉克及其工作人员，他们是该行业中的佼佼者。我也非常感谢国会图书馆手稿部的工作人员，包括胡佛研究所、哈佛大学赫顿和贝克图书馆以及史密斯学院索菲亚·史密斯档案馆的档案管理员。此外，我还要特别感谢爱德华·斯科特博士和玛丽·伊丽莎白·鲁威尔博士允许我查阅空军学院的档案，也要感谢世纪协会档案基金会的档案管理员拉塞尔·弗林彻姆博士，他慷慨分享了世纪集团的相关资料。

同时也要感谢部分作家和学者，其开创性的工作为我撰写本书提供了巨大的帮助。特别是 A. 斯科特·伯格，他所撰写的查尔斯·林德伯格传记极为权威，任何人若要撰写林德伯格的相关文章，它都是重要资源；J. 加里·克利福德博士对格林维尔·克拉克以及和平时期征兵的学术研究令人印象深刻；韦恩·S. 科尔博士则无疑是美国战前孤立主义运动研究方面的最大权威；理查德·凯彻姆1938~1941年的历史/回忆录也是宝贵的信息来源。

我还要感谢兰登书屋的所有人员，特别是出色的编辑苏珊娜·波特（Susanna Porter），感谢他们坚定的支持和指导，也感谢他们为作者创造了一个如此友好的工作环境。盖尔·罗斯（Gail Ross）担任我的经纪人已将近20年，她在提供建议、做出表现和加深友谊方面一如既往地出色。

最重要的是，我要将深深的爱意和感激之情送给我的女儿卡莉和我的丈夫斯坦·克劳德（Stan Cloud），前者是我在社交媒体上无与伦比的顾问，后者对本书进行了编辑，使它更加完善。斯坦与我的合作，无论是专业上还是私下里，都是我生命中最大的乐趣。

参考文献

档案文献

Franklin D. Roosevelt Presidential Library
Adolf A. Berle Papers
Francis Biddle Papers
Ernest Cuneo Papers
Stephen T. Early Papers
Harry Hopkins Papers
Franklin D. Roosevelt Papers
Whitney Shepardson Papers
Henry L. Stimson Diaries (microfilm)

Library of Congress
John Balderston Papers
Harold L. Ickes Papers
William Allen White Papers

Hoover Institution, Stanford University
America First Committee Papers
Truman Smith Papers
Albert Wedemeyer Papers

Oral History Collection, Columbia University
William Benton
Samuel Rosenman
James Wadsworth

Houghton Library, Harvard University
William Castle Papers
Robert E. Sherwood Papers

Baker Library, Harvard University Business School
Thomas Lamont Papers

Sophia Smith Collection, Smith College
Anne Morrow Lindbergh Papers
Charles Lindbergh Papers
Elizabeth C. Morrow Papers

Air Force Academy
Murray Green Papers

已出版文献

Acheson, Dean. *Morning and Noon*. Boston: Houghton Mifflin, 1965.
Agar, Herbert. *The Darkest Year: Britain Alone, June 1940–June 1941*. Garden City, N.Y.: Doubleday, 1973.
Allen, Frederick Lewis. *Only Yesterday: An Informal History of the 1920's*. New York: Perennial, 2000.
———. *Since Yesterday: The 1930s in America*. New York: Perennial, 1986.
Alonso, Harriet Hyman. *Robert E. Sherwood: The Playwright in Peace and War*. Amherst: University of Massachusetts Press, 2007.
Alsop, Joseph W. *FDR: 1882–1945: A Centenary Remembrance*. New York: Viking, 1982.
———. *"I've Seen the Best of It": Memoirs*. New York: Norton, 1992.
Arnold, Henry H. *Global Mission*. New York: Harper, 1949.
Baldwin, Neil. *Henry Ford and the Jews: The Mass Production of Hate*. New York: Public Affairs, 2001.
Beck, Alfred M. *Hitler's Ambivalent Attaché: Friedrich von Boetticher in America, 1933–1941*. Washington, D.C.: Potomac Books, 2005.
Bendersky, Joseph. *The "Jewish Threat": The Anti-Semitic Politics of the U.S. Army*. New York: Basic Books, 2000.
Berg, A. Scott. *Lindbergh*. New York: Berkley Books, 1999.
Berger, Meyer. *The New York Times: 1851–1951*. New York: Simon & Schuster, 1951.
Biddle, Francis. *In Brief Authority*. Garden City, N.Y.: Doubleday, 1962.
Brinkley, Alan. *The Publisher: Henry Luce and His American Century*. New York: Knopf, 2010.
Brinkley, David. *Washington Goes to War*. New York: Knopf, 1988.
Brinkley, Douglas. *Gerald R. Ford*. New York: Times Books, 2007.
British Security Coordination. *The Secret History of British Intelligence in the Americas, 1940–1945*. New York: Fromm International, 1999.
Brown, Anthony Cave. *"C": The Secret Life of Sir Stewart Graham Menzies*. New York: Macmillan, 1987.
Brown, John Mason. *The Ordeal of a Playwright: Robert E. Sherwood and the Challenge of War*. New York: Harper & Row, 1970.

———. *The Worlds of Robert E. Sherwood: Mirror to His Times, 1896–1939*. New York: Harper & Row, 1965.

Bryce, Ivar. *You Only Live Once: Memories of Ian Fleming*. Frederick, Md.: University Publications of America, 1984.

Burns, James MacGregor. *Roosevelt: The Lion and the Fox*. New York: Harcourt, Brace & World, 1956.

———. *Roosevelt: The Soldier of Freedom, 1940–1945*. New York: Harcourt Brace Jovanovich, 1970.

Butler, James R. M. *Lord Lothian: Philip Kerr, 1882–1940*. New York: St. Martin's, 1960.

Calder, Robert. *Beware the British Serpent: The Role of Writers in British Propaganda in the United States, 1939–1945*. Montreal: Queen's University Press, 2004.

Cantril, Hadley. *The Human Dimension: Experiences in Policy Research*. New Brunswick, N.J.: Rutgers University Press, 1967.

Carlson, John Roy. *Under Cover: My Four Years in the Nazi Underworld of America*. New York: Dutton, 1943.

Caro, Robert A. *The Years of Lyndon Johnson: The Path to Power*. New York: Knopf, 1982.

———. *The Years of Lyndon Johnson: Master of the Senate*. New York: Vintage, 2003.

The Century Association. *The Century 1847–1946*. New York: The Century Association, 1947.

Chadwin, Mark Lincoln. *The War Hawks: American Interventionists Before Pearl Harbor*. Chapel Hill: University of North Carolina Press, 1968.

Chernow, Ron. *The House of Morgan: An American Banking Dynasty and the Rise of Modern Finance*. New York: Grove Press, 2010.

Childs, Marquis W. *I Write from Washington*. New York: Harper, 1942.

Churchill, Winston S. *Their Finest Hour*. Boston: Houghton Mifflin, 1949.

Clapper, Olive. *Washington Tapestry*. New York: McGraw Hill, 1946.

Clapper, Raymond. *Watching the World: 1934–1944*. New York: McGraw Hill, 1944.

Clifford, J. Garry. *The Citizen Soldiers: The Plattsburg Training Camp Movement, 1913–1920*. Lexington: University Press of Kentucky, 1972.

———, and Samuel R. Spencer Jr. *The First Peacetime Draft*. Lawrence: University Press of Kansas, 1986.

Cloud, Stanley, and Lynne Olson. *The Murrow Boys: Pioneers on the Front Lines of American Journalism*. Boston: Houghton Mifflin, 1996.

Coffey, Thomas M. *Hap: The Story of the U.S. Air Force and the Man Who Built It*. New York: Viking, 1982.

Cole, Wayne S. *America First: The Battle Against Intervention, 1940–1941*. Madison: University of Wisconsin Press, 1953.

———. *Charles A. Lindbergh and the Battle Against American Intervention in World War II*. New York: Harcourt Brace Jovanovich, 1974.

———. *Roosevelt and the Isolationists, 1932–1945*. Lincoln: University of Nebraska Press, 1983.

———. *Senator Gerald P. Nye and American Foreign Relations*. Minneapolis: University of Minnesota Press, 1962.

Conant, Jennet. *The Irregulars: Roald Dahl and the British Spy Ring in Wartime Washington*. New York: Simon & Schuster, 2008.

Cordery, Stacy A. *Alice: Alice Roosevelt Longworth: From White House Princess to Washington Power Broker.* New York: Viking, 2007.
Cousins, Norman, and J. Garry Clifford, eds. *Memoirs of a Man: Grenville Clark.* New York: Norton, 1975.
Cox, Rachel S. *Into Dust and Fire: Five Young Americans Who Went First to Fight the Nazi Army.* New York: New American Library, 2012.
Cray, Ed. *General of the Army: George Marshall, Soldier and Statesman.* New York: Norton, 1990.
Cull, Nicholas John. *Selling War: The British Propaganda Campaign Against American "Neutrality" in World War II.* New York: Oxford University Press, 1995.
Culver, John C., and John Hyde. *American Dreamer: The Life and Times of Henry A. Wallace.* New York: Norton, 2000.
Dallek, Robert. *Franklin D. Roosevelt and American Foreign Policy, 1932–1945.* New York: Oxford University Press, 1995.
Daso, Dik Alan. *Hap Arnold and the Evolution of American Air Power.* Washington, D.C.: Smithsonian Institution Press, 2000.
Davenport, Marcia. *Too Strong for Fantasy.* New York: Pocket, 1969.
Davis, Kenneth S. *FDR: Into the Storm, 1937–1940.* New York: Random House, 1993.
———. *FDR: The New Deal Years, 1933–1937.* New York: Random House, 1986.
———. *FDR: The War President, 1940–1943.* New York: Random House, 2000.
———. *The Hero: Charles A. Lindbergh and the American Dream.* Garden City, N.Y.: Doubleday, 1959.
Dietrich-Berryman, Eric, Charlotte Hammond, and R. E. White. *Passport Not Required: U.S. Volunteers in the Royal Navy, 1939–1941.* Annapolis, Md.: Naval Institute Press, 2010.
Doenecke, Justus. *In Danger Undaunted: The Anti-Interventionist Movement of 1940–1941 as Revealed in the Papers of the America First Committee.* Stanford: Hoover Institution Press, 1990.
Dunne, Gerald T. *Grenville Clark: Public Citizen.* New York: Farrar, Straus & Giroux, 1986.
Eagan, Eileen. *Class, Culture, and the Classroom: The Student Peace Movement of the 1930s.* Philadelphia: Temple University Press, 1981.
Eisenhower, Julie Nixon. *Special People.* New York: Simon & Schuster, 1977.
Elson, Robert T. *Time, Inc.: The Intimate History of a Publishing Enterprise, 1923–1941.* New York: Atheneum, 1968.
Feldman, Noah. *Scorpions: The Battles and Triumphs of FDR's Great Supreme Court Justices.* New York: Twelve, 2010.
Ferber, Edna. *A Peculiar Treasure.* New York: Doubleday, Doran & Co., 1939.
Fleming, Thomas. *The New Dealers' War: FDR and the War Within World War II.* New York: Basic, 2001.
Forster, Arnold. *Square One: A Memoir.* New York: Donald I. Fine, 1988.
Fox, James. *Five Sisters: The Langhornes of Virginia.* New York: Simon & Schuster, 2000.
Friedlander, Saul. *Prelude to Downfall: Hitler and the United States, 1939–1941.* New York: Knopf, 1967.
Friedrich, Otto. *City of Nets: A Portrait of Hollywood in the 1940's.* New York: Harper & Row, 1986.

Gabler, Neal. *An Empire of Their Own: How the Jews Invented Hollywood.* New York: Crown, 1988.

———. *Winchell: Gossip, Power, and the Culture of Celebrity.* New York: Knopf, 1995.

Gaines, James R. *Wit's End: Days and Nights of the Algonquin Round Table.* New York: Harcourt, 1977.

Gentry, Curt. *J. Edgar Hoover: The Man and the Secrets.* New York: Norton, 1991.

German Auswärtiges Amt. *Documents on German Foreign Policy 1918–45,* Series D, Vols. 9–13. Washington, D.C.: U.S. Government Printing Office, 1949.

Gies, Joseph. *The Colonel of Chicago.* New York: Dutton, 1979.

Ginsberg, Benjamin. *The Fatal Embrace: Jews and the State.* Chicago: University of Chicago Press, 1993.

Goldstein, Robert Justin. *Political Repression in Modern America: From 1870 to the Present.* Cambridge, Mass.: Schenkman, 1978.

Goodhart, Philip. *Fifty Ships That Saved the World: The Foundation of the Anglo-American Alliance.* Garden City, N.Y.: Doubleday, 1965.

Goodwin, Doris Kearns. *No Ordinary Time: Franklin and Eleanor Roosevelt: The Home Front in World War II.* New York: Simon & Schuster, 1994.

Griffith, Robert. *The Politics of Fear: Joseph R. McCarthy and the Senate.* Amherst: University of Massachusetts Press, 1970.

Gunther, John. *Roosevelt in Retrospect.* New York: Harper, 1950.

Halberstam, David. *The Powers That Be.* Urbana: University of Illinois Press, 2000.

Hamilton, Nigel. *JFK: Reckless Youth.* New York: Random House, 1992.

Hardeman, D. B., and Donald C. Bacon. *Rayburn: A Biography.* Austin: Texas Monthly Press, 1987.

Hardy, Henry, ed. *Isaiah Berlin: Letters 1928–1946.* Cambridge: Cambridge University Press, 2004.

Harper, John Lamberton. *American Visions of Europe: Franklin D. Roosevelt, George F. Kennan and Dean Acheson.* Cambridge: Cambridge University Press, 1994.

Herrmann, Dorothy. *Anne Morrow Lindbergh: A Gift for Life.* New York: Ticknor & Fields, 1993.

Hertog, Susan. *Anne Morrow Lindbergh: Her Life.* New York: Anchor, 1999.

Higham, Charles. *American Swastika.* Garden City, N.Y.: Doubleday, 1985.

Hogan, Michael J., and Thomas G. Paterson, eds. *Explaining the History of American Foreign Relations.* Cambridge: Cambridge University Press, 1991.

Hyde, H. Montgomery. *Room 3603: The Story of the British Intelligence Center in New York During World War II.* New York: Farrar, Straus, 1963.

Ickes, Harold. *The Secret Diary of Harold L. Ickes,* Vol. 3, *The Lowering Clouds, 1939–1941.* New York: Simon & Schuster, 1955.

Isaacson, Walter. *Einstein: His Life and Universe.* New York: Simon & Schuster, 2007.

———, and Evan Thomas. *The Wise Men: Six Friends and the World They Made.* New York: Touchstone, 1988.

Jackson, Robert H. *That Man: An Insider's Portrait of Franklin D. Roosevelt.* Oxford: Oxford University Press, 2003.

Jeansonne, Glen. *Women of the Far Right: The Mothers' Movement and World War II.* Chicago: University of Chicago Press, 1996.

Kabaservice, Geoffrey. *The Guardians: Kingman Brewster, His Circle, and the Rise of the Liberal Establishment.* New York: Henry Holt, 2004.

Kahn, David. *Hitler's Spies: German Military Intelligence in World War II*. New York: Collier Books, 1985.
Kaytor, Marilyn. *"21": The Life and Times of New York's Favorite Club*. New York: Viking, 1975.
Kennedy, David. *Freedom from Fear: The American People in Depression and War, 1929–1945*. Oxford: Oxford University Press, 1990.
Ketchum, Richard M. *The Borrowed Years, 1938–1941: America on the Way to War*. New York: Random House, 1989.
Kimball, Warren F. *The Most Unsordid Act: Lend-Lease, 1939–1941*. Baltimore: Johns Hopkins University Press, 1969.
Kluger, Richard. *The Paper: The Life and Death of the New York Herald Tribune*. New York: Knopf, 1986.
Koppes, Clayton R., and Gregory D. Black. *Hollywood Goes to War: How Politics, Profits and Propaganda Shaped World War II Movies*. London: Tauris, 1988.
Kurth, Peter. *American Cassandra: The Life of Dorothy Thompson*. Boston: Little, Brown, 1990.
Langer, William S., and S. Everett Gleason. *The Challenge to Isolation: 1937–1940*. New York: Harper, 1952.
———. *The Undeclared War: 1940–1941*. New York: Harper, 1953.
Larrabee, Eric. *Commander in Chief: Franklin D. Roosevelt, His Lieutenants, and Their War*. New York: Harper & Row, 1987.
Leaming, Barbara. *Jack Kennedy: The Education of a Statesman*. New York: Norton, 2006.
Lees-Milne, James. *Harold Nicolson: A Biography*. London: Chatto & Windus, 1980.
Leigh, Michael. *Mobilizing Consent: Public Opinion and American Foreign Policy, 1937–1947*. Westport, Conn.: Greenwood Press, 1976.
Leighton, Isabel. *The Aspirin Age: 1919–1941*. New York: Simon & Schuster, 1949.
Lindbergh, Anne Morrow. *Against Wind and Tide: Letters and Journals, 1947–1986*. New York: Pantheon, 2012.
———. *Bring Me a Unicorn: Diaries and Letters of Anne Morrow Lindbergh, 1922–1928*. New York: Harcourt Brace Jovanovich, 1971.
———. *Dearly Beloved*. New York: Harcourt Brace & World, 1962.
———. *The Flower and the Nettle: Diaries and Letters of Anne Morrow Lindbergh, 1936–1939*. New York: Harcourt Brace Jovanovich, 1976.
———. *Gift from the Sea*. New York: Pantheon, 2005.
———. *Hour of Gold, Hour of Lead: Diaries and Letters of Anne Morrow Lindbergh, 1929–1932*. New York: Harcourt Brace Jovanovich, 1973.
———. *Locked Rooms and Open Doors: Diaries and Letters of Anne Morrow Lindbergh, 1933–1935*. New York: Harcourt Brace Jovanovich, 1974.
———. *North to the Orient*. New York: Harcourt, Brace, 1935.
———. *War Within and Without: Diaries and Letters of Anne Morrow Lindbergh, 1939–1944*. New York: Harcourt Brace, 1980.
———. *The Wave of the Future: A Confession of Faith*. New York: Harcourt Brace, 1940.
Lindbergh, Charles A. *The Wartime Journals of Charles A. Lindbergh*. New York: Harcourt Brace Jovanovich, 1970.
Lindbergh, Reeve. *Forward from Here: Leaving Middle Age—and Other Unexpected Adventures*. New York: Simon & Schuster, 2008.

———. *Under a Wing: A Memoir*. New York: Simon & Schuster, 1998.
Lockhart, Sir Robert Bruce. *Comes the Reckoning*. London: Putnam, 1947.
———. *Giants Cast Long Shadows*. London: Putnam, 1960.
Lovell, Mary S. *Cast No Shadow: The Life of the American Spy Who Changed the Course of World War II*. New York: Pantheon, 1992.
Macdonald, Bill. *The True Intrepid: Sir William Stephenson and the Unknown Agents*. Vancouver, B.C.: Raincoast Books, 2001.
Maddow, Rachel. *Drift: The Unmooring of American Military Power*. New York: Crown, 2012.
Mahl, Thomas E. *Desperate Deception: British Covert Operations in the United States, 1939–1944*. Washington, D.C.: Brassey's, 1998.
Manchester, William. *The Glory and the Dream: A Narrative History of America, 1932–1972*. Boston: Little, Brown, 1973.
McCullough, David. *Truman*. New York: Simon & Schuster, 1992.
McKee, John DeWitt. *William Allen White: Maverick on Main Street*. Westport, Conn.: Greenwood Press, 1975.
Merry, Robert W. *Taking On the World: Joseph and Stewart Alsop—Guardians of the American Century*. New York: Viking, 1996.
Miller, Francis Pickens. *Man from the Valley: Memoirs of a 20th-Century Virginian*. Chapel Hill: University of North Carolina Press, 1971.
Milton, Joyce. *Loss of Eden: A Biography of Charles and Anne Morrow Lindbergh*. New York: HarperCollins, 1993.
Minear, Richard H. *Dr. Seuss Goes to War: The World War II Editorial Cartoons of Theodor Seuss Geisel*. New York: New Press, 1999.
Mosley, Leonard. *Lindbergh*. New York: Dell, 1977.
———. *Marshall: Hero for Our Time*. New York: Hearst, 1982.
Nathan, Frederic S. *Centurions in Public Service*. New York: The Century Association, 2010.
Neal, Steve. *Dark Horse: A Biography of Wendell Willkie*. Garden City, N.Y.: Doubleday, 1984.
Nicolson, Harold. *Diaries and Letters, 1930–1939*. London: Collins, 1969.
Nicolson, Nigel, ed. *Vita and Harold: The Letters of Vita Sackville-West and Harold Nicolson*. New York: Putman, 1992.
Olson, Lynne. *Citizens of London: The Americans Who Stood with Britain in Its Darkest, Finest Hour*. New York: Random House, 2010.
———. *Troublesome Young Men: The Rebels Who Brought Churchill to Power and Helped Save England*. New York: Farrar, Straus & Giroux, 2007.
———, and Stanley Cloud. *A Question of Honor: The Kosciuszko Squadron: Forgotten Heroes of World War II*. New York: Knopf, 2003.
Paton-Walsh, Margaret. *Our War Too: American Women Against the Axis*. Lawrence: University Press of Kansas, 2002.
Pepper, Claude Denson. *Pepper: Eyewitness to a Century*. New York: Harcourt Brace Jovanovich, 1987.
Perret, Geoffrey. *Days of Sadness, Years of Triumph: The American People, 1939–1945*. New York: Coward, McCann & Geoghegan, 1973.
Perry, Mark. *Partners in Command: George Marshall and Dwight Eisenhower in War and Peace*. New York: Penguin, 2007.

Persico, Joseph E. *Roosevelt's Secret War: FDR and World War II Espionage*. New York: Random House, 2001.

Peters, Charles. *Five Days in Philadelphia: The Amazing "We Want Willkie" Convention of 1940 and How It Freed FDR to Save the Western World*. New York: Public Affairs, 2005.

Pitt, Barrie. *The Battle of the Atlantic*. Alexandria, Va.: Time-Life Books, 1977.

Pogue, Forrest C. *George C. Marshall: Education of a General, 1880–1939*. New York: Viking, 1963.

———. *George C. Marshall: Ordeal and Hope, 1939–1942*. New York: Viking, 1966.

Reilly, Michael F. *Reilly of the White House*. New York: Simon & Schuster, 1947.

Reynolds, David. *Lord Lothian and Anglo-American Relations, 1939–1940*. Philadelphia: American Philosophical Society, 1983.

Ritchie, Donald A. *Reporting from Washington: The History of the Washington Press Corps*. Oxford: Oxford University Press, 2005.

Root, Oren. *Persons and Persuasions*. New York: Norton, 1974.

Rosenman, Samuel I. *Working with Roosevelt*. New York: Harper, 1952.

———, and Dorothy Rosenman. *Presidential Style: Some Giants and a Pygmy in the White House*. New York: Harper & Row, 1976.

Ross, Walter S. *The Last Hero: Charles A. Lindbergh*. New York: Harper & Row, 1976.

Roth, Philip. *The Plot Against America*. Boston: Houghton Mifflin, 2004.

Sarles, Ruth. *A Story of America First: The Men and Women Who Opposed U.S. Intervention in World War II*. Westport, Conn.: Praeger, 2003.

Schaffer, Howard B. *Chester Bowles: New Dealer in the Cold War*. Cambridge, Mass.: Harvard University Press, 1993.

Schiff, Stacy. *Saint-Exupéry: A Biography*. New York: Knopf, 1995.

Schlesinger, Arthur M., Jr. *The Coming of the New Deal, 1933–1935*. Boston: Houghton Mifflin, 2003.

———. *A Life in the Twentieth Century: Innocent Beginnings, 1917–1950*. New York: Houghton Mifflin, 2000.

———. *The Politics of Upheaval, 1935–1936*. Boston: Houghton Mifflin, 2003.

Schneider, James C. *Should America Go to War? The Debate Over Foreign Policy in Chicago, 1939–1941*. Chapel Hill: University of North Carolina Press, 1989.

Sevareid, Eric. *Not So Wild a Dream*. New York: Atheneum, 1976.

Sheean, Vincent. *Dorothy and Red*. Boston: Houghton Mifflin, 1963.

Sherwood, Robert. *Roosevelt and Hopkins: An Intimate History*. New York: Harper, 1948.

———. *There Shall Be No Night*. New York: Scribner's, 1940.

———. *This Is New York*. New York: Scribner's, 1931.

Shesol, Jeff. *Supreme Power: Franklin Roosevelt vs. the Supreme Court*. New York: Norton, 2010.

Shirer, William L. *Berlin Diary: The Journal of a Foreign Correspondent, 1931–1941*. New York: Knopf, 1941.

———. *The Rise and Fall of the Third Reich: A History of Nazi Germany*. New York: Simon & Schuster, 1960.

Simpson, B. Mitchell. *Admiral Harold R. Stark: Architect of Victory*. Columbia: University of South Carolina Press, 1989.

Smith, F. Bradley. *The Shadow Warriors: O.S.S. and the Origins of the C.I.A*. New York: Basic, 1983.

Smith, Jean Edward. *FDR.* New York: Random House, 2007.
Smith, Richard Norton. *The Colonel: The Life and Legend of Robert R. McCormick, 1880–1955.* Boston: Houghton Mifflin, 1997.
Smith, Truman. *Berlin Alert: The Memoirs of Truman Smith.* Stanford: Hoover Institution Press, 1984.
Snow, Richard. *A Measureless Peril: America in the Fight for the Atlantic, the Longest Battle of World War II.* New York: Scribner, 2010.
Steel, Ronald. *Walter Lippmann and the American Century.* New York: Vintage, 1981.
Steele, Richard W. *Free Speech in the Good War.* New York: St. Martin's, 1999.
———. *Propaganda in an Open Society: The Roosevelt Administration and the Media, 1939–1941.* Westport, Conn.: Greenwood Press, 1985.
Stevenson, William. *Spymistress: The True Story of the Greatest Female Secret Agent of World War II.* New York: Arcade, 2007.
Stimson, Henry L., and McGeorge Bundy. *On Active Service in Peace and War.* New York: Harper, 1948.
Stossel, Scott. *Sarge: The Life and Times of Sargent Shriver.* Washington, D.C.: Smithsonian Books, 2004.
Sullivan, William C. *The Bureau: My Thirty Years in Hoover's FBI.* New York: Norton, 1979.
Tifft, Susan E., and Alex S. Jones. *The Patriarch: The Rise and Fall of the Bingham Dynasty.* New York: Summit, 1991.
———. *The Trust: The Private and Powerful Family Behind* The New York Times. Boston: Little, Brown, 1999.
Trohan, Walter. *Political Animals: Memoirs of a Sentimental Cynic.* Garden City, N.Y.: Doubleday, 1975.
Troy, Thomas F. *Wild Bill and Intrepid: Donovan, Stephenson, and the Origin of CIA.* New Haven: Yale University Press, 1996.
Tugwell, Rexford G. *The Democratic Roosevelt.* Garden City, N.Y.: Doubleday, 1957.
Vidal, Gore. *The Last Empire: Essays 1992–2000.* New York: Doubleday, 2001.
Voorhis, Jerry. *Confessions of a Congressman.* Westport, Conn.: Greenwood Press, 1970.
Waldrop, Frank C. *McCormick of Chicago: An Unconventional Portrait of a Controversial Figure.* Englewood Cliffs, N.J.: Prentice-Hall, 1966.
Ward, Geoffrey C. *A First-Class Temperament: The Emergence of Franklin Roosevelt.* New York: Harper & Row, 1989.
Watkins, T. H. *Righteous Pilgrim: The Life and Times of Harold L. Ickes, 1874–1952.* New York: Henry Holt, 1990.
Watson, Mark. *Chief of Staff: Prewar Plans and Preparations.* Washington, D.C.: Center of Military History, 1991.
Wedemeyer, Gen. Albert C. *Wedemeyer Reports!* New York: Henry Holt, 1958.
Weil, Martin. *A Pretty Good Club: The Founding Fathers of the U.S. Foreign Service.* New York: Norton, 1978.
Welky, David. *The Moguls and the Dictators: Hollywood and the Coming of World War II.* Baltimore: Johns Hopkins University Press, 2008.
Wheeler, Burton K. *Yankee from the West.* Garden City, N.Y.: Doubleday, 1962.
Wheeler-Bennett, Sir John. *Special Relationships: America in Peace and War.* London: Macmillan, 1975.

White, David Fairbank. *Bitter Ocean: The Battle of the Atlantic, 1939–1945*. New York: Simon & Schuster, 2006.
Winchell, Walter. *Winchell Exclusive*. Englewood Cliffs, N.J.: Prentice-Hall, 1975.
Worthy, James C. *Shaping an American Institution: Robert E. Wood and Sears, Roebuck*. Urbana: University of Illinois Press, 1984.
Wright, Bradford W. *Comic Book Nation: The Transformation of Youth Culture in America*. Baltimore: Johns Hopkins University Press, 2003.

索 引

（索引页码为原著页码，即本书边码）

Abe Lincoln in Illinois (Sherwood), 81, 85, 95
Abwehr, 335–36
Abyssinia, 12
Acheson, Dean, 165–67, 433, 450
ACLU, *see* American Civil Liberties Union
Adams, Franklin P., 83
Adams, Henry, 140
Adler, Julius Ochs, 200, 201, 208–10, 217
Admiralty, British, 162, 192
advertisements, 132, 149, 176, 182
   America First and, 233–34
   destroyer transfer and, 168
   STOP HITLER NOW, 135–36, 149
Africa, xvii, 12, 99, 291
Afrika Corps, 291
Agar, Herbert, 323, 407, 450
   background and career path of, 144–45
   in Century Group, 137–38, 144–45, *144*, 146, 150, 163–64, 167, 168, 189
   destroyer transfer and, 163–64, 167, 168
   Lend-Lease and, 275, 278
   on Neutrality Act revision debate, 91–92
Agar, Mrs. Herbert, *144,* 450
aircraft factories, U.S., Lindbergh's tour of, 27
aircraft production, U.S., 31, 300, 421, 441–42
   increase in, 26–27, 96, 102
air force, French, 248
air force, German (Luftwaffe), 15, 16–17, 160, 334
   in Blitz, 193–95, 243, 283, 260, 264
   bombsight of, 336
   flaws in Lindbergh's reports on, 17
   Lindbergh's views on, xv, 16–17, 25–26

Air Force, U.S., 452
airlines, xiv, xv, 99, 333*n,* 402
airmail, FDR-Lindbergh clash over, xiv, xv, xvi, 316
Air Ministry, German, 16
airpower, U.S., Lindbergh's building up of, xv, 69, 70
Alanbrooke, Lord, 290
Algonquin Round Table, 81, 83–84
Alien and Sedition Acts (1798), 107
Alien Registration Act (Smith Act), 106–7
aliens, 105, 106–7, 112
Allen, Frederick Lewis, 143
Almanac Singers, 276*n*
Alsop, Joseph, 55, 58, 62–63, 147, 189
   destroyer transfer and, 162–63, 168–69
   on Eastern establishment, 143
   on Nye, 66
   on Stimson, 203
   on Woodring, 202
America First Committee, xxi, 224–27, 232–38, 402, 419, 430
   advertising and publicity campaigns of, 233–34
   Birkhead's pamphlet about, 324
   in cartoons, 318, 319
   in Chicago, 226, 227, 232, 236, 286
   convoy protection and, 293
   Des Moines speech and, 375–76, 378–79, 385–92, 402
   executive committee of, 233
   Father Coughlin linked to, 241
   founding of, 220, 224, 234, 390, 451
   Hollywood and, 360, 362, 373
   image problems of, 235–38

索 引 647

America First Committee (cont'd):
　Lend-Lease and, 277, 278, 286, 311
　Lindbergh and, see Lindbergh, Charles, Sr., America First and
　Marshall compared with, 299
　military support for, 304
　national debut of, 226–27
　resignations from, 286, 319
　Roosevelt siblings in, 234–35
　surveillance of, 330–31, 332
　war and postwar work of former members of, 445–46, 451–52
　Wood as chairman of, 232–33, 235, 236, 237, 286, 311, 323, 362, 388, 389
"American Century," 450
American Civil Liberties Union (ACLU), 106–7, 108, 110, 228, 329, 434
American Jewish Congress, 228
American Legion, 401
American Mothers' Neutrality League, 213
American Peace Mobilization, 278–79
American Revolution, 49, 314
American Socialist Party, 227
American Viscose, 284
"America's Town Meeting of the Air," 223
Anaconda Copper Co. (the Company), 60–61, 62
Anderson, Marian, 22
Anderson, Maxwell, 323
anti-Communism, 14, 20, 110, 328–29, 346–47, 375, 454
Anti-Defamation League (ADL), 330, 331–32, 380, 418
anti-Semitism, xvii, 78, 236–41, 251
　ADL and, 330, 331
　America First and, 236–38, 388–90
　Austrian Jews and, 13
　Kristallnacht and, 19, 20, 22, 384
　movies and, 360, 368, 370–71
　Olympics and, 236–37
　in U.S., 110, 123, 124, 330–34, 364, 378–92, 435, 436
appeasement, 12–14, 23, 50–51, 76, 116
　Lindbergh's encouraging of, xv, 17–18, 104
　Lothian and, 151, 155
Appleton, William, 140
Aquitania, 24
architecture, 140, 152–53
Argentina, 99, 201
Arlington National Cemetery, 272

arms merchants, U.S., 28, 67
arms sales, U.S., 203–4
　to France and Britain, xiv, xv, 34, 75, 77, 89, 129, 175
　Neutrality Acts and, 32–34, 54, 89–94, 96
army, British, 127, 159, 290, 291, 293, 398
army, French, 97
army, German (Wehrmacht), 29, 30, 104, 228, 274, 409
　intelligence division of (Abwehr), 335–36
Army, U.S., 15, 72, 82, 146, 342, 351–58, 370, 446–48
　anti-Semitism in, 382
　in Civil War, 314
　draft and, 197, 200–202, 210–12, 217, 219, 351–58
　FDR's suggestion of cuts for, 416
　Great Debate and, xix, 113–14, 128–29, 207
　in Greenland, 295–96
　intelligence of, 119, 193, 303–4, 334, 418
　morale problems in, 341, 351–52
　save-the-British resistance in, 298–304
　Smith court-martial attempt and, 113–14
　Soviet aid opposed by, 346–47
　Victory Program and, 413–15, 418
　von Boetticher interrogated by, 113
　von Boetticher's contacts and friends in, 30–31
　War Plans Division of, 300–302, 382, 402, 413, 419
　weakness and shortages of, 28–29, 96–97, 128–29, 200, 201, 217, 299–300, 301
　in World War I, 198, 203, 205, 232, 338
Army Air Corps, U.S., xix, 25–27, 70, 101–2, 342
　air mail delivery and, xiv, xv, 316
　Lindbergh's cabinet offer and, 71
　Lindbergh's resignation from, 315–16
　Lindbergh's return to, 27–28
　name change of, 420n
　weakness of, 300
Army Air Forces, U.S., 420–22, 441, 443, 448, 452
　Lindbergh reinstatement controversy and, 438–41
　renaming of, 452
Army and Navy Journal, 437
Army General Staff, U.S., 113, 303
Army War College, U.S., 30

Arnold, Henry "Hap," xv, 24–27, 25, 71, 96, 445
  leaks and, xix, 102, 421, 422, 438, 439, 448
  Lindbergh's correspondence with, 74
  Lindbergh's meeting with, 24–25, 27
  Lindbergh's relationship with, 70, 438
  resistance to all-out effort to save the British of, 300
  von Boetticher's party for son of, 30
  war work of, 448
  Wheeler's envoy from, 101–2
Arnold, Matthew, 222
Arnold, Mrs. Henry, 101–2
Associated Press, 265
Astor, Nancy, 151, 153, 155, 156–57
Astor, Viscount, 155
Atchley, Dana, 458
Atlantic, Battle of the, 192, 290–92, 294–96, 358, 396–400, 404–6, 433
Atlantic Conference, 400
Atlantic Monthly, 222–23, 246
Atlantic Ocean, 67, 99, 130–31, 150, 161, 192, 250, 266, 302, 348, 408
  British bases in, 167
  Robin Moor sunk in, 345
  U.S. ship transfer to, 301
atomic bomb, 74
Australia, 146
Austria, 13, 33, 78, 384
aviation, 13, 14, 332, 454
  commercial, Lindbergh's advocacy for, 7–8
  German, 16–17
Ayer, Alfred, 117

Baldwin, Hanson, 192
Baldwin, Roger, 108, 110
Balkans, 291, 293
Baltimore, Md., 270
Baltimore Sun, 192, 317
Bankhead, William, 187, 188, 189
banking, bankers, 28, 37, 240, 319
  U.S., 28, 40, 49, 56, 67
Barkley, Alben, 186, 215
Barnes, Joseph, 173
Barton, Bruce, 233
Batten, Barton, Durstine and Osborn, 233
BBC, 428
Beard, Charles, 251
Belgium:
  German invasion of, 97, 104, 127
  gold reserves of, 265

Bell, Ulric, 323, 324
Benchley, Robert, 82–83
Benton, William, 233–34
Benton & Bowles, 233–34
Berg, A. Scott, 452, 457–58
Berle, Adolf, 22, 100, 111, 298, 339–40, 382, 403
Berlin, 15, 15, 16, 20, 21, 255
  Johnson in, 240
  Lothian in, 155
  U.S. embassy in, 335
  Wedemeyer in, 114, 382, 413–14
Berlin, Isaiah, 383–84
Berlin Olympics, 236–37
Bermuda, 119
Biddle, Francis, 63, 107, 108, 185, 189, 327, 418, 425
  on Ickes, 313
  on national disunity, 342
  on Stimson, 292
Bingham, Barry, 145
Bingham, Mary, 145
Birkhead, Leon, 324
Bissell, Richard, 225
blacks, 22, 237n, 256, 449
Blitz, 193–95, 217, 243, 245, 260, 264, 283, 365–66, 384
Block, Paul, 258
Boer War, 154
Bogart, Humphrey, 361
bohemians, 140
Boland, Pat, 356
Bolté, Charles, 398
bombers, 17, 205, 265
  U.S., 26, 300, 441
bombs, bombing, 16, 106, 240, 408, 448
  in Blitz, 193–95, 217, 243, 260, 365–66
  British fears of, 17
  nuclear, 74
  of Pearl Harbor, 357, 423–34
"Bond, James," 118
Boone, Perley, 209, 210
Booth, Edwin, 140
Borah, William, 58, 94, 234, 442
  death of, 135
  as isolationist, 55, 65–66, 68, 91, 92
Boston, Mass., 49, 143, 240, 241, 260, 331, 424, 436
Boston Harbor, 191–92
Bowles, Chester, 233, 234, 451
Brackett, Charles, 84
Brandeis, Louis, 107
Brazil, 99, 402

索引 649

Breckenridge, Henry, 248
Breen, Joseph, 363
Brewster, Elder William, 221
Brewster, Janet, 221
Brewster, Kingman, 220–27, 225, 286, 381, 445–46, 451, 452
Bridges, Harry, 449
Britain, Battle of, 160, 384, 398
British Commonwealth, 154
British Expeditionary Force, 97
British Library of Information, 51–52, 98, 115, 212
British Press Service, 158, 249
British Security Coordination (BSC), 115–21, 157, 330–33, 337–40, 428
   German secret map created by, 403
   Korda's work with, 367
   staff of, 117
Broun, Heywood, 83, 85
Brousse, Charles, 120
Brundage, Avery, 236–37
Bryant, William Cullen, 140
BSC, *see* British Security Coordination
bugging, 109, 119
Bulgaria, 28
Bullitt, William, 294
Bund, the, *see* German-American Bund
Bundles for Britain, 267, 390, 394
Bundy, McGeorge, 205, 221, 381
Burke, Edward, 210
Burlingham, Charles C., 167
Burma, 410
Burns, James MacGregor, 33
Bush, George W., 310
business, 75, 116, 141, 233
   big, 67, 171–72, 232, 254
   in Chicago, 232, 233
   FDR and, 56, 254
   oil, 121
   Willkie and, 171–72, 173, 178, 181
Butler, Nevile, 270
Butte, Mont., 60
Bye, George, 93
Byrnes, James, 90, 103–4, 187
   draft and, 210, 214

Cadogan, Alexander, 268
Campbell, Levin, 304
Camp Polk, 352
Canada, 82, 116, 117, 127, 161, 192, 312, 314, 347, 348, 350, 398, 399
Cantril, Hadley, 343–44
Capone, Al, 229

Capp, Al, 393
Captain America, 393
Captiva Island, 456–57
Caribbean, 99, 117, 167
   FDR's cruise in, 268, 270, 271
cars, 266, 289, 349, 350
Carter, John Franklin, 313–14
cartoons, 318–19, 386, 387
"cash and carry," for arms shipments, 34, 54, 68, 89–90, 131, 265
Castle, William R., 69, 74, 102, 235, 251
   America First and, 304
   on anti-Semitism, 381–82
Catholics, 50, 155, 227, 239–41, 383
Catledge, Turner, 63
CBS, 146, 194, 221, 240, 283–84, 398, 424
censorship, 16, 228, 363, 364
Central America, 99, 117, 402–3
Central Europe, 70
Century Association, Centurions, 139–41, 150, 167, 173, 197
Century Group, 137–50, 144, 147, 189, 197, 208, 223, 227, 297, 320, 338, 361
   Council on Foreign Relations and, 141–42
   destroyer transfer and, 150, 161–69, 190, 191, 223
   dissolution of, 322–23
   FDR's lethargy and, 266
   founding statement of, 138
   Lend-Lease and, 278
   Lothian and, 150, 161–62
   media and, 143–48
   members of, 137, 139, 143–48, 385
   NYC office of, 149
   Republicans vs. Democrats in, 141
   Women's Committee for Action of, 279n
Chafee, Zechariah, 107
Chamberlain, Neville, 127, 130
   on Americans, 33
   appeasement and, 13, 14, 17, 23, 50, 51, 76, 151
   U.S. talks with, 96
Chamber of Deputies, French, 215
Champlain, 35
Chaplin, Charlie, 368
Charleston, W.Va., 314
Charlottesville, University of, 52
Chastelain, Marion de, 120, 428
Chicago, Ill., 51, 95, 106, 227–37, 240, 364
   America First in, 226, 227, 232, 236, 286
   Democratic convention in (1940), 186–90

FDR's speech in, 230–31
Lend-Lease in, 278
Lothian's views on, 152–53
NAACP in, 22
New York compared with, 227–30
Republican convention in (1944), 449
Chicago, University of, 221, 227, 233
Chicago Club, 416–17
Chicago Daily News, 205, 228, 278, 318, 416
Chicago *Sun,* 416–17
Chicago Tribune, 95, 229–32, 237, 278, 318, 387
destroyer transfer and, 165, 167, 191
Pearl Harbor and, 427
Victory Program and, 411–12, 416–17, 418, 420
Childs, Marquis, 60, 61, 186, 290, 424, 430
China, 130, 148, 408, 423, 448
Christian Century, 242, 360, 389
Christian Science, 155, 371
Christian Science Monitor, 281–82
Churchill, Lady Sarah Spencer, 398
Churchill, Winston, xviii, 52, 126–29, 149, 205, 319, 394, 395, 398, 406, 447, 448
American Viscose liquidation and, 284
appeasement opposed by, 13, 116
at Atlantic Conference, 400
on Blitz, 193
on British, 14
British intelligence and, 339
destroyer-base deal and, 167–68, 190, 192
election of 1940 and, 182, 190, 265
Embick's disdain for, 301, 302
FDR's pleas from, 126–28, 150, 161, 162, 268, 270, 271
"fight on the beaches" speech of, 126, 127, 159–60
Korda recruited by, 367
Lend-Lease and, 284, 287
Lothian's death and, 273
Lothian's relationship with, 159
merchant shipping and, 291–92
movies and, 367
at Newfoundland meeting, 357–58, 411
Pearl Harbor and, 428–29
Smith's views on, 303
Soviet aid and, 346, 347
Stephenson and, 115
two-front war feared by, 428–29, 433

U.S. popularity of, 159–60
Willkie and, 282
civilization, xvii, 146, 230, 436
eugenics and, 72
Lindbergh's views on, 23, 72, 80, 454
Thompson's view of, 78
White's views on, 131
civil rights and liberties, 22, 105–13, 227, 371, 434–35, 449
FBI and, 108–13
Jackson and, 105–8, 110, 111–12
Civil War, U.S., 30–31, 52, 85, 196
Copperheads in, 313–14
Clapper, Olive, 318
Clapper, Raymond, 176–77, 178, 190, 253, 257, 281, 288, 349
brutality of Great Debate and, 318
Clark, Bennett Champ, 360, 451
Clark, D. Worth, 50, 360, 370, 371, 373
Clark, Grenville "Grenny," 197–205, 323
draft campaign and, 197, 207–11, 208, 214, 216, 219, 300
FDR's relationship with, 197, 199–200
lack of political acumen in, 200
Marshall's meeting with, 200–202
Pearl Harbor and, 425
replacement of Woodring and, 201–5
in World War I, 197–98
"clear and present danger" doctrine, 107–8
Cleveland, Ohio, 260
Clifford, J. Garry, 198, 217, 219, 299
"clip club," 52
Cliveden Set, 151
Cockburn, Claud, 55*n*
cocktail parties, 117–18, 145
Cohen, Benjamin, 166–67
Cohn, Norman, 237
Cold War, 112
Cole, Wayne, 278, 310–11, 318, 387
college students, 311–12
antiwar movement of, 220–26
draft and, 197
Colman, Ronald, 366
Colombia, 99
comic books, 393
Commager, Henry Steele, 141
Committee for the Recognition of Classroom Generals, 222
Committee to Defend America by Aiding the Allies (White Committee), 131–38, 145, 146, 194, 208, 222, 223, 227, 312

索 引 651

Committee to Defend America by Aiding the Allies (cont'd):
on America First, 234
anti-Semitism and, 389–90
benefits sponsored by, 267
Chicago chapter of, 234n
destroyer transfer and, 168, 190, 191
Fight for Freedom compared with, 324
Lend-Lease and, 278
moderates vs. radicals in, 320–22
radio broadcasts by members of, 131–34, 249
Stimson's radio speech and, 204
White's resignation from, 320–21
Commonwealth and Southern, 171–72
Communism, 235, 238, 414, 417
  A. M. Lindbergh's views on, 244–46, 346, 347
  fear of, 14, 20, 110
  Hollywood and, 374
Conant, James Bryant, 222
concentration camps, 13, 227–28
Confessions of a Nazi Spy, 362, 365, 368, 372
Congress, U.S., 54–68, 104, 153, 160, 233, 381, 386, 400–405
  anti-immigrant measures in, 239, 384
  Arnold's lobbying of, 25
  British aid and, 129, 269, 270
  destroyer transfer and, 127, 162–63, 165, 166, 190, 191
  draft and, xxi, 197, 201, 207–19, 208
  election of 1942 and, 352, 426, 434
  FBI and, 110, 111
  FDR's addresses to, 90–91, 98, 99, 102, 105, 112, 420–21
  FDR's relations with, 54–60, 62–68, 90–91, 98, 191, 306
  isolationists in, xix, xx, 28, 32–34, 64–68, 89–93, 100, 116, 137, 141, 154, 158n–59n, 165, 175, 179, 182–83, 185, 224, 274–77, 282–85, 293–94, 320, 330–34, 344, 401–4, 427–28
  labor unrest and, 404
  leaks to, xix, 102
  Lend-Lease and, 275–86, 299, 309
  lethargy of, 58–59
  Lindbergh's father in, 8, 40
  McCormick's views on, 230
  McKellar bill and, 340
  Marshall's testimony to, 299
  military spending and, 96–99, 105, 137, 416, 417–18

Navy escort duty and, 293
neutrality and, xiv, 32–34, 54, 66, 71, 74, 86, 89–94, 305, 400–404
Pearl Harbor attack and, 425, 427–31, 433
resident aliens and, 106
telegrams to, 157
Victory Program and, 418, 420–21, 422
White Committee and, 131–32, 136
Willkie's testimony to, 172, 279, 280, 282–83, 285
wiretapping outlawed by, 111, 327
see also House of Representatives, U.S.; Senate, U.S.
Congressional Record, 332–33
Congress of American Mothers, 213
Connally, Tom, 350, 425
Connecticut, 323, 389–90
Connelly, Marc, 83
conscription, *see* draft
Constitution, U.S., 165, 428
consumerism, 266, 289, 349, 350
Coolidge, Calvin, 7, 39, 61, 113, 178
Cooper, Duff, 51
Cooper, Gary, 369, 370
Cooper, Stanford, 101
Copperheads, 313–14
Corcoran, Thomas, 62
corruption, 85, 143
  government, 61, 62, 82, 229
Coughlin, Charles, 239–41, 319, 436
Council on Foreign Relations, 141–42, 156
court-martial, 113–14
Covington and Burling, 166, 167
Cowles, Gardner, 177, 386
Cowles, John, 177, 386
Craig, Malin, 30
Cranbrook Academy of Art, 455
Crawford, C. W., 394
Creasy, George, 192
Crete, 291
"Crisis Is Here, The" (America First), 402
Crowley, Leo, 383
Crowninshield, Frank, 198
Cuba, 99, 205, 272
Cull, Nicholas, 52, 116, 194–95
Cuneo, Ernest, 187, 310
Curtiss, Mina Kirstein, 38
Czechoslovakia, 155
  German seizure of, xiii–xiv, 17, 23, 33, 34, 44, 50, 84, 130, 156

Dachau, 227–28
Dahl, Roald, 117
Daladier, Édouard, 13, 96
Daly, John Charles, 424
Daniels, Jonathan, 355
Dartmouth, 222, 398
Daugherty, Harry, 61
Davenport, Marcia, 175, 177, 181–82, 252, 253, 263
Davenport, Russell, 175–77, 181, 253, 257, 263
Davis, Dwight, 113
Davis, Elmer, 145–46, 450
Davis, Kenneth S., 8, 289, 311
Davis, Richard Harding, 198
Dearborn Independent, 237
Dearly Beloved (A. M. Lindbergh), 42
defense mobilization, 434
  inadequacies of, 287, 288–89, 341–42, 349–50, 413, 415
democracy, xxi, 78, 81, 87, 97–98, 183, 192, 215, 231, 274, 318, 370, 404, 440
  Agar's views on, 92
  A. M. Lindbergh's views on, 244
  Dunkirk and, 159
  election of 1940 and, 189
  Lend-Lease and, 278, 281
  Lindbergh's views on, xx, 11, 19, 20, 76, 316, 386
  "making the world safe for," xvii, 28
  pacifists' view of, 227
  Sherwood's views on, 135
  U.S. as "arsenal" of, 287, 342
  Willkie's views on, 177, 216, 281, 315, 448
Democratic National Committee (DNC), 255–56
Democratic Party, Democrats, 49, 59–63, 88, 183, 401, 449, 454
  America First and, 226, 233–34
  in Century Group, 141
  Chicago convention of (1940), 186–90
  conservative, 56, 59, 63, 92, 239
  draft and, 209–10, 212, 214–17, 354, 356, 357
  hooliganism and, 256
  isolationist, 216
  progressive, 60–62, 230
  southern, 59, 90, 92, 239
  Willkie and, 170, 172, 181, 182
  Willkie rumors and, 255
Denmark, German invasion of, 97, 104, 347

Dern, George, 202
Des Moines Register, 177, 255, 386
Des Moines speech, of Lindbergh, 375–76, 378–79, 385–92, 426
destroyers, U.S., 399, 400, 421
  Greer, 395–97
  Kearney, 400, 401, 403, 404
  Reuben Jones, 404–6
destroyer transfer, xxi, 127, 150, 161–69, 190–93, 196, 207, 216, 223, 265, 307, 344, 437
Detroit, Mich., 436, 441, 444, 449, 455
Dewey, Thomas, 170, 174, 179–81, *206*
Deyo, Morton, 397
Dieckhoff, Hans, 20, 276
Dies, Martin, 239, 327–28, 362
Divine, Robert, 92
dollar, U.S., devaluation of, 165–66
"dollar patriots," 214
Donovan, William, 123, 338–40, *338*, 403, 426
Douglas, Lewis, 190, 322, 323
Douglas, Melvyn, 361
Douglas, Stephen, 85
draft, xxi, 196–219, 223, 300, 437
  approval of, 217–18
  extension of, 351–58
  implementation of, 218
  Lend-Lease compared with, 275, 277
  opposition to, 196–97, 212–15
  replacement of Woodring and, 201–5
  in World War I, 196, 215
Dreyfus, Alfred, 114
Drum, Hugh, 197
Drummond, Roscoe, 281–82
Dunkirk, 97, 127, 159, 160
Dutch East Indies (now Indonesia), 409, 410, 423

Eagle Squadrons, 398
Earhart, Amelia, 332
Early, Steve, 104, 113, 169, 314, 316, 324, 377, 418
  Des Moines speech and, 387–88
East Coast elite, 203, 227, 238
  Centurions as, 139–41
  Century Group as, 139–50, 144, 147
  Lindbergh and, 225, 248
  media and, 146, 148–49
  in Plattsburg movement, 198–99
  resentment felt toward, 143
  Willkie and, 181–82
  Yale and, 221, 225

索 引 653

Eastern Europe, 70, 380
Eden, Anthony, 50, *312*
Edison, Charles, 71, 205
Editorial Research Reports, 182
Egypt, 291
Eichelberger, Clark, 322
Einstein, Albert, 74
Eisenhower, Dwight D., 445, 446, 452
election, U.S.:
  of 1920, 82
  of 1932, 32, 62, 199, 202, 263
  of 1936, 32, 56, 57–58, 60, 63, 88, 199, 205, 230, 233, 263
  of 1938, 63–64, 93, 184, 210
  of 1940, xxi, 160, 163, 169–71, 174–91, 193, 196, 197, 199, 200, 206, 216, 218–19, 235, 240, 251–67, 277, 278, 280, 317, 320, 370
  of 1942, 352, 426, 434
  of 1944, 374, 449, 451
  of 1952, 454
Eliot, George Fielding, 146
Elizabeth II, Queen of England, 153
Elwood, Ind., 216, 256
Embick, Stanley, 300–302, 419, 447
Emporia, Kans., 87, 88
Emporia Gazette, 87
Empson, William, 51
England, 17, 116, 183
  A. M. Lindbergh's missing of, 35
  Lindbergh in, xv, 12, 14, 18, 43–44, 73
  Lindbergh's views on, 20
Englewood, N.J., 10, 37, 43, 45, 132, 134
English Channel, 14, 159, 160, 163, 447
espionage, 106, 112
  German, 334–37
  see also British Security Coordination
Espionage Act (1917), 107, 418
eugenics, 72, 459–60
executive branch, energy and experimentation in, 59
executive orders, 306, 307

Fairbanks, Douglas, Jr., 361
Farley, James, 185, 187
farmers, U.S., 49, 294, 306
fascism:
  America First and, 235
  A. M. Lindbergh's views on, 244–46, 248
  see also Germany, Nazi; Italy, fascist; Nazis, Nazism
Federal Bureau of Investigation (FBI), xix–xx, 106, 149, 279, 326–27, 330–40

BSC and, 116, 118–19, 121, 124, 337, 339–40
  civil liberties and, 108–13
  Lend-Lease and, 326–27
  Lindbergh and, 113, 250, 326
  in movies, 365
  Victory Program leak and, 418–22, 438
  Willkie and, 255
  Z Coverage program of, 119
Federal Communications Commission (FCC), 327
Federal Theatre Project, 328, 361–62
Feldzug in Polen, 228
Ferber, Edna, 83–84, 323
Field, Marshall, III, 416–17
fifth column, 100, 104–6, 108, 121, 123–25, 245, 337, 384
Fifth Column Is Here, The, 106
Fifth Royal Highlanders (the Black Watch), 82
fighter planes, 13, 267, 441–42
Fight for Freedom (FFF), 323–25, 330–31, 333, 361, 385, 386, 390, 392, 417
Finland, Soviet invasion of, 95–96
First Amendment, 107–8
First Army, U.S., 217
Fish, Hamilton, 185, 320–21, 323–24, 330, 331, 333–34, 451
  Pearl Harbor and, 425, 427
Flanner, Janet, 182
Fleeson, Doris, 316
Fleming, Ian, 118
Fleming, Thomas, 422
Fly, James, 327
Flynn, John T., 389
Ford, Gerald, 224, 234, 445–46, 451
Ford, Henry, 237, 238, 441
Foreign Affairs, 142
Foreign Correspondent, 365–66, 367
Foreign Ministry, German, 182, 330, 334, 335
Foreign Office, British, 34, 51, 96, 156, 160, 182, 268, 270
Forrestal, James, 207, 450
Forster, Arnold, 331–32, 380, 384, 385
Fortress America, 30, 66, 229
Fortune, 98, 100, 148, 175–76, 232, 342, 384
Fort Wayne, Ind., *317,* 426
Foster, John, 162
Fox, James, 154, 155
France, 29–30, 70, 145, 195, 363, 444
  Allied invasion of, 447

A. M. Lindbergh's missing of, 35
appeasement and, 12, 13, 17, 104
arms shortage of, xiv
  at Dunkirk, 97
German occupation of, xvi, 97, 100, 103, 104, 126, 127, 130, 131, 132, 146, 150, 158, 159, 170, 178, 185, 201, 210, 211–12, 215, 222, 248, 295, 382
Germany as threat to, 12
invasion of Poland and, xiv, xvi, 23, 53, 94
Lindbergh in, xv, 12, 18, 73
Lindbergh's reports and, 17
Lindbergh's views on, 13–14, 18, 20, 133
phony war and, 94, 96
U.S. aid to, 32, 54, 89, 92, 93, 132, 146, 170, 177, 203–4
U.S. aircraft sales to, 27, 75
U.S. arms sales to, xiv, xv, 34, 75, 77, 89, 129, 175
in U.S. polls, 89–90
war declared by, xvi, 53–54, 64–65, 73, 94, 248
in World War I, xvii, 12, 30, 198, 203, 205, 209, 389
Frank, Anne, 391
Frankfurter, Felix, 166, 202–3, 204, 208, 382
freedom of information, 316–17
freedom of speech, 76, 107–8, 214, 215, 310–11, 314, 377, 426
Freeman, Douglas Southall, 30
Friends of Democracy, 324–25
Fugitives, the, 145

Gallipoli campaign, 146
Gallup, George, 174, 179, 343, 344
Gallup polls, 28, 64, 157, 179, 277, 296, 342, 343, 384, 401, 406
Garner, John Nance, 55, 59–60, 185, 187
Geisel, Theodor (Dr. Seuss), 318–19, 387
Gentleman from Montana, The, 62
George, Walter, 90
George III, King of England, 154
George V, King of England, 229
George VI, King of England, 153, 271
George Washington, the First Nazi, 124
Georgia, 106, 114
German-American Bund, 123–25, *123,* 331
German Americans, 50, 106, 123–25, 145, 255
  in Chicago, 228
  espionage of, 335–36

German Fellowship Forum, 125, 149
German Information Library, 125
Germans, in U.S., 115, 118, 119, 158, 326
  expulsion of, 334–35
Germany, 52, 452
  postwar unfair treatment of, 29–30, 44, 75, 154–55
  Stephenson's business travels to, 116
  in World War I, 14, 15, 20, 67, 116, 198, 264, 369
Germany, Nazi, xiii–xvi, xx, xxii, 12–23, 25–27, 29–31, 74–79, 94–101, 110, 121–32, 159, 193–96, 203, 290–96, 301, 323, 330–37, 345–49, 375, 402–7, 435
  A. M. Lindbergh's views on, 44, 244–45, 453
  Austria annexed by, 13, 33
  in Blitz, 193–95, 217, 243, 245, 260, 264, 283, 365–66
  blitzkrieg of, 97–98, 104, 127, 131, 146, 150, 167, 174, 184–85, 193, 209, 365
  British in mortal peril from, 290–92
  British naval blockade of, 121
  Century Groups' call for war against, 137–38, 139, 145, 146, 149–50
  Churchill's leak fears and, 268
  Czechoslovakia seized by, *see* Czechoslovakia, German seizure of
  election of 1940 and, 182–85, 255, 262, 263
  espionage of, 334–37
  expansionist policy of (*Lebensraum*), 70, 414
  France occupied by, *see* France, German occupation of
  Gestapo in, 19, 52
  Great Britain compared with, 50
  Japan compared with, 408, 409
  Japan's pact with, 409, 431
  Jewish refugees from, 107, 384
  Johnson's travels in, 240
  Kristallnacht in, 19, 20, 22, 384
  leaking of U.S. contingency war plan against, xix
  Lend-Lease and, 274, 279, 282, 293, 295
  Lindbergh's affinity for, 18, 29, 103
  Lindbergh's medal from, 20–22, 104, 316
  Lindbergh's refusal to criticize, 250–51, 453–54
  Lindbergh's superficial knowledge of, 19
  Lindbergh's trips to, xv, 14–20, *15, 16,* 25, 78, 85, 104, 376, 419

索引 655

Germany, Nazi (cont'd):
Lothian criticized in, 157
Lothian's views on, 155, 156
military expansion of, 15
movies about, 227–28, 361, 362, 364, 365–66, 368, 371
Munich conference and agreement and, xiv, 13, 17, 20, 26, 33, 50, 52
Olympic Games in, 236–37
peace efforts and, 251, 254
phony war and, 84–97
Poland invaded by, xiv, xvi, xvii, 23, 53, 85, 89, 94, 149, 228, 240
propaganda of, 124–25, 149, 182–83, 228, 240, 244, 315, 334, 335, 366
racial theories of, 72, 379
Rhineland occupied by, 12
in Scandinavia, 97, 104
scientists in, 74
secret map of, 402–3
Smith's views on, 70, 113
in South America, 99, 100, 101, 130, 201, 402–3
Soviet Union attacked by, 345–48, 375, 395, 438–39
Thompson in, 78
U.S. blueprint for total war with, *see* Victory Program
U.S. consular personnel expelled from, 335
U.S. declaration of war against, 429, 431, *432*
U.S. economy and, 306
U.S. military's admiration for, 29, 195, 414
in U.S. polls, 89–90
war against U.S. declared by, 431–33
Willkie's nomination and, 170–71
wiretapping and, 111
in withdrawal from League, 12–13
Gestapo, 19, 52
Gibbons, Floyd, 231
Gibbs, Wolcott, 20
Gienanth, Baron Ulrich von, 332
Gift from the Sea (A. M. Lindbergh), 456–57
Gish, Lillian, 362
Glass, Carter, 279, 401
Gleason, S. Everett, xx, 28, 96, 270
Gneisenau, 290
Goebbels, Joseph, 103, 122, 365
"Goebbels Hour," 125
Goering, Hermann, 16–17, *16*, 20, 317, 376
Goldin, Milton, 29

gold reserves, 265
Goldwyn, Samuel, 360
Grand Rapids, Mich., 106, 230
Grant, Cary, 366
Great Britain, xiv–xxii, 12–14, 26–30, 49–54, 70, 103, 126–31, 145, 149–62, 190–95, 249–52, 264–308, 344–50, 396–401
in American Revolution, 49, 314
anti-Nazi movie from, 227–28
appeasement and, 12, 13, 17, 23, 50–51, 76, 104, 116, 151, 155
arms shortage of, xiv, 13
Aubrey Morgan as propagandist for, 46, 48, 52, 98, 115, 158, 212, 249
Blitz and, 193–95, 217, 243, 245, 260, 264, 283, 384
Brewster appointed ambassador to, 220
Century Group and, 137–38, 139, 141
destroyer transfer and, *see* destroyer transfer
at Dunkirk, 97, 127, 159, 160
education in, 141, 231, 232
election of 1940 and, 257, 262, 264–67
expansion of German combat zone around, 295, 296, 301
financial problems of, 265, 268, 269, 270, 284
German designs on, 100, 126, 127, 129, 130, 131, 150, 158, 160, 193–95, 201, 220, 295, 346, 395, 439
German sabotage and, 111
imperialist policies of, 50, 231
intelligence service of, 116, 330, 339, 403
international affairs think tank in, 141–42
invasion of Poland and, xiv, xvi, 23, 53, 94
Japanese threat to, 408, 410, 411
Jewish refugees in, 384
in League of Nations, 13
Lend-Lease and, *see* Lend-Lease
Lindbergh's radio address and, 75–76
Lindbergh's reports and, 17
Lindbergh's views on, 14, 18, 133, 249–50, 319, 375, 378, 379, 386
mortal peril of, 290–92
movies and, 361, 365, 366–67
North Africa strategy of, 447
Pacific possessions of, 410, 411, 432
pacifism in, 221
peace efforts and, 251, 254
Pearl Harbor and, 423, 428–29

phony war and, 94, 96
private aid to, 267, 390
propaganda of, 46, 48, 51, 52, 98, 115, 151, 157, 158–59, 249, 250, 398
survival of, xvi, xvii, 135, 146, 157, 158, 194, 195, 250–51, 269, 292, 293, 295, 301, 303, 321, 338, 346
two-front war threat of, 428–29, 431, 433
U.S. acquisition of military bases of, xxi, 167–68, 190, 191, 207
U.S. aid to, 32, 49, 54, 89–90, 92, 93, 115, 126–30, 132, 136–38, 146, 150, 151, 160–70, 177, 178–79, 183, 190–94, 202, 203–4, 207, 249, 252, 257, 265, 268–90, 292–308, 318, 320, 338, 342, 344, 345, 382, 416
U.S. aircraft sales to, 27, 75, 205
U.S. arms sales to, xiv, xv, 34, 75, 77, 89, 129, 175, 413, 433
U.S. intelligence activities of, *see* British Security Coordination
in U.S. polls, 89–90
U.S. secret alliance with, 116, 118–19, 121–22, 257, 301
U.S. "special relationship" with, 285
Victory Program and, 415
war declared by, xvi, 53–54, 64–65, 73, 94
war shortages of, 127, 150
Willkie's mission to, 281–82
in World War I, xvii, 12, 28, 30, 51, 116, 154, 167, 197–98, 264
see also England
Great Debate, xvi–xxii, 64–86, 97–114
alienation and, 28
A. M. Lindbergh's views on, xviii, 36, 44, 73, 132–34, 242–46
British aid and, 126–30, 136–38, 150, 161–69, 190–94
civil liberties and, 105–13
end of, 424
Gallup poll and, 28
German infiltration and, 99–100
leaks and, xix
Lend-Lease and, *see* Lend-Lease
Lothian and, 150, 156–62
national unity and, 437
Neutrality Acts and, 32–34, 88–94
poisonous side of, 318
private citizens' groups and, xx–xxi, 131–50, *144, 147*
Smith court-martial attempt and, 113–14

see also intervention, interventionists; isolationism, isolationists
Great Depression, 32, 98, 148, 184, 221, 233, 238, 328, 380, 436
Great Dictator, The, 368
Greece, 291, 302, 398
Green, Murray, 24, 101–2, 439
Green, Theodore, 110–11
Greenland, 295–96
Greer, 395–97
Griffith, Robert, 328
Groton, 141, 166, 230
Guam, 101, 421
Gunther, John, 229
Guthrie, Woody, 276n, 406

Hadden, Briton, 148
Halberstam, David, 141, 171
Halifax, Lord, 126, 157, 194, 268, 344–45
  movies and, 361, 366
Halifax, Nova Scotia, 192, 405
Halleck, Charles, 180
Hamilton, Emma, 367
Hamilton, John, 281
Harcourt, Alfred, 245
Harcourt, Brace, 43, 444
Harding, Warren G., 54, 61, 82, 145, 178, 363
Hardwicke, Cedric, 366
Harriman, Averell, 292, 308, 428
Hart, Miles, 377
Hart, Moss, 323
Harvard Crimson, 222, 223
Harvard University, 81–82, 141, 176, 199, 222, 323, 398
  America First at, 224
  medical aid provided by, 267
Hauptmann, Bruno Richard, 10, 11, 42, 47
Hawaii, 130, 423
Hawks, Howard, 361
Hayes, Helen, 83, 361
Hays, Will, 363
Hays Office, 363
Hearst, William Randolph, 135, 231
Hearst press, 318, 387
Hemingway, Ernest, 28
Hepburn, Katharine, 77
heroes:
  Churchill as, 159
  Lindbergh as, 6, 7, 12, 39, 81, 85, 86, 224–25, 235, 242, 312
  Sherwood, 81, 84–85, 86

索 引 657

Herrick, Myron, 4–5
Hershey, Lewis B., 219, 369
Hesshaimer, Brigitte, 458, 459, 460
Hesshaimer, Marietta, 458, 459, 460
Highet, Gilbert, 117
Hill, A. P., 52
Hill, George, 333
Hilton, James, 367, 394
Hitchcock, Alfred, 365–66
Hitler, Adolf, xiii–xviii, 76–79, 129,
　132, 136, 158, 194–95, 237, 274, 316,
　345–49, 352, 393
　America First and, 236
　A. M. Lindbergh's views on, 44
　as "British ambassador," 124
　BSC disinformation for, 118
　Churchill's views on, 126
　Czechoslovakia and, xiii–xiv, 34, 50,
　　130
　as dictator, 19, 22, 65
　Dieckhoff recalled by, 20
　disclosure of Victory Program and,
　　438–39
　draft and, 186, 215, 217, 218
　election of 1940 and, 170, 178, 184–85,
　　255, 260, 261, 263
　FDR's "chess game" with, 194–96, 347
　fifth column and, 100, 104, 106, 121
　Ford and, 237
　Hearst newsreel cameraman predictions
　　for, 100
　invasion of Poland and, xvi, xviii
　isolationists and, 122, 236
　Jews and, 22, 368, 389
　Lindbergh as "ambassador" of, 17, 18,
　　386
　Lindbergh's views on, xv, 19, 312, 317
　Lothian's views on, 155, 156
　newsreels and movies and, 362, 364, 365,
　　368, 371, 374
　Pearl Harbor attack and, 431, 439
　racial theories of, 72, 255
　rise to power of, xvii, 12–13, 22, 52, 78,
　　109
　Sherwood's views on, 81, 84, 85
　Smith's interview with, 15
　STOP HITLER NOW ad and, 135
　U.S. economy and, 306
　U.S. sympathizers with, 110, 124, 239,
　　240
　U.S. talks with, 96
　war against U.S. declared by, 431–33
　war preparations of, 33, 60

Hitler youth movement, 312
Hobson, Henry, 323
Holland (the Netherlands), 408, 410, 432
　German invasion of, 97, 104
Hollywood, 62, 228, 360–75
　British presence in, 366–67
　Communist influence in, 374
　Jews and, 360, 363–64, 366, 368
　self-censorship in, 363, 364
　see also movies
Hollywood Anti-Nazi League, 361
Holmes, Oliver Wendell, Jr., 66, 107–8
Holocaust, 380, 385, 391, 436, 453, 454
Holt, Henry, 140
Holt, Rush, 214–15
Homer, Winslow, 140
hooliganism, 256
Hoover, Herbert, xiv, 69, 203, 303
Hoover, J. Edgar, 109, 255, 326–27, 384
　BSC battle with, 337, 339–40
　civil liberties and, 108–13
　Stephenson and, 116, 118, 337, 339–40
Hopkins, Harry, 200, 294, 297, 301, 328,
　358
　election of 1940 and, 185, 187, 188, 189,
　　254, 258, 259, 263
　Lend-Lease and, 271, 285
Hormel, Jay, 233
House of Commons, British, 23, 76, 126,
　155, 291–92, 358, 406
　Lothian eulogy in, 273
House of Representatives, U.S., xiv, xviii,
　59, 90, 190, 404, 430, 434
　Appropriations Committee of, 97
　arms embargo repealed in, 92
　draft and, 210, 215–18, 352–57
　election of 1936 and, 56
　election of 1938 and, 64, 184
　Foreign Affairs Committee of, 185,
　　279–80, 425
　Interstate and Foreign Commerce
　　Committee of, 355
　Judiciary Committee of, 59, 60
　Lend-Lease and, 277, 279–80, 281, 283
　Un-American Activities Committee of
　　(HUAC), 239, 327–28, 362, 374
Howard, Roy, 281
Hughes, Charles Evans, 7
Hull, Cordell, 34, 55, 92, 95, 160, 282,
　409, 425
　caution of, 298
　Stimson's radio speech and, 204
Hunt, Richard Morris, 140

Hurd, Charles, 217
Huston, John, 369
Hutchins, Robert Maynard, 227, 234
Hutton, Graham, 395
Hyde Park, N.Y., 262–63, 264, 307

Iceland, 295, 301, 347–49, 358, 396–97, 400
Ickes, Harold, 21–22, 33, 64, 79, 98, 207, *312*, 328, 387, 405–6
 on destroyer transfer, 165
 election of 1940 and, 185, 186, 188, 190, 254, 255
 Jews warned by, 383
 on lack of leadership, 297–98
 Lindbergh criticized by, 22, 79, 313, 376, 377, 440
 phone taps and, 111
 on super-patriot excesses, 106
 on Wave of the Future, 245–46
Idiot's Delight (movie), 362–63
Idiot's Delight (Sherwood), 84, 362
Ignatius, David, 116, 121
Illiec, 12
immigrants, 238, 239, 255, 327, 328
 Jewish, 380–81, 384
Imperial General Staff, British, 13
imperialism, 132, 154, 231, 447, 448, 450
Indiana, 171, 216, 256, *317*
Indochina, 410
Ingalls, Laura, 332
Ingersoll, Ralph, 121, 318
"Inside Nazi Germany," 364
internationalism, 32, 44, 78–79, 141–42, 146, 355, 450
 Willkie and, 171, 178, 448, 449
intervention, interventionists, xvii–xxii, 92, 93, 183, 241, 242, 250, 304–26, 330–32, 343–48, 392–95, 412, 446, 450
 of Acheson, 166
 of Agar, 137–38, 145, 323
 British leaks to, 161–62
 cartoons used by, 318–19
 in Chicago, 227, 232, 234*n*
 Des Moines speech and, 386, 387, 392
 destroyer transfer and, xxi, 150, 161–69, 190–93, 196
 draft and, xxi, 196–219, *208*
 of Elizabeth Morrow, xviii, 44, 46, 132–34, 249, 392
 FDR's attacks and, 309–16
 FDR's lethargy and, 266, 289

Jews and, 385
Kearney attack and, 400, 401
Lend-Lease and, 274, 275, 278, 279–83
 in Long Island, 248
 moderation vs. radicalism in, 319–26
 movies and, 361–64, 366, 367–68, 371–73
 Navy escorts and, 292–98
 Pearl Harbor attack and, 424
 private citizens' groups and, xx–xxi, 131–50, *144, 147*, 161–69, 223
 of Sherwood, 85, 86
 of Stimson, 90, 203–4, 205, 207, 248
 student antiwar movement vs., 221–23
 of Thompson, 77–81, 77, 103
 of Willkie, xxi, 170, 177, 178–79, 190, 257
 Yale and, 221–22
Ireland, 50
Irish Americans, 50, 228, 240
Isaacson, Walter, 450
isolationism, isolationists, xvi–xxi, 30, 33, 46, 132–36, 141, 195, 239, 242–56, 289, 293, 320–23, 385–90, 434, 436
 alienation and, 28
 America First and, *see* America First Committee
 anti-Soviet views of, 346
 in Chicago, 228–29, 231
 in Congress, *see* Congress, U.S., isolationists in
 destroyer transfer opposed by, 165
 draft and, 196–97, 201, 209, 212–14, 356
 FDR's campaign against, xix–xx, 103–5, 118, 309–16
 German support for, 122, 125
 Lend-Lease and, 274–80, 282–86, 293, 310
 Lindbergh as unofficial leader and spokesman for, xvi, 23, 74, 311
 of Lindbergh's father, 44
 Lothian and, 151, 154, 157, 158
 in Louisville, 145
 Marshall compared with, 299
 military and, 298–305, 397
 movies and, 359–62, 368, 371–73
 in New York, 227
 oil business and, 121
 Pearl Harbor attack and, 424, 427–28
 Republican, *see* Republican Party, Republicans, isolationists in
 reputations rebuilt by, 450–52
 rethinking of position by, 286, 394, 395

索 引 659

isolationism, isolationists (cont'd):
  Stephenson's war against, 115, 116, 118, 120
  student movement and, 220–26
  Thomsen's views on, 122
  Victory Program and, 413, 419
  Wheeler and, 49
  White and, 88
  World War I and, 137
Italians, in U.S., 115, 118, 119
Italy, fascist, 121, 196, 203, 274
  in Africa, 12, 291
  Japan's pact with, 409, 431
  movies and, 362–65
  U.S. declaration of war against, 429, 431

Jackson, Andrew, 49
Jackson, Robert, 59, 105–8, 110, 184, 327, 344, 407
  Stimson's meeting with, 297
  successor of, 292
  wiretapping and, 111–12
Jamestown, N.Y., 105–6
Jane's All the World's Aircraft, 308
Japan, 119, 130–31, 291, 301, 326, 407–11, 422–34
  Lindbergh's combat missions against, 443
  Manchuria seized by, 203, 408
  Pearl Harbor bombed by, 357, 423–34, 439
  Plan Dog and, 413
  POWs from, 453–54
  in Tripartite Pact, 409, 431
  U.S. declaration of war against, 425, 426
  U.S. misunderstanding of, 409–10, 424
  Victory Program and, 415, 422
Japanese Americans, 434
Jefferson, Thomas, 49, 196
Jesus Christ, 233
Jews, 44, 50, 72, 228
  America First and, 227, 236–38
  Hollywood and, 360, 363–64, 366, 368
  refugees, 107, 298, 364, 381, 384–85
  see also anti-Semitism
Joe Palooka, 393
Johnson, Hiram, 65–66, 100, 154, 185, 218, 425
  Lend-Lease and, 276, 283
Johnson, Louis, 202
Johnson, Lyndon, 310
Johnson, Philip, 240
Joint Chiefs of Staff, U.S., 447, 452

Joint Planning Board, Army-Navy, 128–29
Joint Strategic Survey Committee, 447
J.P. Morgan (House of Morgan), 37, 40, 75, 248
Justice Department, U.S., 107, 110, 328–29, 333, 435

Kabaservice, Geoffrey, 223
Kaufman, George S., 83, 323
Kearney, 400, 401, 403, 404
Keegan, John, 447
Keep America Out of War Congress, 227, 388
Kelly, Edward J., 187, 189, 228
Kennedy, Jacqueline, 453
Kennedy, Joe, Jr., 224
Kennedy, John F., 224, 286, 452–53
Kennedy, Joseph P., Sr., 368
Kerr, Philip, the 11th marquess of Lothian, *see* Lothian, Lord
Ketchum, Richard, 33, 93, 130, 225, 238
  on election of 1940, 178, 187
Keynes, John Maynard, 72
kidnapping, *see* Lindbergh, Charles, Jr., Kidnapping and murder of
Kipling, Rudyard, 229
Kirby, Jack, 393
Kirchwey, Freda, 138, 218, 260–61
Kirk, Alan, 162
Klaw, Spencer, 223
Knickerbocker, H. R., 311
Knox, Frank, 214, 228, 264, 294, 297, 304–5, 346, 348, 443, 450
  appointed to cabinet, 205–7, *206*
  Chicago Sun and, 416–17
  convoy protection and, 301
  Donovan's relationship with, 338
  Lend-Lease and, 275, 278
  Pearl Harbor and, 423, 424
  Victory Program and, 412, 413, 415–16
Koch, Howard, 369
Korda, Alexander, 367
Kriendler, Jack, 324
Kriendler, Mac, 323–24
Kristallnacht, 19, 20, 22, 384
Krock, Arthur, 163
Kuhn, Fritz, 124
Ku Klux Klan, 172, 256

labor unions, 56, 110, 327, 328, 404
Ladies' Home Journal, 77
LaFarge, John, 140

LaFleur, Lloyd, 405
LaFollette, Philip, 276
La Guardia, Fiorello, 263, 322, 394
Lamont, Thomas, 248, 322
Land, Jerry, 248–49
Landis, James, 355
Landon, Alf, 56, 205
Lane, Marjorie, 331
Lang, Hermann, 335–36
Langer, William, xx, 28, 96, 270, 380
Langley, Noel, 117
Lardner, Ring, 83
Lasky, Jesse, Jr., 363, 369
Latin America, 99, 167, 412
Laval, Pierre, 248, 322
leadership, xx–xxi, 173, 317, 375
  of FDR, xx, 56, 93, 136–37, 184, 185, 257, 266, 289–90, 292, 294, 297–98, 306, 343, 344, 347, 358, 400, 433
League of Nations, 12–13, 32, 55, 65, 82, 137, 141, 234
leaks, xix, 102, 190
  to Century Group, 161–62
  Churchill's fear of, 268
  of Victory Program, 411–12, 417–22, 448
Lee, Gypsy Rose, 267
Lee, Raymond, 193, 308
Lee, Robert E., 30
LeHand, Missy, 290
Lehman, Herbert, 260
Leigh, Vivien, 367
Lend-Lease, 193, 273–89, 292, 293, 295, 299, 307, 311, 344, 349, 415, 420, 421, 437
  American Viscose liquidation and, 284
  announcement of, 273–74, 359
  creation of, 271
  delays in implementation of, 287, 288–89
  FBI and, 326–27
  garden hose analogy and, 274
  Naval escorts and, 297
  passage of, 285, 289, 309, 310
  signing of, 285
Lewis, Fulton, Jr., 69–70
Lewis, Sinclair, 79, 143
liberalism, liberals, 78, 141, 154, 171, 230, 254, 327, 328–29, 361, 434, 449
America First and, 226, 227
Liberty, 21, 387
Libya, 291
Life (humor magazine), 83

Life (photo magazine), 21, 28–29, 83*n*, 94, 170, 231, 244, 307, 341, 347, 409
  on anti-Nazi movies, 365
  on Army morale, 351–52
  Blitz in, 194, 264
  election of 1940 and, 177, 178, 189
  founding and influence of, 148
  on "leaderless army," 266
  Lindbergh in, 315, 316, 442
  Neosho story in, 304–95
  war coverage of, 149
Li'l Abner, 393
Lincoln, Abraham, 85, 219, 313–14
Lindbergh, Anne (daughter), 42, 444
Lindbergh, Anne Morrow, xiii, 4, 8–12, 16–22, 35–48, *36,* 75, 242–50, 426, 442–45, 453–59
  ambition of, 39, 40
  Atchley's affair with, 458
  on Charles, 4, 243, 315, 442–43
  Charles's correspondence with, 35, 47, 457
  Charles's Des Moines speech and, 375–76, 378–79, 385, 387, 390, 391–92
  Charles's differences from, 40–42, 73
  Charles's meeting with and dating of, 39–40
  Charles's relationship with, 40–43, 45, 46, 73, 133, 445, 454–58
  Charlie's murder and, 10, 35, 42, 79
  crank phone calls and, 114
  diary of, 10, 12, 22, 37–38, 39, 41–44, 47, 73, 79, 103, 114, 132, 133, 134, 243, 247, 248, 326, 387, 444–45, 455, 457, 458
  education of, 37–39
  family background of, 36–37, 40
  flying of, 11, 39, 41
  in Germany, 16–20, *16,* 85
  Great Debate and, xviii, 36, 44, 73, 132–34, 242–46
  insecurity of, 37–38, 44, 47
  lack of contact with ordinary people and isolation of, 14, 36, 41, 242, 248
  literary talent and writing of, 37, 38, 40, 42, 43–44, 76, 243–48, 313, 444, 458–59
  Long Island home of, 53, 114, 247–48, 326
  marriage of, 8, 40–41
  in Mexico, 39
  mother's relationship with, 37, 41, 45, 46, 132–33, 249

索引 661

Lindbergh, Anne Morrow (cont'd):
in move to Europe, 11–12, 14, 43–44, 47
in move to Martha's Vineyard, 326
near nervous breakdown of, 42–43
page role of, 41–42, 73
political and social views of, 44, 243–46
pregnancies and childbirths of, 9, 10, 12, 444, 455, 459
sabbatical from family duties of, 456–57
sense of foreboding of, 35–36
shyness of, 37, 38, 40, 43
social rejection of, 246–49
therapy of, 456, 458
U.S. return of, 24, 35–36, 44–45, 48
Lindbergh, Charles, Jr., kidnapping and murder of, 9, 10, 11, 35, 42, 47, 71, 113, 459
Lindbergh, Charles, Sr., xiii–xvi, 3–29, 39–49, 68–81, 242–45, 248–51, 375–80, 418, 438–45, 452–61
accuracy and expertise favored by, 18, 103
America First and, 224–25, 225, 235, 251, 293, 311–12, 317, 319, 323, 324–25, 346, 375–76, 378–79, 385–92, 402, 446
Anne and, see Lindbergh, Anne Morrow
anti-isolationist campaign against, 311–16, 322–27
anti-Semitism of, 378–80, 385–92
as anti-Soviet, 346, 347, 375
Army Air Forces reinstatement controversy and, 438–41
in Army Reserve, 27, 70
Army resignation of, 315–16
Arnold's meeting with, 24–25, 27
awards and honors of, 7, 20–22, 104, 316, 376
background of, 8–9, 40
British attacks on, 75–76
commercial aviation advocated by, 7–8
as controversial figure, 73–80, 242, 296, 325, 453
death of, 459
Des Moines speech of, 375–76, 378–79, 385–90, 402, 426
faith of, 11
fame, celebrity, and popularity of, xiii, xiv, xv, 4–8, 23, 24, 27, 39, 41, 45, 47, 69, 311
FBI and, 113, 250, 326
FDR compared with, xiv, 70
FDR's clashes with, xiv–xvi, 68, 103–5, 251, 311–17

FDR's letter from, 376–77
FDR's meeting with, xiii–xvi, xvi
hate mail of, 79, 114, 250
as hero, 6, 7, 12, 39, 81, 85, 86, 224–25, 235, 242, 312
Ickes's criticism of, 22, 79, 313, 376, 377, 440
isolationism of, xvi, xviii–xxi, 23, 30, 46, 69–81, 91, 102–5, 108, 132–34, 223–25, 235, 242–43, 249–51, 279–80, 293, 303, 311–16, 319, 322–27, 346, 377, 385–90, 410, 427, 436, 444, 452, 453
journal of, xv–xvi, 4, 12, 18, 23, 24, 70, 76, 102
lack of contact with ordinary people of, 14
Lend-Lease and, 279–80
Long Island home of, 53, 114, 247–48, 326
mother-in-law's relationship with, 45–46, 133, 249, 392
move to Europe of, xv, 11–22, 43, 47, 73, 75
in move to Martha's Vineyard, 326
national unity call of, 426–27
Nazi Germany visited by, xv, 14–20, 15, 16, 25, 78, 85, 104, 376, 419
Nazism allegations against, 103, 312–16, 319, 324
Pearl Harbor and, 426–27, 438
persecution complex of, 376
political myopia of, 21
political predictions for, 442
practical jokes of, 78
privacy and attention avoiding of, 3, 4, 8, 9–10, 13, 18–21, 23, 27–28, 71
psychological wound of, 11
racial views of, 72–73, 75, 379
radio addresses of, 69–76, 79–81, 85–86, 89, 102–3, 113, 132, 250
reputation repaired by, 70–71, 452–53
in return to Army, 27–28
secretary of the Air Corps offered to, 71
secret life of, 458–60
Smith's relationship with, 70, 74, 113, 114, 235, 303, 446
social awkwardness of, 39
solitariness and loneliness of, 8, 9, 223, 235, 248, 460–61
solo transatlantic flight of, 3–7, 9, 20, 39, 45, 85, 224, 325, 392, 453
Spirit of St. Louis and, 3–4, 5, 6–7, 461

Thompson's attack on, 77–80, 103, 179
as underdog, 6–7
U.S. return of, xv, 23, 24, 35, 44, 48
wartime aircraft work of, 441–42
White Committee and, 132–34
Lindbergh, Charles (father), 8–9, 40, 44
Lindbergh, Evangeline, 8–9, 11, 74
Lindbergh, Jon, 12, 24, 35
threats against, 10–11, 79, 80, 114
Lindbergh, Land, 12, 24, 35
threats against, 79, 80, 114
Lindbergh, Reeve, 11, 42, 47–48, 250, 390–91, 455, 456, 459, 460
Lindbergh, Scott, 444
Lindley, Ernest, 283
Lindsay, Ronald, 153
Lippmann, Walter, 19, 67, 120, 131, 146, 149
destroyer transfer and, 164, 165
election of 1940 and, 257, 261
Listen! The Wind (A. M. Lindbergh), 43–44, 247
Lloyd George, David, 154, 272
Lloyd's of London, 7
Lockhart, Robert Bruce, 50–51, 124
London, 17, 49, 75–76, 116, 118, 130, 268, 307–8, 450
Agar in, 144
Belgian government-in-exile in, 265
in Blitz, 193, 194, 217, 264, 283, 365–66
Eisenhower in, 445, 446
radio broadcasts from, 194
Strong's visit to, 195
Willkie in, 282
London *Daily Mail,* 417
London *Daily Mirror,* 308
London *News Chronicle,* 307–8
London *Sunday Express,* 293
Long, Breckenridge, 298
Long Barn, 12, 14, 43–44, 76
Long Island, 39, 83
Lindbergh home in, 53, 114, 247–48, 326
Roosevelt Field in, 7
Longworth, Alice Roosevelt, 234–35
Look, 177, 178
Lothian, Lord, 150–62, *152,* 164, 167, 266–73, 344, 366
appeal for caution by, 158
ascetic, monastic side of, 155
background and career path of, 154–55
black marks against, 151
Century Group and, 150, 161–62

death of, 271–73
destroyer transfer and, 167, 191, 207
draft and, 212
election of 1940 and, 182, 190
Lend-Lease and, 285
Nancy Astor and, 151, 153, 155, 156–57
press relations of, 153, 157
pro-German attitude of, 155
U.S. aid and, 268–71
U.S. understood by, 152
Versailles Treaty and, 154–55
Yale alumni speech of, 160–61
Louisville *Courier-Journal,* 137–38, 144, *144,* 145, 278, 323, 394
Lend-Lease and, 275
Lovett, Robert, 141, 207, 450
Low Countries, 150, 170, 295
see also Belgium; Holland
Luce, Henry, 83*n,* 118, 147–50, *147,* 175, 369, 450
Willkie and, 175, 177, 257, 263
Luftwaffe, *see* air force, German
Lundeen, Ernest, 330, 333
Lusitania, 198

MacArthur, Douglas, 29
McCarthy, Joseph, 328, 454
McCarthyism, 328, 454
McCloy, John, 207, 450
McCormack, John, 353, 354, 430
McCormick, Robert, 229–32, *230,* 278, 281, 318
Pearl Harbor and, 427
Victory Program and, 411, 412, 416–19
McFarland, Ernest, 371–73
McGarry, Thomas, 187
McKellar, Kenneth, 340
McKellar bill, 340
McNarney, Joseph, 302
McNeil, Neil, 59
Maginot Line, 94, 131, 161
mail, 305–6
airmail, xiv, xv, xvi, 316
congressional franking and, 332–34
hate, 79, 114, 134, 138, 209, 212, 222, 250, 318, 368
on Lend-Lease, 277–78
opening of, 119
Maine, 8, 37, 399
Maine, USS, 272
Make Europe Pay Its War Debts Committee, 330, 333
Malaya, 410, 411, 423

索 引 663

Maloney, J. Loy, 417
Malraux, André, 453
Manchuria, 188, 203, 408
Manly, Chesly, 411–12, 415, 417, 419, 420, 423
Manners, E., 397
Man Nobody Knows, The (Barton), 233
March of Time, 364–65
Marines, U.S., 347, 442, 443, 448
"Marriage vows Annotated After Twenty Years" (A. M. Lindbergh), 458
Marshall, George, xviii, 30, 211, 264, 341, 446–48
  Arnold's friendship with, 102, 439
  British aid resisted by, 128, 129, 300
  complex pre-Pearl Harbor role of, xix, 299–304
  draft and, 197, 200–202, 210–12, 300, 351–56, 358
  on FDR's leadership, xx
  German infiltration and, 99, 201, 402
  Lend-Lease and, 275, 299
  military budget increase requested by, 96–97
  Naval escorts and, 299
  Smith court-martial attempt and, 113–14
  Smith rescued by, 70, 446
  Stimson's relationship with, 207
  Victory Program and, 412, 413, 415–16, 422, 439
  von Boetticher restricted by, 334
Martha's Vineyard, 326
Martin, Joseph, 59, 178, 181, 281, 356
  draft and, 216–17, 218
martinis, 118
Marx, Harpo, 83
Masaryk, Jan, 155
Maschwitz, Eric, 117
Mason, Gregory, 389–90
Mayer, Louis B., 360, 362, 363
media, 76, 173, 217
  Century Group and, 143–48
  hysteria in, 98, 102, 103
  insatiability of, 6, 8, 10, 11, 24, 35
  medal story and, 21
  Wheeler's view of, 359
  Willkie and, 175–82, 189
  see also newspapers
Mein Kampf (Hitler), 237
Mellon, Andrew, 140
Mencken, H. L., 10, 181, 183
merchant shipping, British, 150, 192, 264, 290–99

U.S. Navy escorts and, 292–99, 301, 302, 305, 307, 321, 344–49, 358, 396, 397, 399, 400
merchant ships, U.S., arming of, 400, 401–2
Meredith, Burgess, 361
Merry, Robert, 163
Merz, Charles, 167
Metro-Goldwyn-Mayer (MGM), 362–65
Meuse-Argonne offensive, 369
Mexico, 39, 99, 355
Mexico City, 39
Michigan, University of, 224
Middle East, 291, 293, 303, 338
Middleton, Drew, 159, 265
military, U.S., 27–31
  antiwar views of, 29–30
  Japan underestimated by, 410
  Lindbergh's friends in, 443
  racist theories and, 73
Millay, Edna St. Vincent, 323
Miller, Francis Pickens, 137, 149
Milles, Carl, 455
Milner, Alfred, 154
"Milner Kindergarten," 154
Ministry of Aircraft Production, British, 308
Minnesota, University of, 220
Minton, Sherman, 214–15
Miss Chapin's, 37
Mission to Moscow, 374
Missouri, University of, 221
Mongolia, 188
Monroe Doctrine, 296
Montana, 60–62, 102
Morgan, Aubrey, xviii, 22, 46–49, 161, 243, 424
  as British propagandist, 46, 48, 52, 98, 115, 158, 212, 249
  Lindbergh's relationship with, 47, 249–50
  Lothian's airport press conference and, 269
  mother-in-law's radio address and, 133, 134
Morgan, Constance Morrow "Con," xviii, 36–39, 46–48, 46, 243, 424, 457
  A. M. Lindbergh's correspondence with, 39, 41, 48
  A. M. Lindbergh's meals with, 133, 249
  British propaganda and, 46, 52
  Lindbergh's relationship with, 47
  marriage of, 46, 47–48
  mother's radio address and, 134

Morgan, Elisabeth Morrow, 36, 40, 47–48
Morgan, J. Pierpont, 140
Morgenthau, Henry, 103, 128, 207, 270, 294, 301, 382
Morrow, Anne, see Lindbergh, Anne Morrow
Morrow, Constance, see Morgan, Constance Morrow
Morrow, Dwight, 12, 36–37, 42–43, 44
　at J. P. Morgan, 37, 75
　as U.S. ambassador to Mexico, 39
Morrow, Elisabeth, see Morgan, Elisabeth Morrow
Morrow, Elizabeth, 37–38, *38*, 43–47, 251, 455–56
　A. M. Lindbergh's correspondence with, 41, 44
　A. M. Lindbergh's relationship with, 37, 41, 45, 46, 132–33, 249
　crank phone calls and, 114
　Des Moines speech and, 392
　destroyer deal and, 168
　Englewood estate of, 10, 43, 44, 132, 134
　as interventionist, xviii, 44, 46, 132–34, 249, 392
　Lindbergh's relationship with, 45–46, 133, 249, 392
Mortal Storm, The, 365, 368
Morton, Desmond, 339
Morton, Sterling, 233, 286, 389
Moseley, George van Horn, 382
"mothers' movement," 134, 213–14, *213,* 279, 331, 354
Mountbatten, Lord Louis, 447
movies, 62, 77, 84, 359–75
　European market for, 362, 365
　about Nazi Germany, 227–28, 361, 362, 364, 365–66, 368, 371
　newsreels at, 22, 359, 362
　propaganda in, 359–60, 367
Mowrer, Edgar Ansel, 123
Mrs. Miniver, 367–68, 394
Mr. Smith Goes to Washington, 62
Munich, 15, 237
Munich conference and agreement (1938), xiv, 13, 17, 20, 26, 33, 50, 51, 52, 84
Murphy, Frank, 112
Murrow, Edward R., 194, 221, 394, 398, 426
Mussolini, Benito, 33, 50, 64, 65, 84, 196, 240, 386
　election of 1940 and, 255, 260

movies and, 363, 364, 365, 368, 374
U.S. talks with, 96
Mutual network, 69–70

Nakamura, T., *31*
Napoleon, 367
Nathan, Robert, 246–47
Nation, 135, 138, 218, 260–61
National Council for Prevention of War, 300
National Emergency Committee, 208–10
National Geographic, 43
National Labor Relations Board, 199
national security, U.S., 105, 356
　British survival and, 157, 158, 160–61
　election of 1940 and, 260, 261
　German infiltration and, 99–100, 201
　opening mail for, 119
　wiretapping and, 112
National Union of Social Justice, 319
nativism (Americanism), 49, 73, 105, 106, 110, 238–41
navy, German, 150, 290–91, 348
　see also submarines, German
navy, Japanese, 423
Navy, U.S., xix, 28, 72, 101, 301–2, 339, 341, 403–6, 409, 413, 446, 452
　Air Force competition with, 421–22
　convoying and, 292–99, 301, 302, 305, 307, 321, 344–49, 358, 396, 397, 399, 400
　Cooper in, 101
　destroyer transfer and, 162–63, 165
　FDR and, 26, 104, 199, 200, 205
　in Greenland, 295–96
　intelligence of, 119, 418, 423
　Knox appointed to, 205–7, *206*
　planes of, 442, 443
　save-the-British resistance in, 298–99, 304–5
　war preparations of, 292
　weakness of, 128–29
　in World War I, 104, 144
Nazis, Nazism, xx
　America First and, 236, 241
　in U.S., 103, 109–10, 113, 123–25, *123,* 236, 239, 240, 241, 435
　see also Germany, Nazi
"Nazi Transmission Belt, The," 324
NBC, 77, 223
Neal, Steve, 256
Nelson, Donald, 350, 415
Nelson, Lord, 367

索 引 665

Neosho, Mo., 394–95
Netherlands, the, see Holland
neutrality, xiv, 23, 27, 32–34, 53–54,
    66–69, 75, 96, 118, 127, 199
  destroyer transfer and, 192
  end of, 128
  Hitler and, 236
  Lend-Lease and, 275
  of Lincoln, 85
  Thompson's views on, 79
  U.S. zone of, 295, 296
Neutrality Acts, 32–34, 54, 55, 67, 68,
    88–94, 96, 141, 265, 400–404
  congressional debate over revision of, 66,
    71, 74, 86, 91–92
  FDR's address to Congress and, 90–91
  political groundwork for revision of, 90
  repeal of, 305, 307, 400, 401, 402
  Stimson's views on, 205
  White and, 86, 88–89, 90, 131
New Deal, 56–59, 90, 103, 141, 143, 184,
    190, 226, 227, 232, 355, 383, 433, 434
  opposition to, 204, 205, 210, 230, 233,
    261, 276, 327, 328, 417
  Taft's views on, 174
  Willkie and, 172, 252
Newfoundland meeting, 357–58, 411
New Jersey, 10, 125, 205
New Republic, 189–90
newspapers, 7, 52, 102, 125, 135–38, 198,
    305, 362, 393–94, 398
  Century Group's creation reported in,
    137, 138
  Jewish-controlled, 380, 385
  Lothian's comments in, 157
  STOP HITLER NOW ad in, 135–36,
    149
  tabloids, 6, 10, 11
  White Committee and, 131–32, 135–36
newsreels, 22, 359, 362, 364–65, 386
New York, N.Y., 6, 11, 22, 24, 37, 50,
    139–43, 272, 334, 394, 424
  advertising firms in, 233–34
  A. M. Lindbergh as stranger in, 35
  A. M. Lindbergh's apartments in, 43, 458
  British Library of Information in, 51–52,
    98, 115, 212
  BSC in, 114, 117, 331, 367, 428
  the Bund in, 123, 124
  Century Group office in, 149
  Chicago compared with, 227–30
  FDR in, 260
  Ickes in, 297–98

  interventionists vs. isolationists in,
    324–25
  Irish Americans in, 240
  Jews in, 241, 436
  Lafayette Hotel in, 325–26
  Lindbergh's speeches in, 317, 324–25, 419
  Lothian in, 268–69
  Lothian's views on, 152–53
  movies in, 367, 369
  parades in, 7, *123*
  regional differences in views on, 142–43,
    148
  restaurants in, 133, 323–24
  Star-Spangled Ball in, 267
  theater in, 95
  Tiffany in, 98
  Times Square in, 97
  White Committee in, 135, 320, 322
  Willkie in, 171, 173, 175, 258, 315, 387
New York (state), *31,* 121, 217, 329
  FDR as governor of, 59, 62
New York *Daily News,* 231, 255
New Yorker, 20, 44, 79, 81, 84, 135
  as Eastern magazine, 143, 148
  E. B. White in, 245
  Willkie and, 182
New York *Evening World,* 5
New York *Herald Tribune,* 58, 77, 120, 121,
    146–47, 261–62, 290, 385, 387, 394
  Helen Reid's influence at, 174
  Van Doren at, 173, 174
  Willkie and, 176, 180, 261
New York Philharmonic Orchestra, 424
New York *Post,* 191, 385, 394, 410
New York State Assembly, 199
New York *Times,* 6, 11–12, 21, 71, 121, 146,
    173, 228, 229, 451, 456
  on Army morale, 352
  British aid in, 265
  destroyer transfer and, 163, 165, 167, 192
  draft and, 209, 217
  on Dunkirk, 159
  election of 1940 and, 255, 256
  FDR in, 307
  Jews and, 380, 385
  Lindbergh criticized in, 103, 314, 453–54
  Lindbergh reinstatement and, 439–40
  Lothian's death in, 272
  Willkie's death in, 449
New York Tribune, 174
New York *World,* 85
Nichols, Louis, 422
Nicolson, Harold, 12, 42–45, 47, 76

Niemoller, Martin, 227–28
Night Flight (Saint-Exupéry), 247
Niven, David, 366
Nonpartisan Committee for Peace Through Revision of the Neutrality Law, 89
Norden bombsight, 335–36
North Africa, 219, 398*n,* 439, 447
North to the Orient (A. M. Lindbergh), 43, 44
Norway, 97, 104, 150, 248
Nye, Gerald, 65–68, *66,* 89, 191, *206,* 283, 293, 451
  critical cartoon of, 318
  FBI and, 113
  Fight for Freedom and, 331, 333
  franking operation and, 333–34
  Hollywood and, 360, 363, 370–73
  Pearl Harbor and, 427–28

Office of Coordinator of Information (COI), 339
Office of Production Management, U.S., 289, 350
Office of Public Opinion Research, 343–44
Office of Strategic Services (OSS), 337–39, *338*
Office of War Information, U.S. (OWI), 450
Ogilvy, David, 117
Ohio, 172, 229, 260
oil, 121, 291, 409, 410, 411
Olivier, Laurence, 367
Olmsted, Frederick Law, 140
Olympic Committee, U.S., 236–37
One World (Willkie), 448
"Open Letter to Undergraduates" (Whitridge), 222–23
Orteig, Raymond, 6, 325–26
Owens, Jesse, 237*n*
Oxford University, 148, 154, 221

P-38 Lightning, 443
P-47 fighter (Thunderbolt), 441
Pacific fleet, U.S., 410
Pacific Ocean, 130–31, 302, 408, 412–13, 432, 439, 448
  Lindbergh in, 443, 444
pacifism, 54, 135–36, 212, 220–27, 283, 300, 369, 430
  of Sherwood, 81, 84
  see also isolationism, isolationists
Pack, Amy Elizabeth, 119–20, 337

Paish, George, 158*n*–59*n*
Panama, 402, 421
Panama Canal, 99, 167, 201, 232, 355, 402
Pan American Airways, 8, 452
Paramount News, 359
Paris, 3–7, 9, 17, 18, 44, 130, 175
Paris peace conference (1919), 141, 154, 156
Parker, Dorothy, 82–83, 323
Parliament, British, 151, 287
  see also House of Commons, British
Parsons, Geoffrey, 146, 266
Pastor Hall, 227–28
patriotism, 98, 105, 106, 214, 266–67, 310
Patterson, Eleanor "Cissy," 231, 411
Patterson, Joseph, 231
Patterson, Robert, 207, 413, 450
Patton, George, 30–31
Pax Americana, 450
Peace Corps, 224
peace efforts, 96, 126, 156, 222, 232, 251, 254
  election of 1940 and, 257, 260, 261
Pearl Harbor, xviii, xx, xxii, 145, 219, 340, 410
  Japanese attack on, 423–34, 438, 439
  ships transferred from, 301
Pearson, Drew, 111, 120, 332, 333*n*
Pelley, William Dudley, 238–39, 435
People's Choice, The (Agar), 145
Pepper, Claude, 212–13, *213,* 215, 401, 404
Perkins, Frances, 189, 281, 328
Perret, Geoffrey, 108, 319, 395, 435, 437, 450–51
Pershing, John, 164–65, 166, 369
Peters, Charles, 180, 182
Philadelphia, Pa., 95, 143, 260
  Republican convention in (1940), 178–83, 186, 206, 216, 235, 252
Philippines, 423, 432–33
Phillips Exeter, 224
photographs:
  of Blitz, 194, 217
  of Lothian, *152,* 153
  of mail, 119
photojournalism, 148, 149
Phyllis (sister of Nancy Astor), 155
physicists, 74
pilots, 127, 133
Pittman, Key, 34, 129
Pittsburgh, Pa., 238, 325, 427–28
Plan Dog, 412–13
Plattsburg movement, 198–99, 200, 203, 208

"Plow Under," 276n
PM, 121, 241, 318–19, 385, 387, 410
poetry, 145
Pogue, Forrest, 30, 96, 219
Poland, German invasion of, xiv, xvi,
 xviii, 23, 53, 85, 89, 94, 149, 228, 240
Political Warfare Executive, 124
politics, Centurions and, 140–41
polls, xxii, 28, 64, 89–90, 91, 100, 136,
 169, 184, 293, 342, 347, 357, 395
 anti-Semitism and, 364
 on defense spending, 98
 Dies and, 328
 immigrants in, 384
 Lend-Lease in, 277
 merchant shipping in, 400, 401
 three-term issue in, 184
 Willkie in, 170, 175, 178, 179, 190, 258,
  260
populism, 40, 49, 67
Portal, Charles, 126
Portland, Maine, 399
Portugal, 28, 119
Prague, 17
prep schools, 141, 148, 224
Princeton University, 176, 343
Profiles in Courage (Kennedy), 453
Prohibition, 78
Propaganda Ministry, German, 335
Protestants, 50, 227–28, 242, 383, 385
"Protocols of the Elders of Zion," 237
Pryor, Samuel, 179
public opinion, U.S., 330, 334, 448
 arm sales and, xv
 British influence on, 52, 157
 Century Group and, 143–48, 164, 223,
  279n
 destroyer transfer and, 164, 165, 168–69,
  191–93, 223
 draft and, 208–15, 223, 277, 354, 357
 FDR and, 33, 57, 89–90, 91, 93, 98, 165,
  169, 212, 290, 292, 294, 298, 343–45,
  354, 358, 400
 FDR's loss in, xv, 64
 Great Debate and, xviii, xx, xxi–xxii,
  3, 28, 34, 64, 79–80, 89, 91, 92, 95,
  156–61, 191–95, 342–45
 Jewish refugees and, 384
 League of Nations and, 32, 55
 Lend-Lease and, 277, 283, 284
 Lindbergh's decline in, 20–22
 Lothian and, 153, 156–61, 269
 movies and, 373–74
 Nazi propaganda and, 124–25
 Thompson and, 77
 Willkie's nomination and, 170
 publishing, 125, 177, 233
Pulitzer, Joseph, 165

Quisling, Vidkun, 248
quota system, 381

racism, 72–73, 75, 238, 255, 379
Radcliffe College, 390–92
radio, 7, 52, 53, 68, 272, 360, 362, 392,
 398
 Benton & Bowles and, 233
 Brewster on, 223
 Byrnes's broadcast on, 103–4
 Conant's broadcast on, 222
 Coughlin's broadcasts on, 239
 election of 1940 and, 180, 182
 FDR's broadcasts on, 53–54, 91, 93,
  305–7, 353–54, 396–97
 "Goebbels Hour" on, 125
 Knox's broadcast on, 346
 Lindbergh's broadcasts on, 69–76, 79–81,
  85–86, 89, 102–3, 113, 132, 250
 from London, 194
 Nye's broadcasts on, 89
 Pearl Harbor attack and, 424, 428–30
 Pershing's broadcast on, 164–65
 Sherwood's broadcast on, 312
 Stimson's broadcast on, 203–4, 205
 Stimson's broadcasts on, 90, 297
 Voice of America, 450
 Wheeler's broadcasts on, 89, 101,
  276
 White Committee and, 131–34, 249
 Willkie's broadcasts on, 257, 263
 wiretapping ban and, 111
Raeder, Erich, 295, 296, 345, 348
Railey, Hilton Howell, 352
Rankin, Jeanette, 430, 431
Ransom, John Crowe, 145
rationing, 291, 350
Rayburn, Sam, 294, 352–57, 430
Reagan, Ronald, 310
refugees, 132
 Jewish, 107, 298, 364, 381, 384–85
Regnery, Henry, 233
Regnery, William, 233
Reid, Helen, 121, 174, 179, 261–62
Reid, Ogden, 174, 261, 262
Reilly, Mike, 262
Renwick, James, 140

Republican National Committee (RNC), 216, 281
Republican Party, Republicans, 21–22, 40, 49, 61, 64–67, 173–86, 309, 344, 430, 434, 448–49, 451
America First and, 226, 233
appointed to cabinet, 205–7, *206*
in Century Group, 141
conservative, 146, 172, 174
Democratic coalition with, 56, 205–6
draft and, 210, 216–18, 356, 357
in election of 1936, 56
in election of 1938, 64, 184
in election of 1940, xxi, 169–71, 174–86, 189, 190, 206, 216, 235, 251–63
Herald Tribune and, 146
interventionists in, xxi, 170, 177, 178–79, 183, 190, 205, 206, 254, 394, 395, 401
isolationists in, xxi, 89–93, 141, 160, 170, 179, 182–83, 185, 190, 206, 254, 255, 320–21
Lend-Lease and, 280–81
moderate, 178
Neutrality Act changes and, 401, 404
in New York, 59
progressive ("sons of the wild jackass"), 65, 88, 146
Sherwood's relations with, 259
Stimson as, 203
Reuben James, 404–6
Reynolds, David, 435–36
Reynolds, Robert, 239
Rhineland, German occupation of, 12
Rhodes Trust, 152, 156
Ribbentrop, Joachim von, 155, 291, 403, 431
Ritter, Nikolaus, 336
Road to Rome (Sherwood), 84
Robin Moor, 345
Robinson, Edward G., 361, 363
Rockwell, Norman, 87
Roerich, Nicholas, 188, 258–59
Rogers, G. Vernor, 174
Rogers, Will, 7
Rogge, John, 333
Rommel, Erwin, 291
Roosevelt, Anna, xiii
Roosevelt, Eleanor, 79, 147, 185, 189, 228, 234, 369, 447
  Dies's attack on, 328
  on Long, 298
  Pearl Harbor and, 425, 429
  on Willkie, 282

Roosevelt, Franklin Delano, Jr., 52
Roosevelt, Franklin Delano, Sr., xii–xvi, xix–xxi, 53–60, 62–68, 88–106, 128–31, 136–37, 183–91, 199–209, 249–307, 338–59, 376–79, 382–87, 394–98, 400–407, 409–23, 443, 445–49
  Acheson's relationship with, 165–66
  aircraft production increased by, 26–27, 96, 102
  air war as viewed by, 26–27
  anti-isolationist campaign of, xix–xx, 103–5, 118, 309–16
  armed forces' distrust of, 29
  Arnold's confrontations with, 101, 421
  as assistant secretary of the Navy, 26, 104, 199
  at Atlantic Conference, 400
  British fleet and, 127–28
  cabinet changes made by, xxi, 204–7
  Cantril and, 343–44
  Caribbean cruise of, 268, 270, 271
  as Centurion, 139
  Century Group and, 141, 149, 150
  Churchill's congratulatory cable to, 265
  Churchill's pleas to, 126–28, 150, 161, 162, 268, 270, 271
  civil liberties and, 108, 111–13
  Clark's relationship with, 197, 199–200
  congressional addresses of, 90–91, 98, 99, 102, 105, 112, 420–21
  convoy protection and, 292–98, 301, 302, 305, 307, 321, 344–47, 349, 358
  death of, 259, 374, 446–47, 452
  declaration of war against Germany and, 431, 432
  destroyer transfer and, xxi, 127, 150, 161–65, 167–69, 190–93, 307, 344
  Dies and, 328
  domestic programs of, 29, 32, 56–57, 65, 88, 90, 141
  draft and, 197, 200–201, 209–12, 214, 216–19, 351–58
  election of 1938 and, 63–64, 93, 210
  fame of, xiii, xiv, xv
  fireside chats of, 104, 105, 106, 273, 277, 305–7, 341, 343
  firing problems of, 202
  Fly's defiance of, 327
  foreign policy swings of, 32–34
  German avoidance of criticism of, 122–23
  German infiltration and, 99, 104
  as governor of New York, 59, 62, 199

索　引　669

Roosevelt, Franklin Delano, Sr. (cont'd):
Hitler's "chess game" with, 294–96, 347
Hoover and, 108–13, 326–27
Ickes and, 21, 22
illnesses of, 289–90
inaugural addresses of, 32, 313
internal subversion as worry of, 104–5, 108, 111–13
Japan and, 408–11
Jews and, 382–85
as "juggler," 406–7
labor unrest and, 404
leadership of, see leadership, of FDR
Lend-Lease and, 271, 273–89, 307, 309, 310, 344, 359
lethargy and procrastination of, 204, 265–66, 289–90, 297, 307–9, 343–45, 400, 405–7
Lindbergh and, see Lindbergh, Charles, Sr.
Longworth's views on, 234–35
Lothian and, 153, 160, 167, 269–73
lust for power and dictator image of, xx, 62, 64, 65, 175, 191, 235, 253, 261, 275–76, 350
McCormick's relationship with, 230–31
McKellar bill and, 340
Marshall's relationship with, 200–201
military appropriations and, 96–98, 105
movie industry and, 369, 374
national unity stressed by, 310, 423
Neutrality Act and, 54, 55, 66, 68, 89–93, 96, 305, 307, 400–404
at Newfoundland meeting, 357–58, 411
nuclear bomb and, 74
as "Old Testament Christian," 63
Pearl Harbor attack and, 423–33
persuasiveness and charm of, 89, 281
political acumen of, 205–6, 253–54, 259
popularity of, 56, 64, 185
presidential crises of, xiii–xiv, 57, 63, 90, 93
in presidential elections, xxi, 32, 56, 57–58, 60, 62, 63, 88, 160, 163, 169, 175, 183–91, 193, 197, 199, 200, 202, 206, 218–19, 230, 240, 251–64, 278, 370, 374
saving Britain and, 135
State of the Union speech of (1940), 94–95, 104–5
Stephenson and, 116, 118
Stimson's relationship with, 292, 298, 301, 305–6

Supreme Court bill and, 57–60, 62–63, 93, 101, 185, 202, 204, 210, 232, 275, 283
University of Virginia speech of, 128, 136
Victory Program and, 412–23
Wheeler-Bennett and, 52
Wheeler's criticism of, 62
Wheeler's support of, 60, 62
Willkie's meeting with, 281–82
Wilson recalled by, 20
Roosevelt, James, 228, 429
Roosevelt, Theodore, Jr., 234, 235
Roosevelt, Theodore, Sr., 72, 88, 141, 147, 178, 180, 205, 234
Root, Clark, Buckner and Ballantine, 197
Root, Elihu, Jr., 198
Root, Oren, Jr., 176, 180
Roper, Elmo, 395
Rosenberg, Anna, 343, 344
Rosenman, Samuel, 58, 258, 259, 306, 344, 382, 407
Rosenwald, Lessing, 237–38, 389
Rosenwald family, 236
Ross, Harold, 83
Rovere, Richard, 257
Rowe, James, 218
Royal Air Force, British (RAF), 26, 127, 193, 195, 390, 398
Royal Institute of International Affairs (Chatham House), 142, 156
Royal Navy, British, 67, 121, 150, 160–61, 396–98, 400
destroyer transfer and, 127, 150, 161–69, 190–93
U.S. citizens in, 397–98
U.S. concerns about, 127–28, 130–31, 303
Rubinstein, Arthur, 424
Rublee, George, 167
Russell, Elwin, 397–98
Russian Revolution, 240

Saarinen, Eero, 455
sabotage, 106, 111, 333n, 335, 337
Sackville-West, Vita, 12, 43, 44
Saint-Exupéry, Antoine de, 247–48, 247, 349–50, 444–45
Saint-Gaudens, Augustus, 140
St. Louis, Mo., 8, 106, 177, 360
St. Louis Post-Dispatch, destroyer transfer and, 165
San Francisco, Calif., 51, 346, 394

San Francisco Chronicle, 318, 394
Sarles, Ruth, 236, 241, 373, 418
Sayer, Guy, 397
SCADTA, 99
Scharnhorst, 290
Schlesinger, Arthur M., Jr., xv, xviii, 246, 424
Schulz, Sigrid, 231
Scott, Neal Anderson, 446
Scribner, Charles, 140
Scripps-Howard newspaper chain, 281, 318, 321–22
Sears, Roebuck, 232, 233, 236, 237, 286, 389
Seattle, Wash., 267, 325
Sebold, William G., 336
sedition, 435
Sedition Act (1918), 107
Seeger, Pete, 276n, 406
segregation, 22
Seldes, George, 231
Selective Training and Service Act (Burke-Wadsworth bill), 207–19, *208,* 285
  approval of, 217–18
Senate, U.S., xiv, 58, 59–63, 90, 369–70, 430, 434
  arms embargo repealed in, 92
  defense program investigated by, 350
  draft and, 208, 209–10, 211, 213–18, 213, 354
  election of 1936 and, 56
  election of 1938 and, 64, 184
  Foreign Relations Committee of, 34, 65, 129, 185, 280, 282–86, 421, 425
  Intelligence Committee of, 112, 119
  Interstate Commerce Committee of, 360
  isolationists in, 34, 55, 65–68, 92, 137, 190, 274–77, 282–83, 371–73, 404, 418
  Lend-Lease and, 274–77, 279, 280, 282–86
  Military Affairs Committee of, 210, 211, 239
  movie investigation of, 360, 370–75
  Neutrality Act revision debated in, 92
  Pearl Harbor and, 425, 427–28
  Thompson's testimony to, 77
  Victory Program and, 418, 420–21
Sergeant York, 369–70, 372
Service Cross of the German Eagle, 20–22
Sevareid, Eric, xviii, 220–21, 238–39, 283–84
Seymour, Charles, 221–22

Shaw, George Bernard, 72
Sheean, Vincent, 77, 78, 231
Shepardson, Eleanor, 272
Sherriff, R. C., 367
Sherwood, Mrs. Robert, 324
Sherwood, Robert, 54, *80,* 81–89, 95, 118, 134–36, 228, 450
  destroyer deal and, 168
  draft and, 196
  election of 1940 and, 182, 252, 259, 260, 262
  on FDR's lethargy, 406–7
  as FDR speechwriter, 259, 260, 306, 307, 309
  FDR's physical problems and, 289–90
  Fight for Freedom and, 324
  Lend-Lease and, 278, 285, 309
  Lindbergh criticized by, 312–13
  Lindbergh praised by, 443–44
  plays of, 81, 84, 85, 142, 362
  on regional differences, 142, 148
  screenplay by, 363
  as Stephenson-FDR liaison, 116
  on Stimson and Knox appointments, 207
  on Victory Program, 415
  White's correspondence with, 320
Shirer, William L., 231, 240, 394
Short, Walter C., *31*
Shriver, Sargent, 224, 446, 451–52
Siam (now Thailand), 410, 411, 423
Silver Shirts, 238–39, 435
Simon, Joe, 393
Singapore, 410, 423
"Sinking of the Reuben James, The," 406
skyscrapers, 152–53
Slaughterhouse-Five (Vonnegut), 389
Slessor, John, 18
Smith, Gerald L. K., 435
Smith, Howard, 106
Smith, Katharine, 113–14, 446–47
Smith, Richard Norton, 231
Smith, Truman, 17, 71, 193, 194, 235, 303–4, 382, 419, 454
  court-martial attempt against, 113–14
  in Germany, 14–15, *15,* 20, 70, 113
  Lindbergh's radio addresses and, 70, 74, 113
  war work of, 446
Smith Act, *see* Alien Registration Act
Smith College, 37, 38–39, 132, 323
Smithsonian Arts and Industries Building, 3–4, 461
Snow, Richard, 274

Social Justice, 240–41
South Africa, 154
South America, xvii, 117, 215
　German infiltration in, 99, 100, 101, 130, 201, 402–3
Soviet Union, 70, 118, 244, 345–48, 374, 396
　fear of, 14, 20, 72
　Finland invaded by, 95–96
　German attack on, 345–48, 375, 395, 438–39
　Germany's alliance with, 95
　U.S. arms and resources for, 413, 416, 433
Sowers, Wallace Lee, 405
Spain, 119, 363
Spectator, 76
Spencer, Samuel R., Jr., 198, 217, 299
Spirit of St. Louis (C. Lindbergh), 452–53
Spirit of St. Louis (plane), 3–4, 5, 6–7, 461
Stalin, Joseph, 346–47
Standley, William, 165
Stark, Harold, 99, 129, 264, 266, 292, 304, 406
　convoy protection and, 301, 346, 348–49
　destroyer transfer and, 162–63, 167
　Lend-Lease and, 275
　Plan Dog and, 412–13
　Victory Program and, 412–13, 415–16
State Department, U.S., 52, 99, 111, 118, 121, 142, 188, 194, 333, 339–50, 365, 411
　Anglophobia and antiwar attitudes in, 298
　anti-Semitism in, 381–82, 384
　Lothian and, 270
Station M, 403
steel, 116, 409
Steele, Richard, 105, 310
Steep Ascent, The (A. M. Lindbergh), 444, 456
Stephenson, Mrs. William, 117–18
Stephenson, William, 115–18, 120, 121, 123, 157, 337–40, 385, 403, 428
　background of, 116
　Korda's work with, 367
　secrecy of, 117
Stevenson, Adlai, 234n, 278, 454
Stewart, James, 62
Stewart, Potter, 224, 446
Stimson, Henry, 90, 103, 202–7, 211, 248, 264, 292–300, 303–6, 342, 348, 350, 352–55, 443, 450

　on Army morale, 352
　cabinet appointment of, 205–8, 206
　Clark's correspondence with, 300
　convoy protection and, 292–98, 301, 346
　draft and, 205, 207–8, 210–12, 214, 216–19, 353–55
　on labor, 404
　on lack of leadership, 290, 343
　Lend-Lease and, 275, 284.297
　Lindbergh reinstatement controversy and, 440–41
　Pearl Harbor and, 425, 429
　Smith's reports to, 303–4
　Victory Program and, 412, 413, 415–16, 418, 422
　in World War I, 203, 205
Stoddard, Lothrop, 73
Stone, Harlan, 339
Strong, George, 95
Stuart, Robert Douglas, 224–26, 233, 235, 238, 286, 389, 427, 445, 451, 452
submarines:
　German, 150, 192, 198, 260, 264, 278, 290–91, 295, 296, 345, 348, 396, 399, 400, 404–5
　U.S., 301, 421
Sudetenland, 13, 33
Suez Canal, 291, 439
Sullivan, Mark, 219
Sullivan, William, 326–27
Sulzberger, Arthur Hays, 121, 209, 320, 385
Sumners, Hatton, 59, 60
"Summons to Speak Out, A" (Century Group founding statement), 138
Supply Priorities and Allocation Board (SPAB), 350
Supreme Court, U.S., 56–60, 140, 224
　"clear and present danger" doctrine and, 107–8
　FDR's court-packing plan and, 57–60, 62–63, 93, 101, 185, 202, 204, 210, 232, 275, 283
　New Deal and, 56–57
　wiretapping ban and, 111, 112, 327
　World War I and, 107
Sweeney, Martin, 50, 215
Swing, Raymond Gram, 293, 298
Switzerland, 119, 149, 363, 458
Szilard, Leo, 74

Taft, Robert, 170, 174, 179–81, 323, 451
Taft, William Howard, 174, 203

Tarkington, Booth, 171
TAT (later Transcontinental and Western Air; Trans World Airlines), 8
Tate, Allen, 145
technology, 244, 335–36, 454
telephones, tapping of, 110–11, 326, 327, 337
Teller, Edward, 74
Tennessee Valley Authority (TVA), 172, 370
Thacher, Thomas, 167
That Hamilton Woman, 367, 372
theater, 95, 328, 361–62
There Shall Be No Night (Sherwood), 95
Third Army, U.S., 300
third-term issue, 184–86, 253
This Is New York (Sherwood), 142
Thomas, Evan, 450
Thomas, Norman, 227, 251, 388, 389
Thompson, "Big Bill," 229
Thompson, Dorothy, 77–81, 77, 93, 103, 120, 146, 442
  on college students' interest in Lindbergh, 311–12
  election of 1940 and, 179, 261–62
  on *Wave of the Future,* 245
Thomsen, Hans, 121–22, *122,* 125, 130, 334–35, 347–48
  election of 1940 and, 182–83
  on Jews, 385
  movies and, 365
  on spy sweep, 337
  surveillance of, 330, 334
Thomsen, Mrs. Hans, *122*
Tillman, Benjamin "Pitchfork Ben," 49
Time, 7, 10, 75, 81, 106, 128, 130, 146, 318, 384, 433
  on America First, 318
  audience for, 148–49
  launching of, 148
  on Lothian, 270, 272
  war coverage of, 149
  Willkie and, 177, 178
Tobias, Channing, 449
Toronto, Station M in, 403
totalitarianism, 244–46, 448
  see also Communism; Nazis, Nazism
Treasury, British, 265
Treasury Department, U.S., 111, 113, 165
Trinidad, 119
Tripartite Pact, 409, 431
Trippe, Juan, 441
Trohan, Walter, 418, 421

Trojan Horse in America, The (Dies), 328
Truman, Harry, 346, 350
Tugwell, Rexford, 188
Tully, Grace, 425
Tunney, Gene, 131
"21" restaurant, 323–24

unemployment, 238, 253
United Aircraft Corp., 441–42
United Artists, 228
United States, 14–17, 20–39, 49–138, 156
  anti-British feeling in, 49–51, 151, 154, 228, 229, 231–32, 239, 240, 244–45, 298–305, 334, 340, 397, 447
  anti-German feeling in, 20–21, 22, 51, 106, 122, 158, 228
  atomic bomb and, 74
  British fleet and, 127–28, 130–31, 160–61
  British secret alliance with, 116, 118–19, 121–22, 257, 301
  British "special relationship" with, 285
  Century Groups' call for war declaration by, 137–38, 139, 145, 146, 149–50
  economy of, 54, 56, 66, 67, 137–38, 141, 149, 253–54, 266, 289, 306, 349, 436
  Finland invasion and, 95–96
  German blitzkrieg and, 97, 104
  German consular officials expelled from, 334–35
  international responsibility of, xvii, 149
  leadership vacuum in, xx–xxi
  Lindbergh's decline in prestige in, 20–22
  Lindbergh's reports and, 17, 25–26
  Lindbergh's return to, xv, 23, 24
  Lothian's understanding of, 152, 156–57
  Mexico's relations with, 39
  neutrality of, *see* neutrality; Neutrality Acts
  neutrality zone patrolled by, 295, 296
  patriotism in, 98, 105, 106, 214, 266–67, 310
  peace efforts of, 96
  phony war and, 84–97
  private relief efforts in, 267, 390
  public opinion in, *see* polls; public opinion, U.S.
  refusal to join League of, 12, 32
  regional differences in, 142–43, 148–49, 227–30
  as repository of Western civilization, 23, 72
  von Boetticher's travels in, 31

United States (*cont'd*):
 war production shortages in, 99
 Wheeler-Bennett's travels in, 157–58, 195
 in World War I, 28, 30, 51, 104–8, 196, 198, 203, 205, 209, 221, 222, 232, 338, 369–70, 430
 World War II debate in, *see* Great Debate

Valeska (German secretary), 458–59
Vallandigham, Clement, 314, 316
Vandenberg, Arthur, 93, 286
Vanderbilt, Cornelius, 140
Van Doren, Carl, 173
Van Doren, Irita, 173, 174, 175, 179, 258–59
Van Dusen, Henry, 161
Vanity Fair, 82
Vansittart, Robert, 48, 51–52, 96, 153
Versailles Treaty, 12, 15, 29, 44, 65, 116
 Lothian and, 154–55
Vichy French, 115, 118–21, 322
Victory Program, 411–23, 438–39
 development of, 413–15
 leak of, 411–12, 417–22, 438, 439, 448
Vidal, Gore, xiv, 224
Viereck, George Sylvester, 330, 332–33
Villard, Oswald Garrison, 135–36, 227
Vimy Ridge, battle of (1917), 82
Vincent, Beverly, 215
Vindicator Association, 239
Virginia, University of, FDR's speech at, 128, 136
Voice of America, 450
von Boetticher, Friedrich, 29, 30–31, *31,* 113, 193–95, 287, 303, 334
Vonnegut, Kurt, 389

Wadsworth, James W., 210, 219, 294, 356, 357
Waldrop, Frank, 422
Wales, 47
Wallace, Henry, 187–89, 252, 254, 255, 260, 294, 355, 430
 Roerich's correspondence with, 258–59
Wall Street, 37, 40, 49, 56, 67, 148, 197, 199, 207, 239, 381
 Stimson and, 207, 292
 Willkie and, 173, 181, 254
Wanger, Walter, 361, 366
Ward, Geoffrey, 383
War Department, U.S., 26, 99, 299, 300–301, 339, 352, 358, 413, 419

anti-Semitism in, 381, 382
draft and, 201–7, 211, 218, 219
Victory Program and, 412, 418, 420, 421
von Boetticher at, 193–94, 334
Woodring replaced in, 201–5
Warner, Harry, 360, 361
Warner, Jack, 360, 361
Warner Bros., 362, 365
Warren, Robert Penn, 145
Washington, D.C., 27–28, 234*n*
 America First in, 277, 304
 blacks in, 22
 British embassy in, 34, 52, 129, 153–54, 193, 237, 271, 272, 287
 effects of Pearl Harbor attack in, 426–27, 433
 German embassy in, 118, 119, 121–22, 182, 332, 334–35
 governors' conference in, 294
 Italian embassy in, 119
 Japanese embassy in, 119, 423
 lethargy vs. energy in, 58–59
 Lothian's funeral in, 272
 McCormick's views on, 230
 theater and movies in, 95, 369
 top political and social circles in, 147
 Vichy French embassy in, 119–20, 121
 von Boetticher in, 30, 193–94
Washington, George, 124, 145, 184, 314
Washington, Martha, 3, 4
Washington Post, 116, 159, 283
Washington Star, 206
Washington Times-Herald, 231, 422
 Victory Program and, 411, 412, 416–19
Watkins, T. H., 21, 383
Wave of the Future, The (A. M. Lindbergh), 243–46, 313, 444, 456
We (C. Lindbergh), 4
Wedemeyer, Albert, 100, 114, 299, 382, *414,* 454
 Victory Program and, 413–15, 419–22, 439
 war work of, 447–48
Week, 55*n*
Wehrmacht, *see* army, German
Weintraub, Stanley, 447
Weiszacker, Ernst, 122–25
Welky, David, 370, 373
Welles, Sumner, 96, 340, 403
Wells, H. G., 72
Western Hemisphere, 299, 300
 British bases in, xxi, 167–68, 190, 191

索引 673

Germany vs., 97–100, 102–3, 136, 167, 273, 347, 402–3
Monroe Doctrine and, 296
West Point, 24–25, 27, 73
Westport, Conn., 455
Westrick, Gerhard, 121
Wheeler, Burton, 49, 60–63, 61, 154, 206, 371, 442, 454
  background of, 60
  Cooper's visit to, 101
  draft and, 212, 215
  election of 1940 and, 185
  FBI and, 113
  franking operation and, 333–34
  as isolationist, 65, 66, 89, 101–2, 158n–59n, 274–77, 283, 293, 323, 333–34, 359–60, 404, 410, 418, 436, 451
  Lend-Lease and, 274–77, 283, 359, 420
  movies and, 359–60
  Victory Program and, 418, 420–21
Wheeler, Edward, 101
Wheeler, Mrs. Burton, 61
Wheeler-Bennett, John, 195, 270, 424
  on Aubrey Morgan, 47
  background of, 52
  as British propagandist, 48–49, 52, 115, 158, 249
  FDR's Virginia speech and, 128
  Lindbergh's relationship with, 249
  Lothian as viewed by, 151, 153–54, 269, 271
  Lothian's work with, 154, 157–58
White, E. B., 245
White, Stanford, 140
White, William Allen, 86–90, 88, 131–36, 145, 146, 159, 190, 208, 249
  FDR's lethargy and, 266
  resignation of, 320–21
  Sherwood's correspondence with, 136
White Committee, see Committee to Defend America by Aiding the Allies
White House, 52, 54–55, 250, 258
  Alsop at, 147
  Embick's visit to, 302
  Fight for Freedom and, 324
  Hoover at, 109
  Ingalls's flight over, 332
  Lindberghs at, 453
  Pearl Harbor attack and, 425–26
  petitions brought to, 132, 135
  picketing outside, 278–79
  Thompson's visits to, 261

White House Correspondents Association, 288
Whitman, Walt, 140
Whitney, William, 349
Whitridge, Arnold, 222–23
Why Hitler Sounds Like Lindbergh (Ickes), 440
Wickard, Claude, 297
Williams, Valentine, 385
Willkie, Mrs. Wendell, 256, 258–59
Willkie, Wendell, 169–86, 171, 236, 319, 323, 448–50
  background and career path of, 171–72, 255
  big-business interests used against, 254
  British mission of, 281–82
  Colorado vacation of, 252
  death of, 449
  Des Moines speech and, 387
  destroyer transfer and, 190, 191, 216
  draft and, 216–18, 285
  election challenge of, 253
  in election of 1940, xxi, 169–71, 174–86, 189, 190, 196, 216, 251–63, 280, 370
  election of 1944 and, 449
  FDR attacked by, 256–58
  FDR's meeting with, 281–82
  GOP isolationist image used against, 254, 255
  isolationist sound of, 257, 261
  Lend-Lease and, 279–83, 285
  on Lindbergh attacks, 315
  movies and, 369–73
  on Naval escorts, 297
  Neutrality Act changes and, 401, 404
  Van Doren's relationship with, 173, 175, 179, 258–59
  violence against, 256
Wilson, Edith, 429
Wilson, Hugh, 20, 382
Wilson, Woodrow, 28, 44, 54, 66, 72
  League of Nations and, 32, 55, 137, 234
Winant, John Gilbert, 292, 428, 429, 450
Winchell, Walter, 111, 118, 120, 183, 327, 332
Wind, Sand and Stars (Saint-Exupéry), 247
wiretapping, 101, 109–12
  FBI, 109, 110–11, 119, 326–27, 337
Wolfender, Glen, 395
Woman of the Year, 77
Women's Committee for Action, 279n
Wood, Robert, 232–33, 235, 286, 311, 354, 362, 402, 436, 442, 451, 454
  anti-Semitism and, 236, 237

索 引 675

Wood, Robert (cont'd):
 Des Moines speech and, 388, 389
 Hobson's letter to, 323
 war work of, 445
Woodring, Harry, 71, 74, 128, 201–5
Woods, Glen, 394–95
Woollcott, Alexander, 83
World War I, 12, 14, 15, 20, 28, 51, 104–8, 129, 197–98, 221
 aftermath of, xvii, 28, 29–30, 32, 44, 65, 75, 141, 154–55, 220
 Agar in, 144
 draft in, 196, 215
 Eliot in, 146
 isolationists and, 137
 in movies, 369–70
 Nye committee investigation and, 67
 repression of speech and ideas in, 107, 108
 Sherwood and, 81, 82, 83
 start of, 54, 73
 Stephenson in, 116
 vigilante mania in, 105–6
World War II:
 brink of, xiii–xiv, 23, 27, 64
 deaths in, 436
 Great Debate over, see Great Debate
 Lindbergh's views on, 71–72
 lost opportunity for shortening of, 96–97
 as phony war, 94–97
 start of, xvi, 32, 52, 53–54, 64–65, 69, 142, 146, 203
 U.S. entry into, xxii, 219, 422, 429–34, *432*
Wright, Orville, 26
Wright, Wilbur, 26
Wyler, William, 361, 367–68

Yale Daily News, 222, 223, 226, 381
Yale University, xxi, 141, 148, 166, 167, 175, 220–26, 233, 390, 451
 alumni of, 160–61, 176
 anti-Semitism at, 381
 Ford at, 234
 Lindbergh's speech at, 225, *225*
Yankee Stadium, 7
York, Alvin, 369–70

Zanuck, Darryl, 361
Z Coverage program, 119

图书在版编目（CIP）数据

对峙：罗斯福、林德伯格，以及美国在1939~1941年针对二战的论争／（美）琳内·奥尔森（Lynne Olson）著；林娟，欧阳凤译．--北京：社会科学文献出版社，2024.7

（思想会）

书名原文：Those Angry Days：Roosevelt, Lindbergh, and America's Fight Over World War II, 1939-1941

ISBN 978-7-5228-3470-2

Ⅰ．①对… Ⅱ．①琳… ②林… ③欧… Ⅲ．①美国-历史-1939-1941 Ⅳ．①K712.53

中国国家版本馆CIP数据核字（2024）第068946号

·思想会·

对峙：罗斯福、林德伯格，以及美国在1939~1941年针对二战的论争

著　者／〔美〕琳内·奥尔森（Lynne Olson）
译　者／林　娟　欧阳凤

出 版 人／冀祥德
组稿编辑／吕　剑
责任编辑／刘学谦
责任印制／王京美

出　版／社会科学文献出版社·文化传媒分社（010）59367004
　　　　地址：北京市北三环中路甲29号院华龙大厦　邮编：100029
　　　　网址：www.ssap.com.cn

发　行／社会科学文献出版社（010）59367028
印　装／北京盛通印刷股份有限公司
规　格／开　本：880mm×1230mm　1/32
　　　　印　张：21.75　字　数：543千字
版　次／2024年7月第1版　2024年7月第1次印刷
书　号／ISBN 978-7-5228-3470-2
著作权合同
登 记 号／图字01-2022-1230号
定　价／128.00元

读者服务电话：4008918866

版权所有 翻印必究